中国年鉴精品工程
High Quality Project of China's Yearbook

江宁年鉴 2023
JIANGNING YEARBOOK

中共南京市江宁区委党史工作办公室
南京市江宁区地方志编纂委员会办公室 编

方志出版社
Publishing House of Local Records

图书在版编目（CIP）数据

江宁年鉴．2023 / 中共南京市江宁区委党史工作办公室，南京市江宁区地方志编纂委员会办公室编.—北京：方志出版社，2023.12

ISBN 978-7-5144-6011-7

Ⅰ．①江… Ⅱ．①中… ②南… Ⅲ．①江宁区－2023－年鉴 Ⅳ．①Z525.34

中国国家版本馆 CIP 数据核字 (2023) 第 253187 号

责任编辑：刘方圆
责任校对：张玉霞
责任印制：梅中英
出 版 者：方志出版社
地　　址：北京市朝阳区潘家园东里 9 号（国家方志馆4层）
邮　　编：100021
网　　址：http://www.zgfzcb.cn
发　　行：方志出版社图书营销中心（010-67110500）
印　　刷：南京鸿图印务有限公司
开　　本：889毫米 × 1194毫米 1/16
印　　张：27.5
字　　数：955千字
版　　次：2023年12月第1版
印　　次：2023年12月第1次印刷
定　　价：210.00元

《江宁年鉴》编辑部

序

国务院办公厅2015年8月印发的《全国地方志事业发展规划纲要（2015—2020年）》（以下简称《规划纲要》）要求，到2020年要做到地方综合年鉴一年一鉴，公开出版，实现省、市、县三级综合年鉴全覆盖。《规划纲要》还要求，坚持存真求实，正确处理质量与进度的关系，将精品意识贯穿于年鉴编纂出版工作全过程。2015年12月，中国地方志指导小组办公室启动中国年鉴精品工程，将其与先期实施的中国志书精品工程视为姊妹工程，一道作为加强地方志质量建设的重要抓手。

实施中国年鉴精品工程有助于推动中华优秀传统文化传承发展。近年来，在党中央、国务院的高度重视和关心支持下，全国地方志事业发展迎来最好的发展时期。年鉴编纂发端于欧洲，鸦片战争后被引入我国，在我国走过了100多年的发展历史。在长期的编纂中，年鉴在内容和形式上不断发展，逐渐演变成为适合反映中国国情、具有鲜明中国特色的一种文化载体，并在改革开放后出现了快速发展的局面。2006年5月，国务院《地方志工作条例》颁布施行，明确将地方综合年鉴纳入地方志工作范畴，年鉴工作走上了有法可依的轨道。《规划纲要》出台，为从依法编鉴转变到依法治鉴指明了方向。2016年12月，中国地方志指导小组印发《全国年鉴事业发展规划（2016—2020年）》，更进一步明确了到2020年全国年鉴事业的任务书、时间表、路线图。经过多年的发展，年鉴工作已经成为地方志工作的重要组成部分，成为中华民族优秀文化传统的有机组成部分，其存史、育人、资政作用日益彰显。实施中国年鉴精品工程，是年鉴工作者紧扣时代脉搏、坚持创新发展的一项重要举措，对于坚定文化自信，传承弘扬好中华优秀传统文化意义重大。

实施中国年鉴精品工程有助于为全面建成小康社会提供更多智力支持和历史借鉴。党的十八大作出全面建成小康社会的战略部署。党的十八届五中全会提出到2020年如期实现全面建成小康社会的目标要求。完成《规划纲要》确定的目标任务是年鉴工作者的神圣使命，更是年鉴工作者以自身力量为全面建成小康社会献上的厚礼。一方面，可以更好地利用年鉴这种年度资料性文献，及时记录各地区在全面建成小康社会伟大征程中每年取得的新成绩和新经验、出现的新情况和新问题、涌现的优秀人物和典型事迹等；另一方面，可以更好地积累地情、国情资料，为推动经济社会发展和深化改革提供智力支持，为推进国家治理体系和治理能力现代化提供历史借鉴。

实施中国年鉴精品工程有助于全面推进地方志事业转型升级。地方志不是单纯修志编鉴工作，而是全体方志人“修志问道，以启未来”的一项事业，这项事业包含着巨大的时代担当与使命追求。地方志工作要在“五大建设”总体布局和“四个全面”战略布局中发挥与其自身价值、功能相匹配的作用，就要因时而谋、乘势而上、顺势而为，全面推进地方志事业转型升级。转型升级，当下最重要的目标就是完成“两全”目标，包括“年鉴全覆盖”目标；

长远的目标就是基本形成地方志编修体系、理论研究和学科建设体系、质量保障体系、资源开发利用体系、工作保障体系“五位一体”的地方志事业发展综合体系，包括“五位一体”的年鉴事业发展综合体系。中国年鉴精品工程是一项探索工程，也是一项创新工程，是推进地方志事业转型升级的重要内容。通过实施中国年鉴精品工程，不仅有助于确保年鉴质量，不断编纂出版具有鲜明时代特征、年度特点和地域特色的精品年鉴，也有助于推动年鉴工作适应经济社会发展形势和时代需要，不断改革创新，与时俱进。

多年来，在中国地方志指导小组办公室的指导和全国各级地方志工作机构的共同努力下，年鉴种类数量快速增长，年鉴成果粲然可观，为实施中国年鉴精品工程奠定了坚实的基础。实施中国年鉴精品工程，就是要在全国地方志系统起到示范作用，进一步培育精品意识，打造精品年鉴，以点带面，在提高年鉴质量方面探索出一条切实可行之路，使这项探索工程和创新工程能够积累经验，发挥引领作用。

“万山磅礴，必有主峰；龙衮九章，但挈一领。”实施中国年鉴精品工程，是筑牢地方志事业特别是年鉴事业发展根基之举，其意义与价值不言而喻。但编修出年鉴精品佳作，绝非朝夕之功，需要付出长期艰辛的努力。希望通过实施中国年鉴精品工程，能够进一步推进年鉴质量建设，使年鉴真正成为传承中华民族优秀传统文化的重要载体，成为展示中国国情、地情的重要窗口，成为“为当代提供资政辅治之参考、为后世留下堪存堪鉴之记述”的资源宝库，在全面建成小康社会过程中作出更大贡献。

是为序。

中国社会科学院原副院长
中国地方志指导小组原常务副组长 李培林

编辑说明

一、《江宁年鉴》是由中共南京市江宁区委党史工作办公室、南京市江宁区地方志编纂委员会办公室编纂的年度资料性文献。《江宁年鉴（2023）》是2001年《江宁年鉴》开始编纂后的第22卷。

二、本卷年鉴以马克思列宁主义、毛泽东思想、邓小平理论、“三个代表”重要思想、科学发展观、习近平新时代中国特色社会主义思想为指导，坚持辩证唯物主义和历史唯物主义的立场、观点和方法，系统记述2022年江宁区自然、经济、政治、文化、社会和生态建设等方面情况，旨在为社会各界和海内外人士了解江宁提供基本信息，为宣传江宁提供基本资料，为研究江宁提供基本素材，也为编史修志积累史料线索。

三、本卷年鉴与上卷年鉴相比，新增专文类目，专题记述全区学习贯彻中共二十大精神和中共十八大以来江宁经济社会发展新成就；新增乡村振兴类目，记录江宁区深入实施乡村振兴战略、加快推进农业农村现代化建设的生动实践。增设网络安全与信息化管理、政府综合事务、夜间经济、地方金融组织等近20个分目，将重要活动、专门委员会工作、协商议政、提案工作、视察调研、案件查处、数字基础设施建设以及8个民主党派等升格为分目。

四、本卷年鉴依据本行政区域经济和社会发展特点，参照有关分类标准，采用分类编排法，设类目、分目、条目3个层次，个别地方设次分目，条目为记述的基本层次。全卷设特载、专文、大事记、区情概览、中共南京市江宁区委、南京市江宁区人大、南京市江宁区政府、政协南京市江宁区委员会、中共南京市江宁区纪委监委、民主党派　工商联、群众团体、法治、军事、经济管理、科学技术、数字江宁建设、都市农业、新型制造业、建筑业、商贸服务业、物流业、金融业、旅游业、房地产业、开放与合作、交通　电信、城市建设、乡村振兴、区域发展、生态环境与保护、教育、文化、卫生健康、体育、社会生活、应急管理、街道、人物　荣誉、统计资料、附录、索引。

五、本卷年鉴记述起讫时间原则上为2022年1月1日至2022年12月31日。为突出年鉴的时效性，卷首专题中的个别图片，附录中的政府工作报告选用2023年资料。

六、本卷年鉴中的全区综合性统计资料，由区统计局提供。由于统计口径不一定相同，一些单位提供的数据与统计局提供的数据不一致，引用时请注意。

七、本卷年鉴数字用法、标点符号用法分别采用国家标准《出版物上数字用法》（GB/T 15835—2011）、《标点符号用法》（GB/T 15834—2011），计量单位采用国家技术监督局1993年12月发布的《量与单位》系列国家标准。统计资料使用现行法定计量单位。一次文献中数字、计量单位等保持原貌。

八、本卷年鉴稿件资料按照江宁区人民政府审定的《关于编纂〈江宁年鉴（2023）〉的实施意见》，由全区各有关部门、单位和街道、园区专人撰写，并经各供稿单位负责人审阅。为全面反映相关领域的发展情况，《江宁年鉴》编辑部采编和补充了部分内容，并以“宁鉴”署名。

九、本卷年鉴的检索方法有目录和索引两种。目录在卷首，编排至条目；索引在卷末，包括主题索引、文中图片索引、专题图片索引、表格索引。

2022·江宁荣誉

- 全国综合竞争力百强新城区（第三位）
- 全国创新百强区（第六位）
- 全国工业百强区（第七位）
- 国家知识产权强县建设示范县
- 国家知识产权服务出口基地
- 全国县域农业农村信息化发展先进县
- 全国率先基本实现主要农作物生产全过程机械化示范县
- 国家体育产业示范基地
- 国家级智慧养老基地
- 全国残疾预防重点联系地区
- 2022 年度江苏省推进高质量发展先进县（市、区）
- 江苏省首批制造业高质量发展示范区建设地区
- 江苏省制造业“智改数转”成效明显地区

非凡十年·数说江宁

经济社会高质量发展

十年很短，在历史长河中仿若短短一瞬；十年又很长，足以让一座城市书写万千精彩、实现焕新蜕变。党的十八大以来，全区上下扛起“争当表率、争作示范、走在前列”的光荣使命，加快建设中国特色社会主义先行示范区，奋力谱写“强富美高”新江宁现代化建设新篇章。

经济总量稳步攀升，综合实力实现新跨越

地区生产总值

2013年迈上千亿级台阶
2020年突破2500亿元
2021年达2810亿元，为十年前的3.7倍

一般公共预算收入

十年翻了一番以上，达265.3亿元
居全省第一方阵

规模以上工业产值

突破3000亿元
是十年前的近2倍

全社会消费品零售额

突破1000亿元
为十年前的4.3倍
年均增长15.7%

实际使用外资

连续7年保持全省区县前三
2021年超过10亿美元
近十年累计超过80亿美元

综合竞争力位列“全国百强新城区”榜单前三，近三年连续获评全省高质量发展先进区，营商环境连续多年位居长三角前列。

产业转型升级，按下高质量发展“加速键”

十年来，我们一直把加快实体经济发展作为重中之重，以科技创新引领产业链供应链升级，构建“5+4+1”先进制造业产业体系，自主可控的现代产业体系建设取得重大进展。

重大项目提质增效

- 围绕产业链招商，精心组织参与南京金秋经贸洽谈会、未来网络发展大会等活动
- 近五年，先后引进格力空调、中汽创智等一批百亿级旗舰项目

创新动能不断增强

- 高标准建设紫金山科技城、麒麟科技城、“江宁药谷”等创新平台
- 紫金山实验室被纳入国家战略科技力量体系，自主研制全球首发重大创新成果达10项
- 实施“紫金山英才 · 江宁百家湖计划”，建成“海智湾 · 江宁”国际人才街区

产业发展迈向中高端

- 服务业占经济总量比重，十年提升11.2个百分点
- 规模以上工业企业数由2012年647家增加到2022年的1117家
- 智能电网入选首批国家先进制造业集群
- 创成未来网络、节能环保技术与装备等国家火炬特色产业基地

融合一体发展，城乡旧貌换新颜

十年来，我们认真践行习近平总书记的“绿水青山就是金山银山”理念，旧城更新扮靓了城市容颜，美丽乡村建设创出“江宁样板”，城乡统筹面貌焕然一新，江宁实现了快速蜕变，正将老百姓共同富裕的愿景逐步变为现实。

富民增收结硕果

城镇和农村居民家庭全年人均可支配收入达70989元、33391元，分别是10年前的2.3倍、2.5倍

城乡居民收入比由10年前的2.33：1下降到2021年的2.13：1，城乡收入差距逐步缩小

城市建设更完善

全域轨道交通运营里程超200千米

创成全省首批垃圾分类先导区

农村环境展新姿

建成钱家渡等省级特色田园乡村15个

乡村振兴入选全国典型案例

创成国家生态文明建设示范区、国家全域旅游示范区

跻身“中国县域全生态百优榜”第四位

落实国家倡议，服务构建新发展格局

十年来，我们认真做好国家建设“必答题”，进一步提高落实国家重大倡议的自觉性坚定性，抢抓机遇，在经济高质量发展中勇担使命。

开放发展持续深入

- 深度融入“一带一路”建设，集聚世界五百强企业75家
- 积极落实长三角一体化、南京都市圈发展规划
- 加快推进江宁—博望跨界一体化发展示范区建设

园区支撑更加凸显

- 江宁开发区、江宁高新区、滨江开发区等三大园区对全区经济贡献度增加到59.8%，10年提升12.2个百分点

国家省市政策落地落实

- 全面落实国家省市助企纾困政策，及时高效落实留抵退税政策，至2022年5月底，完成增值税留抵退税63.7亿元
- 出台“支持制造业企业复工8条”“助企纾困11条”等江宁政策

民生保障逐年提高，人民生活幸福感持续增强

十年来，全区始终坚持以人民为中心的发展理念，用心用情保障和改善民生，敢为善为收获人民赞赏，连续3年被评为江苏推进高质量发展先进区。

居民收入水平实现翻番

- 全区常住人口总量快速增长，从2012年的117.26万人增至2021年的195.43万人
- 城乡常住居民人均可支配收入实现翻番，2021年，全区城镇居民人均可支配收入由2012年的34970元增至70989元，年均增长8.7%；农民人均可支配收入由2012年的15018元增至33391元，年均增长9.9%

民生工作体系不断健全

- 探索实施民生实事项目人大代表票决制，民生实事项目遴选的科学化、制度化水平不断提升
- 同步建立民生实事项目监督机制、评估机制，完善民生实事闭环管理机制
- 坚持开门办民生，率先实施民生实事群众意见征集制度。近两年通过线上征集、线下座谈等方式，面向全社会公开累计征集各界建议近两万条

公共服务水平显著提升

- 加强公共服务设施配置，每年实施十大类民生实事工程
- 全区新增幼儿园、中小学公办学位13万个，高中教育特色品牌逐步确立，优质教育资源均衡发展
- 构建“一五十百”医疗服务体系，推进医疗卫生资源均衡化、标准化、一体化
- 成功创建全国智慧养老示范基地，“小江家护”获评全国居家和社区养老服务改革试点工作优秀案例
- 加快推进安置房建设，基本完成2000年底前建成的非商品房老旧小区出新任务，对改造出新后的小区实施物业管理全覆盖
- 区文化馆、图书馆、博物馆等文化设施全部实现免费开放，人均拥有公共文化体育设施面积3.15平方米以上
- 对标77项省级和45项区级公共服务设施配置全面达标，公共服务水平和均等化程度明显提高

社会保障网络织牢织密

- 社会保险进一步提标扩面，城乡居民医疗保险市区统一，城乡居民医疗保险老年居民和其他居民年人均标准提高到1680元
- 学生儿童年人均补助标准从1050元提高到1360元，重点医疗救助对象符合规定的自付费用医疗救助比例达90%以上，取消封顶线，免费为企业退休人员进行健康体检
- 建立困境儿童关爱金制度，每年打造10个以上示范社区“儿童之家”，城乡低保应保尽保，残疾人综合保险发挥实效，养老、医疗、失业保险覆盖率达99%以上

年度视点

2022年以来，全区坚持以习近平新时代中国特色社会主义思想为指导，以迎接党的二十大、学习宣传贯彻党的二十大精神为主题主线，坚持稳中求进工作总基调，完整准确全面贯彻新发展理念，积极融入服务构建新发展格局，高效统筹新冠疫情防控和经济社会发展，统筹发展和安全，有效应对复杂严峻的宏观形势和各种超预期因素影响，知重负重、勇挑大梁、顶压前行，推动经济社会发展稳中向好、稳中提质，为省、市发展大局贡献江宁力量。

北京邮电大学
FNII
未来网络
FUTURE NETWORK
全球首个广域确定性网络系统重大突破
体系架构：突破大规模广域网络确定性网络技术体系
设备系统：模拟“高铁”系统，提出基于时隙的传输机理、并发业务
务流的调度算法
控制系统：研制确定性大网
实现全网时隙统一调度

1

3

滨江博睿科技创新园

创新动能竞相进发

1. 8月24日，紫金山实验室发布“全球首个广域确定性网络系统”等4项重大创新成果（巫莹供图）

2. 2022年，全区新增制定国际标准5项、国家标准16项，南高齿获省长质量奖。图为南高齿在北京风能展上发布的6.X兆瓦大功率陆上高速传动齿轮箱（年鉴编辑部供图）

3. 2022年，江宁开发区加快建设百家湖硅巷，新引进英飞源、叠拓、国科环宇等优质项目133个。图为百家湖硅巷（江宁开发区供图）

4. 2022年，滨江开发区高质量运营青梧桐、中聚互联众创空间，博睿科技创新投入运营。图为滨江博睿科技创新园（滨江开发区供图）

5. 2022年，江宁大学城坚持产业导向，发挥创新平台“母体作用”，构建创新平台支撑科技力量的新格局，为江宁高质量发展提供科技和创新源泉。图为江宁大学城（年鉴编辑部供图）

2

4

5

1

2

产业能级承压而上

1. 6 月 16 日，上汽大通南京工厂大通品牌第 10 万台整车正式下线 （江宁高新区供图）

2. 2022 年，位于麒麟科创园的南京信泰创新中心聚焦人工智能、信息技术、智能制造、科学技术等为主导产业方向，集产业研发设计、产品展示、公司总部功能、社交休闲于一体，以市场化运作模式，推动区域产业升级和经济发展。图为南京信泰创新中心 （麒麟科创园供图）

3. 位于滨江开发区的中兴通讯全球 5G 智能制造基地，是中兴通讯在国内的五大生产基地之一，总投资 200 亿元，主要生产以 5G 为代表的新一代无线通信设备 （严琪供图）

4. 2022 年，中兴通讯智能制造基地、中兴通讯服务器、LG 锂离子、泰融生物试剂、商络电子、牧龙食品等项目竣工投产。图为 LG 新能源项目外景 （严琪供图）

3

4

生态环境持续优化

1. 2022年，江宁区巩固拓展长江生态保护修复成果，严格落实长江“十年禁渔”，新济洲申报国际重要湿地，稳步提升生态系统多样性、稳定性、持续性。图为新济洲全景　　（滨江开发区供图）

2. 6月2日，区水务局工作人员发出“规范排水从我做起，为江宁水环境建设贡献一份力量”倡议书，为群众普及规范排水知识　　（王玉波摄）

3. 4月，江宁区获农村人居环境整治提升工作评估第一等次。图为横溪街道农民志愿者开展环境整治提升大行动　　（横溪街道供图）

4. 2022年，秦淮河干流洋桥国考断面水质达Ⅲ类水标准　　（区水务局供图）

5. 2022年，全区组织开展“爱鸟周”“野生动植物日”等主题宣传活动，加强和规范野生动植物保护，提高广大市民野生动植物保护意识。图为新济洲鸟儿　　（滨江开发区供图）

1

3

2

4

5

3

4

城市品质加快提升

1. 出新改造后的双龙大道 （城建集团供图）

2. 11 月，以优质稻米、精致园艺、特色水产等为特色产业的湖熟现代农业示范园入选 2022 年度南京市级都市现代农业产业示范园区建设名单 （刘锦雷供图 ）

3. 4 月，杨家圩公园景观提升工程完成并对市民开放。改造后的杨家圩公园功能景观焕然一新，城区生态涵养功能和城市文化品位提升 （城建集团供图）

4. 2022 年，汤山街道孟墓社区陆家村、禄口街道石埝村水荆墅村、横溪街道西阳社区上范村、东山街道佘村社区孙家村、湖熟街道丹桂社区李家庄等 5 个自然村被评为市级“水美乡村”。图为东山街道佘村社区孙家村 （区水务局供图）

民生福祉不断增进

1. 6月7日，江宁高新区联合区人社局举办南京晓庄学院校园专场招聘会（江宁高新区供图）

2. 2022年，金陵水乡·钱家渡创成省级非遗项目示范点。图为湖熟街道和平社区钱家渡村（年鉴编辑部供图）

3. 2022年，江宁区推进区域医共体建设，区卫生应急指挥中心交付使用。图为新建成的区卫生应急管理中心（城建集团供图）

4. 2022年，江宁区新档案馆正式开馆，区职工文化中心即将投用，百家湖文化中心（江宁美术馆）试运营。图为新建成的区职工文化中心（谈伟民供图）

2

4

营商环境持续优化

1. 2022 年，全区持续打造一流营商环境，对标全国一流标准，深化“放管服”改革，持续优化工程建设审批改革，成功试行全市首个“交付即拿证”项目

（区行政审批局供图）

2. 2022 年，江宁区新承接“一件事一次办”“政务服务标准化规范化便利化”2 项国家试点，16 项国家和省级改革试点、15 项区委深改委年度重点督办事项、169 项改革管理创新实践项目取得突破性进展。图为杨家圩江宁市民中心　（城建集团供图）

奋进新征程　建功新时代

江宁非凡十年

非凡十年，宁邑巨变。弹指一挥间，又一个十年匆匆而过。2013—2022 年，既是中国人民奋进新征程、建功新时代的非凡十年，也是江宁书写发展新篇章、迈上强富美高新江宁发展的非凡十年。十年来，海纳百川、敢为人先的江宁人，以昂扬向上的奋斗姿态，努力在新时代、新征程上展现新气象、新作为，无数奋斗故事和发展奇迹在这片热土接续上演。

经济强

2013年

1. 8月，未来网络小规模试验设施开通仪式在江宁开发区中国（南京）未来网络谷举行（年鉴编辑部供图）

2. 12月21日，投资总额50亿元、建筑面积约54万平方米的江宁万达广场正式开业，作为江宁高端商贸业新坐标，有力提升江宁城市功能品质（年鉴编辑部供图）

3. 2013年，全区地区生产总值突破千亿元，增长12.4%，公共财政预算收入超156亿元，继续争先进位，实现突出质量和效益的“三年三大步”跨越（年鉴编辑部供图）

1

2

3

2014年

1

2

1. 9月23日，九龙湖国际企业总部园正式开园
（年鉴编辑部供图）

2. 4月25日，江宁开发区6个重大智能电网产业项目签约，总投资72亿元，“南京国家智能电网产业集聚发展试点”同时揭牌。图为国电南自新生产线
（年鉴编辑部供图）

3. 2014年，位于禄口街道的禄口国际机场二期T2航站楼开通运行，标志着南京禄口国际机场正式进入双跑道时代，进一步满足航空业务的发展需求。图为气势恢宏的T2航站楼全景 （年鉴编辑部供图）

3

2015年

1. 至2015年，全区高层次人才集聚度连续3年排名全省第一，创新驱动发展战略深度推进（年鉴编辑部供图）

2. 2015年，“CENI”成为全省首个国家重大科技基础设施项目，现代产业培育壮大（年鉴编辑部供图）

3. 2015年，紫金（江宁）悠谷创成国家级科技企业孵化器（年鉴编辑部供图）

2016年

1. 2016 年，江苏软件园入选首批国家级智慧软件园试点园区
（年鉴编辑部供图）

2. 2016 年，全区构建“3+3+3”现代产业体系，创成智能电网、可再生能源、通信与网络、生物医药、节能环保、未来网络 6 个国家火炬特色产业基地。图为位于滨江开发区的国家电网客服中心南方分中心
（年鉴编辑部供图）

1

2

2017年

1. 2017 年，江宁区先进制造业集群效应增强，长安马自达运动型乘用车产线建成投产　（年鉴编辑部供图）

2. 10 月，台创园肖家庄农业科技研发中心（农业双创孵化区）主体建设基本完成　（年鉴编辑部供图）

3. 2017 年，全区“两落地一融合”展开布局、加速推进，整合全区科创平台，组建江宁经开区高新园、麒麟高新区、江宁高新区三大园区，形成高新技术产业“一园多区”发展格局。图为江宁高新区　（年鉴编辑部供图）

2018年

1. 2018年，江宁绿色智能汽车产业形成千亿级产业项目集群，拥有上汽大众、长安马自达等7家整车厂，聚集福特等一批全球知名汽车研发机构和零部件企业。图为上汽大通旗下全新MPV G50在江宁高新区南京工厂整车下线 （年鉴编辑部供图）

2. 2018年，江宁区组建高层次人才举荐委员会，由国际顶尖专家、行业领军人才等担任委员，通过业界“伯乐”相才荐才的方式，为有发展潜能的优秀创新创业人才开辟绿色认定通道。图为首届江宁区高层次人才举荐委员会委员聘任仪式 （年鉴编辑部供图）

3. 2018年，滨江开发区新引进总投资100亿元的格力产业园项目，一期占地80公顷，建成后成为格力电器国内最大的中央空调智能制造基地和重要销售中心。图为格力产业园项目一期 （年鉴编辑部供图）

1

2

3

2019年

1．位于江宁开发区的网络通信与安全紫金山实验室对标国家级实验室建设标准，聚焦通信与网络、生命科学、新材料三大学科领域，建设国际一流水平的研发机构和国家级创新基地。图为紫金山实验室外景　　（年鉴编辑部供图）

2．7月，位于江宁高新区的上汽大通南京C2B工厂成为全球首家入选工业4.0“灯塔工厂”名单的中国整车企业。图为C2B工厂总装车间　　（年鉴编辑部供图）

3．10月，江宁高新区人才公寓竣工交付，园区人才安居政策落地落实　　（年鉴编辑部供图）

4．2019年，江宁区坚持在产城融合中强功能、提品位、优环境。百家湖商圈集聚1912、金鹰天地、景枫中心、21世纪太阳城、银城皇冠等高端商业项目，商业面积超过80万平方米，成为仅次于新街口的南京第二大商圈。图为百家湖商圈　　（年鉴编辑部供图）

1

4

2

3

2020年

1. 2020 年，江宁开发区加速推进南京清湛人工智能研究院、北大科技园、中南谷创新中心等重大创新平台建设，先后引进项目近 150 个。图为中南谷创新中心外景　　（年鉴编辑部供图）

2. 2020 年，麒麟科创园以中科院麒麟区域创新高地为核心，加快构建“一院多校”科技布局和“两高一新”经济发展格局，努力打造紫东“创新之城”和紫东科创大走廊的重要发展引擎。图为麒麟人工智能产业园　　（年鉴编辑部供图）

2021年

1. 2021年，中国科学院大学南京学院建成开学，迎来首批新生。图为国科大南京学院

（年鉴编辑部供图）

2. 2021年，“海智湾·江宁”国际人才街区打响品牌，入驻海外人才542人，自主培育国家重点人才工程专家31人，建立合作关系院士57人。图为海智湾国际人才街区　（年鉴编辑部供图）

3. 2021年，江宁区加快推进国际消费中心城市示范区建设，百家湖、九龙湖等商圈消费能级持续提升。图为九龙湖一带　（年鉴编辑部供图）

1

2

2022年

1. 2022年，全区把发展经济的着力点放在实体经济上，加快构建自主可控的现代产业体系，新引进1亿元以上项目390个。图为3月23日，麒麟科创园、滨江开发区、未来科技城在南京·江宁产业链高质量发展（深圳）推介会上举行项目签约仪式

（未来科技城供图）

2. 2022年，全区在全省率先成立区级人才集团，积极探索“人才码”应用，新引进高层次创新创业人才800余人，江宁跻身全国创新百强区榜单第六位。图为1月19日，南京江宁人才集团有限公司成立仪式现场

（人才集团供图）

3. 2022年，全区新一代信息技术、智能电网等优势产业产值保持两位数增幅，智能电网入选首批国家先进制造业集群。图为国家电网客服中心南方分中心　（区工信局供图）

3

百姓富

2013年

1. 5月1日，小龙湾桥正式通车（年鉴编辑部供图）

2. 5月5日，横溪街道旅游专线开通（年鉴编辑部供图）

3. 8月26日，江宁中医院新大楼正式投入使用（年鉴编辑部供图）

1

2

3

2014年

1. 2014 年，江宁区推进城乡一体化建设，将军大道、双龙大道、天印大道快速化改造及城东路等一批城乡道路竣工通车，居民出行更加便利　　　（年鉴编辑部供图）

2. 2014 年，全区持续加大民生投入，民生支出占公共财政支出比重为 75%。全年建成各类保障性住房 280 万平方米，市民中心、社会福利中心、医疗服务中心加快建设　　　（年鉴编辑部供图）

1

2

2015年

1．2015 年，牛首山文化旅游区开园，世界级文旅精品项目初步建成（年鉴编辑部供图）

2．2015 年，随着区市民中心行政服务组团、社会福利中心建成使用，一批重点民生工程不断提高百姓的获得感和幸福指数（年鉴编辑部供图）

1

2

2016年

1. 4月，南京医科大学附属逸夫医院投入运营。图为逸夫医院俯瞰图
（年鉴编辑部供图）

2. 2016年，全区坚持将生态富民理念融入美丽乡村建设，因地制宜发展“农旅结合”的乡村休旅经济和“接二连三”的农业新兴业态。图为当年12月落户淳化街道青龙社区的南京市（江宁）农业电商产业园
（年鉴编辑部供图）

3. 2016年，宁安高铁江宁西站及前广场建成并投入运行 （年鉴编辑部供图）

1

2

3

2017年

1. 5月，由省文化馆、区文广局主办，区文化馆承办的江苏省优秀业余民乐团队展演，为群众奉献了一场丰盛的视听盛宴（年鉴编辑部供图）

2. 7月7日，玉堂花园、东平雅苑19万平方米、1035套安置房建成。图为东平雅苑安置房（年鉴编辑部供图）

3. 10月31日，麒麟现代有轨电车一号线开通。线路由北向南途经富力城、启迪方洲、中海国际社区等10多个小区，以及启迪科技园、中海高科技创业园等多个企业集聚区，通车后，城东麒麟片区的公共交通因此提速（年鉴编辑部供图）

1

2

3

1. 2018 年，第 18 届“江宁之春”群众文化节街道专场文艺会演在全区 10 个街道上演，为江宁市民奉献了一场场精彩的文艺演出。图为在百家湖凤凰坛广场举行的“江宁之春”群众文化节开幕式现场
（年鉴编辑部供图）

2. 2018 年，江宁区实施 150 千米农路和一批农村困难家庭危房改造，完成 213 个村庄人居环境整治。图为淳化街道青龙社区别墅群
（年鉴编辑部供图）

3. 10 月 8 日，江宁医院湖山路院区对外试运营。作为全区唯一的三级甲等综合医院，该院高标准规划建设，配备先进医疗设备，为广大患者提供更加智能、高效、便捷的医疗服务（年鉴编辑部供图）

1

2018年

2

3

2019年

1. 2019年，江宁区引入创意农业、旅游农业、家庭园艺等元素，为农民创收提供路径。图为淳化街道新兴社区桃园喜获丰收　（年鉴编辑部供图）

2. 2019年，江宁区响应“交通强国”“交通强省”要求，实施一批高速互通建设和改造，加快推进S126、诚信大道快速化等道路工程，建成文靖路跨宁杭高速桥，完善城市各板块路网，增强枢纽通达能力，努力提升群众出行满意度和获得感。图为建成通车的吉印大道跨秦淮河桥　（年鉴编辑部供图）

3. 2019年，江宁区加快现代农业园区、高标准农田、智慧农业建设和新型农业经营主体培育，通过科学体系引导和质量把控，以点带面鼓励农民参与现代农业种植，促进农民就业转型，提高收入水平。图为湖熟街道现代农业示范区　（年鉴编辑部供图）

2020年

1. 2020 年，上秦淮文旅小镇华谊街区建成试运营。街区占地面积 4 公顷，建筑面积 2 万平方米，是集娱乐体验、演艺剧场、特色餐饮、电影主题酒店和文化商店等功能于一体的综合性电影主题特色文化旅游小镇街区　（年鉴编辑部供图）

2. 12 月 29 日，位于江宁大学城的青宁公园正式启用　（年鉴编辑部供图）

2021年

1. 4月12日，“2021佘村第三届梨花节暨村跑活动”在东山街道佘村社区举行，500名东山街道和社区工作人员、村民等用脚步丈量乡村春日美景　（年鉴编辑部供图）

2. 2021年，园博园、金陵小城等文旅综合体接待游客近4000万人次。图为金陵小城·燕集里夜间雪景图　（年鉴编辑部供图）

1

2

2022年

1. 2022 年，江宁区发挥现代农业园区辐射带动作用，大力发展绿色农业、智慧农业、高效设施农业。图为 9 月，汤山街道上峰社区利用抖音平台宣传特色农业 （窦冬摄）

2. 2022 年，新建成开放的江宁美术馆 （城建集团供图）

3. 2022 年，全区大力提升城市管理水平，稳步推进南沿江城际铁路、地铁 5 号线等重大交通工程建设，建成文靖西路跨秦淮河大桥，居民出行更加便利 （高倩倩供图）

环境美

1. 2013 年，江宁区完成京沪、宁杭高铁沿线整治，推进明外廓——秦淮河百里风光带建设，重要交通沿线和窗口地带环境明显改善。图为整治后的京沪高铁麒麟科创园沿线　　　　（年鉴编辑部供图）

2. 2013 年，横溪街道石塘村坚持以农村生态环境田园化、农村生产方式现代化、农民生活方式城市化为目标，走出一条集生态美、形态美、素质美、生活美及和谐美于一体的新农村建设之路。图为横溪街道前石塘村　　　　（年鉴编辑组 供图）

2013年

1

2

1. 6月，江宁区完成104国道绿化提档升级以及路灯架设整治工程（年鉴编辑部供图）

2. 2014年建成的江宁新天地公园，以崭新的面貌成为展示江宁优美形象的东大门（江宁年鉴编辑部供图）

2014年

1

2

1. 2015年，江宁区完成2013—2014年度谷里、江宁街道覆盖拉网式农村环境综合整治任务。图为整治后的谷里街道大塘金　（年鉴编辑部供图）

2. 2015年，全区按照“三化五美”标准，全面推进以“金花村”为代表的美丽乡村建设，精心打造“500平方公里美丽乡村”。图为2015年被评为中国最美休闲乡村的江宁街道黄龙岘　（年鉴编辑部供图）

2015年

1

2

2016年

1. 3月，区住建部门对东山文化休闲广场进行封闭改造，新增的160米游步道和局部休闲场地全部采用碎石拼铺，挡墙绿化与原生植物无缝对接，让市民步入广场时就感受到动静皆宜的优美景色 （年鉴编辑部供图）

2. 2016年4月，江宁新天地公园绿化二期工程竣工。二期工程的亮点是采用屋面种植技术，利用移动式种植模块，种植3200余平方米的植物，起到防水、保温、隔热和生态环保作用。图为绿化后的江宁新天地公园 （年鉴编辑部供图）

1

2

2017年

1. 2017 年，文靖路沿线按照东晋建筑风格，完成沿街立面整治、路面整修、设施完善及功能优化。图为出新后的文靖路立面美观大方，为行人提供良好的出行环境（年鉴编辑部供图）

2. 2017 年，汤山街道结合“263”工程的开展，对位于作厂社区的仙涧河东边河段进行清理整治，不仅使这条古老河道焕然一新，两岸 500 多户居民的居住环境也得到改善。图为整治后的东边河（年鉴编辑部供图）

3. 7 月，秦淮河风光带建设工程酒吧街标段绿化栽植基本完成，堤顶道路铺设粗沥青，景观初现雏形，为市民打造良好的休闲娱乐环境（年鉴编辑部供图）

1

2

3

2018年

1. 2018 年，江宁区部署推进农村“厕所革命”，首先在特色田园乡村中推广，由点及面，全面改善农村如厕条件。图入选 2018 年全国公厕优秀案例的为胜太桥南公厕　（年鉴编辑部供图）

2. 6 月 4 日，保护母亲河　争当“河小青”暨“河长带我来巡河”走进江宁活动在秦淮河小龙湾段举行，活动旨在提升群众守护母亲河的环保意识，增强群众保护水环境的责任感　（年鉴编辑部供图）

3. 2018 年，江宁区深入践行“两山”理念，努力提升区域环境。方山森林公园地质修复工程加快扫尾，汤山废旧矿坑变身温泉生态公园，成为“两山”理论实践的典型示范。图为汤山方山国家地质公园门景　（年鉴编辑部供图）

1

2

3

1. 2019年，江宁区加快河道水质提升和农村黑臭塘坝整治。图为整治后的汤山街道七坊村大湖（年鉴编辑部供图）

2. 2019年，牛首山文化旅游区坚持“生态修复、文化修补”理念，挖掘、整合域内郑和墓、岳飞抗金故垒等历史文化遗存，重点打造佛顶宫、佛顶塔等项目，同步推动文化旅游开发与历史文化遗存保护。先后获“中国最佳历史文化旅游项目奖”“中国森林氧吧”等荣誉（年鉴编辑部供图）

3. 2019年，江宁区启动创建国家“绿水青山就是金山银山”理论实践创新基地，中国生态文明研究与促进会在湖北十堰论坛年会上推介江宁“两山”转化的案例经验。图为汤山度假区矿坑生态公园全景（年鉴编辑部供图）

2019年

2020年

1

2

1. 2020年，长江新济洲国家湿地公园基本建成。项目包括3.2万平方千米栖息地与景观质量提升区、长江下游湿地植物资源库建设区、水生植物展示区、鸟岛恢复区、沼泽湿地恢复区、生态码头提升区六大功能区和生物多样性展示馆　　（年鉴编辑部供图）

2. 2020年，全区落实“两山”理念和公园城市理念，坚持走绿色化、内涵式、集约型发展路径，形成“山水林田湖草”一体生态格局。图为麒麟生态公园东片区（年鉴编辑部供图）

3

3. 2020年，全区拆除、整治长江岸线“散乱污”企业52家、8.5万平方米，完成长江滨江段植树造林、景观提升19.08千米，沿江堤植树造林666.7公顷。图为长江岸线江宁滨江段　　（年鉴编辑部供图）

2021年

1

2

1. 2021年，南京市首个全闭环船舶生活污水处理系统在江宁区内河航道建成投用，过境船舶生活污水全部免费集中收集、运输、处置，实现污水处理的全过程闭环，从根本上杜绝船舶生活污水流入区内秦淮河、句容河等内河水域

（年鉴编辑部供图）

2. 至2021年，江宁区林木覆盖率上升至31.85%，创成中国天然氧吧。图为省级特色田园乡村汤山街道阜庄石地村内的香樟游园

（年鉴编辑部供图）

3. 2021年，江宁区落实“河湖长制”，建成区基本消除劣Ⅴ类水体，市考以上断面、集中式饮用水源地水质达标率均保持100%。图为汤山街道孟塘安基山水库

（年鉴编辑部供图）

3

2022年

1

2

3

1. 2022 年，全区开展工业园区水污染专项整治和入河排污口分类治理，洋桥等 8 个国省考断面水质全部达标。图为滨江水厂（城建集团供图）

2. 2022 年，全区推动产业绿色低碳转型，深入贯彻落实国家“碳达峰碳中和”重大战略，编制完成江宁实施方案和“十四五”低碳发展规划。图为南京万德斯环保科技股份有限公司（区工信局供图）

3. 2021 年，江宁区树牢绿色发展理念，生态环境质量不断改善，PM2.5、臭氧等污染物浓度持续下降，空气优良天数比率提升。图为如意湖景观（年鉴编辑部供图）

社会文明度高

1. 8 月 29 日，横溪街道志愿者到横溪街道敬老院为老人义务理发（年鉴编辑部供图）

2. 11 月 28 日，禄口敬老院院长王红兰被评为南京“十大最美勤廉干部”（年鉴编辑部供图）

3. 5 月 12 日，区残联组织江宁聋人协会会员登方山比赛（年鉴编辑部供图）

2013年

1

2

3

2014年

1. 5月10日，区卫生局组织卫生系统人员在大市口广场参加“5·12”国际护士节无偿献血活动（年鉴编辑部供图）

2. 2014年，团区委组织1370名青奥会注册志愿者在江宁区从事交通、语言、观众服务等23项工作，人均服务100小时（年鉴编辑部供图）

3. 2014年，全区10个街道全部创成“全国安全社区”，平安法治江宁建设有力推进。图为湖熟街道杨柳村（年鉴编辑部供图）

1. 2013—2015 年，全区连续 3 年开展“美丽江宁人”年度人物推选活动，共推荐 365 名各类先进典型人物，宣传报道 179 名（组）先进典型人物事迹，每年选出“美丽江宁人”年度人物和提名奖各 10 人，展示新时期江宁人精神风貌和优秀品质。同时，积极营造欢乐和谐、文明进步的社会氛围 （年鉴编辑部供图）

2. 6 月 26 日晚，暴雨袭击江宁。面对突如其来的连续强降雨造成的汛情，全区各级党组织和党员干部把防汛抗洪作为践行“三严三实”的主战场，筑起坚不可摧的战斗堡垒。广大干部群众、解放军武警官兵和公安民警团结一致、顽强拼搏，最终战胜历史罕见的特大汛情，保障了人民群众生命财产安全 （年鉴编辑部供图）

1

2015年

2

2016年

1. 2016年，江宁市民文化中心小剧场对外开放 （年鉴编辑部供图）

2. 2016年，江宁区境内所有公共自行车服务网点完成改造和升级，实现全市公共自行车统一服务和收费标准。全年新建服务网点100个，安装车棚250跨，新增公共自行车3000辆 （年鉴编辑部供图）

3. 2016年，江宁区全面推广专用校车服务。根据24所学校分布，开辟校车线路242条，配备专用校车256辆，建设具有自主知识产权的“江宁校车智慧远程监管平台”，为全区12750名小学生提供服务 （年鉴编辑部供图）

1

2

3

2017年

1. 2017 年，淳化街道周郎社区为推进社会主义精神文明建设，弘扬社会主义核心价值观，增强美丽乡村的文化氛围，收集全国近 20 个省、自治区、直辖市尊老行孝的先进事例，编制当代“二十四孝”宣传挂图在村里流动展出，引导村民们尊老行孝、助人为乐（年鉴编辑部供图）

2. 7 月，江宁区中医医院举办“创文明岗、做文明人”优质服务竞赛，把优质文明的医护服务献给每一位病员，得到患者的好评（年鉴编辑部供图）

3. 3 月，区老年体育协会在区体育广场举办 2017 年老年人体育节开幕式，各街道健身辅导站的 19 支表演队进行老年人健身操表演（年鉴编辑部供图）

1

2

3

2018年

1. 4月，由区文广局、区残联、区广电台联手打造的“宁曦”无障碍影院揭牌首映，并向广大残障人士开放

（年鉴编辑部供图）

2. 2018年，江宁区以全要素网格社会治理为抓手，分片建立网格服务工作站，延伸社会治理触角，网格员每天在网格内巡查、走访、服务，让群众在家门口就能感受到党和政府的温暖。图为科苑社区天元东路网格党群工作站网格员为群众办理服务事项

（年鉴编辑部供图）

3. 2018年，江宁区深入推进“全国首批农村留守儿童关爱保护和困境儿童保障示范区”创建，出台《关于进一步加强基层未成年人保护工作服务能力建设的意见》，着力打造20个示范儿童之家。图为淳化街道永宁社区实施的“同在蓝天下，牵手太阳花”——困境未成年人保护项目

（年鉴编辑部供图）

4. 2018年，江宁区以服务至上、群众满意为标准，新建、改建各类为民服务阵地14个，建设居民自助互助的“睦邻中心”。图为秣陵街道睦邻中心　（年鉴编辑部供图）

2019年

1. 2019 年，江宁区以人民群众的获得感和满意度作为开展各项工作的出发点和着力点。图为全国文明村淳化青龙社区东龙村为老年人发放尊老金（年鉴编辑部供图）

2. 2019 年，淳化派出所便民服务大厅里的微笑服务（年鉴编辑部供图）

3. 2019 年，东山街道在办好老年大学的基础上，设立 16 所社区老年学校、18 处教学点和 2 所敬老院分校，实现街道老年教育社区学校和规范化老年学校全覆盖。图为老年大学在佘村开设的室外课堂（年鉴编辑部供图）

2020年

1. 10月31日，区红十字会在汤山矿坑公园举办“携手与你同行、共享一片蓝天”关爱残障儿童户外摄影主题活动　（年鉴编辑部供图）

2. 2020年以来，全区不断健全完善无障碍城市建设标准体系，改建公共场所坡道1万余处，设置行进盲道16万米，城区多个红绿灯管制路口安装语音过街信号提示装置，在主城区92个公交站台设置盲文站牌，31个公交站台加装语音播报系统。图为无障碍公交车　（年鉴编辑部供图）

3. 2020年，汤山街道龙尚村被评为第六届全国文明村镇　（年鉴编辑部供图）

1

2

3

1. 12 月 1 日，江宁区失能受助居民为江宁医保分局工作人员送锦旗　　（年鉴编辑部供图）

2. 1 月 21 日，“我们的节日·南京——福进万家·幸福江宁”谷里街道公益书法笔会暨墨迎新春送“福”活动举行，活动当天写成 600 个“福”字、200 副对联，为街道五保老人、独居老人、空巢老人及其他特殊困难群体送“福”上门　　（年鉴编辑部供图）

1

2

2022年

1. 10月，东山街道为辖区60岁以上老年人提供免费体检服务，并安排免费专车接送（纪磊摄）

2. 10月4日，汤山街道阜庄村志愿者组织辖区儿童开展寻找秋天活动（马盼盼摄）

1. 1月1日，江宁区小小志愿者致敬“城市平凡英雄”新年送温暖活动在全区开展

（赵振强供图）

2. 3月18日，区科技局巾帼暖心服务团开展送温暖活动

（区科技局供图）

特 载

专 文

大事记

区情概览

中共南京市江宁区委

南京市江宁区人大

南京市江宁区政府

政协南京市江宁区委员会

中共南京市江宁区纪委　监委

民主党派　工商联

群众团体

法　治

军　事

经济管理

科学技术

数字江宁建设

都市农业

新型制造业

建筑业

商贸服务业

物流业

金融业

旅游业

房地产业

开放与合作

交通　电信

城市建设

乡村振兴

区域发展

生态环境与保护

教　育

文　化

卫生健康

体　育

社会生活

应急管理

街　道

人物 荣誉

统计资料

附　录

索　引

区委常委会工作报告

——在中共南京市江宁区委十四届七次全会上的报告

市委常委、区委书记 林 涛

（2022 年 12 月 8 日）

区委十四届三次全会以来，区委常委会坚持以习近平新时代中国特色社会主义思想为指导，以迎接党的二十大、学习宣传贯彻党的二十大精神为主题主线，坚决扛起“争当表率、争做示范、走在前列”使命担当，按照党中央和省市委决策部署，全面落实“疫情要防住、经济要稳住、发展要安全”重大要求，深入贯彻省第十四次党代会、市第十五次党代会和区第十四次党代会精神，坚持稳中求进工作总基调，完整准确全面贯彻新发展理念，积极融入服务构建新发展格局，高效统筹新冠疫情防控和经济社会发展，统筹发展和安全，有效应对复杂严峻的宏观形势和各种超预期因素影响，知重负重、勇挑大梁、顶压前行，推动经济社会发展稳中向好、稳中提质，为省市发展大局贡献了江宁力量。

一年以来，区委常委会重点做了以下十个方面工作：

一、坚持提高站位、落实部署，以实际行动迎接党的二十大胜利召开，掀起学习宣传贯彻党的二十大精神热潮

区委常委会认为，迎接党的二十大胜利召开、学习宣传贯彻党的二十大精神是贯穿全年工作的鲜明主线，必须从讲政治的高度、抓落实的维度，切实把思想和行动统一到党中央决策部署和党的二十大精神上来。

我们强化理论武装，深刻领悟“两个确立”的决定性意义，坚决做到“两个维护”。严格落实区委常委会会议“第一议题”制度、区委理论学习中心组学习制度，第一时间学习习近平总书记最新重要讲话重要指示精神。推进党史学习教育常态化长效化，深入学习贯彻总书记在两次省部级主要领导干部专题研讨班上的重要讲话精神，精心组织开展 500 多场党的十九届六中全会精神和《习近平谈治国理政》第四卷专题宣讲，打造“红喇叭”理论宣讲全国品牌，推动全区各级党组织和党员干部深刻领悟“两个确立”的决定性意义，进一步增强“四个意识”、坚定“四个自信”、做到“两个维护”，确保各项工作始终沿着总书记指引的方向砥砺前行。

我们以高度政治责任感统筹各项工作，以实际行动迎接党的二十大胜利召开。胸怀“两个大局”、牢记“国之大者”，统筹抓好防风险、保稳定、促发展各项工作，确保政治安全、社会安定、人民安宁，为党的二十大召开营造安全稳定的社会环境。按照中央和省市委统一部署，顺利完成党的二十大代表候选人初步人选推荐提名工作。围绕“奋进新征程、建功新时代”主题，推出“江宁这十年”专题新闻发布会、“记忆里的江宁”等专题活动，全方位多角度展现十年来江宁经济社会发展取得的突出成就，全区上下团结奋进的主旋律更加高昂。

我们把学习贯彻落实党的二十大精神作为首要政治任务，推动全区上下统一思想、统一意志、统一行动。大会胜利闭幕后，第一时间召开区委常委会扩大会议、全区大会，传达学习贯彻党的二十大精神。区委理论学习中心组2次开展专题学习，原原本本学习研读党的二十大报告，组织开展交流研讨。区委常委、副区长和副区级领导牵头开展专题调研，组织基层代表聚焦党建引领乡村治理、产业高质量发展、乡村振兴等主题进行专题交流，努力把学习成果转化为理清思路、破解难题、推动发展的强大动力。印发关于深入学习贯彻党的二十大精神的通知，筹备召开此次区委全会审议决定，对完整准确全面学习贯彻二十大精神作出部署。精心组织好市委宣讲团来区宣讲活动，组建区委宣讲团，区委常委同志分别深入到党校、街道园区、机关部门、基层社区、企业，开展对象化、分众化、互动式理论宣讲。依托“板凳”“庭院”“田间”等特色课堂，开展宣传解读研讨阐释工作，推动党的二十大精神入脑入心。

二、坚持人民至上、生命至上，科学精准做好常态化新冠疫情防控

区委常委会认为，做好新冠疫情防控工作，事关人民群众生命安全和身体健康，事关经济社会发展全局，必须坚定不移坚持人民至上、生命至上，坚定不移落实“外防输入、内防反弹”总策略，坚定不移贯彻“动态清零”总方针，高效统筹新冠疫情防控和经济社会发展，努力以最低代价实现最大防控效果。

我们完整准确全面贯彻落实党中央决策部署，严格落实第九版防控方案和优化防控“二十条”措施，坚持防在前、早发现、快处置，调整优化新冠疫情防控应急指挥体系和工作举措，建立健全平急转换工作机制，迅速扑灭“3·10”“10·5”等突发输入性新冠疫情，以最快速度、最短时间、最低成本守住了不发生规模性新冠疫情底线。积极响应省市委部署，抽调医护人员、建筑工人驰援上海，为全国抗疫大局作出江宁贡献。

我们严把关口筑牢防线，紧盯“两站一场”、交通卡口等重要关口，强化入境人员、外地协查人员、风险地区来返宁人员等重点人群闭环管理，严格落实“落地检”“扫码通行”、信息报备等措施，坚决把风险挡在门外。聚焦居民小区、酒店旅馆、旅游景区等重点场所，滚动开展“敲门行动”，把涉疫风险排查到位、管控到位。用心用情做好新冠疫情处置期间群众生活物资、就医用药、心理疏导等服务保障，坚决防止简单化、“一刀切”和层层加码。高效有序推进疫苗接种，免疫屏障更加稳固。

我们加强应急处置能力建设，统筹推进核酸筛查、流调溯源、隔离转运、居家隔离、健康管理等工作，深入推动数据全面赋能新冠疫情防控，上线江宁核酸采样地图，科学设置核酸采样点位，完善混管初筛阳性应急联动处置机制，创新设立居家隔离统一管理信息系统平台，实现“采、送、检、报、转、收”全流程高效衔接、一体协同。全面开展“网格赋能”行动，“整建制”派驻、“成体系”调度区管干部担任隔离点、封管控小区、交通卡口点位长，培训采样志愿者，有效释放医疗力量。建成核酸检测基地，能够实现1天内完成全员核酸检测，空港新城健康驿站建设加快推进，全面做好新冠疫情防控应急能力储备工作。

三、坚持勇挑大梁、稳住大盘，巩固经济回升向好态势

区委常委会认为，江宁经济体量大、产业基础好，“勇挑大梁”是江宁在省市发展大局中义不容辞的重大责任。区委常委会坚决落实“疫情要防住、经济要稳住、发展要安全”重大要求，用实际行动和实际成效当好省市发展的“压舱石”“排头兵”。

我们把稳增长放在更加突出位置，全面落实国家和省市稳经济一揽子政策和接续政策，推动省市助企纾困政策直达快享，出台11条区配套措施，开展“服务企业·面对面”活动，动态解决企业产业链供应链断点堵点问题，累计办理增值税留抵退税89.3亿元，全区国有企事业单位共为小微企业和个体工商户减免租金3.6亿元，均居全省县域前列。创新设立经济调度指挥部，实行集中化办公、扁平化管理、常态化推进，横向整合服务力量，纵向打通行政壁垒，牢牢掌握经济发展主动权。前三季度，全区实现地区生产总值2102.3亿元、增长2.4%。1—11月，全区规上工业总产值3618亿元、增长8.1%，江宁连续三年位列全国综合竞争力百强新城区前三。

我们把发展经济的着力点放在实体经济上，加快构建自主可控的现代产业体系，新引进中国电科院南京科研基地、福特新能源汽车“三电”项目等亿元以上项目390个，新一代信息技术、智能电网等优势产业产值保持两位数增幅，智能电网入选首批国家先进制造业集群，江宁位列中国工业百强区第七位，江宁开发区稳居国家级经开区前十强，江宁高新区获批全市唯一元宇宙产业先导区。大力推进制造业智能化改造数字化转型，新增5家省级智能制造示范工厂、累计打造40家省级示范智能车间。坚持分类指导、梯度培育，新增上市企业8家、国家级制造业单项冠军企业2家，培育国家级专精特新“小巨人”企业22家、累计认定37家，总量居全省区县首位。

我们以建设引领性国家创新型城市核心区为抓手，高水平规划建设紫金山科技城、麒麟科技城等重大创新平台，紫金山实验室发布多项全球首个重大成果，中国能谷项目启动建设，完成东大毫米波、移动通信等国家重点实验室重组申报，未来网络未来产业科技园入选全国试点。加快构筑科创矩阵，预计全年净增高企超300家、总量突破2000家，科技型中小企业入库突破4000家，新增瞪羚独角兽企业19家、总量领跑全市。扎实推进人才发展现代化建设试点，在全省率先成立区级人才集团，积极探索“人才码”应用，新引进高层次创新创业人才800余名，江宁跻身全国创新百强区榜单第六位。

四、坚持完善功能、提升品质，促进城乡深度融合发展

区委常委会认为，城乡融合是江宁区域协调发展所需，也是未来发展动力所在。必须协同推进新型城镇化和乡村振兴，加快构建优势互补、一体联动、融合融通的城乡协调发展格局。

我们着力优化城乡空间布局，高水平推进国土空间总体规划，“三区三线”划定成果获批启用，湖熟、汤山等7个街道级国土空间总体规划编制同步推进，深化完善主城中心区城市设计方案和双龙大道沿线等7项重点片区专项规划，谷里、铜井等10项片区控规编制和58项控规图则修改工作高效开展。科学编制“多规合一”实用性村庄规划，统筹乡村生产、生活、生态空间，建立3个规划师下乡工作站，“五级三类”国土空间规划体系加快构建。

我们大力提升城市建设管理水平，稳步推进南沿江城际铁路、地铁5号线等重大交通工程，深入实施“断头路”打通和“小微堵点”改造工程，文靖东路跨宁杭高速桥等“断头路”全线贯通。职工文化中心即将投用，人民来访接待中心加快建设。新建汤山新城污水处理厂二期，全区生活污水日处理能力达87.7万吨。积极推进机关企事业单位开放共享泊位，新增各类停车泊位1.6万个。启动竹山路沿线等片区城市更新，建成区三成面积达“海绵城市”要求。积极引入市场化手段推进老旧小区物业管理，对群租房、地下室住人等领域问题开展全覆盖排查整治。提速建设生活垃圾末端处置“一厂两中心”，垃圾分类集中处理率达98%。高标准完成国测和省测工作。

我们深入推进乡村振兴，坚决扛起粮食安全政治责任，纵深推进涉粮问题专项巡视巡察反馈问题整改，抓好粮食和重要农产品生产，粮食总产量4.46亿斤。全域推进乡村聚落体系建设，湖熟水乡、青龙山和金牛谷三个聚落初现雏形，新创成4家省级特色田园乡村。发挥现代农业园区辐射带动作用，大力发展绿色农业、智慧农业、高效设施农业，积极拓展文化创意、精品民宿、运动康养等新业态，打造1条全国乡村旅游精品线路。放大南京农业嘉

滨江新城 （年鉴编辑部供图）

年华活动效应，农业招商引资实现新突破。深入实施农村人居环境整治，农村户厕改造全部完成。出台富民强村一揽子政策措施，区级集体经济强村占比达50%。

五、坚持深化改革、扩大开放，全面激发高质量发展活力

区委常委会认为，越是形势复杂，越要以更坚定的信心、更有力的措施把改革开放不断推向深入，以改革增动力、以开放激活力，高水平融入和服务构建新发展格局。

我们聚力抓好重点改革任务落地见效，增强改革系统性、整体性、协同性，推进制造业企业智能化改造数字化转型、现代服务业综合改革等4项工作受到省政府督查激励，企业登记“无感审批·有感服务”被国务院职转办推广，新承接“一件事一次办”“政务服务标准化规范化便利化”两项国家试点，16项国家和省级改革试点、15项区委深改委年度重点督办事项、169项改革管理创新实践项目取得突破性进展。抓住市委“一区一特色”改革机遇，紫金山科技城创新发展10项重点任务成效明显。深化国资国企改革，提升国有企业核心竞争力。启动集成改革“回头看”，开展街道综合执法改革及赋权事项行使专项督查，巩固提升改革成果。

我们推动高水平对外开放，主动对接自贸试验区，加强联动试验、协同创新、资源共享，南京综保区江宁片区、空港跨境电商产业园功能日趋完善。开展保障外贸产业链供应链稳定畅通专项行动，通过搭建线上展、云贸易平台，帮助外贸企业稳订单、拓市场，预计全年外贸进出口总额增长3.3%，江宁获批全国首批、全省唯一国家知识产权服务出口基地。促进外资利用稳中提质，开市客等一批重大项目开工建设。积极融入长三角一体化、南京都市圈等战略，深化与博望在产业协作、生态治理、公共服务等领域合作，与特克斯、洛南、淮阴对口协作取得新成效。

我们持续打造一流营商环境，对标全国一流标准，深化“放管服”改革，持续优化工程建设审批改革，成功试行全市首个“交付即拿证”项目，构建全流程帮办、全链条保障的项目服务体系。深度挖掘“一业一证”应用场景，推动“证照分离”“一照多址”改革全覆盖，为各类市场主体发展营造公平、稳定、可预期的营商环境，新增市场主体超3.9万家。加快推进“互联网+政务服务”建设，“跨省通办”“一网通办”覆盖面不断拓展。加强信用数据归集和信息应用，健全完善社会信用体系。

六、坚持尽力而为、量力而行，提升民生服务保障水平

区委常委会认为，不断实现人民对美好生活的向往，关键在于实现好、维护好、发展好最广大人民根本利益，必须坚持在发展中保障和改善民生，扎实推进共同富裕，努力让发展成果更多更公平惠及全体人民。

我们把富民增收作为首要任务，强化就业优先导向，开展促进高质量充分就业“九大行动”，加大减税降费、援企稳岗力度，实体化运作退役军人创业孵化基地，开展职业技能培训5.1万余人，城镇新增就业2.5万人，培育自主创业超7500人，全省首家省市区共建零工市场落户江宁，前三季度，城镇、农村居民人均可支配收入分别达55405元、26869元，分别增长4.3%、6.4%，城乡居民收入比进一步缩小。

我们把优化公共服务供给作为重要路径，认真落实“双减”政策，推动中小学课后服务提质增效。优化教育资源布局，上秦淮小学等16所新建学校投用，新增优质公办学位1.8万个，全区高考成绩创历史新高。推进区域医共体建设，区卫生应急指挥中心交付使用，江宁妇幼保健医院、老年医院年底开工，新改扩建12家社区卫生服务中心，打造首批50个社区卫生服务站哨点样板，基本完成农村区域性医疗卫生中心建设。聚焦“一老一小”，加强普惠性、基础性、兜底性养老托育保障，创成全国智慧养老示范基地。深化文化强区建设，文化惠民活动常办常新，档案馆新馆开馆，区图书馆获评国家一级图书馆，创成全省首批“无限定空间非遗进景区”示范项目，文化产业占地区生产总值比重突破6%。完善公共体育服务体系，江宁获评国家体育产业示范基地。

我们把兜住兜牢民生底线作为根本保障，全面落实城乡低保、特困供养、残疾人等救助保障政策，深入开展困难群体救助帮扶专项排查，积极推动大病医疗商业补充保险项目，开展大病救助超10万人次、资金超1亿元。坚持“住有宜居”标准，累计建设安置房167万平方米，交付安置房1.2万余套，多措并举筹集保障性租赁住房近1.6万套，总量居全省区县首位。改造老旧小区22万平方米，完成一批既有建筑隐患消险，群众居住环境和条件逐步改善。

七、坚持减污降碳、协同增效，不断改善生态环境质量

区委常委会认为，目前生态环境质量从量变到质变的拐点尚未到来，仍然是现代化建设的短板。必须强化生态优先、绿色发展理念，加快促进产业生态化、生活低碳化、能源绿色化，守好筑牢绿色生态屏障。

我们以钉钉子精神有效破解突出环境问题，坚决抓好中央生态环保督察和省专项督查交办问题整改，深入开展交办问题整改“回头看”，强化领导包案、快查严处机制，全力削减存量、遏制增量。聚力开展环境质量“提质增优”和突出环境问题整治百日攻坚行动，对涉及大气污染、环境噪声、邻避项目等群众反映强烈的环境顽疾紧盯不放、专班调度，建立“一类问题、一套方案、一个牵头部门、一抓到底”工作机制，推动问题整改清仓见底、环境质量持续向好。

我们全面打好污染防治攻坚战，一体推进水气土综合治理，长江经济带“百项提升工程”江宁任务基本完成，开展工业园区水污染专项整治和入河排污口分类治理，洋桥等8个国省考断面水质全部达标。从源头压降污染物减排，加强对重点企业、工地扬尘监管，完成464个VOCs治理项目，PM2.5平均浓度同比下降10.8%。抓好尾矿库整治“回头看”和隐患排查，“无废城市”建设扎实推进。

我们有力推动产业绿色低碳转型，深入贯彻落实国家“碳达峰碳中和”重大战略，编制完成江宁实施方案和“十四五”低碳发展规划。坚决遏制“两高”项目盲目发展，淘汰一批低端低效产能项目。加强工业节能管理，加密对重点用能企业在线监测，培育一批国家级、省级绿色工厂，预计全年单位工业增加值能耗下降1.5%。积极探索中小工业集中区高质量发展新路径，全年转型升级低效用地2000亩，盘活工业载体6万平方米。

八、坚持底线思维、源头防范，坚决筑牢安全稳定防线

区委常委会认为，今年是党的二十大召开之年，维护国家安全任务艰巨、责任重大，必须全面贯彻落实国家安全观，持续提升本质安全水平和风险防范能力，努力实现高质量发展和高水平安全的良性互动。

我们坚持党对国家安全工作的绝对领导，统筹做好各领域国家安全工作，扎实开展统筹发展和安全“大走访、大排查、大攻坚”行动，高效运作8个涉稳工作专班，推进16个重点领域风险隐患排查整治，切实把不安全不稳定因素解决在萌芽、稳控在基层。

我们坚定维护政治和意识形态安全，制定意识形态工作责任制、网络意识形态工作责任制两个实施意见，深入开展维护意识形态安全专项检查，建立重要节点“日报告”“零报告”制度，强化风险研判化解，确保党的二十大期间全区大局稳定。加强网络、高校、宗教、文化等重点阵地和领域意识形态风险研判和管理，深入开展宗教活动场所等专项排查整治，举一反三健全舆情应急研判处置机制，严防其他领域风险向政治领域传导。

我们深化提升安全生产专项整治“三年大灶”，认真贯彻国务院安委会安全生产“15条硬措施”，重点推进危化品、燃气、自建房、消防等重点领域专项整治和隐患排查，启动21个重点行业领域百日攻坚行动，生产安全事故起数、死亡人数双下降。扎实开展“信访突出问题攻坚化解年”行动，群众安全感测评省市领先。健全债务监管考核体制机制，深入推进融资平台公司压降和投融资行为规范管理，持续优化债务结构，降成本工作取得明显成效。

我们加快完善社会治理体系，研究出台党建引领基层治理“1+N”实施文件体系，积极构建党组织统一领导、政府依法履责、各类组织积极协同、群众广泛参与的治理格局。以治理数字化牵引治理现代化，挂牌运行区城市数字治理中心，“一网通办”“一网统管”全面推进，数字政府、数字社会建设持续深化。坚持和发展新时代“枫桥经验”，建立完善“园街吹哨、部门报到”工作机制，合理划分基层治理单元，稳妥有序推进大型社区优化调整。进一步畅通群众诉求通道，开设“我对书记有话说”网络留言平台，建成全市首家接听办理全闭环“12345”热线江宁分中心。

九、坚持增进团结、和衷共济，大力推进社会主义民主法治建设

区委常委会认为，推进社会主义民主政治建设，必须坚持党的领导、人民当家作主、依法治国有机统一，发展全过程人民民主，巩固和发展生动活泼、安定团结的政治局面。

我们加强和改进党对人大工作的领导，召开区委人大工作会议，出台《关于新时代坚持和完善人民代表大会制度、加强和改进人大工作的实施意见》，支持人大围绕推动经济社会高质量发展、提高财政资金使用质效、加强生态环境保护治理、数字化宗教管理、城市更新等开展执法检查、专项监督和专题调研，营造良好的法治环境和制度环境。

我们加强党对政协工作的领导，充分发挥人民政协专门协商机构作用，组织年度重点协商议政活动，加强建议案、提案督办，围绕数字经济发展、建筑垃圾资源化利用等社会关注、群众关心的热点难点问题开展协商。贯彻落实中央关于加强和改进新时代市县政协工作意见和省市委实施意见，全面推进政协工作提质增效、创新发展。

我们坚持和完善大统战格局，召开区委统战工作领导小组会议，推动新时代党的统一战线工作和民族宗教工作理论方针政策在江宁落地落实。指导各民主党派开展“矢志不渝跟党走、携手奋进新时代”政治交接主题教育，引导党外知识分子、无党派人士和新的社会阶层人士为江宁改革发展发挥作用、贡献智慧。深化工会、共青团、妇联、文联、科协、残联、红十字会等人民团体改革，庆祝共青团成立100周年，国防动员和后备力量建设持续加强，江宁蝉联双拥模范区“九连冠”。

我们加强党对全面依法治区的领导，推动法治江宁、法治政府、法治社会一体建设，创成全省法治政府建设示范区。持续深化政法领域改革，巩固全区政法队伍教育整顿成果，汤山法庭荣膺全国法院先进集体，检察院相关办理案件入选最高检典型案例，区公安分局岔路派出所获评全国优秀公安基层单位，江宁街道牌坊村通过全国民主法治示范村创建审核。创新“八五”普法形式，实现村（社区）城乡基层“援法议事”全覆盖。

十、坚持以政治建设为统领，全面推进新时代党的建设新的伟大工程

区委常委会认为，全面从严治党永远在路上，党的自我革命永远在路上，必须大力弘扬伟大建党精神，深入贯彻新时代党的建设总要求，推进全面从严治党向纵深发展，为现代化建设提供坚强政治保证。

我们把党的政治建设摆在首位，系统学习习近平新时代中国特色社会主义思想研究中心实践调研基地建设，引导全区党员干部以理论清醒保证政治坚定，坚定捍卫“两个确立”，坚决做到“两个维护”。推进政治监督具体化、精准化、常态化，加强对“一把手”和领导班子监督，管党治党政治责任有效压实。严把政治关，区人大、政府、政协领导班子和区监委主任、法检“两长”顺利完成换届。

我们牢固树立大抓基层鲜明导向，落实“五聚焦五落实”“五项行动”目标任务，加强模范机关建设，推进党建引领乡村治理全国试点和网约车司机群体党建省级试点，打造“一路橙心、先锋领行”党建品牌，建成“宁小蜂”江宁驿站154个。深化“基层党建品牌创建年”活动，“一村一品、一社一特”创建率达100%，形成“百家红”“红心谷”等“1+4”党建品牌体系。推行“三进两定一融合”网格党建工作模式，实施党建引领物业服务提升行动，推动党群服务阵地向住宅小区、网格延伸覆盖，以党建引领提升服务质效。

我们坚持党管干部、党管人才，锻造高素质专业化干部队伍。深入实施干部能力提升工程，分层分类开展干部专业化培训轮训，全面提升履职尽责能力。健全完善干部“选育管用”全链条，把年轻干部放到艰难险重、重要吃劲岗位上摔打磨炼，日均4000余名党员干部下沉基层参与新冠疫情防控，分批组织约4000名干部开展核酸检测培训。实施“名校优生”计划，首批毕业生投身江宁改革发展稳定主战场。

我们驰而不息推进正风肃纪，扎实推进省市委涉粮问题、化解民生诉求突出问题专项巡视巡察整改，有序完成十四届区委三轮巡察，政治巡察利剑作用充分彰显。始终保持反腐高压震慑，锲而不舍落实中央八项规定及其实施细则精神，深挖彻查粮食购销、市政工程、能源供给、国资国企等领域腐败问题，一体推进“三不腐”机制，今年以来查办违纪违法案件400件，移送司法8人，切实推动以案促改、以案促建、以案促治，持续营造风清气正的政治生态。扩大作风监督覆盖面，不断提高作风建设水平。

区委常委会始终高度重视自身建设，带头做到旗帜鲜明讲政治，在学深悟透笃行习近平新时代中国特色社会主义思想上发挥示范引领作用，强化政治判断力、政治领悟力、政治执行力，始终在政治立场、政治方向、政治原则、政治道路上同以习近平同志为核心的党中央保持高度一致。带头做到知责于心、担责于身、履责于行，坚决贯彻党中央和省市区委决策部署，推动全年重点工作任务细化实化具体化，不断提高把握新发展阶段、贯彻新发展理念、服务构建新发展格局的政治能力、战略眼光、专业水平，更好发挥区委把方向、谋大局、定政策、促改革的作用。带头践行新时代党的群众路线，大兴调查研究之风，常态化落实挂钩联系重大项目、走访服务困难群体等机制，主动沉到基层一线指导精准防控，始终同人民群众站在一起、想在一起、干在一起。带头严守政治纪律政治规矩，认真贯彻民主集中制，严格执行区委常委会会议事规则等制度，落实请示报告制度，做到正好家风、管好家人，着力建设忠诚干净担当的坚强领导集体。

以上是区委常委会一年来的主要工作。这些成绩来之不易，是以习近平同志为核心的党中央和省市委坚强领导的结果，是全区各级党组织、广大党员干部团结奋斗的结果。区委全体同志立足岗位、履职尽责，对常委会的工作给予了真诚帮助和大力支持。在此，我代表区委常委会向同志们表示衷心感谢！

政府工作报告

——在南京市江宁区第十七届人民代表大会第四次会议上

区 长 洪礼来

（2023 年 1 月 6 日）

2022年工作回顾

2022 年是党的二十大召开之年，也是本届政府的开局之年，这一年极不寻常、极不平凡。面对复杂严峻的外部环境和多重超预期的困难挑战，全区上下坚持以习近平新时代中国特色社会主义思想为指导，以迎接党的二十大、学习宣传贯彻党的二十大精神为主线，坚决扛起“争当表率、争做示范、走在前列”光荣使命，全面贯彻“疫情要防住、经济要稳住、发展要安全”重大要求，认真落实中央、省市和区委各项决策部署，紧扣中国特色社会主义现代化先行示范区建设目标，在区人大、区政协的监督支持下，高效统筹新冠疫情防控和经济社会发展，统筹发展和安全，切实担起“勇挑大梁”的重大责任，稳步推进“十大工程”，较好地完成了区十八届人大一次会议确定的主要任务，全年地区生产总值突破 3000 亿元，一般公共预算收入 203 亿元，规上工业总产值超 4000 亿元，外贸进出口增长 8.7%，实际使用外资 9.36 亿美元，连续三年稳居全国综合实力百强新城区第三位。

回顾这一年，我们坚持苦干实干、承压前行，顶住了冲击、稳住了大盘，拼出了战疫情、稳增长、保安全的江宁答卷。

——新冠疫情防控科学高效、精准有力。面对突如其来的“3・10”新冠疫情，连夜激活应急指挥体系，更新战役打法，以快制快，由追向围，仅用 10 天实现社会面无新增病例。10 月份来，面对新冠疫情多点散发、多链并行的严峻形势，及时优化调整防控指挥体系，配优配强“社会面”防控力量，全面提升“规模检”质量效率，迅速高效处置多起突发新冠疫情，守牢了不发生规模性新冠疫情的底线。“二十条”特别是“新十条”出台后，适时调整防控策略，全力做好医疗救治、疫苗接种和药品保供，在全市率先上线基层医疗机构互联网诊疗平台，创新推出家庭医生、健康驿站等便民服务，新设多家便民发热诊室和多辆流动诊疗车，最大程度保护人民生命安全和身体健康。

——经济运行快速复苏、稳中有进。面对新冠疫情冲击等超预期影响，抢抓“时间窗口”，创新设立经济调度指挥部，实行扁平指挥、专班服务、条块联动，扎实做好产业链供应链保畅、有序用电保供、重大项目要素保障，推动主要经济指标企稳回升、逐月向好。特别是坚持“早退快退、应退尽退”，最大程度落实新的组合式税费支持政策，办理增值税留抵退税 96 亿元、居全省县域前列，为企业带来了“及时雨”。进入四季度，更加突出“大抓项目、抓大项目”导向，顶瑞焊接机器人、普莱柯灭活疫苗等一批重大产业项目竣工投产，江宁妇幼保健院、老年医院等一批补短板类民生项目顺利开工，以重大项目的“硬支撑”保证了高基数上的“稳增长”。

——风险隐患有效防范、稳妥化解。紧盯特殊节点、重点领域、突出问题，扎实开展统筹发展和安全“大走访、大排查、大攻坚”行动，一体推进安全生产大检查、“深化提升专项整治”，深入开展新型燃料专项整治和消防、既有建筑、群租房等 21 个重点行业领域百日攻坚行动，组建专班集中治理成元路、黄泥塘、金龙路“三大片区”，推动区街两级消委办实质化运作，生产安全事故起数、死亡人数分别下降 22.2%、25%。深入开展“信访突出问题攻坚化解年”行动，有效防范房地产、非法金融等领域风险，完成“保交楼、保交付”项目 41 个、商品住宅 2.47 万套，有力保障了社会大局和谐稳定。

过去一年，我们主要做了以下工作：

一、专注创新发展，活力动能竞相迸发

创新平台优化升级。紫金山实验室发布“全球首个广域确定性网络系统”等 4 项重大创新成果，IEC 中国首个分支机构落户麒麟科创园，开源软件供应链重大科技基础设施获批承担国家重大科技攻关任务，现代综合交通实验室实体化运营，完成东大毫米波等 8 家国家重点实验室重组申报，智能焊接与高效增材技术中心正式落户长三角智能制造与装备创新港，未来网络未来产业科技园入选首批全国试点。创新主体加速壮大。预计净增规上工业企业超150家，高新技术企业总量突破2000家，9家企业成功上市、增量全省区县第一；累计认定国家级专精特新“小巨人”企业37家，总量居全省区县首位；集聚省市独角兽、瞪羚企业194家，居全市前列。新增制定国际标准5项、国家标准16项，南高齿荣获省长质量奖。创新氛围日趋浓厚。在全省率先成立首家区级人才集团，新入选国家重点人才工程专家20名、位列全市第一，累计引进高层次创新创业人才突破3000名。入选省级以上众创空间13家，获评全国首批知识产权强县建设示范县、全省唯一国家知识产权服务出口基地，跻身全国创新百强区第六位。

二、狠抓实体经济，产业能级承压而上

重大项目支撑有力。高水平举办金洽会等专场活动，汇川高端装备、中国电科院南京科研基地等420个亿元以上项目签约落地。粤浦、中材锂膜等一批超10亿元的重大产业项目开工建设，LG锂电池、中兴服务器等70个重大产业项目竣工投产，支撑工业投资和全社会固定资产投资实现正增长。前瞻布局“十大”百亿级产业集聚区，总投资300亿元的中国能谷项目启动建设。主导产业加速壮大。成功入选全省首批制造业高质量发展示范区，智能电网入选首批国家先进制造业集群，新一代信息技术、高端智能装备等优势产业产值保持两位数增长，在全国工业百强区位次跃升至第七位。正值而立之年的江宁开发区连续6年跻身全国国家级经开区前十强，发展成为全国集聚度最高的智能电网产业高地、全市最大的智能制造装备产业基地。江宁高新区被授予南京市“元宇宙产业发展先导区”，滨江开发区新一代信息通信产业园获评全省特色创新产业园区，空港开发区获批空港型国家物流枢纽。转型升级成效显著。新增智能制造示范工厂5家、示范车间11家，工业技改投资占工业投资比重超过40%。加快提振街道经济发展动能，出台街道中小工业集中区高质量发展三年行动计划，转型升级低效闲置用地2000亩，盘活工业载体6万平方米。启动存量用地提质增效行动，首批25个项目实质性开工，将新增载体面积212.4万平方米，5个经营性存量用地项目顺利挂牌。消费潜力有效释放。率先出台燃油汽车、新能源汽车消费补贴政策，销售额同比增长30%以上；适时推出“夏日限定·悦游江宁”等四季旅游特色推广活动，83家首店品牌入驻江宁，量身打造园博园、牛首山等文旅促消费场景，全年接待游客超3500万人次、旅游收入近300亿元，带动社会消费品零售总额增幅由负转正。

三、聚力绿色发展，生态环境持续优化

环保督察问题整改有力有效。坚决做好中央、省生态环境保护督察反馈问题整改工作，按期完成省警示片披露问题整改省级销号。以整改为契机，大力开展环境质量“提质增优”六大攻坚专项行动，妥善处置环保信访问题，环境信访总量同比下降超四成，信访投诉办结满意率达90%。长江大保护纵深推进。严格落实长江大保护和“十年禁渔”，持续开展长江经济带生态环境警示片披露问题“回头看”，长江经济带“百项提升工程”江宁任务基本完

杨家圩文化公园　（年鉴编辑部供图）

成，新济洲获评长江大保护正面典型案例。污染防治成效明显。彩虹桥片区精细化治理水平稳步提升，完成年度治气项目464个，PM2.5平均浓度同比下降9.1%。河湖长、断面长制有效落实，8个国省考断面水质优良率100%，市考以上断面水质稳定达标，获评市级示范幸福河湖16条。完成66个地块土壤污染状况调查，安基山等5家尾矿库闭库销号。

四、推进城乡融合，功能品质加快提升

基础设施不断完善。“三区三线”划定成果获批启用。土山片区筹委会正式成立。19条新建市政道路、S002秦淮河大桥建成通车，文靖路跨宁杭高速桥、跨秦淮河桥主体竣工，经十一路顺利通车，东郊小镇居民出行难问题得到有效缓解。开发区南区三期、高桥等污水处理厂投入使用，污水日处理规模提升至87.7万吨，入选全市唯一省农村生活污水社会化治理试点。完成农路提档升级36.4千米、危桥改造38座。城市管理更加精细。万安东路等4处口袋公园顺利竣工，新增公共绿地面积30.4万平方米，4个老旧小区、30条背街小巷完成有机改造；积极推进机关企事业单位开放共享泊位，建成天印大道等9处公共停车场，新增各类停车泊位1.6万个。稳步推进“一厂三中心”项目建设，垃圾分类集中处理率达98%。岗山二期棚户区改造等5个房屋征收项目实现扫尾清零。乡村振兴走深走实。扎实推进乡村建设行动，金牛谷等3个乡村振兴样板聚落初现雏形，创成省级特色田园乡村4个、市级以上美丽乡村80个，连续3年获评全省农村人居环境整治提升工作第一等次。纵深推进涉粮问题专项巡视巡察反馈问题整改，彤山粮库建成并投入使用，完成凤凰山粮库3栋5万吨高大平房仓建设，南京江宁储备粮管理有限公司挂牌成立，新增高标准农田3000亩，粮食种植总面积达42.9万亩，总产量4.46亿斤。成功承办南京农业嘉年华，新增区级以上示范家庭农场122家，龙头企业年销售额突破千亿大关。

五、回应社会关切，民生福祉不断增进

富民增收步伐加快。城乡居民人均可支配收入分别达7.4万元、3.5万元，分别增长3.9%、5.9%，农村居民收入增幅持续高于城镇居民。健全就业促进机制，聚焦助企纾困稳岗、重点群体筹岗，开展职业技能培训5.3万余人，新增城镇就业2.6万人，培育自主创业超7500人，全省首家省市区共建零工市场落户江宁。社会保障更有温度。坚持把安置房建设作为“一号民生工程”重点推进，全年新开工安置房420万平方米、建成167万平方米，筹集保障性租赁住房近1.6万套、总量居全省区县首位。完成C、D级农村危房改造220户。全面落实抚恤优待、大病保险等托底政策，开展大病救助超10万人次，资金超1亿元。新增市3A级以上社区居家养老服务中心16个，“小江家护”获评全国居家和社区养老服务改革试点工作优秀案例。有效应对高温等极端天气，统筹抓好防汛防台防冻抗旱等应急处置工作，食品药品监管持续加强。公共服务更加均衡。深入推进教育资源布局优化提升，南师附中正方新城学校正式落户，东山高级中学（南站校区）等16所新建学校建成交付，新增优质公办学位1.8万个，中高考成绩实现历史性突破。中医院门诊及教研康复楼竣工验收，区卫生应急指挥中心、4家社区卫生服务中心交付使用，打造首批50个社区卫生服务站哨点样板，被确定为全国残疾预防重点联系地区。更新新能源公交车250辆。新档案馆正式开馆，区职工文化中心即将投用，百家湖文化中心（江宁美术馆）试运营，金陵水乡·钱家渡创成省级非遗项目示范点。荣获23枚省运会金牌，为南京代表团争得全省第一作出了江宁贡献。社会治理赋能增效。建立完善“园街吹哨、部门报到”工作机制，稳妥有序推进科苑等6个大型社区优化调整。“一网通办”“一网统管”全面推进，城市数字治理中心挂牌运行。全市首家接听办理全闭环“12345”热线分中心建成运行，群众诉求解决进入“快车道”。扫黑除恶斗争常态化推进，公安机关保驾护航作用充分发挥，群众安全感测评位列全市第一等次。

过去一年，我们始终把政治建设摆在首位，严格落实意识形态责任制，持续推进党史学习教育常态化长效化，进一步转作风提效能，政府建设全面加强。自觉接受区人大及其常委会法律监督、工作监督和区政协民主监督，人大代表建议、政协委员提案办结率和满意率均达100%。优化调整政府议事决策规则，认真落实“三重一大”集体决策制度，创成全省法治政府建设示范区。国企改革三年行动全面收官，组建旅游康养产业集团。完成教育、医疗卫生等8个领域区与街道园区事权和支出责任划分改革。企业登记“无感审批·有感服务”被国务院职转办推广，现代服务业主体培育等4项被省政府督查激励。强化政府性债务、经营性债务的制度管控，落实市政府“三年进绿”行动方案，有序化解政府隐性债务；积极争取政府债券17.6亿元，政府性债务规模和债务成本实现“双下降”。严格执行中央八项规定及其实施细则精神，落实“过紧日子”要求，公用经费定额压减10%。坚决推进市监委监察建议整改落实，深入开展国有平台公司管理和土地规划建设等重点领域整治，12 项整改任务、39 条整改措施基本完成。

与此同时，工会、妇女、青少年、红十字、老年教育、慈善、关心下一代等事业实现新进步，人武、双拥、史志、侨台、人防等工作开创新局面，与特克斯、洛南、淮阴、博望对口协作取得新成效。

各位代表！成绩来之不易、成之惟艰，这是市委市政府和区委坚强领导的结果，是全区人民拼搏奋斗的结果。在此，我代表区人民政府，向付出艰辛努力的全区人民，特别是医务工作者、社区工作者、公安干警、志愿者，向各位人大代表、政协委员，向各位老领导、老同志，向各民主党派、工商联、无党派人士、各群众团体，向驻区各部队、高校、科研院所，向所有关心支持江宁发展的各界人士和朋友们，致以崇高的敬意和衷心的感谢！

在总结成绩的同时，我们也清醒地看到，发展中还存在一些困难和问题，主要表现在：创新链与产业链融合深度不够，企业技术创新需求与科技成果转化对接还不够畅通，高新技术企业增长不及预期；部分街道发展结构不优、后劲不足，街道中小工业集中区转型升级尚未实现实质性突破；受经济下行、减税降费和新冠疫情冲击叠加影响，财政收支平衡压力进一步增大；空气优良率不增反降，水环境和大气质量常态达标、提质增优的基础还不够稳固；部分偏远农村地区教育、卫生等优质公共服务供给仍不充足，安置房建设任务繁重；安全生产、消防、房地产等领域本质安全水平有待进一步提升，火灾起数较上一年有所增加；基层社会治理水平与人口集聚速度不相匹配，政府职能转变仍需与时俱进、不断提升。对此，我们将采取有力措施，认真加以解决。

2023年工作安排

今年是全面贯彻落实党的二十大精神的开局之年。党的二十大擘画了全面建设社会主义现代化国家、全面推进中华民族伟大复兴的宏伟蓝图，区委十四届七次全会吹响了“在高质量发展中奋力谱写中国式现代化江宁新篇章”的奋斗号角。迈上新征程，我们要主动适应现代化建设新要求，把握实施扩大内需战略等新机遇，在区委的坚强领导下，切实把党的二十大提出的各项战略部署转化为江宁高质量发展的创造性实践，谋划实施一批最能激发活力的创新举措、最能带动全局的重大项目、最能提振信心的重点工作、最能补齐短板的民生工程，全面兴起新一轮干事创业热潮，推动江宁再出发、再跨越、再引领。

今年政府工作的总体要求：坚持以习近平新时代中国特色社会主义思想为指导，全面贯彻落实党的二十大精神，深入落实习近平总书记对江苏工作重要指示精神，按照中央经济工作会议和省市区委要求，坚持稳中求进工作总基调，完整、准确、全面贯彻新发展理念，积极服务和融入新发展格局，着力推动高质量发展，更好统筹新冠疫情防控和经济社会发展，更好统筹发展和安全，突出做好稳增长、稳就业、稳物价工作，持续激发“争第一、创唯一”的豪情壮志，以“十个高质量”为主抓手，勇挑大梁、敢为善为，以更加过硬的“强富美高”实践成果，为奋力谱写中国式现代化江宁新篇章开好局起好步。

今年全区国民经济和社会发展的主要目标是：地区生产总值增长 6% 以上，一般公共预算收入增长 8%，全社会固定资产投资增长 5%，社会消费品零售总额增长 6% 以上，规上工业总产值增长 10% 以上，全体居民人均可支配收入增幅与经济增长基本同步，其中农民收入增速高于城镇居民。节能减排、大气和水环境质量等约束性指标确保完成市下达的目标任务。重点做好七个方面工作：

一、全力巩固经济回升向好势头。把稳增长放在更加突出位置，推动经济运行率先整体好转

积极扩大有效投入。坚持招大引强，瞄准旗舰型、龙头型企业开展精准招商，集聚一批先进制造业高端项目，全年引进亿元以上重大项目 400 个。加强项目建设全生命周期服务保障，加快推进恒立智能电控生产基地、华创瑞风总部基地等 169 个区级以上重大项目建设，完成年度投资 346 亿元，确保工业投资实现两位数增长。不断调优投资结构，支持企业技术改造，跟进实施工业技改项目 100 个。鼓励社会资本投向实体经济，聚力推进百家湖硅巷等十大片区存量用地提质增效，实质性开工 30 个项目。有效发挥财政资金撬动作用，完成城建投资超 380 亿元，争取更多 REITs、EOD 项目进入国家政策“大盘子”。

推动产业迈上中高端。大力实施强链补链延链专项行动，五大优势产业集群产值增长 10% 以上，生物医药、航空航天等战略性新兴产业产值占工业总产值比重提高 1 个百分点，净增规上工业企业 150 家以上，规上工业总产值超 4400 亿元。推动数字经济与实体经济深度融合，启动未来网络未来产业科技园建设，建成工业互联网标识解析二级节点 3 个，全力完成 450 个智能化改造数字化转型项目，新增省级智能制造示范工厂 3 家、示范车间 5 个。更大力度推进 18 个街道中小工业集中区转型升级，积极探索工业上楼、高标准厂房建设，规上工业总产值实现两位数增长，盘活低效闲置用地 2000 亩。加速发展软件信息、金融等服务业，新增规上服务业企业 40 家以上，推动服务业增加值增长 10%。高标准打造百家湖、九龙湖、南站、未来科技城楼宇经济集群，大力招引央企二级总部、金融总部和功能性总部，新增税收亿元楼宇 2 栋，集聚市级总部企业 5 家。放大空港国家级示范物流园区效应，加快打造全国最大的国际邮件快件集散中心，全区物流交易额达 1860 亿元。

全面促进消费回暖。以国际消费中心城市示范区建设为引领，实施百家湖商圈消费能级提升计划，加快开市客等 11 个项目建设，不断提升南京都市圈消费人群辐射力。滚动开展“消费促进”活动，稳定扩大汽车、家电、家装等大宗消费，大力发展首店经济、品牌经济，加快培育一批新型消费场景，新增限上批零住餐企业 40 家以上。加大江宁旅游联卡发行力度，联动提升园博园、牛首山、金陵小城等文旅产业带动效应，创成省级乡村旅游重点村 1 个，旅游收入增长 5% 以上。支持刚需和改善性住房需求，完成房地产销售 170 万平方米，促进房地产市场平稳健康发展。

积极推进双向开放。深化对接 RCEP 经贸规则，以全市服务业扩大开放综合试点为契机，提升综保区、跨境电商综合试验区等国家级平台开放能级，高标准建设国家知识产权出口服务基地，推动外贸进出口稳中提质。加快建设空港临空经济区，推进“临空产业 + 跨境电商”发展，积极引进龙头型、运营型跨境电商企业，通关量领跑全省。加大境外招商攻势，支持企业“走出去”抢订单、拓市场，鼓励本地外资企业未分配利润再投资，全年实际使用外资不少于 10 亿美元。主动融入长三角一体化、南京都市圈建设，不断加强对口支援合作。

二、加快培育创新发展新动能。更大力度推动创新链与产业链深度融合，加快建设国家区域科技创新中心核心区

夯实创新策源基础。支持区内重大创新平台在关键核心技术领域形成更多原创性成果，全面促进基础研究、应用研究和产业化对接融通。支持紫金山实验室在未来网络、6G 研发、“东数西算”等领域聚力突破，加快完善未来网络试验设施 40 个城市骨干节点建设，完成成果转化落地项目 40 个以上。推动麒麟科技城高端创新资源加速集聚，启动国科大南京学院二期、中科院软件所南京研究院建设，建好信息高铁科技创新综合实验平台一期、南京未来能源系统研究院等创新引擎。精准服务东大毫米波、南京智能制造系统实验室等国家重点实验室重组和申报。

完善梯次培育机制。加快创新型企业阶梯式成长，推动高新技术企业提质增量，深化专精特新“千校万企”紫金行动，聚焦智能电网等优势产业、生物医药等战略性新兴产业，引导一批创新力强、成长性好的中小企业成为细分行业的“隐形冠军”和“独角兽”企业。备案科技型中小企业总量达 4500 家，净增高新技术企业 300 家以上，新增省级以上专精特新企业超 70 家、上市企业 4 家以上。发挥科技型骨干企业引领支撑作用，畅通源头创新、成果转化、市场应用链条，实施产学研合作项目 100 个以上，年技术合同成交额突破 150 亿元。

建优企业成长生态。优化实施“紫金山英才·江宁百家湖”计划，专业化运作人才集团，高质量运行国际人才街区，培育创新型企业家 20 名，引进高层次创新创业人才 200 名，建设青年发展型城市。推进知识产权强国试点示范建设，万人发明专利拥有量达 150 件。深化质量强区战略，培育市级以上政府质量奖企业 3 家，参与制定国家、行业标准 12 项。完善“众创空间—孵化器—加速器—产业园区”全链条孵化培育体系，新增市级以上科技孵化载体 10 家。加强科技金融服务，设立政府天使引导基金，科技服务业收入增长 9%。

三、做大做强开发园区主引擎。放大园区引领作用，加快建设“十大”百亿级产业集聚区，打造区域协同发展新增长极

壮大江宁开发区能级。聚焦绿色智能汽车、智能电网等四大先进制造业集群，引进百亿级旗舰项目 1 个，加快中国电科院南京科研基地、中电建华东区域总部等项目建设，确保汇川高端装备、盛鑫半导体等 20 个重大产业项目竣工投产。建成国家第三代半导体技术创新中心一期厂房和中试平台，启动二期规划建设。加快建设 150 万平方米产业创新服务综合体，吉印产业创新园、空港新动能产业创新园投入运营。争当扩大对外开放主窗口，基本建成福特“三电”、恒安储能电池等外资标志性项目，确保外贸进出口保持千亿以上规模。

打响麒麟科创园品牌。深入落实省院共建麒麟科技城各项决策部署，深挖“中科系、华能系、中交系”产业资源，集聚一批人工智能、数字经济、新能源和综合交通等产业上下游项目及区域性功能性央企总部机构，推动产业体系由“多点散布”向“总部集群”转变。加快中国能谷重大项目建设，中央商务区及先行示范区一期开工建设，产业生态区建成交付，举办2023国际标准化（麒麟）大会，推动IEC国际标准促进中心（南京）常态化运营。完成南京智能计算中心（二期）项目建设，实现算力产业生态聚合。推动南师附中麒麟校区落地，麒麟荔枝广场建成开业，打造宜居宜业的现代化科技新城。

释放江宁高新区活力。招引百亿级旗舰项目1个，实际到位内资、重大项目投入实现双“百亿”。加速国家生物制造技术创新中心、省药监局审评核查分中心等重大平台投运，生物医药产业产值、营收增长20%以上。聚力打造南京元宇宙产业核心区、江宁数创谷，推动完美世界、大西洲等头部企业落地，建成国际赛事电竞场馆，实现数字经济规模倍增。发挥大学城校地融合促进中心作用，做优江苏运动健康研究院等8个校地共建项目功能，实现产业化落地成果20项。实体化运营“天印融创中心”，基金注册规模达到150亿元。

做大滨江开发区规模。以园区成立20周年为新起点，聚力打造新能源、新材料百亿级产业园，招引50亿元龙头项目1个，加快烽火通信项目建设，中材锂膜项目竣工投产，工业投资增长12%，力争规上工业总产值超1000亿元。加速转型升级步伐，完成9个项目450亩低效用地“腾笼换凤”。高质量运营青梧桐、中聚互联众创空间，博睿科创园投入运营。以扬子江大道全线通车为契机，完善园区功能配套，更好接受主城辐射，在产城融合、人才集聚上实现突破。

彰显汤山度假区特色。紧扣文旅康养产业集聚区定位，加快新一轮关联产业布局，引入医美康养等大健康产业，推进汤山温泉康养小镇、前海医院等项目建设，推动海洋公园等引爆性项目签约落地，强化景区酒店与乡村民宿联动，积极发展婚庆露营、工会疗养、会议会展、网络直播等新业态新模式，实现年接待游客530万人次，进一步做大客流、集聚人气。加快长三角智能制造与装备创新港建设，打造科技产融综合体。

四、全面提升现代城乡宜居度。实施八大类536项城建工程，进一步提功能、优品质，让广大群众共享发展成果

高品位推动城市建设。高质量编制第一版国土空间总体规划，优化完善“一核一极四城四区”空间结构。积极服务扬镇宁马铁路、宁马市域（郊）铁路、宁芜铁路，全力推进机场高速秣陵互通、绕越高速窦村互通建设，南沿江铁路、地铁5号线江宁段具备通车条件，加快诚信大道、宏运大道快速化改造，打通东麒路北延、绿都大道跨区域“断头路”，完成10处“小微堵点”改造工程，让市民出行更加顺畅便捷。积极推进土山机场迁建，加快项目建议书报批。持续推进城市更新，全力攻坚房屋征收扫尾，完成上坊片区、南京北站迁建安置房等25个地块攻坚清零，改造出新老旧小区30万平方米。强化句容河综合治理，实施阜东水库消险等23个重点水利工程。

高水平推动长效管理。以强化城市管理力度为抓手，提升城市治理水平。实施公园城市三年行动计划，启动九龙湖北湖等城市综合性公园建设。健全垃圾分类长效机制，加快推进江南焚烧二厂一期工程、环卫应急中心等基础设施建设，垃圾分类集中处理率保持在98%。以解决大里片区停车难为切入点，推进错峰共享、盘活存量，加强智慧停车建设，全年新增各类泊位8000个。实施梁台遗址、洪保墓纪念馆、横山县抗日民主政府旧址等文物保护修缮项目。

高质量推动乡村振兴。聚力实施产业赋能百村共兴等“四百行动”，主攻优质稻米、绿色果蔬、健康水产、精品花卉四大种业振兴，新增区级以上农业龙头企业20家、示范家庭农场100家。坚决遏制耕地“非农化”“非粮化”，打造高产稳产的“吨粮田”5000亩，建成高标准农田2600亩，粮食播种面积和产量稳中有升，创成国家级农产品质量安全区。巩固农村人居环境整治成效，开展农业大棚临时看护设施整治，加快汤山北等4个特色聚落落地实施，创成省级生态宜居美丽乡村示范区、省级特色田园乡村2个。建成凤凰山粮库，高标准完成涉粮问题专项巡视巡察反馈问题整改任务。

五、打赢打好生态改善持久战。协同推进降碳、减污、扩绿、增长，让绿色成为江宁的城市底色、鲜明特色

加快提升环境质量。坚决彻底抓好中央、省生态环境保护督察反馈问题整改销号，完成云台山硫铁矿等突出问题整改。强化PM2.5和臭氧浓度“双控双减”，开展“无异味园区”创建，完成320个VOCs治理项目，深化彩虹桥片区等重点区域污染综合治理，空气质量优良天数比例达80%以上。落实河湖长、断面长制，强化板桥河等入江支流治理工程及排口整治，打造46条幸福河湖，市考以上断面水质稳定达标，省考以上断面Ⅲ类水体比例达100%。启动水环境治理提升三年行动，持续推进东山等片区雨污分流改造，加快推进玉带圩、鞭鞍河、金村沟综合整治工程，创新构建智慧水务平台，城市生活污水集中收集处理率提升至80%。稳步推进应急水源地建设。强化土壤污染源头防控，开展危废固废专项整治，加快建设“无废城市”。

发展绿色低碳经济。深入实施“碳达峰碳中和”工作方案，蹄疾步稳推动绿色发展低碳转型，持续推进江宁开发区碳排放评价试点、麒麟科创园打造低碳智能产业园。推动光伏、氢能、储能等清洁能源示范运用，大力培育节能环保产业，营收增长超过10%。严把准入和淘汰两端，坚决遏制“两高一低”项目盲目发展，淘汰低端低效产能项目8个，单位工业增加值能耗下降1.5%。

筑牢生态保护屏障。巩固拓展长江生态保护修复成果，严格抓好长江“十年禁渔”，新济洲申报国际重要湿地，稳步提升生态系统多样性、稳定性、持续性。严格落实生态红线刚性保护措施，深入推行“林长制”，实施森林抚育2万亩、绿化造林400亩。实施“百里绿道”工程，新增公共绿地面积20万平方米。用好污染防治综合监管平台，强化监测监控、预警应急、行政执法联动，严厉打击环境违法行为。

六、着力提升人民群众幸福感。坚持尽力而为、量力而行，采取更多惠民生、暖民心举措，更好满足群众对美好生活向往

拓宽共同富裕路径。深入实施中等收入群体壮大行动和农民收入十年倍增计划，城乡居民收入比力争缩小至2∶1。强化就业优先导向，突出抓好高校毕业生、退役军人、农民工等重点群体就业，构建8个“零工市场（驿站）”服务站点，发挥大创园、留创园等载体作用，新增城镇就业超2.6万人、大学生就业3.5万人，培育自主创业4300人。推动村（社区）集体经济高质量发展，统筹整合村集体资金在开发园区购置资产、返租经营，确保区级集体经济强村占比达50%以上。

强化公共服务供给。优化“一老一小”服务，持续打造“小江家护”新型养老服务体系，加快第二社会福利中心建设，新建三级以上居家养老服务中心10个；落实三孩生育政策配套措施，健全普惠托育服务体系。深化与区内外名校、驻区高校合作办学，积极开展“体教融合”“非遗进校园”等优质课后服务项目，推进22所学校新改扩建项目，争创省学前教育普及普惠区、义务教育优质均衡发展区。深化健康江宁建设，加大基层卫生人才队伍培养力度，加快江宁妇幼保健院、老年医院建设，推动江宁中医院创建三甲医院，新改扩建社区卫生服务中心9个，方山社区卫生服务中心投入使用，着力缓解该片区基本医疗和公共卫生服务需求，卫生站实现村（社区）、重点人群服务全覆盖。做好图书馆和文化馆新馆建设前期策划，打造一批契合基层群众需求的文化精品剧目。实施燃气安全“四进”行动，桃红小区实现通气，铜山、龙都集镇天然气主管网全部通达。

提高社会保障水平。纵深推进全民参保计划，以新业态从业人员为切入口，开展工伤保险专项扩面行动，养老保险和失业保险覆盖率保持在99%以上。建立区社会救助信息管理系统，启用未成年人

湖熟街道现代农业产业园俯瞰 （湖熟农业综合开发有限公司供图）

救助保护中心，稳步提高最低生活保障标准及困难残疾人、特困人员、困境儿童等救助标准，确保困难群众生活基本稳定。强化基本医疗保险参保扩面，促进普惠性“幸福保”等商业补充医疗保险发展。扎实推进退役军人“一站式”全生命周期服务，争创省双拥模范区。深入实施农村住房条件改善专项行动，全面完成C、D级危房改造。加大住房保障力度，细化政策性扩面、实物化创新保障方式，筹集保障性租赁住房3200套，建成安置房160万平方米。

各位代表，民生无小事，枝叶总关情。前期，区政府通过“群众提、代表定、政府办、大家评”，遴选形成12类45项候选民生实事项目。区人大代表票选确定后，我们将精心组织实施，坚决把实事办实、好事办好，不断提升群众获得感。

七、坚决筑牢安全稳定硬保障。坚持守土有责、守土负责、守土尽责，努力实现高质量发展和高水平安全良性互动

强化安全生产源头管理。巩固专项整治、百日攻坚行动成效，持续开展“网格赋能”行动，强化危化品、城镇燃气、既有建筑等重点领域隐患排查整治，加快自建房“三大片区”集中治理，坚决防范遏制重特大事故。高效运作街道园区消委办，加快建设软件园等8个消防站，加强高层建筑、商业综合体等场所风险隐患管控，全力压降火灾起数。

持之以恒防范化解风险。更加科学精准抓好新冠疫情防控，围绕“保健康、防重症”，认真落实新型冠状病毒感染“乙类乙管”措施，最大程度保护人民生命安全和身体健康，最大限度减少新冠疫情对经济社会发展的影响。坚决抓好政府性债务风险防范化解，扎实稳妥化解政府隐性债务，积极争取政府债券，加强融资平台公司经营性债务规模管控，加快推进国有平台公司整合转型，提升国有企业市场化运营能力。加大对房地产、非法集资等领域风险排查化解力度，牢牢守住不发生系统性区域性风险底线。持续推进“守查保”专项行动，提升食品安全整体水平。加强极端天气灾害风险评估，完善城区智慧防汛系统建设，着力提升防灾减灾救灾能力。

多措并举创新社会治理。推动城市运行“一网统管”，完善“四标四实”数据系统，加快建设运行感知、分析研判等“四个中心”。深入开展“大走访、大排查、大攻坚”行动，一案一策攻坚信访积案矛盾化解，切实压降信访总量。深化街道综合行政执法改革，进一步推动区级执法事权、执法力量向街道下放下沉，不断提升街道综合行政执法效能和水平。以提升连片商品房和拆迁安置房小区综合服务水平为重点，持续优化全区大型社区规模和布局。深入推动“精网微格”工程，全面实行“园街吹哨、部门报到”机制。推进平安江宁建设，常态化开展扫黑除恶斗争，公众安全感保持在99%以上。

打铁还需自身硬。新的一年，我们将持之以恒加强政府自身建设，深刻领悟“两个确立”的决定性意义，增强“四个意识”、坚定“四个自信”、做到“两个维护”，不断提高政治判断力、政治领悟力、政治执行力，更大力度推动政府治理现代化。一是提高行政效能。以马上就办的干劲、咬定青山的韧劲干事创业，保持真抓实干的奋斗姿态。持续优化营商环境，深化投资审批制度改革，拓展“告知承诺制”“拿地即开工”“交付即拿证”适用范围，开辟重大项目建设绿色通道，让项目落地至快至简；加快打造“五通办”政务服务，深入推进企业登记“无感审批”系统平台建设，力争“一网通办”率达98%。扎实推进首席统计员制度试点，做好第五次全国经济普查工作。积极构建亲清新型政商关系，支持民营经济和民营企业发展壮大，常态化开展“服务企业·面对面”大走访活动，做到“有求必应、无事不扰”。二是强化依法行政。扎实推进“八五”普法工作，发挥法律顾问等专家决策咨询作用，加强重大行政决策事前论证、事后评估和舆情评估，提高决策科学化民主化水平。高质量办好人大代表建议、政协委员提案，依法接受人大法律监督、工作监督，自觉接受政协民主监督，主动接受社会和舆论监督。加强诚信政府建设，推进政务公开标准化、规范化。三是坚持勤政廉政。深入基层一线、问政问需于民，用心用情解决群众的“急难愁盼”问题。政府带头过“紧日子”，大力压减非急需、非刚性行政开支，部门预算中公用经费压减10%。严格落实全面从严治党主体责任，锲而不舍落实中央八项规定及其实施细则精神，巩固市监委监察建议反馈问题整改成效，健全工程建设、拆迁、专项资金等重点领域廉政风险防控体系，强化行政监督、审计监督和统计监督，营造干净干事的良好氛围。

各位代表，使命呼唤担当，奋斗铸就辉煌。让我们更加紧密地团结在以习近平同志为核心的党中央周围，全面贯彻党的二十大精神，在市委市政府和区委的坚强领导下，坚决扛起“争当表率、争做示范、走在前列”使命担当，踔厉奋发、勇毅前行，为全面建设社会主义现代化国家、全面推进中华民族伟大复兴作出江宁新的更大贡献！

江宁区学习宣传贯彻中共二十大精神综述

中共二十大胜利闭幕后，根据中央和省市委有关要求，江宁区迅速行动，认真谋划部署、扎实有序推进学习宣传贯彻中共二十大精神，迅速在全区兴起学习宣传贯彻热潮。

一、以上率下，确保专题学习全动员

全区各级党组织第一时间组织收听收看中共二十大盛况，区委迅速召开区委常委会扩大会议、区委理论学习中心组学习会，及时传达中央和省市委要求以及省市委宣传部学习宣传贯彻中共二十大精神电视电话会议精神。及时召开区委常委会，研究部署全区学习宣传贯彻工作方案。要求全区上下切实提高政治站位，主动对标对表中央和省市委部署要求，强化组织领导，精心宣传发动，从通读中共二十大报告原文开始，制订系统学习计划，推动中共二十大精神在江宁落地生根。全区各级党组织、各部门单位切实担负起组织领导责任，保障党员干部学习用书，征订中共二十大报告单行本、《中国共产党章程》单行本13万册，基本实现党员全覆盖；《党的二十大报告辅导读本》《中共二十大报告学习辅导百问》1万余册，实现各级领导班子、党员领导干部，党支部、各新时代文明实践中心（所站）、公共图书馆、农家书屋全覆盖。区委中心组先学一步、学深一层，组织原文通读中共二十大报告，开展集中交流研讨2次，14名成员进行深入的交流发言；召开学习贯彻中共二十大精神专题调研成果交流会，全区市管领导、部门园街主要负责人123人进行会议交流或书面交流。通过基层调研座谈会、视频会、主题党日（团日）活动等方式组织专题学习300余场，各级党组织中心组（领导班子）成员撰写交流发言材料1000余篇。组织全区800余名在职区管干部进行1次学习贯彻中共二十大精神应知应会知识闭卷测试，以考促学。

二、精心谋划，确保理论宣讲全覆盖

为确保学习宣传贯彻有序推进、精准施讲，密切对接省市相关处室，参照省市委做法，结合江宁实际，下发《关于做好学习贯彻中共二十大精神宣讲工作的通知》《关于学习贯彻中共二十大精神宣讲工作有关安排的通知》。组建由区委常委、区人大常委会和区政协主要负责人、党员副区长、各街道党工委书记、区有关部委办局主要负责人、省市委党校和驻宁高校专家、区委党校教师、社科理论工作者及“百姓名嘴”代表等组成的109人的区委宣讲团。市委常委、区委书记林涛担任区委宣讲团团长，多次就宣讲工作提出要求，先后在挂钩联系街道、区人民大会堂作宣讲报告2场，4次围绕党建引领基层治理、产业高质量发展、乡村振兴、推进全面从严治党、锻造忠诚干净担当的政治铁军等方面，开展学习贯彻中共二十大精神专题座谈。召开全区宣讲动员会，明确宣讲内容、时间、场次安排及工作要求、注意事项。为宣讲团成员配发《党的二十大报告学习辅导百问》及相关宣讲提纲，要求宣讲团成员精心组织宣讲内容，确保按照听得懂、能领会、可落实的要求，系统全面地讲、联系实际地讲、深入基层面对面地讲，第一时间把党的声音带到基层。组织宣讲团成员参加“中共二十大精神宣讲研修班”直播培训、安排区委党校教师参加省委党校学习贯彻中共二十大精神师资培训班，通过集中学习、试讲、集体备课和分组讨论等多种形式打造宣讲精品课程，提升宣讲水平。除中央、市委宣讲团安排的12场宣讲外，安排区委宣讲团进行29个系统专场，覆盖全区各系统、单位及68个村（社区），共169场集中宣讲，至年末，开展集中宣讲133场。同时，各级党组织参照区委宣讲团做法，以组织专题宣讲为主，支部党课、专题学习日、互动交流为辅，推动中共二十大精神宣讲进机关、进农村、进社区、进校园、进企业、进网络，确保集中宣讲覆盖城乡。

三、深化融合，确保氛围营造全方位

统筹整合“报网台微端屏”融媒资源，策划运用新型传播手段，开设“学习贯彻中共二十大精神”“学报告”“二十大时光——共话心声”“奋斗·江宁”“与‘宁’共成长”“一‘琪’看发展”等专栏。全媒体平台推出《区委理论学习中心组专题学习中共二十大精神》《我区干部群众认真学习领会中共二十大精神》《“初心磁场”，聚合力、添动力！》等报道98篇。在“江宁理上网来”平台开辟“学习贯彻中共二十大精神”“二十大宣讲在江宁”“二十大学习在江宁”专题专栏，宣传全区各级党组织学习贯彻中共二十大精神宣讲活动、典型事迹和良好风貌。广泛利用宣传展板、电子大屏、微信公众号等传统和新兴手段宣传解读阐释二十大精神，打破时空局限，实现宣讲与宣传并进，线上与线下齐行。借助新华日报、南京日报、南京电视台等省市主流媒体平台，推出学习宣传贯彻中共二十大精神重点宣传报道。其中，《新华日报》“二十大时光”“京苏连线”等专栏报道江宁区科技企业家、乡村振兴代表等学习体会和反响，《南京日报》头版报道江宁区干部群众认真学习领会中共二十大精神。把学习贯彻中共二十大精神与江苏省习近平新时代中国特色社会主义思想研究中心江宁实践调研基地建设结合起来，联合省市委党校专家，依托江宁实践调研基地首批示范点，从“强富美高”4个方向深入开展“新发展理念在江宁”等理论阐释课题研究，确定4个课题（含12个子课题）研究项目，邀请相关课题研究和媒体专家召开座谈研讨会，推出一批高质量理论研究阐释成果。组织开展“理响江宁”——江苏省习近平新时代中国特色社会主义思想研究中心江宁实践调研基地成果系列巡展。依托212个新时代文明实践中心（所、站）理论宣讲平台、特色课堂，充分发挥“红喇叭”理论宣讲联盟作用，用好“红喇叭”理论宣讲团、“一街一品”、“一行一特”等特色宣讲团队，开展“二十大精神进万家”主题宣讲活动。推广“党员话理”，组织文明实践所（站）长，党员、领导干部以专题党课、微党课、微宣讲视频等线上线下方式宣讲。发动“文艺唱理”，组织文艺骨干创作文艺宣讲作品，以歌曲、舞蹈、情景剧、小品、快板、评书、诗歌朗诵、广场舞等多种形式宣讲。推动“书香送理”，利用公共图书场馆、城市文化空间、农家书屋、商量书房，结合“书香江宁”建设，推动全民阅读分享交流学习心得。活用“乡音数理”，发挥乡贤、“五老”等“百姓名嘴”作用，用乡音传“党音”，“数”说中国式现代化、马克思主义中国化时代化。

四、以学促干，推动学习成果快转化

江宁作为全省现代化建设试点区县之一，全区各级党组织把学习贯彻中共二十大精神与学习贯彻习近平总书记视察江苏重要讲话指示精神结合起来，与贯彻落实区委十四届七次全会精神结合起来，动员全区上下把力量凝聚到实现中共二十大确定的战略部署上来，在高质量发展中奋力谱写中国式现代化江宁新篇章，为全面建设社会主义现代化国家、全面推进中华民族伟大复兴作出江宁新的更大贡献。一方面，持续抓好中共二十大精神学习宣传。保质保量完成集中宣讲，确保12月中旬完成市委宣讲团11场集中宣讲、12月底前完成区委宣讲团169场集中宣讲以及160余场点单式或其他形式宣讲。品牌示范开展基层宣讲，依托区“红喇叭”理论宣讲工作室，发挥高校名师专家、名人乡贤、道德模范、“百姓名嘴”优势，集中学习交流、集中备课试讲，提高宣讲骨干的理论素养和宣讲能力，在全区10个街道、三大园区、国企集团、中小学校、工青妇等系统、单位开展示范宣讲，带动“一街一品”“一行一特”理论宣讲团队以接地气的大众化话语和多元化形式开展基层宣讲。突出重点纳入党员冬训，将中共二十大学习宣传与基层党员冬训结合起来，把中共二十大精神的重点内容和贯彻落实的思路举措讲清讲透。另一方面，切实推进中共二十大精神的贯彻落实。按照区委全会的最新部署，准确把握江宁科教创新资源丰富、产业基础扎实、城乡发展相对均衡、共同富裕基础较好等特征，主动服务国家科技自立自强，加快构建现代化产业体系，积极服务和融入新发展格局，推进以人为核心的新型城镇化，加快建设人与自然和谐共生的美丽江宁，推动产业发展、改革开放、城乡建设、人民生活、生态环境、社会治理等高质量发展。（包顺宇）

非凡十年 江宁奋力绘就“强富美高”新画卷

——党的十八大以来江宁区经济社会发展成就

十月的江宁，花团锦簇、稻菽翻浪，风景如画、游人如织。在这个丰收的季节，回眸十年来时路——时间是最好的见证者，人民是最终的阅卷人。

党的十八大以来，江宁始终坚持以习近平新时代中国特色社会主义思想为指引，牢记习近平总书记殷殷嘱托，坚决扛起“争当表率、争做示范、走在前列”光荣使命，奋力谱写江宁“强富美高”新画卷。

江宁准确把握新发展阶段，深入贯彻新发展理念，加快构建新发展格局，以砥砺前行的确定性，应对外部环境的不确定性。全区上下坚决贯彻落实“疫情要防住、经济要稳住、发展要安全”重大要求，高效统筹新冠疫情防控和经济社会发展，正扛起勇挑大梁重任，激发敢为善为状态，以实际行动迎接党的二十大胜利召开。

创新驱动，激活跨越发展“原动力”

以创新驱动提升高质量发展新动能，江宁蹄疾步稳。十年间，国家级重大创新平台实现了从无到有，从1到N的突破性、裂变式发展。更多竞逐巅峰的“国家队”正在这里集结，更多锚定一流的“江宁智造”蓄势待发——

紫金山实验室跻身国家战略科技力量序列，先后发布10多项全球首个重大原始创新成果；“信息高铁综合试验基础设施”“开源软件供应链重大基础设施”等中科院重大科技基础设施在麒麟科创园加速推进；国家第三代半导体技术创新中心等一批国家级产业创新平台启动建设；新一代智能电动汽车底盘研发平台建设取得重大突破……在“空白地带”探索前行，在“重点领域”突破攻关，2012年以来，江宁累计组织实施省重大成果转化项目72项。

2020年度国家科学技术奖励大会上，江宁高新区企业——中圣科技董事长郭宏新荣获“国家科学技术进步奖二等奖”。该公司完成的“青藏高海拔多年冻土高速公路建养关键技术及工程应用”项目成果，如今已应用到“一带一路”国家和地区的基建中。

厚植创新沃土，让“科创森林”枝繁叶茂；悉心培育浇灌，让更多的“明星企业”不断涌现。十年间，江宁坚持创新主体梯次培育和全生命周期扶持，推动创新型产业集群持续壮大。科技型企业规模总量突破1万家。独角兽、培育独角兽和瞪羚企业达174家，总量全市第一。国家级“专精特新”企业达37家，总量全省居首。

十年来，江宁主要创新指标、产业指标全市领先，实现了“国家有位次，省市居前列”。江宁始终把加快实体经济发展作为重中之重，以科技创新引领产业链供应链升级，构建了“5+4+1”先进制造业产业体系，自主可控的现代产业体系建设取得重大进展。

地区生产总值2013年迈上千亿级台阶，2020年突破2500亿元，2021年达2810亿元，为十年前的3.7倍。高新技术企业总量十年增长了11倍，发明专利授权量从2012年的629件增至2021年的5461件。

位于江宁开发区的百家湖商圈　　　　（刘锦雷供图）

创新百强区第六位、“全国科技进步先进区”“国家可持续发展实验区”“国家知识产权强县工程示范区”“江苏省首批创新型示范区”等一批国家和省级荣誉，彰显了江宁创新发展的鲜明底色。

产城融合，澎湃能级跃升“强引擎”

百家湖硅巷、九龙湖环东大知识创新圈、东吉湖软件研发基地、如意湖临空创新基地，“四湖”联动，城创一体。产业和人才双向奔赴，推动人口城市化，实现居民就地择业、就近就业。

做强产业内核，提振城市能级。如今，江宁开发区、江宁高新区、滨江开发区等三大园区对全区经济贡献度增加到59.8%，十年提升了12.2个百分点。江宁开发区连续6年稳居全国国家级经开区第一方阵；江宁高新区获批苏南国家自主创新示范区核心区；滨江开发区成为千亿级先进制造业新高地；汤山温泉旅游度假区创成国家级旅游度假区。

城市快速拓界生长，交通设施的突飞猛进，江宁的枢纽地位和辐射作用愈发凸显。这十年，轨道交通“壮筋骨”——高铁网络通达全国，地铁交通贯通全市。地铁线路从1条快速发展至8条，51个站点，运营里程超250千米。目前，全区高铁运营线路达到3条，建成宁杭高铁江宁站、宁安高铁江宁西站。不久的未来，更有南沿江城际铁路、地铁5号线、地铁3号线三期等线路加入全区轨道交通的大网络。

江宁坚持“以人民为中心，为城市而设计”理念，城市面貌十年间焕然一新。江宁东山由副城提升为南京主城，全区城镇化水平从70%提高至78%，形成“弓形发力，一核一极、四城四区”的空间格局。结合城市更新，重点打造沿山、沿河、沿街、公园景观及绿道体系，建成百家湖硅巷、牛首山河、九龙湖等一批城市品质示范项目。

绿色发展，奏响美丽江宁“协奏曲”

长江进入江苏的“第一站”，一幅“凌波浮绿翠”的画卷是大美江宁的“代表作”。

过去十余年间，南京江宁新济洲从一个普通的江岛摇身一变成为国家级湿地公园。人退鱼鸟归，航拍照片显示，人类活动留下的“印迹”正逐渐被大自然弥合。最新测绘数据显示，湿地率已从最初的39.98%上升到69.9%。新济洲生态保护曾多次被央媒报道。

近年来，江宁坚定不移走生态优先、绿色低碳的高质量发展道路，加快实施“蓝天”“碧水”“净土”和“风险防范”四大工程，实现了污染物总量减排、生态环境质量改善、生态环境风险管控三类目标，以不到全市1/12的能耗，创造了全市1/6的经济体量。

江水，碧波荡漾；江岸，草木葱茏；江畔，游人徜徉。江宁高标准建成6.7千米沿江示范段风光带和“滨江秀林”超267公顷，累计绿化造林、环境提升1227公顷，建成区绿化覆盖率达47.3%。

近年来，江宁先后获得国家首批生态文明建设示范区、全国村庄清洁行动先进区、中国县域全生态百优榜第4位。2018年以来，江宁建成生态文明示范街道10个、生态文明示范村43个、国际生态学校4所、国家生态文明实践基地1个、省市级生态文明教育基地17个，位居全市第一。

在全域美丽乡村的生态基底之上，江宁的农业产业结构实现由“量”到“质”的升级转变。已建成台创园等2个省级现代农业园区和淳化、谷里等5个市级现代农业园区。

从“五朵金花”到“遍地开花”，黄龙岘、石塘人家等17个村成为国家级美丽乡村典范，强有力推进传统村落保护，延续“乡愁记忆”，前杨柳村被列为中国传统村落。江宁统筹城乡生产、生活、生态空间，优化现代农业和美丽乡村布局，铺展开西部生态、中部水乡、东部温泉、南部山水的乡村振兴图卷。

绘就“诗和远方”新画卷，不仅提升了江宁城市气质，更是兴旺了“美丽经济”。十年间，文旅产业创新活力竞相迸发，产业规模不断壮大。牛首山文化旅游区、江苏园博园、金陵小城等旗舰文旅项目先后亮相，建成国家等级景区6家、国家级旅游度假区1个、全国乡村旅游重点镇1个、全国乡村旅游重点村3个、江苏省乡村旅游重点村4个，江宁入选“2022年全国市辖区旅游综合实力百强区”第13位。

生态文明建设不是一蹴而就，更需久久为功。未来，江宁将全面推动江宁生态文明建设走在全市、全省乃至全国前列。

文明新风，彰显近悦远来“幸福感”

十年间的沧桑巨变，投射在百姓目力所见、步行可至的里程。全区现有体育公园32个，全民健身设施1888个，体育场地面积约910万平方米，建成“15分钟体育健身圈”；现有文化场馆29个，每万人拥有公共文化设施面积达2000平方米，24小时自助图书馆为市民“不打烊”，建成“15分钟文化服务圈”；创成全省首家区级三甲综合医院江宁医院，高标准建成10个基层医疗服务中心，建成“15分钟医疗卫生服务圈”；新增城市公共绿地面积590万平方米，基

位于湖熟街道和平社区的金陵水乡——钱家渡　（年鉴编辑部供图）

本实现“推窗见绿、出门进绿、处处有绿”，建成“15分钟公园绿地服务圈”……

十年的民生改善，融入了百姓生活点滴日常。社区居家养老服务设施从无到有，并做到社区全覆盖，获批国家级智慧健康养老示范基地，本土“小江家护”品牌响彻全国，成功托起幸福“夕阳红”；积极培育引进优质教育资源，新增幼小学校124所，省、市优质园幼儿就读率达90.99%，建成省级义务教育优质均衡区。

十年间，江宁城乡常住居民人均可支配收入实现翻番。2021年，全区全体居民人均可支配收入60367元。城镇居民人均可支配收入由2012年的34970元增加到70989元，年均增长8.7%；农民人均可支配收入由2012年的15018元增加到33391元，年均增长9.9%。

十年来，从“住有所居”迈步“住有宜居”，江宁的住房保障体系更加健全。江宁坚持“房住不炒”定位，十年间全区商品房上市38.72万套，筹集保障性租赁住房1.05万套、市场化租赁住房1.2万余套，让“新江宁人”来了就能落脚；累计建成征迁安置住房约1500万平方米，让“老江宁人”合法权益得以保障；筹集人才安居住房9065套、77.3万平方米，人才安居保障6.4万人次，让更多人才安居乐业。

来江宁实现梦想、织造幸福，成为更多人不约而同的选择。十年间，江宁新增城镇就业42.4万人，实现再就业14.6万人，新增城镇就业人数由2012年的2.3万人增加到2021年的6.8万人。培育自主创业2.6万人、带动就业13万人次，留学回国人员近6000人，扶持农民创业近万人，就业创业工作目标完成率和贡献度均排名全市前列。十年来，江宁营商环境持续优化，市场主体满意度不断提升，营商环境评价持续位居长三角、省市前列。

从2017年开始，江宁在全省率先开展全要素网格化社会治理机制创新试点，在1561平方千米的大地上划分了2379个社会治理网格，通过“一格一员”的模式，把服务管理触角延伸到每个村（居）民小组、每个楼栋、每个家庭。

人民对美好生活的向往就是我们的奋斗目标，要让发展成果更多更公平惠及全体人民，不断促进人的全面发展。未来，江宁将奋力推动经济社会高质量发展，助力南京建设引领性国家创新型城市，为谱写“强富美高”新南京现代化建设新篇章贡献江宁力量。

百家湖硅巷所在地是江宁开发区最早启动区，也是江宁制造业拓荒起家的“原点”之一。如今，这里锚定国际性现代化创新生态社区的目标，聚集了中汽创智、西门子电站、爱立信等行业领军企业10余家、中小企业3000余家、各类金融机构19家。放眼周边，百家湖商圈如今是南京城最繁华新兴商业中心，百家湖组团则成为市民心仪的优质居住板块。

由产到城，产城深融，不断迭代升级。百家湖蝶变之路，是江宁城市跨越式发展的缩影。十年间，江宁建成区面积由112平方千米增长至243平方千米，常住人口由114.6万人增长至192.6万人，市场主体数由10.6万户增长至33.2万户。十年前，全区首个大型商业综合体江宁万达开工建设；十年后，打造形成百家湖、东山、大学城三大商业集聚区，引育景枫、金鹰、1912等知名商业20余家，营业总面积超80万平方米。如今，全区社会消费品零售总额跨上千亿元台阶，十年间翻了两番多。

（原载2022年10月13日《江宁新闻》）

1月

5—7日，政协江宁区第十三届委员会第一次会议举行。会议选举产生政协南京市江宁区第十三届委员会主席、副主席、秘书长和常务委员，刘玲当选为区十三届政协主席，吴德厚、姚燕玲、白元龙、陈兵、许芸当选为副主席。

6—8日，江宁区第十八届人民代表大会第一次会议举行。大会选举赵洪斌为区十八届人大常委会主任，焦龙、汪洁、李国忠、蒋时汉为副主任；选举洪礼来为区人民政府区长，缪秀梅、林云飞、王爱军、伏进进、李鹏、邱益萍、周强、张道平为副区长；选举张安为区监察委员会主任；选举李传松为区人民法院院长；选举胡彬华为区人民检察院检察长。

11日，总投资10亿元的南京（全球）数智工业仿真中心及产业化应用平台项目签约落户江宁高新区。

同日，江宁区慈善总会第五届会员代表大会暨全区慈善工作会议召开。

15日，江宁区工商业联合会（总商会）第十二次代表大会举行。

17日，南京综保区跨境MALL在江宁开发区综保区正式运营。

18日，位于秣陵街道的南京沪江复合材料股份有限公司在北京证券交易所挂牌上市。

19日，南京空港新城珠江商业综合体项目在空港经开区开工，项目总投资33亿元。

22日，由区农业农村局、区商务局和区文旅局联合主办，江宁旅游集团、江宁台创园共同承办的“花开金陵·善田江宁”春节市集在江宁景枫KINGMO开幕。

26日，江宁区2022年文化科技卫生“三下乡”启动仪式暨“全民阅读春风行动”活动在湖熟街道丹桂社区举办。

29日，第十四届区纪委第二次全体会议召开。

2月

7日，位于麒麟街道的经十一路启动建设。

8日，江宁区建设中国特色社会主义现代化先行示范区动员大会召开。

16日，江宁区湖熟、秣陵、江宁、汤山、东山5个街道上榜全市农村工作会议发布的《2021年度全市实施乡村振兴战略郊区街道高质量发展评价获奖名单》。

19日，江宁区建设引领性国家创新型城市核心区大会召开，南京江宁人才集团有限公司同时揭牌成立。

22日，江宁区入选工业和信息化部、民政部、国家卫生健康委员会发布的2021年智慧健康养老基地名单。

24日，中国能谷（启动区）项目在麒麟科创园开工建设。

26日，由江宁区人民政府主办、江宁开发区管委会承办的“2022江宁开发区企业明星产品发布周”活动在上秦淮国际文化交流中心开幕。

3月

2日，区委农村工作会议暨乡村振兴样板工程动员会议召开。

5日，江宁区举办街道工业集中区高质量发展推介会（秣陵专场），“江宁区街道工业集中区高质量发展行动计划”启动。

8日，串联全区各街道田园

乡村的江宁全域旅游专线开通，游客和市民可免费乘坐。

11 日，“(025)52312345”群众诉求专线开通。

30 日，全区逐步有序恢复前期因新冠疫情暂停的公共交通运营服务。

4 月

11 日，江宁援建上海方舱医院最后一批 444 名中铁建工的员工全部安全返回。

13 日，江宁区 2022 年首场线上银企融资对接会（江宁街道专场）举行。

20 日，2022 年南京市重大招商项目暨央企区域总部视频签约活动举行，江宁区签约 9 个重大项目，总投资 205.5 亿元。

22 日，位于胜太路 58 号的江宁人才服务大厅启用。

23 日，第 27 届“世界读书日”暨江宁区第二届读书节活动在九龙湖阅读分中心启动。

同日，江宁区举办保障性安置房项目集中开工仪式，总建筑面积 111.34 万平方米的 4 个安置房项目集中开工建设。

26 日，南京市“奋进新征程、建功新时代”全媒体新闻行动在滨江开发区滨江公园启动。

5 月

10 日，江宁区“5·10”思廉主题日启动暨“廉洁江宁”公交专线发车活动在江宁市民广场举行。

同日，江宁区第二届“民法典宣传月”启动仪式暨“法律明白人”专题培训举办。

13 日，江宁残疾人就业服务中心揭牌成立。

16 日，江苏省外资项目“云签约”暨外资总部企业“云授牌”活动举行，江宁区有 3 个项目签约，投资额 5.8 亿美元。

18 日，九龙湖隧道和文心桥建成通车。

19 日，由省文化和旅游厅、市政府主办的 2022 年“中国旅游日”江苏分会场活动在金陵小城举办。

同日，首届南京科普产业发展论坛暨第 34 届科普宣传周活动启动。

20 日，第 21 届中国江宁横溪西瓜节暨第 22 届“江宁之春”横溪专场演出通过线上形式举办。

21 日，“人文牛首、格调江宁”牛首山文旅融合产业发展大会在牛首山文化旅游区举办。

25 日，全国公安系统英雄模范立功集体表彰大会在北京人民大会堂召开，江宁公安分局岔路派出所作为全国优秀公安基层单位受到表彰。

26 日，2022 南京市元宇宙发展大会在江宁区召开。

29 日，2022 国际“碳中和”大学学术会议在江宁上秦淮国际文化交流中心开幕。

30 日，区委党校 2022 年开学典礼暨全区村（社区）书记、主任“喜迎二十大，奋进新征程”专题研讨班开班，市委常委、区委书记沈剑荣作开班动员并上专题党课。

6 月

1 日，汤山温泉康养小镇“苏茂颐园”国际标准颐养中心示范区对外开放。

8 日，南京腾亚精工科技股份有限公司在深交所创业板上市。

9 日，江宁区举行重大项目签约仪式，总投资 423 亿元的 35 个重点产业项目签约落户。

同日，江宁区档案馆新馆开馆。

10 日，位于秣陵街道的南京灿能电力自动化股份有限公司在北京证券交易所挂牌上市。

11 日，2022 年“万名台胞看江苏”活动启动仪式暨“走进美丽乡村”骑行活动在江宁区举行。

15 日，江宁区精神文明建设指导委员会会议召开。

18 日，区委常委会集体调研江宁开发区。

27 日，区委人大工作会议召开。

28 日，南京医科大学附属逸夫医院急救医学中心启用。

30 日，位于滨江开发区的新工泰融生物试剂产业集聚区投用。

7 月

1 日，2022 南京智能制造装备产业链创新服务大会在江宁开发区举行。

9 日，区政府与交通银行江苏省分行签署全面战略合作协议。

12 日，“红石榴大道”在东山街道佘村揭牌，成为继“红石榴家园”“红石榴广场”之后搭建的又一个民族团结进步创建工作的新平台。

21 日，区委常委会集体调研麒麟科创园。

22 日，位于江宁开发区的南京国博电子股份有限公司在上海证券交易所科创板挂牌上市。

29 日，江宁区“宁盾——2022”网络安全攻防演练活动在江苏软件园启动。

8月

1日，位于滨江开发区的南京北路智控科技股份有限公司在深圳证券交易所创业板挂牌上市。

2日，全区社会治理“金点子”颁奖活动举行，17个社会治理“好点子”获“金点子”奖、“银点子”奖、“铜点子”奖。

6日，江宁区高校联盟成立，首批18所驻区高校加入联盟。

同日，“数创高新、智绘江宁”江宁数创谷先导区开园仪式暨江宁高新区数创产业重点项目签约活动举行。

11日，南京麦澜德医疗科技股份有限公司在科创板上市。

12日，中共江宁区委十四届六次全会举行。市委常委、区委书记沈剑荣代表区委常委会向全会报告工作并作总结讲话。区委副书记、区长洪礼来就做好下半年经济工作和加快重大项目推进作具体部署。全会审议通过全会决议。

16日，省第十四、十五批科技镇长团江宁团轮换。

25日，第六届未来网络发展大会在江宁开幕，6个龙头企业合作转化项目、7个自主创新创业转化项目、7个社会资本融资转化项目签约。

9月

3日，中国·江宁首届元宇宙产业发展论坛举行，10个元宇宙产业项目签约，《元宇宙时空智能报告》《基于仿真数字孪生底座的工业元宇宙装备数字化平台》及“元宇宙国产化数字基石”等最新研究成果发布。

5日，2022中国·南京金秋经贸洽谈会开幕式暨数字经济峰会举行，江宁区6个项目上会签约，总投资1362.5亿元。

同日，江宁区举行庆祝第38个教师节暨优秀教师先进事迹报告会。

6日，江宁区十大百亿级产业集聚区招商推介会举行，现场发布十大百亿级产业集聚区发展规划，并签约23个关联产业、核心产业重点项目，总投资209.8亿元。

8日，江宁区举办以“激活存量资源，释放发展潜能”为主题的存量用地提质增效招商推介会，首批推出132幅、773.3公顷的存量用地地块。

16日，2022“苏韵乡情”乡村休闲旅游农业（南京）专场推介暨第18届中国·南京农业嘉年华在湖熟街道现代农业产业园开幕。

21日，位于江宁开发区的南京磁谷科技股份有限公司在上海证券交易所科创板挂牌上市。

23日，2022年首届南京市乡村“村晚”——《春华秋实新乡村》在东山街道佘村上演。

28日，“共创食安新发展，共享美好新生活”2022年江宁区食品安全宣传周活动启动。

7月12日，“红石榴大道”在东山街道佘村揭牌。图为揭牌仪式现场　（区民宗局供图）

10 月

10 日，根据省委、市委有关决定，林涛任南京市委常委、江宁区委书记，江宁经济技术开发区党工委书记，兼任市麒麟科技创新园（生态科技城）开发建设管委会党组书记。

17 日，江宁开发区、江宁区教育局、南京师范大学附属中学、南京师范大学附属中学江宁分校签订合作办学协议，共同建设南京师范大学附属中学正方新城学校。

24 日，区委常委会召开会议，深入学习贯彻党的二十大和党的二十届一中全会精神。

11 月

3 日，第六届中国·江苏蔬菜种业博览会在谷里产业高质量发展示范园开幕。

7 日，区委副书记、区长洪礼来率江宁区党政代表团赴陕西省洛南县考察宁洛协作工作。

15 日，江宁区举行学习贯彻党的二十大精神宣讲报告会，市委宣讲团成员、市委常委、区委书记林涛宣讲党的二十大精神。

16 日，共青团江宁区第二十一次代表大会召开。

17 日，江宁区城市数字治理中心揭牌。

18 日，美埃（中国）环境科技股份有限公司在上交所创业板上市。

19 日，区文旅局联合汤山旅游度假区、汤山街道举办“冬日限定、暖心游宁”2022 江宁冬季旅游推广发布会暨第 14 届汤山温泉节开幕式。

25 日，开市客（Costco）中国首家全生态模式旗舰店在江宁高新区开工建设。

28 日，由东南大学、江宁开发区管委会共建的未来网络未来产业科技园入选首批国家未来产业科技园建设试点。

29 日，全国综合竞争力百强县（市、区）榜单发布，江宁位列全国综合竞争力百强新城区第三、长三角地区第一。

12 月

2 日，在“中茶杯”第 12 届国际鼎承茶王赛秋季赛上，由江宁茶叶研究所立项研制，区茶叶协会制作的“江宁好茶牌天印红语”获再加工茶组金奖。

12 月 17 日，江苏园博园 3000 平方米的户外真冰滑冰场对外开放。图为江苏园博园户外真冰滑冰场（江苏园博园供图）

8 日，中共江宁区委十四届七次全会举行。会议审议通过《中共南京市江宁区委关于深入学习贯彻党的二十大精神在高质量发展中奋力谱写中国式现代化江宁新篇章的决定》和全会决议，书面审议《中共南京市江宁区委常委会 2022 年落实全面从严治党主体责任情况的报告》。

9 日，恒立智能电动控制产品生产基地项目签约落户江苏软件园，总投资 1.5 亿美元。

17 日，江宁区残疾人联合会第六次代表大会举行。

同日，江苏园博园 3000 平方米的户外真冰滑冰场对外开放。

20 日，江宁区举行“‘医心’为民、筑宁健康”医疗工程项目开工仪式，江宁妇幼保健院（江宁国际医院）新建项目、江宁老年医院项目、淳化街道社区卫生服务中心异地新建项目同时启动建设。

27 日，区委经济工作会议召开。

（张新贵整理）

自然环境

【地形地质】 江宁区地貌区域为宁镇扬丘陵山地的一部分，结构复杂，山水兼得，地貌多样。东北部是宁镇山脉西段，西南部为宁芜断陷盆地的北缘，中部为对东北和西南低山丘陵有明显倾斜的黄土岗地及一个由秦淮河穿连冲积而成的秦淮河平原，西部为滨江平原。地势南北高、中间低，形同“马鞍”。按地貌形态分类，大体可分为低山、丘陵、岗地和平原。低山丘陵和黄土岗地约占总面积的2/3，沿河沿江平原约占1/3。低山丘陵在区境东北部和西南部，海拔高程300米左右。黄土岗地分布于南北低山丘陵之间，地势呈残丘缓岗，局部留于平原圩区之中。沿河沿江平原以秦淮河平原较为宽广，地面高程6—8米。此外，还有沿江平原，位于区内西部的江宁街道。地势平坦，海拔高多在5米以下，最低处海拔2.2米。沿江平原成土和耕作较迟，一般在数百年和数十年不等。

【山脉山峰】 江宁区境内以低山、丘陵为骨架，组成一个以低山、丘陵、岗地、平原、洲地交错分布的综合体。大致上可分为三个带：东北部是低山丘陵，西南部是低山丘陵，中部是黄土岗地和只有少数低山突起的平原，低山丘陵和黄土岗地约占总面积的2/3。区境东北部为宁镇山脉西段的南支。宁镇山脉从镇江逶迤而来，在南京东边分成3条支脉，其中北支分布有栖霞山、幕府山、燕子矶等；中支分布有钟山、富贵山、九华山等；南支分布有汤山、阳山、青龙山、黄龙山、大连山等海拔200—300米的低山丘陵，大致呈东西方向延伸，往西南方向高度渐减。山体多为石灰岩组成，岩层都已褶皱倾倒，甚至倒转，逆掩断层发育，且有火层岩侵入。区境西南部分布有横山山脉诸峰及云台山、莺子山等，海拔多在250—350米。横山最高峰太阳拱（俗称拖船豁）海拔459米，矗立在区境南面不远的马鞍山市境内。山势多呈东西走向，或呈东北—西南走向。山体多为砂岩，陆相火山碎屑岩组成。区境中部突起的少数低山有方山、吉山、牛首山、祖堂山及铜井诸山，为宁芜山脉的东北段。以上诸山大致沿长江向东北方向延伸，海拔在200—250米。境内称山的大小山丘有400多个，大部分在200米以下。其中，海拔超过300米以上的有5个，分别是横山第二高峰地鸡毛386米，横山第三高峰四径山363米，横山第四高峰灯张挂壁358米，阳山主峰342米，云台山主峰319 米。

【河流湖泊】 江宁区境内主要有两大水系。一是秦淮河水系，古老的秦淮河上承句容河、溧水河两个主源，纵贯南北于区境中部，其汤水河、解溪河、索墅河、横溪河、云台山河等16条支流呈扇形汇集，流经雨花台区入长江。二是沿江水系，在青龙山、汤山以北，牛首山、天台山、莺子山以西，分布有七乡河、九乡河、板桥河、江宁河、牧龙河、铜井河等，都是直接流入长江的小河流。江宁地区历史上的湖泊星罗棋布，秦淮河上游的句容河两岸有夏驾湖、刘阳湖、白米湖、植莲湖，秦淮河下游有象鼻湖、倪塘、燕湖等。由于泥沙淤积，加上历代人工围湖垦田，大多数湖泊已经消失，只有少数较大的湖泊还留有部分湖面，如百家湖（古时称马牧湖）、杨柳湖（古时称刘阳湖）

等。随着改革开放和旅游业的兴起，一些残存的古老湖泊已经得到开发和恢复。一些原有的水库在保持灌溉功能的同时，转身“变”为湖泊，如白鹭湖、汤泉湖、南山湖、甘泉湖等。（宁　鉴）

【气候水文】　2022年，江宁区年平均气温17.6℃，比历年平均偏高1.2℃。3月、6月、8月和11月的月平均气温均比历年同期明显偏高。其中，3月平均气温（13.5℃）比历年同期偏高3.4℃；1月、4月和7月平均气温比历年平均略偏高；其余月份月平均气温与历年同期基本持平。年极端最高气温为40.4℃，出现在8月14日，打破历史极值（2013年8月10日40.1℃）。8月平均最高气温35.6℃，比历史同期记录偏高1.7℃。10月出现一次极端最高气温38.1℃（10月3日），比历史同期记录偏高4.7℃。年最低气温为-5.8℃，出现在12月18日。年总降水量819.8毫米，比历年平均偏少28%。其中，8月降水量12毫米，比历年同期异常偏少92%；5月降水量9.8毫米，比历年同期异常偏少88%；7月、9月和12月降水量也较历年同期明显偏少。相反，1月、3月、4月和11月降水量较历年同期明显偏多，其中3月降水量138.3毫米，比历年同期偏多74%。仅6月和10月降水量与历年同期基本持平。全年雨日（日降水≥0.1毫米）95天,其中暴雨日（日降水≥50毫米）2天，雪日13天，积雪日3天。年最长连续无降水日27天，出现在7月30日至8月25日；年最长连续降水日9天，出现在1月22—30日，过程雨量为51.8毫米；年一日最大降水量133.8毫米，出现在6月24日。6月23日入梅，7月11日出梅，梅雨期19天，梅雨期降水量143.9毫米。梅雨期气候特点为入梅偏晚，出梅正常，梅雨期偏短；梅雨量分布不均匀，总体偏少；降水前期异常集中、后期间歇时间长，局地性强。年总日照2138.6小时，比历年平均偏多206.2小时。全年日照条件总体较好，其中6月日照总时数220.1小时，比历年同期明显偏多64.7小时，多达5个月的月日照总时数比历年同期偏多30个小时以上。年平均气温比常年偏高，降水偏少，日照时数偏多。年内虽因梅雨、台风、持续高温、干旱、雾霾、低温雨雪冰冻等灾害性天气给农业生产、交通出行、人民生活造成一定影响，但整体年景尚好。

（朱鑫君）

【自然资源】　江宁区是江苏省自然资源比较丰富的区（县），境内有山有水，有丘有岗，平原与丘陵相间，可开发利用的土地资源较丰富。区域雨量充沛，水资源丰富，地表水系发育良好，地下水多藏于平原、山丘地带，水质较好，年总水资源量10多亿立方米。宁镇山脉西段绵延至境内，矿藏资源丰富，已发现矿产41种，探明储量的20多种，矿产地100多处。拥有丰富的森林野生植物、木本植物和药用植物1000多种，有动物400多种。有国家重点保护珍稀濒危植物8种，有国家重点保护野生动物37种，其中珍稀野生动物9种。

（宁　鉴）

建置区划

【位置面积】　南京市江宁区地处长江下游南岸、江苏省西南部苏皖交界地带，位于北纬31°37′—32°07′、东经118°28′—119°06′之间。东与南京市栖霞区及镇江句容市接壤，东南与南京市溧水区毗邻，南、西南分别与安徽省马鞍山市当涂区和马鞍山市区相交，北、东北分别与南京市雨花台区、秦淮区相邻。区域总面积1561平方千米，其中水域面积186平方千米。

【建置沿革】　江宁县始建于西晋太康二年（281），建县之前县域或属一邑，或分属数县。据《史记·吴太伯世家》记载，周朝以前，江宁属荆蛮之地。春秋战国时期，江宁属吴国。战国初期为越国管辖。周显王三十六年（前333），属楚国金陵邑管辖。秦始皇三十七年（前210），废金陵邑设秣陵县，又另设丹阳、江乘县，同属会稽郡。汉初，江宁地域为江都国，分置秣陵、胡孰、丹阳三侯国。汉末，孙权改秣陵县为建业县。西晋太康元年（280），改建业县为秣陵县，又于秣陵西南置临江县。太康二年（281），改临江县为江宁县，县治在今江宁街道。隋开皇九年（589），建康、秣陵、同夏三县并入江宁县，属蒋州。至隋大业三年（607），废蒋州，复置丹阳郡，江宁县属丹阳郡。唐武德三年（620），江宁县更名归化县，与丹阳、安业等县属扬州郡。北宋开宝八年（975），改江宁府为升州府，辖江宁、上元二县。明洪武元年（1368），江宁属应天府。清顺治二年（1645），改应天府为江宁府。咸丰三年（1853），太平天国定都江宁府，改名“天京”。同治三年（1864），复称江宁府，辖江宁、上元等县。民国元年（1912）1月1日，民国临时政府定都江宁府，改为南京府，次年废南京府设江宁县。民国22年（1933）2月10日，江宁自治实验县成立，直属江苏省政府。民国23年（1934）县治由南京迁至东山镇，与南京市分开。民国27年（1938），江宁地区先后建立江宁、横山、上元县抗日民主政权。

1949年4月24日，江宁县解放。4月28日，江宁县人民政府成立，隶属苏南行政区镇江专区。1949年12月，改属南京市。1950年1月，仍划回镇江专区。1958年7月，改属南京市。1962年5月，复归镇江专区。1971年3月，重新划归南京市。2000年12月，撤县设立南京市江宁区。　（宁　鉴）

【行政区划】　2022年12月12日，江宁区新设立东山街道远泰路社区，秣陵街道翠屏社区、顺塘街社区，淳化街道科宁社区，麒麟街道悦民社区、青西社区。2022年年末，全区有10个街道，136个社区、71个村。

（区民政局）

人口　民族　宗教

【人　口】　2022年年末，江宁区常住人口196.99万人，比上年末增加1.56万人。其中城镇人口154.33万人，占总人口比重（常住人口城镇化率）78.34%。全年人口自然增长率4.15‰，出生率9.2‰，死亡率5.05‰。全区户籍总人口126.83万人，增长1.3‰。其中，男性62.66万人，女性64.17万人。暂住人口108.25万人，下降3.4%。

【民　族】　2022年年末，全区有少数民族人口17050人，涉及44个少数民族。人数较多的是回族7571人、满族2489人、土家族1240人、蒙古族1173人、壮

2022年江宁区社区、村一览表

表1　　　　单位：个

街道	数量	社区居（村）委会名称															
东山	社区：17	东山	外港	中前	章村	晓里	岔路	邵圣	骆村	龙西	上坊	泥塘	天云	永安	高桥	大里	佘村
		远泰路	—	—	—	—	—	—	—	—	—	—	—	—	—	—	—
秣陵	村：4	建东	凤凰	周里	火炬	—	—	—	—	—	—	—	—	—	—	—	—
	社区：23	秦淮	胜太	殷巷	湖滨	太平	长山	东南	青源	牛首	下墟	东旺	西旺	双金	家园	童前	东善桥
		祖堂	吉山	霞辉庙	元山	胜家桥	翠屏	顺塘街	—	—	—	—	—	—	—	—	—
汤山	村：8	孟塘	龙尚	路西	建设	湖山	宁西	阜庄	阜东	—	—	—	—	—	—	—	—
	社区：8	汤山	古泉	青林	作厂	孟墓	上峰	高庄	鹤龄	—	—	—	—	—	—	—	—
淳化	村：9	民主	茶岗	西埠	周子	周郎	西城	滨淮	柏墅	新林	—	—	—	—	—	—	—
	社区：22	淳化	青山	青龙	吴墅	田园	索墅	双岗	土桥	新兴	科苑	方山	成山	桥头	杨村	横岭	王墅
		新华	永宁	解溪	陵里	大学城	科宁	—	—	—	—	—	—	—	—	—	—
禄口	村：16	马铺	杨树湾	成功	张桥	黄桥	秦村	埂方	小彭	曹村	徒墭	陈巷	溧塘	石埝	桑园	尚洪	彭福
	社区：14	茅亭	机场	白云路	铜山	群力	陆纲	新生	山塘	谢村	永兴	高伏	上穆	钟村	陶东	—	—
江宁	村：10	清修	上湖	新洲	大庙	西宁	牌坊	庙庄	花塘	洪幕	天然	—	—	—	—	—	—
	社区：12	荷花	星辉	南山湖	江宁	司家	陆郎	河西	朱门	叶村	盛江	新铜	牧龙	—	—	—	—

续表 1

街道	数量	社区居（村）委会名称															
谷里	村：5	荆刘	柏树	双塘	石坝	亲见	—	—	—	—	—	—	—	—	—	—	—
	社区：6	谷里	公塘	张溪	向阳	箭塘	周村	—	—	—	—	—	—	—	—	—	—
湖熟	村：8	三界	丹桂	晶明	万安	钱家	和平	徐慕	绿杨	—	—	—	—	—	—	—	—
	社区：14	和进	金桥	湖熟	河南	双新	龙都	周岗	杨柳湖	新农	尚桥	河北	耀华	新跃	东阳		
横溪	村：11	红旗	官长	安民	横山	许呈	云台	山景	宁光	勇跃	许高	石塘	—	—	—	—	—
	社区：10	横溪	陶吴	丹阳	西岗	西阳	甘泉湖	新杨	新杭	西泉	甘西	—	—	—	—	—	—
麒麟	社区：10	泉水	建南	锁石	晨光	麒麟门	麒麟铺	东流	袁家边	悦民	青西	—	—	—	—	—	—

（彭广军）

族721人、苗族699人、朝鲜族581人、维吾尔族371人、布依族360人、彝族347人。其中，回族最多，占少数民族人口总数的44.4%。（朱亚丽）

【宗　教】 2022年年末，全区有佛教、道教、伊斯兰教、天主教、基督教五大宗教，依法登记的宗教活动场所50处。其中，佛教8处，道教1处，伊斯兰教1处，基督教40处。乙类民间信仰活动场所12处，宗教团体2个，宗教教职人员91人。（民宗局）

历史人文

【区名由来】 "江宁"一名由来有二说。一是据清朝江宁人金鳌所著《金陵待征录》载，西晋太康二年（281），黄河以北，战乱已萌。晋武帝司马炎南巡，渡江后夜宿临江县（县治在今江宁街道），深感江野寂静而慨叹"江外（江南一带）无事，宁静于此"，于是将临江县改名为江宁县。查史书无晋武帝南巡记载，其"江外无事，宁静于此"一语也无从稽考。二是南朝梁、陈时训诂学家顾野王在其《舆地志》载有"江外无事，于南浦置江宁"之语，"江宁"为濒临长江且秩序安宁之意。

【文化遗存】 全区有历史文化遗产139处，各级文物保护单位72处。远祖遗踪有汤山葫芦洞"南京猿人""湖熟文化"遗址和昝庙文化遗址等；陵寝墓葬有上坊东吴大墓、南朝宋武帝刘裕陵、南朝陈武帝陈霸先万安陵、南唐二陵、秦桧及家族墓、沐英及家族墓、郑和墓等；寺庙古塔有圣汤延祥寺、上坊祈泽寺、方山定林寺、牛首山佛窟寺、湖熟清真寺等和牛首山弘觉寺塔、牛首山铁板道人塔、方山定林寺塔等；祠宅旧居有杨柳村古建筑群、佘村潘氏宗祠、张栋梁故居、史量才故居、民国汤山炮校、蒋介石温泉别墅等；砖石木雕有南朝陵墓石刻、牛首山摩崖

湖熟街道杨柳村古建筑风光　　（年鉴编辑部供图）

石刻、杨柳村古建筑群雕刻、窦村石戏台雕刻等；古代器物有石器、陶器、铜器、瓷器、铁器、玉器、骨器等；桥梁水井有藏龙桥、湖熟桥、横溪桥、周郎桥、七翁桥等和陶吴响井、佘村万历井、耿岗井、东山戴家塘崇祯井等。

【非物质文化遗产】 江宁境内的非物质文化遗产十分丰富。其中，非遗技艺包括传统食品，有湖熟板鸭、朱门羊糕、铜井挂面、丹阳羊肉面、陆郎茶干、谷里鱼圆、蜡梅香肚等；传统手工艺品有南京金箔、金陵古琴、汤山杆秤、禄口皮毛、曹村苎麻、雨花茶等。非遗文艺包括传统音乐器材，有江宁民歌集、十般吹、马铺锣鼓、方山大鼓、龙都娃娃鼓等；传统舞蹈用具有丹阳龙灯、丹阳皮老虎、铜山狮子、献瑞麒麟、章山王马灯、湖熟荡湖船、谷里旱船、东善桥莲湘、杨树湾云灯等；传统美术作品有布艺作品、江宁剪纸、周岗红木雕件、金陵玉雕、仿古牙雕、窦村石刻、方山裱画、江宁烙画等。非遗游艺包括传统体育用品，有殷巷石锁、湖熟龙舟。传统民俗遗存有牛首山摩崖石刻、汤山温泉、龙都东岳大庙、万安脸子会面具、湖熟清真寺等。

【历史名人、轶事与江宁】 江宁悠久的历史、秀丽的山川和十朝的京畿地，既孕育无数俊杰，又云集一代又一代名人刻留履痕。在江宁辈出的英才中，有南朝齐、梁时著名道教思想家、被誉为“山中宰相”的陶弘景，南朝梁开国皇帝萧衍；南宋以身殉国、被封为义烈显节侯的抗金将领秦钜；明朝兵部尚书、戍边功臣王以旂；清朝女科学家王贞仪，著名爱国英雄邓廷桢，云锦挑花工艺家张长荣；民国时期的“国医泰斗”张栋梁，报业巨子史量才，方志大家陈作霖等。与江宁结下不解之缘的，号称千古一帝的秦始皇嬴政于秦始皇三十七年（前210）东巡经丹阳为泄金陵“王气”而废金陵邑设秣陵县，秦始皇“赶山塞海”，一鞭子把方山一分为三的民间传说，被广为流传；东汉开国皇帝刘秀为报答插花村姑救命之恩而降旨修建插花庙，敕封头插野花的村姑为“插花娘娘”，赐名藏身的小桥为“藏龙桥”；晋武帝司马炎改临江县为江宁县；东晋宰辅谢安曾在东山营造别墅，中国军事史上一场以少胜多、以弱胜强的“淝水之战”参谋指挥部就设于此，相传古代成语“东山再起”一词也源出于此；唐代李白、刘禹锡都曾涉足江宁的山山水水，并为之留下许多不朽的诗文，如李白的《东山吟》、刘禹锡的《牛头山第一祖融大师新塔记》等；宋代宰相王安石曾任判江宁府，其父王益曾做过江宁通判，死后就葬于牛首山麓；唐宋八大家之一的苏东坡也到过东山，并赋诗言志，写下《东山》一诗；民族英雄岳飞在江宁牛首山抗金的事迹家喻户晓，而杀害岳飞的元凶、奸相秦桧死后葬在江宁铜井牧龙镇牧牛亭，坟墓人称“秽冢”；南宋末年的民族英雄文天祥曾两度到金陵，最后一次是被元兵押解北上，路经金陵驿（今江宁麒麟南面），写下《金陵驿二首》组诗。江宁还是抗日战争时期的红色革命根据地，留下了粟裕、傅秋涛、钟期光、邓振询等共和国元勋们豪迈壮烈、彪炳史册的光辉业绩。

（宁　鉴）

【民　俗】 江宁的民俗内容丰富，涉及广泛，主要包括岁时习俗、节庆习俗、婚丧喜庆习俗、生活习俗和生产习俗。岁时习俗大多与人民生活，农耕有密切关系，深刻地反映人民以土立国，以农为本的思想和休养生息、祈求五谷丰登、百业兴旺的理念，使生活加入绚丽的色彩。这是千百年随着社会发展演化而成，代代相传，且有所摒弃，有所发展，成为中华儿女维系情感的纽带，亦是研究中华古老文明和社会生活的活化石。节庆习俗是指自清宣统三年（1911）辛亥革命后，尤其是中华人民共和国成立后，陆续出现在全国范围内统一施行的节庆。20世纪80年代开始，随着改革开放的影响，西方一些节日逐步为江宁人熟悉，加之媒体及商家的刻意宣传和参与，外来节日受到年轻人的追捧。江宁地域内婚嫁、丧事、喜生、庆岁的习俗历来虽有“三里不同风，十里不同俗”之说，但只是某些细节有异，大的方面趋同。婚丧喜庆的形式和内容伴随着社会形态的变化而变化。江宁人以农为主，兼及林、牧、渔、匠作等多种生计。在长期的社会生活中，他们为生存而劳作，为温饱而奔波，精于耕种，讲求方式方法，积淀丰富多彩的生产习俗。随着时代的进步，科学技术的发展，江宁人的生产习俗不断推陈出新，迷信落后的陈规陋习逐渐被淘汰，具有时代特征的生产习俗日益为人们所接受。

【方　言】 江宁方言属于江淮方言。由于江宁与南京城东、城南、城西南山水毗连，地理上互为渗透，与南京语言文化有着一脉相承的历史渊源，其方言与南京老派方言十分接近，一般人难以区分。甚至从某种角度上看，可以说江宁方言是南京城市老派方言在东南农村的保留版本。史料记载，南京（江宁）方言在六朝前还属婉转妩媚、温柔细软的江东吴语，发展至明清却已变异为浑厚粗犷、铿锵有力的北方方言。语言的转变是渐变的、缓慢的，南京（江宁）在1000多年的时间内完成从吴语向江淮官话的转变，其中最重要的因素是人口的迁徙。东晋南朝开始，晋“永嘉之乱”，北方豪门大户争相迁入，人多势众，其方言冲击当时南京（江宁）方言，随着梁“侯景之乱”又一次使中原地区的居民南渡长江，进一步影响南京（江宁）的方言。明太祖朱元璋从安徽招众多乡亲到南京（江宁），使本已受北方方言大力渗透的南京（江宁）方言发生巨变。江宁作为南京的新城区，社会生活发生翻天覆地变化，有些江宁人离开家乡，到外地去工作学习。与此同时，很多大中型企业落户江宁，吸引着四面八方的从业人员；江宁房地产业的发展，大量工作学习在南京老城区居民入住江宁的新居。特别是南京多所高等院校新校区设在江宁，由高校进驻带进数以万计的教师学生生活学习在江宁。在人口流动成为常态的情况下，人口构成发生极大变化。加之普通话的推广，方言自然随之发生相应变化。如今，在日常生活中使用普通话的人日益增多，普通话作为主要交际语言的地位已经基本确立。

【文学艺术】 1985年，江宁县文学艺术界联合会成立。2002年起，江宁区委明确文联与宣传部合署办公，由区委常委、宣传部部长兼任文联主席。区文联现有团体会员23个，其中区级文艺家协会12个，街道园区基层文联11个。2022年，区文联围绕学习贯彻习近平新时代中国特色社会主义思想，团结带领全区广大文艺工作者，围绕中心大局，扎根江宁大地，服务人民群众。制定《南京市江宁区文艺创作表演奖励实施办法》及其补充规定，加大优秀文艺作品奖励和重点文艺题材创作扶持力度，一批有信仰有情怀有担当的优秀文艺人才脱颖而出，一批有筋骨有道德有温度的优秀文艺作品不断涌现。民间艺术斩获大奖，雕刻作品《知竹•文房陈设系列》获评第十五届中国民间文艺山花奖•优秀民间工艺美术作品；文学作品精品迭出，区文联签约作品中，短篇小说《七层宝塔》获“鲁迅文学奖”，儿童文学《铜哨声声》获“冰心儿童图书奖”，网络文学《共和国医者》获批中国作协重点作品扶持项目；原创红色锡剧《雨花谣》、广播剧《百年回击》获南京市“五个一工程”奖；江宁区创建为全国省会城市首个区县级“中华诗词之乡”，被中国楹联学会授予“中国楹联文化区”称号。在湖北潜江召开的全国基层文联工作座谈会和中国文联第18期全国市县级文联负责人研修班上，江宁文联作为江苏省唯一的基层文联在大会上作交流发言，江宁文艺品牌显示度、美誉度、影响力进一步提升。

（区文联）

土特名产

【横溪西瓜】 江宁横溪土壤与气候非常适宜西瓜生长。横溪西瓜不施用化肥，严格按照绿色食品标准进行生产管理，确保西瓜品质优良、口感极佳。横溪西瓜种植品种发展至60多个，主栽品种为台湾小兰，普遍种植方形瓜、情侣瓜、三角形瓜、圆柱形瓜等新、奇、特造型瓜。2000年，横溪西甜瓜示范区被认定为江苏省无公害农产品基地；2001年被认证为绿色食品A级；2005年“绿王大自然”牌西瓜成为南京市名牌农产品；2010年“绿王大自然”牌西瓜被认定为江苏省著名商标。全街道有1.1万户、3.6万人从事西瓜生产，西瓜种植总面积4000多公顷，其中设施种植面积2053公顷，总产量18万吨，年销售额4亿元，人均增收2600元。

【土桥大米】 主要产区为淳化街道土桥片区，地处江宁区东部，距南京市中心20千米。土桥大米地域保护范围为淳化街道土桥片区，包括周郎、滨淮、民主、周子、土桥、新兴、西城、西埠、柏墅、茶岗10个社区。保护面积3067公顷，总产量维持在25万吨左右。土桥大米粒形椭圆、米粒饱满，色泽晶莹，米饭清香松软，入口爽滑，柔韧筋糯，回味留香，冷饭不硬，产品质量及环境条件均符合无公害稻谷产品生产相关标准。

【金箔工艺品】 江宁金箔的历史可追溯到1700多年前，为中华传统生产工艺。1克黄金锤打出的金箔可覆盖0.47平方米的面积，主要用于建筑、服饰、工艺品、佛像装饰贴金以及名贵中成药配方。美国费城华人牌楼、北京天安门、人民大会堂、中央电视台、西藏布达拉宫等建筑装饰的金箔均为江宁生产。金箔工艺品主要有佛像、生肖、花鸟、龙凤呈祥物、金像卡、金箔画、名人金像卡、纯佛像卡、纯金佛像卡、纯金名片等，具有浓郁的文化底蕴和丰富的神韵，是馈赠亲友、典藏纪念的精美饰品。

【湖熟板鸭】 是江宁湖熟久负盛名的特产。相传已有300多年的历史，清时作为贡品进献皇宫，称为“贡鸭”；官吏之间也经常以板鸭为礼物互相馈赠，名曰“官礼板鸭”。湖熟板鸭坚持传统的“炒盐腌、清卤复、晾得干、煮得足”制作工艺，成品皮白、肉红、肉嫩，“食之油而不腻，香酥适口，回味返甜”。湖熟板鸭畅销国内21个省市并出口到日本、美国、韩国、德国等国家和地区，先后获“七五”全国星火计划博览会成果金奖、全国食品行业名牌优秀产品等殊荣。湖熟街道有鸭产品加工企业25家、养鸭户150户，其中年饲养量万只以上有38户，从业人员3500人，年出栏鸭子180万只，加工量800多万只，销售额1.9亿多元。

（宁　鉴）

2022年经济社会发展

【经济建设】 2022年，全区实现地区生产总值3000.55亿元，一般公共预算收入202.96亿元，规模以上工业总产值4003.4亿元，外贸进出口总额1658.2亿元，实际使用外资及港澳台资9.36亿美元。制定补贴企业运费、促进外贸稳定增长等11条措施，精准服务市场主体。最大程度落实新的组合式税费支持政策，办理增值税留抵退税96亿元，居全省县域前列。净增规模以上工业企业超150家。高新技术企业总量突破2000家。9家企业成功上市，增量全省区县第一。累计认定国家级专精特新“小巨人”企业37家，总量居全省区县首位。集聚省市独角兽、瞪羚企业194家，居全市前列。入选全省首批制造业高质量发展示范区，智能电网入选首批国家先进制造业集群，新一代信息技术、高端智能装备等优势产业产值保持两位数增长，在全国工业百强区位次跃升至第七位。前瞻布局十大百亿级产业集聚区，LG锂电池、中兴服务器等70个重大产业项目竣工投产。累计引进高层次创新创业人才突破3000人。获评全国首批知识产权强县建设示范县、全省国家知识产权服务出口基地。跻身全国创新百强区第六位。

【政治建设】 2022年，中共江宁区委坚持把党的政治建设摆在首位，系统学习《习近平谈治国理政》第四卷等重要文献，加快习近平新时代中国特色社会主义思想研究中心实践调研基地建设，引导全区党员干部以理论清醒保证政治坚定，捍卫“两个确立”，做到“两个维护”。推进政治监督具体化、精准化、常态化，加强对“一把手”和领导班子监督，管党治党政治责任有效压实。严把政治关，区人大、政府、政协领导班子和区监委主任、法检“两长”完成换届。牢固树立大抓基层鲜明导向，落实“五聚焦五落实‘五项行动’”目标任务，加强模范机关建设，推进党建引领乡村治理全国试点和网约车司机群体党建省级试点，打造“一路橙心、先锋领行”党建品牌，建成“宁小蜂”江宁驿站154个。深化“基层党建品牌创建年”活动，“一村一品、一社一特”创建率100%，形成“百家红”“红心谷”等“1+4”党建品牌体系。推行“三进两定一融合”网格党建工作模式，实施党建引领物业服务提升行动，推动党群服务阵地向住宅小区、网格延伸覆盖，以党建引领提升服务质效。坚持党管干部、党管人才，锻造高素质专业化干部队伍。深入实施干部能力提升工程，分层分类开展干部专业化培训轮训，全面提升履职尽责能力。健全完善干部“选育管用”全链条，把年轻干部放到艰难险重、重要吃劲岗位上摔打磨炼。实施“名校优生”计划，首批毕业生投身江宁改革发展稳定主战场。驰而不息推进正风肃纪，扎实开展省委市委涉粮问题、化解民生诉求突出问题专项巡视巡察整改，有序完成十四届区委3轮巡察。始终保持反腐高压震慑，锲而不舍落实中央八项规定及其实施细则精神，深挖彻查粮食购销、市政工程、能源供给、国资国企等领域腐败问题，一体推进“三不腐”机制，全年查办违纪违法案件400件，移送司法8人，推动以案促改、以案促建、以案促治，持续营造风清气正的政治生态。扩大作风监督覆盖面，不断提高作风建设水平。

（区委办）

【文化建设】 2022年，全区不断巩固国家公共文化服务体系示范区创建成果，丰富文化产品供给，推动文化建设高质量发展。做优基本公共服务保障，提升公共文化场馆服务水平，区图书馆获评国家一级图书馆，南京市锡剧团获评首批江苏省二级院团，新建5家邻里书房，建成2个省级“最美公共文化空间”，全区文化场馆全年服务800万人次。“公共文化+”绽放，江宁乡村振兴“五个美”入选“全国基层公共文化服务高质量发展”典型案例，“江宁之春”群众文化入选第一批全国“一县一品”特色文化艺术典型案例。加快文化旅游产业发展，整合优质文旅资源，开展“江宁四季”文旅产品发布推介，江宁区获评“长三角高铁旅游小城”，“春日限定·花漾江宁”精品旅游线路入选全国乡村旅游精品线路，百家湖1912街区入选第二批省级夜间文旅消费集聚区，汤山尚庄创成省级乡村旅游重点建设村。深挖历史文化资源内涵，坚持创造性转化、创新性发展，金陵水乡钱家渡被命名为江苏省首批“无限定空间非遗进景区”示范项目。开展湖熟文化研究与保护，完成135处台型遗址调查，其中新发现22处，成立湖熟文化研究会。塑造江宁文化气质，组织策划第22届“江宁之春”群众文化活动，推动活动不断突破、常办常新，开展精品剧目展演、音乐季演出、“悦读江宁”等高品质文化活动1600余场次。实施文艺高峰攀登工程，《春诗佳话》《春舞》等多部作品斩获江苏省“五星工程奖”、“长三角”民乐作品创作大赛金奖。（赵　鹏）

【社会建设】 2022年，全区着力打造共同富裕示范区，城乡居民人均可支配收入分别为7.4万元、3.5万元，分别比上年增长3.9%、5.9%，农村居民人均可支配收入增速快于城镇居民增速，城乡居民收入比缩小0.04。壮大中等收入群体，坚持“调高、扩中、提低”，加快形成橄榄形社会结构。健全就业促进机制，聚焦助企纾困稳岗、重点群体筹岗，开展直播带岗、感知江宁校企对接、青梧桐大学生创业实训、梧桐林杯第七届青年大学生创业大赛等系列就业创业特色服务活动，城镇新增就业3万人，支持成功自主创业10449人，全省首家省市区共建零工市场落户江宁。55项民生实事项目完成投入129亿元，投入率131%。新增市AAA级以上社区居家养老服务中心16个，“小江家护”获评全国居家和社区养老服务改革试点工作优秀案例。教育医疗均衡布局，科宁路幼儿园、上秦淮小学、东山高级中学南站校区等16所学校新建项目建成交付，新增优质公办学位1.8万个。区卫生应急指挥中心交付使用，江宁妇幼保健院和江宁老年医院开工建设。新档案馆正式开馆，开放运营百家湖文化中心（江宁美术馆）。用好用活文化遗产资源，金陵水乡钱家渡成为全省首批“无限定空间非遗进景区”示范项目。探索发掘社区治理服务新路径，江宁街道牌坊村、淳化街道茶岗村成为新型农村社区治理服务省级示范点。挂牌成立区城市数字治理中心、城市运行管理中心、区域社会治理现代化指挥中心。（周　航）

【生态文明建设】 2022年，全区深入践行习近平生态文明思想，坚持目标导向、责任导向、问题导向、民生导向，突出精准治污、科学治污、依法治污、系统治污，深入打好污染防治攻坚战，持续推动区域生态环境质量持续向好。全力以赴推进蓝天保卫战，全面落实“点位达标负责人制”，空气质量优良率76.2%；PM2.5浓度均值27.1微克/立方米，连续3年达到国家二级标准要求。碧水行动全面推进，“河湖长制”得到落实，8个国考省考断面水质优Ⅲ比例达100%，18个市考以上断面连续3年全部达标；子汇洲水源地保护区水质100%达标。落实土壤环境分类管理制度，9家尾矿库基本完成整治，土壤风险有效管控；全面推进突出环境问题整治，长江经济带警示片披露的紫清湖整改工作通过省级验收销号，第二轮中央生态环境保护督察交办的133件信访件办结131件，省突出环境专项督查反馈的19个问题整改完成17个。加强重点环境信访问题化解，诺玛科、塔塔、大协西川等环境信访问题得到妥善解决，全区环境信访总量比上年下降44%，未发生因环境信访处置不到位而导致的重大群体性事件。通过生态环境部国家级生态文明建设示范区复核，获评“2022年度江苏省生态环境领域真抓实干成效明显督查激励地方”。

（江宁生态环境局）

综 述

【概 况】 中共南京市江宁区第十四届委员会由 33 名委员、7 名候补委员组成。常委会由11人组成。区委下设9个工作机关，1个纪律检查机关（监察机关），4个直属事业单位。直属党组织36个（直属党委17个、直属党工委18个、直属党总支1个）；基层党组织（党委、党总支、党支部）3378个，其中党委175个、党总支247个、党支部2956个。2022年，区委坚持以习近平新时代中国特色社会主义思想为指导，以迎接党的二十大、学习宣传贯彻党的二十大精神为主题主线，坚决扛起“争当表率、争做示范、走在前列”使命担当，按照党中央和省委市委决策部署，全面落实“疫情要防住、经济要稳住、发展要安全”重大要求，深入贯彻省第十四次党代会、市第十五次党代会和区第十四次党代会精神，坚持稳中求进工作总基调，完整准确全面贯彻新发展理念，积极融入服务构建新发展格局，高效统筹新冠疫情防控和经济社会发展，统筹发展和安全，有效应对复杂严峻的宏观形势和各种超预期因素影响，知重负重、勇挑大梁、顶压前行，推动经济社会发展稳中向好、稳中提质，为省市发展大局贡献江宁力量。全年实现地区生产总值3000.55亿元，比上年增长2.1%；规模以上工业总产值4003.4亿元，增长7%；一般公共预算收入202.96亿元，下降23.5%；全社会固定资产投资900.93亿元，增长2.4%；社会消费品零售总额1033.05亿元，增长0.1%。

【营商环境优化】 2022年，江宁区先后出台“江宁区2022年优化营商环境实施方案”、“帮助企业纾困解难”八条、“江宁留您，安康伴您”八条等惠企政策举措，深入开展“服务企业面对面”等活动，切实提升政策精准度、企业满意度、群众获得感，不断激发市场主体创业创新的热情与活力。探索企业登记“无感审批”提供“有感服务”改革举措被国务院推进政务职能转变和“放管服”改革协调小组办公室简报刊载推广。江宁区营商环境评价位居省市前列，位列全国综合竞争力百强新城区前三强。深化“一照多址”“一证多址”改革，扩大“一业一证”改革试点，探索行业综合许可制度。推行政务服务大厅“综合窗口”改革，实行一站式办理和跨部门联动审批工作模式。优化工程建设项目审批，推动土地出让前规划方案、人防工程、联合图审等前置服务工作。推进社会投资项目“用地清单制”改革，扩大区域评估范围，扩展更多项目评估事项。优化工程联合验收方式，深化不动产登记“一体化办理”，实行“关口前移、容缺受理”服务模式，推广“不动产登记+公证”一站式服务。依托“宁企通”企业服务平台，推出更多“集成直达”“即申即办”“免申即享”惠企措施。加强街道便民服务中心建设，推进更多便民事项下沉，打造“家门口、全天候”政务服务。建立水电气“一事通办”业务平台，探索水电气外线工程容缺受理和承诺备案制度。深化“一件事”通办服务模式，围绕企业和群众关注度高、办件量大的高频事项，建立健全部门联动、数据共享机制。提升政务服务系统信息公开透明度，完善"全程可办"一体化政务服务平台。完善以信用为基础的事中事后监管新模式，建立常态化跨部门联合抽查"综合查一次"长效机制，构建"信息互通、监管互认、执法互助、人员互派"的区域协作监管体系。推动日常监管"双随机、一公开"全覆盖，探索按照信用状况和风险等级实施差异化监管。完善综合监管机制，发挥"互联网+监管"系统作用，对平台经济等新业态探索"沙盒监管""触发式监管"。完善市场主体退出机制，形成市场主体从准入到退出全生命周期便捷登记服务，提升企业注销便利度。

【城乡融合发展】 2022年，全区优化城乡空间布局，"三区三线"划定成果获批启用，同步推进湖熟、汤山等7个街道级国土空间总体规划编制，深化完善主城中心区城市设计方案和重点片区专项规划，科学编制"多规合一"实用性村庄规划。提升城市建设管理水平，推进南沿江城际铁路、地铁5号线等重大交通工程建设，文靖东路跨宁杭高速桥等"断头路"全线贯通。新建汤山新城污水处理厂二期。启动竹山路沿线等片区城市更新，全覆盖排查整治群租房、地下室住人。深入推进乡村振兴，湖熟水乡、青龙山和金牛谷3个聚落初现雏形，新创成4个省级特色田园乡村，农村户厕改造全部完成。出台富民强村一揽子政策措施，区级集体经济强村占比达50%。

【民生服务保障】 2022年，全区开展促进高质量充分就业"九大行动"，开展职业技能培训5.1万余人，城镇新增就业3万人，支持成功自主创业10449人，全省首家省市区共建零工市场落户江宁。优化教育资源布局，上秦淮小学等16所新建学校投用，全区高考成绩创历史新高。推进区域医共体建设，新改扩建社区卫生服务中心12家，基本完成农村区域性医疗卫生中心建设。加强普惠性、基础性、兜底性养老托育保障，创成全国智慧养老示范基地。深化文化强区建设，完善公共体育服务体系，档案馆新馆开馆，区图书馆获评国家一级图书馆，获评国家体育产业示范基地。全面落实城乡低保、特困供养、残疾人等救助保障政策，开展大病救助超10万人次、资金超1亿元。累计建设安置房167万平方米，交付安置房1.2万余套，多措并举筹集保障性租赁住房近1.6万套，总量居全省区县首位。改造老旧小区22万平方米，群众居住环境和条件逐步改善。

【社会主义民主法治建设】 2022年，区委加强和改进党对人大工作的领导，召开区委人大工作会议，出台《关于新时代坚持和完善人民代表大会制度、加强和改进人大工作的实施意见》。贯彻落实中央关于加强和改进新时代市县政协工作意见和省委市委实施意见，组织年度重点协商议政活动，加强建议案、提案督办工作。坚持和完善大统战格局，引导党外知识分子、无党派人士和新的社会阶层人士为江宁改革发展发挥作用、贡献智慧。深化工会、共青团、妇联、文联、科协、残联、红十字会等群众团体改革。加强党对全面依法治区的领导，持续深化政法领域改革，创新"八五"普法形式，推动法治江宁、法治政府、法治社会一体建设，创成全省法治政府建设示范区。

【新时代党建工程】 2022年，区委把党的政治建设摆在首位，系统学习《习近平谈治国理政》第四卷等重要文献，推进习近平新时代中国特色社会主义思想研究中心实践调研基地建设，引导全区党员干部以理论清醒保证政治坚定，捍卫"两个确立"，做到"两个维护"。加强对"一把手"和领导班子监督，完成区人大、政府、政协领导班子和区监委主任、法检"两长"换届。树立大抓基层鲜明导向，推进党建引领乡村治理全国试点和网约车司机群体党建省级试点，深化"基层党建品牌创建年"活动，

南京市"水美乡村"——湖熟街道新农社区宋家村

（年鉴编辑部供图）

实施党建引领物业服务提升行动，推动党群服务阵地向住宅小区、网格延伸覆盖。实施“名校优生”计划，分层分类开展干部专业化培训轮训，健全完善干部“选育管用”全链条。推进正风肃纪，扎实开展省委市委涉粮问题、化解民生诉求突出问题专项巡视巡察整改，完成十四届区委3轮巡察，一体推进“三不腐”机制，持续营造风清气正的政治生态。

【高质量发展】 2022年，区委把稳增长放在更加突出位置，设立经济调度指挥部，出台11条区级配套措施，开展“服务企业·面对面”活动，全面释放市场主体活力。加快构建自主可控的现代产业体系，新引进中国电科院南京科研基地、福特新能源汽车“三电”项目等亿元以上项目390个，智能电网入选首批国家先进制造业集群，江宁列中国工业百强区第七位，江宁开发区稳居国家级经开区前十强，江宁高新区获批全市唯一元宇宙产业先导区。高水平规划建设紫金山科技城、麒麟科技城等重大创新平台，加快构筑科创矩阵，全年新增瞪羚、独角兽企业19家，总量领跑全市。推进人才发展现代化建设试点，在全省率先成立区级人才集团，新引进高层次创新创业人才800余人，江宁跻身全国创新百强区榜单第六位。

（区委办）

重要会议

【区委十四届六次全会】 8月12日，中共江宁区第十四届委员会第六次全体会议举行。全会以习近平新时代中国特色社会主义思想为指导，深入学习贯彻习近平总书记在省部级主要领导干部专题研讨班上的重要讲话精神，全面落实“疫情要防住、经济要稳住、发展要安全”重大要求，按照省委工作会议、市委十五届四次全会决策部署，切实担起“勇挑大梁”的重大责任，总结2022年以来工作，部署下一阶段任务，动员全区上下坚决扛起“争当表率、争做示范、走在前列”的光荣使命，高效统筹新冠疫情防控和经济社会发展，统筹发展和安全，担当作为、克难奋进，推动社会主义现代化先行示范区建设迈出更大步伐、取得更大进展，着力保持平稳健康的经济环境、国泰民安的社会环境、风清气正的政治环境，以实际行动迎接党的二十大胜利召开。全会由区委常委会主持。市委常委、区委书记沈剑荣代表区委常委会向全会报告工作并作总结讲话。区委副书记、区长洪礼来就做好下半年经济工作和加快重大项目推进作具体部署。全会审议通过全会决议。区委委员、区委候补委员出席会议。区纪委委员、区各有关方面负责人列席会议。

【区委十四届七次全会】 12月8日，中共江宁区第十四届委员会第七次全体会议举行。全会的主要任务是，以习近平新时代中国特色社会主义思想为指导，深入学习宣传贯彻党的二十大精神，深刻领悟“两个确立”的决定性意义，全面落实省委十四届三次全会、市委十五届五次全会部署要求，总结区委十四届三次全会以来区委常委会工作，动员全区上下在高质量发展中奋力谱写中国式现代化江宁新篇章，为全面建设社会主义现代化国家、全面推进中华民族伟大复兴作出江宁新的更大贡献。全会由区委常委会主持。市委常委、区委书记林涛讲话。全会听取和讨论林涛受区委常委会委托作的工作报告，审议通过《中共南京市江宁区委关于深入学习贯彻党的二十大精神在高质量发展中奋力谱写中国式现代化江宁新篇章的决定》和全会决议，书面审议《中共南京市江宁区委常委会2022年度落实全面从严治党主体责任情况的报告》。区委委员、区委候补委员出席会议。区纪委委员、区有关方面负责人，江宁开发区、麒麟科创园负责人，以及部分基层党代表列席会议。

【区委议事机构协调会议】 3月2日，区委农村工作会议暨乡村振兴样板工程动员会议召开。市委常委、区委书记沈剑荣讲话，区委副书记张思明部署2022年“三农”工作及乡村振兴样板工程重点任务。会议要求，要准确把握形势任务，坚决扛起做好“三农”工作的政治责任，找准“三农”工作所处的新方位、面临的新形势，推动农业全面发展、农村全面进步、农民全面增收。要紧扣先行示范目标，加快江宁农业农村现代化建设步伐，以粮食安全为底线，筑牢粮食安全防线、强化科技赋能、强化主体培育，更大力度推动农业稳产增效；以城乡融合为路径，促进功能布局合理化、注重建设主体市场化、加快农村环境宜居化、推动乡村治理精细化，更高品质推动农村稳定增美；以共同富裕为牵引，在强化产业引导、盘活集体资产、兜底服务保障上下功夫，夯实举措推动农民稳步增收。要广泛汇聚各方力量，为新时代“三农”工作提供坚强保障，落实责任担当，加强基层基础，强化人才支撑，强化考核激励，奋力谱写江宁农业农村现代化壮美诗篇。会议要求，要加强党的全面领导，纵深推进乡村全面振兴，聚力推动现代农业发展取得新成效、乡村产业振兴实现新突破、都市田园建设展现新风貌、城乡融合发展走出新路径、乡村治理水平实现新提升，奋力谱写现代化先行示范区建设“三农”新篇章。会议宣读市委、市政府《2021年南京市实施乡村振兴战略郊区街镇高质量发展评价结果》，区委、区政府《2021年全区乡村振兴战略实绩考核结果的通报》《2021年村（社区）高质量发展分类评价结果的通报》。湖熟街道、江宁规划资源分局、紫金农商银行江宁支行、横溪街道石塘村、南京樱桃鸭业有限公司作表态发言。

7月29日，区委理论学习中心组举行学习会，传达学习习近平总书记在省部级主要领导干部“学习习近平总书记重要讲话精神，迎接党的二十大”专题研讨班上的重要讲话精神和7月28日中央政治局会议精神，及近期其他重要贺信精神。深入学习贯彻习近平同志《论“三农”工作》及习近平总书记关于“三农”工作的重要论述，邀请南京农业大学博导应瑞瑶教授作《习近平“三农”工作重要论述的思想精髓与政策指引》专题辅导。会议还传达学习省委审计委员会议精神、市委财经委员会会议精神，研究《关于新时代加强和改进思想 政治工作的实施办法》。

11月28日，区委全面深化改革委员会召开会议，传达学习中央和省市委深改委会议精神。研究审议《江宁区加快推进媒体深度融合发展的实施方案》《关于医疗卫生、教育、科技、公共文化、交通运输、自然资源、生态环境、应急救援8个领域〈区与街道园区事权和支出责任划分改革方案〉》《江宁区开展建立首席统计员制度试点工作方案》《江宁区城市运行“一网统管”工作三年行动计划》。

12月27日，区委经济工作会议召开，会议深入学习贯彻党的二十大精神和中央、省市委经济工作会议精神，总结2022年经济工作，分析当前经济形势，安排部署2023年重点任务。市委常委、区委书记林涛出席并讲话，区长洪礼来主持，区领导张会祺、樊向前、张思明等参加。会议认为，2022年是党和国家历史上极为重要的一年。全区经济运行企稳回升、产业结构优化升级、创新动能加速释放、城乡面貌深度蝶变、民生福祉不断增进、环境质量持续改善、发展基础有力夯实，现代化建设迈出坚实步伐。会议要求，2023年要坚持稳中求进工作总基调，完整、准确、全面贯彻新发展理念，加快构建新发展格局，着力推动高质量发展。围绕2023年目标任务，重点抓好7个方面工作：突出扩内需稳外需，推动经济全面回升向好；突出优化科技创新生态，加快建设现代化产业体系；突出城乡深度融合，大力促进区域协调发展；突出深化改革扩大开放，不断增强经济发展动力；突出民生改善保障，不断满足人民对美好生活的向往；突出绿色低碳转型，加快建设人与自然和谐共生的美丽家园；突出统筹发展和安全，着力防范化解重大风险隐患。会上，区工业和信息化局、秣陵街道、江宁开发区作交流发言，区发改委、科技局、商务局、麒麟科创园、江宁高新区、滨江开发区及各街道作书面交流发言。

重要活动

【江宁区建设中国特色社会主义现代化先行示范区动员大会】 2月8日，区委、区政府召开江宁区建设中国特色社会主义现代化先行示范区动员大会。会议对2021年全区机关作风建设和优化营商环境推进情况进行总结，对2022年作风建设和营商环境工作进行部署，并通报2021年度全区综合考核结果，对2021年度全区推动高质量发展先进单位和先进个人进行通报表扬。会议要求，要以“十大工程”为抓手，制定时间表、明确责任人、挂好作战图、拿出硬招数，不断推动现代化先行示范区建设取得新进展；要以优化营商环境为支撑，对审批事项、审批环节、审批时间再精减，奋力保障高质量发展取得新突破；要以作风建设为保障，规范权力运行，大力弘扬真抓实干、马上就办的作风，全面展现江宁干部新形象。江宁开发区、秣陵街道、江宁高新区、江宁规划资源分局、东山街道、区住房保障和房产局作表态发言。“十大工程”牵头单位围绕落实《江宁区建设中国特色社会主义现代化先行示范区“十大工程”2022年实施方案》，作书面表态发言。市委常委、区委书记沈剑荣讲话，区委副书记、区长洪礼来主持，区领导赵洪斌、刘玲、张会祺、樊向前、张思明等参加。

【建设引领性国家创新型城市核心区大会】 2月19日，建设引领性国家创新型城市核心区大会召开。会上，“国家新型显示技术创新中心视觉健康与感知创新平台”及“东南大学、未来科技城基础设施安全低碳与智慧校企协同创新综合体”揭牌，南京江宁人才集团有限公司成立，江宁区被授予首批江苏省创新型示范县（市、区）；“东南大学国家大学科技园双创基地”和“江苏省高档数控机床及智能装备制造业创新中心”举行入驻仪式。会上还解读《关于加快打造高水平人才集聚区，推进新时代人才强区建设的实施意见（征求意见稿）》和《江宁区创新能级跃升工程（2021—2025）及2022年实施方案》两份文件。两项重大创新成果同时发布，包括中汽创智科技有限公司发布IBC集成智能制动系统、中科南京信息高铁研究院发布信息高铁综合测调系统。会上，10个校地共建项目交换文本，包括东南大学智慧建造与运维国家地方联合工程研究中心、南京航空航天大学与江宁开发区共建新型输变电技术与智慧能源项目、南京医科大学逸夫医院二期建设、国科大南京学院二期项目、中科院南京分院与麒麟科创园人才共有产权房项目、天津大学南京环保产业与人才科研成果转化创新平台共建、清华大学新闻学院与江宁高新区元宇宙研究院、北大科技园先锋加速器项目、南京工程学院与江宁高新区共建天印湖校地融合发展示范区、金陵科技学院与江宁高新区共建数字技术与产业经济应用研究中心。中国科学院院士、南京理工大学教授陈光，清华大学新闻学院博士生导师、教授沈阳，南瑞集团首席专家朱金大作主题发言。省委常委、市委书记韩立明，东南大学党委书记左惟，中国科学院院士、南京理工大学教授陈光出席。南京医科大学党委副书记、校长胡志斌，南京工程学院党委书记史国君，中科院南京分院院长、国科大南京学院院长杨桂山，金陵科技学院校长刘永彪等驻区高校领导，市、区领导王华、蒋跃建、沈剑荣、林涛、洪礼来、张会祺、樊向前、曹明、缪秀梅、庞志贵等参加。

【区委常委会集体调研江宁开发区】 6月18日，江宁开发区成立30周年之际，区委常委会集体调研江宁开发区并召开会议。市委常委、区委书记、江宁开发区党工委书记沈剑荣主持会议。会议要求，园区上下要永葆始终不变的初心、坚定敢打必胜的信心、笃定高手比拼的决心，以“归零”的心态、“赶考”的状态，向着全国经开区最前列目标全力冲刺。心无旁骛抓发展，在激发动力活力上当排头、作示范。园区要始终把发展作为第一要务，下好科技创新先手棋、打好产业转型主动仗、挖掘有效投资增长点、增创开放经济新优势，切实稳住经济大盘，为全区经济行稳致远勇挑重担、多做贡献。对标先进强支撑，在优化发展环境上当排头、作示范。打造国际一流的营商环境，让各类市场主体有更多的获得感；创造美丽宜居的生活环境，打造人性化、品质化、极致化的“软件”服务；营造平安稳定的社会环境，全力打好防范化解风险挑战主动仗。撸起袖子加油干，在弘扬优良作风上当排头、作示范。激发一马当先的状态，创造出更多的“全球首个”“中国首台”“国内领先”；发扬一抓到底的作风，用实干实效为园区发展出新出彩；永葆一尘不染的底色，打造一支能干事、干成事、不出事的“铁军劲旅”。会前，区委常委会集中调研江宁开发区百家湖硅巷展示馆、中汽创智技术成果展、牛首山河景观提升工程、苏源大道改造等市政基础设施建设成果，参加汇川技术南京高端装备研发生产基地项目入驻开工活动。

【区委常委会集体调研麒麟科创园】 7月21日，区委常委会集体调研麒麟科创园并召开会议，市委常委、区委书记、麒麟科创园管委会党组书记沈剑荣主持会议并讲话，区委副书记、区长洪礼来，区人大常委会主任赵洪斌，区政协主席刘玲，麒麟科创园管委会主任樊向前等参加。会议指出，12年来，麒麟科创园实现经济较快发展、人口规模加快集聚、创新动能显著增强、科技实力不断跃升，成为全市经济发展，特别是科技创新不可或缺的重要力量。会议要求，麒麟科创园要紧紧围绕市委、市政府和区委、区政府确立的“综合性国家科学中心核心承载区、国家战略科技力量承载区，创新策源活力之城、科技产业实力之城、生态宜居魅力之城”目标定位，补短板、强弱项，奋力实现高质量发展迈上新台阶，以打造区域创新高地为核心，进一步提升园区科技创新力和引领力；以更高的站位，进一步谋划麒麟片区整体功能品质的提升；以完善的管理体制机制，进一步推动园区和街道深度融合发展。会前，区委常委会集体调研园区内的中国科学院大学南京学院、紫东综合交通实验室，并参加麒麟科创园人才共有产权房项目开工仪式。

（宁　鉴）

深化改革

【科技体制改革】 2022年，全区聚焦机制创新，强化顶层设计，印发实施江宁区“十四五”科技创新规划等统领性文件。推进科技体制机制改革，加快省首批创新型示范区和苏南自创区建设，参与紫金山科技城体制机制改革工作。加强基础研究，形成科技企业发展、未来产业研究等专题调研报告。江宁国家高新园在全省高新区综合评价中位列第七，开发区高新园、江宁高新区位列市级高新区第一方阵；江宁高新园获批成为全省首批6个碳达峰碳中和科技成果转化基地之一。（区科技局）

【农业农村改革】 2022年，全区完成农村集体产权股份合作制改革试点工作，并通过国家和省级验收。全区193个涉农社区均建立社区股份经济合作社，做到有经营性资产的村应改尽改。按照股份合作制改革的要求，各涉农社区均开展股权固化改革，实现量化到人、固化到户、户内继承、社内流转。全面率先完成193个涉农社区股份经济合作社登记赋码工作，颁证率100%。完善65.5万名集体经济组织成员信息，并按要求录入江苏省农村产权交易信息服务平台组织管理系统，保障农村集体经济组织成员权益。完成24.5万本农村股份经济合作社股份证书发放工作。深化农村集体产权制度改革，创新集体经济组织治理结构和集体资产管理制度，促进集体资产保值增值和集体经济可持续发展。建立新型农村集体经济治理机制，农民按股份享有集体资产、参与经济管理并分享收益，有效解决长期存在的因土地征占、资产处置和收益分配管理等问题引发的社会矛盾，促进广大农村地区社会稳定。（汤　雯）

【社会民生事业改革】 2022年，全区以《江宁区“十四五”保障和提升公共服务规划》为统领，健全公共服务体系、推动公共服务发展，围绕教育、卫生、文化、体育等重点领域，科学谋划改革创新，统筹规划设施布局，有效提升服务水平。进一步优化教育资源布局，上秦淮小学等16所新建学校投用，新增优质公办学位1.8万个，全区高考成绩创历史新高。推进区域医共体建设，区卫生应急指挥中心交付使用，江宁妇幼保健医院、老年医院年底开工，新改扩建12家社区卫生服务中心，打造首批50个社区卫生服务站哨点样板，基本完成农村区域性医疗卫生中心建设。聚焦“一老一小”，加强普惠性、基础性、兜底性养老托育保障，创成全国智慧养老示范基地。深化文化强区建设，文化惠民活动常办常新，档案馆新馆开馆，区图书馆获评国家一级图书馆，创成全省首批“无限定空间非遗进景区”示范项目，文化产业占地区生产总值比重突破6%。完善公共体育服务体系，江宁获评国家体育产业示范基地。（区发改委）

【市域社会治理现代化试点】 2022年，全区聚焦推动基层社会治理体系和治理能力现代化，对照试点“工作指引”11个方面内容，逐项细化落实方案，动态跟踪问效，指引任务基本完成。推出《关于深化党建引领，加强基层治理体系和治理能力现代化建设的实施办法》“1+3”文件，创新实施街道片区“大党委”运行机制，开展组织联建、发展联促、治理联抓、问题联解、服务联做等“五联”共驻共商共建活动，形成“领导挂包、区域统筹、条块结合、共建共享”的基层治理新格局。深入开展统筹发展和安全“大走访、大排查、大攻坚”行动，建立“党委常委包片、政府领导包线”责任体系。紧扣安全生产“风险点”，先后部署33个重点领域“一年小灶”，制定深化专项整治3项清单180条具体任务和提升年12个方面34项重点内容，确保不发生重大安全生产事故。按照“平时预警研判、战时联动指挥”的平战结合理念，构建“区级—街道—村（社区）—网格”四级指挥调度体系，打造174个基层治理点位站、515个党群网格微工作站，践行和发展新时代“枫桥经验”，打造商量书房、乡贤议事堂、村民理事会、妇女议事会等一批议事协商平台，常态开展村民说事、民情恳谈、百姓议事活动，确保“小事不出网格、矛盾不上交”。深化“基层党建品牌创建年”活动，“一村一品、一社一特”创建率100%，形成“百家红”“红心谷”等“1+4”党建品牌体系。成立T3出行南京地区司机党委，打造“一路橙心、先锋领行”党建品牌，建成“江宁督督允电站”“多伦司机之家”等“宁小蜂”江宁驿站154个。探索创立全市首家“五位一体”劳动争议联合调处中心，有效提升调处效能、降低维权成本、节约服务资源，相关工作处于全国领先地位，工作成效和模式得到人社部的肯定和推广。

组织工作

【概　况】 2022年年末，中共江宁区委有基层党组织3378个，其中党委175个、党总支247个、党支部2956个。区委有直属党组织36个，其中直属工委18个、直属党委17个、直属党总支1个。201个村（社区）中，设党委110个、党总支91个；村（社区）有基层党组织1125个。全区有党员78579人。其中，男党员53527人、女党员25052人；35岁及以下党员20918人、36—45岁党员17071人、46—55岁党员10863人、56—60岁党员6682人、61岁及以上党员23045人；研究生6221人、本科27911人、大专及以下44447人；公有制单位党员20015人、非公有制企业党员27495人、社会组织党员707人、农牧渔民党员12433人、离退休党员16612人，其他党员1317人；1949年10月前入党37人、1949年10月至1966年4月入党4168人、1966年5月至2002年10月入党33075人、2002年11月及以后入党41299人。71个行政村有党员8003人，130个城乡社区有党员30036人。

【干部教育培训】 2022年，区委组织部结合“七一”加强组织工作主题宣传，创新形式开展系列庆祝活动，在“江宁党建e家”微信公众号等平台开设宣传专栏，营造喜迎党的二十大胜利召开的浓厚氛围。加强理论武装，组织党的十九届六中全会精神轮训，举办主体班次16期、“十大工程”专业能力提升培训班13期，培训各级各类干部7318人次。强化政治监督，加强对“一把手”和领导班子的监督，执行个人有关事项报告等制度，开展选人用人工作集中自查，充分运用提醒函询诫勉等措施，推动政治监督落到实处。

【“两新”组织党建】 2022年，区委组织部开展网约车司机群体党建省级试点工作，围绕实施“向新而行”行动，探索“建引关培用”工作模式，推出“启动一批驿站、打造一条服务链、凝聚一个共同体、成立一个学院”4个重点项目。全域建成“宁小蜂驿站”176个，在全市率先成立新业态新就业群体培训学院，指导成立全市首家网约车司机功能型党委——T3出行南京地区司机党委，打造“一路橙心、先锋领行”网约车司机党建品牌。深化“两新”组织党务工作者“四级五专”体系建设，全区持证“两新”组织党务工作者194人。其中，特级1人，中级15人，初级178人。

【公务员管理】 2022年，区委组织部加大年轻干部引进和培养力度，实施“名校优生”计划，引进清华、北大等名校毕业生29人。新招录公务员100人，被省委组织部确定为基层公务员队伍建设联系点。择优选配一批政治素质过硬、工作实绩突出、有发展潜力的干部充实区管干部队伍，一线干部提拔比例提升到85%。坚持基层、实干导向，统筹安排干部到经济专班、信访、对口帮扶等一线岗位多面培养、多岗锻炼。实施干部能力提升工程，有序推进培养式交流、压担式轮岗。统筹用好职务职级“双轨”通道，对资历较深、敢于担当的干部予以持续职级晋升激励，全年从一线晋升四级调研员以上职级66人次。把综合考核作为识别评价干部的重要抓手，与“三项机制”有机融合、有效衔接，鼓励激励、容错澄清等类型案例获省市推广。

【人才发展】 2022年，江宁区发布“十四五”人才发展规划、新时代“人才强区”建设实施意见，与“紫金山英才·江宁百家湖计划”共同组成科学高效、集成完备的人才政策网络。建设运营江宁人才服务大厅，分点布局“人才之家”，完善国际人才街区服务，扩大“近悦远来”人才品牌效应。深化人才发展体制机制改革，成立全省首家区级人才集团，统筹人才服务、人才资源供给、科技金融等服务业务，探索市场化手段开发和配置人才资源新模式。发挥重大创新平台企业作用，加速集聚“急需紧缺”人才，助推紫金山实验室发布重大原始创新成果10项，传奇生物细胞疗法、三叠纪3D打印药物等一批成果成为江宁生物医药产业的新名片。统筹运用政策扶持、宣传引导、绩效考核等手段，激励人才企业创新发展，以人才力量助推产业转型、企业腾飞，全年人才企业新上市4家、累计17家，新增专精特新“小巨人”企业8家、累计14家，入选新一批（培育）独角兽企业27家、瞪羚企业25家，人才企业成为区域创新发展的重要力量。

【基层组织体系建设】 2022年，区委组织部围绕构建“党委抓支部、支部管党员、党员带群众”组织体系，推进“三进两定一融合”网格党建法，通过深化组织进网格、党员进网格、阵地进网格，突出组织引领定向、党员设岗定责，推动党建工作与网格治理深度融合。在全区1955个综合网格中成立党支部868个，在5799个“微网格”组建党小组1988个，推动网格成为延伸党建触角的基本单元。在城市和农村分别建立“党员楼栋长”和“党员中心户”两支队伍，实现小区楼栋、自然村组全覆盖，有效贯通“街道党工委—村（社区）党组织—网格党支部—微网格党小组—党员中心户（楼栋长）”五级组织架构。开展“同城共筑”行动，深化街道“大工委”、社区“大党委”运行质效，打造区域化党建联盟，带动驻区单位共抓党建、共商发展、共为民生。发挥驻区高校集聚优势，探索“园街企校”等党组织重点联系制度，搭建校地企联动、产学研融合的党建平台，促成园区、校区、城区、社区“四区联动”新局面。

【基层组织效能提升】 2022年，全区深化“基层党建品牌创建年”活动，201个村（社区）围绕完善基层治理、推动乡村振兴、服务人民群众等方向“一村一品、一社一特”创建率100%。结合“村村到、户户进、人人访”集中走访活动，全区7657名街村干部、党员骨干走村入户，梳理群众问题诉求，列出为基层和群众兴办实事清单，逐条逐项解决好基层最急需解决、群众急难愁盼问题。在发挥“社区帮手”“网格帮手”“群众帮手”3支队伍作用基础上，紧扣新冠疫情防控实际需要，完善机关单位挂钩支援基层应急处突机制，固化机关、企事业单位全覆盖挂钩结对村（社区）机制，发动区级机关部门和驻区单位党员干部全面下沉村（社区）、网格，全面参与疫情防控工作。构建村（社区）党组织统一领导，小区（网格）党支部、业委会（物管会）、物业公司三方协同，区街职能部门、辖区单位、社会组织、居民群众等共同参与的“1+3+X”工作模式，实现党组织对物业服务管理的全面引领。健全“党建+群建”治理机制，完善议事会、听证会、恳谈会等协商方式，围绕小区物业管理、大型社区调整、民生服务保障等群众关切的重点领域开展议事协商，方便群众有地方说事、有机会议事。

【基层组织阵地建设】 2022年，全区加强党群服务中心建设，其中涉农村（社区）党群服务中心平均面积超过1800平方米。推动党务服务、民生保障、卫生健康等服务事项向基层党群服务阵地集中，打造形成秣陵街道“邻满意”、淳化街道“淳为民”、汤山街道“泉心泉意”等服务品牌，形成“大门常开、场所常用、活动常办、服务常抓、群众常来，聚人气、聚人心”的“五常两聚”机制。全域打造基层“红色点位”，在城市，利用各小区物业办公室、门卫室等载体，设置基层治理点位站174个；在农村，依托网格内服务阵地、集体闲置资产等，建立网格党群微工作站515个。设立居民群众矛盾诉求集中受理点，统筹公安、城管、民政等部门力量进驻站点，推出“线上线下同步收集+先解决问题再说”工作模式，建立“3个1”（10分钟内到达现场、简单问题1小时内解决、复杂问题1天内回复）处理制度，实现服务群众“零距离”。集中布局“宁小蜂驿站”，全区集中打造154个“宁小蜂驿站”，引导新就业群体在基层治理中发挥作用，不断充实基层治理“新鲜血液”。新冠疫情防控期间，T3出行党委成立特别行动车队党支部，发动100余名党员司机和400余名后备志愿司机，全力保障城乡居民出行。

【党建引领乡村治理全国试点】 2022年，全区构建“一条主线、三化驱动、四红聚力”乡村治理新模式，开展党建引领物业服务专项提升、“园街吹哨、部门报到”、“网格赋能”等专项行动，形成党建引领基层治理“1+N”工作体系。全域打造174个基层治理点位站和515个党群网格微工作站，健全“一站点一支部”机制，完善“宁帮手”体系，组建区管正职联村社、副职联片区、中层联网格、党员联群众的“1+30”网格服务队伍，实现群众诉求及时采集、就地化解。探索实施区领导挂包片区党建联合体制度，吸纳优化片区各类党组织，整合盘活各方治理资源，高位协调基层治理难题，推动形成“领导挂包、区域统筹、条块结合、共建共享”的党建引领基层治理新格局。

【全市党建引领基层治理重点项目】 2022年，全区聚焦城市治理难题，优化调整超大型社区，按照“规模拆分、规划设置、空间整合、功能提升”4种模式和“试点先行、以点扩面、全面铺开”工作计划，稳妥推进大型社区优化调整工作。年内，完成6个社区优化调整试点，在规范操作程序、处置集体资产、明晰管理界限、促进居民融合等方面积累经验，进一步缩小社区为民服务半径，实现基层治理更高效、更精细。

（区委组织部）

【全区村（社区）书记、主任专题研讨班】 5月30日，区委党校2022年开学典礼暨全区村（社区）书记、主任“喜迎二十大，奋进新征程”专题研讨班开班。市委常委、区委书记沈剑荣作开班动员并上专题党课，区委副书记张思明主持，区领导曹明、庞志贵出席。此次专题研讨班从5月29日至6月2日，历时5天，分为两个阶段。第一阶段是集中授课，专门邀请省、市、区相关部门负责人和专家为参训人员进行授课辅导，重点是基层党建、乡村振兴、社会治理等相关知识讲解；第二阶段是现场教学，参训人员前往全市各优秀村（社区）、产业示范中心、新型经营主体开阔视野、取经问道。

（宁 鉴）

宣传工作

【概　况】 2022年，江宁区委宣传部深入学习贯彻习近平新时代中国特色社会主义思想，紧紧围绕迎接宣传贯彻党的二十大精神主题主线，始终把牢正确方向导向，各项工作取得新成效。不断拓展理论宣讲覆盖面，围绕“礼赞新时代、追梦复兴路”主题，面向全区开展各类宣讲750余场。搭建“江宁理上网来”“有理走遍江宁”宣讲平台，开设“E起来说理”“冬训微理享”等栏目，打造12个理论宣讲工作室、14个“学习强国”学习平台线下“学习驿站”，设立“板凳”“庭院”“田间”等55个特色课堂，江宁“红喇叭”理论宣讲团先后获评全市全省全国基层理论宣讲先进集体。面向全区公开征集选题并招标，确定年度社科课题研究项目12个，完成《2021年度江宁区社科课题成果汇编》及2022年度省社科联社科普及资助等项目申报。壮大主流舆论，全年举行“江宁这十年”专题新闻发布会8场，在中央省市主流媒体推出重点报道300余篇。推进爱国主义教育基地建设，开展红色文化资源遗址遗迹调研核查，打造横山片区“新四军在南京”主题教育展馆，初步形成云台山、横山、铜山、赤山红色文化观摩线路。

【理论武装】 2022年，区委宣传部完善理论学习专家智库，制定各级理论学习中心组专题学习、巡学旁听计划，提升中心组学习制度化水平。区委中心组全年开展集中学习46次，其中专题辅导11次、交流发言8次、现场教学3次。深入开展基层党员冬训工作，系统实施“五个一”系列冬训方案，组织“讲送享传践悟学”系列教育活动1500余场，连续5年获评全省党员冬训示范区。围绕“礼赞新时代、追梦复兴路”宣讲主题，面向全区开展六中全会精神等各类宣讲750余场。面向全区公开征集选题并招标，确定年度社科课题研究项目12个，完成《2021年度江宁区社科课题成果汇编》以及2022年度省社科联社科普及资助等项目申报。开展“美好生活、社科伴‘宁’”社科普及活动11场，打造“社科理论基层行”品牌。江宁成为全省首批习近平新时代中国特色社会主义思想研究中心实践调研基地。

【社会宣传】 2022年，区委宣传部开展“奋进新征程、建功新时代”重大主题宣传，构建中央和省市区联动贯通全媒传播矩阵，策划推出“江宁这十年”专题新闻发布会8场，推介全区现代化建设的创新举措。《人民日报》《新华日报》头版刊发《南京江宁打造引领性国家创新型城市核心区》《稳中求进,南京江宁开新局》《“智造”江宁，高质量发展勇挑大梁》等重点报道，《南京日报》头版推出《江宁：大江奔涌立潮头》《江宁：“八大专班”，精准发力稳住经济大盘》等专题报道。全年在中央和省市主流媒体推出重点核心报道300余篇。深入推进媒体融合发展，策划“极美南京·这里是江宁”城市形象网络推广，推出系列专题报道15篇，篇均阅读量突破2万人次。区融媒体中心全媒体平台推出阅读量10万人次以上作品超过180件，阅读量100万人次以上作品4件，完成“江宁N次方”年度城市宣传片制作。全面塑新以“江宁发布”为核心的区级融媒传播矩阵，“江宁发布”在3月融媒体综合传播力榜单位列全省第一。印发《关于新时代加强和改进思想政治工作的意见》，贯穿全年开展“强国复兴有我”群众性主题宣传教育活动，举办“喜迎二十大、聚焦江宁美”摄影作品展、“同心抗疫”江宁文艺志愿者抗疫作品展等线上线下展陈活动30余场。

【意识形态工作】 2022年，区委宣传部制定意识形态工作责任制、网络意识形态工作责任制2个实施意见，出台年度重点工作、基层党组织、行业主管部门等4个管理清单，形成意识形态工作责任体系。组织意识形态工作责任制落实情况专项检查，开展3轮意识形态专项巡察，进一步压实党组织主体责任，完成2022年省专项督导工作。统筹意识形态领域“大走访、大排查、大攻坚”行动，归纳19个对照事项、4类重点案事件、8类阵地、1个固定用语表述正误对照表，整改风险隐患104条。深化“扫黄打非”斗争，出动检查人员7000多人次，检查各类场所2400家余次，坚决打击印刷违法违规行为，查处违法出版物品。

【“一起向未来”新年首场新闻发布会】 1月14日，“一起向未来”——奋力谱写“强富美高”新江宁现代化建设新篇章新闻发布会举行。发布会围绕贯彻落实中共十九届六中全会、省市区党代会和区两会精神，向社会各界发布江宁区2021年经济社会发展成效，解读江宁未来5年及2022年重点工作安排。区科技局、工信局、生态环境局、民政局等部门分别围绕科技创新、产业升级、绿色发展、社会救助等方面发布最新情况动态。区人大代表、政协委员、媒体代表就营商环境提升、医疗保障基础建设、乡村建设行动、教育均衡发展、城市交通出行、群众文体生活等进行现场提问，各牵头部门负责人分别进行现场回复。

【文化科技卫生“三下乡”启动】 1月26日，江宁区2022年文化科技卫生“三下乡”启动仪式暨“全民阅读春风行动”活动在湖熟街道丹桂社区新时代文明实践站举行。活动在舞蹈《灯火里的中国》中开场，区委常委、宣传部部长张玉力为区委宣传部、区文旅局、科技局、农业农村局、卫健委5家成员单位授旗。现场表演诗朗诵、舞蹈《领航》，开展中共十九届六中全会精神宣讲，并向全区发出“十大文明好习惯”倡议。

【“江宁这十年”经济发展专场新闻发布会】 6月15日，江宁区举办“奋进新征程、建功新时代——江宁这十年”经济发展专场新闻发布会，播放江宁城市宣传片，邀请区发改委、工信局、商务局、江宁开发区等单位新闻发言人或分管负责人发布江宁近十年在经济综合实力、现代产业体系、城乡区域发展等方面的实践、成就和荣誉，以及未来5年经济高质量发展规划和目标任务，现场回答记者代表提问，并组织采访区内重点企业。此次发布会通过“江宁发布”融媒矩阵进行直播，并利用社群传播进行推广，中央及省市区各级主流媒体平台通过短视频、图片等形式开展宣传报道。

【“梧桐论语”示范宣讲】 6月27日，“梧桐论语”示范宣讲活动在江宁市民中心举办，省委宣传部副部长赵金松出席。此次活动以“深学党史悟思想、踔厉奋发新征程”为主题，邀请专家学者围绕学习贯彻习近平总书记关于党的历史和青年工作重要论述分别作示范宣讲，并访谈宣讲嘉宾分享心得体会。现场还举办“学习强国”学习平台、“学习达人”现场手机答题挑战赛，“南京市理论宣讲工作平台”上线试运行，并为南京市“梧桐论语”理论宣讲联盟成员单位授牌。

【“江宁共读”计划】 2022年，全区继续创新实施“江宁共读”计划，选择“定时直播共读、随时回看选读”方式，聚焦社会治理、数字城市建设、国企改革等话题，每周以线上直播形式讲读1本书，线下组织开展2场“江宁共读·阅经典悦分享”主题活动，让党员干部和普通群众听得懂、记得住、学得会。建立学习督导工作群，定期交流参学情况，动态分享学习经验心得，及时解决各类困难问题，加大优秀典型宣传教育，激发党员干部参与全民阅读的积极性和主动性。启用“江宁·共读”线下学习空间，设置“书香江宁、全民阅读”专区，邀请著名作家、专家举办专题讲座，围绕民生热点和实际问题，组织开展撰写读书笔记、主题演讲比赛、学习心得交流等线下活动。

【第六届未来网络发展大会】 8月24日，第六届未来网络发展大会在江宁上秦淮国际文化交流中心开幕。大会以“网络全球、决胜未来”为主题，聚焦未来网络发展的前沿技术、发展趋势、关键领域等进行深入研讨，推动未来网络助力产业、惠及民生、支撑经济社会高质量发展。会上发布全球首个广域确定性网络系统重大突破成果、全球首个云原生算网操作系统、全球首个6G TKμ极致连接无线传输试验平台V1.0，签约一批重大合作项目。会议为期2天，按照“一会、一展、一赛、一发布及特色活动”安排，围绕确定性网络、6G通信、算力网络、工业互联网、网络智能等热点话题，举办线上线下论坛等多场活动。

（包顺宇）

5月31日，未来科技城举行“江宁共读·阅经典悦分享”读书分享会

（未来科技城供图）

统战工作

【概　况】　2022年，江宁区委统战部全面落实中央和省、市、区委关于统一战线工作的各项决策部署，团结进取、开拓创新，各项工作取得新成效。建立“1+5+N”宣讲模式，运用“同心江宁”“智慧新联会”等平台，结合线上线下多种宣传方式，在统战系统深入宣传贯彻《中国共产党统一战线工作条例》和中共二十大精神。支持区内各统战团体开展“矢志不渝跟党走、携手奋进新时代”“弘扬爱国奋斗精神、建功立业新时代”“凝聚新力量·筑梦新时代”等主题教育，组织各类培训班18场次、约1500人次。建立“1+4+N”抗疫模式，组建“同心战疫”志愿服务队，动员统战对象组织志愿者1万余人，捐款捐物价值近1000万元。促成开市客超市项目落户江宁高新区，推进“侨智港”江宁基地建设，同心江宁网络直播基地、新媒体数字产业园与300多家企业签订协议，组织座谈会、招聘会10余场，新增就业3000余人。推进“大走访、大排查、大攻坚”行动，排查并整改相关问题282个。建好用好民主党派“1+8”乡村振兴实践基地，打造全省首条“红石榴大道”，“同心·善田江宁”乡村振兴直播基地揭牌运营。青创学院成功落户创业项目13个，5月11日国台办新闻发布会对江宁区台青工作给予肯定。区工商联获评全国工商联五好“标杆”县级工商联，淳化街道、禄口街道获评全国“四好”商会。区侨联被评为全省侨联系统先进集体。

【思想政治教育】　2022年，区委统战部以“喜迎二十大、同心谱新篇”为主题主线，建立“1+5+N”中共二十大精神宣讲模式，组织区内各统战团体开展“矢志不渝跟党走、携手奋进新时代”“弘扬爱国奋斗精神、建功立业新时代”“凝聚新力量、筑梦新时代”等主题教育，引导统战对象群体深入学习贯彻习近平新时代中国特色社会主义思想，进一步增强“四个意识”、坚定“四个自信”、做到“两个维护”。区委5次召开统战工作领导小组会议，传达各级统战工作会议精神，并专题召开全区民族宗教工作会议。顶格配置成立铸牢中华民族共同体意识模范集体创建工作领导小组，完善“领导小组议大事、协调机制抓日常”的“1+N”议事机制，研究制定《中共南京市江宁区委关于加强新时代统一战线工作的实施意见》，谋定全区统战工作方向，加大统筹协调力度，大统战格局更加完善。《新华日报》、人民网、《挚友》等媒体平台报道江宁统战工作稿件300余篇，《中华工商时报》聚焦区内省级以上专精特新“小巨人”民营企业进行专题采访报道，“同心江宁”公众微信号开设“建功新时代、奋进新征程”“大家谈统战”专栏，宣传基层统战工作特色和亮点，统战工作影响力进一步扩大。

【服务中心工作】　2022年，全区统战系统成立商会调解中心，全年调解案件近600件，入选全国工商联、最高人民法院“工商联与人民法院沟通联系机制典型事例”。促成开市客超市落户高新区，协调“侨智港”江宁基地建设，开展“融在金陵、助宁创新发展”涉侨重点房地产企业专场活动。“同心·善田江宁”乡村振兴直播基地揭牌运营，同心江宁网络直播基地、新媒体数字产业园与300多家企业签订协议。全年举办“情暖民企”座谈会、校企人才供需对接会等10余场，解决就业3000余人。抓牢统战领域意识形态安全，融合推进“大走访、大排查、大攻坚”行动。

【促进关系和谐】　2022年，区委统战部不定期召开通报会、征求意见会、民主推荐会等，23名党派成员和无党派人士被区检察院聘为志愿者。各民主党派提出社情民意100余篇，民盟2项提案被省政协立案。完善苏统云、宁统云数据库，分层培养党外后备干部，全年配备党外区管干部2人，民主党派成员中当选区新一届人大代表22人、政协委员94人。推进铸牢中华民族共同体意识模范集体创建工作，打造全省首条“红石榴大道”，河海大学挂牌“铸牢中华民族共同体意识研究基地和教育实践基地”。坚持宗教中国化方向，依法管理宗教事务，指导2个社区创建宗教活动场所法治宣传教育阵地，开展宗教领域崇俭戒奢教育活动。组织党外知识分子、无党派人士和新的社会阶层人士开展“同心健康行”“同心法律行”“周末思享汇”“卓越之路·创新学堂”“法商服务团”等品牌活动，在新济洲国家湿地公园举办“寻美·江苏”法治之美《中华人民共和国湿地保护法》开启湿地保护新篇章等活动。发挥区工商联纽带作用，收集上报政务信息244篇，95家会员企业完成全国工商联规模企业调研活动。引导商会企业开展光彩事业、“万企兴万村”活动，履行社会责任。完成区工商联换届，推荐17人进入市工商联领导机构。推动商会制度化、规范化建设，2家基层商会获评全国“四好”商会，区工商联获评全国工商联五好“标杆”县级工商联、全省工商联系统先进集体。推进侨联组织校地融合发展，创成2家省级侨联新侨创新创业基地，欧美同学会会长刘加平院士获第九届“侨界贡献奖”一等奖，区侨联被评为全省侨联系统先进集体。举办“青创项目投资路演·牵手同行”创业相亲会等活动，南京台湾青年创业学院落户台湾青年创业项目13个。

【港澳台侨及海外统战】 2022年，区委统战部在港澳台侨及海外人士中开展“喜迎二十大，同心谱新篇”“强国有我在、奋斗正当时”等系列活动，推动涉侨企业做好党史学习教育。组织“我为群众办实事”“我为侨胞办实事”“学雷锋公益行”等实践活动，从身边小事做起，围绕专业、服务群众。传播传统文化，开展“我们的节日”系列活动，组织侨界人士举办妇女节、端午节、儿童节、七夕、重阳等节日主题活动，进一步加强联谊交流，感受传统民俗文化。组织街道、园区、社区侨胞侨眷开展“喜迎二十大、归侨侨眷同台唱京歌”排练活动，“‘侨’见未来、草帽彩绘”活动，“家风传承、共筑绿苑”阖家欢乐好家风活动，“诗与‘石’文化交流活动”，“与国庆华诞、同筑中国梦”主题系列活动等，顺应广大侨胞的中华文化情结，引领宣传正能量。6月9日，全省港澳台侨统战干部培训班一行40余人到江宁区参观交流，并赴苏港社区结对共建点东山街道中前社区参观交流社区社会治理工作。

【民族宗教统战】 2022年，区委统战部以“红石榴”广场主题打卡点、806“民族团结号”公交线、气象短信推送、融媒体宣传大屏等形式，构建起铸牢中华民族共同体意识全媒体、多层次、立体化的宣传网络。借助美丽乡村东山佘村“小川藏线”，将原小茅山路更名为“红石榴路”，建成南京首条“红石榴大道”。不断扩大“江宁区民族团结进步促进会”微信公众号和“红石榴家园”微信小程序服务影响力，及时向各族群众传递全区民族工作最新政策和展示民族工作特色成效。以创建全国民族团结进步模范集体为目标，深入开展民族团结进步创建工作。以“民族电影节”为主题，其间每周定期放映3场电影；以“民族文化节”“民族故事汇”等为主题，每月开展1—2次主题活动，促进各民族交往交流交融；以“民族团结一家亲、同心共筑中国梦”为主题，利用庆祝元宵节、妇女节、母亲节、端午节等节日开展民族团结进步专题活动和“民族团结一家亲、唱支山歌给党听”等文艺会演活动；以“民族政策知多少”为主题，面向企业和少数民族务工人员开展民族政策知识宣讲活动，引导少数民族务工人员“听党话、感党恩、跟党走”。在宗教界深入开展中华优秀传统文化学习教育，用社会主义核心价值观引导信教群众，增强宗教教职人员和信教群众对伟大祖国、中华民族、中华文化、中国共产党、中国特色社会主义的认同。开展宗教活动场所爱国主义教育示范基地、法治宣传教育阵地创建工作，建成江宁街道清修社区、谷里街道柏树社区宗教活动场所法治宣传教育阵地。 （区委统战部）

【新的社会阶层人士统战工作】 2022年，全区有新的社会阶层人士10万余人，新的社会阶层人士联合会下设4个分会、13个支会。1月，“同心艺术沙龙”被列为南京市新的社会阶层人士统战工作实践创新基地第三批重点项目；12月，“汤山新媒汇”被列为南京市新的社会阶层人士统战工作实践创新基地第四批重点项目。年末，全区有国家级实践创新基地1个、省级实践创新基地2个、市级实践创新基地4个。区委统战部在新的社会阶层人士中组织“凝聚新力量·筑梦新时代”主题教育，开展“四史”学习教育，举办“自在——寻美南京”新时代艺术展等活动，进一步凝聚思想共识，增强政治认同。组织新的社会阶层人士参政议政，围绕发展难点、社会热点、民生焦点等，深入基层一线考察调研，为经济社会发展建言献策，区新联会提交各类提案建议40余件。举办“苏新汇智：‘直播新经济·助力新农业’暨‘百年同心路·e起向未来’喜迎二十大主题活动”和网络直播培训、网络直播经验分享会等。入驻同心江宁网络直播基地的南京逐日千里科技有限公司与310家企业签订直播带货协议，南京新媒体数字产业园江苏智泉新媒体数字产业有限公司入驻企业58家，签约直播电商企业16家。在滨江开发区长江新济洲国家湿地公园举办“寻美·江苏”法治之美——《中华人民共和国湿地保护法》开启湿地保护新篇章等活动，产生良好社会反响。开展“思享汇”“卓越之路·创新学堂”“法商服务团”“艺苗成长”“耕读空间·读者计划”等品牌活动和公益慈善活动，服务社会发展。安排5名会员参加省市委统战部举办的新的社会阶层人士培训班、5名会员参加区委统战部信息宣传调研工作培训班，举办江宁区新联会培训班。推荐区新联会代表人士担任新一届区人大代表和政协委员，担任省人大代表2人、市政协委员6人。

（马立松）

侨务工作

【概　况】 2022年，江宁区侨务部门围绕建设“强富美高”新江宁的决策部署，坚持凝聚侨力，开展“喜迎二十大，同心谱新篇”系列活动，强化侨界思想引领；坚持汇集侨智，打造“侨智港”江宁基地，聚焦重点产业、先进产业召开侨企座谈会，推动校地融合发展，发挥侨务优势，服务中心工作；坚持维护侨益，在侨界深入开展普法进社区、进园区、进侨企活动，举办丰富多彩的传统文化交流活动，主动做好为侨服务。江宁区侨联获全省侨联系统先进集体称号，江宁开发区高新技术产业园创成省侨联新侨创新创业基地。

【侨务经济】 2022年，区侨务部门继续推进“侨智港”江宁基地建设，“侨智港”（硅巷智造）招商签约近1万平方米，引入各类总部和中小型科技企业10余家。“侨智港”（数动未来空间站）数字展览馆、网络实训直播基地等功能区投入运营，获“长三角城市侨创基地”授牌，并加入长三角城市侨创联盟理事会。联合江宁城建集团、国资集团开展涉侨重点房地产企业专场活动，考察杨家圩二期和土山路两侧城市更新项目现场，并就“把脉房地产市场走向，展望未来发展趋势”主题进行座谈。举办智改数转赋能制造业研讨会，智能制造产业企业家代表围绕“智改数转赋能制造业发展”主题进行研讨。是年，南京我乐家居股份有限公司、南京德朔实业有限公司、多伦科技股份有限公司等侨资企业获第四届“江苏省优秀侨资企业”称号。

【为侨服务】 2022年，区侨务部门组织开展“喜迎二十大，同心谱新篇”“我为侨胞办实事”“学雷锋公益行”等系列活动，《喜迎二十大、农村新变化》《雄关漫道真如铁、而今迈步从头越》等4幅作品参加“翰墨迎盛会、侨心颂党恩”南京市侨界喜迎中共二十大书画展。推进省、市侨联《关于在侨界群众中开展法治宣传教育的第八个五年规划》的实施，在全区开展“法制宣传月”活动，通过侨胞之家、侨法宣传角、微信群等线上线下形式，深入开展普法进社区、进园区、进侨企活动，提升侨界群众法治素养。

（区侨办）

区级机关党建

【概　况】 2022年年末，江宁区委区级机关工作委员会直属党组织58个，其中党委15个、直属党总支15个、直属党支部28个；有党员4687人，其中新发展党员34人、女党员1475人。是年，区级机关工委以迎接、宣传和学习贯彻中共二十大为主题主线，紧扣“围绕中心、建设队伍、服务群众”的职责定位，不断深化机关党的建设、作风建设和群团组织建设，服务和保障江宁高质量发展。

【政治建设】 2022年，区级机关工委贯彻《区级机关落实机关党建责任制实施办法（试行）》，印发机关党建及各专项工作要点，明确总体思路和重点任务，压紧压实党建工作责任。坚持把党的政治建设摆在首位，紧紧围绕建设让党中央放心、让人民群众满意的模范机关目标，开展模范机关创建行动，推动机关党组织“讲政治、守纪律、负责任、有效率”。举办“喜迎二十大·奋进新征程”主题征文、“不忘初心跟党走、踔厉奋发建新功”演讲竞赛等主题党日活动，引导党员干部加强政治历练、强化政治责任、坚守政治立场。深化政治巡察，贯彻区委第一巡察组巡视巡察反馈意见整改落实情况专项督查工作动员会精神，开展区委第九轮巡察整改落实情况“回头看”，常态长效推进巡视巡察反馈问题整改。

【思想建设】 2022年，区级机关工委强化思想政治引领，坚持用党的创新理论武装头脑，通过专题学习、党员冬训、宣讲辅导、中心组领学促学等形式，深入学习习近平新时代中国特色社会主义思想、中共十九届六中全会精神和《习近平谈治国理政》第四卷等。组织“江宁共读·区级机关专场分享会”，开展“学思践悟二十大，机关党员大家谈”活动，举办中共二十大精神专场宣讲报告会，深入学习宣传贯彻中共二十大精神。落实意识形态工作责任制，定期分析通报意识形态领域情况，举办“牢牢掌握意识形态工作领导权”专题培训。对57个机关党组织开展维护意识形态安全专项督导行动，明确主管主办职责，加强意识形态阵地建设和管理。

【组织建设】 2022年，区级机关工委坚持大抓基层鲜明导向，选好配强机关基层党组织班子，指导7个党组织完成换届选举工作，新成立党总支和党支部各2个，调整任免党组织负责人9人。组织132名积极分子进行政治理论测试，新发展党员34人，举办新党员封闭集训，提高党员发展工作质量。做好年度党支部书记抓党的建设述职评议和民主评议党员，督促指导机关党组织严格执行“三会一课”、主题党日等组织制度。开展机关党建与业务工作融入融合创新案例征集评选活动，持续推动机关党建载体创新。制订“共学攻坚1+1、基层治理作示范”行动方案，完成市、区两级123个机关部门单位与201个基层社区挂钩结对，利用机关职能优势、资源优势助力基层治理攻坚克难，5个案例被列为市级“一社区一案例”重点案例。

【作风建设】 2022年，区级机关工委研究制定《关于进一步深化作风建设为先行示范担当作为的实施意见》，组织实施“九提一争”十大行动，全面完成市、区两级满意度评议群众反馈意见涉及的361项整改任务。推广“监测点+码上办”模式，覆盖8个区级政务大厅、10个街道为民服务中心、201个村（社区）便民服务中心、26个行政部门，打造常态化作风监督新“前哨”。推出作风建设“政”直播行动，邀请职能部门重点科室负责人走进直播间，与广大群众和市场主体互动交流，助力营商环境建设，全年完成直播8期。建立区监委和作风办双向移送工作机制，加强联动研判分析，定期梳理作风建设阶段性工作情况，编印作风专报10期，督促各单位提升作风建设水平。依托“江宁作风建设”微信公众号，整合推介48期优作风惠群众、促发展、提效能作风信息，展示江宁形象。加强会风会纪督查通报，按计划实施作风建设集中监督活动，召开民营企业代表座谈会，梳理反馈并督促整改落实。以科室作风建设为主题举办专题培训班，提高机关中层干部作风意识。开展窗口服务满意度评议“月评越优”、示范窗口（科室）评定、“三亮三评”等活动，不断提高窗口（科室）服务质量。组织全区机关作风建设满意度评议，评议人对江宁机关作风建设总体满意率比上年提高1.98个百分点。

【廉政建设】 2022年，区级机关工委印发区级机关纪检监察工作要点、全面从严治党主体责任清单和监督责任清单，加强“三重一大”事项决策和监管。定期召开党风廉政建设会议，组织开展警示教育、党纪法规集中测试、廉洁文化宣传教育月和廉政书画摄影作品征集评选及线上展播等系列活动，加强廉洁机关建设，推进廉洁单元试点。发挥监督执纪“四种形态”作用，开展约谈、谈话提醒、诫勉谈话、监督检查，下达纪律检查建议书。

【文化建设】 2022年，区级机关工委围绕“喜迎党的二十大”主题，开展“悦读向未来”书香文化系列活动、“劳动筑梦新征程·共创美好向未来”主题活动，培育和践行社会主义核心价值观。常态化开展“青年大学习”行动，征集“读习言习语·享奋斗青春”短视频29件和“喜迎二十大、永远跟党走、奋进新征程”主题征文23篇，遴选第二届党建带群团优秀申报案例（项目）31个。制定“宁机益动”志愿服务指导性意见，创新搭建“六益”志愿服务体系，举办“宁机益动”志愿服务培训班，实施“宁机益动”志愿服务助企惠民行动。巩固对口支援帮扶成果，发起“益起圆梦”爱心接力活动，为陕西洛南困难家庭学生捐资78.05万元，走访慰问辖区困境青少年35人，结对认领“微心愿”71个。募集机关实习岗位45个，开展巾帼植树、“益起护航”关爱帮扶、“益童向未来”暑期夏令营、“益爱他人”应急救护技能培训

7月27—28日，“喜迎二十大·‘益’童向未来”暑期夏令营在江宁区拉开序幕。图为参加人员合影（机关工委供图）

等志愿服务30余场。召开机关工会第七次代表大会，选举产生第七届机关工会联合会、经审委和女职工委员会。举办“艺润机关”文体培训班，丰富机关文体生活。组织干部职工参加“云飞镖”、随手拍、线上诵读等系列活动，开展“庆冬奥、享健康、向未来”短视频征集，做好机关劳模疗养、帮扶慰问等工作。机关工会联合会获年度工会工作绩效评估一等奖，机关团工委获评“市五四红旗团委”。

（袁明辉）

机构编制

【机构编制资源配置】 2022年，江宁区召开区委编委会2次，研究审议通过有关单位“三定”规定事项1项、机构编制调整事项9项，在严格总量控制的前提下，将有限的机构编制资源向民生领域、基层一线倾斜。8月，江宁区在全市首批获批设立正处级事业单位区城市数字治理中心，率先整合4家单位相关职能，划转相关编制和实有人员，完成区城市数字治理中心组建运行，为全区“一网统管”工作争先创优提供保障。以2020年年末学生数为基数，开展中小学教职工编制“达国标”工作，完成7所学校（幼儿园）设立工作。推动江宁医院、江宁中医院机构升格、提档升级，创新公立医院人员编制管理，印发《江宁区创新公立医院人员编制管理实施办法（试行）》，在公立医院实行人员总量控制、分类管理，引入备案制人员概念，破解公立医院事业编制不足与进人需求矛盾。江宁公安分局2个派出所及3个内设机构升格为副处级，并设立园博园派出所，进一步提升警务工作质效。

【机构编制法治化建设】 2022年，区委编办将《中国共产党机构编制工作条例》《江苏省贯彻〈中国共产党机构编制工作条例〉实施办法》纳入公务员培训课程，制作《机构编制违规违纪违法行为处理和问责规则（试行）》宣传手册2000份，向全区各部门发放。制定《江宁区机构编制请示报告制度暂行办法》，明确需要向区委编委提出请示的情形、具体流程和相关材料，以及各部门向区委编委进行书面报告的时间及主要内容，有效解决基层各部门在请示报告时主体不明确、程序不规范问题。制定《江宁区区级党政机关跨部门职责分工协调办法》，进一步规范跨部门职责分工协调机制，理顺部门间职责关系，规定职责分工存在争议时应进行协商的情形与具体程序。与区委巡察机构共同印发《关于建立巡察监督与机构编制监督协作机制的意见（试行）》，拓宽监督检查渠道，促进机构编制监督与巡察监督有机贯通、相互协调。

【事业单位登记管理】 2022年，区委编办受理事业单位法人设立登记9件、变更登记187件、到期换证135件，收集整理入档材料331份。结合江苏省机关赋码和事业登记管理系统启用，分政策指导篇、业务操作篇两个板块，补充完善《事业单位法人登记管理工作指南》，发放200余册，对规划资源分局等16家举办单位及所属事业单位开展省系统操作培训。完成麒麟街道等28家机关单位统一社会信用代码证书换发和涉及57家举办单位的380家事业单位法人年度报告公示工作，实现年报“应报尽报”，按规范程序全部在“江苏机构编制”网面向全社会公开。完成全区396家事业单位信用等级评价工作，信用等级均为A等级。

（陈柏钊）

老干部工作

【概　况】 2022年，江宁区因病去世离休干部7人。至年末，全区有离休干部49人（不包含外省市易地安置的2名离休干部）。其中，享受副省（部）级标准报销医疗费待遇4人，享受厅局级医疗、乘车待遇1人，享受处（县）级待遇16人，其他28人；市管退休干部46人。全区老干部工作坚持“让区委放心、让老干部满意”要求，努力提供精准服务，发挥离退休干部优势，各项工作取得新成效。

【离退休老干部党建】 2022年，区委组织部在全区离退休干部中定期开展线上线下专题报告会、情况通报会、参观考察、送学上门等活动20余场次。执行“三会一课”制度，设立“固定活动日”，从严从实落实组织生活。举办“迎接二十大、学习二十大、当好新征程银发先锋”主题党日活动，组织“五老”人员进校园、进社区、进企业开展“宣讲二十大、讲好红故事”活动。以“六好”支部创建为抓手，按照党支部“标准+示范”建设思路，边创建、边规范、边提高，开展对标创建活动，努力提升支部组织力，强化支部政治功能。按照“一方隶属、多重管理”原则，推进离退休干部功能型党组织建设，全年新建离退休干部功能型党组织19个。依托关心下一代工作阵地优势，开展党史主题教育，组织520名“五老”宣讲员参加宣讲活动，编写主题教育讲稿316篇，作报告507场次，受众3.8万人次。区关工委在党史国史教育基地网络地图打卡感言活动中获最佳组织奖，东山街道上坊社区关工委创作的微视频《红色校车》在全市关工委系统获特等奖。

【为老干部服务】 2022年，区委组织部坚持组织管理、医疗保障、养老服务、特困帮扶、人文关怀“五个精准到位”，走访慰问离休干部340余人次，上门看望区四套班子退休老领导150余人次，到医院、养老院探望住院老干部50多人次，上门吊唁、处理老干部丧事8人，为2名离休干部生日祝寿，发放精准服务联系卡、学习资料、防疫手册300余件。按照签约服务规范和居家养老服务标准，组织家庭医生开展上门服务1554人次，服务时长近6000小时。按照“一户一评估、一户一改造”的要求，对31户离休干部家庭进行居家适老化改造。依托老干部活动中心打造集学习、教育、活动于一体的多功能阵地，结合自身特点开展文体活动，全年举办棋牌类比赛、书画摄影集邮展和诗歌朗诵等活动近30场次。

【老干部作用发挥】 2022年，区委组织部围绕促进乡村振兴、助推科技创新、关心帮助困难群体、提升社区治理效能、培育时代新人等，组织老干部开展志愿服务活动120余场次，活动累计时长650多个小时，参与志愿服务老干部200余人次，服务群众4.6万人次。联合区委政法委等9部门下发《青少年法治宣传教育活动行动计划》，完善与区教育部门的“校站结合”工作机制，组织344名“五老”志愿者和309名在职教师参与社区辅导站工作，全年开展辅导活动2718场次。邀请解放军理工大学教授，为全区89所中小学的1.2万名学生进行视频直播宣讲。（区委组织部）

党校工作

【概　况】 2022年，中共江宁区委党校以办学质量评估为抓手，以新校区投入使用为契机，统筹推进教学培训、科研资政等工作，不断提升办学质量和水平。全年举办主体班32期、培训学员4243人，联办班49期、培训学员5680人，对外委培班32期、培训学员3150人。打造50多个特色教学基地（点），优化5条精品教学线路，承接省、市委党校及区（县）党校主体班现场教学52次、参训学员3451人。获全市党校系统第二届教学管理优秀奖，《党委会工作方法及现实启示》被评为全市党校系统第三届精品课、全省党校系统第六届精品课。

【政治引领】 2022年，区委党校始终把习近平新时代中国特色社会主义思想作为教学的中心内容和首要任务，把党性教育作为必修课。加强《习近平谈治国理政》、习近平生态文明思想、习近平经济思想等重要著作和思想的学习研究和课程开发，推进党史教育进课堂，刚性落实意识形态教育全覆盖要求。按照上级关于学习宣传贯彻中共二十大精神部署，组织学习研讨、师资培训、备课试讲、理论宣讲活动，及时把中共二十大精神纳入教学培训内容，融入办学治校各方面。不断深化认识、提高站位，做好巡察反馈问题整改和办学质量评估工作。

【教学培训】 2022年，区委党校紧扣区委干部能力提升工程部

江宁区委党校新校区图书室内景　　（区委党校供图）

署，优化教学设计，完善课程体系，创新实施“课堂教学+现场教学+交流研讨”的教学模式，努力提升教学质量。对区管干部、青年干部、村（社区）书记等分层分类开展系统培训，学制达到规定要求，主体班均配备相应级别的班主任和学习教材。加强内外交流合作，采用“区级主体班+部门联办班+对外委培班”的办班模式，开发本土现场教学点，设计精品教学线路，动态建立100名专家学者、领导干部、名师名嘴等为主体的复合型师资队伍。坚持科学规范办班，严格教学管理和学员管理，全面实施教学测评和学习考核，主体班次学员到课率超过95%、培训效果满意率90%以上。

【科研咨政】 2022年，区委党校打造“党校—社科联—研究中心”三位一体的智库平台，立项区情研究课题22项，1项成果获市领导批示，2项成果获区领导批示。完成省、市委党校课题7项、省社科联专项课题1项。在《新华日报》《南京日报》等主流报刊上发表文章26篇，其中7篇被推送至“学习强国”学习平台，1篇入选第十一届江苏党的建设高层论坛，1篇获省社科联第十五届学术大会优秀论文二等奖。编撰《高质量发展之江宁印象》本土化教材，出版《江宁调查》调研文集。“巧解儿童青少年心理健康教育‘方程式’”获评全省社科联系统工作创新案例。（车　畅）

党史编研

【概　况】 2022年，江宁区委党史工作办公室围绕中心、服务大局，创新思路、拓展领域，进一步发挥党史资政育人作用。创作出版《江宁红色经典连环画（第四辑）》，完成《江宁红色经典连环画（第五辑）》之《罗忠毅画传（1—6册）》《廖海涛画传（1—6册）》的文字脚本、连环画创作，进入审校阶段。启动《江宁红色经典连环画（第六辑）》《火红的圣地——江宁红色遗址遗迹图志》编撰工作。联合区退役军人事务局申报《勋章背后——抗美援朝老兵访谈》出版选题，推进《江宁革命斗争史（修订本）》编纂工作。

【《江宁红色经典连环画（第四辑）》出版】 10月，由市委党史办、区委党史办、区地方志办编纂的《江宁红色经典连环画（第四辑）》由南京出版社出版。该辑连环画共10册，分别介绍程一惠、夏定才、成庆镳、李义之、高颂章、刘鹤亭、焦恭士、吕畴、李贯一、梅武斌10名革命烈士的生平事迹。（张新贵）

网络安全与信息化管理

【网络阵地管理】 2022年，江宁区委宣传部建好用好以“江宁发布”为龙头的78家政务新媒体矩阵，开展政务新媒体清理整顿内容运营违规外包、规范宣传报道秩序等专项工作，支持政务新媒体通过留言互动等方式，广泛征集群众意见建议，回应网民关切。“南京江宁城管”微博获评全国十大城管微博，“江宁发布”获评江苏十大党政新闻发布微博，“江宁公安在线”获评江苏十大公安系统微博。

【网络安全管理】 2022年，区委宣传部印发《江宁区关于做好党的二十大网络安全保障工作的实施方案》，加强中共二十大网络安全服务保障。快速响应国家、省、市三级网络安全事件和风险通报，常态化开展全区网络安全管理。组织开展“宁盾2022”江宁区网络安全攻防演练，及时发现并封堵网络安全漏洞44个。举办网络安全宣传活动6次，覆盖25万多人。（包顺宇）

综　述

【概　况】　2022年，江宁区人大及其常委会坚持以习近平新时代中国特色社会主义思想为指引，贯彻落实中央和省、市、区委人大工作会议精神，全面履行法定职责，扎实推进全过程人民民主的江宁实践。坚持党对人大工作的全面领导，将学习宣传贯彻中共二十大精神作为首要政治任务，常态执行第一议题制度，全面贯彻区委决策部署，主动扛起人大责任担当。用心用情服务经济社会高质量发展，助力经济回升向好，推动民生福祉改善，促进生态颜值提升，助推社会和谐稳定。有力有序推进十八届人大工作坚实起步，扎实做好代表工作，不断夯实基层基础，持续深化党建引领。与时俱进提升履职能力和水平，不断创新监督模式，拓展民主渠道，强化自身建设，完成区十八届人大一次会议确定的各项目标任务，以开局之年良好的精神风貌和工作成效扛起“争当表率、争做示范、走在前列”责任使命，为奋力谱写中国式现代化江宁新篇章作出应有贡献。

【人大代表构成】　2022年年末，江宁区第十八届人民代表大会有代表440人，全区有省人大代表6人、市人大代表66人。区人大代表中，基层代表253人，占57.5%；公务员113人，占25.7%；国有和集体企业负责人17人，占3.9%；非公有制经济人士40人，占9.1%；事业单位负责人4人，占0.9%；解放军和武警部队4人，占0.9%；其他9人，占2%。

【人大常委会自身建设】　2022年，区人大常委会组成人员43人。区十八届人大设法制、财政经济、监察和司法、社会建设4个专门委员会，常委会内设办公室、研究室、预算工作委员会、教育科学文化卫生委员会、环境资源城乡建设委员会、人事代表联络委员会、民族宗教侨务台湾事务委员会、农业和农村委员会，派出机构有10个街道工作委员会和3个开发园区工作委员会。

【常态执行第一议题制度】　2022年，区人大常委会坚持把学习贯彻习近平新时代中国特色社会主义思想和习近平总书记最新重要讲话重要指示精神作为区人大常委会党组会议、常委会会议的第一议题，推动理论学习制度化常态化。学习《习近平谈治国理政》第四卷，跟进学习习近平总书记两次在省部级主要领导干部专题研讨班上的重要讲话精神，开展学习研讨15次、党性教育实践活动12次。定期召开党组理论学习中心组学习会，坚持集中学习与个人自学相结合、书记领学与交流研学相结合、专家解读与视频教学相结合，把学习融入日常、抓在经常，把忠诚核心、维护核心、紧跟核心体现在人大工作的全过程、各方面。

【服务经济社会高质量发展】　2022年，区人大及其常委会坚持和践行以人民为中心的发展思想，坚持正确有效依法监督，服务发展大局、回应群众关切，推动高质量建设“强富美高”新江宁。助力经济回升向好，全程跟进计划、预算执行，按月开展经济运行情况分析，财经监督的专业性、精准性增强。围绕审计查出问题整改，以“专题审议+专题询问+满意度测评+回头看”的组合监督模式，推动提升整改成效。开启新一轮国资监督，重点关注企业国有资产管理情况，推动国企改革三年行动任务完成。推动民生福祉改善，实施《南京市养老服务条例》执法检查，推进养老机构消防审验工作，助力江宁区创成全国智慧养老示范基地。审议城市更新推进情况，督促区政府健全政策体系、完善配套细则，不断满足人民对城市宜居生活的新期待。推进2022年民生实事项目实施，开展各类监督活动30余次。促进生态颜值提升，聚焦环境状况和环境保护目标完成情况，紧盯中央生态环保督察反馈问题和群众反映强烈的环境问题跟踪问效，为建设“美丽江宁”提供法治保障。聚焦《中华人民共和国长江保护法》实施，以执法检查推进区域性整体保护，为长江经济带高质量发展提供智力支持。专题视察应急水源地工程建设，就提高环境应急能力等提出建议，为保障群众饮水安全出谋划策。助推社会和谐稳定，围绕粮食安全开展系列监督，对《中华人民共和国种子法》《江苏省种子条例》实施情况进行执法检查，促进构建更加完善的粮食安全保障体系。围绕数字化宗教管理开展专题视察，支持区政府发挥大数据在宗教事务管理中的作用。围绕适用认罪认罚从宽制度开展审议，促进制度的完整准确全面贯彻实施。做好人大信访工作，有序开展接访下访活动，规范做好13件次群众来信来访的受理、督办，为民排忧解难、钝化社会矛盾。

（张祖龙）

重大决议决定与人事任免

【决议决定】 2022年，区人大常委会围绕财政预决算及预算调整、地方政府债务限额和市转贷新增地方政府债券安排、民生实事项目调整、代表资格审查委员会设立、人事任免及接受辞职等事项作出决议决定28项，围绕各项监督议题作出审议意见、专题视察意见21项。

【人事任免】 2022年，区人大常委会落实党管干部和人大依法任免有机统一的要求，按照法律法规和人事任免办法规定，不断完善任前法律考试、拟任职发言、人大常委会审议表决、颁发任命书、宪法宣誓等工作，通过法定程序落实区委人事安排。全年任免213人次，其中任免区人大人员140人次（含各工委委员126人次），任免区政府人员44人次，任免区监委人员1人次，任免区法院人员31人次，任免区检察院人员7人次。（张祖龙）

重要会议

【江宁区第十八届人民代表大会第一次会议】 1月6—8日，江宁区第十八届人民代表大会第一次会议召开。市委常委、区委书记沈剑荣和区领导洪礼来、高德臣、刘玲、赵洪斌等出席会议。代区长洪礼来作区人民政府工作报告，区人大常委会主任高德臣作区人大常委会工作报告，区人民法院代院长李传松作区法院工作报告，区人民检察院代检察长胡彬华作区检察院工作报告，大会审议并通过上述报告及其他各项报告。大会选举赵洪斌为区第十八届人大常委会主任，焦龙、汪洁、李国忠、蒋时汉为区第十八届人大常委会副主任；选举洪礼来为区人民政府区长，缪秀梅、林云飞、王爱军、伏进进、李鹏、邱益萍、周强、张道平为区人民政府副区长；选举张安为区监察委员会主任；选举李传松为区人民法院院长；选举胡彬华为区人民检察院检察长；选举产生40名区十八届人大常委会委员。当选人员依次进行宪法宣誓。大会表决通过区第十八届人民代表大会各专门委员会主任委员、副主任委员、委员。大会投票选出江宁区2022年度10类民生实事项目；通过议案审查报告，通过关于区人民政府工作报告的决议、关于区2021年国民经济和社会发展计划执行情况与2022年国民经济和社会发展计划的决议、关于区2021年预算执行情况和2022年预算的决议、关于区人大常委会工作报告的决议、关于区人民法院工作报告的决议、关于区人民检察院工作报告的决议。沈剑荣在大会闭幕式上发表讲话。

【区人大常委会会议】 2022年，区十八届人大常委会共召开常委会会议7次，作出决议决定28项，听取审议“一府两院”专项工作报告16项，开展专题询问2次，依法任免国家机关工作人员97人次，开展履职评议4人次。

2月15日，区十八届人大常委会第一次会议通过区人大常委会2022年工作要点、关于设立区十八届人大常委会代表资格审查委员会的决定、关于接受有关市人大代表辞职请求的决定，补选张思明等4人为市十六届人大代表；通过有关人事任命事项，举行宪法宣誓仪式。

4 月 26 日，区十八届人大常委会第二会议传达学习市十六届人大五次会议精神；审议区政府关于 2021 年环境状况和环境保护目标完成情况的报告、区人大常委会执法检查组关于《中华人民共和国种子法》《江苏省种子条例》实施情况的执法检查报告；通过有关人事任免，举行宪法宣誓仪式。

5 月 30 日，区十八届人大常委会第三次会议传达学习省委人大工作会议精神，审议关于适用认罪认罚从宽制度情况的报告、区政府关于全区粮食安全工作情况的报告、区人大常委会执法检查组关于《南京市养老服务条例》实施情况的执法检查报告并开展专题询问。

8 月 16 日，区十八届人大常委会第四会议听取区长洪礼来所作的 2022 年上半年工作情况和下半年工作安排的报告；审议区政府关于 2022 年上半年国民经济和社会发展计划执行情况的报告、2022 年上半年财政预算执行情况的报告、2021 年度区级预算执行和其他财政收支的审计工作报告，审议区人大常委会执法检查组关于《中华人民共和国长江保护法》实施情况的执法检查报告，批准江宁区 2022 年地方政府债务限额和市转贷新增地方政府债券安排及预算调整方案、江宁区 2021 年财政决算；听取部分市人大代表述职，通过有关人事任免，举行宪法宣誓仪式。

9 月 29 日，区十八届人大常委会第五次会议审议区政府关于全区国有资产管理情况的书面综合报告、企业国有资产管理情况的专项报告、城市更新推进情况的报告和区十八届人大一次会议代表建议、批评和意见办理工作情况的报告，审议区监委关于开展民生领域突出问题专项监督工作情况的报告；听取部分市人大代表述职，通过有关接受辞职的决定及人事任免事项，举行宪法宣誓仪式。

2 月 15 日，区第十八届人大常委会第一次会议召开。图为会上组织任命人员进行宪法宣誓 （张祖龙摄）

11 月 29 日，区十八届人大常委会第六会议传达学习中共二十大精神；听取和审议区政府关于 2021 年度审计查出问题整改情况的报告，开展专题询问和满意度测评；审查和批准江宁区 2022 年度地方政府债务限额及预算调整方案;听取和审议全区“双减”政策落实情况的报告；听取和评议部分审议意见落实情况的报告、部分常委会任命干部的履职情况报告；讨论通过《南京市江宁区人民代表大会常务委员会关于区人大代表在区人民代表大会闭会期间执行代表职务的规定（修订草案）》《南京市江宁区人民代表大会常务委员会人事任免办法（修订草案）》和关于调整江宁区 2022 年部分民生实事项目的决定、有关接受辞职的决定、关于召开区十八届人大二次会议的决定；通过有关人事任免事项，举行宪法宣誓仪式。

12 月 30 日，区十八届人大常委会第七次会议听取审议区政府关于 2022 年国民经济和社会发展计划执行情况与 2023 年国民经济和社会发展计划草案的报告、关于 2022 年预算执行情况和 2023 年预算草案的报告、关于 2022 年民生实事项目实施情况和 2023 年民生实事候选项目的报告，并对民生实事项目实施情况进行满意度测评；听取和审议区人大法制委关于规范性文件备案审查情况的报告；讨论通过《南京市江宁区人民代表大会常务委员会议事规则（修订草案）》《南京市江宁区第十八届人大常委会工作规划》；讨论通过有关接受辞职的决定；听取代表资格审查报告、区十八届人大二次会议筹备工作情况汇报；讨论通过区十八届人大二次会议议程草案、日程草案；讨论区人大常委会工作报告草案；讨论通过区十八届人大二次会议主席团和秘书长等人员建议名单；决定区十八届人大二次会议特邀人员和列席人员名单；讨论通过《南京市江宁区人大常委会关于接受焦龙辞去江宁区第十八届人民代表大会常务委员会副主任职务请求的决定》；通过有关人事任免事项，举行宪法宣誓仪式。

【区委人大工作会议】 6月27日，区委召开人大工作会议，市委常委、区委书记沈剑荣和区领导赵洪斌、刘玲、张思明等出席。会议要求，要深入学习习近平总书记关于坚持和完善人民代表大会制度的重要思想，认真贯彻中央和省市委人大工作会议精神，加强和改进新时代全区人大工作，为扛起“争当表率、争做示范、走在前列”的江宁担当、加快建设中国特色社会主义现代化先行示范区凝聚智慧力量。要切实提高政治站位，坚定践行“两个维护”，健全完善制度机制，始终坚持党对人大工作的全面领导；要聚焦服务中心大局，在履行监督职责上精准发力，在健全议事机制上协同发力，在助力依法治区上持续发力，全力助推经济社会高质量发展；要坚持人民至上理念，更多层面拓宽民主渠道，更大力度推进民主实践，更全链条完善民主制度，积极践行和发展全过程人民民主；要切实加强自身建设，持续加强政治建设，重点抓好组织建设，加快“数字人大”建设，全面提升新时代人大工作质效。

（张祖龙）

议案建议

【概　况】 2022年，江宁区人大代表累计提出议案0件，建议208件（含5件闭会件），已解决或采纳181件，列入计划逐步解决13件，作出解释14件，代表对面办工作和答复意见的满意、基本满意率100%。区人大常委会以提升建议办理质效为目标，坚持“联动督办+全程跟踪督办”工作模式，加强承办单位与街道、园区人大工委、人大代表之间的联系，督促各承办单位认真开展建议面办；制定调查问卷，了解承办单位、人大工委、人大代表对建议办理工作的意见建议，有针对性地优化工作举措；在区人大常委会会议听取和审议建议办理工作专项报告后，督促区政府办专门发文，要求各承办单位再次向街道、园区人大工委和人大代表通报建议办理动态，监督建议落实。

【马明莉代表“关于进一步推进在农村建成AAA级及以上居家养老服务中心的建议”】 案由：至2020年年底，全区60周岁以上常住老年人24.95万人，人口老龄化形势严峻。农村留守老人逐年增加，到城市打工就业的农村青年逐渐增多，导致农村留守老人面临无人照料的问题，甚至80多岁还要做农活；农村老人对居家养老服务需求度高，农村的公交车、出租车较为缺乏，农村老人行动不便且居住分散，日常购买生活物品、看病都面临较大困难，严重影响晚年生活质量，改善农村老人的养老问题迫在眉睫。农村居家养老服务中心建设还存在两个困难，即农村医疗资源紧张，实现专业医疗人员与居家养老服务中心为同一法人的难度较大；农村原本基础设施薄弱，新建一个包含助餐、助浴、助医、助急、助洁等功能齐全的服务中心，相较于城市前期投入成本更大；农村很少有能满足农村居家养老服务中心要求的建筑空间。

建议：进一步加大在农村建成AAA级及以上居家养老服务中心的投入力度。在农村居家养老服务中心建设工作中对土地、设施、政策、资金等方面出台相关文件，给予相应支持；在政策上，提高农村居家养老服务中心建设补贴费用；将社区卫生服务中心、服务站与农村居家养老服务中心融合建设，设置针对农村AAA级及以上居家养老服务中心评定标准，提高农村建成AAA级及以上居家养老服务中心的积极性；定期轮派专业医务人员、心理咨询师到农村居家养老服务中心开展服务，让农村老人在“家门口”就能看病，让老百姓切实感受到政府积极回应人民热切期盼的决心，逐步实现老有所依、老有所养、老有所乐。

办理情况：至2022年年末，全区共建成210个居家养老服务中心，实现居家养老设施全覆盖。引导财政资金和社会资本投入，加大对居家养老服务设施提档升级，共有115个社区居家养老服务中心达到南京市AAA级以上居家养老服务中心标准。全区第三方组织运营的AAA级以上居家养老服务中心可就近为老年人提供健康体检、助餐、助浴、文娱活动等日间托养服务。确保养老服务有空间有场地。区政府出台《江宁区新建住宅项目配建养老用房使用管理办法（试行）》，要求新建居住小区按照每百户不低于30平方米的养老服务用房，与住宅同步规划、同步建设、同步验收、同步交付使用，进一步规范全区新建住宅配建养老服务用房的使用和管理。加大对养老服务设施建设运营扶持力度。出台《关于进一步加强居家养老服务的意见》，重点支持居家养老设施建设运营。对新建成并由专业养老服务组织运营的AAA级、AAAA级、AAAAA级居家养老服务中心分别给予10万元、30万元、35万元的一次性建设补贴；对新建成的街道助餐中心、社区助餐点分别给予10万、4万元的一次性建设补贴。为进一步支持AAA级以上居家养老服务中心运营，区民政局、财政局印发《关于加强居家养老服务中心财政补贴绩效管理的实施意见》，对年度服务达到市级基础补贴要求的，每增加10人再给予区级补贴3000元，AAA级、AAAA级、AAAAA级居家养老服务中心补贴上限为6万元、8万元、10万元。加强专业化队伍建设。在参加市民政局组织的各类护理员培训的基础上，与江苏经贸学院签订护理员培训协议，对全区养老护理员进行轮训。利用"小江家护"微信公众号开设"小江大学"，将包括康复训练、口腔护理、床上擦浴、更换尿袋等17项常用老年人护理实际操作制作成视频，让护理员可以通过网络在线学习，掌握实际操作技巧。通过政府采购委托南京健康职业技术学院开展护理员培训，同时建立实训基地，对护理员进行实际操作培训，提高护理员职业技能。有效整合资源，实现居家养老服务资源共享。区民政、卫健、人社等部门共同推进，发挥家庭医生团队作用，为辖区内老人提供健康保健服务。开展综合护理中心建设工作，在部分居家养老服务中心内设医务室、护理站等医疗机构，对符合要求的可以向人社部门申请办理医保定点单位。

【胡俊代表"关于'双碳'国家战略下加强全区新能源投资开发和提升新能源供应链产业链集聚力的建议"】 案由："双碳"目标指引并推动全国能源产业不断向低碳高质量方向发展，力促经济、能源与生态协同共赢。传统的粗放式发展模式已经无法适应需求，以绿色低碳为目标的能源转型正在加速进行。新能源产业将成为促进经济增长的下一个风口，提前布局新能源产业，抓住机遇，将有助于掌握经济增长的主动权，促进经济高质量发展。

建议：以全区战略角度，从以下几个方面提前布局新能源产业链：建议江宁区政府实施新能源产业链"链长"制度，由区政府领导担任新能源产业链的"链长"，充分发挥高层的综合协调优势，统筹各部门、各企业对产业链的合作共赢，在更高层面上与更宽范围内整合新能源供应链产业链资源。加快推进江宁区分布式能源的综合利用与开发，拟定分布式能源专项规划，在财税补贴、税收减免、土地供应、融资、项目审批等方面予以政策支持。建议采用财税政策鼓励创新资源向区域内龙头企业集中，同时建立新能源政策的实时反馈长效机制，促进江宁区新能源产业的良性发展。加快新能源人才的培养与引进，建立新能源产业发展人才库，引进国内外新能源产业领军人才，引导国内外新能源产业高层次人才到企业兼职指导，拓宽人才流动渠道，促进新能源产业发展。

办理情况：区政府根据全区产业发展现状，针对优势产业成立八大产业链，包含智能电网产业链、新能源汽车产业链分别由区分管领导任链长，区工业和信息化局牵头，成立专班，负责产业链工作的推进。深化实施产业链"链长制"，着力做大做强特高压装备、风电装备、新能源汽车、工业机器人等产业优势环节，提高高端产品供给能力。发挥中国能谷项目的能源科技创新策源地优势，推动能源产业链强链补链延链，打造涵盖能源全产业链的产学研高地、能源应用综合示范地。做大做强智能电网、高端智能装备等5个优势产业集群，超前规划布局一批未来产业集群。推进分布式光伏建设，光伏并网容量位于各行政区前列。立足产业集群优势，支持企业加快能源领域关键核心技术攻关，有序推动街道、园区有关企业发展光伏和储能电站项目，增加绿色能源保障，提高应对能耗"双控"的电力保障能力。支持总部经济发展，引导企业发展区域型总部、功能型总部，按照《南京市总部经济发展三年行动计划(2022—2024)》，给予总部企业发展创新扶持政策。在降低新能源企业融资成本等方面研究相关财税补贴政策，争取上级部门出台财税政策支持。服务新能源企业创新发展，立足现有政策，向上级争取绿色低碳发展类等专项资金。建立新能源产业人才引进"强堡垒"，实施"紫金山英才·江宁百家湖计划"，引进急需的新能源产业领军人才、顶尖人才。拓展新能源产业人才引育"新通道"，依托全区在海外建立的引才工作站、菁英港，助力企业引进海外新能源领域的高层次人才。实施"人才举荐制""技术经理人"制度，加速新能源领域人才突出研发成果转化。塑造新能源产业人才服务"新优势"，建立覆盖人才子女入学、健康医疗保障体系，通过购房补贴、租房补贴、共有产权房、人才公寓、公租房等多种形式，满足不同类型人才的安居需求。分点布局"人才之家"，建立多元的“一站式”服务中心，开发“江宁人才码”，实现“一码通服”，设立江宁人才金融事务所，解决新能源产业人才投融资需求。

【洪本云代表“关于解决中科院区域创新高地公交出行的建议”】案由：中科院麒麟区域创新高地投入使用以来，交通出行一直是影响和制约区域发展的重要因素之一，尤其自2021年9月国科大南京学院正式启用以后，学生出行主要依赖公共交通，现解决方案是麒麟管委会协调通过租赁方式设立国科大定制公交专线，停靠国科大南京学院、麒麟人工智能产业园、天赋广场和金马路地铁站，班次间隔1小时及以上，与学院师生正常出行需求尚有一定差距，增加班次也难以与学生不规则出行需求匹配。

建议：固化现有国科大定制公交专线，将其常态化纳入公交正常运行，解决区域创新高地快速出行需求；引进公交线路正常停靠区域创新高地内，如180路、339路、805路、841路、309路，在创研路上设立人工智能产业园站，在天泉路上设立中科院站、国科大南京学院站，以及天祥路上工程热物理所设立天祥路站；结合S6号线开通，优化上述公交线路停靠S6号线麒麟门站、2号线马群站、2号线和4号线换乘站金马路等地铁站点，满足人员出行公交和地铁换乘需求；上述公交线路终点站均为天旺路公交场站，离天泉路直线距离300米，互通最大障碍为天泉路和天旺路之间有一段约150米的创研路未修通，建议尽快修通断头路，解决区域创新高地上下班高峰期出行需求和提升天旺路公交场站服务辐射效率。

办理情况：关于“优化定制公交为常态化公交”的建议，因中科院周边无公交场站等相关配套设施，尚不具备开通常规公交线路的基本条件，现以定点班车方式服务中科院区域师生出行。后期满足常规公交线路运行的基本条件后，可根据中科院需求制定切实可行的公交线路运行方案。关于“优化中科院周边线路覆盖此区域”的建议。区公交集团于5月20日调整718路部分路段走向，增设创研路·天泉路、创研路·南湾营街停靠站点。8月底，再新辟1条中科院至天旺路站的微公交线路，强化中科院区域与轨道交通（地铁宁句线麒麟门站）、常规公交（天旺路场站10条公交线路等）的无缝对接，方便中科院周边市民出行。关于“将天旺路公交场站的车辆全部搬至中科院”的建议。公交场站是公交运营管理的必要场所，因中科院区域暂无可使用的公交场站，尚不具备将天旺路公交场站车辆全部搬至中科院区域的基本条件。区公交集团将加强与相关单位和街道的沟通协调，研究推进相关的公交场站搬迁事宜。（张祖龙）

人大监督

【概　况】2022年，江宁区十八届人大常委会把推动经济社会高质量发展和民生改善作为工作的出发点，依法有效履行监督职责。在议题安排上，紧扣区“十四五”规划实施及2022年国民经济和社会发展计划执行情况，重点聚焦国有资产管理、粮食安全、城市更新、长江保护、“双减”政策落实、养老服务体系建设、数字化宗教管理等热点难点问题，促进发展质量提升，推动民生持续改善。在监督方法上，注重监督的持续性和及时性，常态开展月度、季度经济运行情况分析，全程跟进计划、预算执行；接续上届区人大常委会工作，持续对环境保护、新冠疫情防控、安全生产等领域工作进行监督，不断巩固监督成果，同时结合新任务、新要求进行有重点的监督，推动相关工作更加精准高效。注重对人、对事监督的有机结合，用好评议、专题询问、媒体发布等机制，对2项审议意见落实情况、4名常委会任命干部履职情况、10件民生实事项目实施情况进行测评，对27个部门单位审计查出问题整改情况进行专题询问和满意度测评，提高问题的整改成效。注重运用大数据互联网征集民意、倾听民声，通过微信调查问卷收到有效样本9264份、意见建议871条，经过大数据分析提出针对性建议，推动“双减”政策更好更细落实。在丰富工作内涵上，首次对部门预算进行审查，首次听取政府性债务管理情况汇报，首次与区财政部门联合开展财政管理体制调研，推动财政资金使用绩效提升。首次审议规范性文件备案审查情况报告，首次对区监委专项监督工作进行监督，首次将履职评议范围拓展至员额法官、员额检察官，促进区“一府一委两院”依法行政、依法监察、公正司法。

【专项工作监督】2022年，区十八届人大常委会开展专题视察4次，分别视察全区数字化宗教管理、常态化新冠疫情防控、基层社区治理和服务体系建设、应急水源地工程建设等工作情况，提出专题视察意见4项。

2022年江宁区人大常委会领导重点督办代表建议一览表

表 2

序号	提议代表	建议标题	主办单位	督办领导
1	胡　俊	关于“双碳”国家战略下加强全区新能源投资开发和提升新能源供应链产业链集聚力的建议	发改委	赵洪斌
2	洪本云	关于解决中科院区域创新高地公交出行的建议	公交集团	
3	魏建华	关于修复排涝站设备的建议	水务局	焦　龙
4	王　平	关于吸引更多台商入园投资创业的建议	统战部	
5	高永祥	关于加强全区数字经济产业发展的建议	工信局	汪　洁
6	马明莉	关于进一步推进在农村建成AAA级及以上居家养老服务中心的建议	民政局	
7	程金香	关于加强基层社区医院人才引进工作的建议	卫健委	李国忠
8	王家刚	关于整合江宁西部文旅资源，提升滨江开发区美誉度的建议	文旅局	
9	韩　健	关于在将军大道、启航大道安装村庄指示牌和减速带的建议	公安分局	蒋时汉
10	易丽娟	关于加大政府扶持公益性社会组织力度，助力社区基层治理的建议	民政局	

（田金丽）

【法律法规实施监督】 2022年，区十八届人大常委会开展执法检查3次，分别对《中华人民共和国长江保护法》《中华人民共和国种子法》《江苏省种子条例》《南京市养老服务条例》实施情况进行检查，作出审议意见3项。

【民生实事项目监督】 2022年，区人大常委会加强对区十八届人大一次会议票决产生的10类56项民生实事项目的监督，进一步完善“工作机构牵头组织、代表监督组定项实施、人代联委协调扎口、办公室统筹保障”的工作机制，综合运用调研审议、专题视察、质效评估等方式，成立10个监督组对应开展监督活动，持续加压，逐月通报工程进度，及时反馈意见建议。区十八届人大常委会第七次会议听取和审议区政府关于2022年民生实事项目实施情况的报告，进行满意度测评，形成监督闭环。（张祖龙）

代表工作

【代表履职】 2022年，江宁区人大常委会紧扣代表机关的定位要求，围绕提升代表履职能力，组织专题学习班，宣讲中共二十大精神，邀请人大专家、高校教授为代表讲授履职知识。督促各街道、园区人大工委先后开展61次学习培训，为代表配备民情联络员853人，密切代表与选民的联系互动。围绕扩大代表对人大工作的参与，出台区人大常委会委员联系代表方案，先后邀请344人次代表列席区人大常委会会议，12人次代表参加专题视察。围绕丰富闭会期间履职活动，督促各街道、园区人大工委组织代表定期接待选民，监督推进民生实事项目，累计开展集中视察54次、专题调研34次，83名代表向选民报告履职情况，邀请109名市区两级代表参加“两院”活动。坚持市区两级代表联动的履职模式，邀请市代表参加区代表各组活动，就电商产业发展等专题开展集中视察，组织专题调研2次，21名市代表向区人大常委会报告履职情况。

【代表建议督办】 2022年，区人大常委会完善“预提交”“预交办”“再通报”以及多层次督办等工作机制，推进建议的提出、交办、督办、办理质量全面提高。坚持区人大常委会领导带领机关各工作机构督办重点建议，各街道、园区人大工委督办本代表组代表提交建议的“联动督办+全程跟踪督办”工作模式，区十八届人大一次会议以来的208件建议，面办率、答复率、满意率均为100%，办成率持续保持在80%以上。

人大专门委员会工作

【区人大法制委员会】 2022年，江宁区人大法制委员会配合省、市年度立法工作计划，对《江苏省土壤污染防治条例（草案修改稿）》《南京市长江岸线保护条例（草案）》《南京市长江岸线保护条例（草案）》《南京市国土空间规划条例（草案）》《南京市残疾人保障条例（草案）》等法律法规，提出修改意见建议21条。推进基层立法联系点建设，加强和改进备案审查工作，首次实施规范性文件备案审查向常委会报告制度。

【区人大财政经济委员会】 2022年，区人大财政经济委员会组建并加强新一届人大财政经济委员会组成人员、财政经济代表专业组成员、预算审查专家组成员“三支队伍”建设，提高整体队伍的专业素养和依法履职能力。提前介入对政府计划、预算编制及项目安排情况进行审查，坚持开展月度经济运行分析，强化对部门预算执行、专项资金预算执行等监督，推进财政运行平稳、安全、有效。开启新一轮国资监督工作，促进全区国资管理水平提升。抓牢审议、整改两个关键，专题审议年度审计查出问题整改情况报告，并开展专题询问和满意度测评，提升审计工作监督水平。加强对政府债务的审查监督，督促政府实现“举债有度、用债有方、偿债有源”。

【区人大监察和司法委员会】 2022年，区人大监察和司法委员会组织听取和审议区检察院认罪认罚从宽制度适用情况的报告，推动检察机关及时有效惩治犯罪，加强人权司法保障，提高刑事诉讼效率。首次对区监委专项工作实施监督，听取和审议区监委在民生领域突出问题专项监督工作情况的报告，开创性拓宽监督范围，推进基层廉政建设。首次开展员额法官、员额检察官履职评议，将司法工作监督中法律监督、工作监督和任免监督有机结合，推动司法队伍健康发展。

【区人大社会建设委员会】 2022年，区人大社会建设委员会开展《南京市养老服务条例》执法检查，并进行专题询问，推动居家养老服务中心、养老机构备案工作取得实质性进展。专题视察全区安全生产工作，推动区政府及相关部门强化基础设施建设和为企服务，提升安全监管质效，督促企业落实主体责任。探索设立社会建设观察点，进一步丰富人大常委会机关密切联系基层和人民群众的内容及形式，践行全过程人民民主，并为市人大关于失能人员照护保障、社区治理等调研课题提供素材。（张祖龙）

综　述

【概　况】　南京市江宁区人民政府有工作部门27个，派出机构9个（其中上级政府派出的3个），直属事业单位5个，集体经济组织1个。有市级公安、规划资源、医疗保障、生态环境等4个部门各派驻分局机构1个。区政府有区长1人、常务副区长1人、副区长10人、副区级干部1人。2022年，区政府全面贯彻“疫情要防住、经济要稳住、发展要安全”重大要求，落实中央和省、市、区委各项决策部署，紧扣中国特色社会主义现代化先行示范区建设目标，统筹新冠疫情防控和经济社会发展，统筹发展和安全，稳步推进“十大工程”，较好完成区十八届人大一次会议确定的主要目标任务。

（区政府办）

【增进民生福祉】　2022年，全区城乡居民人均可支配收入分别为73786元、35367元，比上年分别增长3.9%、5.9%，农村居民收入增幅持续高于城镇居民。健全就业促进机制，聚焦助企纾困稳岗、重点群体筹岗，开展职业技能培训5.3万余人，新增城镇就业3万人，支持成功自主创业10449人，全省首家省市区共建零工市场落户江宁。

【优化生态环境】　2022年，全区做好中央、省生态环境保护督察反馈问题整改工作，大力开展环境质量“提质增优”六大攻坚专项行动，生态环境持续改善。严格落实长江大保护和“十年禁渔”，组织长江经济带生态环境警示片披露问题“回头看”，长江经济带“百项提升工程”江宁国考省考断面水质优良率100%，市考以上断面水质稳定达标。

【提升城乡品质】　2022年，全区19条新建市政道路、002省道秦淮河大桥建成通车，文靖路跨宁杭高速桥、跨秦淮河桥主体竣工，经十一路建成启用。万安东路等4处口袋公园竣工投用。新增公路绿化面积30.4万平方米，4个老旧小区、30条背街小巷完成有机改造，建成天印大道等9处公共停车场，新增停车泊位1.6万个。推进乡村建设行动，金牛谷等3个乡村振兴样板聚落初现雏形，新创成省级特色田园乡村4个、市级以上美丽乡村80个，连续3年获评全省农村人居环境整治提升工作第一等次。

【完善公共服务】　2022年，全区深入推进教育资源布局优化提升，南师附中正方新城学校落户，东山高级中学（南站校区）等16所新建学校建成交付，新增优质公办学位1.8万个。区中医院门诊及教研康复楼竣工验收，区卫生应急指挥中心、4家社区卫生服务中心交付使用，打造首批50个社区卫生服务站哨所样板。新增AAA级以上社区居家养老服务中心16个。

【强化社会保障】　2022年，全区新开工安置房420万平方米、建成167万平方米，筹集保障性租赁住房近1.6万套，完成C、D级农村危房改造220户。全面落实抚恤优待、大病保险等托底政策，开展大病救助超10万人次、资金超1亿元。城乡低保应保尽保，居民医疗、养老、失业保险覆盖率均达98.5%以上。

（宁　鉴）

【出台助企纾困11条举措】 4月29日，江宁区出台《南京市江宁区助企纾困若干举措》。“11条举措”具体为鼓励吸纳高校毕业生就业、强化金融信贷支持、加大政府采购支持力度、缓缴企业水气费用、鼓励企业技术改造、补贴企业运费、支持企业科技研发、促进外贸稳定增长、激发消费市场活力、提升企业登记便利度和帮助企业纠错修复。

【江宁区4项工作获省政府督查激励】 6月17日，省政府办公厅印发关于对2021年落实有关重大政策措施真抓实干成效明显地方予以督查激励的通报，对2021年江苏省推进有关重大政策措施真抓实干、取得明显成效的地方，予以督查激励，相应采取40项奖励支持措施。江宁区有4项工作上榜，包括推进制造业智能化改造和数字化转型、加快工业互联网创新发展、建设新型信息基础设施、推动数据安全和数据产业化；现代服务业主体培育、集聚示范、融合发展、综合改革；发展保障性租赁住房；深化医药卫生体制改革、城市和县级公立医院综合改革。

（区政府办）

重要会议

【区政府常务会议】 2022年1月12日，江宁区人民政府召开常务会议，专题学习《中华人民共和国宪法》，审议《南京市江宁区人民政府议事决策规则》，审议2022年政府工作报告、国民经济计划和民生实事任务分解，传达2022年全省重大项目建设动员视频会议精神。

1月14日，审议《加快打造高水平人才集聚区推进新时代人才强区建设的实施意见》，研究《2022年春节“江宁留您、安康伴您”八条举措》。

2月11日，专题学习《关于更加有效发挥统计监督职能作用的意见》，审议争取国务院、省政府督查激励有关事宜，研究《“十四五”江宁区区域合作发展规划》《江宁区“十四五”现代服务业（现代物流和枢纽经济）发展规划》《江宁区“十四五”金融发展规划》《江宁区“十四五”科技创新规划》，研究2022年重大项目推进工作机制有关事宜，研究《做好2022年全面推进乡村振兴重点工作的实施意见》《江宁区规范民办义务教育发展实施方案》。

2月17日，听取并原则同意区国资办关于人才集团设立有关事宜的汇报，提交区委常委会审议。

2月24日，研究2021年江宁区推进乡村振兴战略实绩考核及村（社区）高质量发展分类评价情况、《2022年乡村振兴样板工程若干细化实施方案》，研究《江宁区政协十三届一次会议期间协商讨论情况的报告》中涉及的政府工作任务分解情况，研究《江宁区“十四五”人才发展规划》《“十四五”江宁区民政事业发展规划》《“十四五”江宁区养老服务发展规划》《南京市江宁区“十四五”社会消防救援事业发展规划》《南京市江宁区消防救援能力提升三年行动计划（2021—2023年）》《江宁区“十四五”环境保护与生态建设规划》《江宁区“十四五”基础测绘规划》，研究河长制工作推进情况，研究《江宁区街道中小工业集中区高质量发展三年行动计划》《支持江宁区街道中小工业集中区高质量发展的十条措施》，研究《废止部分规范性文件的决定》。

3月5日，专题学习《国家新型城镇化规划（2021—2035）》，研究2022年春节“江宁留您、安康伴您”八条举措有关情况，研究《江宁区“十四五”粮食和物资发展规划》《江宁区“十四五”社会信用体系建设规划》《江宁区“十四五”文化旅游和体育发展规划》《江宁区全民健身实施计划（2021—2025年）》，研究2022年工业和信息化发展目标任务分解有关事宜。

3月31日，听取并原则同意区工业和信息化局关于江宁区申报江苏省制造业高质量发展示范区推进情况的汇报，审议通过《江苏省制造业高质量发展示范区建设申报计划书》。

4月20日，传达学习市两会精神、市政府全体（扩大）会议精神，听取2021年度行政机关负责人出庭应诉情况，审议《南京市江宁区法治政府建设实施方案（2021—2025年）》《关于组织开展2022年江苏省法治政府建设示范区争创活动方案》；研究一季度安全生产形势，审议《江宁区关于深化提升“安全生产专项整治三年行动”的实施意见》《区政府领导班子成员2022年安全生产重点工作清单》；研究一季度区人大代表票决民生实事项目推进情况、一季度全区省市重大产业项目推进情况，研究《南京市江宁区助企纾困若干举措》《江宁区制造业智能化改造和数字化转型实施方案（2022—2024年）》。

5月8日，研究《南京市江宁区“十四五”知识产权发展规划》、成立江宁区知识产权强区建设工作领导小组有关事宜，研究《进一步加强江宁区居民住宅供水低压片区设施改造的实施意见》，研究2021年度江宁区质量奖（含提名奖）建议授奖企业名单。

5月31日，研究《江宁区汽车促消费奖补政策》。

6月1日，研究《以铸牢中华民族共同体意识为主线推进全区民族工作高质量发展的实施意见》，研究《江宁区2022年优化营商环境实施方案》，听取“一网统管”工作推进情况，研究2022年度江宁区政务信息化项目建设实施计划。

7月4日，研究当前防汛工作，研究2022年度全区人大代表票决民生实事推进情况，研究《江宁区“十四五”保障和提升公共服务规划》《江宁区既有建筑安全隐患排查整治三年行动实施方案》《加强江宁区房屋征收项目规范管理的实施方案》。

7月15日，研究《南京市江宁区2022年法治政府建设工作计划》《2022年江宁区深入打好污染防治攻坚战目标任务》《江宁区“十四五”时期提升农村人居环境优化乡村建设实施方案》《2021年财政决算（草案）》和《2022年上半年财政预算执行情况》。

7月29日，研究2022年上半年江宁区行政复议应诉工作情况，传达学习全国和全省气象高质量发展工作电视电话会议精神，听取江宁气象工作情况；研究《江宁区推进数字经济高质量发展实施方案》编制情况。

8月15日，研究当前高温天气抗旱应对相关工作，通报省政府办公厅、市政府办公厅关于对2021年落实有关重大政策措施真抓实干成效明显地方予以督查激励情况；传达学习《关于贯彻地方党委和政府领导班子及其成员粮食安全责任制规定实施办法的通知》，通报粮食仓储建设情况，研究秣陵街道、谷里街道社区卫生服务中心原址扩建事宜。

8月31日，研究全区安全生产工作及危化品安全风险集中治理情况，审议《关于调整区安全生产委员会及专业委员会组成人员和单位的通知》《江宁区关于深化应急管理综合行政执法改革实施方案》；审议《2022年度街道、开发园区高质量发展绩效评价考核实施方案》《2022年度区属企业高质量发展绩效评价考核实施方案》；研究宁博合作跨省供水相关事宜。

9月17日，贯彻落实“疫情要防住、经济要稳住、发展要安全”重大要求，研究全区以街道名义签订的政府合同专项检查情况，研究《江宁区中小工业集中区高质量发展考核办法》，研究调整2022年被征地人员社会保障相关待遇事宜，研究江宁区首席统计员制度试点工作情况。

9月21日，研究优化营商环境工作，专题学习《2019—2021年全省行政检察案件态势分析报告》，研究《江宁区居住项目公共配套设施建设移交办法》，研究2022年度河湖长制考核有关工作，研究修订《江宁区停车收费管理办法》。

9月29日，研究“专精特新”中小企业有关工作。传达学习习近平总书记致2022全国专精特新中小企业发展大会重要贺信精神，并听取工信局关于“专精特新”中小企业工作汇报。

10月10日，研究《江宁区农村住房条件改善专项行动实施方案》，研究全区环境质量“提质增优”六大攻坚专项行动有关事宜。

10月31日，研究《江宁区关于市纪委监委安全生产专项整治三年行动监督检查反馈意见整改工作方案》，研究“12345”政务服务便民热线工作情况，研究人大代表票决民生实事项目推进情况，研究江宁区行政许可事项清单编制工作情况，研究《江宁区关于〈南京市既有住宅增设电梯实施办法〉的实施细则》，研究《南京市江宁区大型社区优化调整工作实施方案》、江宁区推进基层治理体系和治理能力现代化建设“1+3”文件。

11月18日，研究《江宁区关于健全“园街吹哨、部门报到”工作机制的方案》《江宁区党建引领物业服务提升行动实施方案》，研究关于《进一步强化机关事业单位带头“过紧日子”的若干举措》《医疗卫生、教育、科技、公共文化、交通运输、自然资源、生态环境、应急救援八个领域〈区与街道园区事权和支出责任划分改革方案〉》，研究《江宁区关于加快统筹推进数字政府高质量建设的实施方案》《江宁区城市运行“一网统管”工作三年行动计划》，研究《南京江宁国家知识产权服务出口基地建设方案》《江宁区关于做好跨周期调节进一步稳外贸的实施细则》，研究第二轮中央生态环境保护督察交办信访件及反馈问题整改工作推进情况、《第二轮中央生态环境保护督察反馈问题整改方案》。

11月24日，研究2022年度真抓实干成效明显督查激励事项申报工作，研究四季度重点工作任务推进有关情况，研究全国残疾预防重点联系地区有关工作情况，研究《江宁区村（社区）集体经济高质量发展指导意见（试行）》。

【江宁区重大产业项目建设动员会】 2月25日，江宁区召开重大产业项目建设动员会，市委常委、区委书记沈剑荣出席会议并讲话，区长洪礼来主持会议，区领导缪秀梅、庞志贵、王爱军、周强等参加会议。会议指出，要充分认识到重大项目是稳住经济基本盘的根基所在，是建设现代化先行示范区的底气所在，是实现全年目标任务的动力所在，要把重大项目牢牢抓在手上，深入开展重大项目招引工作，加快推进重大项目建设，切实发挥有效投入的关键作用，为完成全年目标任务夯实基础、提供支撑。会议强调，要聚焦重点产业强链补链，狠抓项目招引；要聚焦重点项目强化服务，加快推进项目建设；要聚焦新形势新需求，提升招商队伍素质能力。会议要求，全区上下要在思想上再重视、措施上再创新、力度上再加大，强化调度，只争朝夕抓进度；量质并举，比学赶超抓招商；做优服务，全力以赴强保障，推进重大产业项目取得更大突破，跑好建设中国特色社会主义现代化先行示范区的第一程，以实际行动迎接党的二十大胜利召开。会上，区委常委、常务副区长缪秀梅通报全区重大产业项目推进情况，江宁开发区、江宁高新区、东山街道、区行政审批局围绕推进2022年重大产业项目开工和竣工投产建设作表态发言，相关开发园区、街道和部门作书面表态发言。会前，与会人员现场观摩江宁高新区精准免疫细胞抗癌新药产业化项目和江宁天印健康创新园项目。（区政府办）

重要活动

【2022年首场新闻发布会亮出发展新思路】 1月14日，江宁区举办2022年新年首场名为“一起向未来”的新闻发布会，亮出未来5年及2022年重点工作安排和发展思路。区委常委、常务副区长缪秀梅围绕全区未来5年和2022年重点工作安排作主题发布。全区将锚定科创实力，立志领跑全省县域，高水平建设紫金山科技城、麒麟科技城，持续丰富“中科系”“药科系”创新资源，加快建成一批国家重点实验室、重大科技基础设施，实现5年高新技术企业突破4000家，主要科技创新指标领跑全省县域，达到全国创新型城市领先水平；持续推进高新技术企业培育，促进高新技术企业数量质量“双提升”，力争科技型中小企业总量突破3000家，新增高新技术企业500家。聚焦新型研发机构提质增效，探索技术创新与商业模式有机结合的新型研发机构发展路径，重点打造高水平新型研发机构10个；推动创新载体内涵提升，鼓励骨干企业、高校院所高水平建设科创载体，力争新增国家级企业研发机构1—2家，市级以上企业技术中心、工程技术研究中心30个。大力发展首店、首牌、首秀、首发“四首经济”，打造五大千亿级优势产业集群、全社会固定资产投资增长6%左右、地区生产总值增长7%。以南京都市圈中高端消费目的地为目标，未来持续打造一批体验式消费场景，加快形成“江宁人消费在江宁、市区人消费到江宁”的生动格局。在构建现代产业体系上，形成五大千亿级优势产业集群，未来5年规模以上工业总产值超过5000亿元，数字化转型企业累计达1000家，争取成为全国有影响的产业数字新高地。未来5年，江宁区还将依托八大类591项城建工程，统筹推进城市建设和乡村振兴，通过能级提升、品质提优、空间提靓，促进城乡优势互补、共融共进，提高江宁现代城市的魅力和颜值；继续聚焦创新驱动、深化改革、安全发展等九大方面，干出新成效、展现新作为。筑牢民生之本，2022年重点实施十大类56项民生实事项目，包括完成禄口等4个街道社区卫生服务中心新改扩建施工并投用；推进区妇幼保健院和老年医院等3个项目建设；东郊小镇一号路等建成通车；机场高速公路秣陵互通改扩建；开展群众文化体育活动1000场次。

【区政府常务会议研究青年发展型县域试点等工作】 12月17日，江宁区区长洪礼来主持召开区政府党组（扩大）会议、区政府常务会议，研究全区青年发展型县域建设省级试点工作等。会议研究《南京市江宁区青年发展型县域建设省级试点工作实施方案》，要求各有关单位、街道园区要共同发挥好试点工作领导小组和联席会议机制作用，全面推进落实，齐心协力推动全区青年工作争先进位、走在前列。要抓住试点机遇，细化思路举措，加强对上汇报沟通，积极争取上级政策、项目、资金倾斜，吸引青年融入江宁发展，增强城市发展活力、积蓄城市发展后劲。要彰显江宁特色，加强同驻区高校的协同联动，在“导入青年人口、留住青年人才、聚拢青年人气”上下功夫，帮助青年解决好就业创业、老人赡养、子女养育教育等方面的问题，确保各项工作更具特色、更有成效。（区政府办）

政务服务

【概　况】 2022年，江宁区行政审批局办结行政许可、备案事项37076件，群众办件服务综合满意率99.9%。实施重大项目代办161件，总投资1502.9亿元。市场主体总数33.83万户；公共资源交易总额294.84亿元。政务热线受理群众诉求47.9万余件。稳步推进各项改革工作，“无感审批、有感服务”工作经验被国务院《改革简报》整版刊载，“一件事”改革持续深入，参保登记、企业职工退休审批等就业、退休“一件事”一站式办理在江宁落地。政务服务便民热线江宁分中心高效运行，“宁企通”惠企平台建设逐渐完善，全省首家证明事项部门核验平台上线运行。在全市率先试点推行工程建设项目“交付即拿证”。企业登记“住所云库”正式投入使用。拓展政银合作，在合作银行网点设置“企业开办一站式服务专区”等。

【“一件事”改革】 2022年，区行政审批局联合区人社局、区社保中心、市住房公积金管理中心江宁分中心等部门在政务服务大厅开设就业一件事、退休一件事综合窗口，参保登记、企业职工退休审批等就业、退休“一件事”实现一站式办理。梳理汇总《江宁区“一件事”集成服务事项清单》109条，制作江宁区企业个人“一件事”改革集锦宣传手册及全生命周期“生命树”，扩大“一件事”服务品牌影响力。

【“一业一证”改革】 2022年，区行政审批局按照行业类型细分，深挖“一业一证”应用场景，结合区域发展特色和“一业一证”开展情况，申报网吧、娱乐场所、游乐场、医养结合、餐饮店等行业“一业一证”试点，并提供相关行业“一业一证”改革实施方案。江宁区作为医养结合、游乐场行业“一业一证”改革试点区，拟订相应改革实施方案，不断推进医养结合、游乐场“一业一证”改革尽快落地。

【“跨省通办”合作】 2022年，江宁区先后与无锡市锡山区、盐城市亭湖区等25个地区签订战略合作协议，推进“跨省通办”向基层延伸，街道便民服务中心可“跨省通办”事项206项，主要涉及残疾人证办理、企业参保停保等事项。与安徽省马鞍山市博望区丹阳镇为民服务中心、浙江省湖州市安吉县梅溪镇便民服务中心等达成“跨省通办”协议。推进宁博一体化合作，研究“两省一街”警务室、跨省通办等事宜，加快推进江宁—博望跨界一体化发展示范区建设。

【“证照分离”改革】 2022年，江宁区推行多部门对接，全面实行涉企经营许可事项告知承诺制。梳理证明事项告知承诺材料清单，将可合并、可取消、可共享、可承诺的申请材料在受理阶段归零，以此为基础形成“零材料”事项清单。逐步完善信用体系，在实行“证明事项告知承诺”的同时，预判风险层级、强调承诺责任，避免出现“批完不管、不管就批”现象。制作固定格式承诺告知书（表），书面承诺履约情况记入信用记录，作为事中、事后监管依据。

【工程领域审批改革】 2022年，江宁区试点推行工程建设项目“交付即拿证”，6月底，江宁高新区万德斯环保装备项目成为全区首个“交付即拿证”项目。牵头区发改委、规划资源分局、城建局，现场为上汽大通汽车有限公司新一代智能网联架构汽车(MIFA)产业化项目、麦澜德总部研发及生产基地等5个项目，提供土地出让前规划方案、人防工程、联合图审等前置服务。推行水、电、气报装业务一件事、工程建设许可阶段一件事、联合验收一件事等改革。常态化推进“施工许可告知承诺制”“拿地即开工”，会同代办中心组织30多名代办员开展相关业务培训，扩大改革成效。

【商事主体登记改革】 2022年，区行政服务中心继续推进企业开办“一窗融合”工作，开设企业开办“一件事”综合窗口，实现“一窗受理、后台流转、限时反馈”。搭建企业登记“住所云库”系统，实现住所信息备案全覆盖、住所预警核验全流程、住所信息共享可视化。在具备条件的银行网点设置企业开办一站式服务专区，为企业登记就近办提供便利。开展市场主体纾困帮扶行动，设置“歇业备案”和“个转企”专窗，放宽名称登记要求，简化住所登记手续。

（刘梦雅）

人事工作

【概　况】 2022年，江宁区人社部门树立“民生为本、人才优先”和“人才是第一资源”理念，不断创新工作机制和深化干部人事制度改革。先后完成区教育系统898名新进教师聘用审批手续，卫健系统19家卫生事业单位、15家教育事业单位公开招聘指导监督核准备案工作。统筹协调各招聘单位，开展区所属事业单位2022年公开招聘，62名新进事业人员聘用审批工作，17682名事业人员正常晋升薪级工资、232名行政附属人员正常调整级别工资等工作，审批兑现985名新招聘人员、798名转正定级人员、2530名岗位调整人员工资待遇。

【支持创新创业】 2022年，区人社部门深入实施人才强区战略，落实各类人才政策，完善江宁区青年创业培育体系。全年发放“宁聚计划”住房租赁补贴8248万元，惠及50779人次；面试补贴2292人，发放金额229.2万元。举办第七届江宁区青年大学生创业大赛，征集参赛项目623个，通过遴选、复赛、决赛共推出30个获奖项目给予重点扶持，并根据区级大赛成绩择优推荐20个创业项目参加市级大赛复赛。完善青创载体建设，全区有创业示范基地24家，其中创业孵化基地8家（省级4家）、大学生创业园16家（省级7家），年内新增市级园区2家、省级园区1家。实施“创客100”计划，对140多个青创项目给予全链条创业政策扶持，开展“感知江宁”校企对接系列活动，举办线下招聘会和校企对接类活动20余场。组织5家优质企业、大学生创业园区与在宁高校签订大学生优质实习实践就业基地并授牌。

【人才培育与引进】 2022年，全区有国家级博士后科研工作区域总站2家、省级以上博士后工作站63家，其中国家博士后科研工作站（国家级博站）21家，国博分站29家，江苏省博士后创新实践基地（省级博站）13家；南京市博士后创新实践基地（市级准博站）35家，累计招收博士后207人，年末在站博士后120人。推进开发园区、留创载体和企业参加南京留交会、海外人才创业大赛、城市推介会等活动，加大海外留学人员集聚力度，全年吸引1108名海外留学人才到江宁就业创业。创成省级留创示范基地、省级留创园和省留学人员之家各1个，创成省级乡土人才大师示范工作室2个、省级大师工作室4个和市级传承示范基地2个。完成2022年度强企工程3项和“名校优生”人才政策审核，发放企业引才补贴164.08万元、“名校优生”类生活补贴1677万元。充分发挥企业引才主体、创新主体作用，鼓励企业自主引才用才，使政策覆盖面更广、受益面更宽。

【专业技术人员职称评审】 2022年，全区新增各类专业技术人员9397人，其中初级4301人、中级4087人、高级以上1009人。全年网上申报各类初定人员4794人，审核通过4083人，其中初定初级3470人、中级613人。开展建设工程中级职称评审，参评522人，通过461人，通过率87.8%；中小学（幼儿园）一级教师评审，参评751人，通过676人，中级职称通过率89.9%；档案中级职称评审、参评13人，通过11人，通过率81.8%。根据市人社局《关于开展2022年乡土人才高级专业资格申报工作的通知》，推荐申报乡土人才高级职称人员6人，其中申报正高级乡村振兴技艺师1人、高级乡村振兴技艺师5人。省人社厅评审通过4人，包括正高1人、副高3人。

【事业单位招聘管理】 2022年，全区计划招聘事业编制人员1086人，完成1064名工作人员公开招聘指导监督核准备案工作。其中，区教育系统招聘34个学科898名新教师，15871人参加全市统一笔试，2120名考生参加面试，8月底完成898名新进教师聘用审批手续。区卫健系统所属19家卫生事业单位招聘115名卫技工作人员，15家教育事业单位招聘15名校医。区所属事业单位19个部门22家事业单位计划招聘62名工作人员；南京市随军家属就业安置工作协调领导小组下达江宁区2021年度驻江宁部队军人事业编制随军家属定向招聘安置计划多个。招聘工作由市人社局统一发布公告、统一组织笔试，2月15—20日完成2名定向招聘随军家属外调政审工作，9月办理调动审批手续。

【事业单位岗位设置及聘用】 2022年，区人社部门按照事业单位人事管理制度和《江宁区机关事业单位人员调动招录（聘）安置管理暂行办法》，办理人员调动手续55人，其中区外调入26人（含军转干部安置5人、退役士兵安置3人、随军家属定向招聘调入2人），区内调出12人，区内调动17人。根据《南京市事业单位岗位设置管理实施意见》和江宁区《关于进一步加强机构编制管理工作的意见》，开展对新成立、涉及撤并改或职能调整的14个部门、街道所属45家事业单位岗位设置及调整的审核报批工作。根据事业单位人员聘用制管理相关规定，开展对新成立、涉及撤并改或职能调整的26个部门、街道所属76家事业单位岗位设置及调整的审核报批工作，完成6416人次岗位聘任备案（教育系统4419人次、卫健系统1446人次、其他部门551人次）和1362名事业单位工作人员合同鉴证（教育系统1164人、卫健系统67人、其他部门131人）。

【事业单位年度考评】 2022年，区人社部门拟定下发2021年度事业单位工作人员年度考核工作通知，按考核规定进行审核，严把优秀等次比例。全区事业单位实际参加考核17605人，考核结果优秀3676人（含援疆挂职流动等人员35人），占参考人数的20.59%；合格13036人,占73.72%；基本合格3人，占0.016%；不合格6人，占0.033%；不定等次884人，占4.99%，其中881人为试用期公开招聘新进人员。根据《关于做好2021年全区事业单位工作人员年度考核工作的通知》《事业单位工作人员奖励规定》，对各主管部门申报的事业单位工作人员拟授嘉奖、记功情况进行逐一审核。经审核确认，全区52个部门430家事业单位中，90名事业人员获记功奖励，3593名事业人员和19名机关工勤人员获嘉奖奖励。

（赵久荣　吴　烨）

信访工作

【概　况】　2022年，江宁区信访部门围绕人民群众的合法合理诉求开展信访矛盾化解工作，在打通渠道、积案化解等方面取得实效。全年受理群众来信来访1471批次、5301人次，其中集体访202批次、3639人次；办理网上信件13842件，及时受理率、按期办结率均为100%；承办上级交办、督办和领导批示信访事项223件，全部报结并通过上级审核。是年，区信访局被省人社厅和省信访局表彰为“全省信访系统先进集体”，被人民网评为“网上群众工作民心汇聚单位”。

【领导干部接访】　2022年，江宁区严格落实领导干部接访下访制度，健全信访工作责任机制，区党政主要领导全年接待群众来访191批次、262人次，召集相关部门与单位协调会办74次，化解各类信访事项124件。

【信访积案化解】　2022年，区信访部门组织开展集中治理重复信访、化解信访积案专项行动和“信访突出问题攻坚化解年”行动等，实行领导牵头包案，梳理排查矛盾，适时召开信访联席会，切实落实办理责任，加快信访积案办理。“国治件”第一批357件、第二批134件，各责任单位全部报结并通过上级审核；省信访联席办交办的 41 件重点信访事项，全部办结上报并通过审核，成功化解丁某、张某某和高某某等人的信访积案，当事人的合理诉求得到解决。　　（区信访局）

外事工作

【概　况】　2022年，江宁区外事部门面对复杂严峻的外部环境和多重超预期的困难挑战，围绕全区经济社会发展大局，开展对外交流活动，提升涉外安全管理水平，为谱写中国式现代化江宁新篇章作出新贡献。全年接待重要外宾到访江宁2批次、46人次，办理外国人来华邀请457人次。

【外事活动与接待】　2022年，区外事部门组织江苏园博园外国友人“中国年”、第二届驻区中外企业家中秋联谊会等涉外活动，向世界展示开放、包容、和谐、美丽的江宁形象。7月5日，举办中韩大学生夏令营江宁专场活动，40名夏令营营员参观百家湖硅巷展示馆、九龙湖国际企业总部园和领行科技股份有限公司。8月11日，接待以色列驻上海总领事爱德华一行6人，并参观牛首山文化旅游区、南京生命科技小镇。

【外事服务管理】　2022年，区外事部门以数字化改革为驱动，搭建跨部门融合平台，持续优化外国人来华邀请函办理流程，实现“即来即办”，区级审批流程压缩到3个工作日。全年办理外国人来华邀请457人次，其中行政区373人次、江宁开发区82人次、麒麟科创园2人次。

【海外安全维护】　2022年，区外事部门协调区内在刚果（金）投资企业南京寒锐钴业股份有限公司，有效应对刚果（金）严峻的地区安全和新冠疫情形势，加强与使馆对接，利用当地多方力量保护在海外投资企业利益。

7月5日，区外事办举办中韩优秀大学生夏令营活动。图为参加活动人员合影

（方舟摄）

【民间对外交流】 2022年，区外事部门推动江宁区与刚果（金）卢阿拉巴省省会科卢韦齐市友好交流，为建立友好合作城市关系奠定基础。打造江宁友协牛首山国际友谊林，与国际友好城市、国际友好团体等共植友谊之林。举办千名外国友人"体验江苏·读懂中国"江宁专场活动、"极美南京"国际友人看江宁活动等，展现江宁经济社会建设成果。（方 舟）

对台工作

【概 况】 2022年，江宁区对台工作以习近平总书记关于对台工作的重要论述为指导，贯彻落实中央对台工作大政方针和省、市、区委对台工作决策部署，以南京台湾青年创业学院为载体，以服务台企台胞为重点，推动全区对台工作取得新进展。开放"线上+线下"通道，创新开展"青创大讲堂"系列活动，被中国台湾网连续刊发，在5月国台办新闻发布会上受到国台办新闻发言人表扬。开展"我为台商台胞办实事"实践活动，依托南京台湾青年创业学院平台，联合旺宏（南京）网络营销公司发起江苏·台湾互联网产业联盟，先后组织"离岸孵化成员线上见面会""抖音对商业者的影响"等活动，深化海峡两岸新一代信息技术领域企业的交流与合作。有效化解涉台纠纷和矛盾，全年协调处理台商投诉8件，满意率100%。帮助7名台胞子女解决入学；省级对台交流基地牛首山文化旅游区接待台商台胞交流参访9批220人次。

【"万名台胞看江苏"系列活动在江宁启动】 6月11日，2022年"万名台胞看江苏"系列活动启动仪式暨"走进美丽乡村"骑行活动在江宁区银杏湖景区举办。随着活动现场发令枪响，20余名台湾青年骑友从银杏湖乐园出发，沿江宁西部旅游环线，经过龙乡双范、黄龙岘金陵茶文化旅游村等乡村景点后，返回银杏湖乐园，沿途尽享江宁美丽乡村湖光山水、民宿乡居。

【第六届海峡两岸大学生电子竞技大赛总决赛启动】 7月3日，由省台办、省体育局主办，省体育交流中心、省电子竞技运动协会、区台办承办的第六届海峡两岸大学生电子竞技大赛总决赛在南京台湾青年创业学院启动。海峡两岸大学生电子竞技大赛作为江苏创办的重点品牌赛事和特色对台交流活动，以"同台竞技、'电'亮未来"为主题，致力于为两岸青年大学生提供交流感情、切磋技艺的平台。此次比赛分为南京赛区和台湾赛区，海峡两岸高校大学生选手分别在各自赛区进行线上及线下赛事活动，海峡两岸12所高校的60名电子竞技爱好者参加总决赛。经过激烈角逐，最终台湾龙华科技大学队夺得冠军，南京财经大学队获得亚军。

【"宁台大学生青春修炼营"开营】 7月15日，由省台办、市台办指导，南京台湾青年创业学院主办，区台办协办的第六届"宁台大学生青春修炼营"在南京台湾青年创业学院开营。参加修炼营的台湾青年在南京数家企业进行为期28天的实习生活，并参加一系列文化交流活动。开营仪式上，市、区台办领导向实习生赠送营服和南京手绘地图。

（周 勇）

政府综合事务

【政务信息】 2022年，江宁区政府办上报政务信息1682条，被国办采用42条，获得国务院领导批示23条，省市采用400余条，获评全市政务信息工作突出贡献集体、全省政务信息工作先进工作单位。邀请省、市信息编辑为全体信息员开展专题培训，有针对性地介绍政务信息采编要领；挑选2名基层信息员到省委、市委办公厅进行跟班培训，及时掌握政务信息的最新要求；鼓励基层信息员到区政府办驻点实习，以岗代训，培训人员30人次。注重提炼江宁区特色工作、创新做法，累计投稿10余篇，其中6篇获省简报刊载。《在建即介入 竣工即交付 南京市江宁区构建工程竣工验收改革新样板》专报文章，获省、市领导批示，要求总结江宁经验加以推广。坚持深入一线采编信息，加强与重点企业、普通群众的联系，并通过电话访问、问卷调查，为信息工作积累一手资料，锻炼自身动眼能察、开口能说、提笔能写的业务能力。

【电子政务】 2017年12月上线的"我的江宁"App，作为江宁区智慧城市门户，是由区政府打造的为市民和企业提供一站式在线公共服务的App。至2022年年末，"我的江宁"App实名注册用户突破100万户，覆盖超过50%的江宁常住人口，共上线226个应用功能，归集37个部门和机构的信息化建设成果。与区教育局合作上线的招生报名及教育缴费应用，覆盖全区306家教育单位，为12万多名学生和用户提供服务，累计线上缴费款项超过25亿元。与区商务局合作上线的政府购车补贴平台，累计完成线上补贴登记5400万元。江宁区“一网统管”综合管理平台由区发改委（大数据管理局）承建，负责全区政务数据管理，汇聚各级政府部门的业务系统和政务数据，实现不同部门异构系统间的资源共享和业务协同，解决系统平台分散，数据无法融合互通的问题。作为全区综合性的指挥平台，汇聚近30个业务子系统。该平台坚持组织变革、实战管用和各自闭环的基本原则，围绕“一网整合数据、一屏能观全局、一体应急联动、一线解决问题”目标，构建多维聚力、全面发展的城市治理数字化框架体系，实现数据共享线上线下联动，实现跨部门、跨层级、跨区域的四级联动和协同共治。

【政务督查】 2022年，区政府办制定迎接国务院稳增长稳市场主体保就业专项督查、国务院第九次大督查工作方案，全过程、全方位、全环节做好迎查保障工作。完成国务院和省、市政府督查激励事项年度申报工作，全年获省督查激励4项、市督查激励24项。跟进区长调研交办事项、专题会议定事项落实情况，形成督查报表45期。推动重点问题整改，开展安置房项目、云台山硫铁矿环境整治等专项督查，倒逼责任单位按计划落实，加快项目推进进度。按照规范的办理流程及时交办，并灵活采用当面了解、电话沟通、实地调查等方式持续跟进，帮助协调办理过程中出现的问题，确保事项办理时效和成效。全年完成各类督办事项1070件，其中国务院“互联网+督查”工单778件，市、区政府领导批示交办事项262件，区长调研、会议交办事项30余件。对经十一路项目、百水保障房拆迁、凤凰山粮食储备库项目建设情况等重点工作，开展现场督查督办110余次，撰写专项督查报告30期。全要素核查国务院“互联网+督查”平台交办问题，通过逐个核查办理结果、回访办理评价、把关要件质量，确保778件工单逐一核查到位、回访到位。全周期督办人大代表建议和政协提案，倾听代表、委员声音，主动与代表委员见面沟通并取得理解，全年协助办理全国人大代表建议1件，牵头办理省市人大代表建议、政协委员提案36件，区级人大代表建议和政协提案451件，所有建议提案均按期办结，面办率、办结率、满意和基本满意率均为100%。

【建议和提案办理】 2022年，区政府共办理十八届人大一次会议代表建议、批评和意见208件（其中闭会件5件），年内已全部完成面办和书面答复工作，面办率和答复率均为100%。办理结果中，A类175件、占84.14%；B类14件、占6.73%；C类19件、占9.13%。代表的满意和基本满意率100%。11件重点办理件中A类10件、B类1件。全年承办区政协提案243件，根据提案“职责明确、归口办理”的原则，交由75家单位具体办理，年内已全部完成面办和书面答复工作，面办率和答复率均为100%。办理结果中，A类219件（原为220件，增加B类转A类1件、减A类转B类1件、减A类转C类1件），占90.12%；B类13件（原为13件，增加A类转B类1件、减B类转A类1件），占5.35%；C类11件（原为10件，增加A类转C类1件），占4.53%。11件区政府重点件办理结果均为A类。

【政府热线】 2022年，区“12345”政务热线共办结工单479109件，比上年下降21.71%，综合满意率96.55%，上升0.24个百分点。热点民生诉求主要集中在房产交易、房屋质量、物业管理等方面。定期向上级汇报热点民生诉求，针对群访群诉、敏感性工单，及时形成专项汇报，供区委、区政府参考。开展现场督办会办，以群众满意为目标，推进“12345”工作与各承办单位有效对接，对疑难工单迅速启动督办机制，在督促承办单位及时高效办理群众诉求的同时予以相应的指导和帮助，保障服务热线工作平稳运行。发挥专班工作效能，针对较为突出的房产交易、房屋质量等矛盾，牵头组织专项协调会，协调解决中南上悦城、中海方山印等问题楼盘的业主诉求。

（区政府办）

区直机关事务管理

【概　况】 2022年，江宁区直机关事务管理部门建立健全安全生产常态化管理制度，落实“预防为主，防消结合”安全生产要求，联合区委办和东山消防支队等相关单位，对政府大楼、交通大厦、信访局楼、机关餐饮服务中心、机关幼儿园和区人民大会堂各办公场所进行地毯式安全排查，对发现的安全生产隐患，列出整改清单。及时对各办公楼各楼层消防监控设施和设备实施升级改造，增补安全标识标牌，更换政府大楼损坏喷淋泵，并将防排烟系统及室外消火栓列入维修计划。对24家单位办公用房（技术业务用房）的维修改造、出租、资产处置等进行现场察看，对原档案馆楼进行规划设计，并提出调配建议方案。对区政府大楼、交通大厦、区人民大会堂以及东沟巷、青云巷住宅区及时组织检查检修，先后派出各类维修人员1570多人次，安装人脸识别系统25套，更换各类光源1967支（套），铺设办公区强弱电线路2623米，完成楼顶天沟清理和地面窨井疏通，对消防设备设施、电梯、监控、中央空调按要求进行日常维保和年检。

【公务活动保障】　2022年，区政府办完成接待保障任务278批次，接待来宾6000余人次。完成中央警卫任务5批次、省部级领导任务90批次，保障16次重大活动和重要会议。组织街道（园区）摸排上报特色点位和路线，结合全区产业发展、经济区位特点，围绕线路布局、市容市貌等优越条件，通过研判、筛选、整合、梳理，拟定科技创新、转型升级、特色田园乡村等类型的考察点及线路。根据《关于加强重要考察点及道路建设管理的通知》，要求相关单位进一步压实属地管理责任，做好常态化市容环境管理工作，对重要考察点及重点道路周边沿线路况、绿化亮化、标语标牌、违章搭建、环境卫生等情况进行追踪排查整改、优化提升。探索打造具有江宁特色接待品牌，弘扬江宁本土文化，与南京旅游职业学院合作，开展江宁地方特色菜与“四季健康菜”的开发与设计。将接待任务运转流程图、接待预备清单、用餐座次、会议及会见座次等业务知识编印成册，提高接待实效性。

【公务用车管理】　2022年，区政府办不断巩固公车管理成果，努力构建“规范、高效、节约、透明”的公车管理机制，加强公车规范管理，提升公务出行保障效能。在保障区四套班子领导及“四办”重要公务活动用车的同时，有效保障区人大和政协会议、新冠疫情防控、安全督查、防汛抗旱、审计专班等多项公务活动用车需求。安全保障区领导重大公务活动用车2800余辆次，保障区“四办”及大院内其他部门公务用车990辆次。全年安全行车约36万千米。按照“总编控制、报废一辆更新一辆和逐年更新”的原则，对东山、秣陵、汤山、谷里街道以及应急局、法院、交运局、残联、农副物流、公交集团、国资集团等29家单位的107辆业务用车和特种专业技术用车处置更新进行审核报批。进一步规范机关事业单位公务用车管理使用，将党政机关公车全部纳入平台进行管理的基础上，按照应装尽装、应喷尽喷的要求，对平台内公务车辆安装北斗定位终端和喷涂标识进行核查。对机关和事业单位近1000辆车辆的派车流程、车辆轨迹、任务完成后提交流程，以及车辆保险、加油、维修等数万个基础数据进行逐车核实、记录、比对、更新。响应“碳达峰”“碳中和”部署要求，承办“绿色低碳、节能先行”全市党政机关和事业单位车管干部培训及2022年度新能源汽车在江宁的推广活动。

（区政府办）

【公共机构节能】　2022年，全区有公共机构340家，其中党政机关126家、教育系统180家、卫生系统30家、文化体育科技类场馆4家。全年公共机构能源消费总量2.61万吨标准煤，用电总量12300万千瓦时，用水总量570.45万立方米；单位建筑面积能耗5.55千克标准煤/平方米，人均综合能耗97.4千克标准煤/人，人均用水量21.16立方米/人。推动绿色低碳引领行动与示范单位创建融合，全区18个公共机构完成省（市）级节能示范单位创建，1个公共机构完成省级能效领跑创建；创建节约型机关65家，创建率100%；创建节水型机关68家，其中省级节水型机关5家，市级节水型机关19家；5个公共机构被市评为生活垃圾分类示范点。因地制宜对既有建筑进行绿色化改造，全区既有建筑绿色化改造11.61万平方米。优化能源结构，推广清洁能源使用，鼓励有条件的公共机构充分利用既有建筑屋顶、车棚等开展分布式光伏项目建设。全区采用合同能源管理方式建设分布式光伏项目5个，建设面积9472平方米，装机容量998千瓦，年发电量106万千瓦时，减少二氧化碳排放618吨。下发《江宁区区级行政事业单位国有资产公物仓管理实施方案》，扩大闲置办公家具、电脑和打印机等办公物资调剂使用范围。在区机关大院建立实体仓临时库2个共100余平方米，建立专门账户明确专人管理，将100多件入仓公物信息录入江苏省党政机关公物仓系统。深入推进公共机构食堂反食品浪费工作，广泛开展制止餐饮浪费宣传活动，营造浪费可耻、节约为荣的良好氛围。杜绝使用一次性杯具，机关食堂及下属餐饮行业不再使用不可降解的一次性塑料吸管、餐具，推动落实光盘行动、双面打印、无纸化办公。（区政府办）

政协南京市江宁区委员会

综　述

【概　况】 政协南京市江宁区第十三届委员会有405名委员，由中共界、农业和农村界、企业界、民族宗教界、社会科学界等16个界别组成，其中主席1人、副主席5人、秘书长1人、常务委员38人。下设办公室、研究室及提案委员会、经济科技（农业农村）委员会、教卫文体（文史）委员会（教育组、医卫组、文体组）、人口资源环境（城乡建设）委员会、社会法制（民族宗教）委员会（社会法制组、统战组）、委员工作委员会6个专门委员会，东山、秣陵、汤山、淳化、禄口、江宁、谷里、湖熟、横溪、麒麟街道和江宁开发区、江宁高新区、滨江开发区13个政协工委。2022年，区政协坚持以习近平新时代中国特色社会主义思想为指导，把迎接中共二十大、学习宣传贯彻中共二十大精神贯穿全年工作始终，突出政治引领、凝聚共识，服务大局、履职为民，创新实践、提质增效，在江宁经济社会高质量发展的生动实践中，展现政协作为，贡献智慧力量。

【政协委员构成】 2022年，江宁区十三届政协有委员405人，分别来自中共、民主党派、工商联、总工会、共青团、妇联、文化体育、科技科协、教育、医卫、社会科学、经济、农业和农村、台侨、民族宗教、特邀等16个界别。其中，党外委员248人，占61.3%；女委员114人，占28.1%；本科学历以上344人，占84.5%；中级以上职称166人，占41%；企业中高层以上代表人士174人，占43%。实现委员“三个全覆盖”，即8个民主党派（民革18人、民盟12人、民进12人、民建24人、农工党12人、致公党5人、九三学社12人、台盟1人），无党派代表人士和新的社会阶层代表人士全覆盖，驻区高校全覆盖，“5+4+1”先进制造业产业体系全覆盖。汇集全区政治、经济、文化、社会、生态文明建设各领域各行业的杰出代表人士，为江宁全面发展协商民主，形成共同致力谱写中国式现代化江宁新篇章的强大力量。

【政协常委会自身建设】 2022年，区政协常委会切实履行政治协商、民主监督、参政议政职能，定期听取经济社会发展情况、提案办理情况等通报，健全专委会与党政部门对口联系机制，建立常务委员提交履职报告、委员履职工作季度通报等制度。围绕中心、服务大局，发挥专门协商机构作用，围绕推动人口集聚效应下社区精细化治理、加快发展数字经济、推动产业转型升级等议题协商议政，更好助力高质量发展。　　（黄吉义）

重要会议

【区政协第十三届委员会第一次会议】 1月5—7日，政协南京市江宁区第十三届委员会召开第一次会议。会议听取和讨论市委常委、区委书记沈剑荣代表中共江宁区委在会议开幕时的讲话；听取和审议刘玲所作的政协南京市江宁区第十二届委员会常务委员会工作报告和吴德厚所作的政协南京市江宁区第十二届委员会常务委员会关于提案工作情况的报告；列席区十八届人民代表大会第一次会议，听取和讨论代区长洪礼来所作的政府工作报告；审议通过政协南京市江宁区第十三届委员会第一次会议决议。会议选举产生政协南京市江宁区第十三届委员会主席、副主席、秘书长和常务委员，刘玲当选为区十三届政协主席，吴德厚、姚燕玲、白元龙、陈兵、许芸当选为副主席，刘忠青当选为秘书长，丁勇等38人当选为常务委员。

【区政协常务委员会会议】 2022年，区政协共召开常务委员会会议5次。

1月7日，区政协召开十三届常委会第一次（扩大）会议，讨论通过十三届政协各专门委员会（组）的设置及其负责人建议名单。

4月28日，区政协召开十三届常委会第二次（扩大）会议，围绕“推动人口集聚效应下社区精细化治理”开展专题协商。会前，组织政协委员们赴淳化街道大学城社区、东山街道邵圣社区天地新城基层治理服务“点位长”工作站进行视察。会议听取区民政局关于全区社区工作情况、区委组织部关于党建引领社区治理有关情况、区委政法委关于社区治理有关情况的通报。会上，围绕加强全区社区精细化治理，委员们结合自身岗位实际，提出科学划分网格、突出科技赋能、加强数据共享、推动多元共治等建议。会议还对做好新一届政协常委会工作提出要求。

7月26日，区政协召开十三届常委会第三次（扩大）会议，围绕“加快发展数字经济、推动产业转型升级”开展专题协商。会前，区政协2次召集相关部门和部分委员先后赴南京优倍电气技术有限公司、南京科远智慧科技集团股份有限公司、菲尼克斯（中国）投资有限公司、国电南京自动化股份有限公司视察，听取区工业和信息化局关于全区数字经济发展情况的通报。会上，与会委员结合自身实际和调研，提出增强企业“智改数转”内生动力、提升产业链供应链自主可控能力、完善数字安全体系等15条具体建议，会议形成《关于加快发展数字经济，推动产业转型升级的建议案》，得到区委主要领导批示和相关部门采纳。

10月9日，区政协召开十三届常委会第四次会议，听取区政府关于区政协十三届一次会议以来委员提案办理情况的通报，与会委员从不同角度对加强委员履职能力建设、提高提案质量、办理质量和服务质量，提出具体意见建议。会议还通过有关人事任免事项。

12月28日，区政协召开十三届常委会第五次会议，听取王爱军所作的2022年全区经济社会发展情况通报，会议协商讨论区政协十三届二次会议议程（草案）和日程（草案），研究讨论区政协常委会工作报告（讨论稿）和提案工作报告（讨论稿），协商通过区政协十三届二次会议报告人名单（草案）和关于授权主席会议审议常务委员会会议未审议事宜的决定（草案）。会议协商通过《政协南京市江宁区委员会协商工作规则》《南京市江宁区政协常务委员提交年度履职报告工作制度》，书面交流区政协常务委员2022年履职情况报告以及区政协办公室和专委会、街道（园区）政协工作2022年度总结。会议还通过部分区政协委员调整和有关人事任免事项，并对高标准做好区政协十三届二次会议的筹备、组织工作，提出明确要求。

【区政协主席会议】 2022年，区政协共召开主席会议12次。

1月7日，区政协召开十三届一次主席（扩大）会议，研究讨论区政协第十三届委员会专门委员会（组）的设置及其负责人建议名单，研究讨论区政协十三届一次常委会会议方案。

2月15日，区政协召开十三届二次主席（扩大）会议，传达学习省政协十二届五次会议精神；协商通过政协南京市江宁区委员会2022年度工作要点，研究讨论区政协十三届一次会议提案立案工作，研究通过加强政协专委会与区级机关部门对口联系的意见，2022年区政协领导联系民主党派、

1月5—7日，中国人民政治协商会议南京市江宁区第十三届委员会召开第一次会议。图为会议现场（区政协供图）

走访政协委员的安排和区十三届政协主席、副主席、秘书长工作分工安排。会议还就新一届政协工作起好步、开好局提出要求。

3月29日，区政协召开十三届三次主席（扩大）会议，研究讨论区政协十三届一次会议提案办理协商工作安排；协商讨论2022年区政协委员培训方案、区政协十三届二次常委会会议方案等。

4月27日，区政协召开十三届四次主席（扩大）会议，围绕全区污水处理能力提升议题开展专题协商。会前，集中视察江宁开发区九龙湖污水一体化处理设施、江宁水务集团高新区污水处理厂，会议听取区水务局、生态环境局关于全区污水处理能力提升工作相关情况的通报。区政协委员们结合所见所闻，对污水处理能力提升工作提出科学规划污水收集处理能力、形成污水处理能力提升合力、做好污水收集处理源头工作、提升污水输送能力效率等建议，会议形成《关于推动全区污水处理能力提升的建议案》，得到区政府主要领导批示重视，区政府常务会议专题研究推进落实。

5月20日，区政协召开十三届五次主席（扩大）会议，围绕“江宁文化气质的挖掘与彰显”议题开展专题协商。会前，与会政协委员集中视察区融媒体中心、江宁开发区湖滨路文化街区。会议听取区委宣传部关于推进文化气质提升工程相关情况的通报，委员们结合所见所闻，提出坚持城市规划与城市文化相辅相成，提升文化气质表现力；坚持历史文化与现代文明交相辉映，增强文化气质传播力；坚持城市品质与人文素养相得益彰，提高文化气质影响力等建议。会议形成《关于江宁城市文化气质挖掘与彰显的建议案》，得到区委主要领导批示和相关部门采纳。会议还协商通过区政协2022年委员读书活动方案。

6月22日，区政协召开十三届六次主席（扩大）会议，传达学习全国政协第139期干部培训班暨加强和改进新时代市县政协工作专题研讨班精神及省政协部分市县政协主席座谈会精神，围绕开展委员读书活动、“有事好商量”协商议事和加强委员履职管理3个专题，交流特色工作，并对下半年工作进行部署。

7月18日，区政协召开十三届七次主席（扩大）会议，围绕“完善‘网格+警格’联动机制，推动基层社会治理”议题开展专题协商。会前，与会委员集中视察胜太警网融合中心、天景山警网联动中心。会议听取区委政法委关于全区推进“网格+警格”融合工作有关情况的通报。会上，与会委员结合工作实际，对完善“网格+警格”联动机制，提高社会治理质量提出具体意见、建议。会议还讨论通过区政协十三届三次常委（扩大）会议方案。

8月30日，区政协召开十三届八次主席（扩大）会议，围绕“建筑垃圾资源化利用”议题开展专题协商。会前，与会委员视察调研位于砂之船的科技创业综合配套服务中心项目商务中心和位于江苏软件园的2020G35房地产项目的建筑垃圾资源化利用情况。会议听取区城建部门关于全区建筑垃圾资源化利用工作有关情况的通报，委员们结合工作实际，提出落实专项规划内容、强化项目源头管理、强化运输管理、建立联动工作机制等意见建议。会议形成《关于全区建筑垃圾资源化利用的建议案》得到区政府重视，区政府常务会议专题研究并推进落实。

9月26日，区政协召开十三届九次主席（扩大）会议，听取民生专题协商议事月活动开展情况汇报，研究通过区政协十三届四次常委会会议方案。会议还对开展喜迎中共二十大相关活动作出部署。

10月25日，区政协召开十三届十次主席（扩大）会议，研究通过区政协十三届二次会议提案征集方案，讨论区政协十三届二次会议筹备工作，研究布置近期工作。

11月22日，区政协召开十三届十一次主席（扩大）会议，研究讨论区政协协商工作规则（草案），区政协常务委员提交年度履职报告工作制度（草案）。会议听取2023年《江宁春秋》第20辑文史专题研究项目筹备情况汇报，会议还研究讨论区政协2023年重点协商议题安排等。

12月16日，区政协召开十三届十二次主席会议，研究关于召开区政协十三届二次会议的决定（草案）、议程（草案）和日程（草案），讨论区政协常委会工作报告和提案工作报告，协商讨论十三届二次会议报告人名单和专题议政会方案。会议研究通过区政协委员履职补助制度、区政协2022年度优秀提案建议名单和优秀社情民意信息工作表扬建议名单、区政协十三届五次常委会会议安排。（黄吉义）

协商议政

【概　况】 2022年，江宁区政协制定年度协商计划，报区委常委会审议后，由区委办、区政府办和区政协办联合印发。遴选提升污水处理能力、建筑垃圾资源化利用等8个议题作为年度重点协商议题，分别召开议政性常委会会议、主席会议和专题协商会协商议政，广泛征集政协委员和社会各界意见建议，邀请区领导和相关部门到会议现场，听取委员意见、回应委员建议，形成建议案，供区委、区政府决策参考。

【高质量发展议政】 2022年，区政协围绕加快发展数字经济、推动产业转型升级议题，征集经济界、科技界委员建议22篇，开展政协常委会会议专题协商，提出增强企业“智改数转”内生动力、提升产业链供应链自主可控能力、完善数字安全体系等具体建议15条，相关建议吸纳进《江宁区制造业智能化改造和数字化转型实施方案（2022—2024年）》。政协主席会议围绕提升污水处理能力、建筑垃圾资源化利用等议题，搭建协商平台，政协委员与职能部门、群众代表面对面协商互动，增进互信、达成共识，区政府常务会议专题研究政协建议，推进相关工作落实。

【基层治理协商】 2022年，区政协围绕推动人口集聚效应下社区精细化治理议题，先后开展委员调研、视察和政协常委会会议专题协商，提出科学划分网格、突出科技赋能、加强数据共享、推动多元共治等建议，助力城市社区精细化治理。围绕完善“警格+网格”联动机制议题，先后开展委员集中视察和政协主席会议协商议政，就警网融合的针对性实效性提出一些具体工作建议。连续3年开展“民生专题协商议事月”活动，全年组织“有事好商量”协商议事129场次，各级委员和各界人士约1000人次参与协商，助力解决100多个民生问题，推动政协制度优势有效转化为基层治理效能。

【社会事业建言】 2022年，区政协把社会广泛关注的教育“双减”列为重点调研课题，全覆盖征求教育界委员意见建议，开展专题调研，形成转变教育理念、打造专业团队等具体建议，为党委和政府决策提供参考。以江宁城市文化气质挖掘与彰显课题为切入点，征求省市区文化专家意见建议，与区社科联开展联合调研，召开主席会议协商议政，关于开展城市文化规划、打造城市文化名片等建议，得到区委、区政府领导批示重视，明确相关部门加以推进。围绕贯彻落实中央民族工作会议和全国宗教工作会议精神等议题，组织省市区政协委员联动开展协商式民主监督，协助党委政府解决问题、改进工作、增进团结、凝心聚力。

【凝聚共识】 2022年，区政协建立定期走访政协委员、开展谈心谈话等经常性工作机制，密切同党派团体、非公有制经济人士、新的社会阶层人士等方面沟通联络，进一步扩大团结面，寻求最大公约数。发挥统一战线组织功能作用，在建言资政、思想引领上一体设计、一体落实，加强委员联系界别群众工作，“界别+地域”联动履职小组开展学习、调研、视察等活动成效提高，政协组织的凝聚力和向心力增强。落实省、市政协工作部署，组织开展“政协主席深入走访委员聚共识助发展”活动，收集整理企业难题及助企纾困建议22条，区经济调度指挥部及时梳理采纳，相关工作专班加强调度、定期督办，抓好建议落实。

（黄吉义）

提案工作

【概　况】 江宁区政协十三届一次会议以来共提出提案420件，立案提案243件，其中党派团体提案8件、集体提案24件、联名提案58件、个人提案153件。经49家承办单位办理，截至2022年年底，立案提案全部办复完毕。其中，解决采纳的A类件219件、占90.12%；逐步解决的B类件13件、占5.35%；作出解释的C类件11件、占4.53%，政协委员满意率和基本满意率100%。区领导领办督办重点提案21件，区委、区政府主要领导带头督办重点提案，全年共开展各类督办活动30多场，“打造‘12345’，提案联系点品牌”和“以全过程协商推动提案工作提质增效”等经验做法先后在省、市政协提案工作会议上作交流。

【关于高质量推进农村危房整治的建议】 案由：农村住房是保障农民安居乐业和农村社会稳定的重要基础，对于保护农民权益具有十分重要的意义。建议：对于房屋设计、建设情况加强制度建设，增加资金支持，加快打造农村房屋样板，优化联动联合机制。办理结果：该提案由区房产局主办、城建局协办。同时，该提案被列为重点提案，区委主要领导亲自督办，委员对办理结果满意。

【关于加快推进安置房安置工作的建议】 案由：近年来，随着城市化快速发展，江宁区无论是主城区还是各属地街道园区出现大规模大面积的征迁，但对于事关老百姓住房保障的安置房建设推进缓慢。建议：在做好详细的规划（包括置换），再启动征迁工作，减少房屋安置尽量选择货币化征迁，在动迁前准备好充足房源或选好新建安置房地址并加快推进房屋建设，街道要加快推进安置房分房工作。办理结果：该提案由区房产局主办，区规划资源分局、财政局、东山街道协办。同时，该提案被列为重点提案，由区政府主要领导领办，委员对办理结果满意。

【加强基层医疗机构建设，切实解决老百姓“看病难”】 案由：“看病难”问题一直是社会关注的热点和难点问题，也是最大的民生问题之一。虽然党和政府采取一系列看病就医的创新举措，也收到一定成效，但“一号难求”“一病难治”“一病就贫”的现象依然存在。建议：加快基层医疗机构建设，加大基层医疗机构的政策支持力度，加强基层医疗机构防病和防疫能力建设，完善基层医疗机构服务体系建设，合理布局医疗卫生资源。办理结果：该提案由区卫健委承办，对委员所提建议作出加大财政投入、合理配置资源，完善服务体系、创新发展模式，推进公益事业、开展惠民服务，完善医保政策、加强基金管理，加强信息化建设、发挥医联体作用答复，委员对办理结果满意。（黄吉义）

视察调研

【概　况】 2022年，江宁区政协根据年度协商计划，围绕重点协商议题，组织委员开展专题视察活动2场、调研考察活动4场。

【专题视察】 4月28日，区政协围绕“推动人口集聚效应下社区精细化治理”议题，组织政协委员赴淳化街道大学城社区、东山街道部圣社区天地新城基层治理服务“点位长”工作站开展专题视察，为召开区政协十三届常委会第二次（扩大）会议做好调研准备。

7月26日，区政协围绕“加快发展数字经济，推动产业转型升级”议题，组织政协委员赴南京优倍电气技术有限公司、南京科远智慧科技集团股份有限公司、菲尼克斯（中国）投资有限公司、国电南京自动化股份有限公司开展专题视察，为召开区政协十三届常委会第三次（扩大）会议做好调研准备。

【调研考察】 4月27日，区政协围绕“全区污水处理能力提升”议题，组织政协委员赴江宁开发区九龙湖污水一体化处理设施、江宁水务集团高新区污水处理厂开展调研考察，为召开区政协十三届四次主席（扩大）会议做好调研准备。

5月20日，区政协围绕“江宁文化气质的挖掘与彰显”议题，组织政协委员赴区融媒体中心、江宁开发区湖滨路文化街区开展调研考察，为召开区政协十三届五次主席（扩大）会议做好调研准备。

7月18日，区政协围绕“完善‘网格＋警格’联动机制，推动基层社会治理”议题，组织政协委员赴胜太警网融合中心、天景山警网联动中心开展调研考察，为召开区政协十三届七次主席（扩大）会议做好调研准备。

8月30日，区政协围绕“建筑垃圾资源化利用”议题，组织政协委员赴位于砂之船的科技创业综合配套服务中心项目商务中心和位于江苏软件园的2020G35房地产项目开展调研考察，为召开区政协十三届八次主席（扩大）会议做好调研准备。（黄吉义）

委员工作

【委员调整】 2022年，经政协江宁区第十三届委员会常务委员会第五次会议决定，接受朱长云、江峰、廖书来、梁维升、汪晶、孔波、马钢、郑红艳、邓凌曲、吴家莉、汪骅、戈彬12名区政协委员请辞；因工作需要增补曲军、陈小洲、陈荣洁、蔡雨清、张煦、吴权、窦竞超、业蕾、朱苹、张思俊、于文斌、章澄、阚逸龙、田娟、孙学忱15名区政协委员。

【委员提案】 2022年，区政协十三届一次会议提出提案420件，经审查并案处理后，立案243件，其中党派团体提案8件、集体提案24件、联名提案58件、个人提案153件。49个承办单位务实办理，至2022年年末，立案提案全部办复完毕。其中，解决采纳的A类件219件，占90.12%；逐步解决的B类件13件，占5.35%；作出解释的C类件11件，占4.53%，政协委员满意率和基本满意率100%。区领导领办督办重点提案21件，区委、区政府主要领导带头督办重点提案，全年开展各类督办活动30多场，《打造“12345”提案联系点品牌》和《以全过程协商推动提案工作提质增效》等经验做法先后在省、市政协提案工作会议上作交流。

【委员履职能力提升三年行动计划】 2022年，区政协制定并实施委员履职能力提升三年行动计划，6月15—17日，在区委党校举办新一届政协委员履职能力提升第一期培训班，81名政协委员、政协工作者参加培训。分批组织委员参加政情通报、政协会议、调研视察、民主监督等活动，为委员知情明政、履职尽责创造条件，不断涵养委员为国履职之心、为民尽责之能。建立委员履职全周期服务管理制度，健全委员履职档案、常务委员提交履职报告等制度，完善委员履职考评和结果运用机制。相关做法在全省政协"强化委员责任担当和协商能力建设"理论研讨暨经验交流会上作交流。（黄吉义）

政协专门委员会工作

【区政协教卫文体（文史）委员会】 2022年5月，由江宁区政协教卫文体（文史）委牵头主持编纂的《江宁非物质文化遗产资源集萃》，历时两年的田野调查、非遗传承人走访、档案调阅查证、非遗资源的挖掘甄别和整理，由南京出版社正式出版发行。全书150万文字、3000余幅图片，涵盖江宁500项非物质文化遗产项目，以通俗简洁的文字、图文并茂的形式解读江宁非遗的奥秘、溯源发展和演变历程。5月31日，区政协举行《江宁非物质文化遗产资源集萃》出版发行仪式，省、市政协和文旅部门，南京出版社和南京师范大学文博系，区委、区人大、区政府和区政协领导，区有关部门和街道（园区）负责人，部分政协委员和非遗传承人、知情人参加。

【区政协经济科技（农业农村）委员会】 2022年，区政协经济科技（农业农村）委员会坚持围绕中心、服务大局，对接区工业和信息化局和区科技局，遴选"加快发展数字经济，推动产业转型升级"议题作为年度重点协商议题，开展相关调研视察活动。坚持不学习不调研、不调研不协商，组建课题组，赴广东等地学习考察，组织委员赴南京优倍电气技术有限公司、南京科远智慧科技集团股份有限公司、菲尼克斯（中国）投资有限公司、国电南京自动化股份有限公司调研视察，并牵头筹备召开区政协十三届常委会第三次（扩大）会议。

【区政协人口资源环境（城乡建设）委员会】 2022年，区政协人口资源环境（城乡建设）委员会按照年度协调计划，围绕"全区污水处理能力提升"和"建筑垃圾资源化利用"两个重点协商议题开展相关调研视察工作。组建专题调研组，组织政协委员赴江宁开发区九龙湖污水一体化处理设施、江宁水务集团高新区污水处理厂、位于砂之船的科技创业综合配套服务中心项目商务中心和位于江苏软件园的2020G35房地产项目开展调研视察，并牵头筹备召开区政协十三届四次主席（扩大）会议和区政协十三届八次主席（扩大）会议。

【区政协社会法治（民族宗教）委员会】 2022年，区政协社会法治（民族宗教）委员会按照年度协调计划，围绕"推动人口集聚效应下社区精细化治理"和"完善'网格+警格'联动机制，推动基层社会治理"两个重点协商议题开展相关调研视察工作。组建专题调研组，组织政协委员赴胜太警网融合中心、天景山警网联动中心以及淳化街道大学城社区、东山街道邵圣社区天地新城基层治理服务开展调研视察，并牵头筹备召开区政协十三届常委会第二次（扩大）会议和区政协十三届七次主席（扩大）会议。

【区政协委员工作委员会】 2022年，区政协委员工作委员会落实全国和省、市政协关于深化委员读书活动要求，发出"无时不读书"倡议，深入开展委员读书活动。5月16日，在东山商量书房启动新一届委员读书活动，市政协主席王立平、副主席朱晓琳、秘书长彭振宁，区政协主席刘玲及省、市、区政协委员参加活动。参与"江宁共读"行动，充实"商量云书房"阅读书目，组建12个读书群，围绕学习中共二十大精神，委员们每天入群"打卡"、竞相发言，共交流感言近1万条。打造拥有界别特色、符合地区发展需求、满足周边群众阅读分享需要的"睦邻讲堂""结伴同行"等书香政协品牌，围绕江宁开发区30年创新创业等主题，开展各类读书活动53场，以读书促履职、以读书聚共识。

【区政协提案委员会】 2022年，全区政协委员贯彻落实中共二十大精神，以高度的政治责任感和饱满的参政议政热情，运用提案建言资政、履职尽责。全年政协委员提出提案420件，经审查并案处理后，立案243件。其中，经济高质量发展提案52件，占21.4%；城乡融合发展提案74件，占30.5%；民生改善提案73件，占30%；社会治理效能提升提案44件，占18.1%。（黄吉义）

综　述

【概　况】 中共南京市江宁区第十四届纪律检查委员会由15名委员组成；常委会由7人组成，其中书记1人、副书记2人。南京市江宁区监察委员会由7名委员组成，其中主任1人、副主任2人。区纪委、区监委合署办公，实行一套工作机构、两个机关名称。区纪委监委机关有内设科室14个，派驻机构10个，直属事业单位1个。全区有基层纪检监察组织26个。2022年，区纪委监委坚持以习近平新时代中国特色社会主义思想为指导，以迎接中共二十大、学习宣传贯彻中共二十大精神为主题主线，高效统筹新冠疫情防控监督与纪检监察各项工作，有效应对严峻复杂形势和超预期因素影响，推动党风廉政建设和反腐败工作取得新成效。全年立案查处党员干部违纪违法问题458件，给予党纪政务处分421人，移送检察机关审查起诉8人，通过查办案件追赃挽损1.02亿元。

【“廉洁江宁”纪法护航工程】 2022年，区纪委监委成立工作领导小组，出台五年规划及年度方案，纵深推进“五大清风行动”，推动解决一批重点难点问题。丰富实践载体，举办“5·10”思廉主题日活动，开通首条沉浸式廉洁主题公交专线，“廉洁单元”建设呈现多元化场景。讲好全面从严治党中国故事“江宁篇章”，在央地主流媒体刊稿70余篇，“清风江宁”微信公众号发布原创稿件46篇，选送的廉洁主题微电影、宪法公益广告作品获省级奖励。

【纪检监察体制改革】 2022年，区纪委监委加强村（社区）纪检组织规范化建设，创新构建“1+N”制度体系，制定《关于加强村（社区）纪检组织规范化建设工作的实施办法》，明确领导体制、职责权限等10个方面33条具体内容，指导基层细化制定10余项工作机制，开展“清单化监督”“交叉式监督”，推动村级监督形神兼备、落地见效。深入总结试点经验，召开全区村（社区）纪检组织规范化建设现场会，相关做法得到市纪委监委主要领导批示肯定，并被新华网、《中国纪检监察报》等媒体宣传推广。

【纪检监察队伍建设】 2022年，区纪委监委全面落实党建工作责任制，按规定落实“三会一课”制度，“党建+巡察”模式获区级机关党建创新案例一等奖。贯通干部“选育管用”全周期，招录充实法律、财经、审计、新闻等方面人才。完善跟班轮训制度，20余名干部参加上级专案或巡视巡察，7名干部入选市纪检监察人才库。首开“清风课堂”，拓展“大监督”思维，邀请统计、审计、规划资源、信访等领域专家开设讲座。以“两模”评选活动为牵引，坚持把干部放到查案办案、新冠疫情防控、应急处置等重大任务中接受磨砺，区纪委监委机关获评全区信访矛盾攻坚克难优胜单位，信访室获评区机关作风建设示范科室，陆夕泉家庭被全国妇联评为“全国五好家庭”，多人受到表彰奖励。开展“廉洁江宁·保密先行”专题月活动，制定完善纪检监察干部请销假、外出报备、重大事项报告制度，带头守住纪

法底线。严肃处置涉纪检监察干部问题线索，坚定维护江宁纪检监察铁军形象。（区纪委）

重要会议

【十四届区纪委二次全会】 1月29日，中共南京市江宁区第十四届纪律检查委员会第二次全体会议召开。出席会议的区纪委委员13人，列席会议192人。市委常委、区委书记沈剑荣出席会议并讲话。区委、区人大常委会、区政府、区政协领导和区法院、区检察院主要负责人出席会议。区纪委常委会主持会议。全会以习近平新时代中国特色社会主义思想为指导，按照十九届中央纪委六次全会、十四届省纪委二次全会、十五届市纪委二次全会、区第十四次党代会及区委二次、三次全会决策部署，总结2021年全区纪检监察工作，部署2022年重点任务。沈剑荣在讲话中充分肯定过去一年全区纪检监察工作成效，要求坚持严的主基调不动摇，始终保持打击惩治腐败的高压态势，深化系统施治、综合施策，坚持不懈把全面从严治党向纵深推进，奋力开创党风廉政建设和反腐败斗争新局面，为加快建设中国特色社会主义现代化先行示范区提供坚强政治保障。全会审议通过张安代表区纪委常委会所作的题为《奋力推进“廉洁江宁”纪法护航工程，以实际行动迎接党的二十大胜利召开》的工作报告，明确2022年度全区纪检监察工作总体要求，部署以强有力政治监督护航现代化先行示范区建设、以一体推进“三不”提升正风反腐成效、以锲而不舍的定力纠“四风”树新风、以持之以恒的韧劲整治群众身边腐败和作风问题、以再出发的勇气书写政治巡察新篇章、以求真务实的创新精神发挥改革治理效能、以严于律己的作风打造过硬执纪执法队伍等7项重点工作任务。

【区纪委常委会区监委会议】 3月2日，区委常委、区纪委书记、区监委主任张安主持召开区纪委常委会和区监委会议，区纪委监委领导班子成员、各派驻纪检监察组、委机关各部门负责人参加会议。会议对国家监委《关于办理国有企业管理人员渎职犯罪案件适用法律若干问题的意见》进行解读。会议强调，该《意见》是国家监委印发的第一个针对职务犯罪实体认定方面的监察执法指导性文件，全体纪检监察干部要加强学习，真正做到学懂弄通；要自觉适用，切实发挥《意见》效用；要互通学习体会、强化协作配合，形成办理国企管理人员渎职犯罪案件的合力。

5月30日，区委常委、区纪委书记、区监委主任张安主持召开区纪委常委会区和监委会议，区纪委监委领导班子成员、各派驻纪检监察组、委机关各部门负责人参加会议。会议审议通过《区纪委监委关于进一步提升派驻监督质效的若干措施（试行）》。会议要求，要紧扣派驻监督工作重点和关键环节，坚守职责定位、拓展监督成果、提升能力水平、锻造过硬队伍，持续擦亮监督“探头”，不断提升监督质效。

9月28日，区委常委、区纪委书记、区监委主任张安主持召开区纪委常委会区和监委会议，区纪委监委领导班子成员、各派驻纪检监察组、委机关各部门负责人参加会议。会议研究通过《南京市江宁区监察委员会关于开展民生领域突出问题专项监督工作情况的报告》。会议原则同意，并要求结合审议情况，对专项工作报告进行修改完善后，按程序提交人大常委会办公室，做好向区人大常委会报告专项工作的相关准备。会议还审议通过《关于加强村（社区）纪检组织规范化建设工作的实施办法（试行）》。会议强调，要不断加强和规范村（社区）纪检组织工作,促进村（社区）纪检组织依纪依规履行监督责任，推动村（社区）纪检工作高质量发展，切实把制度优势转化为治理效能。（区纪委）

党风廉政建设

【概　况】 2022年，江宁区纪委监委协助区委制定年度全面从严治党党委主体责任、纪委监督责任清单22个方面81条，提请区委常委会研究党风廉政建设重要议题14次。强化“关键少数”责任担当，推动主体责任和监督责任贯通联动、一体落实。审慎用好问责利器，全年问责党组织2个，问责党员干部和监察对象48人。精准绘好廉政“画像”，严防“带病”提拔、“带伤”评优，区街两级纪检组织核查回复党风廉政意见8644人次。

【党风政风监督】 2022年，区纪委监委协助区委制定2022年度全面从严治党党委主体责任、纪委监督责任清单22个方面81条，提请区委常委会研究党风廉政建设重要议题14次。协助区委印发《关于加强对“一把手”和领导班子监督的工作措施》，会同区委组织部对工作措施进行细化分解，形成主要任务清单，以工作提示形式印发全区。发挥考核测评指挥棒作用，对2021年度党员领导干部述责述廉民主测评情况进行梳理统计，首次以点对点形式向86家单位主要领导反馈测评结果。全区各级纪检监察组织与下级党委（党组）“一把手”开展“一对一”谈心谈话、与同级领导班子成员开展谈心谈话400余次。

【党纪国法教育】　2022年，全区先后召开领导干部警示教育大会、全区涉粮问题专项巡视巡察整改工作专题警示教育会，深入剖析发生在身边的违纪违法典型案例，教育引导党员干部绷紧纪律之弦、把稳行为之舵、落实应尽之责，进一步增强廉洁自律意识。以“百村巡讲”为抓手，谋划宣讲创新点、着力点，将巡视巡察工作纳入宣讲范畴，剖析巡察基层党组织过程中发现的问题。组建街道层面宣讲队，通过“示范引领讲”和“百村巡回讲”，实现全区所有村（社区）教育全覆盖。以“明党纪、守规矩、正‘四风’，做忠诚干净担当的好干部”为主题，为全区村（社区）党组织书记开展主题宣讲。在全区“名校优生”培训班上讲授题为“以清润心、以廉入脑”廉政党课，结合查处的年轻干部违纪违法案例，为21名“名校优生”打好入职前的廉洁“预防针”。

【廉政制度建设】　2022年，全区区街两级纪检组织制发纪检监察建议14份，推动规划资源、房产、人社等领域及有关村（社区）完善规章制度和权力运行监督制约机制。探索联动监督、联合办案机制，建立与审计、司法等部门联动联合模式，实行监督工作统筹开展、办案资源统一调配、案件质量统一评估、办案安全统一把关。通过联合机制开展专项监督10余项，查办职务犯罪类案件24件，留置18人。

【廉洁单元试点】　2022年，区纪委监委印发《江宁区廉洁单元试点建设工作方案（2021—2025年）》，在全区范围内开展廉洁单元试点工作。区级机关工委以此方案为依据，制定并落实《关于开展“廉洁机关”建设的通知》《廉洁机关建设重点任务》。结合廉洁国企打造计划，以江宁公交集团为试点单位，创新设立“5·10”思廉主题日，开通全市首条廉洁公交专线——“廉洁江宁专线”，打造沉浸式的移动“廉洁课堂”。以村（社区）纪检组织规范化建设为切入点，确定江宁街道牌坊村和新洲村作为廉洁试点。7月7日新华社客户端和7月13日《中国纪检监察报》分别以《南京江宁：规范村、社区纪检组织助力乡村振兴》和《补齐基层监督短板 攥指成拳打造廉洁村居》为题进行报道。

【廉洁文化建设】　2022年，区纪委监委依托“江小廉”廉政文化品牌，在春节、端午、中秋等节日前夕，分别制作宣传海报《这“廉”虎虎生威》《清廉端午 粽享安康》《清风伴明月 廉洁庆佳节》，在全区营造廉洁过节氛围。联合江宁博物馆，挖掘江宁历史上的清官廉吏故事，与市纪委联合拍摄江苏历代贤吏故事《袁枚：清勤明决无愧循吏》《程颢：存心济物视民如伤》，引导党员干部学习先贤“为民、务实、清廉”的优良品质。参加廉洁文化赛事评比活动，区纪委报送的《两面人生》获第二届中国·扬州“运河清风”微电影大赛微视频类三等奖。

【“廉洁江宁”纪法护航工程推进会】　2月11日，区纪委监委召开“廉洁江宁”纪法护航工程推进会。区委常委、区纪委书记、区监委主任张安出席会议并讲话，区纪委监委全体领导班子成员，区委巡察机构、各基层纪检监察组织、区纪委监委各派驻纪检监察组、委机关各部门负责人参加会议。会议总结2021年取得的工作成绩，部署推进2022年度“廉洁江宁”纪法护航工程工作任务。会议强调，“廉洁江宁”纪法护航工程是对廉洁江苏及南京篇章重大部署的创造性落实，是全区现代化先行示范区建设的有机组成部分，“廉洁江宁”是目标追求，“纪法护航”是实现途径。会议要求，要坚持“基础工程”“目标工程”“探索工程”定位，做实做细政治监督，努力做到“致广大而尽精微”；坚定正风肃纪反腐，努力做到“永远吹冲锋号”；注重提升工作绩效，努力做到“经千难而不折不挠”；勇于担当敢于斗争，努力做到“踔厉奋发笃行不怠”，一起向建设“廉洁江宁”的美好未来勇毅前行，以实际行动迎接中共二十大胜利召开。

【全区村（社区）纪检组织规范化建设现场会】　6月16日，全区村（社区）纪检组织规范化建设现场会召开。各街道纪工委书记和部分村（社区）纪委书记、纪检委员齐聚一堂，聚焦基层监督职能，学习先进、交流经验。区委常委、区纪委书记、区监委主任张安出席会议并讲话。市纪委监委组织部部长胡菁玲到会指导。会议要求，要以此次现场会为契机，进一步强化思想认识、找准存在差距、明确主攻方向、激发工作动力，切实把村（社区）纪检组织规范化建设和廉洁村居建设做细做实，为纵深推进“廉洁江宁”建设提供有力支撑，以实际行动迎接中共二十大胜利召开。

【全区领导干部警示教育大会】 11月9日，江宁区召开领导干部警示教育大会，市委常委、区委书记林涛出席会议并讲话，区领导洪礼来、赵洪斌、刘玲、张思明等参加。与会人员集体收看关于政府专项补贴资金领域贪腐专题警示教育片。会议要求，要始终牢记初心使命，旗帜鲜明讲政治，以忠诚之心拥护“两个确立”，全面夯实对党绝对忠诚的思想根基。要始终牢记权为民所用，全心全意为人民服务，以公仆之心践行党的宗旨，始终树牢以人民为中心的发展思想。要始终牢记依纪依法用权，扎牢权力运行“制度笼子”，以敬畏之心守好权力边界，自觉校准权力行使上的偏差。要始终牢记克己奉公，强化自我修炼、自我约束、自我改造，以自律之心筑牢拒腐堤坝。（区纪委）

监督执纪

【政治监督】 2022年，江宁区纪委监委围绕防新冠疫情靠前监督，统一调度防控监督力量，以强有力的监督抓落实、促整改，编发督查简报68期，反馈问题1800余个，提出针对性建议120余条。围绕稳增长精准监督，聚焦党中央稳经济一揽子措施落地见效，就增值税留抵退税强化调研式监督，开展宣传辅导、依法保障税收环境等4项建议获区委批转落实，推动全区实现退税96亿元，位居全省县域前列。坚持统筹发展和安全，聚焦巩固安全生产整治三年行动成果，督促重点监督检查反馈问题落实到位。

【民生项目监督】 2022年，区纪委监委加强特殊困难群众救助帮扶保障政策落实情况监督，围绕困难学生补助、严重精神障碍患者补助金“以奖代补”中的违规问题，立案查处17人。用心用情推动解决群众现实困难，督促有关部门为2059人补办电费减免手续，落实退出减免机制。针对补贴申领发放、适老化改造、捐赠收入使用等环节，对全区9家公办敬老院进行专项审计，严查虚报冒领、侵占挪用等问题，立案19人，督促有关部门完善第三方服务机构评估监管机制。针对违规免除殡葬基本服务费等问题，立案8人，有序开展公益性公墓建设与管理专项审计。加强巩固深化政法队伍教育整顿成果监督，严查执法犯法、失职渎职、贪图享乐等问题，维护政法队伍形象。全年纪检监察组织查处群众身边腐败和作风问题35件，处分57人。区监委以开展民生领域突出问题专项监督为主题，首次向区人大常委会报告专项监督工作，接受人大监督。

【专项监督】 2022年，区纪委监委开展国企集团房产出租专项监督，采取自查自纠、实地走访、第三方审计等方式，深入查纠违规招租、低价出租、收缴租金不及时不到位等问题，追缴租金2618万元，盘活闲置房产20多万平方米，促进国有资产保值增值。开展村级集体资产（资源）出租专项监督，紧盯违规出租、低价出租、一价到底、超期出租等现象，严肃查纠瞒报漏报、优亲厚友等问题，督促签订整改合同715份，追缴租金3080万元，推动规范租赁、动态监管。开展信访突出问题监督检查，针对物业纠纷、房屋违建投诉等疑难复杂信访件加强督办，督促有关部门和属地履职尽责。推广基层小微权力监督“一点通”平台，访问量15万余次，受理投诉471件，办结满意率95%。

【“四风”纠治】 2022年，区纪委监委查处享乐主义、奢靡之风问题69件，处分86人，通报违反中央八项规定精神典型问题4批、11起。围绕新冠疫情防控、民生保障、值班值守、安全生产等重点工作，督促纠正制度空转、有章不循、冷硬横推等问题，查处形式主义、官僚主义问题37件，处分52人。与区作风办建立作风问题信访件移送机制，与公安、检察机关建立党员干部酒驾醉驾问题线索移送“绿色通道”。借助大数据平台对防控履责、公车轨迹等实行“云监督”，首次开展学习培训调研考察专项监督，严查套上“马甲”的违规旅游。与区政府建立廉政风险定期沟通预警机制，提请区委、区政府对“四风”多发单位领导班子开展谈心谈话，压实作风建设主体责任。江宁区以系统思维推进作风建设常态化长效化做法被《南京纪检监察调研》专刊推介。

【审查调查】 2022年，区纪委监委立案审查调查458人，其中处级干部31人，给予党纪政纪处分421人，采取留置措施11人，移送检察机关8人。依纪依法查办行贿案件7起，追赃挽损1.02亿元，有48人主动投案。全年受理信访举报332件，比上年下降30%。运用“四种形态”1936人次，第一至第四种形态占比依次为84.7%、12.8%、0.9%、1.5%。

【惩治腐败】 2022年，区纪委监委围绕粮食购销、工程建设、国有企业、能源供给等行业领域，深挖彻查设租寻租、权钱交易、利益输送、“靠企吃企”等腐败行为，严肃查办江宁粮食集团原董事长蒋某某、南京丰泽建设公司法定代表人刘某、南京水务集团供水工程公司董事长黄某某等一批腐败分子。推动以案促改、以案促治，配合区政府推动落实市监委监察建议，联动推进国有融资平台领域综合治理，摸清举债底数，及时约谈提醒，促进规范有序发展。深化涉粮领域专项整治，专班化处置问题线索、查办案件，深刻剖析涉粮企业在责任落实、风险防控、制度执行、经营机制等方面的短板漏洞，首次以通报会形式送达监察建议，督促发改、国资、市场监管、农业农村等部门协同发力，推动粮食仓储、计量、购销、管理等全链条整改。

【案件查处】 2022年，江宁区纪委监委立案审查调查458人，其中处级干部31人，给予党纪政务处分421人，采取留置措施11人，移送检察机关8人。依纪依法查办行贿案件7起，追赃挽损1.02亿元，有48人主动投案。全年接收信访举报332件，比上年下降30%，“不敢腐”的震慑效应不断强化。运用“四种形态”1936人次，第一至四种形态占比依次为84.7%、12.8%、0.9%、1.5%。 （区纪委）

巡察工作

【概　况】 江宁区委巡察机构设一办（区委巡察工作办公室）四组（区委第一至第四巡察组），区委巡察办为区委工作部门，设在区纪委。2022年，区委巡察机构以习近平总书记关于巡视巡察工作的重要论述为指导，对标上级巡视巡察工作最新要求，突出政治巡察定位，彰显巡察利剑作用，巡察工作各项目标任务达成度居全市前列。

【巡察监督】 2022年，区委巡察办协助出台十四届区委巡察工作规划，明确工作目标和主要任务。突出问题导向，紧盯权力责任，高质高效推进第1至第4轮巡察，覆盖6个街道、48个村（社区）及17个区级部门。前3轮巡察共发现各类问题804个，移交违规违纪问题线索91件，推动立案审查8件、13人。聚焦群众揪心事烦心事，巡察期间督促立行立改问题14件，《水费补贴牵出贪腐案》被《中国纪检监察报》报道。深入分析倾向性、苗头性问题，向区委报送巡察专报11份，进一步推动改革、完善治理。

【巡察整改】 2022年，区委巡察办首次采取“集中+点对点”形式反馈问题，压紧压实被巡察党组织主体责任。区委前两轮巡察发现问题已整改到位247个，完成率67.9%，推动建章立制255项，处理责任人179人，挽回经济损失8156万元。加大整改监督力度，省、市委涉粮问题专项巡视巡察涉江宁整改事项完成率84.4%，市委化解民生诉求突出问题专项巡察反馈问题基本整改到位，对敷衍应付整改的个别单位亮“黄牌”。

【制度建设】 2022年，区委巡察办就加强和规范巡察准备、巡察整改和成果运用工作出台一系列措施，修订完善巡察业务操作流程、监督重点清单，编印巡察整改和日常监督操作指引，巡察工作科学化、规范化水平进一步提升。强化巡察监督联系群众纽带功能，开通“江宁巡察”微信公众号，探索群众满意度线上测评，不断拓宽群众反映诉求、参与监督渠道，巡察期间接待群众来电来信来访309人次。

【涉粮问题专项巡视巡察整改工作专题警示教育大会】 7月14日，江宁区召开涉粮问题专项巡视巡察整改工作专题警示教育会，区委常委、区纪委书记、区监委主任张安作专题警示教育报告，区委常委、常务副区长缪秀梅主持会议。全区涉粮主管部门、各街道、粮投集团及其下属公司相关负责人、涉粮科室负责人等参加会议。会议要求，相关部门要落实主体责任、监管责任、执行责任，要打好警示教育“预防针”，持续提升涉粮系统免疫力；要打好监督执纪“组合拳”，始终坚持“严”的主基调；要念好体制机制“紧箍咒”，坚持确保制度规定“硬落实”，持续推动涉粮领域治理效能全面提升。 （区纪委）

民革江宁区总支部

【概　况】　2022年，民革江宁区总支部下设7个支部，有1名主委、3名副主委、3名委员，有党员168人。其中，省人大代表2人、省政协委员1人，市政协委员1人，区人大代表1人、区政协委员12人。

【组织建设】　4月17日，民革江宁区总支在南京新媒体数字产业园召开年度工作部署推进会暨民主生活会。7月9日，与江北新区支部联合开展学习传达民革江苏省第十三次代表大会精神专题活动，并参观江北红色文化展陈馆。8月16日，在中山博爱法律服务基地举行政治交接主题教育暨第三季度工作会议。

【参政议政】　2022年，民革江宁区总支结合参政议政工作和社会服务经验选题，与相关部门联合开展调研活动，形成一批参政议政成果。全年提交人大建议8篇、政协提案16篇、社情民意5篇，涵盖教育、医疗、文化、社区治理等方面，其中社情民意“关于在江宁现域水域开展水上运动项目的建议”被市政协采纳。

【社会服务】　2022年，民革江宁区总支以“中山博爱”品牌为中心，成立7个社会服务基地，在乡村振兴、法律援助、社会养老、环境保护、非遗保护、困境儿童、新媒体等方面发挥作用。

（高　洁）

民盟江宁区基层委员会

【概　况】　2022年，民盟江宁区基层委员会下设1个总支部和8个支部，有1名主委、8名副主委、9名委员，有盟员264人。其中年内新发展14人，有省、市、区人大代表，政协委员20人。

【组织建设】　6月24日，民盟江宁区基层委员会在江宁景业百果园召开盟务工作会议，部署下半年工作。6月29日，组织盟员赴苏中第一个苏维埃政权诞生地——泰州市姜堰区蒋垛苏维埃纪念馆，瞻仰革命英烈，接受传统教育。10月25日，民盟南京晓庄学院总支在晓庄师范学院方山校区成立。

【参政议政】　2022年，民盟江宁区基层委员会切实履行参政党职能，围绕区委、区政府中心工作，积极参政议政。全年提交多项提案建议，包括“关于加快数字乡村示范村建设的建议”“关于进一步加强施工安全生产整治的建议”“关于进一步推进社区居家养老体系建设的建议”等，均被立案或采纳。

【社会服务】　2022年，民盟江宁区基层委员会挖掘驻区高校科技人才资源，开展科技、文化、教育“三下乡”活动，在淳化街道蓝莓基地实施科技兴农帮扶项目。

（许剑颖）

民建江宁区基层委员会

【概　况】　2022年，民建江宁区基层委员会下设7个支部，有1名主委、2名副主委、7名委员，有会员161人。其中年内新发展21人，有市、区人大代表6人，市、区政协委员21人。

【组织建设】 2022年，民建江宁区基层委员会年度新增会员21人。坚持把“班子建设好”作为首要任务，定期组织班子成员学政治理论，组织会员深入开展“矢志不渝跟党走、携手奋进新时代”主题教育。民建江宁区一支部获省级特色基层组织称号，民建江宁区一支部会员企业家郭鑫齐入选“紫金山英才先锋计划创新型企业家项目”人才，民建江宁区二支部会员方挺获民建中央优秀通讯员称号。

【参政议政】 2022年，民建江宁区基层委员会中的市、区政协委员共撰写提案25件，提交集体提案2件，社情民意入选交流4篇。在区政协十三届三次会议上，陆儆秀作题为《加强职能部门统筹管理，推动数字经济发展》的交流发言。

【社会服务】 2022年，民建江宁区基层委员会开展“同心追梦”微心愿社会公益活动，将每一个微心愿都送到有需要的孩子手中，让孩子们感受到社会的关爱和温暖。联合空港经开区主办民建南京市委“思源工程，陪伴成长”校企人才供需对接会，促进高校毕业生留宁就业。

（王　清）

民进江宁区基层委员会

【概　况】 2022年，民进江宁区基层委员会下设1个总支部和8个支部，有1名主委、4名副主委、4名委员，有会员203人。其中年内新发展6人，有省政协委员1人，市人大代表1人、市政协委员2人，区人大代表4人、区政协委员12人。

【组织建设】 8月4日，中科院院士、民进江苏省委主委参观指导民进江宁开发园区支部活动中心。8月5日，民进中央研究室主任朱一多一行调研江宁民进之家。全年发展新会员6人。民进江宁区经济二支部获民进中央会刊2022年度《民主》杂志宣教工作优秀集体称号。

【参政议政】 2022年，民进江宁区基层委员会报送社情民意信息被采用45篇，其中全国政协采用1篇，民进省委采用30篇，市政协、市委统战部采用15篇。苏诚撰写的“厘清辅警执法边界，纾解辅警管理困境”被全国政协采用。

【社会服务】 2022年，民进江宁区基层委员会与南京卫岗乳业公司、江宁特殊教育学校联合成立“学生手工作坊”，开展助学慰问活动，资助“学生手工作坊”耗材费用。会员企业南京卫岗乳业公司为支持南京、上海、连云港、苏州、山东等地新冠疫情防控，全年捐赠乳制品价值280万元。2022年年底防控政策调整后，卫岗乳业发起“每天两杯奶、健康多点爱”暖冬公益行活动，向南京14所医院捐赠牛奶1.1万多箱，并联合共青团江苏省委、江苏省青少年发展基金会向

5月31日，民进江宁区基层委员会联合卫岗乳业开展特校共建“学生手工作坊”十周年活动。图为参加活动人员合影

（区委统战部供图）

省内困境青少年捐赠价值100万元的乳制品。持续开展“一杯好牛奶、茁壮向未来”助学公益活动，惠及江苏、湖北、浙江、山东4省经济薄弱地区10所学校。（龚颖潮）

农工党江宁区基层委员会

【概　况】　2022年，农工党江宁区基层委员会下设6个支部，有1名主委、4名副主委、4名委员，有党员163人。其中年内新发展14人，有市人大代表1人，区人大代表3人、区政协委员5人。

【组织建设】　2022年，农工党江宁区基层委员会分阶段开展“矢志不渝跟党走、携手奋进新时代”政治交接主题教育6场。对标“四新”“三好”要求，持续推进人才兴党，筹备建设“农工之家”2个，发展新党员14人。

【参政议政】　2022年，农工党江宁区基层委员会带领党员聚焦中心大局，围绕省市区高质量发展的重点领域和关键环节，深入开展调查研究，积极参政履职。全年提交市、区人大建议和政协提案10件，密切关注群众急需解决的问题，深度反映社情民意，为经济社会发展献计献策。

【社会服务】　2022年，农工党江宁区基层委员会发挥医疗资源优势，切实履行社会责任。3月3日，组织9名医疗专家到横溪街道国宏养老院开展义诊活动，为老人们提供血压、血糖及心电图监测，为卧床老人进行床边诊疗，免费发放资料、中药饮片，为养老院工作人员举办新冠疫情防控知识讲座，赠送医用口罩1500只。5—7月，分批组织党员进社区开展义诊活动13场，现场义诊病患1546人次、家庭医生签约751人、针灸30人次，免费测血压、血糖1300人次，发放宣传资料和礼品1500余份。8月3日，赴新疆慰问援疆党员，为特克斯县乔拉克铁热克镇孟布拉克村学校捐赠书包、铅笔、笔记本等价值1万元的学习用品。10—11月，南京同仁医院支部开展中小学生脊柱侧弯筛查，共筛查学生4万多人。（徐庆芳）

致公党江宁区基层委员会

【概　况】　2022年，致公党江宁区基层委员会下设3个支部，有1名主委、1名副主委、3名委员，有党员46人。其中年内新发展3人，有市人大代表、市政协委员各1人，区人大代表1人、区政协委员5人。

【组织建设】　2022年7月20日，成立致公党南京市江宁区基层委员会，下设综合一、综合二和金陵科技学院3个支部委员会。先后与致公党建邺区综合三支部、浦口区综合支部、宿迁市支部开展合作共建座谈活动。以学教结合形式，分别前往淮安、宿迁等地开展“追寻革命先辈足迹、感悟红色文化精神”现场教学活动。

【参政议政】　2022年，致公党江宁区基层委员会发挥组界优势，为区域经济社会发展建言献策。全年撰写建议、提案7篇，集体提案“关于加快落实江宁区污水处理一体化整合运营的提案”获评区政协优秀提案，陈晓宇撰写的“关于南京市加快发展工业互联网产业的建议”被市政协评为优秀提案，顾金路在区政协十三届四次主席（扩大）会议上作主题发言，多篇社情民意作为省、市两会素材报送。

【社会服务】　2022年，致公党江宁区基层委员会发挥党派社会服务职能，参与新冠疫情防控工作，开展“致力为公·普法为民”法治宣传活动，开展敬老爱老春节慰问活动。党员孙月星深耕公益事业，围绕关爱“一老一小”和乡村振兴，重点实施“邻里家园、共治共享”“童心守护、助力成长”等公益创投项目，多次开展便民利民服务活动，被表彰为“致公党江苏省委脱贫攻坚先进个人”。党员袁泉作为省青基会励志阳光助学基金常务理事，连续11年参与基金会各项公益活动和项目，在云南省弥勒市东山镇捐助援建慧泉阳光希望小学并长期支持学校后续发展。（陈　庠）

九三学社江宁区支社

【概　况】　2022年，九三学社江宁区支社有1名主委、3名副主委、5名委员，有社员69人。其中年内新发展5人。

【组织建设】　3月4日，九三学社江宁区支社在“社员之家”召开2022年支委第一次扩大会议。5月14日，在区退役军人事务局召开“矢志不渝跟党走、携手奋进新时代”主题教育动员会暨国际形势报告会。会上成立江宁支社政治交接主题教育领导小组。11月19日，在“社员之家”召开深入学习贯彻中共二十大精神专题会。全年新发展社员5人。

【参政议政】 2022年，九三学社江宁区支社立足自身优势，积极建言献策，履行参政党职能。全年提交政协提案4件、集体提案1件，提交人大建议4件，其中“关于做强智能化、数字化供给能力，加快将江苏建设为全国制造业高质量发展示范区的建议”被列为省人大重点督办建议。向市委会、区委统战部报送各类信息15篇。

【社会服务】 2022年，九三学社江宁区支社继续深化“百名专家进乡村行动”社会服务活动品牌建设，以湖熟农业专家工作站和双范卫生专家工作站为载体，组织社内农业、医疗专家，通过办讲座、结对子、实地走访指导等方式，提供农业、医疗等方面服务，取得较好社会和经济效益。

（刘桂联）

台盟江宁区支部

【概　况】 2022年，台盟江宁区支部有1名主委、1名副主委、2名委员，有盟员13人，其中人大代表、政协委员2人。

【组织建设】 2022年，台盟江宁区支部组织盟员学习贯彻中共二十大精神，并联系思想和工作实际，撰写学习心得。开展老盟员口述盟史活动，组织盟员赴革命历史纪念馆参观学习，并召开政治交接主题教育座谈会。

【参政议政】 2022年，台盟江宁区支部参加市台盟主题盟日活动，撰写提案与社情民意信息，向区政协十三届二次会议提交“关于打造‘两业融合’标杆试点，持续擦亮‘智造江宁’金字招牌的建议”和“关于流程再造，推动江宁行政审批改革的建议”的2件提案。

【社会服务】 2022年，台盟江宁区支部与民革江宁总支、滨江政协工委联合在新济洲国家湿地公园围绕“珍爱湿地、人与自然和谐共生”议题开展专题协商，倡导保护长江、珍爱环境。推进滨江开发区与毕节市人社部门合作，搭建园区企业用工平台，缓解园区用工难。（王耿艳丽）

1月15日，南京市江宁区工商业联合会（总商会）第十二次代表大会召开 （区委统战部供图）

江宁区工商业联合会

【概　况】 2022年1月15日，江宁区工商业联合会（总商会）第十二届代表大会召开，大会完成换届工作，换届后，区工商联（总商会）领导机构设主席（会长）1人、副主席22人（3人驻会）、副会长9人（3人驻会）、常委43人、执委131人。2022年年末，区工商联（总商会）有企业会员3600家、基层商会50家。是年，区工商联以促进民营经济健康发展和民营经济人士健康成长为主题，坚持信任、团结、服务、引导、教育的方针，全面加强工商联思想、组织、作风、制度建设，不断增强凝聚力、影响力、执行力，各项工作取得新成绩。区工商联被省人社厅和省工商联联合表彰为全省工商联系统先进集体，被全国工商联评为全国五好“标杆”县级工商联。

【非公经济人士教育引导】 2022年，区工商联贯彻落实习近平总书记关于新时代民营经济统战工作的重要指示，以引领思想、引领方向、引领责任为重点，增强党对民营经济人士的领导力和凝聚力。强化思想政治引领，履行促进“两个健康”的核心职能，组织基层商会学习贯彻《中国共产党统一战线工作条例》，开展中共二十大精神学习活动，通过走访调研、座谈会、党支部学习会、教育培训等方式，引导民营经济人士宣传贯彻党的路线、方针和政策。突出教育示范引领，组织会员企业家参加各类学习报告会、新宁商大讲坛等活动，宣传落实党和政府各项扶持企业的政策措施，坚定复工复产、稳定经济信心。全区基层商会举办主题党日活动、赴红色革命教育基地接受革命传统教育理想信念教育活动20多次，组织民营企业家赴张謇企业家学院开展理想信念教育活动，增强企业家“听党话、跟党走”的理想信念和实践自觉，铸牢政治共识。广泛宣传优秀民营企业和民营企业家，联合《中华工商时报》聚焦专精特新“小巨人”企业，围绕民营企业专注实业、精研技术、破解“卡脖子”难题的大国工匠精神进行专题报道；对在公益光彩事业方面贡献突出的企业进行“公益·光彩事业”专题采访。区工商联获《中华工商时报》构筑非公有制经济舆论阵地先进单位称号。

【“四好”商会创建】 2022年，区工商联加强工商联系统基层商会建设，发挥基层商会作用，推动基层商会工作制度化、规范化和特色化。以“四好”商会创建工作为抓手，激发基层商会的活力和动力，将创建成果转化为工作成效。年内，淳化街道商会和禄口街道商会创建为全国“四好”商会。

【服务非公有制经济发展】 2022年，区工商联联合区司法局印发《南京市江宁区法治民企建设五年行动方案（2021—2025）》，推动江宁区《优化营商环境服务民营企业10条措施》落地落实，向会员企业广泛宣传市政府《“同心抗疫携企同行”助企纾困二十项举措》和《江宁区助企纾困十一条举措》。落实国家及省、市、区助企纾困政策，开展“小微企业法律服务月”活动，联合区司法局承办“助企纾困法治护航”主题活动，15家基层商会与15个律所签订合作框架协议，为小微企业在合同履行、合规管理、风险防控等方面提供法律帮助。开展“商会进法院”活动，组织庭审观摩。进一步规范商会调解中心工作机制，发挥商会调解化解民营经济领域纠纷的制度优势，保护民营企业合法权益，护航民营企业健康发展。商会调解中心全年调解各类纠纷734件，调解成功312件，总标的额5200余万元，为企业节约诉讼费用100余万元。区工商联与江宁开发区法院建立的联系协作机制被省高级人民法院和省工商联表彰为“商会商事调解联系协作机制示范单位”，被最高人民法院和全国工商联评选为“工商联与人民法院沟通联系机制典型事例（2020—2022）”。

【非公经济人士参政议政】 2022年，区工商联发挥会员中人大代表、政协委员建言献策作用，组织撰写议案、提案，反映社情民意。全年上报政务信息244篇，其中区级民营经济中人大代表、政协委员建议、提案等社情民意信息137篇，国家、省级约稿107篇。区工商联提交的“关于高质量推进农村一、二、三产业融合发展，打造江宁区乡村振兴样板工程的建议”提案，获评区政协2022年度优秀提案。

【民营经济调查研究】 2022年，区工商联组织民营企业开展企业运行情况及防范化解风险摸底调查，做好非法集资宣传及风险排查防范工作。组织119家全国民营企业信息直报点企业参加10次大规模的网络调查，完成率100%，被省工商联和全国工商联评为2022年度“民营企业调查点工作先进示范单位”。

【民营经济社会责任履行】 2022年，区工商联组织商会系统开展“迎春送温暖”、爱心助学等活动，基层商会和会员企业捐赠助学款25.2万元；捐赠扶贫助困资金32.9万元，其中22万元用于慰问70户困难家庭、18户残疾人家庭，10.9万元为敬老院孤寡老人购买生活日用品。区工商联副主席企业苏博特新材料股份有限公司，联合省建筑科学研究院有限公司为“苏博特基金”捐资1000万元，用于奖励东南大学土木工程学院、材料科学与工程学院及交通学院优秀学生和青年人才。组织3家商会开展东西部对口支援，捐赠金额15万元。组织商会和民营企业参加各类招聘会24场次，200家会员企业提供就业岗位2068个。

（区工商联）

群众团体

江宁区总工会

【概　况】 2022年年末，江宁区有基层工会组织2333个，其中独立工会2281个、联合工会52个，涵盖法人单位3931家，会员总数31万人。是年，全区各级工会组织坚持以职工为中心的工作导向，在服务全局中强化自身建设，在推进改革中提升工作水平。全区获全国五一劳动奖章1个；省五一劳动奖章1个、奖状1个，省工人先锋号1个；市五一劳动奖章6个、奖状3个，市模范职工之家、职工小家各6个，市工人先锋号5个，市优秀工会工作者4人，“十佳文明职工”1人。区总工会表彰先进职工之家42个、先进职工小家50个，优秀工会工作者50人、优秀工会之友40人，五一巾帼标兵岗50个、五一巾帼标兵50人，命名区工人先锋号班组40个。

【职工思想引领】 2022年，区总工会开展“中国梦·劳动美——喜迎二十大、建功新时代”主题教育，组织“百场讲座进基层”“劳模工匠进校园、思政教师进企业”活动。加强线上线下职工文化互动，开展职工线上诵读活动、心理视频课程打卡、职工网络安全知识大赛等线上活动，举办职工足球比赛、飞镖比赛等线下活动，推动职工书屋、职工心理健康站建设。创建全国职工书屋示范点1个，省总工会职工书屋示范点1个，市职工书屋示范点3个、优秀阅读组织3家、志愿服务项目1个。组建“蒲公英”宣讲团，全年开展宣讲102场次，获评2022年度南京市学习雷锋先进典型。区总工会获2021年南京市职工宣传思想文化建设先进单位（一等）、南京市职工宣传思想文化建设创新一等奖。

【职工素质提升】 2022年，区总工会弘扬劳模精神、劳动精神、工匠精神，组织庆“五一”走进劳模工匠活动，依托劳模（工匠）宣讲团开展宣讲活动6场。广泛开展职工技能竞赛、“工匠”选树等活动，举办区职工职业技能大赛，1个项目被列为2022年度市级重点工程（项目）劳动竞赛。配合市总工会完成省产业工人队伍建设改革督查检查工作，推荐上报60家企业纳入产改试点范围，完成江苏工会服务网“市产业工人队伍建设改革数据统计”系统数据申报录入工作。创建劳模（工匠）、职工创新工作室，获批南京市劳模创新工作室和职工创新工作室各2个，推荐申报市十大发明专利1项、十大先进操作法1项、十大创新成果7项，认定区劳模（工匠）和职工创新工作室各9个。

【职工权益维护】 2022年，区总工会全面落实以职代会为基本形式的企事业单位民主管理制度，获省优秀职工代表提案1件，评选江宁区职工代表大会制度建设典型单位20家。开展集体协商要约工作，走访街道、园区和企业工会113家，开展集体协商业务培训6次，协助企业撰写集体协商优秀典型案例31篇，评选集体协商典型单位27家。组织开展“劳动法治宣传月”活动，举办劳动法治微课堂、微讲座25场，提供面对面法律咨询服务25次，开展企业劳动用工监督评估专项服务行动23次。协助处理群体性劳资矛盾纠纷6次，区总工会法律服务窗口接待并现场解答来访职工问题8780人次。组织夏季安康“三送”活动，慰问全区新冠疫情防控和高温作业单位28家、6000余人次。区总工会职工法律援助中心获省总工会通报表扬，并入选全省工会第二批“三化”建设成效明显职工法律援助中心（站）。

【服务职工群众】 2022年，区总工会审核建档困难职工40人，发放生活救助金40万元，并为其办理每月减免15千瓦时电费事宜，发放助学金27人、5.7万元。落实医疗救助政策，帮助98人申请南京市医疗救助。开展“送温暖”慰问活动，全年完成“微心愿”183个、11万元，慰问因新冠疫情防控需要留宁过年外地人员200人、10万元。落实劳模待遇，发放劳模“三金”100.5万元，报销劳模大病医药费65人、80.97万元，开展困难劳模及70岁以上全国劳模走访慰问，组织全区165名离退休劳模免费进行健康体检，推荐5名劳模参加省、市劳模疗休养。落实“春风行动”，组织线下招聘会6场，提供450个岗位。开展农民工“求学圆梦”“关爱·圆梦”行动，帮助18人提升学历，申报市总工会“关爱·圆梦”就业实践基地1个。实施培训、创业、小额贷款一体化工作模式，发放贷款26人、585万元。落实职工互惠政策，新参加和续保互助会员2.5万余人，享受互助待遇740人次、157万元，春节慰问家庭特别困难互助会员457人、37万元；组织区职工疗休养活动11批次、394人。加强女职工服务，申报女职工康乃馨服务站31个，新建爱心母婴室37个、提档升级47个，下拨奖励经费25.4万元。基层工会开办暑期托管班4个，其中中通快递“小候鸟”爱心暑假专班被评为江苏工会爱心托管班好典型。组织10场430名职工子女参加的“大国工匠、未来有宁”公益夏令营。

【工会组织建设】 2022年，区总工会强化党工共建、依法建会，推进“两新”组织建会，新增工会92家、会员11043人，指导12家直属工会完成换届、1家直属工会新组建。完善职工（代表）大会、工会会员（代表）大会工作信息库和江宁区工会社会工作者信息库，协助市总工会完成71名非公有制企业经济代表人士综合评价工作，获全省非公有制企业党建带工建“三创争两提升”活动示范单位1家。承办苏工暖“新”行动——T3出行网约车司机集中入会仪式。组织87名直属工会干部集中培训，邀请7名专业教师授课。加强工会经费预算和收支管理，加快工会经费审查审计监督体系建设，完成本级和22家直属工会2021年经费收支情况审计，对区总工会困难帮扶资金收支情况和2021年下拨新冠疫情防控、阵地建设等专项资金使用情况进行专项审计。完成区总工会财政资金和工会经费收支预决算、自收经费收缴等工作，开展小微企业工会经费返还和建会筹备金清理等工作。（刘忠凯）

【“书香众彩”职工书屋获评省级示范点】 11月，省总工会下发关于命名2022年江苏省工会“职工书屋示范点”“最美职工书屋”“服务大厅职工书屋”暨第十三届“江苏职工读书月”活动获奖名单的通报，南京农副物流中心“书香众彩”职工书屋获“2022年江苏省工会‘职工书屋示范点’”称号。南京农副物流中心作为国家级公益性示范市场，以打造“有书香味的菜篮子”作为企业文化建设理念和实践途径。“书香众彩”职工书屋拥有书籍4000册、报纸杂志30余种，配备阅读区、借阅区、休闲区和沙龙区，整个书屋的设计为开放式格局，方便职工和商户随手借阅和直接阅读。打造“1+6”职工书屋体系，以总工会建立的“书香众彩”职工书屋为主体，向6个分工会子书屋延伸，举办职工读书分享会，在“南京众彩”微信公众号“书香众彩”板块上推出“好书每周荐”书籍分享。（宁　鉴）

共青团江宁区委员会

【概　况】 2022年年末，江宁区共青团组织有基层团（工）委59个、团总支165个、团支部2704个，共青团员38821人。是年，团区委团结带领全区广大团员青年围绕中心工作，切实履职尽责，深化改革攻坚，发挥党的助手和后备军作用。团区委获2022年度全国五四红旗团委称号，县域共青团基层组织改革和社区青春行动被团中央评为优秀等次，“长江守望者”志愿服务项目获第六届中国青年志愿服务项目大赛铜奖，获2021年度江苏新疆西藏青海少年儿童“手拉手”互助活动贡献奖及2022年度全省团属报刊宣传工作先进单位等称号。

【青少年政治思想引领】 2022年，团区委紧扣时代主题，结合庆祝中国共产主义青年团成立100周年，举行学习贯彻习近平总书记在庆祝中国共产主义青年团成立100周年大会上的重要讲话精神座谈会。结合喜迎中共二十大、建团百年等，推出“百年团史我来说”系列微团课7期，总浏览量近10万人次，相关做法在“学习强国”全国总平台报道。开展“学党史、强信念、跟党走”

系列主题活动2511场，实现对基层团组织、团员和少先队员的全覆盖。上好“青年大学习”网上主题团课，组织专题学习29期，参学近88万人次。成立江宁区“青言青语”青年讲师团，吸纳区级讲师28人、市级讲师2人，以“青春礼赞新时代、青年追梦复兴路”为主题，深入基层一线开展小范围、互动式宣讲活动30场，用青春榜样故事感动青年、影响青年、激励青年。微信公众号发布微刊468篇，其中原创121篇，浏览量90万人次；新开通新媒体矩阵账号——微信视频号、抖音号、哔哩哔哩号，视频号发布视频86个，抖音账号发布作品68件，哔哩哔哩发布稿件24篇，总浏览量15万人次。

【基层团组织建设】 2022年，团区委坚持靶向发力，努力夯实基层基础，聚焦团组织规范化建设、团员先进性建设和团干部队伍建设，推进县域共青团改革，改革工作经团省委评估、团中央推荐被评定为优秀等次。实施团干部能力提升行动，通过理论学习、学习分享会、专题培训等形式，打造一支学习型、服务型、创新型团干部队伍，组织开展基层团组织培训班，培训80人次。聚焦团员先进性建设，全年发展社会领域团员241 人、学校领域团员1679人，团员先进性评价实现全覆盖。通过举办示范性入团仪式、超龄离团仪式，强化团员仪式教育。以随机抽查、集体学习等方式，深化基层团支部和广大团干部思想认识，2572个团（总）支部开展“对标定级”工作。聚焦社会领域团组织建设，新建社会领域团组织227个，其中非公团组织120个。创新组织形态，持续探索网约车司机、律师、青年社会组织行业团组织建设，成立全市首家高校联盟。搭建“旗舰店+直营店+连锁店”青年之家阵地，实体阵地36家，入驻云平台32家，将青年学习社、小志工作室等功能与“青年之家”融合，实现街道、园区“青年之家”全覆盖。构建“青年之家+社会组织+活动项目”工作模式，立体化发挥阵地服务效能，全区32个“青年之家”全年举办各类活动1524场，参与人员超过9万人次。开展“统一行动日”“集中服务日”“团团结对”“联青走访”系列活动689场，参与人员1.2万人次。

【青年志愿服务】 2022年，团区委成立区青年志愿者协会，完善组织体系，做优服务品牌，构筑志愿服务堡垒。动员12家团属青年社会组织支援防疫，设立服务点位80个，上岗559人次，服务时长6060小时。联合南京晓庄学院团委组建“晓晓的心意”暖心服务团，免费为一线防疫工作者子女提供“一对一”线上课业辅导、心理陪伴和兴趣课堂服务。组织街道团工委与东南大学、金陵科技学院结对共建，促进基层团组织与驻区高校团组织在人员、资源、项目、阵地上融合共建，征集双方项目需求26项，达成合作协议3项，开展活动20余场。助推18所驻区高校在全市率先成立高校联盟。引导团干部、团员青年投身市容环境整治、交通秩序维护等志愿服务，累计服务群众1.3万人次。入库“新农菁英人才库”140人，评选“乡村振兴青年之星”20人，组织大学生到村（社区）担任共青团工作助理，参与基层社会治理。建成汤山街道龙尚村、湖熟街道钱家渡2个青春助力乡村振兴工作站，成立由30余名专家组成的乡村振兴理事团，承办2期南京青年电商实训营，培训新农菁英、农技人才、创业大学生等100余人。在全区50个村（社区）开展“七彩志愿社区行”活动，参与志愿者1300余人，志愿服务时长1.1万小时。

【少先队工作】 2022年，团区委通过召开中学少先队工作专项培训会，举办七年级建队仪式、学校少代会、“红领巾爱学习”网上主题队课，开展中学少先队工作评价等，推进中学少先队规范化、制度化、品牌化发展。利用清明节、烈士纪念日、“六一”、“七一”等，开展少先队仪式教育，“六一”和建队节期间有20608名小学生加入少先队组织。开展“红领巾奖章”争章活动，评选表彰区级“红领巾奖章”二星章个人10500人、集体240个，市级三星章个人1954人、集体44个。加强少先队辅导员队伍建设，创新开设“红领巾先锋学院”，将全区93所中小学划分成10个片区，由区少先队总辅导员担任学院班主任，每个片区推选1名大队辅导员任组长，全年举办学习研讨等活动14期，参加辅导员900人。有12所中小学与新疆特克斯县17所中小学结对，结对中队290个、结对少先队员14500人。队员们互通书信，线上开展“共览文明曙光、同赴美好未来”和共庆“六一”、诵读比赛等主题活动10余场。组织各学校开展爱心义卖活动，捐赠义卖所得善款14000元，捐赠图书、小礼物等1000余件。

【青少年权益维护】 2022年，团区委组织“法护青春”法治宣传教育活动和“青春护航”身心健康关爱行动，联合区教育局、区少工委，在全区开展以

“法护青春、学法践行”为主题的青少年法治公开课活动1000余场。其中，“八五”普法10场，参加学生2110人；防不法侵害教育6场，参加学生2025人；“两法两条例”宣传教育9场，参加学生371人。组织全区中小学通过法治讲座、主题班会、知识竞赛、模拟法庭等形式，开展民法典宣传教育活动。邀请法治副校长、法治辅导员、公益律师等专业力量深入学校，加强对青少年《中华人民共和国民法典》宣传教育。依托“12355”青少年服务台，整合“青少年维权岗”工作资源，动员专业力量和社会力量，开展形式多样的青少年自护教育活动37场，参加青少年1000余人次。根据不同青少年群体的特点，举办青春自护情景剧大赛、大学生普法短视频大赛等活动，传播自护知识、增强自护意识和能力。

【困境青少年帮扶】 2022年，团区委继续更新全区困境青少年数据库，摸排困境青少年1368人。开展“暖冬行动”，发放新年微心愿礼包1400余个，筹集发放助学金23人、4.6万元。建成“梦想小屋”51间并同步启动“完美的一天”“园街共建”关爱项目，为困境儿童募集便民医疗卡、空气净化器、空调、自行车等公益物资。开办“童乐一夏”公益暑托班11期，参加青少年200余人。

【服务青年发展】 2022年，团区委组织大学生“四进”社会实践岗活动，区级层面募集大学生社会实践岗938个。深化“百校千企万岗”大学生就业帮扶活动，全年发布就业岗位2707个。举办江宁专场直播荐岗活动暨“硕博看江宁”推介会，在线观看23.3万人。助力青年创新创业，建成2间“宁青驿站”，搭建中南谷南京青创融合空间，举办青创分享会、投融资对接会，赋能大学生、博士生、留学生、青年创客。组织参加中国大学生创新体验竞赛，有107件作品入选国赛，11件作品获一等奖。培育1个全国一星级青年文明号、1个省级青年安全生产示范岗、5个市级青年文明号，有4个青创项目在省青创大赛获奖。推出“江宁青年·榜样力量”优秀青年激励机制，选树岗位技术、乡村振兴、创业创新、向上向善等方面优秀青年24人。

（团区委）

5月20日，团区委举办江宁专场直播荐岗活动暨“硕博看江宁”推介会 （陈蓉供图）

【共青团江宁区第二十一次代表大会】 11月16日，共青团南京市江宁区第二十一次代表大会召开，市委常委、区委书记林涛在大会上讲话，团市委书记荣飞代表团市委向大会的召开表示祝贺。大会听取题为《敢为善为 勇挑大梁 为谱写中国式现代化江宁篇章贡献青春力量》的工作报告，总结过去5年全区共青团工作，研究部署今后5年共青团任务。会议选举产生新一届团区委常委、委员、候补委员和出席共青团南京市第十九次代表大会代表，匡凯当选为新一届团区委书记。 （宁 鉴）

江宁区妇女联合会

【概 况】 2022年年末，江宁区有各级妇联组织255个，其中街道妇联10个、园区妇联8个、机关妇联36个、村（社区）妇联201个。是年，区妇联紧扣区委中心工作和上级妇联工作部署，聚焦聚力抓好思想引领、巾帼建功、家庭建设、维权服务和妇联改革等工作，推动妇联工作融入江宁经济社会发展大局。以学习宣传贯彻中共二十大为主线，以“跟党奋进新征程、巾帼建功新时代”等为主题开展系列宣讲和巾帼典型宣传活动。以乡村振兴巾帼行动为抓手，融入农村人居环境整治提升行动，农户参与率85%以上，建成美丽庭院示范带20条，开展各类技能培训，其中“宁姐月嫂”专项培训157人。

配合相关部门对单亲家庭、特困家庭、有残疾智障重大疾病妇女儿童家庭、有暴力隐患和重大纠纷家庭开展重点排查，落实精准帮扶关爱措施。强化部门联动和项目化运作，以亲子活动为切入点，30个村（社区）成为省家庭教育指导服务示范社区，省妇联主席朱劲松等到江宁调研家庭教育工作并给予肯定。建立儿童友好建设实事推进机制，创成全市首批儿童友好示范社区4个。

【妇女组织建设】 2022年，区妇联指导街道（园区）开展妇联组织换届和执委队伍培训，推动妇联组织和队伍建设。开展新业态、新就业群体行业调研，推进基层妇联组织建立工作。组织区、街、村（社区）三级妇联干部培训，提高妇联干部综合能力。创新拓展联系服务机制，依托“宁小蜂驿站”，打造服务站点阵地。组织宁姐在身边“大走访”活动，收集回应妇女群众需求。强化村（社区）“妇儿之家”和“妇女微家”建设，打造“蕙质女性增能坊，微家服务零距离”江宁妇女微家增能支持服务品牌，培育妇联改革“一区一品”特色品牌。

【妇女思想政治引领】 2022年，区妇联以“巾帼心向党、喜迎二十大、强国复兴有我”“巾帼红、云宣讲、习言习语我来读”“我们这五年”等为主题，多角度、多渠道宣传阐释习近平总书记重要讲话精神和全国两会精神、党的二十大精神，以及习近平总书记关于妇女儿童和妇联工作重要论述，引导社会风尚、促进社会和谐。制定《江宁区妇联关于涉妇女儿童重特大舆情应对处置机制》，完善《江宁区妇联网络及新媒体工作管理制度》。吸纳各行各业先进女性代表充实巾帼宣讲队伍，“巾帼红喇叭”理论宣讲常态化。开展“跟党奋进新征程、巾帼建功新时代”系列宣传活动、“致敬我身边的巾帼榜样”典型宣传活动、“‘宁’聚幸福，让爱在线”优秀家风传承教育实践活动以及“我为妇儿办实事、当好贴心娘家人”实践活动，让党的方针政策、党史故事、时代故事等进一步“入脑、入心、入行”。

【服务妇女创业创新】 2022年，区妇联持续推进乡村振兴巾帼行动，组织以“直播电商运营”为主题的‘宁姐田间大课堂’巾帼骨干培训，举办“宁姐月嫂”培训196人，组织家政进社区服务活动8场次。举办“宁姐田间大课堂”巾帼骨干培训班3期，创成省级“美丽家园”示范点3个，市（区）美丽庭院示范户200户，省市巾帼示范基地6个。完成江宁区女企业家协会换届工作，成立江宁区女科技工作者联盟，围绕“科技+”产业开展服务活动26场次。在全省率先出台《江宁开发区关于支持“科技创新巾帼行动”的七条措施》，获相关政策补贴200万元，为90余名优秀女性提供免费人才公寓。深化“巾帼建功”“双学双比”活动，发现和培树在科技创新、乡村振兴，推动共同富裕，服务高质量发展中作出突出贡献的各行各业优秀女性。挖掘区内“妇”字号龙头基地企业，培育申报市级巾帼示范基地4个、省级2个。

【巾帼建功行动】 2022年，区妇联开展“科技创新巾帼行动”，联合组织部门筹建女科技工作者联盟，搭建女科技工作者沟通交流平台，选树胡歙眉、万良淏等一批优秀女科技工作者典型，推荐市女科技者联盟成员10人，市“最美科创之星”4人。搭建融合服务平台，联合区税务局、区女企业家协会举办江宁区助企纾困税收政策解读培训会，助力“六稳”“六保”任务落实。实施市妇联“宁姐月嫂”民生实事工程，对已建4个“宁姐月嫂”家政服务社区工作站进行提档升级。

【妇女儿童权益保护】 2022年，区妇联贯彻实施“八五”普法计划，将法治宣传与思想政治引领、家庭美德建设、良好家风宣传相结合，提升“法治人家”影响力。探索建立区级公益性家庭心理健康服务中心，提供心理健康专业化服务，推广和普及家庭心理健康知识，探索家庭心理健康服务体系建设。对单亲家庭、特困家庭、有残疾智障重大疾病妇女儿童家庭、有家庭暴力隐患和重大家庭纠纷家庭开展重点排查，全区各级妇联排查重点家庭3179户，涉及妇女儿童3923人，提交线索1389条，其中智障妇女256人、精神疾病妇女455人、其他困境妇女383人、困境儿童和留守儿童269人，相关人员线索均已落实到所在村（社区）作跟进处置。

【家庭清洁行动】 1月24日，区妇联、区商务局联合区巾帼家庭服务联盟企业开展“宁姐到家”惠民暖冬公益行——家庭清洁行动，为区内部分特殊家庭提供免费家政服务，让困难群众过上一个干净整洁、温暖祥和的新春佳节。此次“宁姐到家”惠民暖冬公益行旨在推进“宁姐月嫂”家政服务进社区行动，打造“宁姐月嫂”品牌，为区内40余户无劳动力的低保家庭、失独家庭、空巢老人家庭等提供家务整理、卫生保洁、油烟机清洗等免费家政服务。

【“她公益”微创投10个项目签约】 8月18日，区妇联举办2022年度“她公益”微创投签约仪式，儿童友好发展、家庭教育、美丽庭院、儿童关爱服务等方面的10个项目现场签约。在前期深入基层开展调研的基础上，区妇联梳理2022年“她公益”微创投项目需求，通过招标、竞标、公示，最终10个项目在活动现场签约，签约仪式上，对5个2021年度“她公益”微创投优秀项目进行表彰。

【首期“宿在江宁”巾帼训练营】 12月8日，首期“宿在江宁”巾帼训练营结营仪式在东山街道佘村社区“宁姐田间大课堂”举行，首期16名学员参加为期2天的训练。培训活动为乡村巾帼民宿搭建学习交流平台，探索“民宿+”模式，促进民宿业个性化、多元化、场景化发展，提升乡村民宿吸引力，共同推进南京民宿业高质量发展。

（张　雷）

【区妇联获评全国妇联系统先进集体】 1月，人力资源社会保障部、全国妇联印发《关于表彰全国妇联系统先进集体、劳动模范和先进工作者的决定》，授予150个单位“全国妇联系统先进集体”称号，江宁区妇联榜上有名，系全市唯一获表彰的单位。区妇联在引领、服务、联系妇女儿童和家庭方面不断探索，创新改革举措，在全国首创反家暴告诫制度，被列入《中华人民共和国反家庭暴力法》条文；率先建立区婚姻家庭辅导室、街道家庭服务中心，先行先试“性别平等进课堂”和“儿童权利倡导与儿童保护”工作；在全省率先创建“妇女微家”，入选南京重点改革案例。在妇联组织区域化建设中，全区实现100%村（社区）“两委”至少各有1名女性、100%村（社区）妇联主席进“两委”、100%村（社区）妇联主席享受街管干部待遇、100%村（社区）妇联有工作经费、村（社区）“妇女儿童之家”100%全覆盖、100%村（社区）落地妇女儿童服务项目、100%街道妇联配备专职妇工“七个100%”，基层妇联组织面貌焕然一新，创新活力不断迸发。打造江宁特色，创新各具特色的“妇女微家”、“四新”领域妇联，深化“巾帼红喇叭”工作品牌，试点“庭院+文创”“庭院+休旅”等经济项目。开展“宁姐月嫂”培训上岗工作，打造家政服务社区工作站。在社区设立“宁姐”妇情民意站，在江宁大学城挂牌女大学生服务分中心等，通过品牌联动，唱响“服务零距离”的和谐之音。从智慧妇联到数智妇联，区妇联引导广大妇女参与社会治理，完善“网格+妇联”机制，成立妇女维权“海霞工作室”，实现“妇女儿童维权站”村（社区）全覆盖，217个基层婚调机构入驻省妇联云平台，线上线下提供法律帮助和公益服务。建立区级女性社会组织服务中心，建设女性社会组织智库，形成具有江宁特色的“妇工+公益人才”队伍，年均投入100多万元实施妇女儿童公益项目，推动共建共治共享。指导开展家庭教育指导服务示范社区建设，着力构建社区全域、父母全程、家庭全类型的社区家庭教育支持工作模式，普及科学家教理念、营造社区良好家风氛围。（宁　鉴）

江宁区科学技术协会

【概　况】 江宁区10个街道和开发园区均设立科协组织，有1名领导兼任科协主席，配备1名专职副主席，配有专职工作人员1—2人。全区有区级学会、协会17个，社区科普协会14个，企事业单位科协177个。2022年，区科协围绕区委、区政府中心工作，以提升全区公民科学素质水平为抓手，切实扛起“争当表率、争做示范、走在前列”光荣使命，在服务创新驱动发展、服务科技工作者方面发挥应有作用，为推动“强富美高”新江宁现代化建设做出新贡献。全年区财政核定科普专项经费600万元，全区人均科普经费逐年增长。是年，江宁区获批中国科协2021—2025年首批“全国科普示范县（市、区）”，区科协获中国科协“全国科普日活动”优秀组织单位，“首届南京科普产业发展论坛”被省科协表彰为优秀活动项目。

【科普宣传】 2022年，由区政府办印发的《南京市江宁区全民科学素质行动计划纲要实施方案（2021—2025年）》，进一步细化“十四五”期间全区公民科学素质的重点任务和保障措施，明确到2025年全民科学素质工作目标任务。5月19日，举办首届南京科普产业发展论坛暨江宁区第34届科普周活动，通过“会、展、商、赛”等环节，搭建科普产业展示、交流、研讨、合作平台，推动科普资源汇聚共享协同发展。9月，举办第18届江宁区2022年“全国科普日”活动，以“喜迎二十大，科普向未来”为主题，围绕信息技术、科学教育、乡村振兴、生态文明、卫生健康、应急科普、食品安全、防灾减灾等专题，开展特色科普宣传活动150余场次，近1万人参与。在第五届南京市公民科学素质知识线下决赛中，江宁代表队发挥出色，名列第一。联合江宁科普教育示范基地为中小学开设青少年编程课，先后服务东山小学、竹山小学、禄口第二中心小学、铜山小学2500名学生。开展新时代文明实践活动，通过科技下乡和“进村入户面对面、文明实践手拉手”活动，为社区居民送科技科普上门。年内，区青少年社会实践基地、水-PARK科技馆、东南大学物理学院、区气象馆等6家单位获批省级科普教育基地；南京农业大学湖熟菊花基地、南京市江南环保产业园生活垃圾焚烧厂和江苏海事职业技术学院现代航海科普教育基地获批全国科普教育基地（2021—2025年）。横溪横山科技馆、湖熟河北娃娃科技馆、区青少年社会实践中心等一批科普阵地被省科协推荐为山西岚县、全省科普干部培训班重点观摩学习点，南通市科协、淮安市科协、东台市科协、安徽当涂区科协以及南京秦淮区科协、栖霞区科协等先后赴江宁调研学习。完善社区居民学习的平台和阵地，全年举办社区科普大学教学活动60余场次。联合南京农业大学、南京蔬菜研究所等单位，开展种植户与专家面对面对接活动，完成7家合作社和家庭农场对接项目，补助资金10余万元。用好网络、电视电台、报纸、电子阅览屏“四位一体”传播平台，丰富科普信息化渠道和手段，发挥“微江宁”“江宁科普”微信公众号、区融媒体电视和FM88.5广播电台作用，定期推送各类优质科普文章和视频，开展日常科普知识和新冠疫情防控应急科普宣传。

【科技项目申报立项】 2022年，区科协组织各学会、协会，企事业科协、园区科协及各街道科协开展“金桥工程”申报立项工作，多自由度运动控制平台数字孪生系统等5个“金桥工程”项目被市科协立项。申报讲比活动项目31项，多人VR交互技术研发、优质葡萄栽培技术创新等14个项目被立项，聚焦生物医药发展、荟萃国际创新资源项目列为2022年度南京市科协对外科技交流立项资助项目。组织市科协“海外智力为宁服务”引导资金项目申报工作。人机交互离岸创业、医育融合技术成果转化等3个项目被市科协立项并予以资助。组织“海外智力为宁服务”引导资金项目申报，南京木马牛智能科技有限公司人机交互离岸创业项目、垒途智能教科技术研究院江苏有限公司促进出生率医育融合技术成果转化、中犹（南京）智慧城市创新研究院有限公司中以海外协同创新中心3个2022年度“海外智力为宁服务”项目被市科协立项并予以资助。区科协推荐的南京全控航空科技有限公司高精度重载Stewart并联机器人关机技术研发项目入围南京市人力资源和社会保障局组织2022年南京市专家服务基层项目。

【企业科协组织建设】 2022年，江宁区出台《南京市江宁区示范企业科协认定与管理办法（试行）》，经推荐申报、专家评审，南京全控、江宁水务、南京中科3家企业科协被评为“四星级示范企业科协”；环宇集团、南京海融医药、南京宝色3家企业科协被评为“三星级示范企业科协”。全年新成立企业科协9家。

【服务科技工作者】 2022年，区科协发挥区委、区政府联系科技工作者桥梁和纽带作用，为科技工作者做好服务保障工作。5月，举办2022年江宁区“全国科技工作者日”活动，走访慰问各条战线科技工作者60余人，拜访缪昌文、刘加平、陈光等院士。组织为老科技工作者一站式健康体检,联系康复专家为南京航空航天大学赵淳生院士诊疗脑梗后遗症。加强与科技型人才及院士专家交流互动，做好省科协2022年度首批院士专家疗养团在江宁参观调研服务保障工作。组织开展2022年度“江苏省科协青年科技人才托举工程”申报工作，推荐中科南京智能技术研究院游恒“江苏省科协青年科技人才托举工程”资助培养对象。规范区属学会团体管理，指导学会团体换届、年检、年审。6月，在江苏省社会组织综合管理服务平台对区老科技工作者协会、区农村专业技术协会、区青少年科技教育协会等3家协会进行网上规范化审核。举办江宁区第七届青年科技论坛，评比表彰第七届青年科技论坛优秀学术论文100篇。围绕“汇智江宁、聚力创新”主题，通过特邀报告会、论坛分会场等形式开展学术交流和技术成果推广活动，激发青年科技工作者创业创新活力。 （区科协）

江宁区文联

【概　况】 2022年，江宁区文学艺术界联合会有12个协会和东晋书画院，会员1300余人。区文联全面落实中央和省、市、区委部署要求，不断丰富文化供给，提升文化惠民成效。有机融合爱国、红色、国防等教育主题，利用春节、元宵节、清明节、端午节等传统节日，组织“我们的节日·南京·江宁”系列活动，深入村(社区)举办《沙家浜》《梁山伯与祝英台》《对花》《珍珠塔》《过新年》和非遗节目《莲湘舞》《荡湖船》《殷巷石锁》等“送戏下乡”春节文化惠民演出”280多场。打造街道(园区)基层“文艺工作者之家”10家，挂牌公益小剧场20多家。聚焦民生民情，深入田间地头，用群众喜闻乐见的形式，广泛开展“极美南京—这里是江宁”全区喜迎中共二十大主题摄影、微(短)视频征集展示活动，推出“江宁美丽乡村”胜景写生等“强国复兴有我”主题教育，以及“江宁之春”群众性主题教育系列惠民活动300多场次，吸收社区居民、机关部门、驻区部队官兵参演，形成“我们的节日·南京”江宁全民参与的惠民品牌，惠及党员群众120多万人。聚焦城市气质提升工程，组建由东南大学、南京航空航天大学、南京传媒学院名家组成的江宁区美术家协会驻地高校协会小组，举办“艺见乡村”2022年度首届美术作品美丽乡村巡展、“守正创新”喜迎二十大新文艺群体书法临创作品征集展、“讴歌新时代·奋进新征程”喜迎二十大暨第七届美丽江宁胜景写生创作、江宁美术写生作品高校巡展活动等系列主题活动30多场次。建成首批美丽乡村写生基地7个。奖励获奖作品200多件、签约作品10多部，申报《百年回击》等省市“五个一工程”奖4部，推动本土精品创作品牌化、惠民化。

【第七届美丽江宁胜景写生创作活动】 6月25日，“讴歌新时代·奋进新征程”喜迎二十大美术作品主题展暨第七届美丽江宁胜景写生创作活动启动。活动围绕迎接中共二十大召开，重点聚焦生态优先、绿色发展故事，历史人文、自然风光美景，现代化建设新风貌、新作为等内容，以书画创作为媒介，以采风写生、交流创作、成果展示等系列活动，谱写新江苏、新江宁现代化建设新篇章。此次活动历时4个月，艺术家们走进龙乡·双范、溪田田园综合体、龙尚社区、佘村、钱家渡、江宁高新区等地进行采风，并对作品进行收集、装裱、画册制作，选取优秀作品举办喜迎中共二十大美术主题作品展。

【“戏曲里的爱情”大福村七夕晚会】 7月30日晚，“戏曲里的爱情”七仙大福村七夕晚会暨南京民营院团改革创新座谈会在横溪街道七仙大福村举行。座谈会围绕民营院团创新改革、戏剧文化传承发扬、剧团艺术水平提升等开展交流。“戏曲里的爱情”大福村七夕晚会上，溧庆黄梅戏剧团、南京鸣春社京剧团、六合区君子兰扬剧团、秦淮区小梅花青年越剧艺术团等市内民营剧团表演《天仙配》《梁山伯与祝英台》《游龙戏凤》等经典剧目选段。

（包顺宇）

【土牛荣膺“全国十佳诗人”称号】 1月，第八届中国诗歌春晚组委会全国获奖名单公布，江宁区诗人土牛获2021年度“全国十佳诗人”称号。此届春晚由教育部人文社会科学重点研究基地中国诗歌研究中心、中国诗歌春晚组委会、中国诗歌研究中心朗诵艺术团、中国诗人杂志等主办。土牛原名毛文轩，他创办的南京乡间诗社经10多年发展，已壮大到300多人，并获首届中国农民丰收节100个乡村文化活动、港澳青年文化实践交流基地等近20项荣誉。毛文轩长期从事主旋律诗歌创作，在《诗刊》《星星》《扬子江诗刊》等数百家报纸杂志上发表，上海立达学院专门为他举办“祖国在我生命之上”专场邀请朗诵会，他出版4本乡土诗集，2020年获国家诗歌地理杂志、中华文学杂志年度诗歌奖，2021年获《诗选刊》《诗歌月刊》《绿风》等10家文学期刊指导的新诗高地年度诗歌奖。毛文轩的诗集《一个农民的祖国》(中英文版)，入选国家新闻出版署2018全国农家书屋重点出版物目录，诗集《聆听乡村的心音》纳入中国新诗百年千家诗集收藏项目。

【张清雷获评中国工艺美术大师】 8月，第八届中国工艺美术大师评选结果揭晓，江宁区的金陵玉雕创始人张清雷获第八届“中国工艺美术大师”称号，成为全区首个获此荣誉的工艺大师。中国工艺美术大师是国家授予国内工艺美术创作者的国家级荣誉称号，不仅代表工艺美术各个门类、领域的最高技艺水准，更代表中国数千年传统工艺美术文化的智慧。中国工艺美术大师评选每5年举行一次。张清雷从17岁开始从事玉雕工作，一做就是30年。受到金陵文化的滋养，张清雷也在反哺着金陵玉雕文化。他与南京艺术学院和南京工程学院合作，培养出一批能够独立创造作品的学生，努力把这门技艺发扬光大，让玉雕在江宁生根发芽。

【葛志文作品获中国民间文艺山花奖】 9月，第十五届中国民间文艺山花奖颁奖典礼在浙江省杭州市余杭区举行，揭晓中国民间文艺山花奖优秀民间文艺学术著作、优秀民间艺术表演作品、优秀民间文学作品、优秀民间工艺美术作品等奖项。江苏省乡土人才“三带”名人、南京市工艺美术界领军人物、麒麟街道石雕艺术家葛志文作品获评优秀民间工艺美术作品。中国民间文艺山花奖是由中国文联和中国民协联合主办的国家级文艺大奖，是全国民间文艺最高奖，自 1999 年开始已举办 15 届。该届中国民间文艺山花奖共举办各类评选活动 12 次，153 件作品入围，最终 20 件作品获山花奖优秀作品奖，葛志文的石雕《知竹·文房陈设系列》（一组 9 件）获优秀民间工艺美术作品奖。（宁　鉴）

江宁区残联

【概　况】 2022 年，江宁区有持证残疾人 25605 人，其中视力残疾 3807 人、听力残疾 1989 人、言语残疾 207 人、肢体残疾 13130 人、智力残疾 2467 人、精神残疾 3476 人、多重残疾 529 人。区残疾人联合会针对不同类别残疾人的实际需求，在生活保障、康复服务、教育就业等方面予以重点帮扶，促进残疾人共同富裕，推动残疾人事业全面发展。是年，江宁区被国务院残工委确定为全国残疾预防重点联系地区，残疾人信访维权工作受到省残联理事长专门批示表扬，“有爱无碍，江宁区无障碍智慧地图”获评全省残联系统 2022 年度创新创优项目。

【残疾人培训与就业】 2022 年，区残联组织 4 名盲人参加省级盲人按摩技能提升培训。向 108 名在校中高等院校残疾学生发放教育专项补贴 12.85 万元。依托残疾人就业服务中心和残疾人技术培训中心，举办手工编织、蛋糕烘焙等职业技能培训 11 期，培训残疾人 218 人。组织江宁区首届残疾人职业技能竞赛活动，有 44 名聋人学生参加竞赛。成立区级残疾人辅助性就业项目资源调配中心和区残疾人就业服务中心，开展“送项目、送岗位、送技能”和线上线下专场招聘活动，推荐安置残疾人就业 176 人。

【残疾预防与康复服务】 8 月 18 日，江宁区被国务院残工委办公室确定为“全国残疾预防重点联系地区”，其主要目标任务是贯彻落实党中央、国务院决策部署，率先高质量完成计划任务目标；着力推进残疾预防科技创新、制度创新；配合做好行动计划实施情况监测。是年，全区组织开展全国残疾预防宣传日、全国第 23 次爱耳日广场咨询及相关知识讲座 15 场，增强广大群众残疾预防意识，减少和控制听力残疾的发生发展。为 686 名 0—14 岁残疾儿童开展抢救性康复训练，为有康复服务需求的残疾人配置矫形鞋、坐姿椅、助听器等辅助器具 107 副。（区残联）

【江宁残疾人就业服务中心揭牌成立】 5 月 13 日，江宁残疾人就业服务中心揭牌成立。江宁残疾人就业服务中心位于双龙大道 2299 号，将为全区就业年龄段残疾人提供就业指导和跟踪服务工作，同时对接辖区内企业，开展小规模、多频次、精准化的线上线下专场招聘活动，将优质企业岗位信息送到有求职意愿的残疾人手上，为企业和求职者搭建互通桥梁，让残疾人“求职有门、就业有路”，让用工单位“招工不愁、用工可选”。揭牌仪式后，江宁残疾人就业服务中心首场招聘活动在线上同步开展。

【江宁区残疾人联合会第六次代表大会】 12 月 17 日，江宁区残疾人联合会第六次代表大会召开，市委常委、区委书记林涛出席并讲话，区领导洪礼来、赵洪斌、刘玲、张思明、谢从军，市残联党组成员、副理事长任金宝出席。会议聘请张思明为区残联第六届主席团名誉主席，选举产生区残联第六届主席团主席、副主席、委员，谢从军当选区残联第六届主席团主席，推举产生区残联第六届执行理事会理事长，通过理事长提名的副理事长（含挂兼职）、理事，通过区残联各专门协会主席、副主席、秘书长名单，选举产生出席市残联第八次代表大会代表，推荐出席市残联第八届主席团江宁区委员候选人建议名单。（宁　鉴）

江宁区红十字会

【概　况】 2022 年，江宁区红十字会下发江宁区村（社区）红十字会组织建设指导手册，按照“六有”标准全面推动村（社区）红十字会基层组织建设，实现 201 个村（社区）红十字组织全覆盖，保障各基层组织依法开展工作。全年新增成人会员 5025 人、青少年会员 6997 人。新建南京旅游职业学院、南京传媒学院、南航金城学院 3 所驻区高校红十字会，组织开展应急救护技能培训和红十字志愿服务活动。

【红十字人道救助】 2022 年，区红十字会开展“依法募捐、帮困救助”活动，与爱心企业合作，搭建爱心平台，牵手弱势群众，实现筹资与救助工作“双提升”。持续开展“博爱送万家”常态化活动，春节、端午、中秋、重阳等节日期间，为辖区内困难志友癌友、残疾病重家庭、孤寡老人以及困境青少年等弱势群体发放

7月27日，区红十字会开展学校、一线警务站室等点位自动体外除颤器（AED）配置工作，完成教育、公安系统60台AED安装，全区中小学由此实现AED配置全覆盖。图为捐赠仪式现场（张鸥摄）

米、面、油等生活用品和慰问金。博爱送万家活动累计发放救助款物价值330.2万元，惠及困难家庭5000余户。借助微信公众号、朋友圈、微信群等进行公益宣传活动，“99公益日”上线“江宁红十字救在身边”“点亮爱心献血屋”以及在市红十字会“居民小区共募AED”和“金陵宝宝”项目下发起4个红十字公益众筹项目，采取以线上为主、线下为辅形式，募集善款21.64万元，7834人次参与，获江苏省红十字会“99公益日”优秀组织奖和星光项目奖。全年筹集新冠疫情防控捐款109.06万元，接收新冠疫情防控物资170.42万元，全部按要求拨付发放到位。

【红十字救护】 2022年，区红十字会以进社区、进农村、进学校、进企业、进机关、进高危行业等“六进”为平台，为163家企事业单位提供上门培训服务，救护员培训2055人，CPR+AED持证培训1.5万多人、普及培训1.4万多人。红十字救护培训基地开放6场、培训168人。组织“救在身边·校园守护”行动，实现高一、大一新生救护培训全覆盖，为全区所有高中高一新生开展CPR+AED持证培训5900余人、大一新生持证培训9200余人。根据国家卫生健康委办公厅《公共场所自动体外除颤器配置指南（试行）》要求，按照科学规划、注重实效的原则，优先在人口流动量大、意外发生率高、环境相对封闭或发生意外后短时间内无法获得院前医疗急救服务的公共场所配置AED。联合教育、公安等部门推进学校、一线警务站室等点位的AED配置工作，教育、公安、地铁、旅游景点等场所新安装AED 116台，其中中小学实现全覆盖。结合辖区内各街道的配置能力和实际情况，采取“配一补一”方式，统筹区街两级资金，全面推动村（社区）AED配置。在全区范围内开展AED自查自纠工作，进一步规范AED的使用和管理。

【红十字无偿捐献】 2022年，区红十字会结合新冠疫情防控工作，合理制定年度无偿献血指标，组织驻区高校学生和社区居民关注“南京献血”微信公众号，加入无偿献血志愿者3230人次。与省血液中心合作，开展献血车上门服务76次，无偿献血30935人次，献血量1072万毫升。推动造血干细胞捐献工作，开展造血干细胞知识宣讲70余场次，有290人完成造血干细胞资料入库，4人成功实现造血干细胞捐献。发挥“志友”“癌友”作用，支持两支队伍建设，全年投入经费3万元，用于支持“志友”活动和困难“志友”家庭以及捐献遗体家庭慰问。推进人体器官捐献动员和协调工作，开展相关活动10次，新增“志友”98人，总数927人，有31人成功实现遗体捐献。推进“4+X”（救护培训、三献宣传、博爱超市、养老照护）社区“博爱家园”建设，新建东山街道外港社区博爱家园，建有博爱家园12个，并全部建立基层组织，规范活动记录。成立12支“博爱家园”红十字志愿服务队，开展防灾减灾宣传、人道项目、应急救护培训等特色工作，平均每个博爱家园受益群众超过3000人次，全年博爱家园投入43.19万元。开展志愿服务，拥有1支固定的养老照护志愿服务队，骨干志愿者24人，全年组织志愿服务活动8次，入户服务97户。区红十字救援队参与博爱家园新冠疫情防控志愿服务26次，参与全区新冠疫情防控和扫雪除冰6000多人次。（管建波）

法治

政法委与综治

【概 况】 2022年，江宁区政法维稳战线面对复杂多变的宏观形势和外部环境挑战，打赢中共二十大、北京冬奥会、国家公祭活动安保维稳等硬仗，抵御政治、社会、公共安全领域等风险，健全平安江宁、法治江宁和过硬队伍建设等机制，为统筹推进新冠疫情防控和经济社会发展创造安全稳定的政治社会环境。年度群众安全感99.5%，政法队伍满意度95.81%，均居全市前列。

【平安建设】 2022年，区委政法委围绕中共二十大安保维稳主题主线，深入开展统筹发展和安全“大走访、大排查、大攻坚”行动，探索出“巩固一个体系、建强四个阵地、完善五项机制”的“145”安保维稳工作法，动态实现风险隐患“清仓见底”，“宁稳通”风险管控平台使用率、线索排查数、矛盾化解率均居全市前列。国家信访局交办第二批28件重复访治理件、市委专项巡察交办24件信访件全部办结。深化“枫桥经验”江宁实践，在街道和重点领域成立15个行政调解委员会，设立家事调解社区工作室154个，全年调处纠纷43728件，调解成功率99%。汤山法庭“法润乡风”多元解纷机制被省法院推广，获全国法院先进集体称号。涉黑涉恶等九类案件发案量下降35.46%，侦破案件91起。成功劝阻电诈受骗受害76万余次，避免损失3000余万元，侦破公安部督办特大电信诈骗案，带破全国1000余起案件，涉案资金3亿余元。加强特殊群体服务保障，梳理排查特困对象2.11万人，其中需重点关注的老年人、残疾人、流浪乞讨人员1798人、重点家庭3179户，落实严重精神障碍患者奖补政策全覆盖。妥善处置妇女儿童权益问题线索18条，破获各类侵害妇女儿童权益刑事案件158起，岔路派出所、九龙湖派出所分别获评全国、全省优秀公安基层单位。开展公共安全集中整治，以“夏季治安百日行动”为重点，累计投入1万余人次警力清查重点行业场所3.32万家次，整改各类隐患2818处，抓获各类违法犯罪人员2079人。查处交通违法行为74.8万起，亡人交通事故数量在“三连降”基础上再次下降17.2%，交警大队获“全国公安机关成绩突出交警大队”称号。深入开展住人地下室、储藏室百日攻坚行动，清理租赁住人地下室和储藏室8157间，切实维护群众生命财产安全。

【社会治理】 2022年，区委政法委深入开展市域社会治理现代化试点，规范化推进“精网微格”工程，划分微网格6180个，配备微网格员和志愿者18540人。区网格化指挥中心融入区城运中心，打破数字壁垒、推动资源共享，服务构建全区一体化大数据中心体系，科技支撑作用提升。

【法治建设】 2022年，区委政法委统筹推动法治建设“一规划两方案”及党政主要负责人履行推进法治建设第一责任人职责等工作，“八五”普法、法治园区建设、“法律明白人”、“法治惠民实事”等举措落地生效。区检察院连续3年获评“全国检察宣传先进单位”，区司法局连续两年获全省司法行政系统高质量发展考核区县第一，江宁区创成“全省法治政府建设示范区”。开展“百名法官进企业”“优化法治化营商环境执行年”系列活动，制定实施服务中小微企业10项措施，完善商会调解平台机制建设，开发区法院获评全省“商会商事调解联系协作机制示范单位”，相关工作入选全国工商联与人民法院沟通联系机制典型案例。深化企业合规性审查，审慎办理企业及经营者犯罪案件，帮助企业挽回经济损失近1000万元，开发区检察院3个涉企业刑事案件分别获评最高检、省检察院典型案例。对66起“食药环资”案件实行刑事、民事、行政“三责同追”，持续提升公益诉讼和未成年人保护质效，区检察院一起非法处置危险废物案入选江苏省生态环境损害赔偿磋商十大典型案例，坚持10年帮扶一名未成年被救助人，获评最高人民检察院优秀检察办案故事。

【全区政法工作会议】 2月17日，全区政法工作会议召开。会议坚持以习近平新时代中国特色社会主义思想为指导，学习贯彻中共二十大精神，按照中央和省、市政法工作会议部署要求，围绕区委十四届七次全会确立的全区经济社会发展目标和规划，总结工作，分析形势，研究部署当前和今后一个时期全区政法工作。会上通报2022年度全区“平安江宁建设”“网格化社会治理”表现突出单位和个人，并颁发奖牌和证书。江宁公安分局、司法局、信访局及秣陵街道、江宁街道5家单位主要负责人作表态发言。

（隋晓强）

【2个村上榜全国民主法治示范村（社区）】 2月，司法部、民政部印发《关于2021年度“全国民主法治示范村（社区）”复核工作情况的通报》，决定保留3802个村（社区）该项称号，其中江宁区江宁街道清修村、汤山街道古泉社区上榜。江宁街道清修村联合律师事务所，邀请律师定期到村“坐堂问诊”，为村民提供法律服务。村党员干部全程参与法律问题解答、矛盾纠纷调解，边听边学，在矛盾纠纷处理过程中提升运用法律知识的能力。清修村还修建法治广场，举办大型演出及宣传活动，以村民喜闻乐见的方式传播法律知识，让村民随时随地都能够听“法”、学“法”、讲“法”，从而更加正确熟练地用“法”；增设法治宣传栏，栏内张贴“村规民约”、“小微清单”、法律常识海报等内容，供村民阅读学习；新增法律书刊图书角，为前来办事的村民提供休憩场所，方便村民阅读法律书刊，提高法律修养。汤山街道古泉社区党委从建章立制入手，制定村民自治章程和村规民约，实行“依法建制、以制治村”。该村通过设立党群议事堂，将群众关注度高的事务纳入议事堂，摆到桌面上，并通过设立道德评议会、红白理事会等，公开选树道德模范、议事能人。同时，引导老党员、老干部等组建农村治理“智囊团”，协助党组织、村委会开展工作，化解遗留矛盾；推进公共法律服务平台建设，推行“警务助理+法律顾问+网格员+调解员”“四员调解”工作模式，基本形成“小事不出村、大事不出街、矛盾不上交”多元化纠纷解决机制；创设法治宣教广场，将普法主阵地向各村、家庭延伸，推动法治宣传教育覆盖全村。

【首批法治文化宣传教育基地公布】 6月，第一批江宁区法治文化宣传教育基地名单对外公布。首批上榜的有区消防科普教育基地、麒麟街道晨光社区东郊小镇一番街法治文化街区、麒麟街道麒麟铺社区法治文化长廊、淳化街道茶岗村法治宣传教育中心、谷里街道金牛河法治文化广场、江宁街道牧龙社区“和睦兴隆”法治文化大观园、秣陵初级中学法治文化广场、秣陵中心小学法治文化广场、梅龙湖学校法治文化长廊、江宁实验小学法治文化长廊、禄口第二小学法治文化长廊、上坊中心小学法治文化长廊等12个基地。

【“宪法宣传周”主题活动】 2022年是现行宪法公布施行40周年。12月10日，江宁区开展第五个“宪法宣传周”主题活动，此次“宪法宣传周”还将在各街道进行巡回展出。活动现场发布2022年度江宁区宪法公益宣传片《宪法，与你同行》，重温宪法历史，感受宪法力量。发布《多大事啊》先导片，该栏目继续聚焦身边真实案例，以专业且接地气的表达，推动普法沉下去、暖起来。当天还举行“江宁法治号”公交发车仪式。邀请南京师范大学法学院教授、博士生导师孙文恺教授作宪法专题讲座。此次“宪法宣传周”活动期间，还安排宪法讲座、“百万党员学宪法学党章考法律”及“宪法七进”等主题活动。（宁 鉴）

法治政府建设

【概 况】 2022年，江宁区坚持以习近平法治思想为指引，深入学习贯彻党的二十大精神和习近平全面依法治国新理念新思想新战略，按照中央、省、市相关决策部署，围绕落实《法治江宁建设规划（2021—2025年）》《南京市江宁区法治政府建设实施方案（2021—2025年）》《南京市江宁区法治社会建设实施方案（2021—2025年）》，立足新发展阶段、贯彻新发展理念、服务构建新发展格局，以法治工作“争第一、创唯一”为导向，不断推进法治政府建设，取得一系列重大进展，基本形成“党委领导、人大和政协监督、政府实施”的格局，被省委依法治省办命名为“第二批江苏省法治政府建设示范地区”。

【规范性文件合法性审查】 2022年，江宁区严格规范性文件监督管理，向市政府报备行政规范性文件2件，报备率、及时率和规范率均为100%。落实《南京市江宁区政府合同管理办法》，对21件区政府合同进行合法性审核，印发《关于开展对以街道名义签订的政府合同签订和履行情况专项检查的实施方案》，开展以街道名义签订的政府合同专项评查活动，对10个街道8434份合同进行监督检查，形成《一方主体为街道的政府合同专项评查情况报告》，该报告得到区委主要领导批示。常规开展合法性审核工作，完成对103件区领导批办件、22件其他文件的合法性审核及17件各类法规、规章立法的征求意见工作。

【依法行政】 2022年，江宁区持续推进权力事项清单标准化建设，根据省委编办关于乡镇（街道）权力清单工作的有关要求，梳理出下沉街道的177项行政处罚权和15项行政强制措施权，编制《江宁区街道行政权力清单》。组织各部门对区级行政执法权力事项开展线上确认和维护，进一步推进依法行政，构建边界清晰、分工合理、权责一致、运转高效、依法保障的政府职能体系。深化“一件事”改革，梳理汇总《江宁区“一件事”集成服务事项清单》109条，参保登记、企业职工退休审批等就业、退休“一件事”实现一站式办理。推进“跨省通办”改革，推动“全程网办”，全面拓展“异地代收代办”，街道便民服务中心可“跨省通办”事项206项。梳理“证照分离”改革清单，全面推行涉企经营许可事项告知承诺制，将可合并、可取消、可共享、可承诺的申请材料在受理阶段归于“0”，梳理“0材料”事项清单。

【行政复议】 2022年，江宁区完善行政复议制度建设，制定《行政复议接待登记制度》和行政复议委员会工作规则、案审规则、委员守则，以标准化流程化保障规范化建设。在政府公开招标法律服务上加强财力供给，购买服务标准比上年提高115%，加大力度引入执业律师团队。完成行政复议改革过渡任务，基本解决复议体制改革“机构、人员、场所、经费、制度”五大问题，加快行政复议中心项目规划，形成全区行政复议“一个窗口对外、一套流程办案、一个标准裁判”的工作模式。优化行政争议诉源治理，深化府院联动，推进行政争议协同化解江宁工作站、江北新区法院行政诉讼江宁巡回审判点运行。落实《关于做好行政争议实质性化解保障法治政府建设高质量发展的实施意见》，提升诉前化解率。全年收到行政复议申请245件，受理236件，办结案件207件，按期办结率100%，确认违法或撤销40件，直接纠错率19.3%；终止91件，实质性化解率43.9%，比上年提高14%。

【行政执法监管】 2022年，江宁区开展基层综合执法规范化专项行动、政府购买服务清理和街道赋权事项评估；梳理街道常用处罚事项，规范执法流程，统一街道处罚自由裁量标准，实施街道综合执法改革及赋权事项行使专项督查。审查重大处罚备案，完成对区文化和旅游局、城乡建设局、交通运输局、市场监管局、应急管理局、禄口街道等6家单位报送的67件重大处罚案件审查，并实现网上备案审查。加强执法人员管理，开展对区行政执法部门、街道行政执法人员的资格审核，审查清理后全国统一执法证持证人员1618人，对区主要执法部门286份案卷进行评查。依法办理执法监督案件8起，督促各行政执法机关按要求上传执法人员、行政处罚、行政许可、行政强制、行政检查、重大处罚备案等信息。

【依法决策】 2022年，江宁区修订并执行区政府议事决策规则，不断提高依法科学民主决策水平。对《南京市江宁区国民经济和社会发展第十四个五年规划和2035年远景目标纲要》《江宁区“十四五”知识产权发展规划》及南京机场高速公路秣陵互通改扩建工程3件重大行政决策，均严格履行公众参与、专家论证、风险评估、合法性审查、集体讨论决定等重大行政决策法定程序，重大行政决策事项目录在区政府网站予以公布。

（杨梦莹）

公　安

【概　况】　2022年，南京市公安局江宁分局以战疫情、防风险、保安全、护稳定、促发展、惠民生为主线，加强公安工作和队伍建设，完成年度各项目标任务。开展打击养老诈骗、电信诈骗、网络贩枪、奶茶品牌加盟、未成年人流窜盗窃5次集群战役行动，两个月破案1200余起，抓获犯罪嫌疑人438人。在全区871个小区开展“无群租房小区”创建活动，达标60个，更新登记暂住人口55.2万人、出租房屋3.9万户。全年查处交通违法行为74.8万起，亡人交通事故比上年下降17.2%。组织警力4.2万人次，出动车辆1.2万余辆次，检查重点行业、场所3.4万家次，查处违规经营97家。列管消防监管单位14320家，检查发现隐患7398处，整改率97.13%。

【刑事犯罪案件侦查】　2022年，江宁公安分局成功处置“2·10”从城区逃窜至江宁的无证驾驶冲撞逃逸敏感事件，获评全省十大经典处置案例；连续侦破公安部挂牌督办的北京怀柔、苏州吴江、吉林延吉、镇江京口及南京市雨花台区5起命案积案。国庆当天，14小时速破湖熟“9·30”故意伤害致死案。10月20日，破获九龙湖锦江都城酒店女大学生被杀案，及时消除社会影响；侦办部督“精神控制”反邪、涉“暗网”贩毒、假医疗器械专案，公安部3次致贺电予以表扬。中共二十大安保期间，两个月内连续发起打击养老诈骗、电信诈骗、网络贩枪、奶茶品牌加盟、未成年人流窜盗窃5次集群战役行动，60天破案1200余起，抓获犯罪嫌疑人438名。打造一批反诈宣传“服务战队”和“品牌矩阵”，电诈立案比上年下降28.1%，破案率上升10.2%，打处上升29.2%。成功破获江宁历史上最大规模、涉案金额3亿元的电诈大案。

【警务服务】　2022年，江宁公安分局以公安政务服务中心为基点，拓展江宁开发区、麒麟科创园、区车管所3个分中心，优化派出所综合窗口、交警中队窗口及网办中心，完善“1+3+N”全方位、全时空、多维度公安政务服务体系。先后出台服务企业、驻区高校和优化营商环境22条举措，帮助企业、高校解决所需所急所盼。依托企业服务分中心、警企会客厅，流动服务车常态化“进企业、进高校、进小区”，提供便捷高效的一体化、规范化、定制化服务。自主研发的一体化远程示证台获全国公安基层技术革新比武大赛一等奖，取得江苏公安史上最佳成绩，实现历史性突破。

【社会风险防控】　2022年，江宁公安分局以“拔钉子”精神破解难题，全力配合保障“三大片区”整治和百日攻坚行动，常态化开展排查整治。梳理多个治安重点区域，集中警力持续攻坚作战，组织开展集中清查行动，实现从治安乱点向综治亮点的转变。对接区住建、房产等部门及各街道、园区，在全区871个小区开展“无群租房小区”创建活动，创建达标602家，更新登记暂住人口55.2万人、出租房屋3.9万户。全年查处交通违法行为74.8万起，亡人交通事故下降17.2%，降幅创历史之最，交警大队获“全国公安机关成绩突出交警大队”称号。

【社会治安管理】　2022年，江宁公安分局按照公安部部署，制定“百日行动”系列方案，每周组织辖区“大扫除”不少于1次，先后组织社会面集中清查行动20余次，不间断开展治安乱点整治。累计组织警力4.2万人次，出动车辆1.2万余辆次，检查重点场所、行业3.4万家次，查处违规经营97家，发现隐患2818条，下发隐患整改通知书1610份（已整改2794条、24条移交消防部门），查处各类违法犯罪嫌疑人2079人，抓获在逃犯罪嫌疑人29人，查处酒驾214起。

【居民出入境及往来港澳台管理】　2022年，江宁公安分局办理出入境及往来港澳台证件8071件，其中护照3086件、中国港澳通行证及签注3545件、中国港澳居民来往内地通行证22件、往来中国台湾通行证及签注22件、外国人签证1396件。查处违反出入境管理行政案件120起，妨害国（边）境管理刑事案件立案5起、起诉4人，遣送出境6人。

【安全保卫】　2022年，江宁公安分局落实有效措施为大型活动提供安全保障，组织协调区相关部门实地踏勘活动现场，制订安全保障预案，完成东南大学120周年校庆、全球网络智能大会等各类活动安全保障91场次，执行警卫任务110起。

【安全监管】　2022年，江宁公安分局加强安全监管整治工作，列管消防监管单位14320家，检查发现隐患7398处，整改率97.17%。与全区637家物业公司、157个居委会签订消防安全责任书，全面落实民居消防责任。对366家民爆、剧毒、放射源、烟花爆竹、易制爆等单位进行检查，建立高校专家互查机制，组织东南、南航、河海等9所驻区高校32名专家开展交叉互查，检查高校实验室751个。

【社会稳定维护】 2022年，江宁公安分局发挥职能作用，落实稳控措施，有效维护社会政治稳定和治安秩序。组织各派出所开展娱乐服务场所、涉危仓储等硬件达标攻坚会战，全面排查风险隐患并及时整改。推进寄递物流领域安全生产专项整治和规范经营，组织开展寄递单位“三个100%”制度落实情况检查。全年检查1234家旅馆、1723间网约房、107家桑拿浴室、447家寄递业单位、658家机动车修理单位等，处罚行业场所82家。采取“日巡查、周通报、月研判”方式，及时组织警力对警情高发区域开展集中打击整治行动。全区涉娼涉赌警情分别下降26.7%、18.3%，累计破获黄娼赌类刑事案件18起，查处治安案件34起，抓获违法犯罪人员74人，破获“8·21”开设赌场案、“9·16”组织卖淫案、“9·19”介绍卖淫案等一批案件。

【“110”接处警】 2022年，江宁公安分局“110”电话呼入量135.6万件，日均3715余件，接通率99.9%，继续保持在全省最高。其中，报立刑事案件8686起，查处行政（治安）案件4.4万件，调解各类纠纷7.8万起，处理交通警情14.6万起，救助服务群众63.8万件，其他7.4万件。

【打击经济犯罪】 2022年，江宁公安分局共受理各类经济犯罪案件117起，立案113起，破案79起，抓获犯罪嫌疑人268人，挽回经济损失87548万元。持续打造反诈宣传“品牌矩阵”，成功劝阻64万余次，其中2起冒充公检法、1起冒充领导诈骗案，避免损失1335.5万元。发起打击电诈集群战役，摧毁境外回流电诈犯罪集团，抓获涉案人员103人，侦破公安部督办580万元特大电信诈骗案，并带破全国各地案件1000余起，涉案资金3亿余元。该案系该分局破获的最大规模电诈案件，也是近年全市打击电诈程度最深、扩线最广、金额最高的案件。

【打击毒品犯罪】 2022年，江宁公安分局查处吸毒人员172人（含笑气行政处罚），行政拘留98人，占比57%。加强易制毒化学品监管，全区有易制毒化学品企业323家，动态保持实地核查率100%，全年查处违法违规企业8家。

【网络安全治理】 2022年，江宁公安分局发挥网上斗争主力军、攻坚队作用，依托互联网信息情报监控巡查中心，不断完善舆情的引导处置流程，提升互联网舆情预警和处置能力水平。全年编报信息专报175期，报送涉及本地舆情信息1800余条，教育惩戒和依法打击发布涉政有害信息网民53人，处置消除有害信息83条。

【危爆物品管控】 2022年，全区有易制爆单位339家，剧毒化学品单位17家，民爆单位5家，烟花爆竹仓库1家,民用枪支单位7家，放射源单位20家。消防列管单位14659家，其中消防三级单位266家、一般单位14393家。持续开展排查检查工作，确保涉危单位100%备案列管，涉危单位均签订安全责任书。排查全区涉危单位使用剧毒、易制爆、易制毒化学品品名，并填写“三类企业”危化品使用安全专项治理登记表，统计造册，做到“底数清、情况明”。对全区涉危单位反复检查复查，督促落实人防、技防等制度，确保存储场所治安防范条件100%达标，所有涉危企业通过治安防范安全评价。组织系列专项行动，通过现场检查危险物品数量、台账，网上巡查“智慧危管”平台，确保危险物品100%不流失。全年检查单位4296家次，发现并整改安全隐患357处，处罚因购买未按时备案的易制爆危险化学品使用单位2起，处罚金1500元。

【道路交通管理】 2022年，江宁公安分局聚焦“防事故、保安全、保畅通、护稳定、促发展”主责主业，开展交通事故预防“减量控大”和“苏安护行”“宁安护行”等系列行动，防范化解各类重大风险。聚焦向科技借智、向创新借力，深化源头监管、规范执法、智慧警务、民生服务等领域改革，全区交通安全形势平稳可控、事故起数下降，面上通行秩序明显改善。全年工作日早晚高峰拥堵指数为1.45，平均车速31.1千米/小时。对全区16家“两客一危一校”企业、239家重点企业，加强道路运输企业风险画像和研判运用，采取约谈提示、教育惩戒、挂牌督办等措施，督促落实安全主体责任，倒逼问题隐患整改。全年检查重点单位239家，约谈企业80家，下发安全隐患整改通知书80份，清理各类车辆、驾驶人隐患3600条。紧盯7148辆重点车辆，督促1631辆渣土车安装右转防盲系统、463辆“两客一危”车辆全部安装主动干预系统，切实将风险隐患控制在源头。实施农村道路安全隐患突出路口路段治理，落实安全防护措施，按时保质完成2处部局级挂牌、2处市级挂牌的事故多发点段隐患整治任务，推动交通基础设施提档升级。全年排查整改各类安全隐患600余处，投入资金1700余万元，增设“品”字形护栏56处、转角护栏11处、城市智能广播系统81处、喷涂可视化标线421处、纵向减速标线182处、机动车右转危险警示区131处、货车右转必停抓拍设备18处、货车“右转必停”标线75处，在104国道、002省道等7条国道省道上推广货车右行管控，提升道路本质安全水平。建立警情复盘机制，依托自主研发的集成指挥平台，在交通警情处置结束后，进行事后回溯，对警力到场时间、装备配备、现场处置规范性情况进行跟踪并考核。7月开始，常态化开展交通类警情调度、回溯工作，共调度警情520余起，警情处置到场时间加快15.37%。落实重大伤亡事故领导“现场必勘”制度，对亡人事故开展“一案一析”，编制死亡交通事故“一案一析”深度调查报告80篇、死亡交通事故溯源调查报告23篇和交通隐患整改通知书6篇、交通警情月度研判报告11篇。10月，实行“溯源调查”机制，从事故发生道路隐患等6个方面开展深度信息研判，为事故风险防范提供依据。开展拒绝酒驾、知危险会避险、关爱“一老一小”等专题宣传活动，组织各类道路交通安全宣传活动200余次，发放宣传资料3万份。围绕“一盔一带”“闯红灯”“货车盲区”等，制作交通事故防范语音提示30余条，通过农村地区344处“智能云广播”设备，在事故多发时段循环播放，扩大社会覆盖面、群众知晓率。运用报、网、端、微等各类媒体，加强交通安全宣传警示教育和曝光严重交通违法行为，刊发宣传稿件2233篇、播放视频482件。科学布警，最大限度将警力投入交通堵点、秩序乱点路段，严管严查闯红灯、酒驾醉驾、超速超载、不礼让斑马线等重点违法行为。突出12个重点商贸区、19个重要交通节点、27个乡村景区的常态值守和动态巡管。全年查处渣土车、混凝土搅拌车等工程运输车闯红灯1680起、超载6187起、“百吨王”147起；查处客车超员1441起，其中超员100%以上34起。查处各类违法行为为95.9万起，其中现场处罚34.3万起，违停19.1万起、清拖1.2万辆，饮酒驾驶1222起，醉酒驾驶693起，行政拘留264人，吊销驾驶证687件，黑加油车126起，查获失驾违法人员22人，其中涉毒19人、涉酒3人。优化调整路口、路段、区域道路空间资源和通行权，释放快速路网通行效能。投入资金4800万元，实施龙眠大道天元东路路口、天印大道印湖路路口、月华路小学等26处小微堵点改造，完成宁马城际铁路（江宁段）改造、诚信大道快速化改造等28个建设项目。

【公安行政服务业务管理】2022年，江宁公安分局行政审批中心办件量32万件，收到群众感谢信、锦旗154件，窗口满意率99.92%。办理户政业务12.1万件、身份证业务9.3万件、综合业务1.1万件，其中易制毒化学品购买许可2073件，公章刻制备案6453件，买卖剧毒化学品、易制爆危险化学品备案2150件，旅馆特种行业许可证核发58件，民用爆炸物品运输、购买许可327件，其他413件。办理交通管理业务1.6万件，禁区通行证2.3万张，驾驶证补证、换证3800余张。

（朱亚丽）

【岔路派出所获国家级荣誉】5月25日，全国公安系统英雄模范立功集体表彰大会在北京人民大会堂召开，表彰近5年在各项公安工作中做出突出贡献的先进集体和个人。江宁公安分局岔路派出所作为全国优秀公安基层单位受到表彰。岔路派出所辖区面积6.7平方千米，实有人口13.5万人，其中流动人口8万人，辖区内有行业场所3500余家及亚洲最大火车站南京南站，是全区路网密度最高、人口密度最大、外来人口占比最多、治安程度最复杂的派出所，25名民警年均接警1.7万余起。该所通过聚焦破案攻坚、社会防控，不仅“专业化打击”成效显著，还深化改革赋能，构建社区警务、案件办理2个闭环，畅通上级机关、区域综治单位、派出所内部3个层面，做好科技、监督、制度、勤务4个保障的“1234”警务运转机制。此外，该所持续深化“放管服”改革，不断完善窗口设施及服务机制，推行预约、错时、延时服务，综合窗口年均办件量1.2万余件，综合满意率99.8%，位居全市前列。岔路派出所从辅警队伍中遴选出一批素质高、能力强、作风硬的队员，培训组建街面调解员队伍，参与先期非警务类警情处置及街面矛盾纠纷化解工作，让原本被动纠纷调处向接处警前端延伸。自主研发警力集群调度系统，实时掌握巡防质效，就近派警处置，有效推动警务模式由“静态管理型”向“动态防控型”转变。全面推进智慧安防小区建设，在辖区51个小区开展新一轮智能感知终端补盲建设，搭建智慧门禁系统，实现人、车、物等多要素汇聚，有43个小区全面完成智能化建设。

（宁　鉴）

检　察

【概　况】 2022年，江宁区人民检察院和江宁经济技术开发区人民检察院履行刑事检察职能，加强民事行政诉讼监督，深化“四检合一”工作机制。通过制定实施方案、建立合作机制、开展专项监督活动等方式，维护政治安全和社会大局稳定。加强侦查监督与协作配合机制建设，贯彻“少捕慎诉慎押”司法政策，开展强制戒毒检察监督试点工作，不断推进自身高质量发展。坚持政治建设业务建设一体推进，打造高素质检察队伍。常态化开展顽瘴痼疾整治工作，细化工作方案。强化青年干警培训，开展“青蓝相继、接力助跑”工作，不定期举办培训活动，提升干警政治素质和业务能力。

【刑事案件检察】 2022年，区检察院和江宁开发区检察院受理审查逮捕案件289件、385人；受理审查起诉案件1394件、1842人。区检察院加强侦查监督，提前介入重大疑难复杂案件39件，书面纠正侦查活动违法32件，纠正漏捕、漏诉28人次。加强审判监督，提出二审抗诉2件、审监抗诉2件，均获采纳；书面纠正刑事审判活动违法9件。加强刑事执行检察，办理暂予监外执行审查案件8件，向监管单位发出书面纠正违法通知书65份、检察建议8份。对一起司法工作人员渎职犯罪案件线索深入调查，促使公安机关退回涉案款项40.2万元。江宁开发区检察院突出打击整治养老诈骗，办理1起针对老年人收藏品拍卖诈骗案，入选最高人民检察院《打击整治养老诈骗专项行动专刊》，改编的微视频《过招之古董局中局》获第四届平安南京“三微”比赛二等奖。坚决遏制电信网络诈骗高发势头，开展“净网”“断卡”行动，起诉以刷单、交友等为名的电信网络诈骗犯罪22人。

【民事行政诉讼监督】 2022年，区检察院加强民事检察监督，受理生效裁判监督案件14件，提出再审建议5件。开展审判程序违法监督专项活动，发出诉讼违法监督检察建议7件，执行监督检察建议4件，均获采纳。强化行政检察工作，聚焦强制隔离戒毒和土地执法查处领域，深入挖掘监督线索。针对法院行政审判程序违法行为发出检察建议11份，办理非诉执行监督检察10件，开展行政违法行为监督14件。

【公益诉讼检察】 2022年，区检察院深化“四检合一”工作机制，围绕环境资源保护、食品药品安全和文物文化保护等传统领域，摸排公益诉讼线索84条，立案90件，提出行政诉前检察建议48件，提起民事公益诉讼、刑事附带民事公益诉讼13件。搭建志愿者平台，选聘23名环境保护、食品药品安全等领域专家志愿者，为公益诉讼提供智力支持，获得最高人民检察院肯定。平台实质化运行后，共提供线索3件、立案2件。

【未成年人检察】 2022年，区检察院加强未成年人综合保护，率先在全市涉未成年人案件中探索强制家庭教育指导，发出家庭教育令、督促监护令7份，联合妇联、专业社工等开展家庭教育指导、亲子教育团队辅导50次。推动全区143所幼儿园、94所中小学签署承诺书，督促主管部门对新入职的880名教师开展入职查询。

【知识产权保护】 2022年，区检察院与南京铁路运输检察院签署《关于加强知识产权保护检察协作的意见》，明确协作配合、优势互补、信息共享、务求实效的基本原则，并具体落实到资源共享、线索共享、同堂共训、队伍共建、融合发展、服务企业、完善机制等7个方面，进一步拓展知识产权检察履职模式，依托江宁区知识产权集聚区位优势，为企业提供检察服务产品和机制保障。组织相关案件承办人参加侵犯知识产权犯罪案例教学培训，促进知识产权协同保护工作高质量发展，切实提高办案能力和水平。

【检务督察】 2022年，区检察院履行政治监督职能，协助党组推进党风廉政建设，召开党风廉政建设专题党组会2次，举办廉政警示教育活动4次，编发督察建议3份。制订常态整治工作方案，结合最高检通报的14个问题共性问题，深入开展自查自纠与全面整治，组织各类教育学习20余场次，对会风会纪、值班情况等开展作风巡查36次。

【检务公开】 2022年，区检察院开展已公开法律文书清查“回头看”工作，清查2014年以来公开的所有法律文书，撤回问题文书349份。全年编发检察信息周报39期、检察信息专报9期、检察信息简报6期、检察情况反映3期。通过微信公众号、微博、门户网站发布相关信息335条。

【检务公益服务】 2022年，区检察院围绕环境资源保护、食品药品安全和文物文化保护等传统领域，摸排公益诉讼线索84条，立案90件，提出行政诉讼前检察建议48件，提起民事公益诉讼、刑事附带民事公益诉讼13件。与区委统战部会签文件，搭建“益心为公”志愿者平台，选聘23名环境保护、食品药品安全等领域专家志愿者，为公益诉讼提供智力支持，获得最高人民检察院肯定。该平台实质化运行后，共提供线索3件、立案2件。

【检务为企服务】 2022年，区检察院落实民营经济司法保护刑事政策，妥善办理涉企案件50件。做稳做实涉案企业合规试点，探索形成检察主导下的简式合规监管模式，办理的金宏业公司提供虚假证明文件案入选最高人民检察院涉案企业合规典型案例。开展打击虚开骗税违法犯罪专项行动，与南京市税务第三稽查局建立合作机制，加强行刑衔接，督促23家涉案企业及时补缴税款。服务保障长江经济带发展，对接区农业农村局，构建涉渔行政执法与刑事司法衔接长效机制。办理污染环境刑事案件7件、40人，提起民事公益诉讼11件。

【诉源治理】 2022年，区检察院推进群众信访“件件有回复”工作，接收各类信访案件154件，受理83件，全部在限期内回复。严格落实院领导包案办理首次信访制度，领导包案办理信访23件，办结10件，未出现再上访。规范简易公开听证，聘任专职听证员并开展履职培训，邀请人民监督员、听证员参与检察听证案件54件、65人次，助力矛盾纠纷化解， 4件行政争议得到实质性化解。结合受贿案件、医保卡盗刷案件中发现的行业管理漏洞，提出社会治理类检察建议，从源头降低案发风险。与江宁公安分局、邮政管理局会签建立寄递安全监管联动机制；与区安监局、消防大队会签安全生产监督协作办法，通过联合开展消防检查、制发检察建议和磋商函，消除辖区内16所中小学消防隐患。

【民生检察】 2022年，区检察院开展“公益诉讼守护美好生活”专项监督活动，对消字号抗菌制剂非法添加、农药废弃物回收处理等进行专项调查，督促职能部门加大执法力度。加强未成年人综合保护，率先在涉未成年人案件中探索强制家庭教育指导，发出家庭教育令、督促监护令7份，联合妇联、专业社工等开展家庭教育指导、亲子教育团队辅导50次。推动全区143所幼儿园、94所中小学签署承诺书，督促主管部门对新入职的880名教师开展入职查询。强化弱势群体保护，开展打击整治养老诈骗专项行动，从严办理案件7件、29人，通过检察办案追回赃款526万元。将支持起诉案件范围扩大到残疾人、工伤职工等弱势民事主体，办理支持起诉19件；出台内部协作规定，为37名当事人发放救助金42.87万元。

【侦查监督与协作配合机制建设】 2022年，区检察院与公安机关会签实施办法，建立羁押案件一站式办理平台和取保候审速裁程序快速联动办案机制，细化重大疑难案件听取意见制度，明确轻微刑事案件认罪认罚与社会公益服务、不起诉后行政处罚衔接等。开展积案清理专项监督，发出监督撤案37件、追诉36人；对210件拟移送起诉案件提出程序适用建议，同时提出完善补强证据、程序规范及法律适用等方面意见43条；对18件拟报捕案件进行评估会商，提出取保候审建议8件、分层处理3件。

【“少捕慎诉慎押”刑事司法政策落实】 2022年，区检察院进一步深化认罪认罚工作品牌建设，健全值班律师法律帮助实质化工作机制，分类构建控辩协商工作机制，得到市、区人大代表和省检察院肯定。认罪认罚适用率90.72%，速裁、简易程序适用率95.67%，确定刑量刑建议采纳率96.24%。规范不起诉权行使，制作相对不起诉办案指引，细化11种常见轻微刑事案件不起诉

1月21日，区检察院发出全市首份《家庭教育令》，责令一起涉案未成年人家长限期接受专业的家庭教育指导 （区检察院供图）

标准，优化不起诉决定前公开听证、志愿服务等程序衔接。落实不起诉决定后行政处罚等非刑罚化配套措施跟进，将轻微刑事案件社会志愿服务考察机制应用范围从涉交通类案件延伸至盗窃、妨害公务等案件类型。

【强制戒毒检察监督试点】 2022年，区检察院依托派驻检察官办公室，完善备案审查、重大事项通报、定期联席会议和受理检举申诉4项工作制度，增加专家鉴定评估、审计等3项调查措施，促进强制戒毒检察监督工作规范化。做好行刑衔接，拓宽线索发现渠道，创新涉毒案件“一案四查”机制，全面审查涉毒类刑事案件95件、262人，发现行政违法监督线索28条，发出检察建议11份，均已回函整改，相关工作经验先后被省检察院、最高人民检察院推广。 （区检察院）

【法律监督】 2022年，江宁开发区检察院监督公安机关立案、撤案97人,纠正漏捕5人、漏诉42人；纠正法院刑事审判活动违法12件；抗诉、再审检察建议1件。开展看守所未依法收监、社区矫正和财产刑执行监督等专项监督7次，发出检察建议1件。办理民事监督案件83件,制发检察建议42份。办理某劳务合同纠纷民事生效判决监督案，该检察案被省检察院采用为调查取证典型案例。办理未成年人父母未尽抚养义务支持起诉案，入选市政法网格员月度十佳案例。办理行政监督案件2件,配合市检察院办理全市首例行政再审检察建议案件。协助市检察院办理某建设集团公司撤销虚假分公司登记案，入选最高检“检察为民办实事”——行政检察与民同行系列典型案例。办理公益诉讼案件90件，发出诉前检察建议66件,办理的加特源汽车部件有限公司污染环境刑事附带民事公益诉讼案入选最高人民检察院“为民办实事破解老大难”千案展示平台。

【涉企案件办理】 2022年，江宁开发区检察院办理企业及经营者犯罪案件57件、99人，不捕率62.5%，不诉率41%，帮助企业挽回经济损失430余万元。培育启程涉企办案团队，结合办案做好企业回访工作，先后走访南京建工集团、福特汽车工程研究（南京）等涉案企业，反馈案件办理情况，帮助企业完善管理机制。召开护航企业发展专题新闻发布会，制发涉企案件白皮书、典型案例11件。撰写的《连锁加盟“快招”骗局重创小业主信心、危害实体经济和地方稳定亟须打击遏制》风险研判报告，被《市委动态》采用。尝试异地跨区域企业合规协作，与淮安市淮安区检察院签署企业合规异地协作协议，对江宁6家企业开展企业合规跨区域协作，确保企业生存经营，被《检察日报》报道。

【参与社会治理】 2022年，江宁开发区检察院重视群众信访工作，183件信访均在7日内回复、3个月内办结。新冠疫情防控期间依法保障律师执业权利，接待律师209人次。办案中同步开展司法救助，救助51人，发放救助金53.07万元。落实市委“大走访、大排查、大攻坚”和区委“村村到、户户进、人人访”行动要求，下沉社区走访群众320户；开展普法活动21次，发布检察宣传、法治文章237篇，被各级各类媒体转载刊发66篇次。强化未成年人救助，创立“启航”未检工作室，实现全市首家检察官担任法治副校长全覆盖。与区卫健委建立强制报告线索移送机制，联合区教育局督促辖区内中小学校负责人全员签订强制报告承诺书，协同区教育局对新招录的教职工开展入职专项查询活动，入校开展普法活动15次，受教育学生2.5万余人次。

（开发区检察院）

法 院

【概 况】 2022年，江宁区人民法院和江宁经济技术开发区人民法院深入贯彻习近平法治思想，围绕“努力让人民群众在每一个司法案件中感受到公平正义”目标，深入推进司法改革，全面加强队伍建设，各项工作取得新成绩。全年新收各类案件44587件，办结42239件，比上年分别增长7.06%和10.79%。

【刑事案件审判】 2022年，区法院和江宁开发区法院加强刑事审判工作，依法惩治刑事犯罪，审结刑事案件1269件，判处罪犯1642人。区法院严惩严重危害公共安全和群众生命财产安全的恶性犯罪，审结侵犯人身权犯罪案件66件、侵犯财产权犯罪案件188件、涉枪涉爆犯罪案件41件。严惩扰乱市场秩序犯罪，审结组织、领导传销活动犯罪案件41件。严惩电信网络诈骗及其衍生犯罪，组织“断卡”专项行动，审结此类案件35件。开展打击整治养老诈骗专项行动，审结涉养老诈骗犯罪案件5件，及时移送执行，最大限度追赃挽损，维护老年人合法权益。守护未成年人健康成长，审结侵害未成年人犯罪案件29件，封存9名未成年人的犯罪记录。坚持对毒品犯罪“零容忍”，审结涉毒品

2022年，开发区法院优化“萤火星光”融合普法，定期走进校园、社区、企业进行法治宣传。图为12月10日，开发区法院“萤火星光”家庭教育指导中心揭牌仪式现场（开发区法院供图）

犯罪案件13件。维护百姓出行安全、餐桌安全，审结交通肇事、危险驾驶犯罪案件331件，有毒有害食品犯罪案件19件。江宁开发区法院公开审理5件、9人“上头电子烟”案，并进行集中宣判，打击震慑犯罪。实施涉新型毒品的“司法+全链整治”行动，联合公安、检察、教育、市场监管等部门会签《关于保护青少年免受“上头电子烟”侵害协作协议》，相关做法被《人民法院报》刊发，被省法院写入《江苏法院禁毒工作白皮书（2017—2021）》，加强电子烟管控的司法建议获评全省优秀。开展打击整治养老诈骗专项行动，组织“线上+线下”问卷调查、“快闪式”普法、专题讲座等，协同公安、检察、市场监管等部门共同形成打击整治养老诈骗联合工作机制，切实守护好老年人的“钱袋子”。发布《少年家事案件审判白皮书》，司法引领家庭社会和谐稳定。开展侵害妇女儿童群体权益问题排查，移送犯罪线索4件。

【民商事案件审判】 2022年，区法院和江宁开发区法院审结民商事案件30802件。区法院加强民事案件审判，审结家事案件1177件，调解撤诉率62.79%；依法保护劳动者权益，审结劳动争议案件998件；完善道路交通事故损害赔偿纠纷“网上数据一体化处理”，审结道路交通事故案件1440件，诉前化解道路交通事故纠纷4612起；审结商品房预售、房屋买卖合同纠纷案件668件；审结网络买卖合同纠纷案件148件；审结医患纠纷案件13件；审结物业纠纷案件1785件，调解撤诉率93.56%。受理破产和强制清算案件177件，审结130件，审结买卖、承揽等商事合同纠纷案件2924件，审结股东资格确认等涉公司案件299件，审结知识产权案件507件。开展“优化法治化营商环境执行年”1+4专项行动，会同发改、市场监管、税务等部门，对纳入失信被执行人名单企业进行全面摸排，对符合条件企业予以信用修复，帮助企业重塑信用、走出困境。防范化解金融风险，对涉众型金融犯罪依法惩治，审结集资诈骗、非法吸收公众存款犯罪案件21件、74人，涉案金额53.98亿元。优化金融法治环境，审结金融借款、保险、融资租赁、票据纠纷案件719件。规范民间融资秩序，对违法高息、预先扣息等不予保护。审结民间借贷纠纷案件1960件，标的总额13.15亿元。推进源头治理，针对办案中发现的社会治理薄弱环节和行业管理漏洞，发出司法建议10件，均得到积极回应。

【案件执行】 2022年，区法院和江宁开发区法院强化胜诉权益兑现，加强执行工作，巩固解决执行难成果。全年新收执行案件10376件，执结9894件。区法院健全财产网络查控机制，提升执行工作信息化水平，提起网络查控、冻结、扣划15150件次。持续开展涉民生、涉金融、涉中小微企业等专项执行行动，常态化开展集中执行，强化执行威慑，严惩拒执行为。联合区信用办等12家单位构建信用评价网络，发挥失信联合惩戒机制作用，纳入失信被执行人名单468人次，限制高消费5915人次。完善“执转破”工作机制，将符合条件的36家企业移送破产审查，加快出清执行领域“僵尸企业”。坚持网络拍卖执行财产，提高执行财产处置的规范性和时效性，提起网拍473次，成交金额2.46亿元。江宁开发区法院落实执行强制举措，拘传、搜查200余人（件）次。强力推进“1+4”专项行动，依法对涉800件案件的205家企业撤销、删除失信信息，助力企业信用修复，相关工作被省法院简报刊登。组建“执转破”团队，进一步优化“执转破”流程，帮助8家“僵尸企业”依法退出市场，103件执行终本案件得到清理，“南京贝黎妃餐饮管理有限公司破产清算案”获评全省法院“执转破”优秀案例。践行善意文明执行理念，运用“活封”“执行和解”等方式妥善处理案件，为企业纾困解难，相关案例分别入选全省法院助企纾困典型案例和弘扬中华优秀传统文化典型案例。

【民生权益保护】 2022年，区法院贯彻实施《中华人民共和国民法典》，依法审理涉民生领域民事案件，回应群众关切。运用司法手段防止家庭暴力，2件人身安全保护令案件获评江宁区维护妇女儿童权益优秀案例，家事案件调解撤诉率62.79%。树立保护劳动者合法权益与维护用人单位生存发展并重的理念，运用劳动争议案件“五位一体”机制化解纠纷。实行网上数据一体化处理，把道路交通纠纷化解在诉前。促进房地产业平稳发展，对商品房预售、房屋买卖合同纠纷案件谨慎审理。审理网络买卖合同纠纷案件，保护网络交易各方主体合法权益，维护网络交易秩序。依法处理医患纠纷，维护医疗秩序，化解社会矛盾。对物业纠纷案件，加大调处力度，调解撤诉率93.56%。

【多元解纷和诉讼服务体系建设】 2022年，区法院推进多元解纷机制建设，加强与调解、仲裁等非诉讼纠纷解决方式的对接，吸纳符合条件的调解组织和个人开展特邀调解工作，对类型化矛盾纠纷进行集中调处，将大批简易纠纷有效化解在诉前。提供“家门口式”诉讼服务，通过诉讼服务大厅和“江苏法院诉讼服务网”“江苏微解纷”等平台，开展线上线下诉讼服务，实现工作事项智能化、集约化办理。全年网上审查立案2.31万件次、电子送达5.83万件次，网上开庭、线上调解1.18万件次，有效减轻当事人讼累。彰显司法人文关怀，为权利受到侵害无法获得有效赔偿而陷入生活困难的当事人申请司法救助金104.21万元。

【民事诉讼改革】 2022年，区法院完善民事速裁机制，优化内部管辖分工，对简单民事案件进行快速审理，形成5个人民法庭、速裁庭和立案庭的“5+1+1”速裁模式。在各审判庭内部实行繁简分流，实现简案快审、繁案精审、类案专审。在执行局成立快执组，使有财产可供执行案件办理进度加快。

【审判运行机制改革】 2022年，区法院推进审判运行机制改革创新，加强“六类案件”监督管理，确保院庭长监督不缺位、不越位、可追溯。审结执行异议、执行监督案件203件，纠正执行行为67件。对被二审发回重审和改判、长期未结、涉诉信访等案件进行重点评查，对终结本次执行程序案件进行抽查和交叉评查，及时反馈整改，促进规范司法，提高办案质效。院庭长带头办结案件9588件，占全院结案总数的33.29%。依法准确适用认罪认罚从宽制度，对案情简单、证据充分、被告人认罪认罚的轻微刑事案件，简化办案环节，刑事案件简易、速裁程序适用率80.39%。优化内部管辖分工，对简单民事案件进行快速审理，形成5个人民法庭、速裁庭和立案庭的“5+1+1”速裁模式，审结案件16502件，占民事结案数的78.48%。在各审判庭内部实行繁简分流，实现简案快审、繁案精审、类案专审。在执行局成立快执组，通过快执结案4225件，占执行结案数的56.59%，有财产可供执行案件办理进度加快。落实审级职能定位改革要求，将审判重心合理下沉，推动大量矛盾纠纷在基层得到公正高效实质性化解。人民法庭对接基层解纷力量，形成基层多元解纷网络，更好服务基层社会治理。探索诉源治理新模式，在汤山街道古泉社区设立“法润乡风”侯家塘微法庭，满足一站式诉讼服务、诉调对接、指导民调、法治宣传、巡回审判等功能，筑牢法治、德治、自治相结合的基层社会治理体系的根基。（张定生）

【汤山法庭获全国法院先进集体称号】 1月，最高人民法院表彰全国法院先进集体和先进个人，汤山人民法庭被授予“全国法院先进集体”称号。汤山法庭积极参加基层社会治理，主动参与辖区社会管理创新工作，建立多元联动调处机制。在辖区2个街道设立审务工作站，开展巡回审判。定期开展法官进网格、进社区活动，将在编干警编入辖区网格，努力实现“小矛盾不出村，大矛盾不出街、矛盾问题不上交”。全面推进一站式建设，发挥诉前调解案件分流主渠道作用，由速裁团队办理简易速裁案件，实现简案快审、繁案精审。作为全市首批社会主义核心价值观教育实践基地，汤山法庭发挥法治宣传作用，邀请中小学学生、法学院大学生、社区网格员及各行各业代表参与司法实践，参观社会主义核心价值观教育实践展示馆，接受法治教育，培育和践行社会主义核心价值观。（宁　鉴）

【审判为企服务】 2022年，江宁开发区法院深入开展“企业大走访”活动，调研辖区企业42

家，邀请企业家进法院50批次，旁听庭审、召开座谈会30余次，征求企业司法需求和对法院的意见建议60余条。推动商会调解中心“1+2”模式高效有序运行，调解涉企纠纷862件，总标的额6000余万元，为企业节省诉讼费用100余万元。发布《关于服务保障中小微企业高质量发展十项举措》《公司类案件审判白皮书》《涉企案件审判白皮书》等，助力企业纾困解难、合法合规经营。建立拖欠中小微企业账款案件快立快审快执“绿色通道”，有效保障中小微企业合法权益。审结破产与公司清算案件53件，助力优化营商环境，护航高质量发展。推进破产案件“府院联动机制”，共同处置、化解、防范重大风险。

【一站式多元解纷和诉讼服务】 2022年，江宁开发区法院以“为群众办实事示范法院”创建活动为契机，开展“政法网格员”进网格、商会调解、指导调解、示范性判决等工作，推动矛盾纠纷源头化解。通过多元解纷，将3500余件纠纷在诉讼前化解。运用“分调裁审”工作机制处理群体性纠纷，成功调解涉及T3、中国邮政航空等群体性案件45批、505件。利用“江苏微解纷”在线化解一批“涉疫”群体性劳动争议纠纷，被评为全国“一站式”解纷优秀案例。建立“我和你”企业微信群，开展线上解答、业务咨询和联系法官等活动7924次。开设全域诉讼服务窗口，开通诉讼服务绿色通道，全面实现跨域材料转递、电子卷宗查阅等10项事务全市通办。优化“萤火星光”融合普法，定期走进校园、社区、企业进行法治宣传。开展“百名法官进百校”活动，8名干警分别受聘辖区内多所中小学法治副校长，组织“法育校园、共佑成长”等法治宣教活动10余次。依托“法官进网格”活动，深入社区、广场等老年人集中场所，面对面开展民法典、反有组织犯罪法、信访工作条例、打击整治养老诈骗等普法宣传，发放宣传资料2000余份。联合公安机关开展“国际禁毒日”主题宣传活动，提升全民禁毒意识。利用微信公众号、抖音等新媒体平台深入开展普法宣传，2篇原创微信获全省法院优秀新闻成果奖，2部原创微视频分获第四届平安南京“三微”比赛一等奖、三等奖。

【诉讼制度改革】 2022年，江宁开发区法院升级繁简分流工作机制，优化各审判团队收案均衡度，推广简案全流程电子诉讼，提高小额诉讼、简易程序适用率。构建“穿透式”繁简分流机制，跨部门组建类型化案件审判团队，实现简案快审、繁案精审，相关做法入选《江苏法院2022年司法改革案例选编》和《南京法院司法改革典型案例选编》。加强“全链式”审判监督管理，探索构建以均衡结案为目标，以质效指标为导向，以全流程监管为保障，覆盖全主体、全事项的“全链式”审判监督管理工作机制。做好“全过程”数据监管、“全时段”跟踪问效，持续关注落后指标、异动指标和弱项指标。坚持审限变更“一把手”审批制度，定期对超过5个月未结案增减情况和超过10个月未结案件进行通报。健全审务督察工作机制，对审判执行工作进行全方位监督，履职中没有出现12个月以上未结案件。

【智慧法院建设】 2022年，江宁开发区法院升级“智慧诉服融合终端”功能，研发“起诉/状执行申请书智能生成系统”，实现当事人通过语音提交起诉申请并进行网上立案、开庭等，相关做法入选《南京法院司法改革典型案例选编》。开发商会调解中心“小程序＋PC端”平台，优化诉前调解和诉中委托调解案件分流机制，充分释放商会组织解纷效能。开展政法协同“单轨制”试点工作，常态化开展刑事审判“线上办案”。推广家事、道路交通等纠纷“要素式智审系统”，为“简案快审”提供智能支撑。升级“一码通”功能，方便律师“一码畅行”。全面推广使用“微法院干警端”办公小程序，优化用车出车、数据统计、请销假等流程，全年线上流转各类申请、审批4614次，实现无纸化的同时提高工作效率。强化电子诉讼，完成线上立案11633次、线上开庭1826次、线上调解1072次。

【审判监督】 2022年，江宁开发区法院落实作风建设工作责任制，制定《关于开展司法作风突出问题集中整治的实施方案》，针对庭审、诉讼服务、裁判文书制作、办公秩序等方面重点开展集中整治。拍摄“司法作风要点提示”短视频并在电子屏滚动播放，确保作风问题抓长抓常，抓出实效。坚持阳光司法，走访人大代表、政协委员10次，开展“法院开放日”活动，邀请人大代表、政协委员视察法院、参加座谈、旁听庭审、见证执行等80余人次。组织新闻发布会、集中采访7场次。定期制发《法院工作简报》，通报法院工作情况。组织人民陪审员参审案件168件，让群众参与司法、监督司法。

（宁奇雷）

司法行政

【概 况】 2022年，江宁区司法局充分履行司法行政各项职能，为全区高效统筹新冠疫情防控和经济社会发展提供有力法治保障和高效法律服务。江宁区入围省委依法治省办第二批拟命名的“江苏省法治政府建设示范地区”公示名单，区司法局被省政府表彰为全省“七五”普法工作先进单位，依法治区工作以及公共法律服务、新闻宣传、信息等工作均获省级表彰。7月，司法部部长唐一军到江苏调研时，考察江宁区公共法律服务中心。

【法治宣传教育】 2022年，区司法局推动落实“谁执法谁普法”责任制，联合区委宣传部印发《2022年江宁区法治宣传教育工作要点》，吸纳法官、高校法学教授等49名专业人才组建区“八五”普法讲师团，征集“以案释法”案例90篇，召开普法责任制履职评议会暨区委全面依法治区委员会守法普法协调小组（扩大）会议，压实普法责任。创新普法形式，成立全市首个“高校普法联盟”和“新媒体普法联盟”，打造法治公交专线，“高校普法联盟”被司法部案例库录用，“小司普法课堂”获评全省法治市场建设守法普法类唯一优秀实例。加强基层民主法治建设，评选第一批12家区级法治文化宣传教育基地。开展第五个“宪法宣传周”主题活动，市委常委、区委书记林涛参加。全年组织各执法单位围绕“民法典宣传月”、住房安全等主题，举办各类普法活动2003场次，受教育群众419万人次，发放宣传资料49万余份。

【人民调解】 2022年，全区围绕中共二十大安保维稳等重点工作，开展矛盾纠纷“大排查、大调解、促和谐”专项活动，全面推行“苏解纷”微信小程序实施线上纠纷化解，全区各类调解组织受理调解纠纷43728件，调解成功43356件。推进行政调解工作，在街道和行政调解任务较重领域成立16个行政调解委员会。完善人民调解组织建设，在10个街道分别设立商会调解工作室，新设立家事调解社区工作室70个、累计154个，建成个人调解工作室44个。重点做好劳动争议及农民工工资清欠调解工作，调解两类案件972件，为劳动者挽回经济损失3573万元。加强访调对接工作，参与接待信访案件91件、891人次，其中集体性上访40批、509人次，参与信访案件会办调处48件。

【法律服务】 2022年，区司法局出台《江宁区法治民企建设行动方案》《服务中小微企业10项措施》等，助力企业纾困解难。开展法治助企“2+N”公益活动，按1名干警、1名律师组团对接N家企业的模式，为全区200家中小微企业提供法治体检、矛盾化解、法律咨询等全方位服务。把优化法治服务作为保障营商的关键抓手，发挥区法律服务产业园辐射效应，推动建立江宁高新区和滨江开发区企业法律服务站点，持续开展“法企同行”系列活动，打造“产业链+法律服务”平台，实行“一企一策”精准送法、“一案一议”精准服务。5月31日，南京市“助企纾困 法治护航”主题活动在紫金研创中心举行，省司法厅厅长张晓伟出席活动并讲话。

【法律援助】 2022年，区司法局围绕“法援惠民生”各项要求，推进实施城乡困难群体法律援助民生工程，提升法律援助覆盖率、受援率，对符合22种情形的困难群体实行法律援助经济状况承诺制。进一步扩大专业法律援助工作站的范围，建成覆盖全区的“半小时”法律援助服务圈，实现群团组织、劳动仲裁等重要民生部门基本覆盖。畅通网上申请渠道，建立健全“线上+线下”“中心+站点”的立体式服务网络，依托微信、互联网平台实现“双同步”

2022年，区司法局出台《服务中小微企业10项措施》等，助力企业纾困解难。图为5月31日，在江宁区法律服务产业园举行的“助企纾困、法治护航”主题活动现场

（区司法局供图）

受理模式。全年办理法律援助案件2550件，为受援人挽回经济损失7080万元。

【社区矫正和安置帮教】 2022年，区司法局推进全国首批“智慧矫正中心”建设，构建全面覆盖、移动互联、智能应用、信息共享的“智慧矫正”新模式。按照全省试点要求，针对全区女性社区矫正对象打造“彩虹心桥”精准矫正项目，为女性社区矫正对象架起更好融入社会的通道。打造省级示范安置基地，开展后续照管省级贯标示范点建设。（杨梦莹）

【“八五”普法规划出台】 1月，《区委宣传部、区司法局关于开展法治宣传教育的第八个五年规划（2021—2025年）》发布。“规划”从指导思想、工作原则和主要目标、普法重点内容、重点工作、保障措施等方面对全区2021—2025年法治宣传教育工作进行全面谋划和部署。“规划”明确，在“八五”普法期间，力争建成江宁区法治文化体验馆，打造汤山法治文化特色园，新增一批全国、省级民主法治示范村（社区），新建区级法治文化作品创作基地，推出一批法治文化传播品牌栏目，形成独具江宁本土特色的法治品牌。（宁 鉴）

仲 裁

【概 况】 2022年，江宁区劳动人事争议仲裁院坚持“预防为主、调处一体、资源整合、部门联动”的思路，通过健全内部管理制度，打造争议处理闭环，推出“一门受理、分类办理、联动调处”模式，联合调处工作取得成效。是年，区劳动人事争议仲裁院获人社部等4个部门联合通报表扬（全市唯一），获省级金牌调解组织称号，相关经验做法被人社部调解仲裁管理司列入第一批劳动人事争议预防调解工作特色做法，入选市优化营商环境典型案例。劳动人事争议联合调处中心建设项目被市委政法委评为全市政法系统“我为群众办实事”优秀项目。全年联调中心接待来访4万人次，受理各类案件约2万件，调处率71%。收案8135件，其中线下立案7094件、部省线上转办1041件（部平台438件、省平台603件）；线下不予受理438件，平台不予受理54件。为当事人追讨劳动报酬、经济补偿、工伤待遇等5100万元。

【仲裁管理】 2022年，区劳动人事争议仲裁院发挥劳动人事争议“调解优先”的制度优势和区劳动争议联合调处中心、仲裁院调解专家和13个基层调解中心（巡回仲裁庭）作用，运用案前调解、案外调解、庭前调解、和解协议书“置换”仲裁调解书等方式，不断提高调解成功率。以区委改革管理创新实践项目建设为契机，强化劳动人事争议人民调解工作室建设。制定《江宁区劳动人事争议兼职调解员管理暂行办法》，在全区选配13名专业调解员充实基层工作室开展调解工作。联合区司法局在仲裁院设立劳动人事争议法律援助工作站，整合“一室一站”协作机制，更加高效调处劳资纠纷。园街调解中心共配备专（兼）职仲裁员25人、兼职仲裁员办案3545件。10月，汤山街道劳动人事争议调解中心被评为南京市金牌劳动人事争议调解组织。

【联合仲裁】 2022年，区劳动人事争议仲裁院将人社、工会、司法、法院4个部门集法律咨询和服务、人民调解、行政调解、仲裁调解、司法调解于一体的调处平台升级为联合调处中心，形成区、园街“1+13”劳动人事争议预防调处格局。新增电子大屏，用于公开仲裁员名单、办事流程、仲裁案件开庭以及举报投诉电话等。针对农民工欠薪案件、10人以上集体争议案件等，开辟绿色维权通道，协调法律援助律师介入，联合司法、工会、法院等部门介入协调处理。全年受理10人以上集体争议33件，涉及职工610人。（赵久荣 吴 烨）

江宁区人民武装部

【概　况】　2022年，江宁区人民武装部（简称区人武部）以习近平强军思想为指导，围绕新体制下职能使命任务，凝心聚力抓根本，备战打仗谋主业，从严治党正风气，狠抓管理促安全，担当作为争一流，完成年度各项工作任务，全面建设呈现出向上向好、稳中求进的态势。是年，区人武部被军委国防动员部评为“正规化建设先进单位”。

【战备训练】　2022年，区人武部深入学习贯彻习近平强军思想和全军军事训练会议精神，注重转化国防动员组织指挥集训成果，坚持党委统抓、主官主抓、军地联抓，民兵队伍结构不断优化，年度民兵训练任务全部完成，应急应战能力明显提升。把坚决打假治虚作为民兵建设的核心要求，努力克服重复编兵、虚假编兵、人装脱节等问题。一季度，对全区企事业单位民兵编建潜力进行实地调查，组织4次潜力数据会审。定期召开民兵整组工作推进会，按照“三个确保”要求，将新质力量全部按需编实编强，依托电信公司、联通公司、公交集团、融媒体中心、交通运输局、城建局、卫健委等对口专业和行业单位，组建民兵支援分队，提升基干民兵的技术含量。5月，采取逐单位逐建制形式，组织10个街道、3个开发区及各编兵单位进行现场点验，各基层单位组织程序规范、人员参点率符合要求、点验要素基本齐全，完成2022年度民兵组织调整工作。依据《国防动员单位军事训练大纲》要求，采取成建制基地化轮训方式，组织民兵应急连开展为期12天的集中训练；组织部分村（社区）民兵营长集中训练并进行资格认证，突出军事理论、基本技能、业务工作和体能的学习训练，有效提高基层武装队伍能力素质。6月，组织民兵公路运输连和公路护路连，开展为期8天的集中训练。遴选人员参加全市民兵“四会”教练员比武，获全市综合第一名和个人第一名、第三名。把方案修订、应急备勤、拉动检验、常态用兵贯穿年度工作全过程，保持日常战备水平，遂行应急任务。以警备区方案为基本依据，修订战备方案，完成三大类18套防卫行动预案和非战争军事行动预案。

【国防动员】　2022年，区人武部围绕国防动员主责主业，坚持军地一体联动、一体聚力，推动国防备战工作走深走实。国动委相关部门指定专人负责，分领域、按职责组织国防动员潜力调查。结合指挥演练，对禄口机场、南京南站、重要桥梁进行现地勘察，对应急储备仓库资源进行现场核查，对无人机、平板拖车、大型运输车等数据进行反复核查，为具体筹划组织动员行动奠定基础。

【兵员征集】　2022年，区人武部召开征兵工作会议，与江宁公安分局、区教育局等单位对接协调，调取适龄青年信息，完成18周岁男青年兵役登记，登记率100%。6月，部领导带领人武部干部、文职人员前往南京工程学院组织征兵政策现场咨询会，为有意参军的适龄青年答疑解惑，同时利用微信开展线上征兵政策宣传，激发适龄青年报名应征的热情。对报名参军人员进行上站体检、组织政考、参加役前教育训练，完成全年新兵征集任务，大学生征集比例为97%，大学毕业生征集比例为70%。在开展征兵工作过程中，严把初检初审关、身体检查关、政治考核关、役前训练关、集体定兵关、廉洁征兵关、退兵处理关、责任落实关，严格遵守《江苏省廉洁征兵工作细则》，实行廉洁征兵“零报告”制度。依照《江苏省廉洁征兵监督员管理办法》，聘请10个街道、3所挂钩高校共47人为江宁区廉洁征兵监督员，通过“江宁发布”微信公众号全网公示，并在征兵工作开展前集中组织廉洁征兵专题纪律教育，确保廉洁征兵。

【基层武装建设】 2022年，区人武部落实《江苏省军区战备、训练、工作、生活秩序规范细则》，深化工作、生活秩序正规化建设试点，突出法规制度落实、运行机制完善、工作程序规范，努力实现战备秩序常态化、训练秩序精准化、工作秩序规范化、生活秩序标准化、征兵工作一体化目标。按照《关于加强新时代江宁区基层武装工作规范化建设实施意见》，强化“建为用、用为战”意识，聚焦战斗力，统筹推进基层武装部、村（社区）民兵营建设。以达标清零活动为契机，进一步规范街道武装部和村（社区）民兵营设置、人员管理使用、软件资料等，坚持统一格式、统一内容、统一标准，全区10个街道武装部和村（社区）民兵营全部达标，秣陵街道武装部结合全市融合化、信息化试点，完成全市基层武装部提档升级工作。

【国防教育】 5月，区人武部与区教育局共同前往南京市天景山小学、南京市天印高级中学、南京市上元中学、南京市东山小学、南京市江宁实验小学进行走访调研，推动全国国防教育示范学校复核与申报工作。与驻区团以上部队共同梳理与示范学校结对后可提供的参观武器装备、军史馆，观摩官兵训练，实弹射击等特色教育资源。7月，组织文职人员参加2022年南京市国防教育骨干暨中小学校长国防教育专题培训班。与区委宣传部联合出台《2022年江宁区国防教育工作要点》，在全区营造牢记历史、珍爱和平、心系国防的社会氛围。

（张　欣）

武警江宁区中队

【概　况】 2022年，武警江宁区中队学习宣传贯彻中共二十大精神，统筹推进主题教育，固化“三学三讲”机制，推行体系抓教，相关做法被《人民武警报》刊载。推进政治文化环境建设，创新开展“周学一理、月析一例”活动，举行庆功授奖大会。常态化组织思想、心理服务下基层，预警发现心理个案问题，成功转化重点关注对象，“一人一事”思想工作成效明显。

【练兵备战】 2022年，武警江宁区中队以应对强敌斗争为牵引，贯彻新时代执勤安保规范化集训精神，抓实专项任务准备，开展“四过 ”活动，推进“智慧磐石”工程拓展建设，完成押解押运、试卷看护等任务，实现执勤安全无事故。深入贯彻军事训练会议精神，抓好新大纲研训、训练条件达标建设和军事职业教育，严密组织军事体育运动会、卫士演习和各类集训轮训驻训以及季度警官全员考核。

【改革转型】 2022年，武警江宁区中队针对整编融合出现的思想疙瘩、工作困惑、矛盾难题，把形聚变神聚，开展专题授课及机关集中整训，强化“四个认同”（对伟大祖国的认同、对中华民族的认同、对中华民族文化的认同、对中国特色社会主义道路的认同），官兵共同体意识增强。以暖心促安心，结合“四互”（互相沟通、互相帮助、互相交流、互相影响）活动、热点问题公平处理，“以队为家、兴队为荣”的责任不断强化。用真情换真心，领导主动下基层，面对面答疑、心贴心交流、手把手帮带，特别是面对干部切身利益问题，敢于打起担当，不让任何人受委屈。

【基层基础】 2022年，武警江宁区中队建立帮建机制，抓实纲要培训，推动总队精准抓建推进会精神落实，全面建设质量进一步提升。深化拓展“学法规、明制度、严规范、抓落实，当明白人、做实干家”活动，每周举办“法治大讲堂”，狠抓酒驾醉驾、预防自杀、涉网涉密等专项整治，用好“四不两直”“三查”等抓手，厚实发展根基。

（武警江宁区中队）

人民防空

【概　况】 2022年，江宁区人防部门选派干部参加宁镇防护区人防机动指挥所联合训练、全省人防机动指挥所暨五大防护区联演联训和南京市国防动员军地联合演练，整组编训抢险抢修、医疗救护等多支人防专业队伍，先后2次组织人防专业队骨干集训，参训率85%，人防合成专业队伍成员配置合理，装备器材齐全。指派专人督导辖区内一、二、三级目标单位高标准编制应急救援预案，并报送省、市进行统一评审。11月，作为南京市唯一代表队，出色完成市人防办赋予的国家国防动员委员会调研组紧急拉动点验任务。先后3次组织对防空警报设施设备检查和信号检测，维修老旧电动警报设备，升级改造新型多媒体警报设备。“全国防灾减灾日”、防空警报试鸣日期间，组织区档案馆、竹山中学和童前、荆刘、西宁等3个社区开展综合演练，提升机关、学校、社区防空防灾技能。

【人防工程建设管理】 2022年，区人防部门推动人防工程融入城市建设，全程跟踪、全力推进区级人防自建工程建设。自建人防地下工程有序推进，其中2个被列入省2022年度人防建设重点项目计划，均超额完成投资计划。全年随机抽查人防工程项目45个，实行重大危险源承包负责制，聘请第三方对深基坑项目进行逐一排查，对全区人防工程进行安全巡查，发现问题隐患94处，全部督促整改到位。建立沟通协同机制，制定《江宁区人防行政审批与监管协作若干制度》，通过集体会商、工作联系函等方式解决17个项目人防审批历史遗留问题。

【人防宣传】 2022年，区人防部门结合“科普宣传周”“全民国防教育日”，在全区开展知识竞赛、主题演讲等形式多样的宣教活动。推动人防进校园工作，协调区教育局将人防知识教育列入年度计划，并为全区30所中小学征订《人防知识读本》。打造竹山中学、天景山小学等4所中小学校人民防空平战结合主题校园，助力人防事业融合式发展。定期更新更换257块多媒体警报器电子大屏和201个村（社区）人防宣传栏内容，发挥主阵地作用。通过公开摇号方式，免费向域内居民发放人防应急救援包5000个。在“宁机益动”志愿助企惠民行动中，9名人防部门党员干部深入秦淮、太平等3个社区开展结对帮扶，宣讲人防知识。

（刘厚伍）

双拥共建

【概　况】 2022年，江宁区双拥工作深入贯彻习近平强军思想和关于双拥工作的重要论述，弘扬双拥优良传统，做好新时代双拥工作，强化服务保障，深化双拥共建，营造尊崇军人、支持国防的良好氛围，巩固发展军政军民团结的局面。8月1日，江宁区被江苏省委、省政府、省军区表彰为“江苏省第十二届双拥模范区”，蝉联省双拥模范区“九连冠”。

【拥军优属】 2022年春节、八一建军节前夕，区四套班子主要领导走访慰问驻区部队，加强军地联系，为驻区部队办实事、解难题。区双拥办落实“双拥在基层”要求，经常组织开展拥军优属活动，增进军地情谊，营造军爱民、民拥军氛围。八一建军节前后，为驻区部队开展“书画进军营”“科普拥军”“送法进军营”等拥军活动。联合区人武部、相关街道开展“关爱功臣”活动，先后为二等功臣陈祥庚、三等功臣尹秧等27名立功现役军人登门送立功喜报，并为军属佩戴绶带、大红花。全年走访慰问困难现役军人、退役军人、重点优抚对象代表42人，发放价值5.3万元的慰问品，对生活困难和身患残疾烈属，进行重点结对帮扶。落实未就业驻江宁部队军官随军配偶生活补贴政策。

【拥政爱民】 2022年春节期间，驻区部队广泛开展爱民助民活动，组织走访慰问区内五保户、低保户等困难群体，为驻地群众送温暖、献爱心，累计慰问地方困难群众134户，发放慰问金及慰问品。3月5日前后，陆军炮兵防空兵学院南京校区等驻区部队结合“学习雷锋”主题活动，慰问驻地敬老院，开展义务巡诊等系列便民服务。

（许剑龙）

宏观经济管理

【概　况】 2022年，江宁区发展与改革部门在充分调研及与各相关部门沟通的基础上，牵头编排江宁区2022年国民经济和社会发展目标。按照季度监测目标任务执行情况，督促责任单位按序时进度推进各项工作，重点梳理目标任务双过半完成情况，对未达进度目标以及完成困难目标及时整理上报区委、区政府。区十八届人大一次会议确定的各项目标任务经一级分解为6类30个大项161个小项，全年完成年度目标任务152个，占目标总数的94.4%。统筹做好2022年市对区高质量发展绩效评价考核，将考核目标任务及时分解到30个部门，跟踪督促、高效沟通，推动年底目标任务完成。

【经济运行监测】 2022年，区发展与改革部门完善经济运行监测机制，制定《关于定期报送全区经济运行分析材料的通知》，每月收集指标数据以及面上工作情况，形成分析报告，供区领导参考。定期召开区委常委会、区领导专题调度会，研究当前经济运行情况，针对重难点问题提出精准措施，确保经济运行在合理区间。高效利用经济专班模式，坚持扁平管理畅机制、问题导向抓调度、聚焦诉求优服务，推动经济结构不断优化、发展动能不断增强、消费潜力不断释放，促进经济稳中加固、稳步提质。密切关注国内外经济形势，加强经济风险研判预警，维护经济社会稳定局面。（周　航）

【2022年民生实事项目确定】 1月8日，江宁区十八届人大一次会议第三次全体会议票决确定全区2022年度10件民生实事项目。经人大代表审议、票决，2022年将重点实施加强水务环境治理、夯实医疗保障基础、推进教育均衡发展、方便群众交通出行、改善群众住房条件、提升人居环境配套、实现更高质量就业、提高养老助残能力、增强公共安全保障、丰富群众文体生活10类56项民生实事项目。其中，加强水务环境治理类包括完成15个老旧小区雨污分流改造、20个居民住宅小区供水低压片区设施改造和4个水库防洪消险设施建设；夯实医疗保障基础类包括完成禄口等4个街道社区卫生服务中心新改扩建施工并投用，推进区妇幼保健院和老年医院等3个项目建设；推进教育均衡发展类包括空港玉振路等3所幼儿园建成并投用，推进文齐路小学等7所学校施工，实施中小学课后服务，100%满足义务教育阶段有需求的学生，开展暑期爱心小课桌活动，为有需求的学生提供公益服务等。至年末，2022年度10件民生实事全面完成。

【172个重大产业项目排定】 1月，全区2022年度重大产业项目排定，全年计划实施重大产业项目172个，总投资2717亿元，当年计划投资593亿元。重大项目包括中兴通讯服务器和存储产品研发生产中心、中材锂膜、盛鑫大尺寸硅外延材料等。其中，科技创新项目10个，制造业项目106个，现代服务业项目55个，现代农业项目1个。与往年相比，2022年重大产业项目含金量、含新量、含绿量进一步提升，体现新发展阶段坚持创新驱动、转型升级、绿色低碳的鲜明

特征。一批重磅产业项目落地建设，将助推全区经济社会高质量发展。其中，中信通讯服务器和存储产品研发生产中心项目总投资150亿元，主要产品包括服务器、磁盘列阵、分布式存储、备份一体机及相关软件，该项目建成后，可实现年产通信服务器和存储产品27万台产能。盛鑫大尺寸硅外延材料产业化项目，总建筑面积14.7万平方米，年产8英寸硅外延片216万片、12英寸硅外延片12万片，项目达产后，年新增销售收入20亿元，新增利润总额4.3亿元。至年末，全区172个重大产业项目建设完成投资超过600亿元，粤浦、中材锂膜等一批超10亿元重大产业项目开工建设，LG锂电池、中兴服务器等70个重大产业项目竣工投产。

【6个产业项目被列入省重大项目】 2月，省发改委公布《2022年江苏省重大项目清单》，江宁区有6个重大产业项目被列入其中，总投资近300亿元，年度计划投资57亿元。全区被列入2022年省重大项目的6个重大产业项目中，先进制造业项目5个，分别为江宁开发区的南京盛鑫大尺寸硅外延材料产业化、南京鸣啸轨道交通信息集成系统研发制造和南京芯长征科技总部及研发生产基地项目，滨江开发区的南京中兴通讯服务器和存储产品研发生产中心、南京中材锂离子电池隔膜项目；科创项目1个，为江宁开发区的南京综合性科学中心项目。省重大产业项目围绕构筑“5+4+1”先进制造业产业体系，以先进制造业项目为重点，突出引领性、导向性、支撑性，重点支持重大科技创新平台、创新载体建设、半导体材料、新能源电池等行业优势明显的“高精尖”项目。其中，南京综合性科学中心项目是由江苏省未来网络创新研究院和网络通信与安全紫金山实验室共同投资建设的重大科研创新平台，覆盖全国40个城市，建成88个主干网络节点、133个边缘网络，实现与现网互联互通。该项目建成后将加速未来网络产业集聚，大幅推动南京及江苏信息产业的升级和发展，极大提升南京市和江苏省在网络与信息领域的科技竞争力。全区6个省重大产业项目中，年度计划新开工项目5个，续建项目1个。

【174家企业成为2022年市独角兽瞪羚企业】 8月2日，南京市召开2022年度独角兽、瞪羚企业发布会，发布2022年全市独角兽、培育独角兽和瞪羚企业榜单，江宁区174家企业名列其中，占全市总量的32.5%，位居全市第一。其中，独角兽企业6家、培育独角兽企业46家、瞪羚企业122家。独角兽、瞪羚企业代表着新经济的活力，是衡量地区创新发展水平的风向标。全区独角兽、培育独角兽和瞪羚企业涉及行业从2018年的8个扩大到近20个，大部分企业集中在智能电网、人工智能、生物医药、高端装备、绿色智能汽车、软件和信息服务、数字科技、绿色低碳、智能制造、新兴服务业等行业，与江宁区构建的“5+4+1”先进制造业产业体系方向高度吻合，彰显江宁服务构建新发展格局，在加快培育新动能、拓展新空间、增创新优势上迈出坚实步伐。在空间布局上，各独角兽、培育独角兽、瞪羚企业分布在全区12个开发园区和街道，江宁开发区、麒麟科创园、江宁高新区、滨江开发区、未来科技城等园区成为独角兽、瞪羚企业培育主阵地和集聚区。

【“T3出行”入围全球独角兽榜】 9月，在第八届中国广州国际投资年会暨首届全球独角兽CEO大会上，胡润研究院发布《2022年中全球独角兽榜》，江宁区“T3出行”入围，该公司估值250亿元。落户于江宁开发区的T3出行南京领行科技股份有限公司（T3出行）成立于2019年4月，是唯一由国资委、工业和信息化部和科技部牵头，一汽、东风、长安三大央企共同发起，联合腾讯、阿里共同投资的智慧出行生态平台。公司依托车联网架构，以快享产品为基础，陆续推出专享、尊享、新享出租车等业务，解决出行安全痛点，满足不同用户群体、不同出行场景需求，在全国92座城市开展网约车和出租车运营，全国注册用户突破1亿人次，市场份额和月活跃用户数位居行业第二。（宁　鉴）

土地资源管理

【概　况】 2022年，江宁区统筹划定永久性基本农田2.75万公顷、生态保护红线0.82万公顷、城镇开发边界3.5万公顷，“五级三类”国土空间规划体系加快构建。全区172个实施类产业项目用地实现“应保尽保”，落实规划空间指标406.7公顷，保障急需开工安置房项目、年度重大产业项目以及部分违法用地整改项目用地空间。存量用地提质增效行动24个项目实质性开工，新增载体面积202.3万平方米。全年完成各类供地196宗、1054.4公顷、141.79亿元，其中经营性用地14宗、54.7公顷、133.81亿元。实施废弃露天矿山生态修复，完成凤凰山铁矿、元山采石场、靠山采石场等废弃矿山生态修复工程，治理总面积120万平方米。

【建设用地管理】 2022年，区土地资源管理部门办理出让、划拨国有建设用地供应196宗、1054.4公顷，比上年增长29.7%，出让金141.79亿元。其中，经营性用地挂牌成交14宗、54.7公顷，出让金133.81亿元；产业用地挂牌成交27宗、101公顷，出让金6.19亿元；协议出让成交2宗、0.27公顷，出让金0.13亿元；出让用地协议方式改变土地使用条件18宗，出让金1.66亿元；划拨类划拨用地135宗、898.4公顷，其中保障性住房类项目16宗、75.1公顷。2022年批而未供土地处置工作任务489.2公顷，实际完成505.9公顷。2022年闲置土地处置工作任务169.2公顷，实际完成197.1公顷。

【重大项目保障】 2022年，区土地资源管理部门以重大项目用地需求为导向，加强规划空间、用地计划等土地资源配置的科学性、合理性，有效保障项目落地，全区实施类重大项目实现“应保尽保”。国土空间规划预支空间规模指标落地上图工作获省自然资源厅批准实施，落实规划空间指标406.7公顷，有效保障年度重大产业项目用地空间。

【违法建设查处】 2022年，区土地资源管理部门开展违法建设巡查2021次，巡查里程44131千米，上报新增违法用地25宗，面积10.1公顷、耕地4.4公顷。联合区委督查室对违法用地整改开展督查，定期向区委、区政府汇报违法用地整改情况，上报违法用地周报22期。对发现的疑似违法用地线索及时下发整改函，对限期整改不到位的进行查处，全年向各街道、园区下发违法用地整改函92件，立案查处违法用地案件21宗，下发处罚决定书21件，罚款1498.85万元，没收建筑物67932平方米。自然资源部下发江宁区卫片图斑1780个、2793.3公顷，经审核判定上报违法图斑5个，2.1公顷、耕地10.18公顷；省自然资源厅下发“日监测”卫片图斑981个、669.5公顷，经审核判定，上报违法图斑19个、7.1公顷，耕地2.5公顷。继续开展违法用地清零行动整改，清零行动问题112个、195.2公顷，已整改销号81个、83.5公顷，销号率42.76%（未销号中省市重点项目6个、98.1公顷）。推进耕地保护督察问题销号工作，全区65个问题、132.7公顷，销号26个、16.9公顷，销号率12.77%（未销号中江苏园博园1个、83公顷）。

【测绘管理】 2022年，区土地资源管理部门履行测绘管理职能，检查区级测绘安全生产单位7家、测绘项目备案审查39件、测量标志维护点86个，提供供图服务1541次，地形图累计覆盖范围53.57万公顷，管线累计覆盖范围3.91万公顷。推行新型基础测绘，完成中心区1万公顷三维模型、DOM、倾斜摄影建设，实现一测多用，满足多样化应用需求。开展2021年度国土变更调查工作，省级、国家级4轮检查意见整改通过验收，累计处理图斑44万个、举证照片22.41万张。收集设施农用地、临时用地、卫片执法、耕地卫片、开发复垦等专项数据，为部门资源管理提供现实数据。加强规划测绘服务，接件放大样16件、放验线372件、竣工测量412件、联合测绘84件、零星测量247件、免费供图804件、日照复核29件。及时对规划测绘成果进行建库，与联合测绘平台共享，累计入库案件成果8870个。全年立案批后监管203件、许可发放177件、验线164件，竣工测量和数据汇交入库74件。

【不动产登记】 2022年，区土地资源管理部门颁发不动产权证书8.3万本，不动产登记证明5.5万份。推进“跨省通办”“网上通办”，打通不动产登记“跨省通办”服务通道，办理线上“不见面”业务2.9万件，档案查询5.3万余份，司法查解封7000件，符合营商环境评价条件所有案例办理时限平均在1个工作日以内，涉及行政诉讼案件3件，撤诉2件，无败诉案件。接听咨询电话3.3万通，“12345”工单近4000件，综合满意度98%。通过对接全国不动产登记网上“一窗办事”平台和江苏省政务服务网“线上苏小登”服务专窗，拓展“线上苏小登·南京E办证”不动产登记网上服务平台应用。可在线上办理预售商品房首次转移登记、存量房转移登记及抵押登记、个人纯更名、地址变更登记，房地一体抵押权首次登记、不动产登记资料查询等九大类业务，全年办理线上业务2.9万件，线上办理异地银行、小贷行业抵押登记业务131笔。区不动产登记中心与人保财险公司签订全市首个不动产登记责任保险协议，为全面建立不动产登记责任保险制度进行探索和尝试。

【确权登记】 2022年，全区农房登记办证涉及9个街道126个村（社区），宅基地总量148979宗。为符合条件企业办理高标准厂房、标准厂房分幢（层）登记，采用权籍调查内外业前置，加快办理速度，实现1个工作日办结，发放不动产权登记证65本；为相关企业办理标准厂房分幢（层）登记，发放不动产权登记证25本，涉及宗地面积96522.77平方米、建筑面积34091.74平方米。在企业完成竣工验收备案后，采取提前介入方式，当天完成不动产登记手续，打造工程建设项目“竣工即拿证”登记服务新模式。

【土地市场交易】 2022年，全区成交经营性用地14宗、54.7公顷，出让金133.81亿元。其中，商品住宅用地11宗、46.6公顷，出让金129.75亿元；延期公告3宗、11.5公顷，出让金43.5亿元。产业用地成交27宗、101公顷，成交价61905万元，其中科教用地7宗、6.7公顷，竞得价12460万元；正在公告5宗、8.4公顷，挂牌起始价7782万元，其中科教用地2宗、2.4公顷，挂牌起始价5531万元。全年办理抵押备案116宗、303.2公顷，债务价值108.7亿元，交易服务费136.2万元；办理转让备案23宗、108.5公顷，转让金总额7.7亿元，交易服务费325.3万元。评估宗地89宗、301.5公顷，评估总值385.62亿元。其中，工业、科研、仓储评估宗地35宗、124.7公顷，评估总值10.39亿元；经营性用地54宗、176.7公顷，评估总值375.23亿元 。完成增减挂钩节余指标交易1次，增减挂钩节余指标交易面积33.3公顷，交易价款3.75亿元。（王梦菲）

国有资产监督管理

【概　况】 江宁区人民政府国有资产监督管理办公室依法履行出资人职责，监管区属企业国有资产，加强国有资产管理工作。区国资办直接监管区城建集团、交建集团、国资集团、商务商贸集团、人才集团、农副物流中心、公交集团、旅游康养集团、江苏园博园公司、环卫集团等10家区属集团。2022年，区国资办围绕区委、区政府重点工作，全面收官国企改革三年行动目标任务，统筹推进国资国企改革发展、新冠疫情防控和安全生产，全区国有经济保持稳步增长。根据专项审计，年末，区属集团资产总额1959亿元，比上年增长5.3%；净资产总额725亿元，增长8%；全年实现营业收入63.1亿元，增长1.8%。

【国企改革】 2022年，区国资办按照《江宁区国企改革三年行动实施方案（2020—2022年）》，推进23家一级企业和183家子企业改革工作，全面完成127项改革任务。通过开展对标一流、实施优化整合、深化亏损治理、统筹安全生产等行动，高标准开启国企发展新路径。建立主业评价、债务管控、考核评价和协同监管等4项工作机制，高起点构建国资监管新格局。9月22日，省联合评估组调研江宁区国企改革三年行动，充分肯定江宁区国企改革工作。江宁国企改革经验做法在省国资委《江苏国资研究》、市委改革办《南京改革》、市国资委《南京国资简报》等载体刊发。

【国资国企监管】 2022年，区国资办履行国资监管职能，强化风险意识，建立完善国有资本经营预算、房产出租、招标采购、债务管理、资产评估管理、违规经营责任追究、财务监督、稽查、内部审计监督、主业管理评价、投后评价、全面预算管理等20多项监管制度，梳理编印《国有企业产权管理相关制度文件工作指引》，进一步提升依法监管履职能力。守牢不发生系统性风险底线，常态化落实“两线两清单”管理、融资计划管理和债务管控3项机制，会同区财政局研究制定融资平台数量压降方案，完善对外担保管理机制，严控企业互保行为。国资国企在线监管信息化系统投入试运行，覆盖产权管理、全面预算、对外投资、大额资金管理、融资担保等业务范围，建立横向到边、纵向到底的信息化监管体系，实现监管数字化、智能化。聚焦主责主业，对区属集团细分为市场竞争类、城市运营类、转型发展类、公益类，实行“一企一策”差异化分类考核，业绩考核指标以利润总额、资产负债率、融资成本率、劳动生产率和净资产收益率为核心，引导企业防范债务风险，提高资产运营效率。（汪雅婷）

【江宁国有资产经营集团】 南京江宁国有资产经营集团有限公司是从事国有资产经营运作的国有独资集团公司，主要职能是对授权范围内国有资产进行经营管理和资本运作，实现国有资产保值增值。集团以国企改革为契机，致力于打造以市场化运作为主的国有资本运营公司和以土山片区开发建设为支撑的城市综合服务商，业务主要涉及股权投资、金融服务、城市片区开发建设、养老和乡村振兴等产业。2022年年末，集团资产总额292.69亿元，比上年增长11%；资产负债率62.34%，下降4.37个百分点；融资成本率4.81%。全年实现主营业务收入2.5亿元、利润2亿元。全面深化国企改革，完成7项74条改革任务，并形成区级改革典型案例。对标南京扬子国资投资集团，全面提升金融服务、资本

2022 年江宁区国企集团经营情况统计表

表 3　　单位：亿元

集团名称	资产总额	营业收入	集团名称	资产总额	营业收入
城建集团	665.13	17.78	农副物流	134.00	5.89
交建集团	406.33	20.08	公交集团	17.84	2.03
商务商贸	110.73	8.52	旅康集团	55.08	0.77
国资集团	292.69	2.50	园博园	247.49	2.38
人才集团	26.61	0.97	环卫集团	3.31	2.16

（刘军巧）

运营、项目建设管理水平，初步建立起权责法定、权责透明、协调运转、有效制衡的公司治理体系。与浦口区、六合区签订土山机场迁建项目征地拆迁委托框架协议书，编制陆航第 72 旅新机场飞行程序报告，运搜 1 旅项目建议书呈报至省政府。办理站前路跨秦淮河（主桥部分）项目涉地铁高铁手续，天印大道北延工程（秦淮东河—宏运大道）项目完成跨秦淮东河主桥下部结构施工和中前社区道路段灰土填筑施工，宏运大道（滨河北路—东园路）项目完成 183 米隧道段施工，上高路（上坊河桥—润发路）项目完成丰收河桥箱梁预制。稳步推进土山路两侧片区、营南巷双塘村片区、高桥片区、天印大道北延工程集体土地等房屋征收项目，整体签约率 99%。高桥经济适用房（一期）项目进入全面施工阶段，A 地块完成工程桩施工；高桥经济适用房（二期）及周边配套道路项目完成立项，进入项目招标阶段，同步进行项目征地、规划等前期手续办理。

（李迎莲）

民营经济管理

【概　况】 2022 年，江宁区市场主体总数 33.83 万户。其中，实有内资（非私营）企业 13906 家，注册资本 5750.68 亿元；私营企业 109175 家，注册资本 6780.94 亿元；外资及港澳台资企业 2041 家，注册资本 187.4 亿美元；个体工商户 21.2 万户，资金数额 233.2 亿元；农民专业合作社 752 家，成员出资总额 20.8 亿元。全年新增各类市场主体 40653 户，注销 21403 户，净增 19250 户。其中，新增内资（非私营）企业 2572 家，比上年下降 6.3%；新增私营企业 11979 家，下降 12.8%；新增外资及港澳台资企业 126 家，下降 30%；新增个体工商户 25968 户，下降 9.5%；新增农民专业合作社 8 家，下降 42.9%。注销 21403 户，增长 38%。其中，内资非私营企业注销 1365 家，增长 8.1%；私营企业注销 7043 家，增长 14.7%；外资及港澳台资企业注销 53 家，下降 30.3%；个体工商户注销 12888 户，增长 58.2%；农民专业合作社注销 54 家，下降 50.5%。

【南京新润食品集团有限公司】 新润集团创始于 1999 年，经过多年的发展和积累，形成“养殖 + 深加工”的产业化经营模式，成为以食品加工为主业涵盖多个领域的大型现代化企业集团。集团奉行“用良心做食品”的经营理念，致力于发展健康、生态、绿色、有机农副产品精深加工，建立“从农场到餐桌的全过程食品安全质量控制以及可追溯体系”。作为北京奥运会、上海世博会、南京青奥会供应商合作伙伴，与麦德龙、沃尔玛、苏果等连锁企业和星级酒店、宾馆建立合作关系，成为主要商品及原料的重点定牌供应商。先后获食品卫生等级 A 级单位、江苏省著名商标、江苏省农业产业化重点龙头企业、全国绿色食品示范单位等荣誉称号。

【南京博鸿泰商贸有限公司】 南京博鸿泰商贸有限公司为南京义乌商品城管理运营单位，2022

年公司在职员工152人，市场商户1401户。义乌商品城于2006年5月开业，经过17年的成功运营，已逐渐发展成为四星级综合大市场。先后被授予“重合同守信用企业”、江苏质量诚信AAA级品牌企业、文明诚信市场、南京市平安市场等荣誉称号。

【南京全控航空科技有限公司】 南京全控航空科技有限公司创建于2013年，注册资金1000万元，占地面积5000余平方米，是集研发设计、生产安装、销售服务为一体的多元化、综合性高新技术企业。拥有自主品牌商标和产品知识产权，产品广泛应用于各种模拟仿真和专业训练，如飞行、舰艇、坦克等的驾驶模拟，以及动感电影、娱乐设备等特种行业设备领域。 （王 雯）

财 政

【概 况】 2022年，江宁区财政部门落实“疫情要防住、经济要稳住、发展要安全”的总要求，充分发挥财政作用，支持稳经济大盘，强化资源调度统筹，防控财政运行风险，统筹推进新冠疫情防控和经济社会发展，财政预算执行总体平稳。全年完成一般公共预算收入202.96亿元，其中税收收入173.65亿元，非税收入29.31亿元，税收占比85.6%。加上上级税收返还及转移支付收入、地方一般债务转贷收入、上年结转收入、调入资金以及动用预算稳定调节基金后，总收入390.56亿元。一般公共预算支出251.4亿元，加上上解上级支出、地方一般债务还本支出、结转下年支出、安排预算稳定调节基金后，总支出390.56亿元。政府性基金收入189.79亿元，完成调整预算数的97.8%，加上上级补助收入、地方专项债务转贷收入、上年结转收入后，总收入254.72亿元。政府性基金支出195.1亿元，加上转移性支出、地方专项债务还本支出后，总支出204.53亿元，年末结转50.19亿元。国有资本经营收入5.1亿元，完成预算数的100%，比上年增长2%，加上上年结转、上级补助收入后，总收入5.14亿元。全区国有资本经营支出3.59亿元，加上调出到一般公共预算、结转下年支出后，总支出5.14亿元。

【助力经济发展】 2022年，区财政部门不折不扣落实减税降费政策，牵头成立落实组合式税费支持政策工作专班，全年办理增值税地方级留抵退税47.95亿元。贯彻各项助企纾困政策，加大政府采购支持力度，兑现工业技改补贴、支持科技研发、补贴运费等区级惠企纾困补助1.74亿元，帮助企业解决产业链、供应链、资金链突出问题。安排电子消费券、购车奖补资金、民宿扶持资金等0.38亿元，激发消费活力。全区国有企事业单位为4791户服务业小微企业和个体工商户减免房租3.67亿元。培育产业发展新动能，安排各项创新发展区级补助6.47亿元，支持紫金山实验室、麒麟科技城重大创新载体建设，促进紫东综合交通实验室等平台加快建设运营，服务高新技术企业、研发机构培育和创新创业人才引进，扶持创新主体持续壮大，保障“紫金山英才·江宁百家湖计划”实施，支持创新型企业家队伍建设，推动实施自主知识产权战略和商标品牌战略。

落实民生保障 2022年，区财政部门坚持统筹兼顾，办好民生实事，民生领域支出189亿元，占一般公共预算支出的75%。坚持将保障人民生命安全和身体健康摆在第一位，全年安排“3·10”新冠疫情和常态化防疫经费7.5亿元。坚持教育优先，安排教育基建项目专项资金2.2亿元，推动12所幼儿园、中小学新建项目交付使用。加强社会保障，发放低保、残疾人“两项补贴”、特困供养等社会救助资金1.7亿元，惠及2.5万余人。贯彻就业政策，拨付灵活就业人员、大学生等特殊群体就业补贴资金2.2亿元；安排技能培训、创业培训等各类补贴资金2676万元，降低企业用人成本，营造良好就业环境。聚焦重大项目，支持S126等国省干线公路、地铁3号线三期和5号线、宁马市域（郊）铁路等重大交通工程项目建设，提升公共交通质量。提升公共服务，支持职工文化中心、残疾人综合服务中心、中医康复综合大楼、东部停保场、“村村亮”农村路灯二期等公共服务设施提档升级。推进乡村振兴，支持农村人居环境整治、农污长效管护、农业有害生物防治等项目，完善现行村级转移支付政策，提高村级基本运转保障水平。

【债务管控】 2022年，区财政部门分类施策管控，稳妥化解债务风险，科学规范政府举债行为。全年新增政府债券17.61亿元，争取政府债券额度，加强债券项目储备，建立部门联合审查机制，夯实债券项目申报质量。加快债券支出进度，加强跟踪通报预警，推动以“项目快推进”促“资金快拨付”。加大债务化解力度，综合成本低于全市平均水平。加大化债合规性审核，确保化债程序规范、真实可靠，坚决遏制新增隐性债务风险。牵头成立债务管理工作专班，将全区123家平台类国有企业全部纳入监管，制定2022—2026年分年度经营性债务总量管控目标和融资平台公司压降方案。

【政府采购管理】 2022年，区财政部门深化政府采购制度改革，落实助企纾困政策，开展违规收取政府采购各类保证金及其他欠款专项清理工作，规范代理机构经营秩序和采购文件收费行为，强化政府采购意向、合同等公开，持续优化政府采购营商环境，构建更加统一开放、竞争有序的政府采购市场体系。扩大面向中小企业采购，要求全区预算单位在政府采购项目预算总额中预留30%以上面向中小微企业，其中预留小型和微型企业比例不低于60%。严格执行小微企业价格扣除政策，促进中小微企业发展。全国强制和优先采购节能、节水产品政策得到进一步落实。运用政府采购政策支持消费帮促工作，各预算单位严格按照不低于上年食堂食材采购总额的10%和3%比例分别预留财政部“832平台”和江苏省 “鲜丰汇平台”农副产品采购份额，全区年初预留采购份额500多万元，实际完成农副产品采购600多万元。

【财政管理】 2022年，区财政部门开展对街道、园区本轮体制运行情况调研，牵头拟定“八大领域”财政事权改革方案，健全“1+8”财政事权和支出责任政策体系，为建立权责清晰、财力协同、区域均衡的区与街道、园区财政关系提供制度支撑。全面实施预算绩效管理，实现279个区级预算单位整体绩效目标和896个项目绩效目标全覆盖、全公开。实施重大绩效评价项目13项，涉及财政资金27.66亿元，实现绩效运行与预算执行“双监控”。推进财政投资评审，完成医疗卫生、水利水务等领域的35个政府投资项目的概算、预算审查，核减金额2.56亿元。街道、园区完成全省财政一体化系统预算编制及执行部署配置，2023年起全区各级财政预算管理全部纳入省一体化平台。（张　倩）

2022年江宁区财政收入统计表

表4

指　标	2022年（万元）	2021年（万元）	比上年增长（%）
一般公共预算收入	2029631	2653016	−22.90
1. 增值税	469990	829762	−43.40
2. 企业所得税	371889	387866	−4.10
3. 个人所得税	150650	162036	−7.03
4. 资源税	681	747	−8.80
5. 城市维护建设税	136595	145217	−5.94
6. 房产税	129660	125160	3.60
7. 印花税	33115	38587	−14.18
8. 城镇土地使用税	35992	37763	−4.69
9. 土地增值税	219322	255378	−14.12
10. 车船税	11913	11084	7.55
11. 耕地占用税	6909	4380	57.74

续表 4

指　标	2022 年（万元）	2021 年（万元）	比上年增长（%）
12. 契税	160188	244633	−34.52
13. 环境保护税	9570	7751	23.48
14. 其他税收收入	10	771	−98.70
15. 专项收入	174778	156890	11.40
16. 行政事业性收费收入	48503	43596	11.26
17. 罚没收入	15373	60044	−74.40
18. 国有资本经营收入	—	—	—
19. 国有资源（资产）有偿使用收入	52652	140284	−62.48
20. 政府住房基金收入	1162	1067	8.90
21. 其他收入	679	—	100.00
政府性基金收入	1897851	2907287	−34.72
附：国有资本经营预算收入	51000	50000	2.00

2022 年江宁区财政支出统计表

表 5

指　标	2022 年（万元）	2021 年（万元）	比上年增长（%）
一般公共预算支出	2514485	2699877	−6.88
1. 一般公共服务支出	178816	192092	−6.91
2. 外交支出	—	—	—
3. 国防支出	670	751	−10.80
4. 公共安全支出	133161	148616	−10.40
5. 教育支出	476725	524549	−9.12
6. 科学技术支出	241328	216187	11.63
7. 文化旅游体育与传媒支出	35342	28893	22.32

续表 5

指　标	2022 年（万元）	2021 年（万元）	比上年增长（%）
8. 社会保障和就业支出	271121	264154	2.64
9. 卫生健康支出	242704	242231	0.20
10. 节能环保支出	16968	50573	−66.45
11. 城乡社区支出	188360	326679	−42.34
12. 农林水支出	186237	185688	0.30
13. 交通运输支出	65373	63733	2.57
14. 资源勘探信息等支出	227563	157890	44.13
15. 商业服务业等支出	25588	31386	−18.48
16. 金融支出	2607	6488	−59.82
17. 援助其他地区支出	100	300	−66.67
18. 自然资源海洋气象等支出	7719	12896	−40.14
19. 住房保障支出	121487	152134	−20.14
20. 粮油物资储备支出	7081	2387	196.65
21. 灾害防治及应急管理支出	8859	11707	−24.33
22. 其他支出	2765	5421	−49.00
23. 债务付息支出	73581	74884	−1.74
24. 债务发行费用支出	330	238	38.67
政府性基金预算支出	1950714	2934376	−33.52
1. 教育支出	—	—	—
2. 文化体育与传媒支出	132	133	−0.75
3. 社会保障和就业支出	553	686	−19.39
4. 节能环保支出	—	—	—
5. 城乡社区事务支出	1878066	2818865	−33.38
6. 交通运输支出	—	—	—

续表 5

指　标	2022 年（万元）	2021 年（万元）	比上年增长（%）
7. 资源勘探信息等支出	—	—	—
8. 商业服务业等支出	—	—	—
9. 其他支出	21136	65527	-67.74
10. 债务付息支出	50634	44175	14.62
11. 债务发行费用支出	193	210	-8.10
12. 抗疫特别国债安排的支出	—	4780	-100.00
附：国有资本经营预算支出	35870	35099	2.27

（区财政局）

税　务

国家税务总局南京市江宁区税务局

【概　况】　2022 年，国家税务总局南京市江宁区税务局管辖税户 16.18 万户，其中企业 7.17 万户、个体 9.01 万户，全年组织各项收入 284 亿元，比上年下降 12.14%。其中税收收入 167.41 亿元，下降 27.18%；非税收入 116.59 亿元，增长 24.85%。实现区一般公共预算收入 97.77 亿元，下降 26.92%。

【税收征管】　2022 年，区税务局紧扣中办、国办《关于进一步深化税收征管改革的意见》和省、市税务局工作部署，落实省税务局“50 条”和市税务局 23 项重点任务，深化应用 5C 监控评价体系，推进税收征管改革走深走实。夯实基础税源管理，摸排税源税户信息，通过数据整理、案头分析、实地核查等方式，核实企业户 3478 户次，个体抽样核查 4913 户次。加强纳税申报提醒，通过高频率、多轮次提示提醒，敦促纳税人缴费人按期申报、按时缴款，引导涉税专业服务机构错峰申报，全年发送申报提醒 4.79 万条，纳税人缴费人准期申报 452 万次，准期申报率 98.24%，制作催报文书 2.36 万份，征期结束后通过邮寄、公告等方式送达。优化税务注销流程，推行“即办注销”，对系统扫描通过无风险税户，按规定即时办结；对存在风险的注销户，及时开展风险应对，跟踪任务进度，持续压缩注销时长，累计办理依法解散注销业务 8000 余笔，即办注销占比 92%。强化欠税管理工作，针对欠税管理难点痛点，出台《加强欠税管理的工作意见》，定期开展欠税管理工作抽查，清理陈欠 0.79 亿元、新欠 7.57 亿元，全面

6 月 18 日，区税务局工作人员走进南京新闻广播 FM106.9 专题节目，普及税费优惠新政
（区税务局供图）

提升欠税管理质效。做精做细个体管理，开展个体户政策咨询和辅导办税，按月进行定期定额新办户公示和双定户范围维护，调整定额6000余户次。开展委托代征单位协议清理工作，清理4家委托代征单位协议。健全税收监管体系，完成风险应对935户，风险应对总成效6.84亿元。

【纳税服务】 2022年，区税务局坚持以纳税人缴费人为中心，持续优化税收营商环境。落实税费服务联席会议制度，深入开展“一把手走流程”调研走访活动，完善“一口进、一口出”工作机制，累计有1.94万户次纳税人缴费人享受改革便利。落实“便民办税春风行动”和办税服务厅服务规范化要求，创新推出税费服务专员制度，提供“问需式”引导服务，开展窗口流程再造，窗口平均等候时长缩短至3.3分钟。推行全市通办，设置“办不成事”反映专窗，打造“不说不”办税厅，税费服务事项全面融入政务服务系统，全年税费服务549.9万户次，“好差评”结果满意率100%，“非接触式”办税比例为93.5%。规范信用评价管理，完成7.43万户次纳税信用评价。组织55户重点税源召开印花税法实施座谈会，举办“走进直播室”电台节目2期，在各级媒体平台发表税收宣传稿件190余篇次。加强咨询热线服务，组建专家团队针对性解决疑难问题，参与省税务局“远程帮办”试点工作，“12366”税费服务热线转人工语音量为15.81万条，人工接通率98.06%，受理各类诉求3210件，“12345”热线工作人员综合满意率98.77%。

【退税减税降费】 2022年，区税务局贯彻落实党中央、国务院决策部署，推进新的组合式税费支持政策尤其是大规模增值税留抵退税政策落地落实。第一时间组建退税减税工作领导小组，制发“9+1”批次退税减税任务清单，建立退税减税政策问题快速反应机制，确保税费优惠政策直达快享。通过数字化税企服务智能平台精准推送各类消息215.65万户次、短信57.94万条，设置“新的组合式税费支持政策”专题线上纳税人学堂，向1.64万户次A级和B级小微企业、重点税源企业等纳税人推送政策红利账单，面向183户涉税专业服务机构开展新的组合式税费支持政策专题直播1场、印花税法政策解读专题直播1场，确保纳税人应知尽知、应享尽享。全年累计实施增值税留抵退税55.16亿元，其他税费减免9.1亿元，制造业中小微企业缓缴9.61亿元，职工医疗保险“免申即享”缓缴4.34亿元，3项社保费缓缴1918万元。

【税收法治建设】 2022年，区税务局坚持依法治税，推进税收法治建设。发挥全面依法行政领导小组核心作用，落实法治建设第一责任人规定，召开全面依法行政领导小组会议4次。完善行政执法“三项制度”，做好行政执法信息公示，推动重大执法行为法制审核，累计公示行政许可信息10866条、一般行政处罚信息18条，开展执法音像记录188户次，完成合同法治审核103件。落实“首违不罚”清单、长三角一体化裁量基准及省、市税务局规范行政处罚裁量权有关规定，推广线上简易处罚套餐，制定行政处罚风险防控制度，办理“首违不罚”6750件、行政处罚决定4544件（其中一般行政处罚18件），处罚金额76万元。创新税费争议调处化解预防机制，挂牌设立公职律师涉税争议调处中心，前置化解行政复议预争议事项8件，审理并维持行政复议1件，受理应对检察建议书1件。加强破产债权管理，申报破产债权87件，金额2491万元。强化“府院联动”，提起江苏首例税收滞纳金超本金债权确认诉讼并取得胜诉，参与区法院破产审判白皮书编写、区社会信用应用框架建设、区检察院“认罪免罚第三方监管”机制建设等，破产重整案例获评江宁区法院2022年度十大典型案例。 （沈瑞龙）

国家税务总局
江宁经济技术开发区税务局

【概　况】 国家税务总局江宁经济技术开发区税务局承担秣陵街道、禄口街道、江宁开发区、未来科技城等350平方千米区域税费征收管理职责，有企业纳税人32056户、个体工商户17290户。2022年，江宁开发区税务局坚持“稳中求进、进中提质”总基调，围绕“举旗定向、强基赋能、增效提质”总要求，统筹推进组合式税费支持政策落实和组织收入，各项工作取得新成效。开发区税务局获评“全国节约型机关”“全国职工书屋示范点”“江苏省文明单位”“南京市青年文明号”“南京市先进工会”等；22人次被授予“全省税务系统政务信息工作表现突出个人”“南京市三大光荣使命先进个人”等省、市、区级荣誉称号。

【税收征管】 2022年，江宁开发区税务局深化征管改革基层实践，税收治理质效持续提升。开展建筑工程项目环保税核实工作，征收入库环保税2600多万元。有序组织非税收入划转，组织非税收入53.7亿元，比上年增长

812.3%。推进“全电发票”扩大受票试点，代表南京市参加全省外资分析评比，入围全省区县局前三。探索推进“1+N”税费协同共治机制，召开3次区级层面联席会议，初步形成园区、街道协同共治网络。在秣陵街道试点开展网格化管理，提升服务管理实效。针对留抵退税和制造业缓缴等重点工作开辟特急通道，做好运维支撑，退税审核效率提升10倍。推进自然人股权转让管理平台上线，受理股权转让1490户。借助历年股权转让电子台账，筛选涉税风险数据45条，补缴税款211.88万元。

【退税减税】 2022年，江宁开发区税务局落实党中央、国务院决策部署，完善机制措施，推动税费支持政策落地落实，助力稳宏观经济大盘。累计办理留抵退税37.7亿元，其中2022年新增留抵退税金额34.7亿元。累计办理新增减税降费16.1亿元，其中2022年新出台政策减税降费8.9亿元，2022年展期实施政策减税降费3.5亿元，2021年出台政策在2022年翘尾新增减税降费3.7亿元。累计办理缓税缓费12.8亿元，其中制造业中小微企业缓缴税费8.6亿元，阶段性缓缴企业社会保险费4.2亿元。

【以税资政】 2022年，江宁开发区税务局开展针对性经济税收分析，发挥以税资政效能。撰写税收经济分析报告21篇，《组合式税费支持政策对江宁开发区组织收入影响和效应分析》等6篇获江宁区主要领导批示，《组织收入稳中承压、积极作为圆满收官——2021年江宁开发区经济税收运行情况分析》等4篇获江宁开发区管委会主要领导批示。参与省、市税收分析研究工作6次，其中“全省平台企业发展情况分析及相关对策建议”“双城并进发展成效显著、金融强省建设仍需加力”2篇课题和“专精特新”企业相关政协提案获省主要领导批示，《退税红利加快释放生产经营持续恢复——2022年1—9月全市留抵退税情况分析》获市主要领导批示。

【纳税服务】 2022年，江宁开发区税务局不断创新纳税服务举措，推动区域税收营商环境持续优化。实施作风建设“六大行动”，落实办税服务厅“八个一”要求，创推“双值班长”制度，开展“诚心诚意不说不”效能提升行动，9月全市窗口服务第三方评议位居全市前三。开展税费服务体验活动，收集并反馈意见建议26条，实现“走流程”强体验、“听建议”重响应、“抓改进”促提升。参与江宁区级机关工委推出的“政”直播，直播在线40万人。承办市税务局税费服务品牌发布会，税费服务体验获市政府领导肯定。制定《优化营商环境十条举措》《“我为基层干部办实事”十条举措》，着力解决纳税人缴费人“急难愁盼”问题。推出“电子填单小助手”，发票代开平均时长压缩至2分钟内，“线上退税率”等指标在省、市税务局月度税收营商环境监测报告排名中居前列。组建“青橙”志愿服务队，对接“一件事、一次办”“一企来”“一号答”“一站式”和政务服务“好差评”制度。健全多级会商和政企对话机制，落实四大类主题活动12项服务小微企业措施，建立涉税专业机构沟通平台，实施正负清单管理，更好服务中小微企业。

【税收宣传】 2022年，江宁开发区税务局通过拓展税收宣传覆盖面，推动新的组合式税费支持政策直达快享。成立由“一把手”负总责的退税减税专项工作组，强化组织领导，细化清单任务，紧密内外协同，通过数字化税企沟通平台靶向推送各类信息4621户次。对产业园区组织集中辅导，开展“千辆T3送税法、惠企利民进万家”宣传活动。围绕便民办税春风行动、组合式税费支持政策等主题，在《光明日报》、光明网、《中国税务报》、新华网、经济参考网等主流媒体发布稿件60篇。 （于明君）

审 计

【概 况】 2022年，江宁区审计部门围绕全区中心工作，推进国家审计、内部审计、社会审计同向发力、和融共进，深化纪审联动，密织监督网络，不断完善审计全覆盖立体监督体系，审计质量跃上新台阶。全年完成年度计划审计项目和交办项目40项，审计查出问题165条，查出管理不规范金额27.8亿元，提出审计建议52条，增收节支5.47亿元。在2022年全省审计工作大会上，区审计局选送的2个项目全部获奖，被评为全省审计系统“党建强审”先进单位，在全市审计机关考核中连续2年名列全市第一。

【财政审计】 2022年，区审计部门紧扣财政政策提质增效和政府权力规范运行主线，及时揭示公共财政运行中的风险隐患和体制机制问题。开展2021年度政府债务和隐性债务审计，全面核查隐性债务化解工作的真实性、合规性，摸清政府隐性债务增减变动情况，反映政府隐性债务管理中存在的问题和困难，深入分析原因，提出2条意见建议，推动完成隐性债务化解目标任务。组织实施2021年度区级预算执行和决算草案审计，重点关注区级财政预算管理、专项资金分配使用及绩效等情况，审计查出30个问题涉及27家单位，金额22.01亿元。审计报告及整改情况及时向区人大常委会报告，进一步强化审计监督与人大监督协同发力，助力推动财政资金聚力增效，促进区财政真实准确反映政府财务状况和运行情况、部门单位资产管理制度执行到位。参加徐州市2022年地方政府隐性债务化解情况及融资平台公司经营管理、风险防范审计，揭示在地方财政收支矛盾加大的情况下，融资平台公司存在的问题和风险隐患，深入分析原因并提出意见建议。

【固定资产投资审计】 2022年，区审计部门完成计划审计项目1个，政府交办事项7件；完成结算审计项目155个，审定造价94.83亿元，核减14.38亿元；开展跟踪审计项目35个，审计投资额25.9亿元；出具土地成本审计报告13份，审计资金35.34亿元；上报审计专报3份。前移审计关口，推动建设单位节约建设资金1.24亿元。将审计监督触角前移到项目预算编制和招标阶段等重点环节，通过对建设单位编制的预算和招标控制价评估，发出提醒函，推动建设单位进行整改。开展审计服务进园区（国企）活动，揭示工程投资风险隐患，先后走访江宁高新区、江宁交建集团，召开座谈会，通过风险提醒，加强对审计业务指导，促进园区（国企）工程投资规范管理。先后完成区政府临时交办的南京北站涉军迁建项目拆迁费用及安置房建设投资估算审核、2018—2022年度江宁区农村道路提档升级工程建设资金使用情况专项审计调查、防疫隔离点改造应急项目审计、紫东综合交通实验室基地改造工程施工图预算审核等7项工作，出具的3份审计专报获区委、区政府主要领导批示。联合人大发挥监督合力，开展水环境治理专项资金使用绩效审计。帮助被审计单位堵塞管理漏洞，防范财务风险，推动相关问题整改。完善《征收土地及房屋拆迁项目审计操作规程》及《征地拆迁审计工作考核办法》，加强对中介机构审计质量考核与监管，重新制定审计标准，规范审计程序。

【经济责任审计】 2022年，区审计部门加强经济责任审计，促进领导干部权力规范运行，开展3名党政机关主要领导干部、国有企业领导人经济责任审计。以强化干部管理监督、促进干部履职尽责为目标，同步开展淳化街道党政主要领导干部经济责任审计和自然资源资产离任审计，组织对区科技局原主要领导干部进行经济责任审计。科学制定审计实施方案，改进组织协调方式，充实审计内容，完善责任界定标准。重点关注贯彻落实党和国家重大经济方针政策情况，揭示存在的落实不力、风险隐患等问题，促使领导干部在高质量发展进程中依法用权、敢为善为。

【专项资金审计】 2022年，区审计部门开展江宁区2020—2021年省级市场监管专项资金使用管理情况专项审计、江宁区2021年度就业创业服务补助专项审计，重点关注专项资金管理、分配、执行、使用等，对财政资金使用绩效进行评价，促进资金使用提质增效。开展困难群众救助补助资金审计，对全区困难群众救助补助资金分配和拨付、集中供养和救助机构资金管理使用、救助职责履行、救助政策落实情况等进行专项审计，助力民生保障。实施江宁区泵站前池水质应急处理设施运行补助资金绩效情况专项审计调查。开展江宁区新冠疫情防控经费审计，审计核减费用3992.73万元。

【内部审计】 2022年，区审计部门围绕构建审计全覆盖立体监督体系，落实区委审委会关于街道内审“双管”要求，以公益性公墓审计项目为载体，选派10个街道11名内审人员参加该项目15个公墓项目的审计，“以干代训”提升内审人员能力水平。对10个街道内部审计工作开展调研，形成专报上报区委、区政府。深入南瑞继保等重点企业开展内审指导，经验做法被《人民日报》等媒体专题报道。举办线上线下内审“周末大讲堂”，针对内审工作重点难点，夯实内审人员业务基础。组织2021年优秀内部审计报告评选活动，对优秀审计报告进行表彰。

【审计信息化及大数据审计】 2022年，区审计部门出台《南京市江宁区审计数据共享应用机制》，建立与财政、大数据、发改等部门数据制式上报机制，实现全区各单位预算编制、决算草案、财务支出、资产运营、重点项目及社会经济运行电子数据全面获取，进一步整合、共享和创新应用全区政务数据。审计项目全部配置大数据主审，实行双主审制，重点推进大数据审计技术在资环审计方面的应用，突出无人机扫描识别技术应用，突出地理信息系统卫星图斑比对，为资源环境审计探索新方法、开辟新路径。大数据审计项目连续两年获评省优项目。

【审计援疆】 2022年，区审计部门贯彻柔性人才援疆方针，逐步实现援疆审计由“输血”向“造血”转变。6月，受特克斯县审计局邀请通过柔性引才项目，选派10名审计专业人员指导该局开展国企领导干部经济责任审计，既帮助受援方培养人才，锻炼队伍，又填补特克斯县审计局对国企领导干部经济责任审计的空白。

【审计整改】 2022年，区审计部门建立整改工作台账，对已完成计划项目中查证的问题、建议和移送等内容审计及被审计单位整改情况及时挂销号。出台《江宁区关于建立健全审计查出问题整改长效机制的实施办法》，进一步规范工作程序，明确工作责任，落实督促工作举措，完善结果运用和责任追究。加强审计机关与纪检监察、巡视巡察在督促审计整改领域的合作，明确被审计部门整改任务和责任，对审计查出问题列出清单、录入审计整改挂销号系统，限期整改、持续跟踪，督促整改责任单位保质保量完成整改，并与区委督察办联合对审计整改事项进行督察。

（区审计局）

统　计

【概　况】 2022年，江宁区统计部门深入推进统计现代化改革，围绕中心、服务大局，突出重点、攻克难点，不断夯实统计基层基础，提升统计服务质量，加强统计法治和队伍建设，完成年度各项工作任务，发挥党委政府“参谋部、晴雨表、信息窗”的职能作用。区统计局蝉联全省县级统计基层基础规范化建设成绩显著单位、市统计局改革创新工作先进单位，获市对区统计工作综合考核优秀等次。

【统计调查】 2022年，区统计部门严格遵守统计调查准确性、及时性、完整性的基本要求，确保统计资料的真实性、准确性、完整性和及时性，充分发挥统计在了解国情国力、服务经济社会发展等方面的重要职能作用。根据行业监测和反馈计算，全区全年实现地区生产总值3000.55亿元，按不变价格计算，比上年增长2.1%。其中，第一产业增加值74.69亿元，增长3.2%；第二产业增加值1659.79亿元，增长5.2%；第三产业增加值1266.07亿元，下降1.7%。三次产业增加值比例调整为2.5 ∶ 55.3 ∶ 42.2。

【统计服务】 2022年，区统计部门聚焦“疫情要防住、经济要稳住、发展要安全”重大要求，加强经济运行跟踪监测，做好月度、季度、年度统计数据分析研判和预测预警，全程、动态、精准掌握全区经济社会发展态势，撰写各类统计分析、快报262篇。编印《江宁区统计工作手册（2022）》，发布统计公报图说和统计年鉴，满足机关部门和社会公众对统计数据信息的需求。编印《南京市江宁区社会经济简明资料（2021）》，为区委、区政府和相关职能部门决策管理提供参考。深化地区生产总值统一核算改革，完善工作协调推进机制；推进首席统计员制度试点，选聘骨干人员、建立三级体系，形成阶段性成果；夯实街道统计基层基础，为高质量发展提供优质服务。

【统计法治建设】 2022年，区统计部门全面加强统计法治建设，推进依法统计、依法治统，深入学习统计工作党内法规、统计法律法规和规范性文件，进一步增强依法统计意识和水平。开展普法宣传，坚持统计讲堂先讲法、业务培训先学法、检查调研先普法，执法检查人员知法、懂法、准确用法的能力逐步提升。制定“八五”法治宣传工作方案，抓住“关键少数”，组织“统计法进党校”和“送法入企”“送法下基层”活动，切实增强统计人员和统计调查对象法治意识。开展统计造假不收手不收敛问题专项纠治工作，聚焦防惩统计造假任务目标，巩固提升统计数据质量；组织数据质量核查，建立常态化统计执法机制，强化数据质量过程管理。完善“双随机、一公开”抽查机制，对淳化、谷里街道50家规模以上企业开展执法检查，加强统计监督。加快统计诚信体系建设，组织统计系统和新增规模以上企业签订承诺书，为统计事业持续健康发展提供保障。

【统计队伍建设】 2022年，区统计部门采取“请进来、走出去”、专家讲自己学、线上学线下学、看视频学案例等多种方式，全方位加强人才培养。全年新招录公务员1人，引进名校毕业生1人，接收对口地区交流学习干部2人、实习大学生2人，安排7名业务骨干轮岗锻炼。健全人才培养机制，以统计事业改革发展需求为导向，以提高统计人员素质为目标，印发《2022年江宁区统计教育培训计划》，开设“统计讲堂”，举办统计基础知识和新上岗统计人员培训班，增强统计人员理论素养、专业素质、法治意识和创新能力。建立学习交流机制，与区委研究室进行交流，还走进区纪委“清风讲堂”，用数据说话，为发展服务。

（李晨颖　杨晓晓）

市场监督管理

【市场主体登记】　2022年，江宁区市场监督管理部门持续深化商事制度改革，新增个体工商户2.6万户，新增注册资金23.2亿元；简化港澳投资者公证文书，新增外资及港澳台资企业146家，注册资本8.2亿美元。聚焦企业电子档案“查询难、手续繁”问题，9月开始为全区企业提供线上自助查询服务，至年末查询企业289家、查询页数60604页。提高市场主体自主申报名称登记率，简化登记流程，自主申报名称登记率90%。

【质量强区战略实施】　2022年，江宁区南京高速齿轮制造有限公司获江苏省省长质量奖，3家企业、1名个人获南京市市长质量奖，4家企业通过江苏精品认证，3家企业获评江苏质量信用AA级，数量均居全市第一。江宁区连续3年获市政府真抓实干成效明显单位激励，连续3年获全市质量强市绩效考核第一名，连续11年被评为南京市质量强市工作优秀区。深化“质量小站”助企服务，智能电网产业链质量小站走访调研企业412家，收集质量服务需求347项，提供检测服务1650家次，开展技术培训、交流等活动14场。企业参与制定国际标准2项、国家标准17项，由区市场监管局主导制定的《进口冷链食品集中监管仓管理规范》地方标准于3月正式发布实施。

【计量管理】　2022年，区市场监管部门开展粮油生产企业计量器具专项检查，出动检查人员20多人次，检查粮油生产企业14家、在用计量器具36台，下达责令整改通知书3份，相关企业按要求完成整改。对区内夏粮收购企业在用计量器具进行专项检查，重点检查在用计量器具是否检定或校准，已检定计量器具是否在有效期内、是否准确可靠、是否存在破坏计量器具准确度等计量违法违规行为。组织燃油加油机“双随机、一公开”计量监督检查，检查加油站10家，经检查，在用燃油加油机均在检定有效期内。

【广告合同监管】　2022年，区市场监管部门制定《关于开展涉老“食品”“保健品”等领域涉诈问题专项整治行动方案》《关于打击整治食品、保健品领域虚假夸大宣传整治方案》等，针对食品、保健品领域养老涉诈问题，开展虚假违法广告专项整治行动，立案15件，罚没款35.45万元。推行广告智慧化监管，通过购买第三方服务模式对互联网广告进行监测，相继对冬奥会、食品保健品、校外培训、金融类、食品保健品、导向性等广告进行专项监测，监测主体13363家，监测广告96783条，核查涉嫌违法违规广告线索160条，监测平台数据线索处理率100%。查办互联网广告违法违规案件4起，罚没款1.1万元。

【不正当竞争监管】　2022年，区市场监管部门开展房地产领域专项整治行动，严厉打击房地产企业在营销过程中虚假宣传的不正当竞争行为。对南京江碧房地产开发有限公司开发的碧桂园泊云间楼盘在销售过程中虚假宣传行为立案调查，依法对其作出罚款170万元的行政处罚。组织针对老年人群养老诈骗专项整治行动，依法打击在推销保健品过程中存在的虚假宣传行为。对江苏初心堂医药健康信息咨询有限公司在电话营销过程中夸大和虚假宣传保健品功效的违法行为进行立案调查，并依法对当事人处罚款32万元。加强商业秘密保护工作，在高新技术企业中开展创建商业秘密保护示范点活动，不断提升企业商业秘密自我保护意识和保护水平。累计创建商业秘密保护示范点企业126家。

【企业信用监管】　2022年，区市场监管部门加强企业年报精细化管理，企业年报率93.1%，比上年提高1.3个百分点，实现历史性突破。推行信用风险分类结果与部门联合“双随机、一公开”监管有效结合，全年组织部门联合“双随机”抽查106次，检查企业3422家。加强失信企业联合惩戒，将12418家因被处罚、经营异常、严重违法导致失信的企业列入经营异常名录。全面开展信用修复工作，对符合要求的1689家失信企业进行信用修复，助力企业恢复正常经营活动。

【消费者权益保护】　2022年，区市场监管部门切实保障消费者合法权益，做好信访、“12315”热线和“12345”热线举报分流和处置工作，受理“12315”投诉工单48451件、“12345”投诉工单22236件，受理信访件779件。开展线下实体店无理由退货承诺活动，有承诺经营户899户，全年办理无理由退货1500余件，退付金额36万元。发挥消费维权公益律师团和驻点律师作用，为消费维权提供法律保障，聘请4名律师驻点分局，协助处理各类矛盾纠纷 95 件。启用园博园督督工作站，全区 27 家督督工作站处理消费维权纠纷 280 件，满意率 99.6%。

【食品安全监管】 2022 年，区市场监管部门深入开展食品安全“守底线、查隐患、保安全”专项行动，聚焦食品安全风险较大领域，组织进口冷链、外卖配送站点、“铁拳 2022”等行动，查处食品违法行为 506 件。加强进口冷链食品集中监管及溯源工作，累计入库 11.2 万批次、17.7 万吨，出库 17.7 万吨，拦截涉疫进口冷链食品 2 批、53.7 吨。1145 家食品生产经营单位完成“江苏冷链”登记注册，累计首站赋码 15383 笔，赋码率 100%。

【药品化妆品及医疗器械安全监管】 2022 年，区市场监管部门开展药品经营使用单位、儿童化妆品等专项检查，检查药品零售企业 560 家次，责令整改 82 家次，当场下达处罚决定书 1 家，约谈企业相关人员 8 人次，未发生特药流弊事件；检查医疗机构 242 家次，整改 46 家次；检查疫苗接种点及疾病预防控制中心 30 家次，整改 3 家次，销毁过期失效疫苗 4677 支、35 公斤。加强医疗器械质量安全监管，在医疗器械经营使用环节组织无菌和植入性医疗器械等专项检查，对新冠病毒检测试剂经营和使用单位进行全覆盖检查，检查医疗器械经营单位 885 家次，责令整改 49 家次，当场处罚 1 件；检查医疗器械使用单位 283 家次，责令整改 58 家次。全年完成药品抽检 101 批次、医疗器械抽检 1 0 批次，未发现不合格产品。

【特种设备安全管理】 2022 年，区市场监管部门加大特种设备日常监督检查力度，检查特种设备使用单位 521 家。针对重点领域，开展锅炉、叉车、电梯、起重机械等专项检查，检查特种设备使用单位 1350 家次，发现各类安全隐患 354 条，均按时整改完毕。加强城镇燃气排查整治，督促充装单位及时清理超期瓶、报废瓶，提升气瓶本质安全，气瓶定检率 99% 以上。根据《南京市电梯安全条例》有关规定，增加区规划资源分局、房产局为特种设备安全生产专业委员会成员单位，组织区特种设备专委会成员单位学习新的《中华人民共和国安全生产法》，部署开展特种设备相关专项检查 7 次。组织“安全生产月”活动，加强特种设备安全宣传教育，发放特种设备安全宣传资料 2000 余份，张贴宣传海报 2000 余份。在江宁街道盛江花苑小区组织电梯困人事故演练，提高属地政府和使用单位处置突发事件能力，提升居民乘梯安全意识。

2022 年，区市场监管部门开展药品经营使用单位、儿童化妆品等专项检查。图为 5 月 26 日，区市场监管局在江宁万达孩子王母婴店开展以“安全用妆，携手‘童’行”为主题的化妆品安全科普宣传周活动 （王旭摄）

【打假治劣】 2022 年，区市场监管部门开展成品油市场秩序、非法流动加油行为、电动自行车等专项执法行动，检查相关产品生产、销售企业及加盟企业 200 余家，立案查处安全类案件 23 件，重点为“灶管阀”、电动自行车、特种设备等。建立商业秘密维权联系点 2 个，在高新技术企业中创建商业秘密保护示范点企业 126 家。开展“灶管阀”质量专项整治，检查销售企业 70 家，发现并督促销售单位下架标识标注不规范、不张贴 CCC 标志等问题产品 35 件。增强重点产品质量监督抽检成效，配合开展市级产品质量监督抽检，对 15 类产品进行质量监督抽检 360 批次，检出并依法处理不合格产品 5 批次。 （宋雪珍）

【主导制定地方标准】 3 月 18 日，南京市新发布的 16 项地方标准正式实施。其中，《进口冷链食品集中监管仓管理规范》由区市场监管局主导制定，是全省率先出台的进口冷链食品集中监管仓市级地方标准。为有效阻断进口冷链食品新冠疫情传播风险，2020 年 11 月 12 日起，江宁区在全市范围内率先设立进口冷链食品集中监管仓，明确规定进入南京储存、销售、加工的进口冷冻食品须进入监管仓进行外包装消毒和核酸检测采样。为规范集中监管仓工作流程，又着手编制《进口冷链食品集中监管仓管理规范》市级地方标准，从标准化角度对集中监管仓的建设和运行管理工作进行梳理和规范。历时1年，该标准于2021年12月通过市级地方标准审查会的技术审查。《进口冷链食品集中监管仓管理规范》依据相关法律法规，以解决冷链食品集中监管仓运行中的实际问题为切入点，对集中监管仓的仓储建设、出入仓流程、操作等关键技术内容提出要求，多角度、多层面保障集中监管仓建设和管理标准制定的科学性和合理性，为市内其他集中监管仓建设工作提供标准及指导。

【新增3个省级标准化试点项目】 6月，省市场监督管理局、省发展和改革委员会联合下发《关于下达2022年江苏省战略性新兴产业和服务业标准化试点项目的通知》，确定84项2022年江苏省战略性新兴产业和服务业标准化试点项目，江宁区3个项目入选，数量居全市第一。其中，南京高速齿轮制造有限公司以大功率风电齿轮箱标准化试点入选战略性新兴产业标准化试点项目，江苏众信绿色管业科技有限公司的内衬不锈钢复合钢管产业标准化试点项目入选。南京万德斯环保科技股份有限公司的生态保护和环境治理服务标准化试点入选服务业标准化试点项目。

【2家企业获“江苏精品”认证】 12月，2022年第一批“江苏精品”认证获证企业名单公布，驻区企业南京科润工业介质股份有限公司、多伦科技股份有限公司入围。获得“江苏精品”认证的是南京科润工业介质股份有限公司的“水溶性淬火剂”、多伦科技股份有限公司的“机动车驾驶人考试系统”，涉及高端制造、人工智能等产业。其中，由科润自主研发的“水溶性淬火剂”在提高淬火性能的同时，大幅降低能源消耗，减少二氧化碳及其他污染物排放，从而实现对矿物油基淬火油的替代，该产品在运动黏度、浊点、冷却性能等核心技术指标上达到国内领先水平，被广泛应用于汽车、工程机械、航空航天等行业领域，并凭借着突出的环保生态优势以及优良的冷却性能得到客户认可。（宁　鉴）

物价管理

【价格调控】 2022年，江宁区发展与改革部门贯彻落实国家和省、市各项价格调控措施，把价格调控目标责任分解到部门和街道，建立价格形势分析机制，分析研判重要民生商品市场价格走势。对米、油、肉、蛋、蔬菜等重要民生商品价格进行常年监测，在春节、“五一”、国庆等重点时段，加大监测密度和频率，及时发现市场价格波动情况，全年上报省、市发改委价格监测报表700余份、价格数据5.3万多条。与相关职能部门密切协作做好保供稳价工作，完成全年价格调控总体目标，全区居民消费价格年均涨幅控制在省定标准以内。

【清费减负】 2022年，区发展与改革部门按照“谁收费、谁主管、谁清理”原则和《江苏省涉企违规收费专项整治工作方案》统一部署要求，开展自查自纠工作。配合市发改、财政、市场监管等部门以条线为单位，开展专项检查，形成条块结合、上下联动的工作格局。提高涉企收费政策透明度，规范涉企收费行为，加强社会监督，发放《南京涉企收费（价格）手册（2022版）》150份。（周　航）

【市场价格秩序维护】 2022年，区市场监管部门联合区发改委、房产局等部门，通过“双随机、一公开”方式，在全区范围内开展转供电环节收费、粮食市场秩序专项整治和防疫物资价格、教育收费、行业协会收费、律师事务所收费、商业银行收费、社会培训机构收费等专项检查工作，办理“12345”“12315”工单1067件，办理国务院互联网＋督查件3件、信访18件。

【价格监督执法】 2022年，区市场监管部门在新冠疫情防控期间对属地超市、药店、农贸市场的粮油、蔬菜、肉类等重要民生商品及口罩、消毒液等防疫物资价格进行巡查，出动执法人员900多人次，检查药店、超市、农贸市场等市场主体1300余家次，发放、张贴价格政策提醒函300余份，要求经营者根据经营成本合理定价。开展民生领域价格与收费检查，组织房地产市场专项检查、殡葬业价格秩序专项检查等，进一步规范行业价费行为，优化营商环境，保障国家惠民政策落实到位。（戴兵胜）

知识产权

【概　况】 2022年，江宁区入选国家知识产权强县建设示范县，江宁开发区、江宁高新区分别入选国家级知识产权强国建设示范、试点园区，江宁成为全省争创知识产权强国建设示范点最多的县级区域。江宁开发区、江宁高新区获批成立首批市级知识产权工作站，江宁高新区获批省知识产权保护中心知识产权保护“一件事”集成服务试点。江宁开发区、江宁高新区上榜首批国家级专利导航服务基地名单，聚焦重点产业深入推进专利导航工程。创建高价值专利培育中心5家。指导企业实施知识产权管理规范国家标准，贯标备案企业138家，绩效评价企业22家，认定市知识产权示范企业30家。编制《南京市江宁区“十四五”知识产权发展规划》《南京市江宁区国家知识产权强县建设示范县工作方案（2022—2025）》，成立江宁区知识产权强区建设工作领导小组。

【知识产权创造】 2022年，全区专利授权量21429件，其中发明授权7278件；有效发明专利拥有量27476件，其中高维持10年以上2940件；PCT（专利权）申请量360件。商标申请量16334件，商标注册量13504件，有效商标拥有量90133件，马德里国际注册商标9件。

【知识产权运用】 2022年，区知识产权部门组织区内企业申报省、市知识产权计划，其中江苏苏博特新材料股份有限公司、江苏奥赛康药业有限公司获批省高价值专利培育计划升级项目，南京卫岗乳业有限公司获批省工业品牌培育和保护项目，江宁开发区、金陵科技学院获批省专利转化专项项目。江苏新世纪江南环保股份有限公司等5家企业获批市高价值专利培育中心项目，江苏金智科技股份有限公司等13家企业获批市企业专利导航项目，获批市地理标志商标注册培育项目2项。南京南瑞继保电气有限公司等13家企业购买专利保险128件，补助保费19.2万元。全区获第23届国家专利金奖2件、优秀奖7件。获批国家知识产权示范企业2家、优势企业4家。203家企业以198件专利、2件软著、3件商标作为质押物，在19家金融机构质押融资28.6亿元，比上年增长136.75%。

【知识产权保护】 2022年，区知识产权部门调整知识产权重点保护名录，建立江宁区知识产权专家人才库，知识产权服务类型分为战略规划、维权援助、专利转化和企业服务4种类型，为企业提供精准服务。开展2022年北京冬奥会和冬残奥会奥林匹克标志知识产权保护专项行动、新版地理标志专项检查行动、知识产权蓝天行动、知识产权执法保护行动、“双随机、一公开”知识产权抽查工作等，办理知识产权行政处罚案件26件、专利标识不规范整改案件4件、电商平台侵权纠纷判定咨询案件40件，承办市交办的专利侵权纠纷行政裁决案件2件。成立江宁区知识产权纠纷人民调解委员会，多元化解知识产权纠纷。对4批、3890件涉嫌非正常申请专利进行查证。南瑞集团获批省知识产权保护标杆企业。

【知识产权宣传培训】 2022年，区知识产权部门面向南京市大学生举办主题创意作品征集活动，有8所院校22幅作品获奖。在“4·26”世界知识产权日宣传周期间，围绕“知识产权与青年：强国有我”主题开展2022年南京市暨江宁区知识产权宣传周专题活动，召开全面开启知识产权强国建设新征程座谈会，驻区高校和服务机构代表参会。推出江宁督督知识产权小课堂，邀请行业内专家担任主讲，播出课程12期。成立大学生知识产权宣讲团，拍摄系列“知识产权青年行”短视频，扩大知识产权社会认知度。举办2022年江苏省专利（成果）拍卖季南京专场活动暨江宁开发区知识产权强国建设示范园区启动大会、江宁高新区国家知识产权强国试点园区建设暨新医药与生命健康产业专利（成果）转化专场对接会等活动，开展知识产权质押融资、项目申报解读等专项知识产权培训20余场，立足企业实际需求，提供专利申请、导航布局、维权援助等方面“一对一”精准服务，助力企业发展。

（曹建培）

【江宁成为首批国家知识产权服务出口基地】 3月15日，江宁区被商务部、国家知识产权局联合认定为国家知识产权服务出口基地，成为全省唯一获批国家知识产权服务出口基地的行政区。全区着力构建“5+4+1”现代产业体系，做大做强智能电网、新一代信息技术、新能源汽车、高端智能装备、新型节能环保5个优势产业集群，聚力打造生物医药及新型医疗器械、航空航天、前沿新材料、人工智能4个先导产业集群，超前布局未来网络、第三代半导体、基因技术、新型数字产业等一批未来产业集群。全区有效发明专利拥有量20933件，位居全省第二，万人发明专利拥有量109件，建成江宁开发区、江宁高新区2个国家级知识产权试点示范园区，集聚各类知识产权服务机构89家、服务人才2400余人，知识产权服务业与经济社会发展深度融合，区域知识产权综合实力位居全国前列。

【江宁获两项中国专利奖金奖】 4月，第23届中国专利奖评选结果出炉，江宁区参评的南京国电南自电网自动化有限公司“一种基于信息融合的智能变电站数据可靠性识别方法”等2项专利获中国专利金奖。此外，航天晨光股份有限公司“核电站废树脂的装载卸载转运装置及其转运方法”等6项专利获中国专利优秀奖。中国专利奖由国家知识产权局和世界知识产权组织共同主办，是国内唯一的专门对授予专利权的发明创造给予奖励的政府部门奖。获得该届金奖之一项目——南京国电南自电网自动化有限公司“一种基于信息融合的智能变电站数据可靠性识别方法”，属于继电保护领域的核心专利，可提升继电保护产品的设计水平，保障电网的安全稳定运行，推动新能源消纳，促进智能电网产业链发展。以该专利技术为基础，已构建27件系列专利，应用于国电南自全系列近百个型号的继电保护产品，在全国智能变电站得到广泛应用。

【江宁成为首批国家知识产权强县建设示范县】 8月，国家知识产权局公示首批国家知识产权强县建设示范县名单，江宁区入选。全区围绕知识产权强区建设，不断完善知识产权创造、运用、保护和服务工作，强化全链条保护能力，打造一流的营商环境。累计授权专利总量11118件，其中发明专利3428件，高维持年限（10年以上）发明专利2454件，PCT申请162件，有效发明专利拥有量24052件；商标申请量10226件，注册量9323件，有效商标总量86215件。全区将以争创国家知识产权强县建设示范县为契机，充分发挥辖区企业、高校科研院所等资源优势，深化校企合作、银企对接，并整合多方力量，提升知识产权协同保护能力，打通知识产权创造、运用、保护、服务等各个环节，助力更多的知识产权成果转化落地，实现“知本”与“资本”的良性循环，助力江宁经济高质量发展。

（宁　鉴）

信用体系建设

【概　况】 2022年，江宁区持续优化信用数据归集工作，按照市区两级公共信用信息归集平台报送要求，开设账号单位定期报送“双公示”信用信息和信用承诺信息。全年收集法人信息91774条、自然人信息10108条、行政处罚信息18288条、信用承诺信息83603条。

【信用信息产品应用】 2022年，全区继续优化“小江家护”居家养老照护服务体系，创新信用分值、信用审查、信用等级“三位一体”的信用监管体系。加大信用信息产品应用推广力度，进一步拓展信用信息应用领域。

【信用信息联合奖惩】 2022年，区发改部门引导相关部门在各种权力事项中运用信用信息及信用产品，将信用承诺、信用审查等融入行政审批流程。累计开展批量信用审查77次，审查企业9118家，惩戒企业307家。针对个人审查5498次，涉及评优评先等方面。

【政务诚信建设】 2022年，江宁区在淳化街道茶岗村开展信用村示范试点，将农村居民信用建设纳入村规民约，组织信用建设入户宣传和主题宣讲活动20余次。建立街道政务公开承诺制度，各街道在政务、财政、就业、养老等16个领域推行公开承诺，覆盖率100%。引导村（社区）作出承诺并诚信履约，湖熟街道河北社区制定家庭诚信积分管理制度，对总积分排名前10的家庭进行表彰，除物质奖励外，还逐级推荐参加评优。健全基层投诉反馈机制，开展失信专项治理，引导群众合理运用信访、“12345”、微博等多种方式合理维权，参与失信专项治理。构建政府采购全流程信用管理机制，转发并落实《政府购买服务指导性目录》。建立政府和社会资本合作失信违约记录和项目责任回溯机制，将实施情况纳入政府信用记录。

【违法失信行为监管】 2022年，全区开展信用领域突出问题专项治理工作，加强违法失信行为监管。下发失信主体清单，全区存量失信记录1646条，涉及企业1031家。其中，公示满3个月可修复存量失信记录1416条，涉及企业903家，涉及区级部门处罚记录624条，涉及市级部门和市外区级部门处罚记录636条。严重失信主体退出725家，新增101家；受行政处罚企业共退出1040家，新增669家。区级部门处罚市内外区企业记录261条，部门主动审批260条，修复121条。（周　航）

综　述

【概　况】 2022年，江宁区大力实施创新能级跃升工程，系统推进体制机制创新、创新平台建设、科创森林培育等八大行动，取得阶段性成效。全区科技企业总量突破1万家，累计备案科技型中小企业首次突破4000家；市级新型研发机构累计111家，其中江宁开发区64家、江宁高新区28家、麒麟科创园19家，16家新型研发机构获评2021年度市级绩效优秀。全区规模以上工业企业1118家，有研发经费企业792家，占70.8%。新认定市级研发中心53家、省级中心19家。加快推进国家重点实验室重组，有8家完成重组申报（其中2家为新建）。第七届中国创新挑战赛（南京江宁）发布企业技术需求100余项，区生产力促进中心获江苏赛区优秀组织单位称号。

【高新技术企业】 2022年，全区科技型中小型企业备案数首次突破4000家，达到4592家。净增高新技术企业358家，累计2134家。省民营科技型企业备案1188家，规模以上工业企业中高新技术企业530家，拥有自主知识产权科创企业突破1万家。

（区科技局）

【江宁位列“赛迪创新百强区”全国第六】 4月，赛迪顾问城市经济研究中心发布“赛迪创新百强区（2022）”，江宁区位列全国第六，排名全省第一，也是全省唯一跻身榜单前十的行政区。赛迪创新百强区（2022）构建以“创新生态、创新动力、创新主体、创新成果”4个一级指标、“地区生产总值、R&D（研究与开发）投入强度、国家高新技术企业数”等16个二级指标的城区创新评价指标体系，对城区科技创新、产业技术创新、改革创新等重点领域创新水平进行全面分析。2021年，全区科技创新工作亮点纷呈，紫金山实验室进入国家实验室序列，对外发布3项“全国首个”重大创新成果；中科系信息高铁综合试验设施等4个重大科技基础设施落户麒麟科创园，紫东综合交通国家重点实验室首期投入使用；获评全省首批创新型示范区。连续4年新增高新技术企业300家以上，总量近1800家；10家新型研发机构入选南京市高水平培育库，主要科技创新指标均居全市第一。5家江宁企业主持或参与的重大科技成果项目获国家科学技术进步奖，7项创新成果亮相国家“十三五”科技创新展。

（宁　鉴）

科创平台

南京未来科技城

【概　况】 南京未来科技城位于高铁南站至禄口机场发展“金轴”与绕越高速交会点，规划面积40平方千米，核心区面积6.22平方千米。作为全市发展的新布点，全区科技创业的新窗口和高新产业集聚的新焦点，未来科技城正全力建设成为全市、全区高端人才集聚区、创新创业示范区、体制机制创新引领区。重点打造的未来网络特色产业小镇，系江苏省首批特色产业小镇，入选全国特色小镇50强。2022年，未来科技城完成固定资产投资40.7亿元，社会消费品零售总额10.5亿元，实际利用内资32.8亿元，一般公共预算收入1.8亿元。

【人才引进】 2022年，未来科技城以人才创新为抓手，加大国家、省级人才和海外人才引育力度。完成国家“启明”人才项目有效申报7人，组织辅导申报省“双创”人才项目1人。申报百家湖人才计划11个，其中5个项目成功入选。参加南京市紫金山人才计划答辩2人，储备2023年度市级计划优质项目5个。

【科创成果】 2022年，未来科技城新增市级以上企业工程技术研究中心2家（包括省级中心1家），完成发明专利授权85件，有效发明424件，知识产权质押融资项目12项，质押融资额度8500万元。辖区内高新技术产业投资增长10%、科技服务业收入增长9%。组织申报高新技术企业57家，认定38家，净增12家。认定国家科技型中小企业193家、省民营科技企业64家。加快产学研合作和技术转移转化，全年企业技术合同登记成交额4.42亿元。入选科技副总企业2家，有效产学研合作立项6项，科创载体在孵企业近600家。

【东大智慧建造与运维国家地方联合工程研究中心项目落户】 2月19日，东南大学基础设施安全低碳与智慧校企协同创新综合体在未来科技城挂牌，东南大学智慧建造与运维国家地方联合工程研究中心项目落户该创新综合体。研究中心落地后，已与中亿丰、中核华兴、东阳市建筑科技建立校企联合研发中心，分别与广联达和柳州欧维姆形成办公建筑碳排放指标体系与核算方法研究、基于无人机巡检的桥梁缆索体系病害智能检测与三维可视化研究等2项技术合作，引入江苏东玖智研数据、东印智碳（南京）科技、宾孚数字科技、江苏文研建筑科技等4家企业，集聚东南大学专家及教授、企业研发办公人员100人。

【林同棪长三角区域总部项目入驻】 7月，林同棪国际长三角区域总部项目签约落户未来科技城。该项目以大咨询、大设计、大总包为主要业务，提供与国际先进水平接轨的生产性服务业务，包含投资决策综合性咨询、工程建设全过程工程咨询、EPC（设计、采购、施工）、基于BIM（建筑信息模型）的智慧建设、建筑科技创新应用等，打造建筑设计领域的标杆企业。年内，林同棪科技发展（江苏）有限公司及林同棪国际工程咨询（中国）有限公司江苏分公司已迁入园区。 （张 青）

网络通信与安全紫金山实验室

【确定性网络关键技术研究】 2022年，网络通信与安全紫金山实验室加快推动互联网技术体系变革，确定性网络关键技术获得新突破。发布全球首个云原生算网操作系统，为“东数西算”、网云融合、元宇宙等重大应用场景提供服务支撑。基于未来网络试验设施构建开通覆盖35个城市、跨1万千米的广域确定性网络，实现零丢包、时延抖动小于50微秒，推动互联网从“尽力而为”到“确保所需”的技术体系变革。持续开展大网网络操作系统攻关，基于CENI（未来网络实验设施）网络开展业界首个广域网优简组播技术应用试验。开展白盒化网络设备开发，联合云南电信开展国内首个基于白盒设备操作系统的SRv6试点。开展TSN控制器系统研发，完成与业界8家交换机对接，作为业界首款TSN网络控制器进入时间敏感网络产业链名录。

【国家6G重大战略任务攻关】 2022年，网络通信与安全紫金山实验室系统性突破6G技术与关键器件，成功构建并发布6G TKμ极致连接无线传输试验平台V1.0，6G候选技术研发在国际上率先取得标志性重要进展。完成世界上首个6G光子太赫兹200千兆比特每秒实时传输和1 兆比特每秒离线传输通信实验，创造出世界上太赫兹无线通信最高传输纪录。完成频谱效率超过0.2千兆比特每秒/赫兹、支持空口时延低于400微秒的无蜂窝大规模分布式MIMO（多用户多入多出技术）无线传输试验，指标比5G提升约10倍。CMOS毫米波芯片及大规模相控阵技术拓展到更高频段的100吉赫和300吉赫太赫兹，为中国高频器件锻长板奠定坚实基础。研制出业界首款超宽带光子毫米波/太赫兹收发功能一体集成芯片及封装模块，实现光纤与毫米波/太赫兹通信的无缝融合。

【内生安全理论创新研究】 2022年，网络通信与安全紫金山实验室在原创性提出拟态防御理论的基础上，提出内生安全不完全交集原理和内生安全存在性新论断，进一步丰富内生安全理论框架。开展内生安全赋能网络弹性相关研究，并撰写30余万字的理论专著《内生安全赋能网络弹性》，发布《基于系统架构评估的网络弹性度量》技术白皮书。研制成功国内首颗200G自主可控的DPU（数据处理单元）芯片及相应的智能网卡，为破解“卡脖子”提供重要抓手。研制业界首个内生安全自动驾驶TBOX（车联网系统中的远程信息处理器）原型系统，完成L4级自动驾驶巴士的安装、标定、调测，丰富智能网联汽车内生安全技术和产品生态。NEST2.0试验场开辟5G/B5G核心网和密码机攻防新赛道，为支撑第五届“强网”拟态防御国际精英挑战赛提供核心技术支撑。

【综合试验平台建设】 2022年，网络通信与安全紫金山实验室完善“平台+项目”机制，建设面向全国的综合性大规模试验环境、新型网络体系架构试验场取得进展，初步拥有服务可定制的智能化端到端创新服务能力，支撑实验室重大科研任务。探索新技术的示范应用平台、先进的公共测试认证平台建设运营模式，利用平台能力开展分布式存储试验和数据库跨域热备技术在300千米确定性网络上的可行性验证、天文数据超算应用示范、工业远程品控应用示范等多项重大科研试验与应用示范，助力创新成果产业化落地。

【成果示范应用】 2022年，网络通信与安全紫金山实验室按照科技创新“面向经济主战场”要求，制定《促进科技成果转化管理办法》，加快推动科研成果示范应用并得到产业界广泛认可，在服务区域经济发展方面取得新成效。未来网络试验设施为70余家第三方单位提供试验验证服务，依托CENI构建面向长三角等重点区域的工业网络，接入近1800家企业。确定性网络应用于“东数西算”工程，解决技术难题。CMOS毫米波大规模相控阵应用于卫星通信终端和5G毫米波基站，在三大洲10余个国家的30余家企业推广应用，为国内著名企业产品提供核心器件。内生安全列入国家“十四五”科技创新发展规划，拟态防御产品在电信、金融、工业互联网、车联网等行业得到示范应用。

（紫金山实验室）

高新园区

南京江宁开发区高新技术产业园

【概　况】 2022年，江宁开发区高新园实现高新技术产业投资108.18亿元，比上年增长26.67%；规模以上高新技术制造业产值722.89亿元，增长21.9%；规模以上高新技术服务业营业收入369.9亿元，增长13.2%；技术合同成交额92.73亿元，增长27.02%。国家科技型中小企业备案数近1800家，增长42%；净增高新技术企业200家，有效期内高新技术企业总数突破800家；入选江苏省独角兽、瞪羚企业32家，增长45.5%；新增省级以上孵化载体7家（其中国家级众创空间1家）、市级孵化载体15家，稳居全市首位；新增省级企业研发机构26家、市级企业研发机构24家，均位居全市前列。先后获批全国首批、全市首家国家级知识产权强国建设示范园区及首批国家级专利导航服务基地、江苏省碳达峰碳中和科技成果转化基地等资质。

【载体建设】 2022年，江宁开发区高新园高标准建成吉印产业创新园、空港新动能产业创新园、无线谷科技园，中关村科创中心、新都中心等载体加快建设。大力发展楼宇经济，晋级亿元税收楼宇2座、市级总部企业4家，叠拓等100余个优质项目落户硅巷。开展科创平台载体建设行动，东南大学国家大学科技园入选全国首批、全省唯一国家未来产业科技园建设试点，获批国家级众创空间1家（C创空间），新增省级孵化载体6家、市级孵化载体15家。

【招商引才】 2022年，江宁开发区高新园承办第二届智能制造创新大赛等产业创新活动以及2022海外项目推介交流会（以色列专场）等国际双创活动，促成一批优质海内外项目落地。全年签约亿元以上项目120个，总投资额1235亿元，引进中国电科院南京科研基地、福特新能源汽车“三电”项目、中国电建华东区域总部等5个百亿级旗舰项目。高层次人才加速集聚，入选国家重点人才工程10人，其中入选火炬计划1人。省双创进入答辩14人，新增海外人才飞地3家、海外留学人员450人。高标准建设国际人才街区，“海智湾·江宁”移民事务中心正式挂牌，全年新增入湾359人。

【科创企业培育】 2022年，江宁开发区高新园全力构筑科技型中小企业、高新技术企业、独角兽与瞪羚企业、科技型上市企业“雁阵梯队”，全年获批科技型中小企业近1800家，比上年增长42%；净增高新技术企业200家，有效期内高新技术企业总数突破800家，24家企业入选全市百强高新技术企业，总数居全市第一位；入选南京市独角兽、瞪羚企业98家，江苏省独角兽、瞪羚企业32家；新获评省级专精特新企业53家、总数78家。国博电子、磁谷科技先后在科创板挂牌上市，实现科创板企业上市“零”的突破。

【国际创新合作】 2022年，江宁开发区高新园坚持“走出去”“引进来”并举，随同南京境外招商团出访法国、德国、韩国等创新强国，中科药业获批江苏省海外研发机构项目，新增伯睿—英国伯明翰海外协同创新中心等多家海外创新平台，西班牙海外协同创新中心在全市绩效考评中再次获优秀等次。联合全国各地6个重点园区与以色列6个孵化器组建“中以创新园区合作联盟”，先后举办2022海外项目推介交流会（以色列专场）、2022南京海外高层次人才双创大赛欧洲选拔赛等系列国际创新创业活动，促成一批优质海外项目落地。鉴于园区在推动中以创新全面伙伴关系持续健康稳定发展中的贡献，受到科技部科技评估中心专门致信感谢。

【创新环境优化】 2022年，江宁开发区高新园坚持高标准打造创新生态环境，更新发布科技企业“腾飞八条”2.0版本，修订完善知识产权奖励办法，在全市率先推出“专精特新八条”“智改数转八条”，构筑起覆盖科技企业成长全生命周期的政策体系。优化知识产权环境，推出“知识产权公共服务平台”线上网站，全年发明专利授权量4123件、有效发明专利拥有量16182件，知识产权质押融资额超20亿元，11项专利获市级优秀专利奖，5家企业获批市级高价值专利培育中心项目，入选首批国家级专利导航服务基地，获批全国首批、全市唯一国家级知识产权强国建设示范园区。科技服务体系继续完善，首创“科技创新服务超市”，为企业提供政策申报、科技金融、知识产权、产业发展、人才专项等“六位一体”综合科技服务，服务企业1000多家次。举办企业明星产品发布周、“企业服务月”等系列助企活动，收集解决企业人员招聘、资金融资等诉求100多项。

【主导产业发展】 2022年，江宁开发区高新园围绕主导产业和优势产业持续发力，新能源汽车、临空产业实现20%快速增长。智能制造产业产值490亿元，智能制造产业园、机器人产业园等特色产业园加快建设。承办第二届智能制造创新大赛、南京智能制造装备产业链创新服务大会等产业创新活动，编制“智改数转”三年行动计划，获批国家工业互联网推动数字化创新领先园区、全省首批“5G+工业互联网”融合应用先导培育区。新增省级智能制造示范工厂5家、省级工业互联网标杆工厂2家、省级重点工业互联网平台1家、省级智能制造领军服务机构1家，优倍电气获授全省唯一的国家级“企业数字化转型安全能力提升实训基地”称号。

（开发区高新园）

南京市麒麟科技创新园

【概　况】 南京市麒麟科技创新园位于南京中心城区，北接仙林大学城，南连江宁大学城，区位条件优越，山水环境优美，为功能复合的现代化生态科技创新城区，规划总面积83平方千米，已开发建设面积46.15平方千米。园区于2010年7月启动建设，2016年5月获省政府批准筹建江苏省麒麟高新技术产业开发区。2022年，园区以服务高水平科技自立自强为战略抓手，紧扣“两区三城”发展定位，打造“国家区域科技创新中心核心承载区、国家战略科技力量承载区”，建设“创新策源活力之城、科技产业实力之城、生态宜居魅力之城”，做强做优新能源、新消费两大支柱产业和新一代信息技术、智能制造等主导产业，培育综合交通、生物医药、新材料等一批未来产业，助推南京市争创国家区域科技创新中心，争当全面建设人民满意的社会主义现代化典范城市排头兵。全年实现地区生产总值100.83亿元、一般公共预算收入9.98亿元、全社会固定资产投资125.8亿元。

【招商引资与人才集聚】 2022年，麒麟科创园召开2022国际标准化（麒麟）大会，IEC国际标准促进中心（南京）正式启动运营，与低碳城市研究院签订共建协议。引入能源产业上下游重点企业和区域性、功能性央企总部机构落户，能交公司总部、长江环保科技基金等项目签约，投资总额150亿元。寒武纪生态链项目——总投资20亿元的云海微通信芯片总部项目在南京金秋经贸洽谈会开幕式上签约，广电5G核心网东部中心节点、中材矿业科技推广和应用服务、中国电子华大智宝数字安全芯片等一批项目落户。园区“中科系”研究机构集聚各类人才1121人，其中“双聘”院士14人、国家重大人才33人、副高级及以上职称人员155人，研究生以上学历占比62%。

【创新环境优化】 2022年，麒麟科创园中国科学院南京分院“一院四所”迁建项目26万平方米基本建成，国科大南京学院二期项目启动建设前期工作；信息高铁科技创新综合实验平台一期、南京未来能源系统研究院，以及人工智能产业园C、D区40万平方米载体建设加快推进。信息高铁综合试验基础设施项目获江苏省重大科研设施预研筹建项目立项，并牵头承担“东数西算”城市算力网项目，完成6个节点城市链路建设；百兆瓦级压缩空气储能平台项目先后获4项省科技专项支持；开源软件供应链项目获批承担国家重大科技攻关任务，重要成果“源图2.0”在世界互联网大会乌镇峰会发布；决策智能与计算创新平台项目完成方案论证，实现企业级大数据决策存储架构及传输模式。南京现代综合交通实验室与中国交通建设集团有限公司、东南大学、交通运输部公路科学研究院、江苏省交通工程建设局等单位联合申报的综合交通运输理论方向交通运输行业重点实验室获认定。与东南大学、清华大学联合举办由丘成桐院士发起的第九届世界华人数学家大会。

【城市建设】 2022年，麒麟科创园实施城市建设类项目46个，总投资54.5亿元。二期保障房G5地块15万平方米主体工程完成，开展内外装修。核心区道路建成通车10千米，同步实施绿化、路灯、监控等配套设施建设。完成生态公园品质提升、麒麟1—1地块、窦村等宕口治理及覆绿工作，新增绿化面积40万平方米。采取控源截污、引水补源、培育亲水植被及共管共治等措施，实现运粮河全流域年平均水质达IV类标准。推进麒麟生态公园二期工程建设，加大道路保洁、渣土管理、大气及水环境整治力度。引入优质教育资源，麒麟科技城配套高中明确为南师附中新建校区，配套中小学与南师附中、东郊小镇小学与游府西街小学开展合作办学。

【管理与服务】 2022年，麒麟科创园打造“小麟通”企业服务品牌，设立“小麟通”服务专员，为园区企业提供全天候、零距离的“店小二”式服务。进一步丰富政务中心服务内容，中心一期20类59个子项目相关权限全部承接到位。上线运营麒麟企业智慧服务平台，实现园区内企业统一管理。成立园区企业服务公司，形成开发建设、创业投资、企业服务3个国资板块，以市场化手段提升服务企业效能。启动编制园区“十四五”人才发展规划，首期500套人才共有产权房开工建设。

【中国能谷（启动区）项目开工建设】 2月24日，位于麒麟科创园的中国能谷（启动区）项目开工建设。中国能谷项目总投资300亿元，建筑面积160万平方米，致力于集聚最优质的能源产业资源、引领最先进的能源产业方向、代表最前沿的能源科技水平，构筑集技术研发、资本孵化、示范应用、机制创新于一体的产业生态圈，打造具有国际影响力的能源科技策源地、能源产研创新园、能源应用示范区、低碳智慧未来城。

中国科学院南京分院一院四所麒麟科技园俯瞰　（麒麟科创园供图）

【中科南京信息高铁研究院通过CMMI 3级认证】 3月，经CMMI权威认证团队审核与评估，中科南京信息高铁研究院通过CMMI3级认证。该研究院致力于推动建设国内首个云、网、边、端一体化协同的算力基础设施试验场——信息高铁综合试验基础设施，项目已建成端、边、网、云体系完备的信息高铁开放实验室，制定一系列研发标准和管理流程规范。（许　胜）

【1个创新项目获市重大科技专项立项】 9月，市科技局、市财政局联合下发《关于下达南京市2022年度科技发展计划及科技经费指标的通知（第八批）》，位于麒麟科创园的南京现代综合交通实验室申报的“绿色低碳长寿命新型路面成套关键技术攻关”项目榜上有名，获专项支持资金1000万元。此次南京现代综合交通实验室组织申报的“绿色低碳长寿命新型路面成套关键技术攻关”项目，由南京现代综合交通实验室牵头，联合东南大学、中交公路规划设计院有限公司、南京市公共工程建设中心、江宁交建集团等单位，组建重大科研项目攻关联合体，强化核心技术攻关质效。科研团队将从基础补强、技术创新、工程提质、管理升级4个方面入手，针对交通基础设施高质量发展与低碳发展面临的关键性、基础性问题展开研究，最终形成低碳新型长寿命路面“材料—结构—设计—施工—运维”成套技术体系，助推交通强国和科技强国战略实施。

【1家实验室获批交通运输行业重点实验室】10月，由位于麒麟科创园的南京现代综合交通实验室牵头，联合中国交通建设集团有限公司、东南大学、交通运输部公路科学研究院、江苏省交通工程建设局联合申报的“综合交通运输理论”方向交通运输行业重点实验室在由交通运输部办公厅发布的《关于公布综合交通运输理论交通运输行业重点实验室认定名单的通知》中获得认定，成为此次获批的4家行业重点实验室之一。作为交通运输行业重点实验室，南京现代综合交通实验室各联合依托单位为综合交通领域国内知名龙头企业、高校、科研院所和建设单位，将在科研场地、科研人员、科研经费、应用场景、“学科特区”、高端人才培训等方面提供全方位保障，支持南京现代综合交通实验室高质量发展。

【麒麟启迪低碳智能产业园获评国家示范基地】 12月，工业和信息化部公示2022年度国家小型微型企业创业创新示范基地名单，位于麒麟科创园的南京麒麟启迪低碳智能产业园（启迪科技城·南京麒麟）位列其中，南京市仅此一家。启迪科技城·南京麒麟是根据清华大学与南京市战略合作协议设立，是启迪控股布局长三角战略集群的重要创新载体和服务平台，园区位于麒麟科创园核心区，以数字经济、低碳环保为主导产业。启迪科技城·南京麒麟依托启迪开放式创新服务平台，先后完成国家级启迪之星南京众创空间、国家级江苏启迪科技企业孵化器、省级启迪三旋聚创加速器的搭建与运营，累计培育科技型中小企业135家，高新技术企业44家，创新型中小企业27家，专精特新中小企业（包含专精特新“小巨人”企业）7家。（宁　鉴）

南京江宁高新技术产业开发区

【概　况】 2022年，南京江宁高新技术产业开发区（以下简称江宁高新区）坚持新发展理念，贯彻落实党中央“疫情要防住、经济要稳住、发展要安全”重大要求，结合“四区一城”目标定位，聚焦80项重点工作任务、48项攻坚克难事项，通过出台存量企业赋能提升、科技产业创新、大学生创业、楼宇经济发展、数字创意产业、元宇宙产业发展等系列扶持政策，加大推进力度，优化发展环境，经济社会发展平稳趋好。全年完成规模以上工业产值570.9亿元，比上年增长1.5%；全社会固定资产投资130.4亿元，增长7.1%，其中工业固定资产投资35.7亿元，增长6.7%；社会消费品零售总额54.82亿元，增长11.5%；规模以上服务业营业收入106.7亿元，增长5.4%；一般公共预算收入32.6亿元，增长16.6%。高端智能装备产业实现产值351.9亿元，增长6.4%；绿色智能汽车产业、生物医药产业实现产值80.2亿元、55.8亿元，分别下降4.1%、16.4%。其中，南高齿产能持续恢复，全年完成产值120.2亿元，增长2.4%；上汽大通完成产值61.1亿元，下降1.8%。传奇生物CAR-T细胞疗法产品西达基奥仑赛获美国、欧洲和日本批准上市，完成营业收入3.89亿元，增长732.3%。麦澜德成功登陆科创板，生物医药产业成为全区唯一入选全市创新型产业集群。

【产业转型升级】 2022年，江宁高新区推进总投资379.7亿元的32个实施类产业项目建设，当年计划投资94.07亿元，全部实现开工建设并列统，开工率、列统率、投入率均达100%。竣工投产（含试运营）项目15个，设备安装（含订购）及内外装施工项目8个，主体施工项目2个，基础施工项目7个。市级以上重点项目中，天印健康创新园、恒瑞医疗、活力智岛二期进行装修施工；江宁数字创意谷、万物致成主体施工；开市客开始基础施工。

【招商引资】 2022年，江宁高新区完成亿元以上签约项目80个，签约投资总额473.3亿元，到位内资105.2亿元，实际利用外资及港澳台资2.5亿美元。包括以集溢半导体材料、凯腾世链传动、清锋科技为代表的装备制造项目22个，以昂科免疫、蓬勃生物、宁丹新药为代表的生物医药项目25个，以灵境元宇宙研究院、南方数创、百度移信、大唐网络、完美世界为代表的数字经济项目33个。在省内率先出台《扶持数字创意产业发展的若干政策》《关于加快发展元宇宙产业的若干政策》，举办2022南京市元宇宙产业发展大会、中国·江宁元宇宙产业发展高峰论坛，获批全市唯一的“元宇宙产业发展先导区”，成为引领全市数字经济发展的重要动力源。

【科技创新】 2022年，江宁高新区聚力建设科技产业创新活力区，加快创新主体培育。全年净增高新技术企业75家，累计342家；新增市级以上工程技术研究中心11家，累计80家；新增市级科创载体5家，累计建成新型孵化载体65家，其中国家级8家；园区科协项目入选“科创中国·南京行动”试点项目。累计引育各类领军人才1148人，其中国家重点人才工程B类24人。与省科协合作共建江苏省海外人才创新创业联盟（江宁）基地，成立比利时海外引才工作站，创建南京市唯一一家省级留创园示范基地。在全市高新园区中率先出台“科创20条”，设立规模8亿元的新兴产业基金，与市场化知名机构合作出资成立15支基金，规模150亿元，其中与华泰洋河合作成立50亿元的母基金，实践“基金招商”。不断提升市场服务水平，在集聚40多家知识产权、法律、财税等市场化服务机构基础上，引入国家技术转移东部中心（上海技术交易所）等，实现创新服务体系化。打造校地融合发展典范区，建立健全“名校+名院+名企”的互动模式，与江苏经贸职业技术学院合作共建数动未来空间站，与南京工程学院筹建“天印湖校地融合发展示范区”，与金陵科技学院共建江苏省数字技术与产业经济应用工程研究中心，集聚优势资源，加快成果转化。

【营商环境】 2022年，江宁高新区扎实推进集成改革试点工作，深化“一件事”通办服务，由至少跑2次压减至1次，减少重复提交材料2种，压减办理时限50%，为企业和群众提供一站式、保姆式服务。行政服务中心全年办理业务3.3万余件，整体满意率99.9%。出台《江宁高新区存量企业赋能提升激励政策》，设立工作专班，集中力量协调疏通企业发展难点，助推存量企业赋能提升。打造“免申即享”惠企机制，惠及园区企业20余家，拨付扶持资金1000万元。发挥线上线下“智能招聘服务系统”优势，组织开展“春风行动”“清凉夏日”等招聘活动10余场，发布岗位信息1.5万条。成立南京市首个大学生医保服务工作站，促成格力电器与南京工业技术学校、南京江宁高等职业技术学校签署合作协议，全力以赴保就业、促发展。建成梅龙湖以西片区幼儿园及社区中心，实施潭桥、横岭、成山、天景山等6所幼儿园改造工程，加快高旺路幼儿园、映红路幼儿园、锦岸路幼儿园、江宁方山南中小学项目，生命科技小镇走廊综合配套、江宁体育中心改造等一批综合配套建设。

【产城融合】 2022年，江宁高新区统筹推进八大类41个城建项目，完成兴宁路、天秣路等6条道路提升工程，药谷片区药谷路、高家边二号路、规划道路等7条市政道路加快建设，实施弘景大道—平和路、龙眠大道—格致路等6个堵点改造。完成高家边二期A组团主体施工，新开工B组团、解溪小区，加快高家边二期C组团、横岭四期等各项手续办理，实施总建筑面积12万平方米月华路人才公寓建设，完善公共租赁住房配套，打造多元化人才住房保障体系。推进天正耐特及容光达11.9公顷、南京工程学院竹山路校区11.3公顷、土桥工业集中区等一批低效用地转型项目，全年盘活低效闲置用地66.7公顷，打造城市新形态和经济发展新业态。全面启动淳化东部拓展区征地、拆迁、拉框、配建，加快“天印工场”“天印智造谷”等一批高标准厂房建设，有效打破园区项目等土地、载体的瓶颈。开展方山南片区市政综合管线及路灯、信号灯建设，药谷片区电力管道、自来水管道建设，天元路老旧燃气改造、人行道恢复、高压管线迁移等。立足彩虹桥国控点范围“无尘区”，开展周边微环境整治和臭氧管控，建成金陵金箔、兰埔成等6家重点涉气企业厂界、诚信大道东延及竹山路2.5千米云微雾工程，天泽苑小区15栋安装49台油烟净化器，一体推进大气污染防治。落实“河湖长制”，加强水污染治理和水生态修复，确保龙葛路桥及玉带圩等国考、省考断面水质稳定达标，完成“百日攻坚”任务。开展环方山片区环境整治行动，推进违建拆除，加强扬尘管控和餐饮油烟治理。

【南京（全球）数智工业仿真创新中心落户】 1月11日，南京（全球）数智工业仿真创新中心及产业化应用平台项目落户江宁高新区。该项目是由国家发改委和工业和信息化部重点支持的工业强基平台—数智控股集团有限公司投资建设，总投资10亿元，依托全球领先的数字化智能化仿真技术，打造数智工业仿真中心和自主可控的国产工业软件平台，加速工业软件国产化进程，为江宁乃至南京数字经济产业增添新动能。

【省海外人才创新创业联盟（江宁）基地入驻】 3月9日，江宁高新区科协第二届第二次委员会暨江苏省海外人才创新创业联盟（江宁）基地签约仪式在南京市生命科技小镇举行，江苏省海外人才创新创业联盟（江宁）基地落户江宁高新区。该基地旨在搭建园区与省科协、江苏省海外人才创新创业联盟的合作桥梁，发挥省科协优质科创资源，导入海外创新和人才资源，实现创新要素的互通共享。

【30个科技创新重点项目签约落户】 5月28日，江宁高新区举办科技创新重点项目集中签约活动，30个重点项目签约落户园区。其中，重大创新和科技服务平台项目10个，重点培育双创人才项目10个，高成长雏鹰企业项目10个，涉及生物医药、新材料、智

慧交通、网络安全、人工智能、高端装备、数字经济等领域。

【高新区留学人员创业园获批省级示范基地】 6月，省人力资源和社会保障厅公布2022年度江苏省留学回国人员创新创业园和创新创业示范基地评审结果，江宁高新区留学人员创业园通过评审，成为全市唯一获批的江苏省留学回国人员创新创业示范基地。该创业园成立于2015年，总面积3.52万平方米，2016年获批市留学人员创业园，2018年9月升级为省留学人员创业园。

8月6日，江宁数字创意谷先导区开园。图为江宁数字创意谷先导区外景　（江宁高新区供图）

【苏博特获批建设省级院士工作站】 7月，江宁高新区企业江苏苏博特新材料股份有限公司在省科技厅公布的“2022年度省级院士工作站”建设名单中获批建设。该院士工作站立足于服务国家“双碳”战略目标与重大工程建设需要，聚焦重大工程结构混凝土“绿色低碳、可控制备”的核心需求，开展新一代水泥混凝土设计制备基础研究，为国家重大战略工程实施提供理论基础。

【江宁数字创意谷先导区开园】 8月6日，江宁数字创意谷先导区开园仪式暨江宁高新区数创产业重点项目签约活动举行。先导区位于天域互联科技中心，总建筑面积6400平方米，由江宁高新区与南方报业传媒集团联合打造，以“数字经济总部群落”为核心，以集聚数字创意产业头部企业为目标，打造集“数字创意产业应用中心、数字创意人才创业中心、电竞赛事运营中心、数字创意产业孵化中心”等四大功能板块为一体的数字经济产业园区。

【生物医药产业集群入选全市创新型产业集群名单】 9月，市科技局公布2022年度全市创新型产业集群名单，江宁高新区生物医药产业集群成为江宁区唯一入选的产业集群。江宁高新区构建新药创制、研发及服务的完整产业链，聚集正大天晴、奥赛康、恒瑞医药、传奇生物等龙头企业300余家。在2022年公布的南京市独角兽、培育独角兽、瞪羚与专精特新“小巨人”企业中，园区16家生物医药企业登榜。

【4家企业入选“2022中国生物医药科技创新价值榜”】 11月10日，“2022中国生物医药科技创新价值榜”发布，江宁高新区4家企业上榜。其中，江苏奥赛康药业有限公司入选“最具影响力小分子创新药企业TOP20”，南京昂科免疫生物医药有限公司入选“最具成长性抗体药企业TOP10”，南京传奇生物科技有限公司入选“最具影响力创新疗法企业TOP20”，南京普爱医疗设备股份有限公司入选“最具成长性创新医疗器械企业TOP10”。

【麦澜德科研课题被列入国家重点研发计划】 12月，由江宁高新区企业南京麦澜德医疗科技股份有限公司牵头的“诊疗装备与生物医用材料”重点专项“多模态情感交互式诊疗装备研发”科研课题通过审批，被列入国家重点研发计划。该项目由麦澜德医疗科技股份有限公司牵头，南京医科大学、东南大学、中国科学院苏州生物医学工程技术研究所、江苏省人民医院、中国人民解放军总医院、南京信息工程大学、南京脑科医院、南通市第一人民医院、常州市钱璟康复股份有限公司等联合申报。

（王世杰　陈启航）

企业创新

【平台建设】 2022年，江宁区按照“一室一策一档”要求，加快推进国家重点实验室重组，有8家完成重组申报（其中2家为新建），全方位做好保障服务，为国家重点实验室运行营造优质的科研社区环境。紫金山实验室牵头承担国家6G总体技术研究任务，创造太赫兹无线通信世界最高实时传输纪录。国家重大科技基础设施CENI项目光传输主干节点覆盖全国40个城市，举办第二届全球6G技术大会、中国首届网络空间内生安全发展大会等重大活动。三代半导体创新中心面向新能源汽车、光伏发电及储能应用，研发出650伏和1200伏中低压 SiC MOSFET系列产品，产品电流密度提升30%，基本达到国外量产技术最高水平。新能源汽车用SiC MOSFET器件在新能源汽车龙头企业实现批量应用，累计交付近1000万只，出货量排名全球前十。引入培育“中科系”重大基础设施创新资源，推进“信息高铁综合试验基础设施”“百兆瓦级压缩空气储能技术研发与集成验证平台”“开源软件供应链重大基础设施”“决策智能与计算创新平台”等重大科技基础设施载体建设、项目预研等工作。

【人才队伍】 2022年，全区新增国家级博站4家、省级示范博站2家，招收博士后34人。新增省级留创示范基地、留创园各1个，引进留学回国人员 1108人，入选人社部留学人员回国创业启动支持计划优秀类项目1个。进一步深化“放管服”改革，推出运行外国人来华工作许可证、工作类居留许可“一件事一次办”，工作居留并联办理由多窗口、多时长优化到一窗办、缩时长，提升审批效率。申请人由原来需要跑4次、进2家单位、25个法定工作日，改变为进一扇门就能办齐所有事，办理时限缩减为15个工作日，从受理之日起10个工作日可到一个窗口同时获取两个部门证件，即“外国人工作许可证和外国人工作居留许可”。通过合并重复材料提交、容缺受理等方式将申请材料压减30%。外国人来华工作居留联动办理事项，为企为民提供便利化服务平台。全年受理外国人来华工作许可422件，A类人才67个，B类人才343个，C类人才12个。

【合作对接】 2022年，江宁区承办第七届中国创新挑战赛，由行业技术专家指导，多渠道征集企业需求。联系企业245家，通过“一对一”上门走访、专业座谈会、线上沟通等形式，征集138家企业提出的167项技术需求，均在火炬中心进行需求发布，有130余项需求与技术团队对接。至年末，促成产学研实际签约项目27项。

【企业研发机构】 2022年，全区有规模以上工业企业1118家，有研发经费企业792家，占70.8%，比上年提高12.6个百分点；兑现338家规模以上工业企业研发投入奖励资金1024万元，增长16.6%。全年认定市级研发中心53家、省级中心19家。助力产业链创新链双链融合，开展生物医药等6家区产业技术创新战略联盟绩效评价工作，5家区级技术产业联盟绩效优秀，中圣高科等10家省工程技术中心绩效优秀。 （仇莉丽）

【多家企业获省科学技术奖】 2月，2021年度江苏省科学技术奖项公布，20个由江宁企业主持或参与的项目获省科学技术奖，其中一等奖5个、二等奖6个、三等奖9个；有2人获省青年科技杰出贡献奖。此次获奖项目主要涉及智能电网、生物医药、高端智能制造、新能源汽车等产业，与全区“5+4+1”先进制造业产业体系高度契合。南京甄视智能科技有限公司参与的“图像复原与稳健识别的理论与方法”，南京南瑞继保工程技术有限公司、国电南瑞科技股份有限公司参与的“‘高海边无’独立微电网可靠优质供电关键技术及应用”，光大水务科技发展（南京）有限公司参与的“废水毒性削减与深度净化关键技术及应用”，南京高精船用设备有限公司参与的“船舶高效率大推力电推进器关键技术研究及应用”，以及江苏省电力试验研究院有限公司主持的“面向高端制造业的电能质量量测与治理关键技术、体系及装备”等5个项目获省科学技术一等奖。获奖成果中，“原创长效抗艾滋病新药艾博韦泰的关键技术开发及产业化”项目由前沿生物药业（南京）股份有限公司独立完成，“复杂场景下电力互感器现场校验及电磁抗干扰技术研究与成套装置研制”项目由江苏方天电力技术有限公司独立完成，企业创新主体地位日益凸显。

【2家企业入选省创新型领军企业榜单】 10月，省科技厅公布新一轮创新型领军企业培育行动入库企业名单，南京市18家企业入库，其中江宁高新区企业江苏苏博特新材料股份有限公司和江苏奥赛康药业有限公司上榜。苏博特由缪昌文、刘加平两名院士领衔，已连续9年列国内同行业综合实力排名首位，先后承担国家级、省部级各类科研课题80余项，技术成果成功转化并广泛应用于港珠澳大桥、田湾核电站等国内重大工程，并出口至东南亚、美洲等地区。奥赛康已初步完成“首仿为主、仿创结合”向“创新药为主、高端首仿药为辅”的产品转型升级，成功研发上市中国第一支国产化质子泵抑制剂（PPI）注射剂，成为集医药研发、生产、市场推广和销售等功能于一体的全国医药工业百强企业。 （宁　鉴）

2022 年江宁区新增江苏省工程技术研究中心一览表

表 6

研发机构名称	依托单位	所属街道（园区）
江苏省零信任网络安全工程技术研究中心	江苏易安联网络技术有限公司	未来科技城
江苏省显微成像工程技术研究中心	南京东利来光电实业有限责任公司	汤山街道
江苏省特种设备自动焊接工程技术研究中心	南京华兴压力容器制造有限公司	汤山街道
江苏省四方智能配用电工程技术研究中心	南京四方亿能电力自动化有限公司	秣陵街道
江苏省高速重载机械传动系统工程技术研究中心	南京高速齿轮制造有限公司	江宁高新区
江苏省微流控工程技术研究中心	南京岚煜生物科技有限公司	江宁高新区
江苏省环境修复工程技术研究中心	南京中船绿洲环保有限公司	滨江开发区
江苏省农业废弃物低碳循环与土壤修复工程技术研究中心	南京宁粮生物工程有限公司	麒麟街道
江苏省物联网与智慧音频工程技术研究中心	汉桑（南京）科技股份有限公司	江宁开发区
江苏省精密合金功能材料工程技术研究中心	南京达迈科技实业有限公司	江宁开发区
江苏省并网协同自治关键装备工程技术研究中心	南京大全自动化科技有限公司	江宁开发区
江苏省航空装备维修工程技术研究中心	南京航健航空装备技术服务有限公司	江宁开发区
江苏省智慧教育工程技术研究中心	南京机器岛智能科技有限公司	江宁开发区
江苏省智能高效双螺杆挤出机工程技术研究中心	南京科亚化工成套装备有限公司	江宁开发区
江苏省微波 / 毫米波集成电路芯片工程技术研究中心	南京米乐为微电子科技有限公司	江宁开发区
江苏省智能配电设备工程技术研究中心	南京市嘉隆电气科技股份有限公司	江宁开发区
江苏省机械智能控制系统工程技术研究中心	南京天辰礼达电子科技有限公司	江宁开发区
江苏省智能高效 PCB 测试工程技术研究中心	南京协辰电子科技有限公司	江宁开发区
江苏省工业互联网安全工程技术研究中心	信联科技（南京）有限公司	江宁开发区

2022 年江宁区新增南京市工程技术研究中心一览表

表 7

中心名称	依托企业	辖区
南京市轨道交通数智化工程技术研究中心	南京景曜智能科技有限公司	麒麟科创园
南京市电机智能化产线工程技术研究中心	南京同尔电子科技有限公司	麒麟科创园
受控电弧增材工程技术研究中心	江苏烁石焊接科技有限公司	麒麟科创园
南京市精密汽车零部件工程技术研究中心	胡连电子（南京）有限公司	禄口街道
南京市新型螺栓紧固件工程技术研究中心	南京国强紧固件制造有限公司	汤山街道
南京市新型路用高分子材料工程技术研究中心	南京兴佑交通科技有限公司	东山总部园
南京市新能源智慧运维工程技术研究中心	江苏未来智慧信息科技有限公司	未来科技城
南京市冷连轧装备应用工程技术研究中心	南京荣鑫机械制造有限公司	滨江开发区
南京市无纺布滤料工程技术研究中心	南京际华三五二一环保科技有限公司	滨江开发区
南京市智能真空系统工程技术研究中心	南京真空泵厂有限公司	滨江开发区
南京市智能转向传动工程技术研究中心	南京驰力汽车传动装置有限公司	滨江开发区
南京市建筑安全智慧工程技术研究中心	江苏拓嘉工程设计研究院有限公司	淳化街道
南京市高分子橡塑复合材料工程技术研究中心	南京正隆顺达高分子材料有限公司	淳化街道
南京市直流配电工程技术研究中心	南京国臣直流配电科技有限公司	高新区
南京市智能车灯工程技术研究中心	江苏缤致光电科技有限公司	高新区
南京市分子影像工程技术研究中心	米度（南京）生物技术有限公司	高新区
南京市水质在线监测工程技术研究中心	南京市仪器仪表工业供销有限公司	高新区
南京市海洋水利工程技术研究中心	南京图信新材料科技有限公司	湖熟街道
南京市动力电池梯次利用工程技术研究中心	江苏华友能源科技有限公司	开发区
南京市输电线路设备研发工程技术研究中心	江苏宇诚汇通电力设备有限公司	开发区
南京市新能源电站运维工程技术研究中心	旻投电力发展有限公司	开发区
南京市高速包装机工程技术研究中心	南京恒昌包装机械有限公司	开发区
南京市智能柔性折弯机床工程技术研究中心	南京蓝昊智能科技有限公司	开发区
南京市一二次融合智能配电系统工程技术研究中心	南京蓝园精瑞电气有限公司	开发区
南京市城市照明智能化工程技术研究中心	南京理控物联技术有限公司	开发区
南京市非球面玻璃透镜工程技术研究中心	南京迈得特光学有限公司	开发区
南京市智能汽车电子零部件工程技术研究中心	南京美均电子科技有限公司	开发区
南京市大功率半导体工程技术研究中心	南京晟芯半导体有限公司	开发区
南京市泽慧光伏工程技术研究中心	南京泽慧能源科技有限公司	开发区
南京市光通信系统工程技术研究中心	南京智屯达科技有限公司	开发区

续表 7

中心名称	依托企业	辖区
南京市复杂曲面金属工程技术研究中心	南京筑新技术集团有限公司	开发区
南京市抗菌新材料与评价工程技术研究中心	同曦集团有限公司	开发区
南京市政务信息化工程技术研究中心	南京安夏电子科技有限公司	麒麟科创园
南京市数字化智能设备工程技术研究中心	南京丰浩华食品供应链管理有限公司	东山街道
南京市家具智能化制造工程技术研究中心	南京威乃达家具有限公司	东山总部园
南京市智能病理诊疗工程技术研究中心	南京迪安医学检验所有限公司	东山总部园
南京市微流体工程技术研究中心	南京润泽流体控制设备有限公司	东山总部园
南京市口腔智能制造工程技术研究中心	南京前知智能科技有限公司	未来科技城
南京市病理检验工程技术研究中心	南京华银医学检验所有限公司	高新区
南京市代谢与生殖多肽工程技术研究中心	南京康舟医药科技有限公司	高新区
南京市新一代移动通信工程技术研究中心	南京典格通信科技有限公司	高新区
南京市差异化仿创药工程技术研究中心	南京济群医药科技股份有限公司	高新区
南京市创新生物制品工程技术研究中心	正大天晴药业集团南京顺欣制药有限公司	高新区
南京市弹簧及弹性元件工程技术研究中心	南京弹簧有限公司	湖熟街道
南京市热处理工程技术研究中心	南京善工信机械有限公司	湖熟街道
南京市实验动物食品工程技术研究中心	江苏省协同医药生物工程有限责任公司	谷里街道
南京市网络信息体系工程技术研究中心	北方信息控制研究院集团有限公司	开发区
南京市堆焊工艺及应用工程技术研究中心	福尼斯（南京）表面工程技术有限公司	开发区
南京市宽带移动通信工程技术研究中心	江苏集萃移动通信技术研究所有限公司	开发区
南京市高端智能装备工程技术研究中心	江苏优智享智能制造有限公司	开发区
南京市 5G+ 行业应用工程技术研究中心	南京濠暻通讯科技有限公司	开发区
南京市海洋机械装备工程技术研究中心	南京劲拓机械有限公司	开发区
南京市软件定义网络工程技术研究中心	南京优速网络科技有限公司	开发区

（区科技局）

创新成果

【概　况】　2022年，江宁区科技部门做好区内市级新型研发机构数据监测工作，重点监测新研机构及孵化引进企业营业收入指标完成情况。推进国家重点实验室重组，对接各园区、驻区高校与企业，摸排梳理国家实验室建设、重组、科技成果转移转化情况，建立“一室一档”，形成江宁区国家重点实验室可转化科技成果汇编。　（仇莉丽）

【南高齿上榜国家技术创新示范企业名单】　11月，工业和信息化部公布2022年国家技术创新示范企业名单，江苏省有4家企业上榜，其中江宁区企业南京高速齿轮制造有限公司入选。至此，全区国家技术创新示范企业数量累计7家，入选数位居全市第一。作为全球风电齿轮传动领域的领军企业，南高齿在风电齿轮箱全球细分市场占有率已连续9年排名第一。近五年，南高齿研发经费年均支出占销售额的4%以上，研发投入力度持续加大，已获得齿轮传动关键核心技术相关专利授权500多项。其中，南高齿通过巧妙的结构设计创新，开发出一种在断电工况下能确保齿轮和轴承润滑的关键核心专利技术，从根本上解决运转磨损问题，极大提高齿轮箱和风机的使用寿命及可靠性。南高齿风电齿轮箱产品国内市场份额近六成，全球市场份额超三成。

【传奇生物获中国健康产业创新奖项】 12月3日，2022中国健康产业创新峰会暨第四届“奇璞奖”颁奖典礼在上海举行。江宁区企业南京传奇生物科技有限公司凭借其自主研发的CAR-T产品西达基奥仑赛（cilta-cel，商品名CARVYKTI®）脱颖而出，获该届“药品创新奇璞奖”。“奇璞奖”是中国健康产业创新平台特设的创新赛事，关注健康行业内商业模式创新、技术创新、管理创新和制度创新，推动新医改环境下健康产业的良性发展。传奇生物深耕细胞治疗领域，以临床需求为导向，坚持自主创新。西达基奥仑赛是一款靶向B细胞成熟抗原（BCMA）的嵌合抗原受体T细胞（CAR-T）疗法，是传奇生物自主研发的首款产品，也是首个成功出海的中国原创BCMA CAR-T产品。（宁 鉴）

2022 年江宁区获江苏省科学技术奖项目一览表

表 8

序号	项目名称	主要完成单位	主要完成人	备注
1	电力工控威胁内生防御关键技术及规模化应用	南京南瑞信息通信科技有限公司、国网智能电网研究院有限公司、南京理工大学、国网江苏省电力有限公司、南瑞集团有限公司	杨维永 李千目 刘 苇 苏大威 犹 锋 张 晓 朱世顺 祁龙云 魏兴慎 石聪聪 黄益彬	一等奖
2	超长超宽堰筑法隧道抗裂防渗与绿色建造关键技术	江苏苏博特新材料股份有限公司、江苏省交通工程建设局、东南大学、江苏中路工程技术研究院有限公司、华设设计集团股份有限公司、河海大学、上海交通大学	蒋振雄 刘加平 刘松玉 夏文俊 杜 骋 杨卫东 缪玉玲 田 倩 周志芳 张 辉 徐永福	一等奖
3	实现高比例新能源接入与送出的柔性直流控制关键技术及应用	南京南瑞继保电气有限公司	田 杰 李 钢 汪楠楠 周 强 邹 强 王 柯 胡兆庆 鲁 江 邵震霞 赵文强 卢东斌	二等奖
4	分布式新能源交直流柔性互联关键技术、装备及应用	国电南瑞科技股份有限公司、国网江苏省电力有限公司、东南大学、南京航空航天大学、中国科学院电工研究所、中国石油化工股份有限公司江苏油田分公司、国电南瑞南京控制系统有限公司	王 伟 武 迪 裴 玮 马 钊 刘国峰 蒋学军 吕晓飞 肖华峰 杨冬梅 张颖媛 陈鹏伟	二等奖
5	面向亿级规模配电网运行状态演化的全息数字诊断关键技术及应用	国网江苏省电力有限公司、国网智能电网研究院有限公司、浙江大学、国电南瑞科技股份有限公司、北京智芯微电子科技有限公司、东南大学、南京大全自动化科技有限公司、青岛鼎信通讯股份有限公司	陈锦铭 周爱华 陈 烨 焦 昊 曾 飞 郭雅娟 程力涵 高昆仑 蒋 玮 董树锋 张可新	二等奖
6	船用低速柴油机气阀制造关键技术及产业化	南京中远海运船舶设备配件有限公司、重庆大学、沪东重机有限公司	鲁 宏 权国政 戴魏魏 蒋 倩 蒋立鹤 陈文彬 周伟中 鲍海波 丁 天 戴文涛 陈舒婷	二等奖

续表 8

序号	项目名称	主要完成单位	主要完成人	备注
7	生活垃圾填埋场减污降碳关键技术集成及应用	南京万德斯环保科技股份有限公司、生态环境部南京环境科学研究所、同济大学、东南大学	刘　军　苏良湖　张龙江　周　涛　谈超群　柴晓利　戴　昕　袁道迎　赵由才　宫建瑞　郭　燕	三等奖
8	智能盆底疾病精准诊断医疗器械研发及应用	南京麦澜德医疗科技股份有限公司	杨瑞嘉　史志怀　范　璐　徐世博　马掌印　卞小红　陈　彬　焦　靖　张海胜　张茂柏　孙义新　王文静　李　倩　马进军　张　洁	三等奖
9	复杂构造精细成像与油气藏精细表征技术与应用	中国石油化工股份有限公司石油物探技术研究院、南京大学、江苏省地质勘查技术院	胡光辉　李　博　顾　荣　白英哲　杜泽源　李京南　顾庆雷　唐　杰　贺剑波　朱　童　李东庆	三等奖

（区科技局）

产学研合作

【概　况】 2022年，江宁区有55个项目获省产学研项目立项。推动21家企业高端研发机构、12家企业海外研发机构及8家市级海外协同创新中心建设，西班牙、美国2家海外协同创新中心获评2022年全市海外协同创新中心绩效优秀。全年申报省“科技副总”项目68人，入选55人，入选率81%，累计科技副总169人。

【国际科技合作】 2022年，区科技部门组织开展2022年度“中韩青年科学家交流计划”中国青年科学家赴韩工作交流项目征集活动和高端研发机构和海外研发机构绩效奖励申报工作。申报2022年南京市国际联合研发项目，举办国际创新活动。参加中国·江苏第八届国际产学研合作论坛，组织国家重点研发计划“战略性科技创新合作”重点专项2022年度联合研发与示范项目申报等。 （仇莉丽）

【55人入选省“科技副总”项目】 8月，2022年江苏省“科技副总”项目入选名单公布，江宁区有68人申报，55人入选，入选率81%。“科技副总”是江苏深化科技体制改革、推进产学研紧密合作、引进高层次科技人才服务企业创新的制度创新举措。全区依托丰富的高校资源，推动校企合作，开展多场人才对接会、校地融合探讨会，取得良好成效。围绕区内企业对创新人才的迫切需求，推动高校专家人才与企业进行交流互通，连续4年承办国家级赛事中国创新挑战赛，以赛促研，推动产学研合作再上新台阶。设立区级科技创新券，对入选“科技副总”，与区内科技型企业签订开展科技创新活动合作协议，符合科技创新券发放标准的，最高给予20万元资金补助，通过一系列举措推动“科技副总”上岗就位。

【武汉大学江苏校友会走进江宁】 8月20日，“情系珞珈·宁创未来”武汉大学江苏校友会走进江宁暨长三角校友企业家联谊会秋季论坛举办，一批武汉大学校友经济项目落户江宁高新区。此次活动由江宁区政府、武汉大学江苏校友会主办，江宁高新区管委会、武汉大学江苏校友会企业家分会承办，旨在展示江宁创新创业活力，推介江宁营商环境，吸引更多校友企业家到江宁创新创业，引进更多校友项目落户。项目签约仪式上，国家能源集团江苏电力有限公司与江宁区政府签订战略合作项目协议，赛拉弗能源集团股份有限公司综合能源管理平台项目、神州智造科技（北京）有限公司数字孪生及芯片生产项目、南京开关厂股份有限公司智能充换电柜项目、常州洛源智能科技有限公司伺服系统研发中心项目、锦创产业规划研究院锦创科技产业园项目、江苏艾雨文承养老机器人有限公司智能居家养老机器人项目，签约落户江宁高新区。武汉大学长三角校友企业家联谊会秋季论坛上，与会校友作主题分享。 （宁　鉴）

科技项目管理

【科技成果管理】 2022年，江宁区有5家企业申报江苏省重大科技成果转化专项资金项目并获立项，累计获省财政资助经费7500万元。为139家区内中小型科技企业发放区创新券1278.83万元。9家企业牵头申报的9个项目获省科学技术进步奖。中科南京未来能源系统研究院项目获2022年度省碳达峰碳中和科技创新专项资金重大科创载体建设立项，获扶持资金3000万元；南京普诺斯派生态环境研究院有限公司项目获2022年度省碳达峰碳中和科技创新专项资金和基础研究自然科学基金立项，获扶持资金300万元。

【科技项目资金管理】 2022年，区科技部门落实区级财政科研项目资金管理改革举措，发挥政府财政资金引导和杠杆作用，按照《南京市江宁区科技创新资金管理办法》，遵循“集中财力、突出重点、分类管理、优化配置、注重绩效”原则，规范科技项目立项管理，开展项目验收和绩效评价，提高科技资金使用效率。全年下拨转拨省市区各项科技项目资金及时到位，助力企业纾困解难，支持企业创新发展，涵盖创新型企业培育、科技型中小企业技术创新、科技服务业、科技惠民等领域。（仇莉丽）

【一批单位和个人获省科学技术奖和首届省科技创新发展奖】 6月，在全省科学技术奖励大会上，2020年度、2021年度省科学技术奖和首届省科技创新发展奖获奖单位（集体）、企业和个人受到表彰，江宁区一批单位和个人获奖。区内企业牵头或参与的8个项目获省科学技术奖，其中一等奖1项、二等奖1项、三等奖6项，由江苏苏博特新材料股份有限公司牵头的“严酷环境下结构混凝土耐久性设计与提升关键技术”获一等奖。区内企业牵头或参与的20个项目获省科学技术奖，其中一等奖5项、二等奖6项、三等奖9项。南京万德斯环保科技股份有限公司董事长刘军和南瑞集团有限公司吴通华2名青年科技人才获省青年科技杰出贡献奖。会议还表彰首届省科技创新发展奖获奖单位（集体）、企业和个人。江宁区网络通信与安全紫金山实验室、区科技局获先进单位（集体）称号，南瑞集团有限公司、南京埃斯顿自动化股份有限公司、南京万德斯环保科技股份有限公司、南京科远智慧科技集团股份有限公司获优秀企业称号，中国工程院院士、东南大学教授刘加平获先进个人称号。

【3项未来网络重大科研成果在江宁发布】 8月24日，在第六届未来网络发展大会开幕式上，紫金山实验室联合江苏省未来网络创新研究院、未来网络产业公司发布全球首个广域确定性网络系统重大突破，同时紫金山实验室还发布全球首个云原生算网操作系统、全球首个6G TKμ极致连接无线传输试验平台V1.0 2项重大科研成果。其中，全球首个广域确定性网络系统由紫金山实验室联合北京邮电大学等单位在全球范围内首次突破大规模广域确定性网络技术体系，模拟“高铁”系统，提出基于时隙的传输机理、并发业务流整形机制、高效业务流调度算法，研制确定性大网操作系统，实现全网时隙统一调度，并基于未来网络试验设施首次实现华为、新华三确定性设备异构组网，正式开通覆盖北京、南京、上海等35个城市的广域确定性网络，在100%网络负载、途经13个省市、13000千米距离、1万条确定性业务情况下，实现零丢包、时延抖动小于20微秒。该技术体系有望解决传统互联网拥塞无序的问题，推动互联网从“尽力而为”到“确保所需”的技术体系变革，支撑国家“东数西算”“碳中和”等重大战略，赋能远程医疗、智能网联汽车、元宇宙等对网络质量要求极高的重大数字经济应用领域。全球首个云原生算网操作系统实现异构、多方算网资源的统一管控，可为业务系统提供“算力+网络”一站式服务，从根本上改变计算与网络分离、资源与运营绑定的业态模式。云原生算网操作系统同步可实现全局应用分发，广域服务互联，多方资源供给三大核心能力，可提供100万以上系统业务租户，10万以上算力资源集群，1万以上链上交易结算服务，从而实现服务“东数西算”、网云融合、工业互联网、“元宇宙”等重大应用场景。此次发布的6G TKμ极致连接无线传输试验平台V1.0，采用光子太赫兹光纤一体融合实时传输全新架构，分别完成385—435吉赫太赫兹频段上200千兆比特每秒在线传输和1Tbps离线传输，创造太赫兹通信领域公开报道的全球最高传输速率纪录；完成与5G商用终端兼容的无蜂窝大规模分布式MIMO无线传输试验，实现48个空分数据流的并行传输，频谱效率超过0.2Kbps/Hz，支持空口时延低于400微秒，具备大规模分布式节点的扩展能力，核心关键技术指标达到国际最高水平。

【企业推出新型农业植保无人机】 10月29日，江苏软件园企业拓攻（南京）机器人有限公司举办2023年线上新品发布会，拓攻“丰鹏400”“丰鹏150”2款新型农业植保无人机面世。2021年，该公司发布的“丰鹏300”与“丰鹏200”2种机型，凭借扎实耐用、省心高效的优势在市场中赢得广泛好评。而此次亮相的“丰鹏400”机型，在继承“丰鹏300”的优势基础上，从飞行平台到任务系统都进行优化升级。“丰鹏400”在喷洒模式下额定容量为35升，播撒模式下额定容量为55升，最大承重40公斤。为满足用户不同应用场景的喷洒需求，拓攻还推出3种模式的机型，即四离心喷头、双离心喷头、压力喷头，同时创新推出风压式离心喷头和SP4高速播撒机，显著提高农业作业效率。除“丰鹏400”机型，拓攻还发布一款更适合旱田区零散地块的机型——“丰鹏150”。它在喷洒模式下额定容量15升，植保效率可达130公顷/小时，一块电池可以喷洒2桶农药。（宁　鉴）

2022年江宁区省级科技发展计划项目（按项目类别）分布一览表

表9

序号	文　件	实际拨款
1	关于转下省2022年度科技发展计划和科技经费指标的通知（第一批）	2021年省政策引导类计划（国际科技合作/港澳台科技合作）专项资金（第二批）（政府间双边创新合作项目）
2	关于转下省2022年度科技发展计划和科技经费指标的通知（第二批）	2022年度省碳达峰碳中和科技创新专项资金（第一批）产业前瞻与关键核心技术攻关—重点项目
		2022年度省碳达峰碳中和科技创新专项资金经费拨款表（第一批）—重大科技成果转化
		2022年度省碳达峰碳中和科技创新专项资金经费（第一批）—重大科创载体建设
		2022年度省碳达峰碳中和科技创新专项资金（第二批）经费—前沿基础
3	关于转下省2022年度科技发展计划和科技经费指标的通知（第三批）	2022年省科技成果转化计划（第一批）
		2022年省创新能力建设计划（第一批）
		2022年省重点研发计划（第一批）
4	关于转下省2022年度科技发展计划和科技经费指标的通知（第四批）	2022年苏南国家自主创新示范区建设专项资金 高新区奖励补助—高新区创新发展奖励补助资金
		2022年苏南国家自主创新示范区建设专项资金 高新区奖励补助—企业基础研究投入奖励补助资金
		2022年苏南国家自主创新示范区建设专项资金 高新区奖励补助—高层次科技人才技术奖励补助资金
		2022年省级高新区奖励
		2022年省科技计划专项资金（重点研发计划现代农业）
		2022年省科技计划专项资金（创新支撑计划乡村产业振兴）—农业科技社会化服务项目

续表 9

序号	文 件	实际拨款
5	关于转下省 2022 年度科技发展计划和科技经费指标的通知（第五批）	2022 年省科技计划专项资金（基础研究计划自然科学基金）—青年基金
		2022 年省科技计划专项资金（基础研究计划自然科学基金）—面上项目
6	关于转下省 2022 年度科技发展计划和科技经费指标的通知（第五批）	2022 年度省碳达峰碳中和科技创新专项资金（第三批）—产业前瞻与关键核心技术攻关—竞争项目
		2022 年度省碳达峰碳中和科技创新专项资金（第三批）—重大科技示范
7	关于转下省 2022 年度科技发展计划和科技经费指标的通知（第七批）	2022 年省科技计划专项资金（创新支撑计划国际科技合作 / 港澳台科技合作）拨款表
8	关于转下省 2022 年度科技发展计划和科技经费指标的通知（第八批）	2022 年省科技计划专项资金（创新能力建设计划）—技术转移体系建设奖补
		2022 年省科技计划专项资金（创新能力建设计划）—国家项目配套经费
		2022 年省科技计划专项资金（创新能力建设计划）—省实验室和国家技术创新中心自主科研补助
9	关于转下省 2022 年度科技发展计划和科技经费指标的通知（第九批）	2022 年中央引导地方科技发展资金—科技创新基地建设
		2022 年中央引导地方科技发展资金—区域创新体系建设及科技成果转移转化
		2022 年省科技计划专项资金（重点研发计划社会发展）—生物医药资助类
		2022 年省科技计划专项资金（重点研发计划社会发展）—社会发展
		2022 年省科技计划专项资金（重点研发计划产业前瞻与关键核心技术）—竞争项目
10	关于转下省 2022 年度科技发展计划和科技经费指标的通知（第十一批）	2022 年省科技成果转化专项—成果转化关键技术专题创新（B 类）项目
11	关于转下省 2022 年度科技发展计划和科技经费指标的通知（第十二批）	2022 年中央引导地方科技发展资金支持项目
		2022 年省基础研究计划（前沿引领技术基础研究专项）
		2022 年省科技成果转化专项资金
		2022 年省科技计划专项资金（重点研发计划第二批）项目

2022年江宁区市级科技发展计划项目（按项目类别）分布一览表

表10

序号	文件	实际拨款
1	关于下达南京市2022年度科技发展计划及科技经费指标的通知（第一批）	2021年度认定高新技术企业奖励
2	关于下达南京市2022年度科技发展计划及科技经费指标的通知（第二批）	商洛主导产业需求攻关专项计划
3	关于下达南京市2022年度科技发展计划及科技经费指标的通知（第三批）	2020年度国家级科技企业孵化器绩效评价
		2021年度第二批市级新型研发机构建设补助
		2021年度认定技术先进型服务企业奖励
		2022年度企业研发机构绩效考评奖励
4	关于下达南京市2022年度科技发展计划及科技经费指标的通知（第四批）	2021年度省科技创新券南京联动资金
5	关于下达南京市2022年度科技发展计划及科技经费指标的通知（第五批）	2022年度高新区绿色创新项目资金
		2022年度生命健康科技专项（临床前技术突破——一般竞争）
		2022年度生命健康科技专项（临床前技术突破—联合攻关）
6	关于下达南京市2022年度科技发展计划及科技经费指标的通知（第六批）	2022年度国际联合研发项目—技术研发项目
		2022年度国际联合研发项目—技术服务项目
7	关于下达南京市2022年度科技发展计划及科技经费指标的通知（第八批）	2022年度市级重大科技专项资金拨款表
		2022年度创新型产业集群项目
		2022年度新型研发机构联合技术攻关项目
8	关于下达南京市2022年度科技发展计划及科技经费指标的通知（第九批）	2022年度国家第三代半导体技术创新中心支持经费
		2022年度科技服务骨干机构绩效奖补
9	关于下达南京市2022年度科技发展计划及科技经费指标的通知（第十批）	2021年度初创科技型企业经济发展贡献奖励拨款表
		2022年度高端和海外研发机构绩效奖励
		2022年度碳达峰碳中和科技创新专项
		2022年度南京市品种选育专项
		2022年度南京市品种应用示范科技专项
10	关于下达南京市2022年度科技发展计划及科技经费指标的通知（第十一批）	2022年度紫金山实验室专项
11	关于下达南京市2022年度科技发展计划及科技经费指标的通知（第十三批）	2021年度省、市级科技企业孵化器和众创空间绩效
		2022年度企业在宁举办高水平国际创新活动绩效奖励
		2022年度“赢在南京 创业金陵”科技创新创业大赛获奖项目
12	关于下达南京市2022年度科技发展计划及科技经费指标的通知（第十五批）	2021年度市级新型研发机构绩效

续表 10

序号	文 件	实际拨款
12	关于下达南京市2022年度科技发展计划及科技经费指标的通知（第十五批）	2021年度市级科创实验室绩效
		2022年度高校校友会促进创新创业绩效
		2022年市级科普基地年度绩效

（仇莉丽）

科创人才

【概 况】 2022年，江宁区贯彻落实中央和省、市委人才工作会议精神，围绕新时代人才强区战略，加强顶层设计和谋划，深入推动改革创新，构建“引才、育才、用才、留才”协同生态制度，优化人才环境，人才质效全面提升。全年新入选国家重点人才工程专家20人，新引进行业领军人才、技术“尖兵”71人，产才匹配度达100%。新增人才企业新上市4家，新获评专精特新“小巨人”企业8家，入围（培育）独角兽企业27家、瞪羚企业25家。推动产教才融合发展，促成产业链龙头企业与驻区高校共同筹建人才定制实验室6家；推行导师“双聘制”，新培育省科技副总55人，入选省卓越博士后12人；发挥科技镇长团作用，转化校地合作成果27项，金额6080万元。

【首期技术经理人专题培训班开班】 6月22日，江宁区首期技术经理人（初级）专题培训班开班。此次专题培训由高校以及在从事技术转移工作方面具有丰富实践经验的专家授课，采取“课程学习＋实地研学”相结合方式，围绕成果转化实务、政策法规、公共知识等3个模块，旨在锻造高水平专业化技术经理人才队伍，推动技术转移体系建设，加快科研成果由实验室走向生产线，迈向市场化。科技人才企业、孵化机构、“海智湾·江宁”国际人才街区的50多名人才参加培训。 （黎一舟）

【江宁人才服务大厅启用】 4月22日，位于胜太路58号的江宁人才服务大厅启用，南京江宁人才集团有限公司正式运行。作为全市首家人才集团、全省首个区级人才集团，江宁人才集团将围绕“人才服务集成商、人力资源供应商、人力资本运营商、科技金融服务商”四位一体的功能定位，聚焦人才工作“引、育、用、留”全链条服务体系，通过提供一揽子政策支持、一站式政务服务、一体化生活保障，加快打造“引领人才创业创新、推动产业转型升级、服务人才强区战略”的重要引擎，为江宁建设中国特色社会主义现代化先行示范区提供人才支撑。江宁人才集团根据人才服务和科技金融服务两大功能，在总部和分部设置六大中心，即总部一层服务中心、二层数智中心、三层交流中心、四层评测中心、五层运营中心，分部全域金融中心。

【新增4家博士后工作站】 11月，市人力资源和社会保障局发布《关于公布南京市2022年第一批次博士后科研工作站备案单位的通知》，全市9家单位获批设立。其中包括江宁区4家企业，分别是美埃（中国）环境科技股份有限公司、金埔园林股份有限公司、南京贝迪新材料科技股份有限公司、南京海融医药科技股份有限公司，获批数量列全市各区首位。至此，全区已设立国家级博士后区域总站2家，各级博士后工作站63家。其中，国家博士后科研工作站21家，国博分站29家，江苏省博士后创新实践基地13家，南京市博士后创新实践基地35家。全区博士后科研工作站累计招收博士后207人，在站博士后120人。 （宁 鉴）

【江宁人才集团】 南京江宁人才集团有限公司前身为江宁科创投集团，成立于2012年。2022年2月，以原江宁科创投集团为主体，按照“更名、增资、扩股”的方案，吸纳江宁开发区、江宁高新区、江宁城建集团、江宁国资集团为新股东，整合原区人社局下属的中欣人力公司和江宁人才开发公司，组建成立全省区县首家人才集团。截至2022年12月底，集团注册资本10.7亿元，实收资本7.9亿元，资产总额26.61亿元。旗下控股子公司10家、参股公司2家，主业包括人才开发及人力资源服务、债权投资、股权投资，拥有担保、科贷、融资租赁、基金管理等金融牌照及人力资源服务、高端人才猎聘、劳务派遣服务等资质。集团成立后，致力构建“人才＋资本＋服务＋产业”的立体发展模式，推进转型发展。全年投资科技人才项目57个，新增上市企业4家，投资专精特新企业27家，独角兽、瞪羚企业36家，招商落户江宁项目19个，设立重点投向未来网络、6G通信的华软基金，紫金山实验室成果转化专项天使基金投入运作。落实省、市、区助企纾困相关政策，将融资担保费率下调至年化不超过1%，为170多家企业提供金融服务，投放规模超20亿元。启动运营江宁人才服务大厅，统筹全区城乡治理人才的招聘和管理，配合区委组织部制定“1+N”城乡治理人才管理办法。打造“江宁人才码”并升级为市“紫金山英才码”，建设江宁城乡治理人才管理平台。举办区属单位人才招聘20余场，开发就业岗位800余个，报名参加应聘13500余人，吸引630名大学生落户江宁发展。完成国企改革三年行动各项目标任务，改革案例入选江苏《国企改革三年行动典型案例汇编》，并被南京市国资委以专刊编发。集团及旗下企业获“全省诚信人力资源服务机构”“清科·2022年中国创业投资机构100强”等荣誉10余项。（李喜华）

科技服务

【概　况】 2022年，江宁区围绕技术合同登记、科技金融、科技服务业集聚区建设等重点环节，汇聚资源、建设平台、完善服务。全年完成技术合同登记成交额158亿元，在南京市各区名列第一。集聚科技服务机构95家，打造国家级科技服务集聚区，充分发挥科技服务机构中介作用，为科技型企业提供专业服务。支持科技型企业通过“宁创贷”审核发放贷款101亿元，举办8场金融路演活动，提供科技金融联盟服务，为科技企业发展提供金融保障。举办第七届中国创新挑战赛，联系走访企业245家，征集并发布企业技术需求167项，对接南航、南理工、清华、西交大等40多所高校院所征集解决方案，促成27项科技创新成果对接和产业化应用。

【农技超市】 2022年，江宁区农村科技服务超市按照“六有”（店面、队伍、网络、基地、成果、品牌）标准，加强科技超市分店及便利店管理和服务，举办“农业科技创新创业能力提升”培训班，邀请省总店专家进行现场授课。以服务“三农”为主线，服务机制创新为途径，着眼农业科技创新方向和重点，加大新品种、新技术、新模式示范推广力度。以江宁设施蔬菜产业分店为载体，组织农民高架栽培、嫁接技术、科学管理等知识培训，开展现场观摩培训3次，培训人员289人次。全年引进新品种12种，示范推广种植246.3公顷，带动农民增收50余万元。拓展科技超市服务功能，提升科技超市服务水平，全年组织业务技能培训18场，参训人员669人次。

【双创服务协会】 2022年，区双创服务协会明确全区科研用地科研载体建设方向，采用实地上门走访方式，对在建及已建成登记在案的129家科技研发用地，或由工业用地变更为科技研发用地，开展摸排调研工作，全面了解科研用地项目科研投入精准化、专业化水平，赋能江宁区创新能力提升。全年举办各类双创培训活动25场，包括政策解读、会员交流、行业研讨等。举办江宁区科技创新发展系列活动5场，邀请海外归国人才、科技企业代表、园区载体负责人等参观研习区双创孵化基地、产业园区、标杆企业，让企业、人才、园区了解江宁区发展前景及国际领先的科研成果，助推人才与企业高质量发展。开展2022年度高新技术企业全流程服务与咨询辅导，咨询辅导企业8家，其中3家企业申报为高新技术企业。（仇莉丽）

【11家单位入选市科普教育示范基地】 6月，市科技局公布2022年南京市科普教育示范基地认定名单，全市有33家基地入选第17批南京市科普教育示范基地，其中江宁区机御未来机器人科普教育示范基地、西洋湖蜜蜂科普馆等11家单位榜上有名，数量位列全市第一。同时，江宁科学园小学、南京卫岗乳业科普教育示范基地等5家单位通过复核。至此，全区共有市级以上科普教育示范基地41家，其中国家级4家、省级12家、市级25家。

【开发区科技创新服务超市试营业】 7月，江宁开发区科技创新服务超市启动试运营。位于丽宁科研楼一楼大厅的江宁开发区科技创新服务超市，按照“1个核心区+2个配套功能区”布局建设，1个核心区即服务超市，可为园区企业提供政策申报、科技金融、知识产权、产业发展、人才专项、企业管理等“六位一体”的公益性综合科技服务；2个配套功能区分别为沙龙活动区、休闲配套区，主要为园区企业提供政策宣讲、项目路演、投融资对接、产品推广、形象展示、休闲娱乐等多功能综合配套服务。该超市试运营当天，园区10余家科技企业现场咨询高新技术企业申报、知识产权质押融资、技改项目等科技创新领域问题。在提供现场人工服务的基础上，该超市还开通热线电话服务、网上在线服务，上线“江宁开发区知识产权公共服务平台网站”。（宁　鉴）

数字江宁建设

数字经济

【概　况】 2022年，江宁区成立5G产业发展领导小组，统筹推进5G基站建设，累计建设5G基站4000座，重点区域实现信号连续覆盖。鼓励企业建设工业互联网标识解析二级节点，中汽创智、卫岗乳业、复创智能3家企业启动建设并运营。全区有规模以上数字经济核心产业企业309家，产业规模1432.7亿元。其中，数字产品制造业企业201家，产值1213.5亿元；数字技术应用业企业和数字要素驱动业企业108家，产值219.2亿元。

【数字产业化】 2022年，区工业和信息化部门根据数字经济核心产业的企业分类办法，围绕数字产品制造业、数字技术应用业、数字要素驱动业分类梳理企业309家。制订《南京市江宁区推进数字经济高质量发展实施方案》，提出"数字经济创新能力提升行动""数字基础设施建设行动"等8项行动以及4项保障措施，为江宁区推进数字经济发展提供支撑保障。江宁开发区、滨江开发区入选省级"5G+工业互联网"融合应用先导区培育对象名单；累计有7个园区入选市级数字经济产业园区。

【产业数字化】 2022年，区工业和信息化部门贯彻《南京市制造业智能化改造和数字化转型实施方案（2022—2024年）》，在充分听取企业、专家意见建议的基础上，于4月底出台《江宁区制造业智能化改造和数字化转型实施方案（2022—2024年）》。开展专业服务商遴选工作，入选的22家"智能化改造和数字化转型"解决方案服务商，完成320家企业免费诊断服务。定期组织企业智能制造能力成熟度自评估诊断，联合市工信局对30家企业进行诊断，260家企业完成自评估诊断。全年有5家企业获评省级智能制造示范工厂，40家企业获评省级示范智能车间。在2022年"江苏制造突出贡献奖"评选中，南瑞继保、南京高速齿轮2家企业获优秀企业称号，区工业和信息化局、网络通信与安全紫金山实验室被评为先进单位。江宁区被列为江苏省首批制造业高质量发展示范区建设地区，获评"2021年度省制造业智能化改造和数字化转型成效明显地区"。

（区工业和信息化局）

数字政府

【概　况】 2022年，江宁区推动数字政府建设，并将"智慧江宁"建设列入区政府重点工作任务，推动江宁区云计算中心建设，将全区所有信息化系统统一搬迁至区云计算中心，形成安全、统一、高效、节约的云计算管理体系。至年末，云计算中心已新建和搬迁全区38个部门，共78个信息化系统，存储量400TB，并完成云计算中心三级保护认证，保障系统及数据的安全性。"我的江宁"App注册用户突破70万人，上线"教育缴费""招生报名""健康江宁"等一批江宁特色民生应用，为数字政府建设搭建民生服务平台。区政务数据共享交换平台系统接入全区32个委办局、共16亿条政务数据，为政务数据共享交换提供支撑。上线"智慧禁渔""预案数字化""危化品运输监管平台”和“智慧农路管养”等一批数字化应用，为数字政府建设打下坚实基础。

（周　航）

【江宁获评国家级智慧养老基地】 2月22日，工业和信息化部、民政部、国家卫生健康委员会发布2021年智慧健康养老示范基地名单，江宁区榜上有名。2017年开始，全区围绕“居家社区机构相协调，医养康养相融合”的工作思路，通过信息化、大数据、区块链技术，不断整合居家、社区、机构养老服务体系，汇聚社会市场资源，政府和市场双轮驱动，产业和事业齐头并进，累计实施居家照护服务150万单，开展“人脸识别”助餐服务180万人次，安装智能手环1.5万台、联网烟感器1.3万台，处理呼叫服务超50万通。2018年，全区养老服务工作被省政府给予真抓实干督查激励；2019年，“互联网+养老院”做法获国务院领导批示；2021年，“小江家护”获批国家发改委“第一批运用智能技术服务老年人示范案例”。

【“小江家护”上榜省十佳】 10月，2022数字江苏建设优秀实践成果十佳案例公布，区民政局“小江家护”上榜。2022数字江苏建设优秀实践成果征集工作由省委网信办会同省发展改革委、省工业和信息化厅、省政务办、省通信管理局联合组织开展，旨在总结推广全省经济社会数字化转型发展的成功经验和生动实践，促进提升数字经济发展水平，助力网络强省、数字江苏、智慧江苏建设。“小江家护”智慧养老服务体系由区民政局创新搭建，以老人需求为导向、老人安全为标准，坚持技术服务民生，初步构建集养老服务申请、审批、评估、服务、监管、结算于一体的江宁区智慧养老服务体系。该体系集中打造“互联网+养老院”、“小江家护”上门照护服务平台、“照护有方”安全标准化系统三大智慧平台。

【“无障碍出行智慧地图”上线试运行】 11月3日，由区城建局、区残联联合推出的“无障碍出行智慧地图”上线试运行。“无障碍出行智慧地图”以东山主城区为应用区域，采集主要街道、重点区域的人行道路及无障碍设施的信息数据，实行无障碍设施“红黄绿”三色管理、感知设备后台集成等数字化集成管理，实时掌握重点区域无障碍设施服务使用状态。“无障碍出行智慧地图”可以提供定位、周边信息检索、无障碍路线规划、实时导航等功能，市民可以在该地图上了解周边无障碍设施、酒店、餐饮、景点、公交、地铁等食、住、行相关信息，选择目的地后，还可以智能规划无障碍轮椅路线和公共交通乘车方案。经过设有红绿灯的人行横道时，利用智能交互式过街提示装置，可以帮助视障人士感知红绿灯信息，安全、便捷地通过人行横道等。

（宁　鉴）

【区城市数字治理中心揭牌】 11月17日，江宁区城市数字治理中心揭牌。区城市数字治理中心承担全区数字治理的信息归集、数据赋能、融合感知、趋势研判、指挥调度、监督考核等职责。当天，江宁区城市数字治理中心、江宁区区域社会治理现代化指挥中心、江宁区城市运行管理中心揭牌，标志着全区数字政府建设进入全新阶段。

（区发改委）

数字基础设施建设

【概　况】 2022年，江宁区加快数字基础设施建设，打造信息数字中心，加大数据交换共享力度，建成以智慧江宁城市运行中心，智慧政务平台、智慧民生平台、智慧产业平台，“我的江宁”App“一中心、三平台、一应用”为基础的“智慧江宁”体系，全力推动数字江宁建设。

【数动未来空间站揭牌开放】 11月26日，主题为“数智驱动、引领未来”的数动未来空间站揭牌开放活动在江宁高新区举行。数动未来空间站由江宁高新区联合江苏经贸职业技术学院、江苏数动未来科技有限公司共同建设，是江宁首个数字经济产教融合基地。数动未来空间站位于江宁高新区龙眠大道180号，总建筑面积约1.5万平方米，包含数字经济展厅、多功能发布厅、联合办公空间、生活休闲空间等，集商务、休闲、娱乐、健身等功能于一体，以数字经济产业为核心，聚焦5G、人工智能、数字孪生、大数据、区块链等方向，打造立足南京、辐射长三角、面向世界的数字经济产业综合服务平台。签约仪式上，京东集团数字商贸项目、格力数字制造产业学院项目、中科院数字物联网项目等12个数字经济项目签约落户，涉及数字商贸、数字专项基金、数字直播、数字文化、元宇宙、数字制造、物联网、数字营销、数字教育等数字经济领域。

（区发改委）

数字社会

【智慧城管】 2022年，江宁区城管部门加强景观亮化、停车管理、环卫保洁、数字城管等信息化运用，推进“一网统管”数据融合。完善智慧停车3.0系统，加快停车管理二级平台建设，搭建共享停车小程序，逐步打通各类公共停车设施实时余位信息，实现停车管理资源“一网通”。强化景观灯光智慧控制，安装灯控设备300套，实现50个区域、230个点位景观亮化自动管理。运用智慧环卫平台，构建区街环卫作业单位三级监管体系。加强数据对接和全区视频点位监督管理，解决各类城市管理问题11.2万多件。（区城管局）

【智慧人社】 2022年，区人社部门市民卡制卡网点与辖区148家银行制卡网点建立联络机制，通过微信群，实现不见面及时指导服务，妥善解决市民办卡遇到的难题。累计办理实体社保卡“江苏（南京）一卡通”26.27万张，金宝二期重复档案合并登记314件，江苏人社一体化经办平台基础库人员合并400余件。江宁人社“12333”咨询热线人工呼入总量20.6万通，其中社会保险综合类占28.71%、医疗保险类占21.29%，养老保险类占11.98%。开通“江宁人社”微信公众号后台在线留言解答功能，为市民提供便利，回复微信公众号咨询4137条。（赵久荣　吴　烨）

【智慧交通】 2022年，区交通运输部门构建交通运输行业数据共享共用体系，按照统一集成、高效共享、融合建设的思路，形成“1+1+N”建设模式，即一个门户管理、一个数据中台、N个业务应用模块，完成统一门户系统、应急处置系统、交通运输宣传云库等九大系统升级改造。结合农村公路“路长制”管理，围绕“宁径织美”之科技美径建设思路，以推动区内1900多千米农村公路管养智慧化、信息化为目标，实施农路智慧管养系统建设，并于12月正式上线运行。该系统运用5G、无人机、人工智能、云计算等新技术，实现数据赋能、云端监管，为“四好农村路”插上智慧翅膀，提高农路建管养科学决策能力。（区交通运输局）

【智慧司法】 2022年，区司法局打造集远程视频监控平台、网络服务平台、公共法律服务平台、大数据指挥平台、“12348”热线呼叫平台功能于一体的区公共法律服务指挥中心，升级改造20个司法所网络视频系统，实现村（社区）法律服务点全覆盖、真实民情数据实时采集。上线“江宁公证”微信公众号，线上办理服务板块接受咨询和国内公证预约办理，运用远程公证系统对符合条件的部分涉外公证提供在线受理。推进“智慧法律援助”服务，通过江苏法网提交的法律援助在线申请，全部安排专人做好“不见面”服务。推广使用“苏解纷”微信小程序，通过矛盾分类流转、全程留痕监督、线下研判预警等流程，为当事人提供一站式解纷服务。（杨梦莹）

南京华润燃气有限公司智慧调度运营管理中心　（城建集团供图）

都市农业

综 述

【产业发展】 2022年，江宁区完成农林牧渔业总产值126.99亿元，比上年增长4.7%。其中，农业80.23亿元，增长3.7%；林业3.72亿元，增长4.3%；牧业5.11亿元，增长68.2%；渔业26.39亿元，下降2.1%；农林牧渔专业及辅助性活动11.55亿元，增长11.2%。是年，江宁区获“全国县域农业农村信息化发展先进县”称号，区农业农村局获“全国星级基层农技推广机构”“全国2022年渔业执法系列专项行动突出集体”“江苏省文明单位”“全省基层农技推广体系改革与建设补助项目成效显著单位”等称号。

（汤 雯）

【智慧农业】 2022年，江宁区推广应用物联网、智能装备等信息技术，提升数字农业农村发展水平。全年新增智慧农业项目基地10个，智能种养面积1533.3公顷，农业物联网技术应用程度超过28%。是年，江宁区获全国县域农业农村信息化发展先进县。

【“互联网+”农业】 2022年，全区推广农业网络化经营，新增市级农业物联网示范基地10个。组织“善田江宁”农产品产销对接、展销、品牌推介等活动8场，培训农业电商人才130人，农业电子商务年交易额22亿元。卫岗乳业被评为全省农业数字化建设优秀案例，有5家单位入选全省数字农业建设支撑服务单位，“善田江宁—江宁好茶”获省科普作品一等奖。

【农业科技创新】 2022年，全区强化科技赋能创新驱动，实施科技创新助力乡村振兴行动，江宁水稻科技小院被教育部、科技部、农业农村部、中国科协等部门联合认定为重点建设科技小院。有12个区级农业科技创新示范基地建成运营，8个省级现代农业产业技术体系示范基地、3个市级农业科技产学研合作示范基地通过验收。 （汤 雯）

【江宁好茶获“中茶杯”金奖】 12月2日，“中茶杯”第12届国际鼎承茶王赛（秋季赛）获奖名单出炉，由江宁茶叶研究院立项研制、江宁区茶叶协会制作的“江宁好茶牌天印红语”获评再加工茶组金奖，是全市唯一上榜产品。“中茶杯”鼎承茶王赛，由中国茶叶学会进行专业赛事技术把关，是茶行业最具权威性、专业性的高规格赛事。该届赛事覆盖六大茶类、全国18个产茶区，吸引全国超500家品牌茶企参赛，有效茶样1000余份。评审团分别从茶样条索、色泽、匀净度、香气、汤色、滋味、叶底等各方面进行专业审评。“江宁好茶牌天印红语”是一款2022年刚研制出的红茶新品，由江宁茶叶研究院在江宁区区级农业科技创新项目资助下立项指导江宁区茶叶协会创制而成。该产品以江宁优质红茶为底，加以适量桂花窨制，其外形条索紧实，颜色乌润显金毫。冲泡后汤色红艳明亮带琥珀金圈，闻起来香气芬芳浓郁，入口甜醇爽滑。

【2项农业产学研成果获国家级认定】 12月，2022中国农业农村科技发展高峰论坛暨中国

现代农业发展论坛在北京举行，发布10项中国农业科学重大进展、35项中国农业农村重大新技术新产品新装备。其中，江宁区引种的小麦新品种“扬麦33”获评中国农业农村重大新产品，“低温等离子体冷杀菌保鲜及冷链物流消杀关键技术及装备”获评重大新装备。“扬麦33”是江苏里下河地区农科所选育的高产小麦新品种，该品种采用分子育种技术，实现小麦抗赤霉病、白粉病与高产协同的重大突破，对粮食安全、食品安全意义重大。聚焦优良品种推广培育，区农业农村局牵线搭桥，支持南京惠农千重浪农业科技有限公司与江苏里下河地区农科所、江苏明天种业科技股份有限公司开展产学研合作，在江宁建设示范基地，引进“扬麦33”原种示范种植，并集成拌种、化除、化控等生产技术，制作技术视频，组织观摩培训，带动南京及周边地区推广种植。区农业农村局通过市级农业科技产学研创新基地项目，支持著名“白菜教授”、原江苏省蔬菜产业技术体系首席专家、南京农业大学侯喜林教授将低温等离子体技术应用于白菜品种选育及全产业链开发，保持蔬菜新鲜品质、延长货架期。与此同时，侯喜林教授还联合滨江开发区高新技术企业南京苏曼等离子工程研究院及苏州屹润食品科技有限公司、苏州屹润保鲜设备有限公司等单位，将低温等离子体技术应用于后续杀菌保鲜及冷链物流消杀领域，为生鲜农产品、生鲜调理食品、预制菜冷杀菌保鲜安全品质控制及冷链物流喷雾消杀提供关键技术和装备支撑。（宁　鉴）

农业产业

【粮油业】 2022年，江宁区粮食种植面积2.85万公顷，比上年增长1.1%，增加300公顷；粮食总产量22万吨，增长0.2%。其中，秋粮播种面积2.13万公顷，总产量18.52万吨，下降0.1%；夏粮种植面积7300公顷，总产量3.48万吨，增长1.8%。

【蔬菜园艺产业】 2022年，全区以“安全、营养、生态、高效”为标准，推广蔬菜园艺新品种、新技术、新模式、新装备，推进绿色化生产，发展优质、健康、营养的蔬菜产业。全年蔬菜播种面积2.8万公顷，总产量99.14万吨，增长0.4%；瓜果类产品总产量13.83万吨，增长0.9%。

【畜牧业】 2022年，全区畜牧业生产坚持生态优先、绿色发展，引进上市公司牧原实业在江宁街道天然社区新建省级农业农村重大产业项目——年出栏15万头全线猪场，并于年内建成投产。加快对禄口、江宁街道3个已建生猪规模养殖场补栏。年末，全区生猪存栏9.3万头、家禽存栏80万羽、羊存栏2.1万只。生猪大中型规模养殖比重为90%，畜禽规模养殖场备案比重达100%。

【林　业】 2022年，全区完成人工造林80公顷，封山育林148公顷，“四旁”植树22.73万株，更新完善农田林网746.7公顷。实施森林抚育1333.3公顷，森林覆盖率31.8%。推进村庄绿化，新建绿美新村20个，其中14个省级绿美村庄建设标准。种植经济林果和景观苗木7.35万株，义务植树80万余株。开展自然保护地和湿地保护，实施湿地修复14.1公顷，建成驻驾山水库、龙尚水库、杨库水库等3个湿地保护区。

【水产业】 2022年，全区大力发展特色水产养殖和生态健康养殖，新建高标准鱼池73.3公顷，特色水产养殖面积占比超过80%。全年渔业放养面积4973.3公顷，总产量2.85万吨、产值29亿元。

【种　业】 2022年，全区抢抓现代种业发展机遇，聚焦种子“卡脖子”问题，加强科技导入、鼓励创业创新，现代种业建设取得进展。累计培育2家注册资金1000万元以上的农作物种子生产经营企业、3家种畜禽种业公司、4家水产种业公司和6家林木花卉种子生产经营公司。江苏越千凡等9家企业获江苏省特色优势种苗中心企业称号，实现种业产业相关产值6亿元以上。拥有全国菊花种质资源圃、省级四大家鱼种苗场、国家级南方水稻研究院、肉鸽种苗场及全市最大水稻育秧中心等。秣陵街道成功申报国家级绣球种质资源圃，并举办第一届绣球节；江苏坤泰农业发展有限公司入选国家级水产种业阵型企业。江苏越千凡农业科技发展有限公司新研发出水稻新品种软玉7276，并通过品种审定，成为江宁种业企业研发的首个粮食品种。全年小麦水稻繁育种子333.3公顷，小麦繁育种子面积占80%以上。谷里基地成为全国品种展示评价基地，横溪基地成为省级西瓜展示基地，淳化、秣陵基地成为水稻等农作物展示基地。（汤　雯）

休闲观光农业

【概　况】　2022年，江宁区以发展休闲农业带动产业转型，举办2022“苏韵乡情”乡村休闲旅游农业（南京）专场推介暨第18届中国·南京农业嘉年华开幕式及系列活动。推动各类主题公园、旅游景区、特色田园乡村及乡村旅游点、传统村落、民宿示范村组合抱团，西部旅游线入选全国乡村旅游精品线路。休闲农业全年接待各类游客1500万人次，实现综合收入70亿元。

【南京丰硕农业发展有限公司】　位于风景秀丽的汤山龙尚湖畔，占地面积约20公顷，拥有一支50余人的专业化技术团队。公司以“改善生态环境，促进民众健康”为企业使命，致力于为消费者提供高品质的有机农产品和欢乐农业体验。随着江宁龙尚漫谷的生态旅游发展规划，丰硕农业充分发挥区域资源优势，建立完善的农产品质量安全追溯体系，大力发展绿色、有机食品产业，并借力特色田园乡村建设，打造一、二、三产业相融合的科技及教育示范基地。加快农业与服务业相互渗透，开发有机农业多种功能，挖掘乡村生态休闲、旅游观光、文化教育的价值，用科技走出一条江宁区特色的乡村振兴道路。建有智能智慧大棚、室内科普馆、室内教育场馆、户外拓展场地、民宿等。可满足1500余人同时开展青少年研学实践、劳动教育、四季夏令营以及各类团建活动，是集职工健康疗养、农业有机产品科技发展、研学劳动教育、会议住宿餐饮、户外拓展培训等于一体的综合性生态园。

【苏家理想村】　位于秣陵街道元山社区西毗苏村，紧邻白鹭湖，面朝阔塘山，总面积16公顷，建筑面积1.8万平方米，水域和农林地占全村面积的75%。自2016年起，元山社区全面落实中央和省、市、区乡村振兴战略和美丽乡村建设，以西毗苏村为试点，采取政府引导、企业主体、市场运作模式，委托上海乡伴文旅集团进行规划建设并具体运营，于2019年4月正式开园。村庄内现有特色民宿10家，总床位182张，餐饮、娱乐等配套服务业13家。2015—2016年筹建期，多次组织相关人员实地考察浙江、上海等地知名民宿项目，对标找差、学有所长。在编制规划过程中，对接规划设计单位，与南京大学、南京农业大学、南京中医药大学、南京大学规划设计研究院、南京大学建筑设计研究院等高校院所合作，统筹指导建设。2017—2018年运营初期，接待全国各地、各部门、高校参观学习近1000人次，年接待游客量40万人次，实现旅游收入1000万元。2019—2020年稳定成熟期，年接待游客量50万人次，民宿接待游客量突破20万人次。2021—2022年提档升级期，乡伴苏家进入提档升级阶段，依托苏家良好的生态环境基础，以生态教育为核心，将苏家全面提升打造为国际青少年生态教育营地、南京都市近郊型生态示范引领村。2022年4月，乡伴苏家入选全国乡村旅游精品线路。

【南京野趣国际营地】　是国内首家拥有可媲美国际顶尖营地的硬件设施及自然环境，营地安全和管理全部采用国际最高标准，集自然地貌多元、自然环境佳、营地教育课程和活动丰富，对标国际营地行业水准打造的青少年专属教育营地。野趣国际营地是经国际营地行业多个权威机构认证的会员单位，包括国际营地协会（ICF）、美国营地协会（ACA）、国际体验式教育协会（AEE）/国际户外休闲与教育协会(AORE)、美国环境及户外教育协会（AEOE）认证的会员单位。营地全年365天运营，甄选全球优质教育资源，为青少年提供国际化、高水准营地教育服务。致力于培养具有“华夏根基、全球视野”的未来领袖，全面接轨21世纪人才核心能力，为中国青少年在未来的国际舞台上充分发挥影响力、领导力奠定基础，助力中华民族未来国际竞争力的提升。引进美国营地教育、日本自然教育、北欧森林教育、新加坡户外教育等经典课程，符合青少年天性及多学科教学功能需求的体育馆、操舞排练厅、剧场、图书室、STEAM教室、艺术工坊等，满足营员发现世界、探索自我的需求。结合中国青少年身心发展特点，与全球优秀教育机构及专家组合作，共同研发以户外运动、自然博物、生存挑战、幸福课堂、STEAM五大系列为核心的1000+营地教育课程及活动。野趣国际营地拥有天然氧吧级的森林剧场、森林球场、森林工坊、创意农场、丛林探险乐园、水上运动区、生态泳池，营地绿植覆盖率80%，让用户在青山绿水中打开五感、释放天性。同时营地内搭配安全意识培训、封闭式营地管理、24小时不间断巡岗、安全监控系统覆盖、完善的保险、全天候生活导师陪同、国际营地协会安全管理全程覆盖，使营地成为众多用户的不二之选。　（汤　雯）

设施农业

【台创园设施花卉产业】 江宁台创园围绕花卉主导产业，全力构建“研发＋生产＋销售”的兰花全产业链特色发展模式，先后引进瀚灏生物科技、盛美生物科技、林语花海、鑫宇农业、兰谷花卉等一批专业从事蝴蝶兰组培、生产、销售企业，兰花种苗年产量650万株，开花株年产量200万株，以兰花为代表的园区花卉园艺综合销售额超10亿元，获评省级首批兰花示范园，入选省级现代农业（花卉）产业技术体系，园区兰花“产业集聚、功能完善、省内知名”的产业发展格局初步形成。通过打造蝴蝶兰种质资源圃，成功收集保存蝴蝶兰种质资源2000余份，其中包括原生种（含变种）63种（占全世界蝴蝶兰原生种的100%）、栽培品种833个（含有价值栽培品种307个、有潜在价值品种447个、特色资源79个）。其中，野生资源收集保存以亚洲分布种为主，广域分布种8个；栽培品种中，有价值栽培品种以在国内市场流通品种为主，包括大花系、中花系、小花系、迷你花系四大品种群；特色资源包括有芳香类、多花类、斑点类、色彩基因丰富类等新、奇、特品种资源，基本收集齐全世界现有的蝴蝶兰原生种源，具有极强的典型性和代表性。园区累计建成蝴蝶兰种苗组培实验室3500平方米、输美标准生产温室1.5万平方米，花卉生产、展销设施面积10万平方米，1.2万平方米的蝴蝶兰种质资源库建成投产。兰花生产设施内全部配备电动风机通风系统、电动卷帘内外遮阳系统、加温系统（空气能热泵、空调、水加热等）、水帘降温设备等生产配套设备，基本实现视频监控、环境监测、智能控制以及物联网管理于一体的农业数字化生产体系。

【南京市江宁牧原农牧有限公司】 成立于2020年5月7日，注册资本151000万元。公司经营范围包括许可项目牲畜饲养、种畜禽生产、种畜禽经营、粮食收购、饲料生产、进出口代理、技术进出口、货物进出口；一般项目牲畜销售、畜牧渔业饲料销售、畜禽粪污处理。该公司是牧原食品股份有限公司全资子公司，其母公司牧原股份是一家集约化养猪规模位居全国前列的农业产业化国家重点龙头企业，是全国自育自繁自养大规模一体化的生猪养殖企业，也是较大的生猪育种企业。牧原股份率先在国内建立集科研、饲料加工、生猪育种、种猪扩繁、商品猪饲养为一体的可知、可控、可追溯生猪产业体系，在生猪品质控制、食品安全保障、疾病防控和生产效率等方便具有较大优势，养猪规模位居全国第二、全球第三。2022年，出栏15万头商品猪、存栏0.6万头母猪。年末总建筑面积11万平方米，主要新建楼房猪舍1栋，平铺猪舍（怀孕舍9栋、哺乳舍2栋、保育舍8栋、育肥舍30栋），宿舍楼及相关生活设施、附属设施、治污设施等。

【南京丰硕农业发展有限公司】 位于汤山龙尚湖畔，成立于2012年，经营面积20公顷，拥有一支50余人的专业化技术团队。2022年，企业资产总额2000多万元，销售收入900多万元，年接待游客20万人次。该公司结合物联网、大数据、人工智能等信息技术在设施果蔬生产中的集成创新与应用，重点解决设施种植劳动密集用工紧张、过度依赖种植经验、水肥环境精准调控难、绿色环保不可控、智能化生产程度低等现实问题。以番茄、草莓等绿色果蔬种植为重点，建造连栋薄膜温室大棚农业现代化设施，实现无土高架栽培模式。通过与江苏省农业科学院农业信息研究所、南京农业大学刘志鹏教授团队等合作，将物联网、大数据、人工智能等信息技术深度应用于温室环境监测、温室作物生长调控模型、水肥一体化智能灌溉系统等农业生产过程中，实现设施温室内作物生长精准感知、精细管理、智能操作，提高水肥利用效率，减少对种植者经验的依赖性，降低人力、物力成本，可实现设施果蔬生产的精细化、智能化、集约化，提升生产效益和产业现代化水平。全年申报农业发明创造专利5项，通过对绿色果蔬种植农业科学技术的应用，促进农机、农艺与农业信息技术融合创新，进一步加快农业科学技术在设施果蔬生产中的应用与推广，助力打造“智慧农业”江宁样板。

（汤　雯）

农业生产经营

【农业产业化联合体建设】 2022年，江宁区加快农业产业化联合体建设，发展“农户＋合作社”“农户＋合作社＋工厂”等模式，推进小农户与现代农业有机衔接。全年新增横溪西瓜农业产业化联合体等市级农业产业化联合体4家。年末，全区有省市级产业化联合体20家，其中省级6家、市级14家。

【家庭农场经营】 2022年，全区推广家庭适度规模种养殖，

2022年，全区统筹推进现代农业园区建设。图为获国家农产品地理标志认证的“横溪西瓜”（年鉴编辑部供图）

新增区级以上家庭农场102家。年末，全区有各级示范家庭农场306家。其中，宇豪家庭农场等6家家庭农场入选江苏省“百佳家庭农场”，江宁区家庭农场服务联盟入选江苏省“十佳家庭农场服务联盟”。

【农业园区建设】 2022年，全区统筹推进现代农业园区建设，结合区域特点，打造符合自身发展的特色产业。台湾农民创业园形成以花卉、瓜果为主的优势主导产业，建有花卉组培、生产和展销的高端智能温室10万平方米，蝴蝶兰开花株年产量200万株，种苗年产量600万株，被认定为江苏省首批现代农业产业示范园、江苏省首批兰花示范园。湖熟园区形成特色现代农业产业矩阵，即优质稻米、生态水产、特色园艺三大产业，依托稻米产业、菊花展、特色田园乡村，举办第10届农业嘉年华活动，先后被认定为省级现代农业产业园区、省级科普教育基地、省级主题创意农园、省级高素质农民培育实训基地、国家现代农业科技示范展示基地、南京市首家“味稻小镇”等。淳化现代农业示范园区为南京市首批市级农业园，主导产业为优质稻米生产，园区加强与南京农业大学、江苏省农科院等科研院校合作，推广水稻新品种、新技术，品牌产品“土桥大米”通过国家地理标志农产品认定，并多次在国家、省、市大米评选中获奖。横溪园区主导产业以西甜瓜为主，搭配蔬菜、稻麦等农作物，“横溪西瓜”获国家农产品地理标志认证。谷里园区以叶菜为主的绿色蔬菜产业已发展成集种子种苗培育、规模化绿色生产、产后处理加工、配送及产地集散市场于一体的全产业链业态，蔬菜生产初步形成生产机械化、体系标准化、服务社会化、设施宜机化的发展格局，先后被评为设施种植机械化典型案例推荐名单、江苏省蔬菜农机农艺融合新装备新技术示范基地、南京市蔬菜园艺“四新”示范基地。

【农产品品牌建设】 2022年，全区继续完善优质农产品生产、流通、推广体系，构建“公用品牌+区域品牌+企业品牌”的运行模式，培育“善田江宁”农产品区域公用品牌和“卫岗乳业”“桂花鸭”“樱桃鸭”“台创花卉”等企业品牌。推进农产品产得优、卖得出、效益好，有效促进农业转型升级，带动农民持续增收，保障居民生活需求。

【农民专业合作社】 2022年，全区有农民专业合作社785家，其中各级示范社118家（国家级示范社3家、省级示范社8家、市级示范社38家、区级示范社68家），培育示范农民合作社率实现值为15%。南京富蓝特蓝莓种植专业合作社获评省典型案例并予以推广，南京明信水产养殖合作社理事长姜伟获全国水产技术推广总站和中国水产学会良种青虾绿色高效繁养技术认定，南京太和水稻种植专业合作社在第五届“绽放杯”5G应用征集大赛全国总决赛获一等奖。有4家合作社获评南京“双优”农民专业合作社，1家获评优秀农民专业合作社。有170家示范社加入“农民合作社信息化管理服务平台”，使用农民合作社专用软件进行日常管理，实现省级示范社财会电算化全覆盖。完成农民专业合作社年报网上填报785家，填报率100%。

【农业龙头企业】 2022年，全区强化科技创新、扶持服务，打造生产规模大、竞争优势明显、带动能力强的农业龙头企业。全年新增1家省级、23家区级农业龙头企业。年末，全区有区级以上农业龙头企业164家，其中国家级4家、省级17家。农业龙头企业全年销售额突破1000亿元，众彩农副物流入围全国农业龙头企业前十强。

【农业资源开发】 2022年，全区稳步推进农业资源开发，累计建成上图入库高标准农田2.4万公顷。建成2021年度国家高标准农田项目2个总面积、200公顷，2022年度国家高标准农田新建及改造提升项目2个总面积、173.2公顷，市级高标准农田改造提升建设项目2个、总面积533.3公顷。实施高效节水灌溉面积164公顷，区级农业基础设施建设项目5个、总面积66.7公顷。实现项目区内沟渠路硬质化，育秧中心和农机库房配套，田间主干道林网化，农业生产条件改善、农业综合生产能力提高、抗御自然灾害能力增强。

【农业机械化】 2022年，全区农机总动力53万千瓦，农业综合机械化水平93%，农业机械保有量5.9万台（套）。全年新增各类农机具754台（套），新型农机经营服务主体粮食生产全程机械化作业服务面积占农机作业总面积的80%以上。是年，江宁区被农业农村部评为“全国率先基本实现主要农作物生产全程机械化示范县”，区农业农村局获“全国星级基层农技推广机构”称号。 （汤 雯）

【农田水利】 2022年，全区农田水利建设总投资5279万元，先后完成国家水土保持重点工程龙泉小流域综合治理项目、省级农村河道疏浚（百村千塘）项目、谷里街道张溪翻水线建设。实施淳化街道西湖泵站、湖熟街道周古庄泵站2个重点泵站以及江宁街道新民水库、山北当家塘、秣陵街道邓家大塘3个山丘区灌溉水源重点塘坝项目建设，进一步提高地区防汛抗旱能力，改善农村人居环境，提升水环境、水资源承载能力。汤山水土保持科技示范园创建为全国水土保持科普教育基地，江宁河灌区创建为国家级节水型灌区。建成47.04千米农村生态河道，全区生态河道覆盖率提高至59%以上。汤山街道孟墓社区陆家村、禄口街道石埝村水荆墅村、横溪街道西阳社区上范村、东山街道佘村社区孙家村、湖熟街道丹桂社区李家庄等5个自然村被评为市级“水美乡村”。 （区水务局）

南京江宁台湾农民创业园

【主导产业发展】 2022年，江宁台湾农民创业园立足资源禀赋和产业特色，以10万平方米设施温室为承载，逐步形成“花卉＋园艺”两大优势主导产业，入驻林语花海等企业30多家。进一步完善5万平方米花卉培育基地规划建设方案，启动一期7000平方米凤梨花培育项目温室建设，卫岗智慧农牧科技园一期项目全面开工，完成台创园农业大数据平台设备安装工作。

2022年，全区稳步推进农业资源开发，累计建成上图入库高标准农田2.4万公顷。图为汤山阜庄高标准农田 （刘杨摄）

【招商引资】 2022年，江宁台创园加大招商引资工作力度，引进鱼燕健康研发中心等项目6个，高标准蔬菜基地等4个在手在谈项目取得进展。全年实际利用资金10亿元，到位外资及港澳台资400万美元，签约项目投资总额20亿元。

【项目建设】 2022年，江宁台创园建成1.2万平方米的种质资源库项目，收集种质资源近2000种，其中有价值栽培品种近400种、特色品种120种、蝴蝶兰原生种63种，拥有实用新型专利7项，种苗年产量650万株，约占全国市场份额的15%，实现蝴蝶兰育种方式由传统育种向基因育种的转变，推动园区蝴蝶兰产业高质量发展。加快金埔集团“台创园艺＋”项目建设，该项目规划建设六大中心，项目覆盖园林园艺产品博览、展示、体验、交易、结算、仓储、物流、分拣等全流程的园林园艺流通服务，旨在打造一站式园林园艺产品服务中心。 （王 佳）

新型制造业

综 述

【产业发展】 2022年，江宁区统筹抓好新冠疫情防控和经济社会发展，全力推进工业经济高质量发展各项举措落地见效，保障全区工业经济健康运行、稳中有升。全年净增规模以上工业企业152家、新增省级以上专精特新“小巨人”企业153家。完成规模以上工业产值4003.4亿元，比上年增长7%。其中，智能电网、高端智能装备产业分别完成产值1226.6亿元、1667.8亿元，新能源（智能网联）汽车完成产值973.4亿元，增长15.8%；新一代信息技术产业完成产值1264.2亿元，增长22.2%；新型节能环保产业完成产值872.9亿元；生物医药及新型医疗器械、航空航天、前沿新材料、数字经济核心产业规模进一步壮大。制造业增加值占地区生产总值比重提高0.5个百分点，工业战略性新兴产业产值占工业总产值比重达46%以上，工业经济质量水平整体提升。

【产业转型升级】 2022年，全区实施智能化改造和数字化转型项目615个，覆盖规模以上工业企业423家，“两化”融合贯标企业20家。实施工业技改项目208个，创建省级智能制造示范工厂5个、省级智能车间11个，工业投资增长2.9%。紧盯能耗“双控”目标，发展低碳高效行业，遏制“两高”项目发展，全年淘汰低端低效产能项目10个，单位工业增加值能耗下降1.5%，规模以上工业企业综合能源消费总量控制在120万吨标煤以内。有序推进街道中小工业集中区转型升级，全年转型升级低效闲置用地144.7公顷，盘活工业载体11.9万平方米。

【工业经济运行监测分析】 2022年年初，区工业和信息化部门下发《关于分解下达2022年经济和信息化发展目标任务的通知》，进一步细化目标、明确任务、压实责任。每月印发经济运行情况通报，及时向区委、区政府和各园街提出意见建议。新冠疫情防控期间，专题研究起草《关于稳定产业链供应链工作情况的报告》《关于重点工业企业产值和用电量情况的分析报告》等调研报告，为统筹抓好新冠疫情防控和经济发展提供决策依据，确保工业经济平稳运行。

【企业创新】 2022年，区工业和信息化部门组织工业和信息化部人才计划项目申报工作，选派人员进驻市人才工作专班，有效申报139人。支持区内企业创新平台建设，推荐并通过省级软件企业技术中心3家、省级企业技术中心24家。5项关键核心技术（装备）攻关产业化项目获省工业和信息产业转型升级专项资金项目立项支持，获奖补资金8860万元。鼓励企业进行新产品、新技术开发，支持企业产品进入省、市新产品应用示范推荐目录，有19个省新技术新产品、20个市创新产品通过认定。围绕“八大重点领域”提出全新合作方向，依托各园街和重点龙头企业建设标杆场景，打造新技术新产品先行先试创新突破、大中小企业融通发展、示范引领生态集聚“样板工程”。全年征集发布应用场景149个。

【企业主体培育】 2022年，区工业和信息化部门贯彻南京市《规模以上工业企业追赶三年行动计划》，按照“一手抓小升规培育、一手抓临退企业帮扶”的思路，分别建立培育库、监测库，落实每月研判制度，动态跟踪入库企业生产经营情况，及时提醒入库企业扩大生产或规避风险，助力入库企业持续健康稳定发展。全年净增规模以上企业152家。加快专精特新企业梯次培育，建立健全梯队培育机制，分别遴选42家、97家优质和潜力企业入库培育，设立服务专员，按照“一企一策”要求建立企业问题诉求档案，协调相关部门实施精准帮扶，助力企业提档升级、提质增效。全年新增国家级制造业单项冠军企业2家，累计6家；新增国家级专精特新企业22家，累计37家，位列全省区县第一；新增省级专精特新企业129家；新增市级专精特新名录库企业102家，累计181家，位列全市第一。（区工业和信息化局）

【江宁入选省制造业“智改数转”成效明显地区】 4月，省工业和信息化厅发布《2021年度省工业和信息化领域督查激励成效明显地区拟入选名单》公示，全省共遴选出10个制造业“智改数转”成效明显地区，江宁作为南京市唯一地区入选。全区围绕省委、省政府关于制造业智能化改造和数字化转型的相关工作部署，依托新一代信息技术、新型数字等产业基础，加大推广新一代信息技术发展应用力度，引导企业走智能化、数字化发展道路，推进制造业企业转型升级，提升制造业企业发展质态。全区已建成5G基站近4000座，基于国家重大科技基础设施未来网络试验设施（CENI）打造的国家新型工业互联网基础网络，开通30余个城市网络，为全区制造业“智改数转”提供坚实基础。建成省级工业互联网示范平台5家、省级工业互联网标杆工厂4家、省级示范智能车间39家、市级智能工厂18家。中汽创智、卫岗乳业、复创大数据等3家企业进行工业互联网标识解析二级节点建设和运营。

【江宁入围省首批制造业高质量发展示范区建设地区】 7月，省工业和信息化厅对外公布，确定江宁等15个地区为首批制造业高质量发展示范区建设地区。作为全市制造业发展的重要板块，2021年，全区完成规模以上工业总产值3716亿元，同比增长10.8%，且两年产值平均增速高于全市两年产值平均增速。拥有规模以上工业企业1118家，数量规模占全市比重超过1/4；省级以上专精特新企业累计97家，位列全省区县第一。有国家新型工业化产业示范基地2个，其中“装备制造（智能电网装备）示范基地”被工业和信息化部评为五星级产业示范基地。累计建成国家级工业企业技术中心7个、省级101个；有国家级中小企业创新创业基地1个（南京未来科技城悠谷小企业创业基地）、国家级中小企业公共服务平台1个（J6软件创意园），有省级工业设计中心16个、市级38个。全区累计创成40家省级示范智能车间、18家市级智能工厂、4家省级工业互联网标杆工厂、5家省级工业互联网示范平台。累计完成企业星级上云216家、“两化”融合贯标超过100家。

【江宁获3项江苏制造突出贡献奖】 12月，省委、省政府印发关于表彰“江苏制造突出贡献奖”优秀企业先进个人和先进单位的决定，对全省50家优秀企业、48名先进个人、50家先进单位进行表彰，其中包括江宁区2家优秀企业、2名先进个人、2家先进单位。“江苏制造突出贡献奖”是省委、省政府评选出的一批在推进全省制造业高质量发展实践中做出突出贡献的企业、个人和单位。江宁区被授予“江苏制造突出贡献奖”的2家优秀企业分别是南京南瑞继保电气有限公司、南京高速齿轮制造有限公司，被授予“江苏制造突出贡献奖”的2名先进个人分别是上汽大通汽车有限公司南京分公司维修工段长范宏平、江苏苏博特新材料股份有限公司副总工程师刘建忠。此外，网络通信与安全紫金山实验室、江宁区工业和信息化局被授予“江苏制造突出贡献奖”先进单位称号。（宁　鉴）

智能装备产业

【概　况】 2022年，江宁区智能装备产业主要包括智能制造装备产业、航空航天装备产业、海洋工程装备产业、轨道交通装备产业4个方向，部分企业逐步向产业链中高端迈进。全区规模以上智能装备制造业企业476家，全年完成产值1667.79亿元，比上年增长6.8%。高端智能装备龙头企业主要集中在智能制造装备产业领域，包括中兴通讯、南高齿、泉峰科技、中兴智能、国电南瑞科技和爱立信熊猫等，涉及工业自动控制系统、齿轮及减变速箱、滚动轴承、通信设备等行业。6家龙头企业全年完成产值810亿元，占全区高端装备总产值的近50%。

【重点项目建设】 2022年，全区有35个智能装备制造业项目列入南京市“双百工程”重点项目库，项目总投资140.5亿元，当年计划投资41.1亿元。至年末实际完成投资46.6亿元，占年度计划的113.4%。

【中兴通讯（南京）有限责任公司】 成立于2017年12月，由中兴通讯股份有限公司投资设立。中兴通讯全球5G智能制造基地，是中兴通讯在国内的五大生产基地之一，总投资200亿元，主要生产以5G为代表的新一代无线通信设备。2020年3月滨江 5G工厂正式投产，当年实现产值突破300亿元。2022年，公司资产规模125亿元，实现销售405亿元、营业利润61142万元。拥有授权专利20项，制定行业标准16项，获联合国 WSIS 冠军奖和第三届中国工业互联网大赛领军组三等奖。

【格力电器（南京）有限公司】 珠海格力电器股份有限公司投资新建的全资子公司成立于2018年3月，是格力电器在全球第12个生产基地，投资建设的格力电器（南京）中央空调项目被列入江苏省重大产业项目。南京格力项目总投资50亿元，占地41公顷，建筑面积56万平方米，致力于打造“自动化、敏捷化、智能化、定制化、信息化”的智能制造新标杆工厂。项目投产后年生产量650万台（套），年产值100亿元。2022年，公司资产规模40亿元，实现销售25亿元，比上年增长47%，纳税1.2亿元。拥有授权专利57项，其中国内发明专利7项、实用新型专利50项。空调控制器生产车间获2022年江苏省智能制造示范车间称号。2022年5月，获中国质量认证中心颁发的CQC认证A类企业。11月，被认定为国家高新技术企业。12月，通过“两化”融合体系贯标。

【南京恒立智能控制研发中心项目】 南京恒立智能技术有限公司具体负责该项目的建设和运营，2021年9月落户江宁开发区，股东为上市公司江苏恒立液压股份有限公司实际控制人汪立平。恒立液压深耕液压油缸制造领域30年，技术水平和行业规模跻身世界液压领域前列，成为国内行业标杆，被工业和信息化部评为制造业“单项冠军”企业。该项目总投资10.4亿元，总建筑面积6.5万平方米，建设区域总部发展中心、研发中心、制造中心等，致力研发和生产工程机械电驱动总成、高性能电机、高可靠自动变速箱、整车控制器和电机控制器等。

【南京工艺装备制造有限公司“橡塑机械等生产厂区（高端装备滚动功能部件智能制造产业基地）项目”】 2009年批准设立。该项目规划建筑面积5.8万平方米，主要建设厂房、综合楼、仓库等建筑，主要从事滚珠丝杠副及滚动导轨副机的制造与研发。项目建成后，可形成年产20万套滚珠丝杠、30万套滚动导轨的产能。（区工业和信息化局）

位于江宁区的格力电器（南京）生产车间　　（年鉴编辑部供图）

智能电网产业

【概　况】 2022年，江宁区深入贯彻《南京市全力打造五千亿级智能电网产业集群行动计划》，抓住国家实施“双碳”目标、加快新型电力系统建设等发展机遇，加强科技创新引领，服务、引导、培育企业发展，智能电网产业保持稳定增长态势。全区168家智能电网规模以上企业全年完成产值1226.63亿元，比上年增长9.6%。有58家企业产值实现两位数增长，其中江苏宇诚业基电气设备有限公司、南自通华（南京）智能电气有限公司等8家高成长性企业产值增速超过100%。全年产值突破1亿元的智能电网企业68家，产值超10亿元企业23家。国电南瑞南京控制系统有限公司、爱尔集新能源科技（南京）有限公司、南京南瑞继保工程技术有限公司、南京高速齿轮制造有限公司等4家企业产值突破100亿元，百亿级企业比上年增加1家。

【重点项目建设】 2022年，全区智能电网产业12个市“双百工程”重点项目完成投资35.3亿元，占年度总计划的104.6%，计划年内竣工项目全部完成预期建设目标。9个项目完成投资1亿元以上，其中爱尔集新能源科技（南京）有限公司新能源电池一工厂项目、二工厂项目合计完成投资16.7亿元，部分生产线投产；南京国博电子有限公司射频集成电路产业化项目完成投资4.5亿元，并竣工；南京泉峰科技有限公司年产1200万台电动工具项目完成投资3亿元，已竣工投产；国电南瑞科技股份有限公司智慧物联装备产业化项目完成投资2.5亿元，主体封顶；菲尼克斯亚太电气（南京）有限公司电气智能车间升级改造及新能源产品及电子元器件制造一期项目完成投资2亿元，并竣工投产。

【产业科技创新】 2022年，全区智能电网产业龙头企业加大科技研发投入，取得一批创新成果，为提升能源电力领域重大装备产业链供应链自主可控提供支撑。南瑞集团“卡脖子”技术实现新突破，4500伏安压接式IGBT器件通过验收，将投入工程应用。该公司全年获国家电网公司及以上科技奖励146项，25项成果通过权威鉴定获国际领先评价，主导发布IEC国际标准4项。国电南自有30项技术成果通过鉴定，其中5项联合攻关成果通过中国电机工程学会组织的科技成果鉴定，2项发明专利分获第23届中国专利金奖和优秀奖，1项成果获2022年度水力发电科学技术奖一等奖。南瑞继保全年获各类科技奖励70项，相继投运世界首个柔性低频输电工程和首个220千伏柔性低频工程，分别验证低频技术用于中远海域风电送出和电缆化供电城市电网的场景应用。南京高速齿轮制造有限公司入选2022年国家技术创新示范企业，承担的“大功率风电齿轮箱标准化试点”项目入选省级标准化试点项目名单。

【南京国电南自电网自动化有限公司】 是国电南京自动化股份有限公司控股的子公司。公司位于江宁开发区，注册资本77900万元。公司致力于为客户提供电网自动化产品的研发、工程、制造、销售和服务，以满足国内电力、工业等各细分市场对电网自动化产品需求。作为国内二次设备的主要供应商之一，公司通过软件能力成熟度CMMI5级评估认证，在南京拥有大型制造基地和国际先进的生产线，销售及技术支持遍及全国30多个城市。业务领域涉及变电站保护、控制、监视设备生产制造，变电站自动化系统业务，配网及调度自动化业务，稳控及故障录波业务，电厂升压站计算机监控系统（NCS）业务，EPC总包及海外业务，电力通信产品及系统业务，发变组保护业务等。2022年，拥有授权专利817项，其中发明专利307项，获省部级以上奖项85项，主导或参与国家、行业技术标准修订161项。注重产学研合作，与麻省理工学院签订智能电网全面合作协议，与哈佛大学签订智能电网与新能源合作协议；与东南大学合作成立硕士生工作站和智能变电站联合实验室，与南京大学共建企业工程实践基地，具有较好的创新基础。

【南京南瑞继保电气有限公司】 主要从事电网、电厂和各类工矿企业的电力保护控制及智能电力装备研发和产业化，是国家能源局国家能源电力控制保护技术研发(实验)中心依托单位。连续多年被评为国家重点高新技术企业和国家规划布局内重点软件企业，获全国五一劳动奖状、江苏省企业创新奖等荣誉。公司有员工5500余人，中国工程院沈国荣院士担任公司董事长。南瑞继保总部设在南京，在南京和常州建有科研和产业化基地，在北京、广州、西安等8个地区设有内地区域销售和技术服务中心，在中国香港及英国、印度、尼日利亚等地设立各大洲国际分支机构和本地化技术服务中心。2022年主要经营数据保持两位数增长，电力保护控制设备被评为国家制造业单项冠军产品。公司获评江苏制造突出贡献奖、江苏省智能制造示范工厂和工业互联网标杆工厂。累计完成重大研究开发项目255项，获国家科技进步奖特等奖1项、一等奖1项、二等奖4项，国家技术发明二等奖2项，省部级科技进步奖一等奖22项；获国家发明专利授权926项，登记计算机软件著作权690项；主导和参与发布国际标准14项、国家标准132项、行业标准143项。继电保护产品在220千伏及以上电压等级的国内市场占有率超过40%，产品广泛应用于三峡输变电、“西电东送”、北京奥运、上海世博、G20杭州峰会等国家重点工程。继电保护、电网安全稳定控制、高压交直流输电控制保护等技术打破国外公司长期技术和产品垄断，以其先进性、实用性和可靠性，提高中国电网安全稳定运行水平。南瑞继保坚持“做精主业、外延发展”战略，产业方向从电网控制保护向智能电力装备、工业过程控制等领域拓展，开发完成柔性直流输电成套装备、高压直流断路器、特高压直流换流阀和统一潮流控制系统（UPFC）等一系列高端智能电力装备，真正掌握关键核心技术。先后承接±1100千伏吉泉特高压直流、舟山五端柔性直流、500千伏苏南UPFC工程、±500千伏张北柔直电网等重点工程。在新能源发电、轨道交通、综合能源利用、工业过程控制等领域开拓市场，产品远销全球100多个国家和地区。

（区工业和信息化局）

新能源（智能网联）汽车产业

【概　况】 2022年，江宁区作为江苏省整车生产基地之一，拥有上汽大众、长安马自达、上汽大通3家龙头整车制造企业，集聚爱尔集、法雷奥、佛吉亚、塔塔、布雷博等产业链各环节零部件企业，引进福特、马自达、海拉、大陆、延锋伟世通等设计研发中心，形成集研发、设计、测试、零部件制造、发动机制造、整车制造、营销、服务于一体的较完整的产业链。全区有规模以上新能源（智能网联）汽车企业106家，全年实现产值973.37亿元，比上年增长15.8%。龙头企业增幅差异明显，上汽大众汽车有限公司实现产值304.7亿元，增长39%；爱尔集新能源科技实现产值140.17亿元，增长89%；长安马自达汽车有限公司实现产值110.5亿元，下降34%；上汽大通有限公司南京分公司实现产值61.1亿元，下降1.8%。

【重点项目建设】 2022年，全区列入2022年南京市“双百工程”重点项目的汽车产业项目9个，计划总投资209.1亿元，当年计划投资24.8亿元。至年末，实际完成投资26.6亿元，占107.3%。

【江宁区智能网联示范区建设】 2022年，江宁区加快智能网联示范区建设，取得进展。该项目位于江苏软件园，已完成一期5.25千米测试道路的智能化改造。2021年9月9日通过南京市第二批智能网联汽车公共测试道路认定并公示，中汽创智和一汽研发院申请南京市自动驾驶路测牌照，并配合市工业和信息化局申报江苏（南京）国家级车联网先导区。2021年12月3日，南京市获批住建部与工业和信息化部共同组织的智慧城市基础设施与智能网联汽车协同发展第二批试点城市（“双智”试点城市），江苏软件园被确定为南京市双智试点工作区域“一主（江宁）三副（溧水、秦淮和建邺）”核心实施区。2022年11月27日，江宁开发区入选省级智能网联汽车发展先行区。

【南京协众汽车空调集团有限公司】 成立于1994年，注册资金66464万元，总投资近30亿元。从皮卡车空调起步，逐步聚焦汽车热能管理系统和整车销售两大主业，有员工1800人。具备年产汽车空调300万套生产能力，为国内外整车厂提供全面、先进的整车热管理系统及其零部件产品的设计开发服务，是国内领先的产品设计、开发、制造、实验评价全周期闭环的自主汽车空调热管理企业。2022年，公司资产规模32亿元，实现销售12亿元、营业利润4000万元。拥有授权专利170件，其中国内发明专利11件、实用新型专利156件、外观设计专利2件、国际发明专利1件。公司建有国家认可实验中心、江苏省新能源汽车空调工程技术研究中心、江苏省企业技术中心、博士后工作分站等创新平台，并与上海交通大学等高校科研院所进行产学研合作。

【福特蓝色马赫科技（南京）有限公司动力科技分公司“南京福特电动车核心零部件项目”】 该项目总投资18亿元，总建筑面积7万平方米，建设厂房及其附属设施，并购置安装相关设备。项目建成后，预计可形成年52万套电机的产能。

【上汽大通汽车有限公司南京分公司新一代智能网联架构汽车产业化建设项目】 2020年3月启动建设。该项目总投资16亿元，规划新建建筑物7万平方米，其中上汽大通汽车有限公司新购20公顷建设用地，投资建设建筑物5.5万平方米；南京汽车集团有限公司在现厂区内投资建设建筑物1.5万平方米。拟对公司原生产线实施技术改造，按C2B大规模定制服务模式，导入上汽集团自主研发的新一代智能网联架构汽车MPV产品。主要建设升级冲压装备及车身焊装生产线，对现有涂装、总装生产线及机运传输系

位于江宁开发区的南瑞继保总部及研发中心　（区工业和信息化局供图）

统进行技术改进提升，升级换代C2B模式及智能工厂软硬件，建设智能物流及零部件配套系统中心，升级改造生产配套公用动力系统。

（区工业和信息化局）

新一代信息技术产业

【概　况】 2022年，江宁区新一代信息技术产业完成产值1295.3亿元，比上年增长22.2%。全产业有规模以上企业298家，其中规模以上工业企业187家，规模以上软件和信息服务业企业111家。从行业分布看，电子核心产业有规模以上企业131家，占43.8%，实现产值占32.5%；互联网、大数据、云计算和人工智能产业有规模以上企业32家，占10.7%，产值占10.2%；新兴软件和新型信息技术服务产业有规模以上企业81家，占27.2%，产值占6.7%；下一代信息网络产业有规模以上企业54家，占18%，产值占50.6%。从板块分布看，江宁开发区有规模以上企业129家，占43.1%；江宁高新区有规模以上企业26家，占8.6%；滨江开发区有规模以上企业21家，占7%。三大园区企业数占59.1%，产值占89%。东山、秣陵分别有规模以上企业21家和23家，占7%、7.7%。

【中电超云（南京）科技有限公司“长城超云自主可控服务器项目”】 位于秣陵街道燕湖路201号，注册资本1亿元。该项目总投资20亿元，总建筑面积3.5万平方米，建设厂房及附属设施。项目建成后，预计年产50万台人工智能服务器、云存储、自主可控整机等IT设备。

【南京盛鑫半导体材料有限公司“大尺寸硅外延材料产业化项目”】 公司位于江宁区苏源大道68号，注册资金2亿元。该项目总投资13.6亿元，项目位于江宁开发区综保区内，占地面积10.7公顷。项目建成后，硅外延片产能居国内前三，成为芯片和器件厂商所需外延材料的主要供应来源，产品质量达到国际先进水平，可供应台积电、中芯国际、华润上华等先进芯片、器件厂，大尺寸12英寸硅外延片产业化，技术水平国内领先、国际先进，产品在产业链中位于硅片下游、芯片上游，达产后有助于带动地方集成电路产业发展，完善产业配套。预计可年产8英寸硅外延片216万片、12英寸硅外延片12万片、6—8英寸化合物外延片13.5万片。

（区工业和信息化局）

新型节能环保产业

【概　况】 2022年，江宁区107家新型节能环保规模以上企业完成产值872.9亿元，比上年增长4.9%；实现销售产值868.49亿元，增长5.2%。其中，全年产值100亿元以上企业3家，10亿元以上企业13家，亿元以上企业49家，共完成产值846.35亿元，占全产业产值的96.9%。增幅在20%以上企业22家，完成产值57.99亿元，产值增量20.9亿元；产值增量1亿元以上企业12家，完成产值506.3亿元，产值增量55.8亿元，带动产业增长6.7个百分点。南瑞继保工程、南瑞南京控制年增加产值增长超10亿元。有50家企业产值负增长，减量26.8亿元，拉低产业增速3.2个百分点。南京净环热冶金、大峘集团、南瑞太阳能、南瑞集团、南瑞科技股份等5家企业产值下降1亿元以上。

【产业项目建设】 2022年，全区新型节能环保产业链企业有市级“双百工程”重点项目9个，涉及6家企业，年度计划总投资8.76亿元，实际完成投资8.25亿元。其中，江苏中圣管道工程技术有限公司的新型高端节能装备生产线项目、南京泉峰科技有限公司的年产1200万台电动工具项目竣工投产；国电南瑞科技股份有限公司、南京汉优节能科技有限公司项目完成主体施工。

【南京华电节能环保股份有限公司】 成立于2004年，注册资金5370万元，是国内主要余热利用成套设备供应商之一，产品覆盖冶金及石油、化工、建材、电力等工业领域。拥有ISO 9001、14001、18001体系认证，A2级压力容器制造许可证，A级余热锅炉制造许可证，ASME等特种设备制造许可证，压力管道设计许可证，取得环保工程专业承包三级资质、安全许可证证书，具备年产万吨以上设备制造能力。2022年，公司资产总值8亿元，实现销售3亿元、营业利润4000万元。拥有授权专利90项，其中国内发明专利19项、实用新型专利71项、国际发明专利2项，制定行业标准、团体标准各1项。“介质浴式焦炉上升管荒煤气余热高效回收集成技术”通过江苏省新产品新技术鉴定，认定为国内外首创、国际领先水平。

【南京万德斯环保科技股份有限公司】 成立于2007年，注册资本8525万元，位于江宁区乾德路57号。该公司为专业提供先进环保技术装备、系统集成与环境问题整体解决方案的高新技术企业，“科创板”上市企业，业务涉及垃圾污染综合治理、工业废水处理及资源化、生态环境修复等领域。先后获国家科学技术进步奖、江苏省科学技术进步奖，是国家级专精特新“小巨人”企业、环保装备制造业规范条件企业、江苏省服务型制造示范企业、江苏省科技创新发展奖（优秀企业）、江苏省生产性服务业领军企业、江苏省质量信用AA级企业等。

【苏博特新材料股份有限公司】 2022年，该公司克服世界经济下行压力增大、新冠疫情反复等多重因素影响，整体业务发展保持稳健态势，全年实现销售额27.15亿元、净利润2.82亿元。公司通过全国制造业单项冠军示范企业复评，获批建设江苏省企业院士工作站，先后获国家知识产权示范企业、江苏省创新型领军企业、江苏民营企业创新100强、2022中国“新能源、新材料产业最具成长上市公司”等荣誉称号。深挖地域开拓精度，做细市场颗粒度，产品成功应用于川藏铁路、深中通道、黄茅海大桥、常泰长江大桥、江阴靖江长江隧道、印度尼西亚肯达里机场、坦桑尼亚尼雷尔水电站等国内外重点工程，形成推广示范效应。全年发表科研论文71篇，其中36篇收录于SCI/EI；获国家授权专利92件，其中发明专利87件；新增科研项目17项，其中国家级项目9项。主营产品迭代升级，实现对行业和市场的持续引领。开发功能型新产品6项，并成功应用于深中通道、田湾核电站7号和8号机组、兰渝高铁等国家重大工程。

【南京麦驰钛业有限公司】 成立于2004年，注册资金10000万元，占地面积1.4万平方米，专业从事钛、镍、锆、钽及高级不锈钢等特种金属压力管道、压力容器的设计、制造与安装。产品广泛用于石油化工、精细化工、生物制药、化工中间体、环境保护、海洋工程等领域，在满足国内建设项目需要的同时远销海外。公司具有A2级压力容器设计制造、压力管道元件制造（含工厂化预制）、GC1级压力管道安装等资质，通过ASME U & PP认证及ISO 9001、ISO 14001和ISO 45001体系认证，是省高新技术企业、省专精特新“小巨人”企业、省级企业技术中心、省有色金属管道元件工程技术研究中心，拥有授权专利10多项。2022年，公司资产总额36282万元、利润总额3405万元，营业收入34099万元。

位于东山街道的苏博特新材料股份有限公司 （区工业和信息化局供图）

【中材锂膜(南京)有限公司“年产10.4亿平方米锂离子电池隔膜生产线项目”】 该项目于2022年10月18日竣工交付，主要产品为高端湿法锂离子电池隔膜基膜和涂覆隔膜，主要应用于新能源汽车、消费类电池、风光发电配套、5G移动基站电源、电网储能、UPS储能电源、电动工具、工业机械等储能电池。项目总投资32.8亿元，用地总面积15公顷，规划总建筑面积12.5万平方米。拟新建厂房、综合楼、仓库、动力站、蒸汽调压站及配套设施、110千伏变电站和配套线路（自用）。购置相关生产设备，用于建设8条单线产能为14000万平方米/年的锂离子电池基膜生产线、8条单线产能为5000万平方米/年的水系涂覆隔膜生产线。

【江苏锦琪昶新材料有限公司“大健康卫材智能产业园—高端热风无纺布研发制造项目”】 该项目位于滨江开发区牧龙路以南、地秀路以东，总投资5.5亿元，规划建筑面积6万平方米，建设智能化工厂、自动化仓储库、无纺布研发中心，具备年产2万吨以上热风无纺布产品及二次加工无纺布能力，年产值10亿元。

（区工业和信息化局）

航空产业

【概　况】 2022年，江宁区深入贯彻落实《江苏省航空航天产业发展三年行动计划(2023—2025年)》《南京市推进产业强市行动计划（2023—2025年）》，全力推进航空航天产业发展。重点围绕航空发动机（制造及维修）、航空机电系统（燃油、液压、环控)、航电系统（雷达设备、航空线束）、飞控系统（伺服控制）、航空新材料、民航大飞机维修、低空飞行等领域，累计引进包括航空工业南京609所、中国航发南京轻动在内的30多家航空企业，其中央企投资企业10家、上市公司投资企业7家、外资公司投资企业5家，先后获“南京市航空产业基地”“江苏省航空动力高技术特色产业基地”等称号。全年完成航空产业产值120亿元。

【南京航健航空装备技术服务有限公司】 成立于2008年4月，由中航工业机电系统股份有限公司和中国航空工业集团公司金城南京机电液压工程研究中心投资的专业维修公司。公司主要业务是为部队现役主战机种提供专业的维修保障服务，涵盖机电、液压、燃油、环控、能源传动、二动力及悬挂发射等七大专业。公司通过GJB 9001C—2017国军标管理体系认证，具有完整的产品质量保证体系、综合多专业的技术优势和综合实力。2021年，公司被南京市工业和信息化局认定为企业技术中心、被南京市科技局认定为南京市工程技术研究中心。2022年，被江苏省工业和信息化厅认定为江苏省企业技术中心、被江宁区评定为平安创建先进单位。公司秉承“竞航·行健”的企业精神，采用专业化修理公司运作模式，引进先进管理理念和方法，以实际行动助力航空维修产业发展。

【中国航空工业集团公司金城南京机电液压工程研究中心】 由原地处南京的金城集团航空事业部和地处湖北襄阳的航空609所于2001年12月18日整合成立，是中国从事飞机机载机电系统及附件开发、研制的专业研究机构与生产基地的双保军事业单位，是航空工业集团公司成员单位，由中航机载系统有限公司管理。该中心开展相关技术研究与方案论证、产品研发制造及服务等工作，为客户提供系统解决方案；是民机液压、燃油和空气管理系统的国际合作、转包生产和自主研发基地。拥有完善的军工产品质量保证体系和计量检测体系，集综合性多专业的技术优势和综合实力于一体，先后为60多个机型37个机电系统提供产品和配套附件。至2022年年末，先后获国家级技术进步特等奖4项、国家级科技进步奖25项、省部级科技奖300多项。

（区工业和信息化局）

生物医药和医疗器械产业

【概　况】 2022年，江宁区优化生物医药和新型医疗器械产业布局，增强企业核心竞争力，构建具有更强创新力、更高附加值、更安全可靠的现代生物医药产业，培育全省领先的产业集群。全区拥有行业内规模以上企业33家，比上年增加6家。全年完成规模以上生物医药产业营业收入116.09亿元，增长19.85%。

【企业自主创新】 2022年，全区医药重点企业新产品销售占比提高，自主创新能力和科技转化能力增强。传奇生物西达基奥仑赛获美国FDA批准上市，成为首款在美国获批上市的中国原创CAR-T药物；前沿生物雾化吸入用FB2001获批开展II/III临床试验，是针对较为流行的3CL靶点研发的新冠肺炎治疗原创药物，相关项目在省级关键核心技术攻关中立项，并通过定增发行募资2亿元以用于后续研究。奥赛康加速创新转型，全年研发投入比上年增长21.35%，占营业收入的24.81%，在研项目45个，13款新药在国内处于获批临床及以上阶段，首款1类新药上市可期。普爱医疗骨科手术机器人获批上市，该产品能够有效辅助医生在手术中完成植入物的精准定位，降低手术过程中的不确定性。麦澜德推出高频评估电灼仪，与智能温控技术相结合，治疗电极覆盖广，作用面积大，治疗时间持久，对盆腔组织疾病有良好治疗效果。

【平台载体建设】 2022年，新工泰融生物试剂产业集聚区在滨江开发区正式投用，围绕新医药与生命健康产业链，重点打造抗体药物、重组蛋白药物、诊断试剂等上游关键原材料基地。该项目被列为国家医疗战略物资产能和物资储备重点项目、江苏省生物医药核心材料绿色制造创新基地和南京市产业链公共技术服务平台。与中国药科大学共建的原创药物创新技术研究院实体化运作，其中发现与早期成药性评价平台建成投用。入驻在孵项目8个、对外合作项目3个。与东南大学共建的江苏运动健康研究院完成搬迁并投运，拥有专职和协作团队50人，并与华为、海尔、阿里等龙头企业合作，人工智能与器官芯片、AI制药、骨科医械等16个项目立项。省药品监督管理局与市人民政府共同设立的省药监局审评核查南京分中心入驻江宁高新区，并完成主体更名和类别变更工作。

【国际战略合作】 5月28日，江宁高新区与南京市海外协同创新中心（波士顿）和江宁区生命科学产业战略联盟牵头组织行业龙头、投资机构与美国科学家，开展中美生物医药技术交流项目对接活动，展示4个全球生物新药创新项目，包括突破性基因治疗平台以及综合研发平台、肝脏疾病类首个SIRNA治疗方案、融合TCR-T和CAR-T的细胞治疗技术和转基因丝素纳米颗粒制备及作为药物传递或跟踪系统的研发与转化。7月13日，江宁高新区与以色列签署招商引智合作协议，并在以色列挂牌江宁高新区招商引智中心。12月5日，南京市投资环境说明会——韩国生物医药专场活动在江宁高新区生命科技小镇举办，中韩两国嘉宾、企业代表面对面共同探讨江宁高新区生命健康产业投资环境新价值，共享发展新机遇。

【江苏奥赛康药业有限公司】 成立于2003年，是集研发、生产、市场推广和销售于一体的国家级高新技术企业、中国医药工业百强企业。公司总资产35亿元，注册资本7.68亿元，占地面积11.3公顷。产品涉及消化、肿瘤、耐药感染、慢病四大治疗领域。2022年，公司有11条制剂生产线，包括8条冻干粉针剂线（含抗肿瘤药）、1条小容量注射剂线、1条普通药固体口服制剂线、1条抗肿瘤药固体口服制剂线。年产能13000万支、4000万片。坚持创新驱动企业高质量发展，形成以健康为本的“头尾创新”奥赛康管理模式，先后获各级政府质量奖，2018年获第三届中国质量奖（提名奖）。有效授权专利155件（中国发明专利126件、境外专利11件），中国专利金奖1项，是江苏省高价值专利培育示范中心升级立项企业。

【正大天晴药业集团南京顺欣制药有限公司】 正大天晴药业集团的全资子公司，成立于2013年，占地面积34.7公顷，总投资30亿元，为高新技术企业。顺欣制药在设立初期即定位为生物制品和创新药物研发与生产基地，是江苏省重大项目，厂区一期于2015年开工建设，2019年建成启用。2021年，二期项目创新药物生产车间10号楼项目开工，为2022年南京市“双百工程”重点项目。顺欣制药建有4条符合GMP标准的小分子药物生产线，涵盖口服固体制剂和冻干粉针剂。同时建有9条符合GMP标准的大分子药物生产线，能够同时满足生物原液和生物制剂孵化及商业化生产。公司引进国内外先进的制药装备和生产技术，生产线实现智能化、信息化、菜单化、模块化。公司拥有抗肿瘤胶囊剂、抗肿瘤片剂、抗肿瘤冻干粉针剂以及骨代谢类片剂/注射剂等多个上市制剂产品，在研新药50多个品种，其中一类新药占比超60%。

（区工业和信息化局）

江苏奥赛康药业有限公司 （谢志权供图）

建筑业

综述

【产业发展】 2022年，江宁区通过政策支持、产业激励和技术指导等方式，加速建筑业改革创新步伐，强化对全区建筑产业现代化的引导、规范、扶持和监管，引导建筑企业用好省市区促进经济发展的各项政策举措，提升区内建筑企业经营实力和市场竞争能力。全年实现建筑业增加值248.57亿元，可比价比上年增长0.2%。完成建筑业总产值（含市政）1144亿元，增长17.3%，其中竣工产值633亿元，占建筑业总产值的55.3%。房屋建筑施工面积2817万平方米，增长5%；竣工面积880万平方米，占施工面积的31.2%。建筑业签订合同总额1405亿元，其中新签合同额648亿元。 （刘厚伍）

【6家企业入选江苏建筑业百强】 9月，江苏2021年度建筑业百强企业名单公布，江宁区有6家企业上榜。其中，南京宏亚建设集团有限公司入围综合实力类、江苏天茂建设有限公司等2家入围建筑装饰类、锦润建设集团有限公司等3家入围基础设施类。入选江苏2021年度建筑业百强企业综合实力类的南京宏亚建设集团有限公司，是一家集房屋建筑施工、市政公用工程、装饰装修工程等于一体的建筑工程特级和建筑行业设计甲级工程总承包企业。宏亚推行智慧工地建设，运用新一代互联网+信息技术手段，建立全面感知、智能生产、科学管理、互联协同的项目管理生态圈，并以“可复制”的智慧标准化管理理念，做到企业形象标准化、安全防护工具化、文明施工规范化、扬尘控制科技化、绿色施工花园化、项目管理智慧化的新时代标化工地，有效地促进和提升安全文明施工水平。

【“金陵建筑铁军”入选省级劳务品牌】 12月，省人社厅公布2022年度省级劳务品牌名单，江宁区“金陵建筑铁军”入选民生保障类省级劳务品牌。“金陵建筑铁军”劳务品牌围绕建筑劳务企业聚集管理、建筑产业工人职业技能培训、建筑工人信息平台建设、法律援助服务、科技创新等内容，推动新时代建筑产业工人队伍培育建设，促进教育链、人才链、产业链、创新链的融合发展，将传统意义上的建筑业农民工转变成为新型建筑产业工人，为辖区培育20家建筑劳务企业和3000余名高水平建筑工匠。 （宁　鉴）

建筑施工

【装配式建筑与海绵城市建设】 2022年，江宁区新开工装配式建筑面积211万平方米，装配式建筑占新开工建筑面积的46.17%；海绵城市建成面积74.25平方千米，占全区建成区面积的33%。加强质量安全监管，累计受监房屋建筑工程321个，总建筑面积2006万平方米。全年办结建设工程消防设计审查167项，完成建设工程消防验收89项、备案413项。强化企业安全生产主体责任，创建市级文明工地94个、省星级标准化示范工地21个、“智慧工地”132个、“差别化管理工地”20个。

【工程质量监管与建筑检测】 2022年，全区新增受监工程245项，建筑面积580万平方米；累计受监房屋建筑工程641项（含上年接转工程），面积2324万平方米，并展住宅工程分户验收监督63项，建筑面积245万平方米，共14687户。发出监督抽检通知单426份，整改通知单46份。参与竣工验收监督254项，建筑面积654万平方米。组织开展人防工程防护设备、深基坑工程及装配式工程专项检查，随机抽取检查人员及项目，对检查发现的问题要求责任单位限期整改到位。推广“互联网+监管”的监督软件信息化系统，利用信息平台互联共享优势实现信息归集的大数据应用。健全监督管理机制，组织工程质监人员参加各类培训和观摩活动，提高项目管理水平。全年申报优质结构工程156项，获优质结构工程99项、“金陵杯”工程45项、“扬子杯”工程9项。

【施工安全监管】 2022年，区城建部门严格按照建设行业法律、法规和相关标准规范及“安全第一，预防为主，综合治理”方针，坚持“关口前移、提前防范、落实责任、强化监管”，围绕“杜绝较大以上等级事故、减少一般事故、全面提升建筑安全生产和文明施工水平”目标，深入开展建设工程领域安全生产专项整治，通过完善制度、落实责任、创新监督模式、提升监督效能，全区建设工程领域安全生产、文明施工工作平稳有序。有185家施工企业和109家监理企业在江宁区从事建设施工活动，经检测投入使用的起重机械设备1104台、吊篮217批次。全年组织各类监督检查3503次、安全生产专项检查和综合执法检查4次，下发建设工程安全监督记录3038份、建筑施工隐患整改通知书239份、建筑工程施工暂停通知书226份。（刘厚伍）

重点建筑企业

【南京宏亚建设集团有限公司】 始建于1982年，注册资本12亿元，是一家集房屋建筑施工、市政公用工程、装饰装修工程等于一体的大型国家特级和建筑行业甲级设计施工总承包企业。2022年，完成施工产值180亿元。公司连续多年被评为中国建筑业竞争力百强企业、全国建筑业优秀施工企业、中国建筑业信用AAA级企业、江苏省综合竞争力百强企业、江苏省著名商标、江苏省名牌产品、江宁区龙头企业等，已形成建筑产业研发及地产开发、装配式建筑、EPC工程与施工总承包、建筑设计、建筑产业化基地等产业体系。拥有从业人员6500人，企业管理人员800余人，建筑师及一、二级建造师260人，高级工程师88人，工程师220人。累计创省优质工程“扬子杯”52项、市优质工程“金陵杯”132项，市优质结构工程260项，省级新技术应用示范工程60项，省星级标准化工地82个，市文明工地180个，参编国家行业标准1项，获国家级工法1项、国家专利12项、省级工法45项，江苏省新技术应用示范工程32项、江苏省绿色施工示范工程45项，省级以上刊物发表论文180余篇。公司以源于社会、回报社会为己任，参加各项社会公益事业，并承担企业社会责任，累计捐赠慈善款2000余万元。

【南京永腾建设集团有限公司】 成立于2003年 3月，注册资本2.58亿元，拥有建筑工程总承包一级、市政公用工程施工总承包二级、机电设备安装工程、消防设施工程专业承包、建筑装修装饰工程二级、水利水电工程施工总承包三级、机电总承包三级、送变电专业承包三级、地基基础专业承包三级、古建筑专业承包三级、环保专业承包三级、电力承装承修承试四级资质。连续多年获南京市“重合同守信用”企业、信用管理优秀企业、南京市建筑业优秀企业、江宁区建筑业十强企业，江苏省及南京市建筑业安全生产先进单位、江苏省建筑业最具成长性百强企业以及中国施工企业管理协会颁发的AAA信用等级证书、全国建筑业优秀施工企业、中国建筑业诚信典型企业。2014年通过ISO 9001质量管理、环境管理、职业健康安全管理体系认证。先后承接禄口新城佳苑安置房（经济适用房）项目（装配式）、江宁医院中心花园地下人防工程总承包项目、汤山中学人防工程EPC总承包项目、南京市吉山软件园小学新建工程EPC工程总承包（装配式）项目、东南大学智能装备创新中心科技园1号、2号楼及地下室工程EPC总承包（装配式）项目、谷里街道土地综合整治安置房（装配式）项目等。2022年，新承建建邺区老旧住宅小区改造工程晔园等6个小区改造工程总承包项目、鑫广恒真空电磁引导式热解气化垃圾处理设备研发生产项目、迈拓超声计量仪表生产基地建设项目等，在建工程造价25亿元。

【南京润盛建设集团有限公司】 始建于 1966 年，于 2001 年完成企业改制，2005年正式更名为润盛建设集团有限公司。润盛集团系股份制民营企业，具有房屋建筑工程和市政公用工程施工总承包一级，桥梁工程专业承包一级，市政公用工程和房屋建筑施工监理甲级，公路工程、水利水电工程施工总承包二级，钢结构、环保、机电安装工程专业承包二级，以及建筑装饰装修与设计一体化二级等资质，是具备综合施工能力的大型建筑施工企业。集团注册资本 1.2 亿元，2022年施工产值超过40亿元。润盛集团具有科学、完善的经营管理机制和质量安全管理体系，多次获国家级、省级、市级荣誉。连续10年被评为中国建筑业最具成长性百强企业，连续7年被评为中国建筑业 AAA 级信用企业、中国施工企业诚信典型先进企业，连续多年被评为江苏省建筑业百强企业、江苏省建筑行业最佳企业、江苏省建筑施工安全生产先进集体、江苏省“重合同守信用”单位，南京市“重合同守信用单位”、南京市优秀民营企业、南京市建筑业优秀企业等。累计完成房屋建筑工程近2000 万平方米，各级各类道路近 1 万千米。获国家优质工程银质奖1项、市政“金杯奖”2项、国家发明专利8项、江苏省优质工程“扬子杯”10项、省级标准化示范工地文明工地50项、南京市优质工程“金陵杯”50余项。

【江苏天茂建设集团有限公司】 成立于2003年7月，注册资金1.09亿元，2022年完成施工产值超过10亿元。公司强化求“实”及诚信管理，专注设计、施工、BIM、软装、智能维修、运营等一体化全程式服务。拥有建筑装修装饰工程专业一级、建筑工程施工总承包三级、机电工程总承包三级、建筑装饰工程/幕墙工程设计专项甲级、中国展览陈列工程设计与施工一体化一级、建筑幕墙工程专业承包二级、消防设施工程专业承包二级、建筑机电工程专业承包二级、特种工程（结构补强）专业承包等资质。连续多年获中国建筑装饰行业百强企业、江苏省建筑业百强企业、江苏省优秀装饰企业、江苏省民营科技企业、江苏省“重合同守信用”企业、南京市建筑业龙头企业、江宁区十强企业等称号，累计获国家级设计奖100项、国家优质工程60项、省市优质工程120项、科技创新成果奖50项、实用新型发明专利和省级工法100项。在医疗科教、星级办公、星级酒店、公共建筑、轨道交通等大型建筑板块，积累丰富的设计施工经验。特色业务医疗康养板块服务医院超过40家，合同额10亿元。参与城市建设，立足南京布局全国，开拓省内、省外建筑市场，建成南京溧水人民医院、南京禄口国际机场T1航站楼、青奥村运动员公寓、南京未来科技城科创系列、三亚蜈支洲岛珊瑚酒店、滨海月亮湾维景温泉度假酒店等工程。2021年开始，公司逐步构建集团管控体系，设立设计、施工、劳务、智能化、材料等分子公司，强化战略引领，推进创新管理，不断拓展产业链，提高管理效率。

【南京华致建设集团有限公司】 成立于2004年12月，注册资本1.2亿元，拥有房屋建筑工程、市政公用工程施工总承包双一级资质，建筑装修装饰工程专业承包一级资质，特种工程结构补强专业承包（不分等级），行业建筑工程设计乙级资质等。2022年，公司有国家注册建筑师、结构师、建造师、造价师近200人，中、高级专业技术人员100余人。拥有建筑企业所需要的各类人才和设备，具有完整的生产、技术、安全、质量、核算等管理体系，公司管理基本走上规范化、信息化、科学化轨道。先后通过ISO 9001质量管理体系、ISO 14001环境管理体系和ISO 45001职业健康安全管理体系认证。多次获中国建筑业成长性200强企业、中国建筑业ＡＡＡ信用等级企业、江苏省建筑业最具成长性百强企业、江苏省“重合同守信用”企业、南京市建筑业高质量发展20强、南京市优秀企业、江宁区建筑业十强企业等荣誉，并创建一批市级标准化文明示范工地、省建筑施工标准化星级工地、优质结构、“金陵杯”、“扬子杯”等工程项目。公司坚持“管理规范化、运行程序化”的经营理念以及“确保每道工序受控、建造业主满意工程”的管理理念，在建筑主业做精、做专、做强的同时，注重多元发展和创新，先后实施住宅、商业、工业和研发办公项目开发。探索和实践建筑工业化，合作投资装配式建筑PC构件生产工厂。成立建筑设计院，由施工总承包企业转型升级为具备设计施工一体化的工程总承包企业。（刘厚伍）

建筑工程选介

【江宁区职工文化中心】 于2020年4月开工建设，2022年12月竣工，总投资4.56亿元，占地面积1.3公顷，总体建筑面积4.2万平方米。由南京宏亚建设集团有限公司承建。该工程将工会服务资源整合于一体，把文体中心、体育运动场、职工服务大厅、文化展厅、职工书屋、多功能室、技能培训等统一纳入其中，为职工打造一站式、多功能综合服务平台。

【龙都中心小学改扩建工程项目】 总投资5308万元，于2022年7月竣工。由南京宏亚建设集团有限公司承建。该项目主要用于教学和食堂，改善学校师生教育教学环境，助力江宁教育高质量发展，提升人民教育幸福指数。

【江宁集镇棚户区改造安置房建设项目】 总投资8.6亿元，于2022年9月竣工。由中铁建南京新市镇开发有限公司承建。该项目安置江宁街道集镇棚户区改造居民750户，彻底改变老集镇的形象，加快城镇化进程，全面提升辖区群众居住条件和公共服务水平，增强群众幸福感。

（刘厚伍）

建筑市场管理

【建筑行业管理】 2022年，江宁区城建部门加强建筑市场行为管理，做好建设市场各类企业机构资质、从业人员资格管理等工作。全区有资质企业2272家、资质4981项，其中特级企业1家，一级施工总承包资质70项，专业承包一级资质205项。全年办理企业资质申请280家、增项申请134家、升级申请2家，受理企业吸收合并88家、分立合并171家。完成515家建筑施工企业、14家监理企业的企业信用手册核验换证，2305家建筑业企业信用等级考评。开展市场行为季度专项检查3次、市场行为集中专项整治和日常巡查1次，检查建筑施工项目214个，通报批评施工企业18家、监理企业16家，停标施工企业17家、监理企业11家。办理外来施工企业单项登记988项，外来监理企业单项登记259项。

【招投标管理】 2022年，区城建部门依托江苏省建设工程招投标行政监督平台，依法对房屋建筑和市政基础设施项目招投标活动进行招投标过程电子化全覆盖式监督。全年建设工程进入有形市场承发包299个标段，总交易额309.09亿元。招标公告备案254件、招标文件备案260件、备案审查行政监督意见234件，受理招投标投诉3件，全区房屋建筑和市政基础设施工程招投标市场进一步规范。强化招标人主体责任意识，督导招标人明确招标主体责任，通过上门指导、专项检查、编制相关指导手册等方式，督促招标人完善内部程序控制和决策约束机制。加强标后执法监管，通过业务督导、招投标领域专项整治、招标代理专项检查、招投标“双随机、一公开”建筑市场行为联合执法等方式，规范市场招标主体行为。

（刘厚伍）

2022 年 9 月竣工的江宁集镇棚户区改造安置房建设项目　（城建集团供图）

商贸服务业

综 述

【概　况】 2022年，江宁区积极应对区域消费市场前所未有的压力和挑战，针对行业精准施策，强化企业入库纳统，保证商贸流通领域各类经济指标“加快复苏”，限额以上商贸企业销售额、社会消费品零售总额再创历史新高。全年实现社会消费品零售总额1033.05亿元，比上年增长0.1%，其中限额以上社会消费品零售额598.88亿元，下降3.4%。

【餐饮住宿业】 2022年年末，全区有餐饮企业5057家，星级以下住宿企业1217家，拥有房间48873间、床位73289张。区商务部门加快推动美食文化与旅游深度融合，打造旅游新业态，让游客在江宁玩得开心、吃得放心。实施各类美食街、商业综合体升级改造工程，增强游客对街区“行、游、购、娱”的多重体验。加大招商工作力度，推广本土美食和文化，满足游客需求。围绕改造传统产业、打造特色产业、做强优势产业，调整优化产业结构，以美食节等活动为契机，促进餐饮行业高质量发展。

【批发零售业】 2022年，全区有限额以上贸易企业514家，其中批发业242家、零售业177家。21类商品类别中有6类商品类别零售额比上年增长，其余15类商品类别零售额下降。全年网络零售额269.82亿元，增长54.1%。四大行业呈现“一增三降”态势，其中批发业销售额1006.5亿元，下降19.6%；零售业销售额630.3亿元，增长16.9%。

【商贸市场建设】 2022年，全区推进国际消费中心示范区创建工作，明确南京牛首山金陵小城、牛首山东麓商业配套项目、万科南站综合广场、开市客仓储式会员超市、麒麟荔枝广场和宝龙广场等6个市级，苏宁华东物流中心、南京空港智能骨干网项目二期、南京空港盒马鲜生供应链等16个区级重点项目。至年末，完成滨江开发区“绿地花茂”、“无限定空间非遗进景区”、“跟着非遗看江宁”、消费维权工作站等4个项目，其余18个项目均按计划推进。全年引进ADLV、朗玩、茶颜悦色等区级以上首店首牌83个。南京百家湖1912 IPARK街区通过省级评审，获江苏省首批示范步行街荣誉称号。（区商务局）

【百家湖1912上榜省级夜间文化和旅游消费集聚区】 8月，由省文化和旅游厅、淮安市政府主办的“水韵江苏·这里夜最美”璀璨夏夜主题活动启动仪式在淮安举行。活动现场公示第二批省级夜间文化和旅游消费集聚区名单，南京百家湖1912街区上榜。百家湖1912街区位于江宁百家湖商圈核心中心位置，毗邻百家湖湖景，占地面积5万平方米，定位为IPARK公园式城市轻度假休闲文化商街。2011年5月开街后，已成为江宁市民商务消费、时尚消费首选场所之一。2021年10月，该项目入选江苏省文化和旅游厅公布的第二批省级夜间文化和旅游消费集聚区建设单位名单、江苏省首批省级旅游休闲街区培育单位名单，被评为“南京市第一批市级夜间文化和旅游消费集聚区”。

【现代服务业发展规划专题讲解会】 9月15日，江宁区举行全区“现代服务业发展规划”专题讲解会，组织全区各部门、直属单位、街道、区属国有企业负责人，对全区现代服务业发展规划进行集中学习。此次专题讲解会旨在深入贯彻省委工作会议、市委十五届四次全会、区委十四届六次全会决策部署，全面落实“疫情要防住、经济要稳住、发展要安全”重大要求，切实扛起“勇挑大梁”重任，持续提升现代服务业在经济转型升级、美好城市建设中的主导地位和引领作用。会上，安永（中国）企业咨询有限公司合伙人周亮应邀作《江宁区现代服务业发展规划》专题讲解。周亮分析全区现代服务业发展的基础优势和面临的问题，指出现代服务业发展需要把握历史机遇，结合国内外先进地区现代服务业发展的成功案例，围绕“总量规模持续壮大、产业结构不断优化、创新动能加速释放、枢纽辐射明显增强、城市发展全面提级”的目标，从创新升级、制造升级、枢纽升级、消费升级等4个方面，对全区现代服务业发展提出建议。

【开市客中国首家全生态模式旗舰店开建】 11月25日，开市客中国首家全生态模式旗舰店在江宁高新区开工建设。开市客公司是美国最大的连锁会员制仓储量贩店运营商和全球第三大零售商，在全球15个国家和地区建有845家分店，全球会员数超1亿人。开市客中国首家全生态模式旗舰店项目由开市客（中国）商业有限公司投资1亿美元建设，项目选址位于方山南片区丽泽路以西、吉印大道以南。项目计划2024年建成开业。（宁　鉴）

【江宁商务商贸发展集团】 江宁商务商贸发展集团注册资本3亿元，是由江宁区国资办100%出资的国有全资企业。集团主营业务范围包括省市区粮食储备及经营、生猪屠宰供应、商超连锁、食品加工、医药销售、建材市场、农贸市场等领域，主要从事粮食收储、生猪屠宰经营等民生保障工作以及商超贸易等自主经营工作。2022年，集团资产总额110.73亿元，净资产64.8亿元，资产负债率41.4%；全年实现营业收入8.52亿元。建成彤山粮食储备库以及凤凰山粮食储备库3栋高大平房仓，组建南京江宁储备粮管理有限公司。通过全国政策性粮油库存检查，夏粮收购小麦4.77万吨，秋粮收购稻谷4.09万吨。生猪屠宰量10.26万头，元润肉品配送学校由54所增至71所。完成建材市场215户商户合同换签，以及岔路、怡景街农贸市场117户商户摊位费收取工作，同时加强市场内部卫生环境、车辆乱停、占道经营整治。全面完成国企三年改革任务，实施七大项69小项具体改革。推进集团二轮内部优化重组，完成9家三级企业划转合并或清算注销。（邢　然）

商圈和商业综合体

【概　况】 2022年，江宁区以国际消费中心城市示范区建设为引领，构建“1+5+10”全域商业服务体系，优化完善生活性消费空间布局，加快集聚国际国内消费资源，打造高品质消费载体场景，全面提升生活消费发展水平。区域江宁万达广场等10家大型商业综合体全年实现销售额108.8亿元，比上年增长17.1%；客流量8342.6万人次，下降9.8%。引进ADLV、朗玩、茶颜悦色等区级以上首店首牌83个，南京百家湖1912 IPARK街区通过省级评审，获评江苏省首批示范步行街。建成南京牛首山金陵小城、牛首山东麓商业配套项目、万科南站综合广场、荣信文化商业街区等6个市级重点项目，苏宁华东物流中心、南京空港智能骨干网项目二期、南京空港盒马鲜生供应链等16个区级重点项目。（区商务局）

【空港新城珠江商业综合体项目开工】 1月19日，南京空港新城珠江商业综合体项目在空港经开区正式开工，项目总投资33亿元，计划2024年年底竣工。南京空港新城珠江商业综合体项目是全区“城市功能提升工程”重点项目，也是空港经开区完善城市配套的支撑项目。该项目位于信诚大道与飞天大道交会口，处于空港新城“一核一轴一带、一环五区”结构发展的核心位置，按照空港如意湖城市功能区整体布局要求，以“空港花园”为主题，构建“15分钟生活圈”，满足未来空港新城逐年递增的住宅与产业人口的商业办公需求，打造立足空港，辐射高淳、溧水，影响马鞍山、句容的区域商业新地标。

【京东电器入驻百家湖商圈】 5月10日，京东电器宣布1.1万平方米的城市旗舰店签约入驻江宁区21世纪太阳城购物中心C区。京东电器城市旗舰店是京东直营的科技体验型消费类电子主题商场。主营消费类电子、生活家居产品的零售及体验，凭借超大空间、海量商品的沉浸式体验、科技赋能、全渠道交易，让消费者率先体验新产品、新品牌、新品类。所售商品与京东线上同质同价同服务，支持在店、在线随时购买。京东电器城市旗舰店签约入驻21世纪太阳城，双方优势互补，线上线下全渠道营销联动，将填补百家湖商圈大型潮流电器及居家业态的缺失，消费者在家门口就能“逛京东”。

【百家湖1912街区入选省示范步行街】 8月，省商务厅公示首批“江苏省示范步行街”名单，百家湖1912 IPARK街区入选。地处江宁百家湖商圈核心的1912 IPARK街区交通便捷，北临百家湖环湖景观大道，风景宜人。自2011年5月开街后，该街区已成为市民消费休闲首选场所之一。百家湖1912街区先后入选江苏省文化和旅游厅公布的第二批省级夜间文化和旅游消费集聚区建设单位名单、江苏省首批省级旅游休闲街区培育单位名单，被评为“南京市第一批市级夜间文化和旅游消费集聚区”。（宁　鉴）

夜间经济

【概　况】 2022年，江宁区按照“提升改造夜间街区、策划形成亮点活动、创新推广新型业态”的总体思路，围绕“购、食、宿、游、娱、读、健”等7项内容，举办夜间消费促进活动12场，营造商旅文体一体融合夜间经济发展氛围。全域推广“夜之金陵”品牌建设，基本形成以百家湖1912街区、金陵小城等夜间经济集聚区，夜间经济基础设施、综合服务和配套政策进一步完善，居民夜间消费便利程度明显提升。结合江宁发展定位和既有优势，开展繁荣夜间经济专项行动，进一步完善夜间经济推进机制，依托区域全域旅游、美丽乡村资源和文化底蕴，融合实景演艺、沉浸式演出等多种形式，拓展夜间体验式、娱乐式、互动式休闲项目，推进1912PARK街区和金陵小城等夜间经济集聚区建设，培育一批知名度较高的夜间消费地标。

2022年，全区推进百家湖商圈和金陵小城夜间经济集聚区建设。图为夜间的百家湖商圈（开发区供图）

【夜间商业消费】 2022年，全区进一步完善夜间经济推进机制，优化城市夜间管理服务水平，加快建设一批凸显江宁格调的夜间文旅线路、嵌入景区和历史文化街区小剧场等，构建景城一体的夜间文旅消费模式。推进百家湖商圈和金陵小城夜间经济集聚区建设，聚力打造江宁“24小时全时段休闲生活之城”，进一步释放“欢乐夜牛首”、“森林音乐狂欢节”、矿坑公园崖壁秀、园博园崖壁秀等大型夜游活动品牌效应，扩大“银杏湖之夜”“紫清湖之夜”“杨柳湖上元灯彩”等活动影响力。全年夜游超过50万人次，比上年增长10%。

【特色业态发展】 2022年，全区聚焦夏日消费特点，联合百家湖1912、园博园、金陵小城等夜间经济集聚区和重点商、旅、文、体、博等载体，举办主题市集、美食夜市、演艺娱乐、户外运动等夜间主题活动。夜购，支持重点商业企业延长营业时间，开展主题外摆、街头演艺等夜间休闲活动。夜食，营造夜间休闲氛围，打造具有江宁特色的“深夜食堂”。夜宿，融合特色历史文脉，全面提升精品酒店、特色民宿品质，把游客留在江宁。夜游，鼓励精品景区、博物馆、美术馆等开放夜间场景，策划推进夜间主题旅游动线。夜娱，创新推出灯光秀、星空露营、潮玩不夜城等沉浸式体验项目，丰富夜间消费新场景。夜读，开设24小时书店、特色书吧等新业态，满足个性化消费需求。夜健，延长健身场馆营业时间，发展24小时无人健身载体。

【多元产业融合】 2022年，全区融合集文化教育、休闲娱乐、购物美食、旅游观光、体育健身和文艺表演等于一体的夜间消费融合发展模式，提供大众化、多样化的夜间经济集聚区，满足广大市民和游客日益增长的文化生活需求。组织群众文化惠民演出，在江宁市民中心小剧场举办主题便民文化演出等，促进文旅产业“上云、用数、赋智”，打造一批“互联网+”文体夜产品。建立夜间经济发展联席会议制度，发挥各部门资源集聚效应，推进夜间经济和夜间经济品牌发展。
（区商务局）

电子商务

【概　况】 2022年，江宁区有电子商务企业3400余家，网络零售店铺4.2万家，从业人员7.35万人，完成网络零售额336.7亿元，比上年增长22.1%。从商品类型看，实物商品网络零售额285亿元，占网络零售总额的84.6%，增长30%；非实物商品网络零售额51.7亿元。从交易模式看，B2C网络零售额299.5亿元，占网络零售额的88.9%，增长24.6%；C2C网络零售额37.3亿元，增长5%。从行业看，文化办公用品、服装鞋帽、针纺织品和日用品位居江宁区网络零售额实物行业前三，占比分别为39.6%、10.8%和9.3%。在线餐饮、虚拟商品和在线旅游网络零售额分别位居非实物行业前三。从农产品看，全区农产品网络零售额排名前三的大类分别为肉禽蛋、休闲食品和调味品，网络零售额占比分别为40.3%、12.6%和12.3%。从市场主体流向看，因市场主体流动（店铺转让或企业迁移），全区共流入网络零售额45675.5万元，流出网络零售额25948.6万元，净流入19726.9万元。

【重点电商企业】 2022年，全区网络零售额排名前十的电商企业为，南京小林智能信息科技有限公司12.2亿元，南京我乐家居股份有限公司为3.8亿元，南京黛尔魅电子商务有限公司为3.1亿元，南京芷兰阁电子商务有限公司为2.9亿元，艾澌克（南京）生物科技有限公司为2.4亿元，南京上元堂医药股份有限公司为1.7亿元，南京云桔信息科技有限公司为1.7亿元，南京爱平方创意科技有限公司为1.2亿元，江宁区杳文服饰经营部为1.2亿元，南京华佳欣科技有限公司为1亿元。（区商务局）

【空港跨境电商产业园获评市优】 1月，空港跨境电子商务产业园被市商务局评为2021年度“南京市跨境电子商务产业园优秀单位”；南京跨易电子商务有限公司（美国仓）被评为“南京市跨境电子商务公共海外仓优秀单位”。2021年，空港跨境电商产业园紧紧围绕跨境电商定位，谋划新业态、新模式发展。一方面，通过引进龙头企业，不断孵化培育更多有活力的跨境电商企业，构建“龙头企业+孵化”新业态，全年引进培育跨境电商企业7家，总量突破30家，完成商品出口720万票，同比增长8.1%，货值25亿元。另一方面，完善园区功能，引导跨境电子商务企业逐步向跨境电商园区集中发展，升级通关监管环境，搭建通关物流管理等信息化平台，数据实时更新推送，反馈至海关监管系统；首次试点推行“9710”整车监管，避免通关商品重复装、卸等操作，跨境电商出口车辆从入区到放行平均用时不到30分钟，实现提速降费，提高监管点的监管效能；加快推进“9810”业务先行先试，利用跨易、联利海外仓优势，推动园区企业出口海外仓，助力南京实现跨境电商全模式运行。
（宁　鉴）

供销合作商业

【概　况】 2022年，江宁区供销社系统完成商品销售总额63.5亿元，社会消费品零售总额44.3亿元，农业生产资料销售额1.83亿元，电商销售额14.97亿元，农产品销售额17.4亿元。提档升级为民服务社6个、农家店6个，建成农村电子商务服务站点6个；实施基层社改造提升2个（禄口中心社、丹阳供销社），薄弱基层社升级改造1个（丹阳供销社）。区供销总社入围江苏省二十强县级供销合作社，在2022年度全市供销合作社系统综合业绩评价中获优秀等次。

【网点建设】 2022年，区供销总社继续扶持农村专业合作经济组织建设，参办领办农民专业合作社2个，累计参办领办农民专业合作社72个。提档升级农家店、为民服务社、农村电商服务站等为农服务载体，重新调整布局，更换老旧柜台货架，更新经营品类，提高市场竞争力，提升农村消费环境。对300余家南京岗山超市“挂牌乱象”开展清理整治，加强对加盟店日常管理和跟踪服务，促进品质、形象“双提升”。

【为农服务】 2022年，区供销总社全面启动农药零差率统一配供工作，对全区31个基层配供网点进行授牌，优化农药零差率统一配供平台的线上操作和数据查验流程，指导各基层社与配供站联系沟通，通过科室联动、邀请第三方事务所形式，对经营台账及配供补贴情况进行检查审核。全年配供金额900多万元。开展“供销直播进百村”活动，走进由区供销总社领办的10家农业经营主体，组织专业合作社参加各类农展会，拓展销售渠道。成立供销合作社系统农产品市场调研小组，与“善田江宁”农产品区域公用品牌授权的10多家专业合作社实行农超对接，扩大农产品销售。联合区农业农村局、市场监管局、教育局、民政局等相关部门，与多家农民专业合作社及各大商超签订春节期间农产品保供协议。

【电商发展】 2022年，区供销总社围绕“生态、高效、特色、现代”农业发展思路，继续探索“互联网+农业”发展路径，推进农村电子商务建设与网点布局。优化“赶超网”电商平台，依托会员制与权限划分不同业务，通过微信小程序“惠点点”商城收录会员信息，定期开展商品折扣、社区团购、积分兑换等促销活动，锁定核心用户，稳定线上流量。在“赶超网”平台创新开展直播带货活动，通过商品宣传、交流互动、抽奖等拉升直播间人气。

【资产开发】 2022年，区供销总社修订《江宁区供销社系统工程建设管理办法》，进一步规范项目建设管理，全方位提升低效资产开发的合理性、规范性、可行性。全年租赁招标涉及12家基层单位44处资产，租赁金额比上年增加626.49万元。开展老旧危房排查治理行动，全年投入资金2713.08万元，实施老旧资产维修和低效资产开发，促进资产保值增值。邀请专业测绘公司对系统内资产进行逐一测绘、制图、造册，做到“一房一册”。建成资产信息化管理云平台，准确导入数据，固定资产管理流程优化、效率提升。

【企业管理】 2022年，区供销总社开展干部分层分类培训和业务指导，举办农村电子商务、安全生产、财务管理、法律知识、应急救护等各类培训25场，参训人员2450人次。强化全员安全意识，全系统21家基层单位专（兼）职安全员配置到位，持证上岗率100%。全年开展工程审计38项，核减金额322.81万元，核减率11.14%。率先在全市完成12家基层社“三会”制度改革，进一步完善基层社经营管理和监督工作机制，形成社员代表大会下的理事会、监事会各司其职、协调运转的工作格局。

【物资保供】 2022年，区供销总社按照区防指部署，及时足量储备防汛物资，组织防汛抢险物资调运应急知识培训，保障汛期各类防汛物资供应及安全度汛。落实区委、区政府关于助企纾困的措施，对符合政策要求的小微企业及个体工商户减免房屋租金。

（李　静）

烟草专卖

【市场监督】 2022年，南京市烟草公司江宁分公司履行卷烟市场监督职责，落实“市场净化十查十看”举措，打造“规范有序、公平竞争、高度净化”的卷烟市场环境。推进违法违规大户治理行动，取缔违法违规大户7户，其中“攻坚100”专项治理取缔5户。密切与公安、市场监督等部门协调配合，加强与属地寄递企业合作，查获道路运输和寄递环节涉烟案件202起。全面适用省烟草专卖局投诉举报新平台，处理“12345”投诉188件、“12313”投诉968件，处理及时率100%。深入落实《电子烟管理办法》《关于联合开展电子烟清理整治专项工作的通知》要求，完成419个申报主体的资料审核及现场勘验工作，实地排查走访电子烟经销户230余户，清理中小学周边电子烟网点8个，发放张贴“禁止向未成年人售烟（含电子烟）”标识570余张。统筹应用“APCD”“双随机、一公开”及错时市场检查方法，按季度开展零售户信用测评，坚持“监管、教育、震慑、引导”多措并举，强化零售户守法经营意识，保持守法经营状态。

【行政执法】 2022年，江宁烟草分公司核管许可证申请1698件，准予新办669件，办理延续1685件、停业113件、恢复供货42件、审批注销87件、变更80件、歇业239件、收回141件。年末，全区有持证卷烟经销户5915户（含停货70户）。全年查获涉烟违法案件667起，查获违法卷烟685.35万支（假烟51.56万支、走私烟1.75万支），案值1197.76万元。其中，5万元以上案件66起、20万—50万元案件6起、50万元以上案件1起，100万元以上案件3起。

【经营管理】 2022年，江宁烟草分公司累计销售卷烟7.18万箱，单箱结构198.48元，比上年增长5.9%。客户零售毛利率保持在13%以上，盈利水平持续提升。全年建成加盟终端9户、新现代终端53户，设置金丝利爱心驿站4个、积分兑换区10个。

（江宁烟草分公司）

快递服务业

【概　况】 2022年，江宁区邮政快递业务处理量17.42亿件，比上年增长11.23%，日均处理量477.26万件。快递使用量4.63亿件，其中投递快件2.68亿件、收寄1.95亿件。邮政业务收入4.62亿元，邮政业务总量0.23亿件，其中函件35.6万件，汇票0.44万张、包裹2.9万件。订销报纸1332.89万份、杂志70.43万份。获2022年全省县级邮政管理机构服务地方贡献奖。10月，江宁区“交邮融合、统仓共配”项目入选交通运输部、国家邮政局全国第三批农村物流服务品牌。

【代理金融业务】 2022年，江宁邮政管理局按照“常态蓄客、优化资产结构”的要求，深入推进储蓄、保险业务发展。截至12月31日，余额规模236亿元，新增金融总资产42.93亿元，其中净增储蓄余额34.11亿元，比上年增长6.52亿元，价值存款31.96亿元，占比93.69%。新增标保31.43亿元，增长2.96亿元。网点收入和利润规模均列南京各区第一。推动多项目融合，落地场景项目26个，累计交易流水2.7亿元，产生交易手续费分润收入18.9万元，资产收益42.3万元。其中，珠宝场景项目打造45家旗舰店，叠加代发工资项目，月代发金额150万元。挖掘客户增长点，换发三代卡3万张。培育优质商贸客群，新增微邮付4804户，净增价值商户3167户。持续优化资产结构，转化中长期存款客户，价值存款31.96亿元，占比93.69%。

【寄递业务】 2022年，江宁邮政管理局完成特快业务收入5514.87万元，增长35.4%；快包发运2228.64万件，业务收入4627.63万元；国际业务收入906.85万元。高端电商项目成效显著，利用优势线路和促销资费政策，抢竞品客户，成功开发黎达供应链等特级客户，为特快业务收入发展注入新鲜活力。散户发展势头强劲，通过政策激励、市场拓展、网格管理组合拳发展散户业务，收入逐步扭负为正，散户收入年增长30%；以“同城多频次当日递产品”“省内次晨达产品”搭载为切入点，推进省内市场快速发展。实行准加盟内部承包模式，加大谷里集群市场开发，累计发件45.8万件、收入98万元。

【邮务业务】 2022年，江宁邮政管理局不断深化传统邮务转型，完成文传收入1932.4万元，其中函件业务收入336.5万元。鼓励独立成团方式促进集体购买，销售旅游套票181件、收入41.2万元。深挖校园市场，策划开学季方案及中秋、教师双节明信片等，实现校园收入83万元；推进校庆项目，东大、经贸学院校庆定制个性化邮折收入23.3万元；集邮业务收入727.5万元。地推销售《王者荣耀》邮币册671套，销售额173.11万元；中邮文创收入26.11万元；报刊业务收入842.3万元；图书销售158.1万元。

【邮政普遍服务保障】 2022年，江宁邮政管理局开展机要通信监督检查4次，完成邮政机要通信23629件，其中收寄9377件、投递14252件，安全率100%。全年党报党刊订阅金额694.98万元，当日见报率100%。开办东南大学主题邮局，提升校园邮政普遍服务水平。现场监督检查《壬寅年》《第24届冬季奥林匹克运动会开幕纪念》《中国共产党第二十次全国代表大会》等纪特邮票发行，海玥华府等7个住宅小区4919户居民信报箱通过验收。

【快递市场监督管理】 2022年，江宁邮政管理局与区内邮政快递企业签订安全生产及“扫黄打非”承诺书，组织开展安全生产隐患自查自纠行动，做好传送带堵缝、人车分流“回头看”工作，确保安全生产要求落实到位。

【寄递渠道安全保障】 2022年，江宁邮政管理局组织实施邮政快递行业安全生产大检查、分拨处理场所消防安全联合检查、重大风险隐患专项整治、快递电动车辆违规充电专项整治，强化重大活动期间寄递服务保障，坚守底线思维，筑牢行业安全防线，督促企业对寄往重点地区的邮件快件100%过机安检，发挥邮路护城河作用。中共二十大期间，出动人员78人次，对区内38家大型分拨中心、邮政快递网点新冠疫情防控及寄递安全制度落实情况开展监督检查，存在问题第一时间督促完成整改。

【行业载体建设】 2022年，江宁邮政管理局推进农村寄递物流体系建设，引导区内邮政快递企业在涉农社区设置快递末端网点，完成全年度新增快递末端网点20%目标。会同交通运输、农业农村等部门，推动农副产品加工企业与快递企业合作，协调邮政、顺丰等品牌开展共配服务，打通区内涉农地区寄递环节堵点难点，促进城镇工业品进村、涉农地区农副产品进城双向良性循环，实现涉农地区邮件、快件上下行畅通无阻。

（江宁邮政管理局）

商务服务业

【律师服务】 2022年，江宁区有律师事务所40家，律师836人。区司法行政部门拓宽律师参与区域治理工作的深度和广度，组织律师协助政府部门和司法机关开展涉法涉诉信访值班和案件化解。完善律师参与立法工作机制，推荐7名优秀律师担任区人大代表、政协委员。建立党政机关公职律师工作制度，成立公职律师机构19家、公司律师机构4家。全区201个村（社区）实现法律顾问全覆盖，村（社区）法律顾问全年开展现场服务3806次，举办讲座281场，覆盖人群10763人次；参与矛盾纠纷调处532起，为经济、民生、社会管理提出法律意见350次，提供非诉讼服务284次。

【公证服务】 2022年，区司法行政部门为拆迁安置、新教师招聘入围面试抽签、长江南京段渔业资源增殖放流项目等提供保全证据、现场监督等公证服务，服务全区经济社会发展。进一步拓展公证服务市场，巩固招投标、土地挂牌、不动产继承及商办项目公证服务市场，参与招投标287次，受理并办结“非公证继承”外包业务207件。全年办理各类公证10386件，其中国内继承类公证758件，遗嘱公证78件，委托、声明类公证3082件，现场监督（招投标、抽签摇号等）类公证4657件。公证业务收费855万元。

（杨梦莹）

【人力资源服务】 2022年，区人社部门出台《关于加强江宁区劳务品牌建设工作的实施方案》，挖掘特色劳务品牌，培育龙头企业劳务品牌，探索建立品牌资源库，配套就业、创业、培训等各项政策扶持，发挥劳务品牌扩大吸纳就业规模效能。“金陵建筑铁军”“江宁好茶师”“南京江宁高级种植技师”等入选民生保障类、中高端技能类、高品质服务类南京市优秀劳务品牌，“金陵建筑铁军”入选江苏省劳务品牌。对全区人力资源服务机构和劳务派遣单位开展年度诚信等级评定工作，完成203家人力资源机构诚信等级评定公示，313家人力资源机构统计年报及审验、588家劳务派遣单位年度审验工作。协同区行政审批局和开发区审批局对5家使用虚假信息申办许可的机构做出撤销许可处理，提请劳动监察部门对8家机构立案调查，督促16家不合规机构关停。上门行政指导和警示约谈56家。10月，建成全省首个由省市区共建的江苏省零工市场，依托“就在江苏”智慧就业服务平台在省零工市场专区免费提供求职招聘、政策咨询、就创业培训、权益维护等公共就业服务，对接供需双方用工需求。

（赵久荣　吴　烨）

【会计服务】 2022年，全区完成全国会计专业技术初级、中级资格报名审核17233人，比上年减少3415人。其中，初级报名12022人，减少2839人；中级报名通过审核5211人，减少576人。2022年全国会计专业技术资格考试时间分别是初级8月1日、8月5—7日；中级为9月3—5日。使用31个正式考场、1个备用考场，1450台考试机。初级考试报名12022人，受新冠疫情影响，退费不参加考试4832人，7个批次实际参考4433人，出考率61.66%。中级考试报名14750人次，增加2838人次，9个批次实际参考5613人次，出考率38.05%。完成2022年代理记账机构备案管理工作和开展代理记账行业违法违规行为专项整治行动，全区128家会计代理记账机构需进行备案，其中113家完成代理记账备案（总部机构112家、分支机构1家），2家机构迁出，8家机构注销代理记账资格，5家机构未按要求及时完成代理记账备案工作。对于未及时完成备案工作机构，按照《代理记账许可办法》进行处理。根据财政部、国家市场监管总局《关于开展代理记账行业违法违规行为专项整治工作的通知》要求，区财政局联合区市场监管局和区行政审批局制定《江宁区开展代理记账行业违法违规行为专项整治工作方案》，筛选出取得营业执照但未取得许可证书企业清单665家，逐一进行电话核查企业的实际经营情况，对于电话核查中发现的问题的，进行法律法规宣传，并指导其按规定办理；对于没有从事代理记账业务企业，建议其变更经营范围。与北京东大正保科技有限公司签订会计专业技术人员网络继续教育合作协议书，免费为未参加2022年度会计人员继续教育的417名会计专业技术人员开通网上学习。开展会计人员信息采集常态化工作，建立会计人员诚信档案，累计采集审核通过24646人。（张　倩）

物流业

综 述

【物流规模】 2022年，江宁区有物流企业195家，从业人员近2.6万人，包括规模物流企业（营业额千万以上）169家，其中营业额5000万元以上101家，营业额1亿元以上64家；省级重点物流基地3家（南京农副物流、空港物流园、滨江物流园），省级重点物流企业13家（江苏安吉、润恒物流等），初步形成空港物流、滨江航运、农副物流、基地物流和快递物流等五大物流集聚区。全年物流交易额1760.95亿元，比上年增长7.98%。空港物流乘势而上，航线覆盖23个省。园区基地物流发展平稳，集聚九州通医药物流、安吉汽车物流、长安民生住久物流、顺源物流等优质企业。湖熟快递产业片区增长迅速，集聚申通、国通等快递行业巨头，其中申通汇吉通仓储物流基地集仓储、电商、交易等功能于一体，辐射华东地区乃至全国。空港快递产业片区引进泉康金融物流、圆通快递、协鑫云仓、苏宁物流、益丰等重点物流企业，推进美国安博物流、阿里巴巴菜鸟网络、苏宁航空物流、协鑫航空物流基地和泉康智慧金融物流园等项目建设。

【物流投资与项目建设】 2022年，全区物流企业投资额在3000万元以上项目52个，超1亿元项目16个，超10亿元项目8个。其中中邮航项目总投资60亿元，是亚洲第一、世界第三的快递中心；南京农副产品物流中心项目，总投资50亿元，交易规模跻身全国五强。国内外专业物流企业不断涌入，有住久物流、佳马储运等专门从事为单项制造业服务的物流企业，有日捆物流、普洛斯物流等专门从事综合物流服务的品牌物流企业，专业化物流企业占全区物流企业的65%以上。至年末，滨江开发区中储现代物流园2万平方米库房完成主体建设及设备购置安装，总投资10.6亿元的南京空港盒马鲜生供应链项目，完成7.7万平方米仓库及附属设施主体建设。

（区商务局）

【“交邮融合、统仓共配”入选全国农村物流服务品牌】 10月10日，交通运输部办公厅、国家邮政局办公室联合印发通知，发布全国第三批农村物流服务品牌，江宁区“交邮融合、统仓共配”项目名列其中。江宁区坚持“资源共享、合作共赢”原则，持续加强交通运输、邮政、供销等部门合作，逐步形成县、乡、村三级农村物流节点体系，建成6个县级农村物流中心、42个乡镇农村物流服务站，在下辖涉农村（社区）委员会或党群服务中心布设131个便民智能快递柜，实现主要品牌快递建制村直投率100%。同时搭建农村物流信息化平台，进一步拓展农村物流集约运输模式。（区交通运输局）

【空港参与南京空港型国家物流枢纽核心区域建设】 11月18日，国家发展改革委发布2022年国家物流枢纽建设名单，南京入选空港型国家物流枢纽。其中，南京空港经开区（江宁）主要参与建设该枢纽的供应链物流区、快递物流区、跨境电商区、智能仓配区等核心区域。南京空港型国家物流枢纽范围内拥有南京空港江宁快递产业园、南京溧水航空物流园2家省级示范物流园区，其中南京空港江宁快递产业园获批第三批国家级示范物流园区。南京空港型国家物流枢纽规划七大功能区，包括航空货运区、保税物流区、跨境电商区、快递物流区、供应链物流区、智能仓配区、临空服务区。跨境电商区依托南京空港跨境电商产业园等平台，重点建设跨境电商体验展示中心、跨境电商物流中心、海关跨境监管中心等；快递物流区已建项目包括菜鸟网络南京空港园区、圆通速递江苏航空物流项目、益丰医药分拣加工项目、顺丰智慧物流项目一期，在建或待建项目包括南京邮件处理中心（三枢纽）、顺丰智慧物流项目二期；供应链物流区依托江宁开发区等临空产业基础，面向商贸企业、制造企业提供公共外库、共同配送、冷链物流、供应链管理库存、原材料及产成品储运、分拨分销、供应链金融等服务；智能仓配区重点建设公共仓储中心、分拨分销中心，提供仓配一体化、区域分拨分销、冷链物流、自动化仓储、包装加工等服务，该区域已建项目包括中国邮政速递物流南京邮件处理中心、普洛斯江宁物流园、宝供江宁综合物流基地等。南京空港型国家物流枢纽建成后，将承担国家物流枢纽在枢纽带动、通道衔接、网络化发展方面的使命，进一步完善区域物流服务体系，畅通国际国内航空物流网络，成为服务国家重大战略、促进经济结构转型升级、深度参与国际合作、保障民生、推动经济高质量发展的重要支撑，有力支撑构建双循环新发展格局。

（空港经开区）

物流基地

【南京农副产品物流配送中心】 2022年，南京农副产品物流配送中心实现市场交易额775.57亿元，比上年增长7.3%；交易量1421.73万吨，增长10.5%；营业收入5.89亿元，增长15.3%。全年完成社会消费品限额以上单位入库19家，实现软件业务收入9亿元。完成8600平方米智慧冷链集配中心建设和7000平方米物流场站改造提升、1.2万平方米生活广场提档升级、5000平方米直播街区项目、2700平方米水产综合交易区建设，进一步补齐发展短板。生鲜配送销售额3.19亿元，实现倍增。南京众彩供应链管理有限公司正式投入运营，年吞吐量32万吨，全年新增经营收入680万元。收回水产市场、酒店用品市场经营管理权，增加经营收入4777.5万元。新增2万吨蔬菜保供输入基地。坚持惠农惠民惠商，减免商户租金1.38亿元。创新建立“配、拣、运”一体化应急配送模式，封（管）控区蔬菜、水果、肉类及粮油全品类供应总量1.22万吨。按照“科学分流、多点布局”的原则，将应检尽检核酸检测点增至8个，降低集聚性风险。首创外地货运车辆“落地检”体系，实现场内外地来（返）宁人员核酸检测全覆盖。建立南京首个进口水果核酸检测点，强化进口水果从田间地头到市民餐桌、从农批到零售的最后一道防线。（李小辉）

【空港物流园】 南京空港江宁快递产业园由空港经济开发区（江宁）管理委员会下属南京空港枢纽经济区投资发展有限公司投资建设。快递产业园规划面积231.33公顷，其中核心区面积50.64公顷，拓展区面积180.69公顷，是长三角区域一体化发展战略支点和宁杭生态经济带黄金节点，是推动宁镇扬一体化、辐射带动南京都市圈发展的重要一环，在承东启西贯通长江经济带、带动中西部地区发展方面具有独特的航空交通物流中枢作用。随着快递产业园设施建设、配套服务和企业建成运营，快递产业园企业营业收入逐年增加，2020—2022年年均营业额54.32亿元，年均缴纳税金5822万元。

南京农副产品物流中心 （蔡悦摄）

【滨江物流基地】 该基地作为南京海港枢纽经济区“一带两核三区”重要组成部分，按照“整体规划、分步实施、市场运作”模式，推进物流产业转型升级，实施“港、产、城”深度融合发展。成立投资管理平台及管理机构，发挥工作职能，协调滨江物流基地内基础设施建设。按照南京市枢纽经济区建设要求，将滨江物流基地纳入《南京海港枢纽经济区发展规划（2025）》，并编制《江宁滨江海港枢纽经济区发展规划》。依托21.5千米长江黄金岸线资源，在建成中储、大件、永辉港口的基础上，引进康泉、宇陪等一批物流企业入驻，重点发展以仓储物流、电商物流、冷链物流等为主导的现代物流业，中储、华能、康泉、宇陪等项目均投入运营。推进疏港通道338省道江宁段及物流基地内部路网建设，物流基地内部路网全部建成通车，疏港通道完成锦文路至汤铜路建设，北延段路基及跨江宁河大桥下部结构加快施工，水、电、气、通信等设施配套到位。

【中储物流基地】 中储南京物流有限公司滨江物流中心于2015年12月成立，是2011年开始投资建设的大型综合物流中心。中心占地总面积26.7万平方米，拥有290米长江岸线，位于滨江开发区丽水大街1186号，地处江苏、安徽两省交界处，立足长江黄金水道，具有良好的区位及交通优势。主营业务主要有货场钢材装卸、期货交割、库房物流、运输配送、剪切加工、金融物流、输出管理等。客户主要分布在南京、上海和浙江地区，南京地区主要客户有梅钢、沙钢、江苏恒鸿；上海地区主要客户有上海建发物资有限公司；浙江地区主要客户有浙江永安资本管理有限公司。中心建有万吨级货轮码头190米，配套40吨港机1台、25吨港机2台，后场建有7万平方米全覆盖露天货场、4.8万平方米钢结构中转仓库，配备龙门吊、高位叉车等专业起重装卸机械40余台，自配自卸重型半挂运输车辆5辆，日常协作车辆100多辆，从事公路、水路、铁路多式联运的业务开发和维护。对承接业务有完善的管理流程、周到便捷的服务、严格的风险控制流程，同时拥有中储智运平台的大数据支撑。

【圆通速递总部基地】 江苏省圆通速递有限公司隶属圆通速递有限公司，为圆通速递江苏总部，成立于2012年11月。截至2022年，江苏圆通在省内网络拥有直营转运中心6个，分别位于南京、淮安、无锡、苏州、南通、泰州；城配中心2个，分别位于南京栖霞和徐州。全省服务网点300余个，地市级网络覆盖率近100%，县级城市网络覆盖率近98%。全省拥有近5万名员工，日均快件量超400万件。圆通速递江苏总部负责指导、监督、管理加盟商，主要经营管理南京转运中心，负责南京及周边地区快件的中转。江苏圆通于2020年搬迁至江宁空港物流园，占地13.3公顷，总投资10亿元。其中，一期已投入使用8.7公顷，总建筑面积7.5万余平方米。二期计划2023年完成建设。

（区商务局）

重点物流企业

【菜鸟中国智能骨干网】 中国智能骨干网（南京空港）项目是菜鸟智能骨干网的核心节点，该项目由阿里巴巴菜鸟网络科技投资建设。菜鸟（天猫超市）南京运营中心项目占地35.6公顷，位于开发区空港经开区将军大道以西、钟萃路以东、凌霄路以南、苍穹路以北，规划建筑面积30万平方米，主要建设电商仓库、配送中心、办公楼等。该项目主要依托空港交通区位优势、南京地区产业资源及苏皖地区电商市场需求，打造区域电商及物流综合型平台。年营业额40亿元，年纳税1.6亿元。项目一期开发主体为南京传祥物联网有限公司，主体竣工即将投入使用，项目一期运营主体为天猫商超注册的南京昊超电子商务有限公司。项目二期主体公司南京云泰物联网技术有限公司完成注册。

【江苏顺丰速运有限公司】 顺丰物流供应链智能设备生产项目由顺丰集团投资建设，打造华东地区最大综合型，以智能供应链管理服务和金融服务为核心的大型现代电子商务服务平台，引领华东地区的电商模式创新发展，成为华东地区电商影响力中心，并与顺丰全国电商产业园网络以及顺丰快递、物流、金融、O2O等业务板块协同构建成分布式、全供应链服务平台。项目总投资13.5亿元，用地83公顷。

【江苏益丰医药产品分拣加工项目】 益丰大药房连锁股份有限公司是一家以医药零售为主，含医药电商、医药代理和医药物流等在内的大健康产业集团。益丰大药房计划在空港经济区内投资建设江苏总部及运营中心项目，建设江苏行政管理总部、江苏益丰大药房下属所有门店的汇总结算中心，华东区域电商运营中心、生产配套仓储物流中心、研发（培训）中心。项目位于空港经开区将军大道以西、苍穹路以南，占地面积4.5公顷，总投资3.7亿元，注册资本1亿元，项目年产值4亿元，年纳税2000万元。

【苏宁华东物流中心项目】 由苏宁控股集团有限公司投资建设。投资方总部位于南京，是中国最大的零售企业，位列中国民营企业前三强。苏宁创新互联网零售，按照“一体两翼三云四端”的互联网零售战略构架，坚持零售本质，O2O融合运营，并进入地产、金融等领域，形成商业、地产、金控、投资、文创、体育六大产业协同发展格局。苏宁华东物流中心项目主要建设物流云综合平台、国内快速干线运输、跨境电商、进出口贸易和社会开放平台等，项目总投资50亿元，年主营业务收入50亿—100亿元，年纳税2亿元。

【杭州百世网络技术有限公司江苏分公司】 百世江苏总部基地项目由百世集团与澳大利亚嘉民集团合作，由嘉民集团为其定制硬件设施，百世集团是国内率先运用信息化转型升级的大型快递公司,综合实力位居快递企业前列。该项目占地面积12公顷，总投资10亿元，包括总部基地、电商运营中心、分拣及仓储配送中心、第三方物流供应链管理中心等。

【中国邮政速递物流股份有限公司南京分公司】 中国邮政速递物流股份有限公司是国内规模最大、网络覆盖范围最广、业务品种最丰富的快递物流综合服务提供商，业务范围遍及全国，通达全球200余个国家和地区，营业网点超过4.5万个。中邮速递物流南京总部项目是中国邮政速递物流股份有限公司下属全资项目，项目总投资6亿元，用地面积8公顷，总建筑面积7万平方米。项目选址位于江宁开发区信诚大道以南、将军大道以东，拟建设邮政速递物流南京总部项目，主要从事总部办公、供应链管理、航空邮件处理中心及对外国际合作平台等业务。该项目日均处理物流及快递邮件40万件,年营业额5亿元,综合纳税2000万元，成为江苏省最大的邮政国际业务处理中心。

【南京昊超电子商务有限公司】 主要承接天猫超市华东区域的运营业务。天猫超市的口号是“在乎每件生活小事”，基于此宗旨，南京昊超为广大消费者提供各类日常生活必需品，商品品质100%保证。随时随地，生活快消品一次性购齐，送货上门，还提供7天无理由退货服务。南京昊超在业务经营及模式上不断开拓创新，为消费者提供性价比更高的商品，提供优质的物流配送服务以及便捷的退换货服务，在消费者心中逐渐树立良好的快消服务品牌，增加消费者在天猫超市的消费黏性和频次。

【江苏九州通医药有限公司】 是中国民营医药商业企业——九州通（股票代码：600998）医药集团股份有限公司的全资子公司，成立于2007年1月，注册资金5.05亿元。公司下设南京九州通物流技术开发有限公司、淮安九州通医药有限公司、无锡九州通医药有限公司、苏州九州通医药有限公司等6家全资公司，控股1家合资公司。业务覆盖江苏全境，配送网点分布苏中、苏南、苏北绝大部分地级城市和全国省会城市，可满足200千米12小时、紧急用药即时送达的到货需求。经营范围为中药饮片、中成药、化学药、生物制品、体外诊断试剂、精神药品（限二类）、医疗用毒性药品、蛋白同化制剂、医疗器械、保健食品、预包装食品、乳制品（含婴幼儿配方乳粉）等商品销售与配送，同时承接三方药品物流、普通货运、货物专用运输等。江苏公司仓储面积7.4万平方米，阴凉库、冷藏库、冷冻库、恒温库等健全，存储货位6.8万个，自有车辆60余辆，单日出货量2万件。

【南京深普物流有限公司】 创立于2001年6月，为高端装备制造业和B2B商贸企业，提供包括供应链协同和嵌入式集成物流等综合的、集成的、系统的服务。基于深普集成物流管理系统平台，实现智能仓储、投料、下线、包装、智能调度、运输配送、单证管理等物流执行要素的高效集成，为客户提供嵌入式集成物流服务。深普供应链在南京、常州、深圳、珠海、保定等高端装备制造业聚集地拥有运营中心，是南瑞继保、南瑞集团、常州博瑞、深瑞科技、国电南自、北京四方、金智科技等知名智能电网装备制造企业的供应链管理服务商，在智能电网装备这一细分行业，占有全国80%以上的市场份额。

【江苏御港物流有限公司】 成立于2007年1月，注册资金2001万元，注册地为江宁区湖熟街道工业集中区，实际经营地为江宁区禄口街道将军大道普洛斯物流园区，在普洛斯物流园区拥有5000平方米冷冻库区。连续15年通过江苏省道路货运企业质量信誉考核，被授予质量信誉AAA级企业，具备道路运输经营许可、冷藏运输营运资质、医药冷藏仓储运输GSP等相关资质。公司业务包括冷链零担、餐饮店配、冷链仓储、冷链整车、医药冷链等B2B仓储配送服务、包装分拣、单据管理等综合性物流服务。（区商务局）

金融业

综　述

【概　况】　2022年，江宁区有驻区银行31家（政策性银行1家、大型国有银行6家、股份制商业银行12家、城市商业银行10家、农商银行1家、村镇银行1家），开设一级支行42家，经营网点161个；保险一级分支机构24家；证券公司营业部14家。区地方金融监管部门统筹金融发展和安全，防范化解各类金融风险，为全区高质量发展提供金融保障。全年实现金融业增加值95.91亿元，可比价比上年增长6.6%，占地区生产总值比重为3.2%。年末，全区金融机构本外币各项存款余额3669.64亿元，增加363.39亿元，增长11.04%；各项贷款余额3242.17亿元，增加299.56亿元，增长10.18%。全年新增上市企业9家、上市企业总数46家，新增数位居全省第一、总数位居全省第二。在省综合金融服务平台注册企业18027家，全年解决需求4275笔，融资金额145.28亿元。江宁区企业通过南京市民营企业转贷互助基金，办理转贷业务1439笔，使用转贷基金67.37亿元，带动银行贷款69.39亿元，惠及民营企业878家。

【服务实体经济】　2022年，区金融监管部门拓宽金融服务实体经济渠道，推广普惠金融、科技金融服务等新模式，满足中小企业融资需求，全区金融业发展稳中有进、金融服务持续深化、上市公司数量创历史新高。鼓励驻区金融机构加大信贷支持力度，广泛宣传金融信贷产品、省综合金融服务平台和市民营企业转贷互助基金，不断提高金融服务水平和效率，搭建多渠道、多层次和高频率、高效率以及线上线下相结合、条线板块相结合的立体式综合性金融服务活动平台。组织“江宁金融服务团”举办线上线下对接活动6场，为110余家小微企业达成意向融资额6000余万元。“金陵惠农小额贷”向193个涉农村组授信17.75万户、186.6亿元，用信4456笔、2.97亿元。推动紫金农商行设立金融服务点106家，助力农村普惠金融建设。建立推进企业上市联席会议机制、上市专员服务机制，增强企业上市工作合力。实施上市军团“领航”工程、培训辅导“续航”工程、重点企业“直航”工程，提升企业上市综合实力。举办“凤凰台·金融汇”上市直通车、上市问诊等活动7场，协调解决重点拟上市企业困难和问题20余条。全年新增上市企业9家，创历史新高；新增股权投资机构94家，注册资本总规模859.59亿元。

【金融风险防范】　2022年，区金融监管部门推动关口前移，筑牢防控体系，扩大宣传教育覆盖面，全力防范化解涉众型金融风险隐患。牵头开展金融安全领域统筹发展和安全“大走访、大排查、大攻坚”行动，组织召开金融风险研判会议，组织防范和处置养老领域非法集资诈骗活动。举办“金融创新与风险防范”专题培训班，进一步提高领导干部的金融理论素养和风险排查能力，为防范化解金融风险夯实基础。发挥金融卫士工作站前沿阵地作用，创新运用公交载体，开通全区首条防范非法集资宣传公交专线。通过进社区、进企业等“八进”宣教活动，发放宣传品6万余份。全年走访潜在风险企业12家，集中排查各类企业12709家，联合区市场监管局开展“双随机、一公开”涉嫌非法集资风险企业抽查，检查投资类企业26家。按照“发现在早、处置在小”原则，及时研判、精准施策，有效开展新增金融风险隐患化解工作，处置涉嫌非法集资新增风险隐患12个。（张志祥）

银行业

【农发行江宁区支行】 2022年年末，中国农业发展银行南京市江宁区支行实现利润9254.49万元，比上年增长36.95%；各项存款余额4.53亿元；各项贷款余额62.2亿元。全年申报中长期贷款项目2个、流动资金贷款项目1个，投放中长期项目贷款3.7亿元。完成2家粮食企业评级授信工作，投放各级粮食购销储贷款2.92亿元，其中粮食轮换贷款0.37亿元系首次投放。协调银团成员行落实计划，累计发放银团贷款17.04亿元，其中江宁支行3.06亿元。贯彻国家和地方政府防疫政策，在了解到南京农副产品物流配送中心承担南京地区农副产品物资保供任务后，及时启动贷款申报工作，为其发放小微企业贷款1000万元，并实行利率优惠，为企业节约资金成本40%。

（顾　勇）

【工商银行江宁支行】 2022年年末，中国工商银行股份有限公司南京江宁支行各项存款余额371.16亿元，比年初增加59.82亿元；各项贷款余额510.96亿元，增加67.72亿元。累计投放贷款130亿元，其中个人住房按揭贷款超过20亿元，公积金贷款近8亿元，均位居南京市工行系统前列。支持土山路、汤东片区等城市更新项目建设和以牛首山、园博园、汤山和紫清湖为重点的文化休旅项目发展。助力民营小微企业发展，全年为近2800家企业新开账户并提供金融服务；银保监口径普惠贷款净增近7亿元，增幅超过50%。依托南京分行科创企业服务中心，为贝迪电子、岚煜生物、华晟医学等一批科创企业，核定授信额度，推动多家科创企业成功上市。（刘玉曈）

【农业银行江宁支行】 2022年年末，中国农业银行股份有限公司南京江宁支行各项存款余额383.58亿元，各项贷款余额407亿元，拨备后利润8.35亿元。对接重大项目，支持区域文旅项目发展；优化网点布局，在谷里街道新设谷里支行，服务周边企业。全年累计实现法人实体贷款投放额162.1亿元，净增普惠贷款8.86亿元。加大农户贷款投放力度，推进金穗“惠农通”工程，累计发放惠农卡3万余张。做好整村授信工作，与63个村（社区）签订整村授信合作协议，并根据实际需求，向农民专业合作社、农村集体经济组织、农业产业化龙头企业等经营主体（项目）提供全方位、综合化金融服务。坚持以客户为中心，以数字化转型为依托，打造特色场景生态，全年新增互联网场景43个。

（陶　钧）

【中国银行江宁支行】 2022年年末，中国银行股份有限公司南京江宁支行本外币存款余额333.32亿元，比年初增加38.75亿元，增长12.47%；贷款余额338.5亿元，比年初增加31.32亿元，增长10.2%。支持区域实体经济发展，制造业贷款占比超过30%，普惠贷款余额42.09亿元，比年初增加12.8亿元。推动重点项目落地，支持泉峰汽车12亿元高端汽车零部件智能制造项目、渝杰房地产6亿元G49地块银团项目、江经开3亿元味事达城市更新项目。发放中银集团投行资管产品，实现债券承销12亿元（滨江投资4亿元超短融和江经开集团8亿元永续债）、非标投放1.275亿元（江宁水务集团）。加强政银合作，中标区房产局拆迁项目资金监管专户，落地区教育局校外教育培训机构资金监管服务、晓庄学院中银公益平台、东山高级中学校园一码通协议等场景项目。

（徐奕君）

【建设银行江宁支行】 2022年年末，中国建设银行股份有限公司南京江宁支行一般性存款日均余额248.3亿元，各项贷款余额237.47亿元。推进战略业务，加强对众彩、天环两大专业市场的营销拓客和服务，全年新增普惠贷款（银监口径）8.16亿元，余额34.51亿元。打造区域住房租赁优势品牌，成为国家示范工程项目——将军大道人才公寓项目提供独家支持的银行业金融机构，投放现代置业保障性住房租赁贷款4.1亿元、江宁经开保障性住房租赁贷款5.27亿元。推进数字化经营，通过建融家园企业平台提供房源管理、租户管理等全流程服务，实现清水西苑管理智能化。加大对制造业、绿色金融、乡村振兴等领域信贷投放力度，制造业（含贴）贷款余额12.47亿元，新增绿色贷款8.61亿元，新增涉农贷款1.7亿元。完善大财富管理体系，理财产品销售日均新增1.52亿元。对区内172个重大项目进行走访，先后落地汇川高端装备制造研发基地、英飞源华东研发生产基地、中国电科院南京科研基地、中电建华东总部等项目。

（孙拥君）

【交通银行江宁支行】 2022年年末，交通银行股份有限公司南京江宁支行各项存款余额220.52亿元，各项贷款余额195.85亿元。以科技金融为支撑，加大信贷等各类资源投入，与区政府签订500亿元战略合作协议，为近300家区内企业融资超100亿元，支持制造业做大做强。践行普惠金融，支持小微企业，运用“税融通”“线上抵押贷”“普惠e贷”“小微贷”等普惠贷款产品，有效缓解中小微企业、个体工商户融资难、抵押难问题。坚持以客户为中心，全面提升服务老年客户能力，下辖东山支行获评江苏省银行业协会适老化服务示范网点。 （陈　悦）

【民生银行江宁支行】 2022年年末，中国民生银行南京江宁支行各项存款余额82.36亿元，各项贷款余额97.47亿元，重大项目覆盖率105%。突出综合性服务、链条式开发、一体化营销，整合优质资源，制定“融资+融智+融技”服务方案，提升服务质效，为上市企业、拟上市企业、专精特新企业以及科创投融生态圈伙伴提供差异化综合金融服务。至年末，已为28家国家级和省级专精特新企业提供特色化金融服务，并为各类新企业提供咨询服务支持。 （陈　钢）

【南京银行江宁中心支行】 2022年年末，南京银行江宁中心支行各项存款余额261.99亿元，各项贷款余额181.95亿元，缴纳税额5300万元。开展“深耕江宁、守土有责”专项活动，为区内国企、园区、平台表内投放64.42亿元，传统表外投放44.52亿元，投行业务28.75亿元。宣传“专精特新保”“增额保”等金融产品，为无担保企业提供“小微贷”产品，累计投放“小微贷”2.45亿元，普惠金融贷款投放余额27.67亿元，为42家专精特新企业提供贷款2.53亿元。梳理中小企业客户业务需求，协助客户通过申请互助基金等方式，稳定运转资金链，服务中小企业突破1000家，使用互助基金金额11亿元。履行金融公益职能，开展防范通信诈骗、反洗钱、金融知识进社区等活动，以文艺表演、宣讲等形式，提升客户金融安全意识。 （陈　晨）

【招商银行江宁支行】 2022年年末，招商银行股份有限公司南京江宁支行各项存款余额182.11亿元，各项贷款余额158.95亿元。国标1000万元以下小微企业贷款完成率105.78%，国标1000万—3000万元小微企业贷款完成率118.8%。聚焦区域支柱产业，支持新动能实体客群发展，全年新增实体贷款近5亿元，其中新投放普惠贷款1.8亿元。通过投贷联动，为辖内企业提供从股权到债权融资的一站式服务，从员工持股、差旅费控到薪酬管理为企业提供全方位的金融科技服务。 （韩运河）

【宁波银行江宁支行】 2022年年末，宁波银行股份有限公司南京江宁支行各项存款余额104.03亿元，各项贷款余额71.38亿元。将民营企业和小微企业作为服务重点，在增加基础客户的前提下，对不同种类民营企业提供差异化金融服务，创新推出“小微贷”“转贷融”“小微租赁”等信贷产品，提升服务民营和小微企业的深度和广度，支持地方经济发展。通过国际业务和金融市场业务联动，为民营企业提供汇率、利率、期权等避险产品，帮助民营企业规避汇率和利率风险，同时为优质进出口民营企业提供跨境结算、贸易融资、现金管理等综合服务，支持优质民企“走出去”，参与国际市场竞争。 （陈　曦）

【紫金农商银行江宁支行】 2022年年末，江苏紫金农村商业银行股份有限公司江宁支行各项存款余额470.6亿元，比年初增加55.3亿元；各项贷款余额221.68亿元，增加8.61亿元。坚持“服务三农，服务中小、服务城乡”的市场定位，优化资金投向，提升涉农及小微企业贷款占比，支持农业农村重大建设项目，强化对新型农业主体的信贷支持，推出“金陵兴村贷”，支持新型农村集体经济发展。推进“金陵惠农小额贷”整村授信，完成193个村（社区）整村授信，建档22.97万户，给予17.73万户农村家庭贷款授信186.6亿元，户均21.19万元。建成农村普惠金融服务点54个，累计办理业务11万笔。实地走访客户30429户，新增授信8.82亿元。与118家单位结对，选派出12名干部赴街道挂职交流，融入街道、村（社区）、企业，了解老百姓真实需求，提升金融服务匹配度和影响力。（吉晶晶）

【邮储银行江宁支行】 2022年年末，中国邮政储蓄银行股份有限公司南京市江宁支行各项存款余额293.48亿元，各项贷款余额136.67亿元。加大对先进制造业等重点领域信贷资源投入，新增信贷规模13.2亿元，其中制造业贷款累计投放6亿元。聚焦地方经济，为地方企业授信金额近300亿元，提供信贷支持36亿元。践行普惠金融理念，深度融入乡村振兴，全年投放小额贷款22亿元，投放普惠型涉农贷款1.48亿元。推进信用普遍授信，建成信用村142个、信用户5560户。推出“强抵押”“弱担保”“纯信用”“线上+线下”等20款信贷产品，满足小微企业多样化金融需求，合理调降小微贷款利率，投放小企业贷款6.88亿元。聚焦民生实事，坚持惠企利民，投放房贷16亿元、非房消费贷10亿元，车贷近2亿元。率先推出“房抵贷”产品，额度500万元，利率低、手续简单、支用便捷。

（汤倩倩）

2022年年末驻江宁区银行机构存贷款统计表

表11 单位：亿元

序号	银行名称	各项存款余额	各项贷款余额
1	农业发展银行	4.53	62.20
2	工商银行	371.16	510.96
3	农业银行	383.58	407.00
4	中国银行	333.32	338.50
5	建设银行	248.30	237.47
6	交通银行	220.52	195.85
7	中信银行	78.36	70.25
8	光大银行	103.76	63.47
9	华夏银行	42.33	37.60
10	广发银行	19.97	15.76
11	平安银行	45.89	40.65
12	招商银行	182.11	158.95
13	浦发银行	72.63	61.99
14	兴业银行	30.73	21.80
15	民生银行	82.36	97.47
16	恒丰银行	10.98	12.82
17	浙商银行	34.13	29.53
18	渤海银行	6.47	8.40
19	北京银行	49.56	55.71
20	上海银行	12.50	16.90
21	南京银行	261.99	181.95

续表 11

序号	银行名称	各项存款余额	各项贷款余额
22	江苏银行	99.33	58.30
23	苏州银行	7.88	5.44
24	宁波银行	104.03	71.38
25	杭州银行	35.90	55.17
26	浙江稠州银行	19.13	12.55
27	徽商银行	28.28	41.22
28	广州银行	14.56	12.80
29	上银村镇银行	1.27	1.73
30	紫金农商行	470.60	221.68
31	邮储银行	293.48	136.67

（区金融监管局）

保险业

【中国人保财险江宁支公司】 2022年，中国人民财产保险股份有限公司南京市江宁支公司完成全险种保费收入13.9亿元，比上年增长14.52%。其中，车险保费收入11.43亿元，增长12.4%；个非保费收入9856万元，增长27.79%；法人保费收入8975万元，增长7.26%；农险保费收入4876万元，增长35.36%；普惠金融保收入990万元。实现表结利润14780万元。贯彻落实市分公司车险“333”结构战略，发挥车商渠道核心作用，推进销售增员和团队裂变。加大渠道融合，布局发展延保业务、随车行李险、驾意险等。推出不动产登记责任保险，实现南京市公司首单突破。推动政策性业务发展，协调区财政局、区农业农村局等部门，实现小麦、水稻、玉米完全成本保险全覆盖。实施融合创新，推动商业性农险快速发展，完成农险商业险保费收入487万元，增长558%。（胡胜男）

【中国人寿财险江宁支公司】 2022年，中国人寿财产保险股份有限公司南京市江宁支公司实现保费收入11133万元，比上年增长7.42%。落实金融服务群众，履行央企社会责任，立足回归保险本源，创新金融服务产品；完善普惠保险产品体系，丰富公司多层次产品体系，满足客户差异化保险保障需求，助力乡村振兴战略实施和健康中国建设。（董飞飞）

【平安财险江宁支公司】 中国平安财产保险股份有限公司南京市江宁支公司在江宁区有2家网点，平安产险江宁支公司本部位于江宁区秦淮路15号，在汤山街道设立汤山营销服务部。平安产险江宁支公司为区内超过9万车险客户提供车险服务保障，平安专属车主App——好车主，是活跃度高、功能齐全的车主App，购买保险、理赔、保养、查违章、停车、年检、道路救援等用车、养车相关服务，都均可在App上完成，属国内首创。2022年，平安财险江宁支公司实现保费3.6亿元，理赔支付金额1.5亿元。（张 帅）

【太平洋产险江宁支公司】 2022年，中国太平洋财产保险股份有限公司南京市江宁支公司完成全险种保费收入1.81亿元，保费规模稳居江宁地区产险市场前列。实施农险转型创新，加大产品创新、技术创新、机制创新、研究创新力度，形成差异化竞争优势，发挥保险服务“三农”稳定器作用。助力农业供给侧结构性改革，推出的温室、大棚保险和家庭农场险受到广大农户欢迎。（陈　慧）

【紫金财险江宁支公司】 紫金财产保险股份有限公司南京市江宁支公司位于江宁区东山街道园中路9号，占地面积800平方米。紫金财险江宁支公司是江苏省道路救助基金唯一指定管理人，公司经营范围包括财产损失保险、责任保险、信用保险和保证保险、短期健康保险和意外伤害保险以及经保险监管机关批准的其他业务。2022年，紫金财险江宁支公司全体人员团结一心、克服新冠疫情影响，稳步提升车险保费规模；通过优化人员结构，整合团队资源，加快非车险业务发展。全年完成保费（不含农险）收入8000万元。（陈　晨）

【大地财险江宁支公司】 中国大地财产保险股份有限公司南京市江宁支公司位于江宁区湖山路388号，经营面积198平方米。经营范围包括财产险、货物运输险、建筑工程险、雇主险，机动车辆保险、团体意外险、建工意外险，个人意外险等保障保险。2022年完成保费收入6200万元。（耿　凤）

【长安责任保险江宁支公司】 长安责任保险股份有限公司南京市江宁支公司位于江宁区天印大道696号，经营面积322平方米。公司经营范围为责任保险、法定责任保险、财产损失保险、信用保险和保证保险、短期健康保险和意外伤害保险。江宁支公司是以非车险为主的特色四级机构，重点发展学生平安保险、校方责任险等校园保险业务，为江宁区学生、幼儿承保学平险。该险种责任包含孩子24小时意外身故、伤残；意外门诊、住院及突发性疾病住院。推出“学生保易通”微信公众号，作为学平险专业平台，集投保、咨询、在线理赔、慈善于一体。2022年，江宁支公司完成保费收入1400万元，其中非车险保费1065万元，车险保费335万元，非车险占比76.07%。（孙　岷）

【中国人寿江宁支公司】 2022年，中国人寿保险股份有限公司南京市江宁支公司探索发展新蓝海市场，开展常态化社区保险宣传、承保、理赔、慰问、回访工作，服务江宁百姓。构建以客户为中心的发展格局，做好城镇职工和城乡居民大病保险项目，加强“江苏医惠保”业务拓展及理赔服务工作。全年实现保费收入11.5亿元，比上年增长4%。

（张绪德）

【利安人寿江宁支公司】 利安人寿保险股份有限公司是经原中国保险监督管理委员会批准设立的一家全国性人身保险公司。利安人寿江宁支公司位于江宁区潭园西路128号，2022年个险新单价值保费5369万元，比上年增长32%；银保渠道新单期交保费8949.5万元，团险渠道新单期交保费5300万元，续期实收保费10240万元，年度总保费规模29759.4万元。（董玉成）

证券业

【华泰证券天元东路营业部】 2022年，华泰证券股份有限公司南京江宁天元东路证券营业部加强与江宁区政府合作，大力发展机构业务，与辖区内政企开展业务联动，增加各类型企业与政府平台的覆盖面。走访辖内优秀企业，对区内规模以上、独角兽、瞪羚等优质企业开展数据分析，形成20余家重点企业服务名单。新设立华泰证券江宁苏源大道营业部，扩大在辖区内辐射范围，为周边实体企业与上市公司提供金融服务。按季度举办投资者交流会和宣传活动，引导客户树立正确的投资观念和资产配置理念。

（侯嘉睿）

【中信建投证券双龙大道营业部】 2022年，中信建投证券股份有限公司南京双龙大道证券营业部响应中信集团协同委江苏分会“中信协同、百园万企”活动，深入开展走进江宁高新园活动号召，就多方面合作进行深入洽谈；通过走访园区企业，围绕改制、融资、智库资源等进行实质性对接。发挥中信建投证券在企业服务方面的头部券商优势，选强配优投行团队，推进“投行+经纪”模式，与园区深度绑定，建立常态化对接机制，与麒麟科创园、江宁高新区、禄口街道等达成合作协议。首创上市公司及股东服务中心模式，成立上市公司及股东专业服务团队，整合公司总部11个部门资源，为上市公司及股东提供一站式综合性服务，已覆盖江宁区上市公司的85%以上。

（袁　圆）

【中信证券双龙大道营业部】 2022年，中信证券股份有限公司南京双龙大道证券营业部坚持以客户为中心和全产品覆盖的业务策略，通过专业化、矩阵式管理构架，为客户提供境内外股权融资、债务融资及并购重组等综合投资银行服务。投行业务覆盖金融、能源、基础设施与房地产、装备制造、信息传媒、医疗健康及消费行业重要企业。公司累计为4200家机构客户提供综合投行服务，涵盖大型国企、世界500强、上市公司及重要地方客户，境内股权承销规模排名市场第一。

（双龙大道营业部）

【国泰君安证券双龙大道营业部】 2022年，国泰君安证券南京双龙大道营业部聚焦江宁区域并辐射周边，服务辖区内“两高”（高科技企业、富裕及高净值）客户，锻造可持续高质量发展的区域核心竞争力，对接国家战略、深耕区域市场、服务实体企业、助力科技创新、守护社会财富。至年末，营业部托管客户总资产比上年实现翻番，非货公私募基金销量翻四番，新增富裕客户数量翻三番，新开机构客户数增长210%，营业收入增长17%。助力实体经济，帮助南京市某上市公司成功再融资22亿元，中标某地级市政府平台7年期9亿元规模企业债。对接区域优秀企业，加大实体企业金融服务力度，为江宁区某实体企业定制2.8亿元收益凭证，解决企业闲置资金理财需求。深耕区域零售客户并辐射周边，依托财富管理专业团队，整合集团内部及全市场顶级资源，打造全链条、立体化、一站式财富服务中心，提供国际视野的资本市场深度研究、全品类的金融产品配置，以及一体化的财富规划和资产配置服务。（万　璐）

7月22日，南京国博电子股份有限公司在上海科创板上市。图为上市活动现场

（江宁开发区供图）

公司上市

【概　况】 2022年，江宁区新增沪江材料、腾亚精工、灿能电力、国博电子、北路智控、麦澜德医疗、磁谷科技、美埃环境、濠暻科技9家上市企业，首发募集资金规模49.04亿元。至年末，全区境内外上市企业总数46家，其中沪深交易所上市37家，香港联交所上市6家，境外证券交易所上市3家；39家上市企业首募融资235.21亿元，总市值6000亿元。“新三板”挂牌企业26家，省股交中心挂牌266家。46家上市企业按上市场所划分，境内上市企业37家，包括上交所17家（主板11家、科创板6家），深交所18家（主板5家、创业板13家），北交所2家；港交所主板6家。境外上市企业3家，包括新加坡凯利主板1家、美国证券主板1家、纳斯达克1家。按属地划分，江宁开发区21家，江宁高新区11家，滨江开发区3家，秣陵街道6家，东山街道3家，淳化街道、麒麟科创园各1家。全年新增拟上市企业库企业37家，总数105家。有74家达到成长型及以上标准，其中重点型企业18家、成长型企业56家。

（张　策）

2022年江宁区上市企业行业分布一览表

表12　　单位：家

序号	行　业	数量	序号	行　业	数量
1	电气机械及器材制造业	5	4	计算机、通信和其他电子设备制造业	2
2	专用设备制造业	5	5	纺织品服装与奢侈品	2
3	化学原料及化学制品制造业	3	6	非金属矿物制品业	2

续表 12

序号	行　业	数量	序号	行　业	数量
7	汽车制造业	3	14	仓储业	1
8	软件和信息技术服务业	3	15	工业机械与设备	1
9	生态保护和环境治理业	3	16	公共设施管理业	1
10	通用设备制造业	3	17	家具制造业	1
11	仪器仪表制造业	3	18	批发业	1
12	制药与生物科技	3	19	土木工程建筑业	1
13	电子设备制造业	2	20	有色金属冶炼及压延加工业	1

2022 年江宁区“新三板”公司一览表

表 13

序号	公司名称	股票名称	股票代码	证券类别	上市日期	所属行业
1	南京大树智能科技股份有限公司	大树智能	430607	创新层	2014-01-24	制造业
2	江苏省铁路发展股份有限公司	江苏铁发	430659	创新层	2014-03-28	铁路运输业
3	南京上元堂医药股份有限公司	上元堂	830923	基础层	2014-07-03	医药生物
4	南京宝泰特种材料股份有限公司	宝泰股份	831004	基础层	2014-08-22	有色金属冶炼和压延加工业
5	南京光辉互动网络科技股份有限公司	光辉互动	831575	基础层	2014-12-31	软件和信息技术服务业
6	南京斯迈柯特种金属装备股份有限公司	斯迈柯	832528	基础层	2015-05-29	制造业
7	江苏宝美户外用品股份有限公司	宝美户外	833649	基础层	2015-09-29	纺织服装
8	南京市滨江科技小额贷款股份有限公司	滨江科贷	833945	基础层	2015-10-22	货币金融服务
9	江苏谷峰电力科技股份有限公司	谷峰科技	835266	基础层	2016-01-05	电气自动化设备
10	江苏凯基生物技术股份有限公司	凯基生物	835272	基础层	2016-01-13	医药生物
11	江苏美特林科特殊合金股份有限公司	美特林科	836136	基础层	2016-03-01	有色金属冶炼和压延加工业
12	南京科润工业介质股份有限公司	科润股份	835906	基础层	2016-03-28	化工

续表 13

序号	公司名称	股票名称	股票代码	证券类别	上市日期	所属行业
13	南京生兴有害生物防治技术股份有限公司	生兴防治	836337	基础层	2016-04-15	农林牧渔
14	江苏南自通华智慧能源股份有限公司	南自通华	837864	基础层	2016-07-06	电气自动化设备
15	南京国电南思科技发展股份有限公司	南思科技	839751	基础层	2016-11-14	电气自动化设备
16	南京灿能电力自动化股份有限公司	灿能电力	870299	创新层	2016-12-14	电气自动化设备
17	南京东富智能科技股份有限公司	东富智能	870071	基础层	2016-12-14	软件和信息技术服务业
18	南京海融医药科技股份有限公司	海融医药	870070	基础层	2016-12-16	医药生物
19	南京邦禾生态肥业股份有限公司	邦禾生态	871177	创新层	2017-03-09	化工
20	江苏君立华域信息安全技术股份有限公司	君立华域	871280	基础层	2017-04-07	软件和信息技术服务业
21	江苏景古环境建设股份有限公司	景古环境	871424	创新层	2017-05-08	园林工程
22	南京英斯瑞德高分子材料股份有限公司	英斯瑞德	872129	基础层	2017-08-23	化工
23	中苏科技股份有限公司	中苏科技	872102	基础层	2017-08-29	软件和信息技术服务业
24	南京同曦篮球俱乐部股份有限公司	同曦篮球	872371	基础层	2017-11-08	其他休闲服务
25	南京西格玛医学技术股份有限公司	西格医学	873450	基础层	2020-07-10	医药生物
26	金广恒环保技术(南京)股份有限公司	金广恒	873912	基础层	2022-11-07	环保设备

（区金融监管局）

地方金融组织

【概　况】 2022 年，江宁区经批准设立的在营地方金融组织 28 家，其中由江宁开发区监管服务 5 家，分别是科技小额贷款企业 3 家、典当行 1 家、融资担保机构 1 家；由区金融监管局监管服务 23 家，分别是小额贷款企业 9 家、融资担保机构 2 家、典当行 8 家、地方交易场所 1 家、商业保理企业 1 家、融资租赁企业 2 家。28 家在营地方金融组织注册资本 34.63 亿元，从业人员 330 人。

【金融服务】 2022 年，全区地方金融组织坚持“小额、分散”的经营原则和“灵活、便捷”的业务特色，严守监管要求，精研主营业务，发挥与银行、保险等传统金融机构优势互补作用，在新冠疫情防控和企业复工复产期间，为金融助力地方经济发展方面做出贡献。全区在营小贷、融资担保和典当等地方金融组织新增金融服务总额 62.28 亿元，为 1100 多家次“三农”领域、中小微企业、个体工商户等提供金融支持。（丁乐怡）

2022年江宁区部分地方金融组织一览表

表 14

序号	一、小额贷款公司（9家）
1	滨江科技小额贷款股份有限公司
2	天元科技小额贷款有限责任公司
3	江宁区恒沣农村小额贷款股份有限公司
4	江宁区银瑞农村小额贷款有限公司
5	江宁区协众农村小额贷款有限公司
6	江宁区金骐林农村小额贷款有限公司
7	江宁区日升隆农村小额贷款有限公司
8	江宁区明阳融通农村小额贷款有限公司
9	江宁区宁台农村小额贷款有限公司
	二、融资担保公司（2家）
1	江宁区创业担保有限责任公司
2	南京开阳融资担保有限公司
	三、典当公司（7家）
1	南京盈丰典当有限公司
2	江苏易典典当有限公司
3	南京海融典当有限公司
4	江苏益源典当有限公司
5	江苏金东典当行有限责任公司江宁分公司
6	南京市金瑞典当有限责任公司城南分公司
7	南京市金瑞典当有限责任公司城东分公司
	四、融资租赁公司（2家）
1	江苏苏豪融资租赁有限公司
2	南京天元租赁有限公司
	五、商业保理公司（1家）
1	江苏银华商业保理有限公司

（区金融监管局）

旅游业

旅游资源

【概　况】 2022年年末，江宁区有旅游度假区2个，其中国家级度假区1个（汤山温泉旅游度假区）、市级旅游度假区1个（方山旅游度假区）；有国家等级景区6个，其中AAAA级景区3个（牛首山文化旅游区、南京明文化村〔阳山碑材〕景区、汤山紫清湖旅游区），AAA级景区2个（方山风景区、大塘金香草谷），AA级景区1个（江宁台湾创意农业旅游区）。有全国乡村旅游重点镇1个（谷里街道），全国乡村旅游重点村3个，江苏省乡村旅游重点村4个；有工业旅游示范点6个，其中国家级2个、省级4家个。有星级宾馆饭店4家，其中四星级3家、五星级1家；有各类旅行社68家，具有组织出境游资质2家。　（赵　鹏）

【汤山温泉旅游度假区】 汤山温泉旅游度假区位于南京东郊，地处江宁区东北端，沪蓉高速、沪宁高铁、城际轨道穿境而过，地理位置优越。因“帝王温泉”“史前溶洞”和“绝世碑材”而闻名，区内山、水、泉、林、洞、碑、寺、塔相依相融，远古文化、六朝文化、明文化以及民国文化传承有序，自然人文景观交相辉映，是一处集观光、休闲、度假、娱乐于一体的旅游度假胜地。度假区规划面积29.74平方千米，重点发展文化休旅、康养度假、智能装备制造等产业。2022年，获“避暑旅游目的地”“全国水土保持科普教育基地”“江苏省首批生态文化宣传示范点”等荣誉。全年接待游客505.6万人次。5个重大产业项目完成投资36.6亿元，其中苏豪产业园项目文博中心和商业街区建成运营，老年公寓部分交付。长三角智能制造与装备创新港项目完成装备研发区厂房改造，复杂装备系统动力学前沿科学中心、智能焊接与高效增材技术中心等重大创新平台入驻，西北工业、河北燕兴、和平重工、北方华安等国家重点企业南京研发中心揭牌运行，创新港江苏省高端制造装备工程技术联合实验室获评江苏省首批工程技术联合实验室，创新港南京智能制造系统实验室申报全国重点实验室。前海人寿南京医院主体部分封顶，荣信文化商业街区展示区建成，南京汤山汽车文化园二期奔驰、红旗4S店计划2023年上半年开业。按照省水利厅《关于推进全省取水工程（设施）规范化管理的通知》要求，对汤山地区各温泉井进行取水规范化建设，并通过水利部水资源管理司验收。美玲井和金乌温泉井成为江苏省绿色矿山。坚持以建成世界级旅游度假区为目标，发挥文旅集团市场化运营模式，景区项目聚焦整合营销、引流增量，拓展异业合作，开展特色化营销，提升景区市场口碑。矿坑公园、阳山碑材等景区完善旅游软硬件建设，综合功能明显增强。猿人洞景区利用达人探店+直播等营销模式，获取高曝光量及客流转化，打造出一批深受游客喜爱的“研学游”产品，主力课程进入南京市教育局中小学生社会实践研学课程名录。地质博物馆发挥科普教育功能，带领游客探索历史、感受文明、体验文化，获“中国地质学会第一届科普研学基地奖”和“南京市中小学生研学实践教育基地”等称号。成立品控小组，定时检查落实各景区、酒店、餐厅品控质量检查考核，有效提升旅游形象和服务品质。矿坑公园、猿人洞、阳山碑材三大景区围绕春节假期，相继开展猜灯谜、祈福、舞狮活动，联动江苏园博园非遗过大年活动，为游客营造喜庆吉祥的节日氛围。发展夜间旅游，矿坑公园推出星空露营计划，邀请游客免费观赏大地灯光秀，体验后备箱市集；水世界举办海啸电音节，邀请知名艺人和 DJ 演出。以“Kang 养汤山、FUN 肆趣玩”为主题，举办第 14 届汤山温泉节，创新设置“康养产业、运动康养、文旅康养、智慧汤山”四大功能板块，为广大游客、市民打造康养生活体验盛会。

（崔　宇）

【牛首山文化旅游区】 2022 年，南京牛首山文化旅游区全年游客接待量 146.14 万人次（牛首山景区 106 万人次、金陵小城 40.14 万人次），实现旅游综合收入 1.43 亿元（牛首山景区 8200 万元、文创公司 4235.7 万元、金陵小城 1849.9 万元）。3 月 6 日，牛首山东禅心旅文化体验游项目开工建设，项目通过东峰禅文化体系建设及遗址保护利用，打造与佛顶圣境相对应的东峰禅文旅体系。项目分为“画心—无心—开心”3 段，以李瑞清墓为起点，以牛头禅院及弘觉寺遗址片区为终点，串联岳飞抗金故垒、明代摩崖石刻、牛头禅院及弘觉寺遗址片区，实现“保护一片遗址、串联一峰文化、打造一条小径、体验一路禅意”目标。4 月 30 日，利用桃花溪优质自然资源，与南京倍开心文化旅游发展有限公司合作推出“牛首山 · Utopia 遍野轻奢露营地”项目。5 月 21 日，“牛首山文旅融合产业发展大会”在牛首山佛顶宫举办，大会以“人文牛首 · 格调江宁”为主题，策划“春来牛首”城市气质文化论坛、“智汇牛首”品牌创新发布大会、“遇见牛首”心之光初夏音乐会等主题活动。聚焦“旅游 +”融合发展思路，推出“五个之旅”旅游线路产品、“五个度”文创产品体系、“牛首十二条”招商政策和“牛首园丁”企业服务计划，以文化赋能旅游，以科技推动创新，为南京文旅事业发展提供更丰富的文化滋养、注入更新的活力、贡献更多的智慧和力量。6 月 22 日、6 月 24 日，在山东潍坊、济南两地开展专场推介活动，通过文旅专题推介、宣传短片播放、特色文艺演出等形式，围绕“心灵之旅、智慧之旅、悦动之旅、缘定之旅、祈福之旅”五大特色主题产品游线，对牛首山进行全面展示，让与会代表全方位、多角度感受到牛首山的文化特色、自然风光和历史人文。7 月 29 日，由元宇宙媒体米塔之家、元宇宙信息聚合平台加资寰宇、上海视觉艺术学院联合主办，南京牛首山文化旅游区等单位协办的 MetaUp2022 元宇宙数字营销峰会在上海举办，牛首山文化旅游区作题为“牛首山进军数字文旅新赛道”主旨分享，全方位介绍景区在元宇宙应用场景、智慧景区建设、数字文旅产业招引政策与“牛首园丁”企业服务体系方面的独特优势，并与加资寰宇、咖菲科技、元隆雅图、商汤科技、联通沃音乐 5 家数字头部企业签署战略合作协议。

（朱　聪）

【江苏园博园】 第 11 届江苏省园艺博览会博览园项目建成后，3 个矿坑、5 个厂区等生态遗址实现再创造再利用。区域内整体绿化面积由不足 10% 提升至 80%，公共区域绿化面积 166 公顷，种植乔木 2.6 万株、灌木 2.7 万株；林相改造总面积 134.69 公顷；森林抚育总面积 91.22 公顷，

牛首山文化旅游区金陵小城内景　（张明摄）

边坡修复、覆绿面积8.73公顷；植物种类增加近1000种。2022年，江苏园博园公司先后推出独具特色的“焰遇·园博园”“冰纷·园博园”和园博园跨年焰火等活动，举办悦绘园博绘画等研学活动，形成春有露营、夏有焰火、秋有研学、冬有冰雪的“四季园博”产品系列。全年接待游客81万人次。（江苏园博园）

旅游接待

【概　况】 2022年，江宁区克服新冠疫情影响，加快恢复旅游市场，推动旅游产业高质量发展。全年接待游客3437.2万人次，实现旅游综合收入286.1亿元，比上年分别增长16.1%和20.1%。

【元旦假期接待游客增长】 2022年元旦假期，江宁区各旅游景区（点）接待游客77.94万人次，比上年增长9.82%；实现旅游收入1.77亿元，增长3.1%。近郊旅游成为热点，“微度假、轻旅游”的都市近郊旅游产品受到市民青睐，乡村旅游区接待游客14.21万人次，增长15.06%；实现旅游收入1498.34万元，增长7.26%。文化活动丰富多彩，各文博场馆、景区（点）开展丰富多彩的节庆文旅活动，“南京第一缕文明曙光——湖熟文化专题展”“非遗进景区·生活更精彩”“乡约美宿、悦享团圆”等90余场活动让广大市民、游客乐享一个充满浓浓文化气息的假日之旅。文旅消费展现活力，旅游消费向品质化、多元化转型，遍布江宁各地的精品民宿成为消费热点，住宿收入、餐饮收入分别增长33.21%、13.62%，牛首山文化旅游区文创产品收入增长390.3%。

【春节旅游收入与上年持平】 2022年春节假期，全区各旅游景区（点）接待游客148.4万人次，增长5.3%；实现旅游收入3.5亿元，与上年基本持平。都市近郊旅游成为最佳选择，各乡村旅游点接待游客27.6万人次，增长22.4%；实现旅游收入1835.26万元，增长29.7%；117家旅游民宿平均入住率75%以上，高品质民宿持续保持满客状态。新年祈福、非遗展演等体验性、互动性突出的特色民俗活动成为旅游新热点，园博园、牛首山等重点景区推出各具特色的民俗体验活动，金陵水乡钱家渡开展的民俗表演大联欢、非遗技艺集中展示、非遗寻宝等活动，都对游客产生较强吸引力。牛首山、园博园、南唐二陵、阳山碑材、汤山地质博物馆、汤山古猿人洞6个景区（点）举办“江宁留您，安康伴您”新春送旅游惠民活动，对外地留江宁人员预约免门票入园。

2022年，汤山水世界游客增长65%以上，收入增长约40%。图为汤山欢乐水世界乐园 （吴泉修供图）

【“五一”假期接待游客加快恢复】 2022年“五一”假期，全区各旅游景区（点）接待游客142.92万人次，实现旅游综合收入2.51亿元，总体恢复至新冠疫情前同期的70%—80%。因新冠疫情防控客观上限制周边城市游客到宁，景区游客接待量虽比往年有所下降，但本地游客出游意愿较强。以民宿体验为代表的“微度假”模式升温，各类旅游民宿预订火爆，入住率82.5%，接待入住9100多人次，实现民宿业直接收入400万元，部分高端民宿“一房难求”。以户外露营为代表的“近郊游”模式受到青睐，一些景区（点）适时推出“露营＋踏青”“露营＋亲子”“露营＋文创”等“露营＋”新玩法，形成近郊“轻旅游”的时尚新模式。

【端午旅游市场持续回暖】 2022年端午节期间，全区各旅游景区（点）接待游客69.01万人次，实现旅游综合收入1.35亿元，总体恢复至新冠疫情前同期的90%以上。乡村旅游区接待游客17.88万人次，较往年同期增长37.73%，实现旅游综合收入1189.65万元，较往年同期增长8.09%。各类旅游民宿预订量持续走高，入住率60%左右，接待入住5400多人次，实现民宿业直接收入260余万元。特色民俗活动营造浓浓“文化味”，牛首山文化旅游区推出“金陵十二时辰国风市集”“端午露营游园会”等，江苏园博园推出“悦绘园博园画展”“互动演出”等，金陵水乡钱家渡推出“民俗端午”“美食端午”“文创端午”“游乐端午”主题鲜明的节庆体验活动，区图书馆举办“城市书香集市、国潮阅读端午趴”端午节主题活动。

【暑期旅游市场火热】 2022年，全区各旅游景区（点）抢抓“暑期经济”契机，推出促进和繁荣暑期旅游市场一揽子措施，主要景区（点）（11家）监测数据显示，暑期接待游客51.19万人次，增长77%；实现旅游收入5689.07万元，增长51%。游客的旅游消费逐步从低层次向高品质和多样性转变，由注重观光向兼顾观光与休闲度假转变，园博园接待游客量与上年同期相当，而旅游收入增长162.14%，7家高端酒店周末入住率90%以上。多家景区（点）落实多项优惠措施，牛首山文化旅游区日均游客量呈爆发式增长，日均接待量12194人、旅游收入68.7万元，分别增长近6.5倍和2.5倍。亲水体验项目、亲子度假酒店、开放式街区夜游等成为暑期避暑游的主要旅游形式，银杏湖乐园、汤山水世界游客增长65%以上，收入增长约40%，百家湖1912街区日均客流量超3.6万人次，已恢复至新冠疫情前状态。

【国庆假期接待游客量下降】 2022年国庆期间，全区各旅游景区（点）接待游客177.53万人次，下降8.98%，实现综合旅游收入4.11亿元，下降10.21%。本地游、周边游、短途游主导国庆假期旅游市场，根据通信大数据分析，国庆接待游客中，本地客流占比45.77%，外地游客占比54.23%。外地客流省内主要来源地前五位分别是镇江市、苏州市、常州市、无锡市、徐州市，占全部外地客流的34.43%。全区10个主要景区（点）对全区旅游市场的拉动作用明显，10个主要景区（点）接待游客23.95万人次，占全区比重为13.5%。其中，园博园接待游客4.47万人次，占比2.5%；牛首山文化旅游区接待游客7.35万人次，占比4.2%。城市休闲、宅度假游客增多，高品质住宿需求上升，度假型酒店成消费热点，园博园7家度假酒店、汤山度假区6家度假酒店平均入住率均为80%以上；全区旅游民宿入住率60%以上，部分高品质度假酒店、民宿出现“一房难求”现象。（赵　鹏）

规划建设

【旅游规划】 2022年，江宁区继续构建全域旅游发展新格局，形成“一带双核四廊六片区”文体旅空间布局。东部汤山+园博园组团，以温泉度假为特色，紧扣争创世界级旅游度假区目标定位，全面推进度假旅游、康养旅游、文化旅游等旅游项目和旅游产品高质量发展。西部牛首山+金陵小城组团，充分彰显六朝文化、生态文化、非遗文化和养生文化，结合金陵小城、牛首山商业综合体等项目建设，进一步提升江宁西部美丽乡村的品牌辐射力。中部东山主城商贸组团，依托南京主城南部中心建设，不断完善文体旅城市服务功能，增加多层次高水平的文体旅公共服务体系项目，构建“15分钟社区生活圈”，提升东山主城区公共文化体育休闲和商务旅游功能。

【旅游线路开发】 2022年，区文旅部门整合全区优质文旅资源，串联区内重点旅游景区（点）、乡村民宿、文化体验等旅游项目，开展“江宁四季”文旅产品发布推介活动，先后推出春季赏花、夏季亲水、秋季骑行、冬季冰雪等精品游线20余条。“春日限定·花漾江宁精品游线二日游线”入选文旅部“乡村四时好风光——春生夏长、万物并秀”全国乡村旅游精品线路，江宁区获评首批“长三角高铁旅游小城”，牛首山金陵小城、佘村、百家湖1912奇妙市集、南京园博园悦榕庄4家单位入选“2022水韵江苏·网红打卡地”，汤山街道尚庄村创建为省级乡村旅游重点建设村。

【文旅项目建设】 2022年，全区文化产业园区集聚功能和辐射作用凸显，秣陵九车间争创省级文化产业示范园区，百家湖1912街区获评省级夜间文化消费集聚区和旅游休闲街区。黄龙岘获评“江苏省体育健康特色小镇”，汤山度假区获评“国家体育旅游示范基地”，江宁区被命名为“国家体育产业示范基地”。牛首山东麓酒店、金陵小城二期金陵文化创意园、苏豪南京汤山健康养老产业园等重点文旅融合项目加快推进，形成旅游发展新动能。乡村民宿产业发展进入快车道，全区建设投资500万元以上民宿51家，占比29.3%，年接待量超1000人次民宿38家，占比21.83%，累计建成市级职工疗休养基地示范点5家。（赵　鹏）

【郑和文化园改造升级】 1月1日，历时半年多时间闭园改造，位于牛首山文化旅游区内的郑和文化园升级亮相，向市民游客开放。升级改造后的展览馆从“郑和的生平”“郑和在南京”“郑和与世界”3个单元，通过声光电等多重维度，展现郑和的生平事迹，让游客们沉浸式感受郑和航海的艰辛，在观看航海科普片的同时，游客们还可以参与竞赛答题，寓教于乐学习航海知识。

【“苏茂颐园”颐养中心示范区开放】 6月1日，江苏省苏豪控股集团携手央企中国金茂、地方国企汤山建投共同建设的汤山温泉康养小镇苏茂颐园国际标准颐养中心示范区对外开放。坐落于汤山南麓的苏茂颐园是省级特色小镇——汤山温泉康养小镇的医康养综合体项目，将打造成为普惠型高品质养老社区。项目设有活力公寓152套，介护公寓95套以及4500平方米公共配套区域，其中，活力公寓包含约60平方米、75平方米、95平方米3类户型；介护公寓全部采用单人间设置。“苏茂颐园”营运后共提供300余张养老床位，满足群众多样化、多层次养老需求。当天，苏茂颐园分别与江宁医院、江苏紫金农商行签约，国家一级美术师、当代工笔画艺术家喻慧担任苏茂颐园“推广大使”。

【园博园voco酒店启用】 7月，南京园博园voco酒店启用。这是园区继悦榕庄、威斯汀、丽笙、黄花岸等酒店后引进的第7家酒店。voco是洲际酒店集团旗下高端品牌，而南京园博园voco酒店是洲际酒店集团旗下大中华区的首家voco酒店。该酒店毗邻园博里商业街，整体设计理念源于江南院落，黛瓦粉墙，青砖木框，以廊庭相连，以巷径相通。酒店内建有18栋江南独栋庭院，配备共享空间、私汤等设施，同时配有儿童俱乐部，打造极具特色的宠物友好酒店，是家庭出行和亲子度假的诗意田园之选。该酒店共有126间客房，300平方米的会议场所内设有3个多功能会议厅和会议前厅，并配备完善的视听系统。 （宁　鉴）

旅游业态

【江宁旅游康养产业集团】 2022年，江宁旅游康养产业集团坚持稳中求进的工作总基调，紧扣现代化建设“十大工程”总抓手，通过多元融合促进旅游产业高质量发展。探索发展乡村露营产业，加大优质露营产品供给，提高行业服务水平，推动露营经济成为集团产业发展新亮点。依托江苏省无限定空间非遗进景区示范项目，创新“非遗+旅游”模式，打造游客服务中心“非遗工坊”、“孙家茶楼”非遗体验空间、“桥头小食”非遗美食品鉴空间，逐步形成非遗品牌。开展“乡村音乐仲夏夜”“水乡奇妙夜”“满月露营民谣主题趴”“国庆狂欢露营趴”等沉浸式、联动型乡村游活动，为乡村游聚集人气和流量。盘活存量国有资产资源，与多家规模企业进行洽谈，引进麦稼酒庄，实现合作共赢。年末，集团总资产55.08亿元，全年完成产值7739.91万元。先后获首批省级生态文化宣传示范点和“江苏省级文明单位”“江苏省放心消费创建示范单位”“江苏省无限定空间非遗进景区示范项目”等荣誉50项。（李　婷）

【乡村旅游】 2022年，全区推进乡村旅游提档升级，完成汤山街道尚庄村省级乡村旅游重点建设村创建工作。加大乡村旅游民宿发展扶持力度，制定《江宁区乡村旅游民宿发展规划》《国家级等级民宿创建流程指南》，推动乡村旅游民宿标准化、规范化、特色化发展。拥有黄龙岘等中国最美乡村20个，省星级乡村旅游区33个，全国乡村旅游重点建设村3个（黄龙岘茶文化村、横溪街道石塘村、谷里街道双塘社区大塘金村），省级乡村旅游重点村4个，乡村旅游年均接待游客超过1000万人次。

【文化旅游】 2022年，全区推动文化旅游消费提质扩容，培育消费新业态新模式，鼓励构建多

全国乡村旅游重点建设村——横溪街道石塘村　（年鉴编辑部供图）

2022年江宁区旅游景区（景点）一览表

表15

类别	属地	名称	等级
旅游度假区	汤山度假区	汤山温泉旅游度假区	国家级
	江宁高新区	方山旅游度假区	市级
国家等级景区	牛首山管委会	牛首山文化旅游区	AAAA
	汤山度假区	南京明文化村（阳山碑材）景区	—
		汤山紫清湖旅游区	—
	高新区	方山风景区	AAA
	谷里街道	大塘金香草谷	—
国家等级景区	台湾农民创业园	江宁台湾创意农业旅游区	AA
工业旅游示范点	东山街道	金箔艺术馆	国家级
	江宁开发区	海尔曼斯	国家级
工业旅游示范点	湖熟街道	海龙红木艺术馆	省级
	禄口街道	禄口皮草小镇	省级
	江宁街道	南京樱桃鸭工业文化旅游园	省级
	江宁开发区	卫岗乳业	省级

（赵　鹏）

样化的夜间文旅消费场景，百家湖1912街区入选江苏省首批旅游休闲街区、第二批省级夜间文化和旅游消费集聚区。该街区植入微演艺、微展览、快闪等街头文化活动，建设高品质、地标性的夜间文旅消费集聚地，打造集文化旅游、商贸休闲于一体，主客共享的文旅商融合特色街区。全年在景区（点）、美丽乡村创新性植入“青春音乐季”“移动艺术展”等活动50余场。金陵水乡钱家渡获评首批“江苏省首批无限定空间非遗进景区示范项目”，植入非遗工坊、非遗演艺、非遗美食等形式多样的展览展示和体验活动，打造更具体验性、互动性、参与性的江宁非遗文化旅游体验，增加乡村旅游文化内涵，提升乡村旅游吸引力。

【红色旅游】 2022年，区文旅部门挖掘利用全区红色资源，对云台山革命烈士墓、横山县抗日民主政府旧址、邓仲铭纪念碑亭、新四军先遣支队指挥部旧址等红色文化历史遗址进行资源整合，优化红色寻访线路。5月12日，在国际博物馆日江苏主会场活动启动仪式上，20条“喜迎二十大、见证新江苏”红色旅游精品线路公布，为中共二十大胜利召开营造氛围。是年，江宁汤山矿坑公园、江苏园博园入选“信仰长存、美丽金陵”路线。

旅游管理

【旅游业务培训】 2022年，江宁区文旅部门以落实安全发展、提升管理水平、强化服务技能为主线，推动文旅行业高质量、高标准发展。创新业务培训模式，全年举办线上培训8次，涉及景区（点）和旅行社管理，讲解员仪容和业务水平、民宿标准化管理、行业安全管理、安全急救等，培训1000余人次。组织民宿业发展交流学习活动2次、民宿主理人管理培训2次，旅游行业管理水平进一步提升。

【旅游市场监管】 2022年，区文旅部门加强和规范旅游市场管理，加快构建现代市场治理体系。会同区市场监管局、交通运输局、公安分局对“低价游”“黑车黑导”等乱象进行专项整治，全年受理旅游类投诉50余起。加强星级饭店、旅行社、景区（点）等行业企业常态化新冠疫情防控工作，适时公布新冠疫情防控动态，开展日常巡查，严格按照防控指南落实场所管理、人员管理责任。全年出动检查人员2000人次，检查相关场所近700家次。开展文明创建、星级旅行社、绿色饭店评定等工作，对2家旅行社进行星级复核，新增2家星级旅行社。

【旅游安全监管】 2022年，区文旅部门统筹做好旅游行业新冠疫情防控和行业复苏工作，先后制定下发新冠疫情防控类文件，开展文旅行业“落地检”及重点人群“应检尽检”工作。组织旅游安全生产专项整治及重点行业领域安全生产百日攻坚行动，开展燃气、危化品、游乐设施、既有建筑安全检查，落实景区景点、乡村民宿等安全隐患排查整改。

【旅游服务体系建设】 2022年，区文旅部门优化旅游市场环境，完善游客投诉快速反应机制，提升旅游服务标准化、体系化水平。优化旅游集散咨询服务体系，结合新冠疫情防控需要，对全域旅游直通车相关预约、乘坐流程进行细化调整，确保有序运营。以市场需求为导向，制定出台促消费举措，发放江宁旅游民宿消费券，整合区内民宿、餐饮、景区（点）等资源，设计江宁旅游民宿产品34款，发放民宿消费券1200张。首发“江宁旅游联卡”，整合串联全区12个景区（点），启动“万人游江宁”活动。

（赵 鹏）

【牛首山获评省智慧旅游景区】 1月，省文化和旅游厅发布2021年度江苏省智慧旅游景区名录，13家旅游景区在列，牛首山文化旅游区上榜。牛首山文化旅游区开发建设之初就确立打造“国家智慧旅游示范区”的目标，景区智慧旅游系统与景区工程项目建设同步启动，建成涵盖智慧服务、智慧营销、智慧管理、综合集成的“智慧牛首山”系统。牛首山智慧旅游项目共43个子系统，包括基础支撑平台、系统集成平台和智慧旅游应用系统。

【江宁全域旅游专线开通】 3月8日，串联起全区各特色田园乡村的江宁全域旅游专线开通。运行期间，市民可以免费乘坐。旅游专线设东、西线2个班次，旅游专线西线从全域旅游服务中心（江宁区胜太路18号）始发，经停牛首山文化旅游区、大塘金、云水涧、徐家院、观音殿、菜塘田园、苏家文创、上范游客中心、黄龙岘、石塘人家；旅游专线东线也从全域旅游服务中心始发，途经汤山七坊、矿坑公园、金乌公园、汤山溶洞、紫清湖旅游区、汤山温泉房车营地、汤家家温泉村、园博园。2条旅游专线始发时间为每天9:00，返回时间为14:30，每天1班，乘客坐满按时发车，当日返回。 （宁 鉴）

房地产开发经营

【概 况】 2022年，江宁区有在建房地产开发项目109个，商品房建设规模1052.37万平方米。其中，百家臻园、颐和南园等104个在建在售商品房项目，商品房建设规模1021.09万平方米；新亭府、紫麟景院等5个在建未售商品房项目，可上市商品房面积31.28万平方米。

【楼盘供给】 2022年，全区有80个楼盘分148批次上市销售。在东山片区、江宁两湖片区、上秦淮片区、方山片区、江宁仙林片区、麒麟片区等地段推出品质较高的改善型优质楼盘。其中，东山片区有海玥华府等楼盘；江宁两湖片区有百家臻园、颐和南园等楼盘；上秦淮片区有芳原名邸、紫京四季雅园等楼盘；方山片区有大方鸣翠府、凤溪苑等楼盘；江宁仙林片区有铭著风华嘉苑、大观和苑等楼盘；麒麟片区有星盛雅苑等楼盘。

【商品房供应】 2022年，全区房地产市场在调控政策、新冠疫情防控等常态化实施背景下，贯彻落实各项调控政策和措施，强化市场监测监管，提升服务质效，促进区域市场平稳健康发展。统筹商品房项目上市结构和批次，全年有14批次80个项目上会审核，优化过会项目上市节奏，稳步推进月度、季度、年度市场供应总量，实现稳地价、稳房价、稳预期调控目标。全年商品房上市面积201.1万平方米。

【商品房成交】 2022年，江宁区在全市率先启动江宁"筑巢兴业服务"暨春季房地产商品"云展会"，6月4日举办2022年江宁区"筑巢宜居服务"暨房地产商品展博会，通过线上线下相结合方式，零距离、集中全面展示房地产商品。营造房地产行业安全交易环境，构建房地产开发企业与广大企业、人才联系桥梁，增强市场主体发展信心，促进消费市场复苏回暖，促进房地产市场良性循环和健康发展。全年完成商品房合同销售面积177.09万平方米，商品房合同销售总金额396.68亿元。商品住宅成交均价24826元/平方米，稳定在合理区间。（区住房保障和房产局）

房地产中介与租赁服务

【概 况】 2022年，江宁区有在江宁注册经营并办理资质备案的房地产经纪机构555家，规模化住房租赁企业25家。其中，经营集中式长租公寓15家，租赁房源6635套；经营分散式长租公寓10家，租赁房源3200余套。

【房地产中介机构监管】 2022年，区住房保障和房产部门进一步优化服务，推动存量房市场规范有序发展。全年为115家房地产经纪机构办理资质备案，办理房产交易资金监管4笔、监管资金1442万元。加强存量房市场监管，规范房地产经纪机构经营行为，开展"双随机、一公开"检查和日常巡查，检查房地产经纪机构283家，下发限期整改通知书15份；定期组织"回头看"检查整治工作，公开曝光违规经营企业11家。

【房地产租赁服务】 2022年，区住房保障和房产部门坚持“条块结合、以块为主、属地管理”原则，规范房屋租赁市场，将出租房屋纳入区、街道、村（社区）三级网格化管理服务体系。指导各街道做好房屋租赁矛盾调处和租赁登记备案工作，全年完成房屋租赁登记备案11434件。推进空港开发区等3个新建市场化租赁住房项目建设，全年完成施工面积9.8万平方米。

（区住房保障和房产局）

【区房地产经纪行业协会首届会员单位授牌】 8月，南京市江宁区房地产经纪行业协会首届会员单位授牌。江宁区房地产经济行业协会会员单位现场签订服务承诺书，36家会员单位获协会授牌。江宁区房产经纪行业协会作为传播行业文化、加强信息交流的平台，是在市场经济条件下实现资源融合不可缺少的环节，已成为政府与企业、企业与企业、企业与社会之间实现紧密对接与高效沟通的桥梁纽带。协会将结合全区房地产中介服务行业的实际情况，重点做好宣传政策、提供服务、反映诉求、维护权益、加强自律等各项工作，为政府排忧，为企业助力。（宁　鉴）

房地产市场管理

【概　况】 2022年，江宁区住房保障和房产部门加强房地产市场监测和监管工作，关注房地产市场动态和运行情况，针对市场存在的风险隐患和热点问题，采取有效监管措施，规范市场秩序，落实长效管理。根据《南京市江宁区商品房项目交付前联合服务工作实施方案》，牵头江宁规划资源分局等部门，按照“一张表单、全面覆盖、集中服务”的模式，提前介入，精准帮助企业落实好商品房交付前各项建设内容。完成天著尚居、紫星荣院等33个项目（21900套、240.9万平方米）交付房屋的联合服务工作，查找并整改各类交付问题520个，保障全区房地产市场平稳和良性循环发展。

【预售资金监管】 2022年，区住房保障和房产部门加强商品房预售资金动态监管，强化与监管

秣陵街道上秦淮新苑二期安置房项目　（年鉴编辑部供图）

银行的联动，落实商品房预售款“专款专户、专款专存、专款专用”制度，确保建设资金安全使用。全年办理资金监管手续93批次，157栋、123万平方米房屋实施预售资金监管，初始监管资金总额73.51亿元。

【房地产交易秩序管理】 2022年，区住房保障和房产部门根据《南京市商品房销售现场规范化标准》，细化标准化公示工作，不断完善公示内容。会同区市场监管局、规划资源分局等部门落实商品房项目事前约谈、事中监督、事后监管工作机制。全年组织14批次80个上市销售商品房项目的事前约谈，检查商品房销售现场200余次，切实规范商品房交易秩序管理。

【房屋安全管理】 2022年，区住房保障和房产部门常态化开展房屋安全日常管理工作，定期对危房、隐患建筑开展巡查检查。拟定《房屋使用安全管理应急预案》《房屋安全检查工作方案》等，全年办理工单637件，及时办理率100%；办理信访回复件52件，回复及时率100%。开展房屋安全管理政策法规宣传活动4次，组织房屋安全管理及既有建筑安全隐患排查培训6次。房屋结构变动核准101件，完成10栋在册危房解危注销、128栋隐患建筑治理及1358处疑似隐患建筑评估鉴定工作。组织全区既有建筑安全隐患排查工作，累计排查既有建筑15.54万栋，其中城镇房屋2.87万栋、农房10.69万栋、其他类型房屋1.98万栋。开展自建房排查整治行动，累计排查国有土地自建房1.44万栋，其中经营性自建房3390栋、其他类型自建房10998栋。

（区住房保障和房产局）

物业管理

【概　况】 2022年，江宁区共有各类居民小区1018个，其中商品房小区638个、安置房小区170个、小产权房小区210个，小产权房中有老旧、零散小区445个。全区有物业服务企业147家，物业行业从业人员2万余人。

【物业信用监管】 2022年，区住房保障和房产部门开展住宅小区星级评定工作，牵头区公安、城管、消防、市场监管等部门及街道，评选并授牌五星级小区12个、四星级小区21个、三星级小区60个，评比结果向社会公开，并实施信用信息、创先创优、负面清出等应用机制，推动形成优胜劣汰的物业管理市场环境。建立季度物业项目“红黑榜”评比机制，结合“12345”投诉、日常检查、工作监测等情况，对“12345”工单遏制增量、化解迅速、压降明显的物业项目进行通报表扬，对预防不到位、处置不及时，引发群诉的项目予以通报批评。全年发布“红黑榜”4期，表扬红榜项目69个、通报批评黑榜项目58个。

【住宅专项维修资金审批】 2022年，区住房保障和房产部门归集各类维修资金3.19亿元。规范维修资金监管全链条，提前介入、指导申请主体进行维修资金申请，并按照“当日受理、当日审批”要求，为维修资金应急使用开辟“绿色通道”。全年受理维修资金使用项目187个，划拨金额3974.35万元，其中应急维修项目19个，划拨金额944.4万元。

（区住房保障和房产局）

住宅小区管理星级评比 1月，江宁区2021年度住宅小区管理星级小区名单公布，全区共评选出88个星级小区，包括万达公馆等12个五星级小区、翡翠逸景花园等31个四星级小区、瑞景文华等45个三星级小区。此次评选为全区首次开展住宅小区管理星级评比活动，主要围绕住宅小区物业管理、环境卫生、治安秩序、消防安全、特种设备等方面进行考察评比。该活动自2021年9月开始，根据《江宁区住宅小区管理星级评比细则》相关规定，经属地街道（社区）初审，区住房保障和房产局牵头市场监管、城管、公安、消防等部门，到住宅小区现场进行全面检查，并结合日常工作监督、台账资料审核和居民满意度测评等环节，对符合参评条件的住宅小区进行综合评分，按照分数评定小区星级。（宁　鉴）

参与“一带一路”建设

【概　况】 2022年，江宁区贯彻《关于印发南京市高质量推进“一带一路”交汇点重要枢纽城市建设近期重点工作任务的通知》，做好南京市“一带一路”重点项目库建设工作。协调配合区内航空枢纽、铁路枢纽、道路网络、江港运输建设，不断提升航空、铁路和江港枢纽运输能力，形成开放畅达、安全便捷、经济高效、绿色智能的现代综合交通运输体系，进一步增强“一带一路”的辐射带动能力。继续完善全区“5+4+1”产业体系，促进“一带一路”经贸往来和产能合作，培育具有竞争力的产业集群，形成绿色智能汽车、智能电网、生物医药、未来网络和航空产业等五大产业地标，夯实特色产业竞争力。开展“一带一路”人文交流，提升江宁文化标识度，打造一批“一带一路”外宣品牌，拓展对外交流空间。区人民对外友好协会加大对外交流合作、广交朋友、增进友谊、扩大影响，为江宁区“一带一路”交汇点重要枢纽城市建设发挥作用。

【交通网络基础设施建设】 2022年，全区完善公路网络体系，加快推进126省道南京段（江宁段）、002省道江宁段改扩建工程和246省道南京至溧水公路江宁段等工程建设，计划2023年全部建成。结合重要园区、景区、物流基地建设，强化干线公路延伸服务，建设路网连接公路，实现一级公路快速联通。完善铁路网络体系，协调推进江苏南沿江城际铁路等工程项目建设，配合做好江宁境内征迁工作。全面推进南京南站站前商务集聚区建设，提升商贸聚集能力。加强铁路枢纽与公路、航空、水运枢纽对接，充分发挥综合交通枢纽功能。拓展长江发展新空间，发挥长江岸线的功能作用，把长江生态环境保护摆在压倒性位置，开展港口环境治理，向航运服务、商品贸易等多领域空间拓展，不断发挥长江航运枢纽作用。提升南京禄口机场枢纽地位，加快建设机场综合交通集疏运体系，以禄口机场为运行基地，继续完善国内和国际航空客货运输、后勤保障等业务基地项目。支持空港经开区加快圆通速递、中邮速递公司等总部基地项目建设，进一步扩大航空货运枢纽效益。重点实施宁宣、宁扬、宁马城际铁路与禄口国际机场无缝对接，增强禄口机场“空铁”联运枢纽功能。推进仪征—禄口机场高速公路建设，拓展南京直飞的国际航线，推动通用航空运营服务发展，延伸发展通用航空产业。

【科技创新合作】 2022年，全区落实南京市创新驱动发展“121”战略，加快新型研发机构建设，加强与南京航空航天大学、南京大学等高校院所合作，加快科技成果落地。推进江宁开发区以色列离岸孵化基地、江苏省未来网络创新研究院等创新合作载体建设。与欧盟中国城市发展委员会等国际性组织开展创新与合作，加快建设亚马逊联合创新中心等国际联合项目，鼓励各园区承接如未来网络峰发展大会、中德智能制造产业化峰会等国际性会议。以2022南京创新周系列活动为契机，深入实施江宁区顶尖专家“集聚工程”和海外揽才“四五”行动，瞄准国际前沿和高端人才资源，加速引进诺奖、院士等国际顶尖人才和高水平创新团队。举办全球菁英人才节活动，聚焦具有发展潜力和未来竞争优势的青年人才，更大力度吸纳全球创新资源和人才智力。深化拓展大学院所、企业等法人实体间合作，落实“创聚江宁”人才、海外高层次人才、国家创新人才引进计划等政策，大力引进用人单位急需紧缺的外国专家、海外高端创新团队以及以柔性方式引进的外国人才。开展“生根计划”面向全球集聚资源，广泛开展创新合作。放大江宁区在留交会、软博会、世界智能制造大会等特色展会作用。鼓励驻区高校、科研机构、企业参与国际交往，开展形式多样的科技创新国际合作。支持与以色列威兹曼研究院耶达公司共建的技术转移中心项目、中以科技创新园项目、卡耐基梅隆大学人机交互研究院等项目建设，让更多的优质科研成果在江宁转移转化，以及与区内相关企业、高校院所进行嫁接合作。

【国际产能合作】 2022年，全区以优势产业为基础，对接“一带一路”建设与发展需求，重点推进电子信息、智能制造、石化、建材、新能源装备等制造业拓展海外市场。鼓励支持园区内高新技术企业，进一步扩大“一带一路”海外市场空间。支持中材国际、寒锐钴业等企业参与“一带一路”资源开发和基础设施建设，扩大产能合作规模。支持农业龙头企业前往“一带一路”共建国家投资，发展种植业、养殖业、农产品加工业，拓展海外市场。鼓励区内水泥、化工等传统产业以设立生产加工基地或对外承包工程等方式，参与基础设施建设和自然资源开发。支持优势企业参与非洲轨道交通、电力、建筑、通信等基础设施领域建设，带动相关产品设备全产业链“走出去”。深化与欧美、日韩等国家在智能制造、软件信息、医药健康等领域的技术合作，开展尖端技术研发与合作。紧扣五大产业地标，打造科技含量高、集聚度高、层次高的产业集群。支持有实力的绿色智能汽车、智能电网、生物医药等企业用好国内和国际两个市场，到境外开展资源项目合作开发和投资设厂，建立稳定的海外资源和生产加工基地，带动优势产品出口。推进长安、LG、晶能、卡耐等龙头项目建设，加快T3长安出行平台和江苏智能汽车研究院项目推进，支持腾讯华东云计算基地、中电科技射频集成电路产业化、恒瑞南京创新药物临床试验及医学转换中心等一批重大项目建设。

【经贸领域合作】 2022年，全区在经济、旅游、贸易、教育、科技、体育、卫生、法律服务等方面，推动江宁与文莱斯里巴加湾市开展多种形式的交流与合作，助力南京市与“一带一路”城市友好交往和经贸合作。发挥在园区建设、机构和平台运营管理方面的成功经验，鼓励支持江宁开发区、江宁高新区、滨江开发区等园区利用产业优势、园区经验与“一带一路”共建国家的资源禀赋、市场要素相结合，推进建设合作示范园区。推动中阿国际产能合作示范园建设，助力南京“智慧城”项目建设在泰国落户，打造有国际竞争力的产业园区。深化园区管理体制改革，加强顶层设计，不断创新园区建设模式和运营机制，优化园区功能定位，全面提升园区经济国际化水平，支持空港综合保税区做好申报工作。

【新领域合作】 2022年，全区抓住国家扩大金融开放、放宽外资金融机构市场准入机遇，鼓励区内企业赴“一带一路”共建国家和地区进行上市融资、开展并购业务、发行境外债券等，协调引导金融机构，加大支持力度，为江宁企业参与“一带一路”建设，提供金融支持。打造境内外大型电子商务平台，加快建设顺丰智能供应链项目，打造华东地区最大的综合型现代电子商务服务平台。推进南京国家级跨境电子商务综合试验区建设，培育跨境电子商务新业态，鼓励区内电商企业面向“一带一路”共建国家和地区拓展业务，努力打造一批知名度高、影响力强的跨境电商综合平台，为南京市国家级跨境电子商务综合试验区建设贡献江宁元素。 （区发改委）

对外及对港澳台贸易

【进出口贸易】 2022年，江宁区实现进出口总额1658.2亿元，比上年增长8.7%。其中，外贸出口1214.1亿元，增长1.9%；外贸进口444.1亿元，增长33.2%。实际使用外资及港澳台资9.36亿美元，下降10.43%。

【外资及港澳台资利用】 2022年，江宁区新设和增资外商投资项目139个，引进千万美元以上项目34个，其中1亿美元以上项目8个。合同利用外资及港澳台资12.23亿美元，增长51.9%。引进省级跨国公司地区总部（功能性机构）1家。 （区商务局）

【南京综保区跨境MALL运营】 1月17日，南京综保区跨境MALL在江宁开发区综保区正式运营。南京综保区保税展交中心——跨境MALL由南京广电猫猫新媒体有限公司牵头成立。在线上部分，该项目开发跨境电商平台小程序“广电猫猫跨境”，打通各大主流电商平台销售渠道，开设具备南京综保区特色标识的官方旗舰店，并通过银行、电信运营商等异业合作生态进行多渠道分发，释放南京跨境电商产业发展的市场红利。在线下部分，跨境MALL近3000平方米的场馆被分为多个具有国别特色的主题场馆，包括韩国馆、日本馆、中欧班列馆、环太平洋馆、欧洲馆、“一带一路”馆等6个馆，对接多国政府贸易促进机构和科技研发部门，引进高新技术及知名品牌，自建涵盖美妆、保健、食品、日化产品等一手供应链；同时设有封闭式与开放型相互穿插的多个直播间，与展交中心、保税仓库融合，打造“乘坐高铁环游世界”的场景体验。

【3个项目“云签约”】 5月16日，江苏省外资项目“云签约”暨外资总部企业“云授牌”活动举行，南京市设立分会场。其中，江宁区有3个项目签约落户，投资额5.8亿美元。3个项目涉及新能源电池、生物医药、高端智能装备等产业。其中，恒安锌溴液流储能电池项目落户江宁开发区，拥有锌溴液流电池微孔隔膜、双极板等关键材料的专利技术和全套生产工艺，并自主开发电堆加工集成工艺，实现从材料到产品、从储能系统到储能电站总包的全过程覆盖。艾澌克高端生物制品扩能项目也落户江宁开发区，达产后每年可纳税7000万元。凯腾世链传动系统大中华区总部及生产基地项目落户江宁高新区，主要产品包括用于乘用车、摩托车等车辆发动机传动系统的传动链条、张紧器、动轨、定轨、链轮等，计划2023年年底正式投产，2027年全部达产后可实现年产值3.3亿元。当天，位于江宁区的南京金露服装有限公司被授予外资总部企业称号。

【新增4家AEO认证企业】 11月，在南京市新获批AEO企业颁证仪式上，全市12家企业获得AEO认证企业证书，其中江宁区4家企业入选，分别为江苏博明物流有限公司、菲尼克斯（中国）投资有限公司、南京万通物流有限公司、艾默生过程控制流量技术有限公司。AEO认证企业是海关授予企业的最高信用等级，通过认证的企业将获得一系列优惠通关便利。 （宁 鉴）

开发园区

南京江宁经济技术开发区

【概 况】 2022年，南京江宁经济技术开发区（简称江宁开发区）完成地区生产总值1370.8亿元，比上年增长2.2%，其中服务业增加值430.2亿元；一般公共预算收入84.21亿元，增长2%；全社会固定资产投入262.9亿元，增长2.4%；规模以上工业总产值2004.4亿元，增长5.2%；地方外贸进出口1333.5亿元，增长5.6%，其中地方外贸出口978.2亿元，进口355.3亿元，增长43.1%；社会消费品零售总额261.61万元，增长17.4%，其中新能源汽车增长1.1倍。在商务部公布的2021年度国家级经济技术开发区综合发展水平考核评价中位列第八，在2021年度江苏省经济开发区高质量发展综合考核评价中排名第三。

【项目引进与建设】 2022年，江宁开发区引进南京恒立智能技术有限公司、港钟控股（南京）有限公司等千万美元以上外资及港澳台资项目20个，其中1亿美元以上项目6个。实际利用外资及港澳台资81025万美元，增长1.3%。签约引进50亿元以上内资项目10个，其中百亿级项目5个。推进未来网络试验设施、大尺寸硅外延材料产业化、卫岗乳业乳制品智能化生产等63个区级实施类项目（含省市重大）建设，当年完成投资226.5亿元。其中，大尺寸硅外延材料产业化、汇川高端装备制造研发基地等省市重大项目33个，当年投资179亿元；工业固定资产投入126.7亿元，增长12.8%。南京国博电子股份有限公司（股票简称“国博电子”，股票代码688375）和南京磁谷科技股份有限公司（股票简称“磁谷科技”，股票代码688448）在上交所科创板正式挂牌上市，南京濠暻通讯科技有限公司（股票简称“濠暻科技”，股票代码02440.HK）在香港联合交易所挂牌上市。

【科技创新】 2022年，江宁开发区企业中科药业获批江苏省海外研发机构项目，新打造伯睿—英国伯明翰海外协同创新中心等多家海外创新平台，引进国际化项目近30个。西班牙海外协同创新中心在全市绩效考评中再获“优秀”等次，联合全国各地6个重点园区与以色列6个孵化器组建“中以创新园区合作联盟”。入选市级独角兽、瞪羚企业98家，其中入选瞪羚企业数全市第一。举办第六届未来网络发展大会、第二届智能制造创新大赛、2022海外项目推介交流会（以色列专场）、2022南京海外高层次人才双创大赛欧洲选拔赛、中英高层次人才“云上”交流大会等创新创业活动10余场。打造人才落地优质环境，新设海外人才飞地3家，引进海外留学人员450人，高标准建设国际人才街区，“海智湾·江宁”移民事务中心正式挂牌，全年新增入湾359人。推出“知识产权公共服务平台”线上网站，全年发明专利授权量4123件、有效发明专利拥有量16182件，知识产权质押融资额超20亿元，11项专利获市级优秀专利奖，5家企业获批市级高价值专利培育中心项目。更新发布“腾飞八条”2.0版本，修订完善知识产权奖励办法，在全市率先推出“专精特新八条”“智改数转八条”，构筑起覆盖科技企业成长全生命周期的政策体系，新增省级以上专精特新企业53家。启动运营国家第三代半导体创新中心（南京），东南大学国家大学科技园入选全国首批、全省唯一国家未来产业科技园建设试点，获批市创新联合体8家、市新型研发机构联合技术攻关项目4家。

【城市建设】 2022年，江宁开发区全面推进62项年度城市建设工程，完成投资67.5亿元。九龙湖隧道、文心桥、苏源大道改造等市政工程投入使用，禄口02地块复建房交房，禄口01地块、禄口03地块、东善桥四期二片区、东善桥七期、横溪三期等安置房项目有序推进。加快科创载体、轻型工业标房、人才公寓等产业创新服务综合体建设，吉印产业创新园一期、空港新动能产业创新园一期、无线谷科技园C楼和F楼高标准建成，中关村科创中心、综保区研发楼、新都中心等载体加快推进，九龙湖总部园二期即将启动。推动存量用地提质增效，签约华设、金露服装、泰艺电子等18宗、67.3公顷存量用地再开发。发展楼宇经济，打造现代楼宇园区56处、总面积376万平方米，集聚企业3000余家，紫金研创中心晋级亿元楼。建设百家湖硅巷，新引进英飞源、叠拓、国科环宇等优质项目133个。出让经营性用地5宗、面积22.6公顷。加快建设正方新城、空港新城、软件园等重点城市板块，南师附中正方新城学校签约落户。

【中国电科院南京科研基地项目签约】 2月28日，中国电科院南京科研基地项目签约落户江宁开发区。该项目总投资100亿元，主要建设新型电力系统的相关关键技术研发与检测，以及新能源运行支持、太阳能发电并网、电力气象应用、新型电力系统宽频域监测分析技术等检验检测中心、成果转化基地及科研辅助设施，打造华东地区新型电力系统二次设备重大科技创新中心，推动形成数百亿上下游产业链规模。

【南山飞卓宇航项目落户】 6月9日，总投资1亿美元的南山飞卓宇航项目在江宁开发区重大项目签约活动上正式签订。南山飞卓宇航工业有限公司是法国飞卓宇航集团与南山铝业股份有限公司各投资50%成立的航空精密零件加工企业，业务涵盖飞机机身零件、机翼零件、发动机零件、客舱系统零件等。

【汇川技术南京高端装备研发生产基地启动】 6月18日，汇川技术南京高端装备研发生产基地开工暨入驻活动在江宁开发区举行。该项目由中国工业自动化控制领域领军企业深圳市汇川技术股份有限公司投资建设，总投资50亿元。启动项目主要涉及工业机器人、工业软件、丝杠、数字化以及研发等业务板块，并整合工业视觉和图像、磁悬浮高速电机、自动化等板块业务，打造汇川技术南京高端装备研发生产基地。

【粤浦云创中心项目开工建设】 9月28日，粤浦云创中心项目在江宁开发区开工建设。该项目是江宁区低效用地改造重点项目，也是粤浦科技在南京的首个旗舰型项目，建设专注智能制造产业，集投资、空间、运营、场景四大服务功能于一体的特色产业园。粤浦科技产业发展集团是联东集团旗下品牌，聚焦人工智能、光电芯片、信息技术、智能制造等八大硬科技产业赛道，在一线及新一线城市核心区建设运营高水平产业空间，专注服务以技术更新和科技迭代为动能的优质企业。项目占地27.5公顷，总建筑面积60万平方米，主要发展以新一代信息技术和人工智能为技术特征，多产业融合的智能制造产业。项目规划独栋、双拼厂房，高层产业大厦，科技研发中心，配套科技人才公寓、星级酒店、特色商业街区等业态，打造集生产、研发、办公、生活于一体的科技产业未来社区，构建科技生态圈。

【江苏恒安锌溴液流储能电池项目一期试生产】 10月15日，江苏恒安锌溴液流储能电池项目一期试生产。该项目由江苏恒安储能科技有限公司投资，总投资5亿美元，规划产能4.5兆瓦时，将与华能、华电、国能、国电投、中节能等企业开展全面合作，供应全国乃至全球市场。

【江宁—明光合作产业园揭牌】 11月12日，宁滁皖北省际产业

九龙湖国际企业总部园　　（年鉴编辑部供图）

合作园区集中揭牌仪式在安徽省滁州明光市举行，江宁—明光合作产业园正式揭牌。当天，江宁开发区与明光经开区签订8年期限的合作共建框架协议，在明光经开区内确定10平方千米作为江宁—明光合作产业园，前期划定3平方千米作为启动区，为双方建立交流平台、产业合作、成果转化、项目落户、人才交流等合作奠定基础。同时，宁滁皖北省际产业合作园区6个项目集中签约，项目总投资123.9亿元。

【恒立智能电动控制产品生产基地项目签约】 12月9日，恒立智能电动控制产品生产基地项目签约仪式在江宁开发区举行。项目总投资1.5亿美元，主要研发和生产工程机械电驱动总成、高性能电机、高可靠自动变速箱、整车控制器和电机控制器等。恒立智能电动控制产品生产基地项目由恒屹装备投资建设，恒立液压是恒屹装备旗下企业，是一家集液压元件、液压系统等产业于一体的大型综合性企业，主要市场涵盖20多个国家和地区，产品遍及工程机械、港口船舶、能源开采、隧道机械、工业制造等众多行业，技术水平和生产规模已跻身世界液压领域前列。

【南京综合保税区（江宁）】 2022年，南京综合保税区（江宁）完成外贸进出口522亿元，一般公共预算收入6093.1万元，国资营业收入1亿元，均实现正增长；到位外资及港澳台资1000万美元，到位内资8亿元，工业投入8亿元，比上年分别增长165.8%、130.7%、160%。引进鸣啸科技生产研发、瓶子科技、永磁同步机电等亿元以上项目8个；32.3万平方米的北侧研发楼、美乐威、方桥、联亚二期、盛鑫半导体、鸣啸轨道交通、芯长征半导体等7个购地项目全面开工建设。南京综保区跨境MALL正式开业。

【九龙湖国际企业总部园】 2022年，九龙湖国际企业总部园实现税收5.8亿元，一般公共预算收入2.8亿元，实际利用外资及港澳台资751.1万美元，实际利用内资12.1亿元。引进西门子集团投资的西门子数字化工业集团运动控制业务亚太区总部项目、宇通集团投资的宇通汽车华东区域总部项目、万科物业投资的万御安防南京总部项目、博芯科技投资的博芯科技南京研发总部项目、富柏建设投资总部项目等12个亿元以上重点项目，总投资额47亿元。全年净增高新技术企业20家，培育独角兽、瞪羚企业14家。（苏　瑛）

【开发区获批国家创新人才培养示范基地】 1月，科技部公布最新一批创新人才推进计划入选名单，江宁开发区入选国家创新人才培养示范基地。国家创新人才培养示范基地作为科技部创新人才推进计划的重要组成部分，是以高等院校、科研院所和科技园区为依托，由科技部、教育部、人社部、财政部等8个部门共同实施，旨在通过创新体制机制、优化政策环境、强化保障措施，打造人才培养“先行先试”的人才特区。同时，入选单位将获得科技部创新人才推进计划其他项目的直接推荐资格。江宁开发区与16个国家达成多领域、多层次合作关系，推进国际友好城区、国际创新合作联络处、海外招才引智工作站、海外协同创新中心和国别合作创新园区建设。设立总规模10亿元科创基金和60亿元产业母基金，以金融服务护航科技创业。打造以人为本的高品质创新创业创意区，建成“三创”载体500万平方米，在建160万平方米。园区人才资源集聚度位居全市园区之首，集聚诺贝尔奖得主、国家重点人才和省级人才计划获得者361人；高新技术企业中有19%为人才企业；瞪羚、独角兽、培育独角兽企业中，有33%为人才企业。

【未来网络未来产业科技园入选全国试点】 11月28日，科技部、教育部发布《关于批复未来产业科技园建设试点的函》，由东南大学、江宁开发区管委会共建的未来网络未来产业科技园入选首批未来产业科技园建设试点，是全国10家建设试点之一，也是江苏省唯一一家。未来产业科技园试点由科技部、教育部联合开展申报，重点支持高水平研究型大学和地方政府（国家高新区）、科技领军企业合作，以国家大学科技园为基础开展试点建设，打造未来产业科技创新和孵化高地。未来网络未来产业科技园，是以东南大学、江宁开发区为共建主体，联合华为、埃斯顿自动化、中兴、中国移动、科远智慧等科技领军企业，瞄准“无线通信与微电子器件”“未来网络与内生安全”等尖端技术，以东南大学国家大学科技园为基础，规划建设的未来产业科技园，致力于培育引进未来网络领域高层次科技领军人才和创新团队，探索“学科＋产业”创新模式，提升科技成果转化和孵化专业化能力，构建未来网络产业应用场景，加快集聚人才、技术、资金、数据等创新要素，打造未来网络产业创新和孵化高地，引领新时期国家大学科技园升级发展。

（宁　鉴）

南京江宁滨江经济开发区

【概　况】　南京江宁滨江经济开发区（简称滨江开发区）有企业482家，其中规模以上工业企业130家。2022年，园区统筹推进新冠疫情防控和经济社会发展，招商引资、项目建设、科技创新等取得新进展，逐步成为江宁区乃至南京市布局战略性新兴产业的重要板块，形成新一代信息通信技术、绿色智能汽车、高端智能装备三大主导产业和现代服务业、健康产业两大战略性新兴产业体系。全年完成地区生产总值160.31亿元、一般公共预算收入16.2亿元，规模以上工业总产值831.76亿元、地方外贸进出口158亿元，比上年分别增长14%、51.6%、21.7%、30%；全社会固定资产投资63.5亿元，增长1.63%，其中工业固定资产投资29.6亿元。

【招商引资】　2022年，滨江开发区坚持将盘活低效工业用地作为腾挪发展空间、倒逼产业转型的关键举措，11宗、52.3公顷低效用地实现“腾笼换凤”。组建深圳驻点招商小分队，精准承接珠三角产业转移。全年签约亿元以上项目69个，签约项目总投资471.19亿元，实际利用内地资金106.35亿元，实际到位外资及港澳台资5822万美元。

【项目建设】　2022年，滨江开发区26个省、市、区重大项目计划投入113.96亿元，其中产业类项目25个、民生类项目1个。至年末，26个项目全部开（复）工，完成投入123.76亿元。中兴通讯智能制造基地、中兴通讯服务器、LG锂离子、泰融生物试剂、商络电子、牧龙食品等项目竣工投产。格力新元、顶瑞机器人、湛德医疗等项目租赁厂房部分投产，新建部分进入主体施工；乾元浩兽用医药、中船三期等项目进行基础和主体施工，部分项目设备进场安装。

【科技创新】　2022年，滨江开发区新增市级以上企业工程技术研究中心5家，青梧桐滨江大创园、同宁新材料研究院入选省级众创空间，中聚互联众创空间被认定为国家级众创空间。引进江苏科信等科技人才项目40个，与江苏科技大学组建焊接技术服务平台，深化校企合作、园企联动。全年新增高新技术企业48家，累计132家。入库科技型中小企业256家，迈拓仪表入围科技部综合评审，中船绿洲环保科技有限公司入选区级企业专家工作室。

【城乡融合发展】　2022年，滨江开发区围绕建设现代宜居新城目标，加快27个A类城建项目建设，完成投入28.15亿元。宁马互通改造、宁马高速下穿、338

位于滨江开发区的泰融生物试剂产业园项目外景　（滨江开发区供图）

省道等重点交通改造项目基本完成，G58幼儿园、盛江花苑八期A、B区复建房主体竣工，园区交通、教育、住房等公共服务设施逐步完善。（严 琪）

【新一代信息通信产业园入选省特色园区】 2月，省商务厅公布第四批江苏省特色创新产业园区名单，滨江开发区新一代信息通信产业园入选。滨江开发区以“打造千亿级先进制造业新高地”为契机，集聚中兴通讯、中信科等一批信息通信龙头企业。充分利用中兴通讯落地园区的资源优势，围绕5G基站整机产品，建立完整的上游元器件、模块以及相关配套供应链。引入基站设备整机、小基站、电路板、基站外壳、结构件等整机及配套部件；引入电源管理模块、散热模块、基站天线、基站射频放大器以及基站滤波器等关键部件供应商。

【新工泰融生物试剂产业集聚区投用】 6月30日，新工泰融生物试剂产业集聚区重大项目投用暨项目签约活动在滨江开发区举办，现场24家新医药与生命健康产业链企业签约入驻。作为全市首家新医药与生命健康产业共性制造平台，新工泰融生物试剂产业集聚区是由南京新工投资集团及旗下江苏凯基生物技术股份有限公司在滨江开发区共同投资，该项目围绕新医药与生命健康产业链，重点打造抗体药物、重组蛋白药物、诊断试剂等上游关键原材料基地。项目自签约落户滨江开发区后，先后被列为国家医疗战略物资产能和物资储备重点项目、“江苏省生物医药核心材料绿色制造创新基地”和“南京市产业链公共技术服务平台”。当天签约落户的项目中，有致力于前沿引领基础研究的国家重点实验室，有专注于细分赛道的“专精特新”，也有已经获得资本青睐的“进口替代”，以及希望依托泰融平台获得新产品和新技术的上市公司平台。此次集聚区的投用，产业定位于生命科学领域核心“卡脖子”工程，将有效推动“泰融”的产业链延伸，突出科技创新的产业化阶段，加快搭建共性制造的智能化生产线。

（宁 鉴）

南京空港经济开发区

【概 况】 2022年，南京空港经济开发区（简称空港经开区）实现地区生产总值108亿元，比上年增长12%；规模以上工业总产值176亿元，增长5.2%；固定资产投资89亿元，增长12%；社会消费品零售总额95亿元，增长10%；一般公共预算收入8.22亿元，外贸进出口额113亿元，跨境电商通关量领跑全省。

【产业培育】 2022年，空港经开区加大招商引资力度，引进福特三电、正力新能2个旗舰型项目，飞卓宇航、中桂制药等亿元以上项目29个，总投资320亿元。攻坚重大产业项目，24个省、市、区重大项目全部开工建设，当年完成投资73亿元。英尼格玛、中航伺服等14个项目加快建设，新兴东方航空等7个项目主体竣工，全信传输、南传齿轮等3个项目竣工投产。

【科技创新】 2022年，空港经开区新增国家级专精特新企业1家、省级专精特新企业12家，引进科技型企业40家，净增高新技术企业29家，培育瞪羚、独角兽企业8家。25家企业实施“智改数转”，清华启迪、南航研究院等3家创新载体提质增效。

【城市建设】 2022年，空港经开区完成如意湖景观亮化、绿化提升工程建设，玉振路幼儿园建成投用，礼尚路小学主体竣工，乾清路小学开工建设。飞天大道、云龙路、华商路等道路完成改造并通车，云凤居二期、空港租赁住房主体封顶，新生、高伏安置房启动建设。

【力升动力空港产业园开建】 8月18日，力升动力空港产业园在空港经开区开工建设。力升动力空港产业园是南京迪升动力科技有限公司布局的无油涡旋空压机项目，该公司在无油涡旋空压机领域，已成功研发全系列产品，达

空港新城俯瞰 （年鉴编辑部供图）

到世界先进水平。其产品广泛应用于轨道交通和新能源客车制动系统等领域，多项技术成为行业标准。项目总投资11亿元，达产后年产无油涡旋空压机10万台（套）。（空港经开区）

【10个重大项目集中签约】 1月17日，空港经开区举办2022年首批重大项目签约仪式，包括央企区域总部、民营专精特新的10个重大产业项目签约落户，总投资200亿元。此次签约的10个项目中，包括中国黄金建设华东总部项目、上海上实龙创瓦戈安全系统项目等4个央企区域总部型项目，以及中电华瑞智能电网芯片制造项目、迪升无油空压机项目、国发碳中和绿色产业园项目等6个民营专精特新项目。其中，中国黄金建设华东总部项目总投资100亿元，归集总部结算、运营管理和技术研发功能，统筹江苏、安徽、浙江等地矿业工业和建筑工程业务；总投资11亿元的迪升无油空压机项目，主要从事高端无油涡旋空压机的研发、制造与销售，产品包含轨道交通车体制动系统空气压缩机，新能源客车、卡车制动系统空气压缩机，医用呼吸机、制氧机空压器和工业厂房空气压缩站等。（宁　鉴）

南京东山国际企业总部园

【概　况】 2022年，南京东山国际企业总部园（简称东山总部园）实现一般公共预算收入4.92亿元；规模以上工业产值119.04亿元；社会消费品零售总额167.8亿元；全社会固定资产投资14.1亿元，其中工业投资10.1亿元。

【招商引资与项目建设】 2022年，东山总部园围绕区域总部项目强链补链，签约亿元以上项目15个，总投资70亿元，实际利用内资9.03亿元，实际利用外资及港澳台资1000万美元。中石化物探研究院利用自有载体，通过资产重组新注册中石化软件研发中心区域总部项目，总投资9.6亿元；金埔园林新建4.8万平方米载体，设立金埔景观规划设计研究院集团总部项目，总投资9.5亿元；齐峰科技新建4万平方米载体，设立齐峰智能化电力系统辅助设备研发制造基地项目，总投资5亿元。7个区重大产业项目全部开工，其中续建项目3个、新建项目4个，涉及高端智能装备、智能电网、软件信息科技及生物医药产业等，全年完成投资13亿元。

【产业转型升级】 2022年，东山总部园申报国家级专精特新企业1家、省级7家，入库市级专精特新企业4家。入围南京市瞪羚企业4家，新增上市企业1家，认定南京市工程研究中心1家。申报“智改数转”企业11家，培育规模以上工业企业3家、限额以上商贸企业12家、规模以上服务企业1家。加快产城融合，打造富有现代产业特色的楼宇经济，对苏泉工贸地块（4.7公顷）按照新项目嫁接并引入国有资本联合开发建设模式，推进空置地块加速转型，江苏新华日报资产管理有限公司与深圳高盛联合打造新华高盛东山智谷项目，项目总投资10.2亿元。

【科技创新】 2022年，东山总部园聚焦新型研发机构技术源头和产业应用“双向拓展”，完成国际合作项目2个，专利申请60余项。科创载体在孵企业80余家，科技型中小企业入库109家，完成产学研合作项目5个，实现技术合同交易额7.55亿元，高维持年限发明专利（10年以上）117件，年内发明专利授权量75件。涉及新材料、新能源、环保科技及通信科技等高新技术企业累计58家，其中新增高新技术企业8家。全年新增国家重点人才工程专家6人、省“双创人才”创业类5人，培育省“333高层次人才”1人，累计培育市科技企业家3人、市级创业人才48人，集聚海内外高层次创新创业人才100余人。

【爱尔西生物信息技术研究院成功研发纳米抗菌产品】 1月，位于东山总部园内的南京爱尔西生物信息技术研究院成功研发出一种纳基于激光脉冲沉积（PLD）技术的纳米抗菌产品——PLD纳米长效抗菌抗病毒镀膜。该产品会在物体表面快速形成一层纳米涂层，能有效提升人为干预病原微生物传播效果和对易感人群保护效果，有效防护时间为半年。PLD纳米长效抗菌抗病毒镀膜研发成功后，经多家第三方权威机构检测，结果表明可杀灭99.99%细菌和病毒，并且无毒无腐蚀性，可使用于各种材料表面，这一产品已在江宁区各大型场所投入使用。（俞菁菁）

江苏软件园

【概　况】 2022年，江苏软件园实现一般公共预算收入2.17亿元，实际利用外资及港澳台资2304万美元，实际利用内资20.06亿元，工业固定资产投资9.9亿元。

【招商引资与项目建设】 2022年，江苏软件园围绕新能源和智能网联汽车、人工智能、网络安全等三大主导产业强链补链，引进亿元以上项目11个，其中恒安锌溴液流、恒立智能、英飞源等10亿元以上项目3个，签约项目投资总额120亿元。电信四期项目主体封顶。获批省级车联网和智能网联汽车高质量发展先行区。

【创新资源集聚】 2022年，江苏软件园培育独角兽、瞪羚企业15家，新增“新四板”上市企业2家、省级研发机构4家、省科技型中小企业备案191家。新增发明专利授权量69件。

【基础设施建设】 2022年，江苏软件园推进城市建设与管理，南部片区城市设计及控规调整取得阶段性成果。建成东吉大道东延段、人才公寓支路，以低运量轨道交通秣陵线为基础形成软件园智慧公共交通系统线路方案。推动载体“腾笼换凤”，全年载体租金收入2212.66万元，比上年增长22%。

【软件园与金智科技共建分布式光伏电站】 6月，江苏软件园管理处与江苏金智科技公司签订分布式光伏项目合同能源管理协议，共同打造“低碳园区”。根据协议，江苏软件园利用载体顶楼3000平方米面积，安装太阳能电池板，建设光伏电站。按照使用25年计算，该项目年平均发电量30万千瓦时，年减排二氧化碳244.18吨。合作采用你出屋顶、我出投资模式，江苏软件园让出屋顶，金智科技进行一次性设备投资，光伏电站发的电能按照一定折扣卖给江苏软件园使用。

【英飞源华东研发生产基地项目落户】 10月，英飞源华东研发生产基地项目落户江苏软件园。该项目总投资10亿元，集研发、智能制造、运营服务及销售4个中心于一体，业务布局微电子、户用储能、工商业储能、电动汽车充电产品、智慧能源运营服务方向。

【恒立生产基地入驻】 12月，江苏恒立液压股份有限公司与江宁开发区签约，恒立智能电动控制产品生产基地落户江苏软件园。该项目由恒立液压控股股东恒屹装备投资建设，总投资1.5亿美元，主要生产工程机械电驱动总成、高性能电机等。恒立液压是集液压元件、液压系统等产业于一体的大型综合企业，主要市场覆盖20多个国家和地区，产品遍及工程机械、港口船舶、能源开采等行业，技术水平和生产规模跻身世界液压领域前列。

（王韦琳）

园区重点企业

【长安马自达汽车有限公司】 位于江宁开发区，前身为长安福特马自达汽车有限公司南京公司，由重庆长安汽车股份有限公司、日本马自达株式会社、美国福特汽车公司共同出资组建，2005年4月19日成立，2007年9月24日竣工投产。2012年8月24日经国家发展改革委员会

江苏软件园外景　（刘锦雷摄）

核准，公司分立成具有独立法人资格的长安马自达汽车有限公司，长安与马自达各占50%股份。2021年9月9日实施“两马”整合，实现销售渠道并网。公司由长安、马自达、一汽、马自达中国分别持股47.5%、46.55%、5%、0.95%。长安马自达集研发、制造和销售于一体，坐落于江宁开发区，总占地129公顷，累计投资总额88.4亿元，年设计产能22万辆，有员工2500余人。拥有次世代MAZDA3昂克赛拉、CX-30、CX-5、CX-50、CX-8、CX-30 EV、MAZDA6阿特兹、CX-4共8款产品。公司投资4.49亿元建成马自达海外唯一一家技术开发中心，拥有研发人员220人，具备部分设计开发能力、造型能力、拆解分析能力，整车试制完全本地化，70%以上新产品实验可在中国本地完成。

【南京泉峰科技有限公司】 位于江宁开发区，成立于1997年，注册资本34500万美元，由泉峰控股有限公司（股票代码2285.HK）投资成立，先后获国家高新技术企业、国家工业设计中心、国家绿色工厂、国家工业产品绿色设计示范企业、江苏省工程技术研究中心、江苏省国际知名品牌建设领军企业、南京市瞪羚企业、南京市外贸出口十强企业等称号，是专业从事电动工具、户外园林设备及相关产品研发、设计、制造、测试、销售和售后服务的行业解决方案提供商。公司拥有针对高端及大众市场终端用户推出的EGO、SKIL，以及针对工业级、专业级及消费级终端用户推出的FLEX、DEVON大有和X-TRON小强5个差异化且广受认可的品牌，覆盖全球主要地区和细分市场。公司与全球诸多顶级建材超市、百货连锁店、分销商及电动工具品牌制造商建立广泛而深入的战略合作伙伴关系，产品销售超过100个国家。

【菲尼克斯电气中国公司】 位于江宁开发区，1993年进入中国南京，始终坚持100%本土员工和100%本土管理，秉承“信任=责任”的核心理念，致力于成为最中国的德国企业、最进取的中国领袖企业和数字工业的新领军者，赋能未来绿色全电气社会。经过30年的快速成长，菲尼克斯电气中国公司现已发展为拥有7家独资公司和1家合资公司，集研发、生产、销售、物流、投资等功能于一体的全价值链跨国公司国家级地区总部，公司总注册资本超过1亿美元，员工2000余人，是集团公司在海外最大的研发与生产基地、全球三大竞争力中心之一，本土创新成果辐射全球。2022年，菲尼克斯电气中国公司营业收入超过40亿元，纳税2.5亿元。先后获中国电气工业10强/创新力10强、江苏智能制造突出贡献奖等荣誉，是国家认定的高新技术企业，拥有省级企业技术中心和博士后创新实践基地，先后被评为江苏省示范智能车间、江苏省工业互联网标杆工厂和南京市智能工厂、江苏省智能制造示范工厂，并入选工业和信息化部“中德智能制造合作试点示范项目”和《智能制造系统解决方案供应商规范条件》企业名录，参与《数字化车间术语和定义（GB/T 37413—2019）》《数字化车间通用技术要求（GB/T 37393—2019）》《智能工厂安全控制要求（GB/T 38129—2019）》等多项国家标准的制定。

（江宁开发区）

【南京宝色股份公司】 位于滨江开发区宝象路15号，注册资本2.02亿元，总占地面积28.5公顷，总建筑面积16.35万平方米，其中已建建筑面积13.16万平方米，未建建筑面积3.19万平方米。于2007年11月正式投产，是陕西有色集团旗下宝钛集团控股的上市公司，是国内首个特材非标装备制造上市企业，市场地位和综合实力均处于行业领先水平，2021年被认定为国家专精特新“小巨人”企业。公司主要从事钛、锆、镍等有色金属及高级不锈钢等大型高端特材非标装备研发、设计、制造、安装，产品广泛应用于化工、冶金、电力、能源、军工、海洋工程、船舶及环保等行业。公司掌握特材非标装备制造的各项关键核心技术，是钛制、锆制等压力容器行业标准的主要起草单位，拥有专利53项，其中发明专利24项。公司建立省级企业技术中心、江苏省企业院士工作站、南京市有色金属压力容器工程技术研究中心、南京市承压设备安全与节能工程技术研究中心等科技创新平台，先后承担国家重点新产品开发计划、省级重点技术创新计划、南京市科技发展计划等多个科技计划项目，公司实验室获得CNAS国家实验室认可资质。2022年，实现产值14.09亿元，纳税4414.3万元。

【爱尔集新能源科技（南京）有限公司】 位于滨江开发区弘利路16号，是由韩国LG集团投资建设的国家重点外资项目，总投资33亿美元。项目用地面积40.3公顷，分两期建设，总建筑面积50万平方米，主要建设新能源汽车动力电池生产厂房、办公配套综合楼、生产车间及品质检测中心等。该项目主要提供新能源汽车动力电池、储能电池的生产与销售，项目全面达产后预计产能51兆瓦时、产值400亿元。截至2022年年末，该项目已完成投资17亿美元，其中一工厂完成投资11亿美元，于2019年年底投产，计划投产包括3条电极生产线、1条储能电池生产线和8条动力电池生产线共12条生产线，设计产能27兆瓦时，现已安装9条（3条电极、1条储能、5条动力）并全部量产。二工厂已完成投资6亿美元，主要用于厂房建设和购置生产设备，于2021年5月投入使用，设计包括3条电极线和8条动力电池线共11条生产线，设计产能24兆瓦时，已安装1条电极线和3条动力电池线，2021年年底开始量产。三期项目根据全球新能源汽车整体发展情况择机启动。2022年，实现产值140.17亿元。（滨江开发区）

【中国航发南京轻动公司】 2011年1月，南京市政府和中国航空工业集团公司签订合作协议，约定由双方共同出资建设小型航空发动机研发生产项目，选址位于空港经开区，占地面积35.5公顷，总投资30亿元。2011年12月，中航工业南京轻型航空动力有限公司在江宁开发区注册成立，注册资本12.2亿元。该公司隶属于中国航空发动机集团有限公司，是航空发动机主机厂之一，主要从事涡轴系列航空发动机的研发、生产、维修和售后服务等业务。截至2022年年末，该公司一期已开发建设10公顷，二期正在规划建设。2022年，实现产值10亿元。

【布雷博高性能制动系统生产基地】 布雷博（南京）制动系统有限公司（注册资本7234.95万美元）位于空港经开区诺玛科公司以北、明瑞路以西，占地8.7公顷，投资总额1.4亿美元，主要从事制动片、制动钳等制动系统产品的生产，为国内市场的宝马、戴姆勒、大众、沃尔沃等整车厂提供高性能制动系统产品。2022年，实现产值10亿元，纳税1.07亿元。

【盒马鲜生南京运行总部】 该项目位于空港经开区，主要建设内容为中央厨房、冷链物流中心、智能物流分拣中心、办公及配套等区域总部运营。项目通过大数据、信息化、移动互联三大核心技术及自建物流体系，以互联网思维重构传统零售业态，形成线上线下一体化的商业新零售模式。项目方现已在南京市开设20多家盒马鲜生门店。项目总投资3.2亿美元，占地12.7公顷，选址地块位于信诚大道以南、坤宁路以东、凌霄路以北、普济路以西。2022年，项目已全面开发建设，计划2024年年底前竣工投产。（空港经开区）

【拓攻（南京）机器人有限公司】 2018年在江苏软件园注册成立，注册资金3000万美元，是专业的无人机飞行控制系统及无人机解决方案研发生产提供商，已获C轮华泰紫金、五星控股等投资机构近1亿元投资，已申请专利160件，其中PCT（专利合作条约）申请9件，发明专利申请31件，授权发明专利9件，授权实用新型专利56件，登记软件著作权23件；专业植保飞控销售2万多套，服务超过1万家种植户，产品远销东南亚、日本、欧美、南美等区域，年销售收入超8000万元。推出无人机核心飞控系统、植保、安防、测绘等行业应用无人机及周边配合的硬件、传感器、高精度任务载荷等相关软硬件产品，以及拓攻云等数据管理平台，进入农业植保、测绘、物流等多个行业领域。企业获高新技术企业、南京市工程技术研究中心、

南京迈瑞生物医疗电子有限公司生产车间内景 （江宁供电公司供图）

南京市培育独角兽企业、南京市新型研发机构，2019年被国际知名科技杂志 Enterprise Tech Review 评选为亚太地区 TOP10 科技农业创新公司。

【南京迈瑞生物医疗电子有限公司】
是迈瑞医疗筹建的全资子公司，成立于2007年，位于江苏软件园，注册资本1500万美元。公司业务范围主要涉及生命信息与支持领域，自主研发并生产数字一体化手术室、手术灯、手术床、医用吊塔/吊桥、内窥镜等外科手术医疗器械。南京迈瑞生产的各类产品已远销全球190多个国家和地区，上海瑞金医院、四川大学华西医院、中山大学附属第一医院、南京鼓楼医院等全国顶尖三甲医院，均在OR、ICU等重点科室使用南京迈瑞相关产品。南京迈瑞现有员工近600人，其中研发团队200余人，硕士及以上学历占比超过75%，设有江苏省博士后创新实践基地。申请授权PCT专利13项，拥有有效授权专利188项，获软件著作权9项，核定使用商品商标注册证书8项。南京迈瑞推出的一系列产品获得10余项国内外大奖，包括德国红点设计大奖、德国iF设计大奖、中国外观设计优秀奖、江苏省专利项目金奖、江苏省工业设计银奖、南京市优秀专利奖等。先后获国家高新技术企业、省企业技术中心、省工程技术研究中心、省工业设计中心、省智能制造单位、JITRI—迈瑞企业联创中心、南京市瞪羚企业、南京市智能工厂、南京市高端研发机构、南京市八大产业链龙头企业等一系列荣誉称号及资质。

【江苏享佳健康科技股份有限公司】
成立于2007年，位于江苏软件园，是融合互联网+思维，提供一站式健康咨询、健康消费、健康管理的科技服务企业。公司旗下拥有健康产品垂直电商业务，智能物联健康管理业务，结合文旅、会展、康养为一体的老年文娱生活服务业务三大核心业务，致力于为老龄人群提供衣、食、住、行、康、养、娱全方位的居家养老解决方案。享佳健康坚持以“连接天下父母，连接健康幸福”为企业使命，拥有全国1300万多个会员家庭。公司获江苏省著名商标、国家电子商务示范企业等荣誉称号，同时通过ISO 9001质量管理体系认证、中国保健行业AAA信用等级认证、高新技术企业等资质认证。（江苏软件园）

【南京华脉科技股份有限公司】
成立于1998年（股票代码：603042），注册资本1.61亿元，位于东山总部园，用地面积2.7万平方米，总建筑面积3.7万平方米，是一家信息通信网络基础设施解决方案提供商，致力于在通信领域为客户创造价值，提供行业领先的产品与解决方案。2022年实现产值8.54亿元。公司具备集“研发、设计、制造、销售、服务”于一体的综合能力，持续专注于为国内外电信运营商、电信主设备商、网络集成商和政企客户提供通信网络物理连接、无线接入、数据中心解决方案、物联网与系统集成和通信信息增值服务。主要产品覆盖从局端OLT到用户端ONU的全系列ODN及无线通信网络建设产品。公司已成长为国家高新技术企业、国家两化融合贯标企业、江苏省专精特新中小企业、江苏省高成长型中小企业，建有江苏省企业技术中心、江苏省企业研究生工作站、江苏省新型通信网络基础设施工程技术研究中心、江苏省工业设计中心等，通过ISO 9001、ISO 14001、ISO 45001三大管理体系、知识产权管理体系、信息安全管理体系和能源管理体系认证。

【江苏宏源电气有限责任公司】
成立于2006年3月，位于东山总部园，注册资本2亿元。该公司是专业从事电力装备制造、仪器装置开发、设备检测运维与智慧能源服务的综合性高技术企业，自主研发的低碳园区智慧能源管控系统已成功上线运行，为近10家企业提供智慧能源管控服务。公司每年研发费用投入约3000万元，拥有各类专利200余项，软件研发获CMMI 3级认证、研发体系纳入ISO 9000。2022年实现产值7.21亿元。获江苏省科技型中小企业、江苏省智能电网产业联盟成员、江苏省示范智能车间、省市名牌产品、省市著名商标、机械行业职业技能鉴定江苏电气南京点，电力设施许可证承试类三级、建筑业企业资质电力工程施工总承包三级、CMMI Maturity Level 3、通用航空企业经营许可等资质。（东山总部园）

交通 电信

公 路

【概 况】 2022年年末，江宁区境内公路总里程2419.2千米，公路密度155千米/百平方千米。其中，高速公路150千米（含国道、省道高速公路），一级公路401.7千米，二级公路122千米，三级公路415.9千米，四级公路1329.6千米。全年境内旅客运输量227.21万人，旅客周转量5317.05万人千米；货物运输量3068.89万吨，货物周转量43.7亿吨千米。

【公路建设与危桥改造】 2022年，全区推进002省道江宁段、246省道江宁段、东麒路北延、宁杭高速淳化互通以及338省道江宁段南延等一批重点道路工程建设，经十一路建成通车。分步实施农村公路高质量提档升级工程建设，完成农路提档升级36.4千米、危桥改造38座。江宁区农村公路高质量提档升级工程SG3标、SG4标获"2022年度南京市公路水运工程平安工地建设市级示范工地"称号，江宁区"宁径织美"品牌获评"2022年度江苏十大优秀农村公路品牌"，大西线获"2022年度江苏'美丽农村路'样板路"称号。

【路政管理】 2022年，区交通运输部门持续整治公路路域环境，针对群众反映强烈的占道经营摆摊设点、违法设置非标等现象，进行集中整治。加大重点路段巡查力度，加强施工路段管理，对辖区内国省干线每天巡查1次，发现涉路违法行为及时制止、纠正和整治，发现标志标线缺失及时增补。全年办结县道涉路许可案件6起，配合市交通运输局办理14件国省道涉路许可、8295件大件运输许可，清除路障37处，整治摊点131个、非标189块，制止涉路违法行为24起，查处未采取密闭措施污染路面车辆25辆。宣传公路法律法规，在全区涉路违法行为较多路段，发放普法宣传材料300余份，有效保护路产路权。全面落实省、市扫黑除恶专项斗争部署要求，与公安部门联动，以江宁超限检测站为中心，深化联合治超工作，严厉打击恶意超限超载运输行为。做好超限车辆的称重检测和卸驳载，建成不停车检测点10个，其中9个点于6月29日启用，累计进行涉嫌违法超限车辆站内检测1628辆，卸驳载35274.5吨，交通非现场处罚399起，罚款金额43.77万元。

【公路养护】 2022年，区交通运输部门按照计划开展各项公路养护作业，及时处置路面病害，提升公路养护水平。完成104国道"迎国检"工作，加强全区668千米国省干线、县道的日常养护、巡查工作和桥梁经常性养护检查。国、省道优良路率95%以上，县道优良路率93%以上，获"全省公路养护管理优秀集体"称号。

【运输管理】 2022年，区交通运输部门对辖区内客运企业包车路单实行系统全自动审批，审核路单82单。开展营运客运车辆年审185起，换证27起，发放新证18起，营运客车等级划分8起。完成江苏省"十佳城乡物流服务品牌"和交通运输部、国家邮政局第三批农村物流服务品牌建设，按照"交邮融合、两个稳定运营"的要求，协调邮政公司、东山公交开通“交邮融合”城乡公交示范线2条。对辖区内257个直流充电桩和85个交流充电桩开展年度安全检查，敦促企业形成闭环。倡导企业参与绿色出行行动，全年更新新能源公交车250辆，更新公共自行车4000辆，更新改造老旧自行车网点320个。

【汽车维修管理】 2022年，全区有机动车维修企业392家（一类64家、二类229家、三类91家、摩托车维修企业8家）。区交通运输部门加强对维修企业的日常管理，全年检查维修企业519家次，出动执法人员1089人次、执法车辆496辆次。其中，维修企业危废储存和处置专项检查企业53家次，发现隐患并立即整改到位17起；货车非法改装专项检查企业32家次，未发现非法改装现象。

【驾校培训管理】 2022年，区交通运输部门审核各驾校上报计划108823人次，审核后上报85294人，上报增班计划4097人次。全年检查驾培企业175家次，出动执法人员350余人次、执法车辆175辆次，发现隐患并立即整改到位2起，对机动车驾驶培训违法违规经营行为行政处罚9起，罚款金额3.1万元。完成对3家驾培企业经营场地备案变更、3家驾培企业增加经营范围备案的勘验及换证工作、2家驾培企业经营场地备案延续，无备案注销驾培企业，备案新办1家。

【交通行业管理】 2022年，全区新增、更新新能源公交车250辆。审验道路运输业户3285户、道路运输车辆13751辆，新增从业人员166人。拥有道路运输业户6315户、道路运输车辆14382辆。优化调整公交线路32条，其中新辟公交线路10条，优化调整线路22条。至年末，区内东山公交拥有公交车辆1456辆，公交线路198条，镇村公交线路覆盖率100%，公交站点平均500米覆盖率100%，镇村公交开通率100%。副城机动化出行分担率49.1%。（区交通运输局）

【江宁交通建设集团】 南京江宁交通建设集团是成立于2011年12月的区属国有企业集团，注册资本9.68亿元。拥有全资子公司13家、控股公司4家、参股公司8家，三级公司27家。主要从事道路、桥梁、市政等基础设施建设与投资，美丽乡村建设与开发、地产建设与开发、汽车检测、物业管理、交通配套产业的经营、投资与开发等。企业具备国家公路工程一级总承包资质、建筑工程施工总承包一级资质、建筑装修装饰工程专业承包一级资质等20多项专业承包资质。2022年，集团完成全社会固定资产投资11.24亿元，实现主营业务收入（自营收入）20.08亿元，年末资产总额406.33亿元。按照既定时间节点要求，加快工程建设进度，由集团援建的伊犁州特克斯县阔克苏乡美丽乡村田园综合体先行启动区建设项目于8月全面建成并交付使用；002省道江宁段秦淮河大桥、宁马高速下穿段，以及经十一路等项目相继建成通车；新四军在南京主题教育展展陈展示、大岘精品民宿村、人居环境等项目完成建设；区残疾人服务中心主体大楼基本建成。站前路、东麒路北延、上汽大通下穿104国道地下通道等工程加快推进。实施官山坳尾矿库环境整治工程，处理污水57.12万立方米、污染危废1836.48吨。援建的高淳联群生态养殖项目生猪出栏22287头。深化国企改革，推进“1个委员会+3个中心”（审计委员会，人才交流中心、资金核算中心、投资发展研究中心）管理模式实质化运作，获评AA+主体信用评级，完成部分资产确权办证。加强企业管理成本费用和融资成本管控，实现资产负债率、融资成本率双下降。抽调近400名志愿者参与小区管控、交通卡口、防疫转运、指挥中心、隔离酒店保障等新冠疫情防控应急工作。支援、安装集装箱262个，出动转运车辆7000多辆次，转运人员1万多人次。全年为13户服务业小微企业和个体工商户减免租金21.21万元。（龚 娜）

【长深高速月华路桥和南京收费站拆除】 8月6日，中铁四局开始对跨长深高速月华路桥、南京收费站实施机械拆除，加快推进长深高速并行段改移工程，为南沿江城际铁路按期通车运营提供保障。长深高速(G25)南京至杭州段为宁杭高速，是沪苏浙长三角的一条重要交通干线，也是连接江苏、浙江两个经济大省的重要快速通道。其中，需要拆除的月华路以桥梁形式上跨长深高速，分左右幅布置，桥面宽32米，桥梁全长98.36米；南京收费站大棚主体结构采用拱形钢桁架结合膜结构桁架，现状为6进12出，宽85米、长22米、高15.5米。（宁 鉴）

【经十一路工程项目通车】 2022年11月13日，由江宁交通建设集团承建的江宁区经十一路工程建成通车。该项工程包含2条道路，一条道路为经十一路南段城市段，起于沪宁高速以北约100米处，终于银亿东城小区内部道路，长566米，项目概算投资18502.63万元。2022年2月7日开工建设，南京西部路桥集团有限公司为施工单位，江苏先行交通科技有限公司为设计单位，南京安通工程咨询监理有限公司为监理单位。另一条道路为经十一路北段农路段，起于麒龙路，终于沪宁高速以北100米处，长800米，项目预算3516.96万元。2022年2月21日开工建设，南京西部路桥集团有限公司为施工单位，上海林同炎李国豪土建工程咨询有限公司为设计单位，江苏康振项目管理有限公司为监理单位。经十一路建成后，加强南京仙林与麒麟两个区域间联系，增强沪蓉高速以南地块与地铁4号线之间联系，缓解地块内部出行压力，弥补交通不足，改善百姓出行环境。（龚　娜）

【农村公路高质量提档升级工程通过验收】 12月9日，江宁区2021年农村公路高质量提档升级工程通过交工验收。145条道路（其中提档升级59.7千米、旅游道路3.9千米、大中修103.1千米）和危桥改造项目67座（含病害处理桥涵）全部提前建成通车。通车后项目路基稳定，路面密实平整，桥梁线形顺适，混凝土构造物外观总体较好，行车舒适平整，总体运行良好。

【宁马高速改扩建工程南京段全线通车】 2022年12月21日，宁马高速改扩建工程南京段实现全线通车。宁马高速于1998年9月建成通车，为双向四车道，是苏皖两省、南京都市圈以及长三角核心区域之间的重要联络通道，带动沿线板桥、滨江、谷里、铜井等新城和新市镇发展。南京市公建中心负责改扩建路段全长26.2千米，有刘村、西善桥、大方、梁家、滨江开发区、铜井6个互通。改扩建后，全线拓宽为双向8车道，局部地区为双向10车道。

（区交通运输局）

【002省道南京段改扩建工程秦淮河大桥建成】 12月31日，由江宁交通建设集团建设的002省道南京段改扩建工程秦淮河大桥建成。该项目全长2.1千米，全线采用一级公路标准，设计时速80千米。桥梁全长826.4米、共25跨，主桥上部结构采用55+100+55米三跨变截面预应力砼连续箱梁，引桥采用25米、35米标准跨径装配式预应力组合箱梁。于2018年10月启动建设，设计单位为苏交科集团股份有限公司，施工单位为南京润华建设集团有限公司，监理单位为江苏苏科建设项目管理有限公司，工程建安费22500万元。002省道江宁段改扩建工程是完善南京市“一环七横十七射”国省干线公路网重要工程之一，将江宁区打造的西部休闲创意区、南部生态旅游区、中央创新活力区、东部农业康养区串联起来。

（龚　娜）

铁　路

【概　况】 2022年年末，江宁区布局1条普速铁路（宁芜铁路），3条快速铁路（京沪高铁、宁杭高铁和宁安城际），快速铁路（含高铁和城际）总里程80.9千米。有8条城市轨道交通线路，分别为1号线、3号线、4号线，机场S1号线、S7线、S9线，麒麟有轨电车线、宁句线，总里程121.7千米。

【铁路安全管理】 2022年，江宁区完善由分管副区长为铁路段长、街道分管负责人为涉铁街道段长责任制，每季度末会同街道及铁路管理单位进行巡查，并向市交通运输局上报隐患问题，由市交通运输局建立台账、逐一销号。全区45个护路联防工作站保持正常运行，80名涉铁网格员和254名兼职护路队员开展常态化巡查，建成智能化护路设备42处，进一步把牢护路联防前沿阵地。铁路沿线专项安全整治范围从100米扩大至500米，通过巡查、路查、步查等方式检查核实，形成安全隐患清单500个，其中京沪、宁杭、宁安、宁芜铁路涉及硬漂浮物、轻漂浮物、危树、违法堆放等。截至11月，所有隐患全部完成整改、销号清零。

【南沿江铁路引入南京南站增加新通道】 6月28日，南沿江城际铁路引入南京南站信号连锁工程完成，为南沿江城际铁路开通提供前提条件，南京南站也将形成京沪、宁杭、宁安、南沿江城际高铁“四线”交会格局。通过此次改造，南沿江城际铁路从南京南站宁安场上海端仙宁联络线南侧引入南京南站，并在江宁新建联络线引入既有江宁站，连通南京南宁安场、沪汉蓉宁杭场和江宁站宁杭场，形成四线咽喉。

【宁杭高铁江宁站信号系统改造升级施工完成】 7月30日，宁杭高铁江宁站信号系统改造升级施工完成。此次信号系统改造升级施工主要更换CTC（调度集中系统）信号软件，开通启用3、4股道，调试启用信号机6架、室内外轨道设备6个区段、道岔设备2组。此次施工完成后，全站设备即投入使用，具备恢复办理客运业务条件，为南沿江城际铁路接入既有高速铁路网络创造全面信号接入条件。（区交通运输局）

水　路

【概　况】 2022年年末，江宁区管辖航道里程133.2千米，包括等级航道60.2千米，其中秦淮河四级航道11.2千米、六级航道20.4千米，秦淮新河四级航道6千米，句容河五级航道7.5千米、六级航道15.1千米；等外级航道73千米。内河港口3个，码头泊位9个，码头岸线总长630米。全区有航运企业2家，总运力42564吨，全年货物吞吐量141.1万吨。

【水路设施】 2022年，全区有内河码头岸电桩供电系统8套，产品采用模块化设计，集监控、计量、计费、支付、保护功能于一体，为内河船舶靠岸提供安全可控的电源。通过购买第三方服务的方式，公开招标一家运维企业流动接收辖区运输船舶的生活污水和含油污水。全年接收生活污水 含油污水76次、297.7立方米，实现辖区船舶生活污水、含油污水的接收、转运、处理、排放全过程闭环处置。

【航道管理】 2022年，全区水上交通安全形势保持稳定，未发生水上交通事故，继续保持水上交通安全“四项指标”为零，没有发生24小时以上阻航和船舶污染水域重大责任事件。通过开展内河交通安全专项整治、“打非治违”专项整治以及“安全生产月”等系列活动，辖区通航秩序进一步改善，船舶违章率明显下降。

【巡航检查】 2022年，区交通运输部门开展电子巡航730次、动态巡航84次，动态巡航时间237小时，巡航里程3501千米，上船检查254人次；水工现场检查22次，风景游览水域检查15次。发布通航水位水情信息396条。全年检查航标268座，航标正常率99%、发光率100%。

（区交通运输局）

航　空

【东部机场集团有限公司】 2022年年末，东部机场集团有限公司有在编员工9759人，其中合同制员工8992人、劳务制员工767人；高级职称128人、中级职称572人、初级职称635人；专业技术人员1335人。集团7家机场全年旅客吞吐量1910.4万人次，比上年下降35.8%；货邮吞吐量44.3万吨，增长1.6%；运输起降20万架次，下降28.6%。年末，集团资产总额375.25亿元，负债总额183.86亿元，资产负债率49%，所有者权益191.39亿元，其中归属于母公司所有者权益143亿元。全年实现业务总收入16.9亿元，亏损20.1亿元。南京禄口国际机场完成旅客吞吐量1240万人次，约为2019年的40%；货邮吞吐量44.3万吨，比2019年增长18%。

【南京—新加坡航线恢复双向载客】 5月19日，南京—新加坡航线恢复双向载客。这是自2021年7月新冠疫情发生后，南京禄口国际机场首个恢复双向载客的定期国际（地区）客运航班。

【南京机场人脸轨迹查询系统获CAPSE创新奖】 6月20日，南京禄口国际机场“慧寻踪、无忧行”人脸跟踪轨迹查询系统获2021CAPSE（民航旅客服务测评）创新奖，旅客登机桥远程控制系统获创新奖提名。“慧寻踪、无忧行”人脸跟踪轨迹查询系统通过人脸识别和数据定位分析技术，生成未登机旅客的行动轨迹，工作人员可根据系统快速找到旅客并提醒其尽快登机，有效减少误机情况的发生。

【省重点交通工程项目建设】 2022年，东部机场集团根据机场功能定位、规模结构和市场需求，科学统筹、专业指导各机场改扩建工程，加快省重点工程建设。南京禄口机场三期工程前期工作取得进展，T1航站楼南指廊改扩建工程通过行业验收，航空物流设施改造规划基本完成；扬泰机场二期扩建工程进入初步设计评审及报批阶段；淮安机场三期工程货站国际区改造项目基本完成，航站区改扩建工程开工，飞行区改扩建工程完成项目建议书编制；常州机场航站区改扩建工程进行初步设计，先导工程开工建设；徐州机场T1航站楼改扩建工程初步设计获批复，11月启动建设；盐城机场T1航站楼改造工程有序推进，飞行区等级提升工程的军地协议报省政府审查，T2航站楼获“2022年度江苏绿色建筑创新示范工程一等奖”；连云港新机场获评“2022年度江苏交通优质工程”。

（李晗旭）

电 信

【中国电信江宁区分公司】 2022年，中国电信股份有限公司南京江宁区分公司聚焦“云改数转”，打造平台型企业，先后搭建起一网统管、应急指挥、“12345”政务服务便民热线江宁分中心话务平台，以及智慧防疫及监控产品的平台叠加，建立引领性、示范性的个性化战略数字平台，助力区域内政府行政效率提升。凭借中国电信强大的5G移动网络优势，启动滨江开发区园区级5G+工业互联网融合平台建设，形成“滨江新模式”，即基于“天翼云”云网融合、云边协同的基础架构，深度集成中兴通讯数字星云的全栈ICT（指一种解决问题域全局性技术的能力模型）能力，构建区域级5G+工业互联网融合应用平台，为园区中小企业提供按需部署、按需订购、按需付费的5G云服务，并提供的灵活开发工具实现企业应用敏捷定制，最终实现可生长的数字资产交易空间，促进中小企业的数字化转型。参与工业企业“智改数转”诊断项目，为区域内工业企业提供工业智能化改造建议，展现数字化改造能力。重点服务科技类、汽车类、医药类企业及新注册企业，以中国电信优质的机房资源和稳定的无线通信及云池资源，为客户提供安全稳定的有形机房环境和无形上云资源，满足客户各类需求。全年新建5G基站190个、5G室分247个，实现重点集镇以上全覆盖和重点场景5G室分全覆盖。持续4G深度覆盖，聚焦护航行动，完成63个居民小区建设，解决高层小区、老旧底层小区及地下车库等不同场景覆盖需求。 （区电信分公司）

【中国移动江宁分公司】 2022年，中国移动通信集团江苏有限公司江宁分公司发挥信息技术优势、服务地方经济发展，全年实现运营收入15.6亿元，无重大投诉、安全生产事故。落实“做强做优做大国有资本”和“做强做优做大数字经济”要求，结合建设“世界一流信息服务科技创新公司”发展定位，为生产、生活、治理方式的数智化转型赋能。参与政府、园区、市政部门“5G+工业互联网先导区”、制造业“智改数转”诊断服务，不断满足需求、引领需求、创造需求。新开通5G宏站站点112处，5G基站累计1654个。统筹推进全向发力、融合发展，在个人市场坚持“连接+应用+权益”发展，年度5G网络规划建设全部完成，主城区及乡镇人口集中区域实现全覆盖。年末，全区5G网络用户58.92万户、5G终端用户80.03万户、5G套包用户104.03万户。江宁分公司权益用户32.5万户，视频彩铃到达月35万户。在家庭市场坚持“拓规模、树品牌、建生态、提价值”，拥有宽带信息点128万个，宽带用户52.7万户。在政企市场坚持“网+云+DICT”融合发展，达成AICDE信息化合作项目32个。 （谭慧玲）

【中国联通江宁分公司】 2022年，中国联合网络通信有限公司南京市江宁分公司新建5G基站476个，开通476个，开通率100%；累计开通站点1754个，主要覆盖城区、高校、景区、乡镇等场景，基本实现城区连续覆盖。主城区网络经过多轮优化后整体5G覆盖率99%，5G驻留比98.85%，下行平均速率600兆以上。全年完成247个小区宽带接入，新增覆盖21.8万户，实施65个小区的光纤改造。3月，全国两会召开，对重要线路、机房、电路及大客户等进行梳理形成清单，对41条重要线路、4处隐患看护点、63个名单制重要机房、142条重要电路，安排人员监控与巡检，落实通信保障、应急值守和安全生产责任，重要岗位实行双人双岗。8月，国际标准化（麒麟）大会在江宁举办，为国际标准促进中心提供通信保障，对保障地点周边及室分站点状态实行监控，实时发布网络指标情况。8月24日，第六届未来网络发展大会在上秦淮国际文化交流中心举行，大会采用“云上+线下”双线同步模式进行，活动期间搭建5G环境，提供通信保障。9月3日，中国江宁首届元宇宙产业发展高峰论坛在上秦淮国际文化交流中心召开，大会召开前开通专线宽带11条，活动期间做好3G/4G/5G网络保障，保证通信畅通。10月，中共二十大召开，成立以公司领导挂帅的通信保障领导小组和各专业小组，制订二十大保障工作方案，组织对各专业预案进行修订完善，重点做好13个重要党政军客户、178条业务运行保障工作，重点通信设施实现“双路由、双节点”保护。

（联通江宁分公司）

城市建设

城市规划

【概　况】 2022年，南京市规划和自然资源局江宁分局推进国土空间总体规划编制工作，“三区三线”划定成果获批启用，湖熟、汤山街道国土空间总体规划初步成果逐步完善。谷里、铜井等10个片区控规编制和58项控规图则修改工作高效推进，为全区城市空间与产业用地发展打下法定基础。推动19类330个城市功能提升工程重点项目启动实施，出台《关于加强江宁区建设项目设计管理、促进城市空间品质提升的若干措施》。编制《南京市江宁区城市风貌控制导则》，完成竹新路儿童友好街区和金山路邻里商业街区设计方案，启动沿牛首山河、九龙湖公园等6处“梧桐语”小型城市客厅设计及建设。

【规划编制】 2022年，全区城镇开发边界内控规编制覆盖率99%，基本实现全覆盖。推进谷里、铜井、岔路口、湖熟西等10项片区控规编制，其中5个控规已获市政府批复、1项进行上报阶段、4项有序推进。完成谷里、铜井片区控制性详细规划编制，将谷里打造为以生态、健康、智创为特色的“旅、居、业”和谐一体魅力田园新市镇；将铜井打造为以5G应用为先导、临港物流产业为特色的新兴智造产城融合组团。立足创新驱动城市发展，探索城市复合开发、高效利用土地资源新模式，完成王武庄车辆段城市设计与控规编制，从功能定位、土地利用、综合交通、空间景观、土地效益等“五个一体化”方面，建设南京首个TOD导向下的多元生态智慧地铁示范区，为全区轨道交通站点及车辆段高度复合开发提供样板。重点围绕江宁区城市功能提升工程主要任务，加快主城中心区、竹山路沿线、双龙大道沿线、利源路沿线、软件园片区等7项城市设计研究，其中1项城市设计已完成、2项通过专家评审会审议、4项有序推进。完成竹山路（外港河—天元东路）城市设计，遵循“留、改、拆”综合发展策略，重点打造6条特色街道，完善公共服务设施、提升城市空间品质和村（社区）活力。开展60项控规图则修改或技术深化工作，其中48项已完成，高新园派出所、文靖路两侧地块、方山北入口地块图则修改3项进入上报阶段，9项有序推进。加强重大项目服务保障，完成芯长征、华能一期、麒麟热物理所、泉峰科技等11项重大项目控规图则修改。促进存量用地提质增效，完成福田、江苏博特等4项控规图则修改。探索高标准厂房项目规划编制，完成联东U谷、粤浦等3项控规图则修改。优先保障民生工程项目建设，做好安置房缺口建设规划资源保障，完成高桥、解溪、麒麟四期等5项控规图则修改。完善公共服务设施配套，增加高品质公共服务供给，完成开发区医院、文齐路小学等4项控规图则修改。全年出具经营性用地地块规划条件27幅，总用地面积119.6公顷。

【规划行政审批】 2022年，江宁规划资源分局深入剖析各类审批案件推进难点，厘清政策要求和落实措施，优化部分审批流程，进一步提高行政审批效率。解决一批自有用地“工转研”容积率不满足2.5的项目推进缓慢问题，形成安置房等重点项目容缺受理清单，确立划拨用地类项目勘测定界在规划条件之前完成电子成果，从而进一步匹配项目后期划拨供地的面积精准性，避免误差导致的多次反复问题。全年受理各类行政审批案件3520件（一体化系统），包括用地预审与选址意见书116件、协议出让16件、用地许可/划拨决定书436件、规划条件412件、规划方案311件、规划许可1191件、规划核实477件、验线395件、改变用地条件27件、抵押转让备案与不动产登记139件。预审代办类案件85件、协同服务（空间协同）38件、技术服务57件，临时建设工程规划许可（即办件）51件。

【江宁区城市更新“十四五”规划出炉】 6月，《江宁区“十四五”城市更新专项规划》通过专家评审。规划“十四五”期间，江宁城市更新总规模12.5平方千米，年均2.5平方千米，涉及五大类用地、32个重点片区、132个项目。推进低效用地提质增效，探索以流换增机制，严格控制工业红线内符合规划的产业更新潜力用地5.99平方千米转型，占产业更新潜力用地的30.67%。划定高层厂房试点区域2.15平方千米，破解转型政策瓶颈，对外围零星工业用地逐步清退，实现用地集聚使用和生态修复。确定国家级生态保护红线内的现状建设用地保留和清退方向，涉及建设用地6.76平方千米。识别符合开发条件的居住类更新潜力用地，可通过更新增加居住用地9.87平方千米。加快推进老旧小区改造，计划更新老旧小区3个、面积32.85公顷。构建“主城—新城—新市镇”的城镇发展体系，主城围绕21个重点片区强心提质；空港、方山、滨江、汤山等新城实行拆旧建新、综合整治；湖熟、横溪、谷里等老镇采用微更新整治方式推进，同时保护活化历史文化资源点。

【2项城市设计成果通过评审】 10月12日，《南京市江宁区利源路沿线城市设计》和《南京市江宁区双龙大道沿线城市设计》通过专家评审。《南京市江宁区利源路沿线城市设计》通过建筑空间布局、开敞空间塑造、慢行系统设计等策略，延续南京南站—百家湖城市轴线，融入硅巷开放空间系统，保障利源路景观廊道的同时推进沿线企业更新建设，提升街区品质，重塑利源路进入江宁门户大道形象。《南京市江宁区双龙大道沿线城市设计》通过“塑造门户形象轴、公共活力轴和社区服务轴”的规划策略，以现状资源价值挖掘驱动城市更新，系统梳理城市空间，打造双龙大道沿线兼具城市形象与街区活力的城市门户。

（王梦菲）

城市更新

【概　况】 2022年，江宁区紧扣“创新名城核心区、美丽古都典范区”目标愿景，实现中心城区都市品质、美丽乡村和乡村振兴发展、交通枢纽和城乡配套服务质量、生态文明和安全宜居水平的4个“显著提升”。全年计划实施交通路网建设等八大类共571个项目，当年计划完成投资约474.96亿元，其中重点实施A类项目474个，当年计划投资461.28亿元。至年末，A类项目开工449个，开工率为94.73%，完成投资378.13亿元，占比81.97%。其中，宁马高速公路江苏段改扩建工程、航空产业片区棚户区改造横溪安置房二期、地铁3号线三期工程（江宁区秣陵段）拆迁、苏源大道改造、338省道南延、经十一路、空港礼尚路小学等251个项目完工。

（刘厚伍）

【房屋征收】 2022年，全区完成房屋征收37.73万平方米，清零攻坚扫尾项目5个。聚焦麒麟街道后村、塘山头、麒麟科创园四期保障房、宁马城际等重点项目，完成地铁3号线三期、126省道改扩建安置房地块（横溪段）项目签约工作。组建区房屋征收攻坚专班，针对因市级考核、土地收储、安置房和道路建设等项目建设需要，开展亟待清零的25个项目攻坚扫尾行动，涉及住宅144户、非住宅24家，总建筑面积14万平方米，至年末，累计完成15户住宅、3家非住宅签约工作，清零1个项目。

【棚户区改造】 2022年，全区紧扣省政府下达的棚户区住房改造新开工4000套、基本建成1300套的年度目标任务，聚焦问题、综合施策、精准发力，取得进展。全年完成棚户区住房改造新开工7474套、基本建成3880套，超额完成棚户区改造目标任务。

【老旧小区改造】 2022年，区住房保障和房产部门根据“先民生、后提升，先急需、后改善”的原则，以改善人居环境、提升城市品位、建设幸福江宁为目标，统筹推进老旧小区改造工程。加大儿童空间改造，将无障碍化、适老化改造纳入整治内容，完善宜居设施配建。全年改造老旧小区4个，总建筑面积22万平方米、共63栋房屋，涉及2个街道，总投资1.4亿元。

（区住房保障和房产局）

【上坊旧城改造】 上坊片区位于宁杭、绕越两大高速交界处，西连东山副城、北接东山总部园、东靠青龙山及麒麟科创园、南临江宁高新区，主要涉及东山街道的上坊、天云、永安3个社区及东山街道泥塘社区、淳化街道陵里社区部分地块。核心区规划用地面积3.92平方千米，项目总建筑面积450万平方米。项目功能片区涵盖核心商务区、品质住宅区、公建配套区和景观区，业态类型包括品质住宅、商业综合体等，力争打造成为东山副城城市现代化新标杆和南京主城南部中心示范区。2022年，上坊片区城建计划A类项目10个，项目总投资30.95亿元，全年完成项目投资4.07亿元。安置房C区项目主体封顶，安置房配套幼儿园装修年底前完成，上坊片区安置房B配套项目完工，上坊片区安置房消防站项目建成，上坊新城中学新建项目完成“三重一大”、立项、规划方案设计、选址意见书办理，园中路社区服务中心项目主体竣工。新增项目入库1个，项目投资16.55亿元，其中固定资产投资1.15亿元，房地产投资15.4亿元。尚祁苑安置房配套商业总面积1.4万平方米，出租率99.42%，实现全面交付运营。计划回购项目4个，回购面积1.05万平方米，其中G61丰茂悦园和G62诗乐花园项目完成房屋购买合同签订和对外招租工作。

（倪　浩）

【路灯维修与管理】 2022年，江宁区城市建成区和各街道、园区道路主次干道有路灯90664盏，保持优质运行状态，亮灯率及设施完好率99%以上。启动新一轮农村道路路灯建设，计划用3年时间，对全区范围内不符合安全运行要求的老旧路灯、近年所有新（改、扩）建的农村道路以及承载防汛功能的河堤道路，统一予以更换、安装新的太阳能LED路灯34055套，涉及全区10个街道，135个村（社区），1047个自然村。

（刘厚伍）

【苏源大道提升改造工程完成】 6月，苏源大道完成提升改造工程。苏源大道是联系南京南站与江宁开发区、空港经开区至禄口机场的重要交通通道，串联百家湖、九龙湖、未来科技城片区，连接商业、居住、产业等功能区块。此次改造北起天元路，南至绕城高速，全长6千米。通过改造，道路由双向四车道拓宽为双向六车道，道路通行能力大幅提高，可以充分满足沿线小区、企业以及过境交通的需求，同时根据管线规划，同步埋设污水、自来水、燃气、强电等市政管线，避免二次开挖。

【江苏园博园项目获江苏人居环境范例奖】 9月，2021年度江苏人居环境范例奖获奖名单公布，位于江宁区的江苏园博园项目入选。江苏人居环境范例奖是全省城乡规划、建设和管理，特别是人居环境方面的最高奖项。此次入选的江苏园博园项目选址于汤山原生态伤疤地带，选址区域多为采石宕口、废弃水泥厂房、泥潭和矿山。江苏园博园尊重自然、顺应自然、保护自然，按照“科学治理、高效利用、微创修复、功能重塑”的思路，全面展开生态修复，在椭圆状孔山崖壁矿坑之中重构绿色生态系统，打造山水相融、面向未来、富含人文的“云池梦谷”；完整保留采石宕口、阳山碑材、近100米深的崖壁、40多米深的水面景观，再现独特的“崖畔花谷”。在实现生态修复的同时，江苏园博园因地制宜赋能，化矿坑为公园，改宕口为花园，变山谷为乐园，辟荒郊为家园。

【多条绿道入围南京最美绿道】 12月，秦淮河江宁主城区绿道、牛首山河绿道等多条绿道入围南京“最美绿道”。其中，秦淮河江宁主城区绿道，总长4000米，周边绿化景观品种丰富，形成极具特色的榉树大道、银杏大道及水生植物观赏区，绿化景观与秦淮河水交相辉映，成为江宁的天然氧吧。牛首山河绿道，东起淮浦路，西至诚信大道，全长10.4千米，道路沿线栽植榉树、樱花等大小乔木1.7万余株，周边还建设水上观景亭、生态公园、体育公园，配套篮球场、儿童游乐场等运动设施，城市生态环境品质得到整体提升。

（宁　鉴）

【江宁城市建设集团】 2022年，江宁城建集团紧扣全区“两地两区”发展定位，统筹推进新冠疫情防控和经济发展，完成全年目标任务。年末集团资产总额665.13亿元，全年完成营业收入17.78亿元，市场化收入率80%，比上年增长14%。高质高效推进工程建设，全市首个市政行业转体桥——文靖东路跨宁杭高速桥于12月转体合龙，文靖西路跨秦淮河桥建成通车，职工文化中心、凤溪路幼儿园、上海建工地块幼儿园竣工，区法院审判庭主楼封顶，人民来访接待中心加快主体建设。启动40万平方米谷里安置房建设，竹山安置房进入地下工程施工，26项重点城建任务全面完成。承接空港新城健康驿站应急项目，组建专班、全力攻坚，达到序时进度要求。外港河综合整治项目获省“优秀风景园林设计二等奖”市“金陵杯”。深化改革挖潜力，六大类

86项国企改革任务全部完成，工程、水务、水利、园林、物业等传统产业实现新跨越，市场化收入占比提升。与中国石化、南京地铁等达成战略合作，推进能源、PPP项目、TOD站城一体化开发业务等。分级分类做好资产整合规划，推行整体招商，全年租金收缴5000万元，增长25%。挖掘土地资源，完成岗山B地块、杨家圩二期等3宗地块出让，成交额40亿元。实施低效用地再开发，百家湖壹号精品酒店项目、清水亭东路991号地块（永高地块）完成前期规划。深化资本运营，联合南京金融城、仁恒地产，出资参股杨家圩二期G92、G93项目开发，努力打造片区商业新标杆。坚持共治共享，完成各街道、园区15个制水厂移交整合以及11个污水处理厂运维管理，“一城好水”惠及千家万户。落实“助企纾困”政策，累计减免租金1400万元。（王华芳）

市政公用事业

道路　桥梁

【概　况】 2022年，江宁区有市政道路598条、市政桥梁297座，其中东山主城区市政道路99条、市政桥梁39座。年内新建成市政道路28条，包括主干路4条、次干路7条、支路17条。4条主干路为弘利北路，位于青莲路至花园路，全长900米，宽36米，12月建成通车；东吉大道，位于科技大道至龙吉山路，全长220米，宽40—47米，12月建成通车；华西路，位于宁芜大道至宁桥南路，全长830米，宽43.5米，12月建成通车；宁桥南路，位于江宁河桥至源香颂，全长500米，宽20米，12月建成通车。

（刘厚伍）

【经十一路启动建设】 2月7日，位于麒麟街道的经十一路工程启动建设。经十一路由江宁交建集团承建，该道路起于麒龙路，向南下穿沪宁高速、绕越高速，终点至银亿东城小区内部道路，全长1.4千米，双向两车道，设计时速20千米。其中，沪宁高速以北农路段起于麒龙路，终于沪宁高速以北约100米处，长800米，以农路标准建设，路基宽8米，路面宽6米；沪宁高速以南城镇段起于沪宁高速以北100米处，终于银亿东城小区内部道路，为四级公路兼顾城市支路，道路宽度18—19.5米。该工程于当年10月建成投运。

【九龙湖隧道和文心桥通车】 5月18日，九龙湖隧道和文心桥通车。九龙湖隧道下穿诚信大道，北接九龙湖路，南至文心桥，长514米，机动车道宽13米，双向两车道，隧道同时设置地面辅道连接诚信大道快速路。此外，为方便行人和非机动车过街，隧道设置2条独立非机动车通道，并在诚信大道与九龙湖路路口4个象限分别设置人行出入口，无缝衔接九龙湖中湖与南湖。文心桥项目北接九龙湖隧道，南至兰台街与文心街交叉口，总长320米，其中桥梁长150米，宽24米，双向两车道。文心桥人行道通过4个匝道与九龙湖南湖公园连接。

（宁　鉴）

公共交通

【公　交】 2022年年末，南京江宁公交集团有限公司总资产17.89亿元，所属各类公司17家，职工总数3779人，各类营运车辆2390辆、公共自行车7000辆。全年实现客流6887.26万人次、行驶7664.21万千米，公共自行车借还90.79万辆次。其中公交客流6175.1万人次、行驶6836.05万千米。推动东部公交停保场、胜太桥停车场项目建设，完成9座老旧公交场站更新改造，构建“布局合理、功能完善、开放高效”的基础设施体系。新建改造公交站台80座，17座加装公交实时报站智能设备，12座公交站台试点安装互动摄像头，对全区1297座公交站台和2374个公交站牌进行维护，升级改造69座站台盲人语音播报设备。推动“步行、公共自行车、公交”有机融合的城市慢行系统建设，购置更新公共自行车3000辆、更新网点设备316个。加快新能源应用推广，购置更新新能源公交车250辆，新能源公交车比例提高至90％。坚持“人民至上、生命至上”安全发展理念，提升本质安全能力，围绕国务院安委会15条、省50条、市66条、区70条检查重点，常态化、制度化开展安全生产大检查，发现安全隐患22起，整改到位20起。实施“科技兴安”战略，优化公交信息总控制中心和二级、三级运营调度系统，督促完善公共交通工具主动防御系统、一键报警、车外360度环视监控等系统功能。全年开展安全检查301次，检查车辆16323辆次，查处违章49起。制订实施文明服务提升年行动方案，结合全区人口分布热力图、道路状况、属地情况等，进一步优化线路，提升交通运输服务水平。新辟优化公交线路28条，拥有公交线路198条，公交线路总长度2783.6千米，线网总长度1575.4千米。有专用校车312辆，校车线路269条，服务学校34所，全年接送学生上下学435.63万人次，未发生有影响的事故和事件。全区在用公共自行车网点403个，网点与地铁站点衔接率98%，日均公共自行车借还量最高达6000余次，“宁易行”App下载量5万余次。汽运公司做好园博园、牛首山旅客运输服务，参与政府用车项目招标，车辆租赁业务不断拓展，出租公司全年总客运量19.59万人次，巡网一体化出租车加快发展，首批投入40辆试运行。（公交集团）

【巡游出租车】 2022年，全区有巡游出租车1008辆，在营运车辆431辆（其中东方83辆、通盛53辆、金鹿38辆、个体257辆），从业人员513人。全年客运量186.9万人次，载客车次100.3万车次，运营总里程2677.9万车千米。

【地　铁】 2022年，江宁区境内有8条城市轨道交通线路，总里程121.7千米。其中，1号线江宁段长18.9千米，设车站12座，途经江宁高新园、秣陵街道、江宁开发区，工程于2006年11月20日开工建设，2010年5月28日建成通车。3号线江宁段长14千米，设车站8座，途经开发区、秣陵街道，工程于2010年12月开工，2015年4月1日建成通车。S1号线（机场线）江宁段长35.8千米，设车站8座，途经秣陵、横溪、禄口、开发区、滨江开发区，工程于2011年6月启动建设，2014年7月1日建成通车。4号线江宁段长5.1千米，设车站2座，途经麒麟街道，工程于2011年12月开工，2017年1月18日建成通车。S9号线江宁段长14.3千米，设车站1座，途经禄口街道，工程于2013年1月开工，2017年12月30日开通试运行。S7号线江宁段长2.8千米，设车站1座（禄口机场内），途经禄口街道，工程于2016年1月开工，2018年5月26日开通试运营。麒麟有轨电车江宁境内长7千米，南京麒麟有轨电车是南京有轨电车线网第二条开通线路，2017年10月31日开通试运营。地铁S6号线——宁句城际长43.64千米，途径江宁区麒麟、汤山，在江宁设6个站点，2021年12月28日开通运营。（区交通运输局）

供　水

【概　况】 2022年，江宁水务集团拥有4座自来水厂、8个中大型增压泵站。日供水规模135万吨，供水范围覆盖江宁全域及溧水、句容、博望部分区域，实现跨省、跨市、跨区供水。全年完成供水量3亿吨，日均供水82.19万吨，比上年增长4.5%；最高日供水量98.91万吨（8月19日），增长10%。

【供水工程建设】 2022年，江宁水务集团加快供水管线工程项目建设，取得新进展。横溪街道供水系统改造工程累计完成总工程量的67%，宁丹路（银杏湖大道—诚信大道）供水管道工程完成第一阶段管道安装，空港片区（华商路—云龙路）、飞天大道（西岗路—汉韵路）、飞天大道（信诚大道—启航路）给水管道工程完工；开发区水厂供水调配管道工程完成总工程量的95%。

（王华芳）

供　气

【概　况】 2022年，南京华润燃气有限公司特许经营范围江宁区内1561平方千米（汤山、麒麟部分地区除外），主营管道天然气并提供“百尊”燃气具销售、车用气供应、蒸汽供应、天然气配套施工、安装、应急抢险、燃气保险业务等相关服务。服务各类天然气用户50万户，敷设管网2300千米，建设各类天然气场站、加气站11座，包括储气能力48万立方米LNG储配站1座。全年销售天然气2.85亿立方米，销售蒸汽37万吨。新增居民用户24768户（含4435户老小区）、工商业用户258户，新建天然气市政管网28.17千米，完成危旧燃气管网改造10.3千米。

【市场发展】 2022年，南京华润燃气有限公司自筹资金1700万元，新建偏远区域市政燃气管网28.17千米。实施老小区开发，保障湖熟灵顺小区与瑞鑫苑、禄口百利华府等老小区4435户居民用气。配合区域内房地产建设进度，完成2万户居民燃气安装。挖掘综合能源潜在市场，完成砂之船（商圈）供热项目、研发中心分布式能源并网改造项目。探索光伏、加氢业务，综合能源应用取得进展。

【安全管理】 2022年，南京华润燃气有限公司完成武夷花园、胜太路低压及金箔新村等10余处老旧管网改造10.3千米，切实消除地下管网安全隐患。加强巡线管理，深入开展隐患排查工作，消除遗留违章占压及管道包封37处。入户安检19.9万户，安检率88.63%，综合整改率90.49%；工商用户安检3883户，安检率100%。优化中压B级管网结构，完成江宁开发区及东山部分区域等片区管网压力提升工程，区域供气能力提升。组织“燃气安全百日行动”、建筑物专项排查等安全生产专项行动，全年开展各类安全检查620余次，发现安全隐患214处，并全部按要求整改到位。举办专兼职安全员专题培训、消防及职业健康专题学习、危险作业专题培训、网络信息安全培训等专题培训班20余场，培训400余人次。举办第四届安全生产知识竞赛，进一步提高员工安全生产意识。

【客户服务】 2022年，南京华润燃气有限公司围绕提升客户满意度，组织各业务部门服务礼仪培训，覆盖一线服务人员150人。开展燃气安全宣传活动25次，服务1万余人次。推广微信公众号服务，引导用户关注6.69万户。优化过户、开户、电子合同、电子发票等线上办理业务功能，提升服务质效。打造“波哥微课堂”系列视频直播，通过各类实际场景案例宣传燃气安全知识。组建安全宣讲团，开展现场宣讲活动，为用户零距离答疑解惑。开展社区便民服务，在宣传用气安全的同时，为用户提供免费燃气具清洁及维修服务。 （王华芳）

供　电

【概　况】 国网南京市江宁区供电公司服务面积1329平方千米，服务电力客户近88万户，用电客户呈现交通枢纽聚集、高端制造业聚集、工业园区聚集、中小微企业聚集，对优质服务要求高，对高质量用能需求高的特点。2022年，江宁区全社会用电量138.16亿千瓦时，比上年增长8.62%；工业用电量58.44亿千瓦时，增长7.39%，在全市工业用电量中占比为20.69%。

【电网建设】 2022年，江宁电网有500千伏变电站2座，220千伏变电站11座，110千伏变电站36座（含3座开关站），35千伏变电站12座，总容量1285.95万千伏安。220千伏输电线路505.75千米，110千伏输电线路441.79千米，35千伏输电线路125.64千米；10千伏配电线路988条，全长8597.5千米。2022年夏季电网调度用电最高负荷5次刷新历史纪录，最高为244.57万千瓦，比上年增长14.69%。全年电网保持安全稳定运行。

【供电服务】 2022年，区供电公司成立优化电力营商环境联席办公室，全量对接用电需求，实现空港新动能、阿尔文等18个省市区重点项目按期投运。精准调配业扩配套资金，按期完成东南大学、谷里省中医院送电任务。科学安排作业计划，谷里街道复建房等重点民生工程实现一次性验收送电。建成江宁综合楼等自有资产及第二批变电站屋顶光伏项目10余处，宏源电气、南京工艺装备屋顶光伏示范项目落户。出台江宁区电力接入工程政企共担实施细则，促成政府明确投资主体与资金来源，首个住宅小区政企共担实践案例落地。在全市率先出台“电水气讯”联办业务政策，对受新冠疫情影响缴费困难客户，实行“欠费不停供”。打造南航揽翠苑等18个“开门接桩”示范小区，深入开展群租房用电安全专项检查。深化高可靠性管理的不停电作业体系，完成复杂类不停电作业231次，增长124%，供电可靠性居全省各区县公司前列。助力乡村振兴，新建改造配农网线路240.06千米，新增配变193台、容量18.07万千伏安，建成黄龙岘、台创园、大唐金香草谷全电景区等129个乡村电气化项目。创新推出“村所共建”电力驿站，打通供电服务“最后100米”。 （宋珊珊）

污水处理

【概　况】 2022年，江宁水务集团自建7座城市污水处理厂，接手11个街道污水处理厂站运维管理工作，运营18座污水处理厂。城市污水日处理规模73.5万吨，集镇污水日处理规模10.1万吨，农村生活污水设施日处理规模4.1万吨，全区污水日处理规模87.7万吨。全年处理污水2亿元吨，日均处理污水54.8万吨，比上年增长12.5%。

【污水处理工程建设】 2022年，江宁水务集团推进生态缓冲区项目建设，建成江宁科学园污水厂三、四期厂内再生水利用系统工程、荒地生态改造提升项目，以及科学园污水厂二期湿地工程项目。水-Park科技馆获评2022年度江苏省科普教育基地及江苏省环境科学学会环保科普基地。

【污水管网养护】 2022年，江宁水务集团承担4900余千米雨污管网的运维管理业务，实现年产值1.5亿元。加强对接管的1381个自然村农村生活污水处理设施维修与管理，确保正常运行。 （王华芳）

城市防洪

【防汛排涝】 2022年，江宁区城区防汛工作坚持“安全第一、常备不懈、以防为主、全力抢险”的方针，印发《南京市江宁区2022年城区防汛工作预案》，提前落实防汛物资储备，加强应急队伍建设和汛期值班值守，强化重点部位防范。储备吸水沙袋4800只、麻袋8000只、编织袋1万只、黄沙260吨、冲锋舟5艘、L形挡水板1381块、移动泵车4

2022年，水-Park水科技馆获评2022年江苏省科普教育基地及江苏省环境科学学会环保科普基地。图为水-Park水科技馆外景

（年鉴编辑部供图）

辆，准备雨披、胶靴、救生衣、手电等物资并安排专人保管。组建防汛应急分队7支、约500人，组织防汛抢险队员开展日常训练与安全培训12次、以实战为背景的抢险演练3次、冲锋舟水上巡查救援演练3次，掌握防汛抢险工作要点，明确安全注意事项，提高抢险队员预防与应对安全事故意识和能力。

【智慧防汛】 2022年，区城建部门实施智慧防汛系统升级，融入“数字江宁”规划建设的“智慧安监”平台，实现城防监控系统全覆盖。计划启动建设城区防汛指挥中心智慧系统升级项目（一期），在全区智慧城市建设架构下，结合现有系统和数据资源，基于GIS API创建二、三维可视化系统，在防汛“一张图”基础上，集水雨工情、积水、窨井水位流量、气象、视频、水利工程的展示、查询及统计分析，实现实时判断雨情、水情状况，汛情监测，畅通指挥调度等功能。（刘厚伍）

园林绿化

【概　况】 2022年，江宁区城建部门推进园林绿化工程项目精细化建设，落实“绿色图章”审查，新建园林绿化项目12个，总投资4.57亿元。全区城镇绿化覆盖率47.5%，人均公园绿地面积17.3平方米，城市公园绿地服务半径覆盖率93.2%。开展宁句线沿线周边交通环境综合整治，完成江宁开发区2022年景观提升工程，新增绿地30.4万平方米。打造沿水系及环山绿道系统，建成苏源大道、阳山河—云台山河等3条绿道、61.1千米，绿道慢行系统日趋完善。年末，区城建部门绿化养护管理总面积240万平方米。

【口袋公园建设】 2022年，区城建部门新建章村、万安东路2个口袋公园。其中章村口袋公园位于东山街道古庙北路，章村社区建设的休闲健身广场及停车场，休闲广场占地面积1500平方米，主要增加配套用房、休闲座椅、照明设施、绿化等，为透水混凝土地面安装健身器材和休憩长椅等。万安东路口袋公园位于天元东路与万安东路交会处三角地块，乔灌木错落分布的口袋公园内，设置遮阴的亭子和长廊，为市民提供休闲、休憩场所。

【绿道建设】 2022年，全区新建苏源大道绿道、阳山河—云台山河绿道、麒麟生态公园绿道3条绿道，总长61.1千米。其中，苏源大道绿道北起高湖路，南至绕越高速，工程建设投资1.29亿元，建设规模17.1万平方米。通过打造景观廊架、公共设施、休闲广场、步道，使景观工程与苏源大道景色协调统一。响应海绵城市建设号召，沿线分布透水园路、绿化带，通过景观园林水系收集过滤雨水径流，形成生态海绵湿地园林景观，兼顾调蓄和观赏功能。（刘厚伍）

【杨家圩公园景观提升】 4月，杨家圩公园景观提升工程完成并对市民开放，功能景观焕然一新，不仅拓宽市民活动空间，还增加市民健身配套器械和小品雕塑文化景观，提升城区生态涵养功能和城市文化品位。杨家圩公园景观提升工程东靠江宁市民中心，西临秦淮河，南至小龙湾桥，北近胜太桥，总面积28631平方米。项目建设内容包括社区健身场地、生态堤岸、森林水花园、阳光草坪、市民广场提升及公厕改造等。（王华芳）

城市管理

【环境卫生】 南京江宁环境卫生集团有限公司下辖4个全资子公司以及1家控股公司，在岗职工 1031 人。承担 3 个街道、1 个园区的环卫综合业务，道路保洁总面积 1038 万平方米，管养各类公厕 79 座、中转站 11 座，生活垃圾转运量近 950 吨 / 日，厨余垃圾运量 150 吨 / 日。2022 年，先后拓展禄口、湖熟环卫市场以及淳化、秣陵垃圾厢房业务，开展众彩物流、园博园 2 家单项环卫服务。以“路见本色”为标准，以创建文明城市、建立长效机制为目标，加大核心片区“单兵水扫”和背街小巷保洁力度，增加机械化车辆投入，累计购置大中型作业车辆 340 辆、小型保洁车 412 辆、单兵作业冲洗车 53 辆，核心区水扫率 80% 以上，道路整洁优良率 90% 以上，机械化清扫率 98%。组建厨余垃圾收运专线，统一收运全区近 57 万户居民家庭厨余垃圾、55 个农贸市场厨余垃圾以及单位、餐饮店产生的餐厨垃圾，闭环收运、分类运输率 100%，全年厨余站处理量 4800 吨；组建有害垃圾收运专线，定时定点收运全区各单位有毒有害垃圾，有毒有害垃圾暂存量 4 吨；组建大件垃圾收运专线，全年回收拆解大件垃圾 38 吨、低价值可回收物 317 吨，进站垃圾处置、分拣率 100%。深化安全生产专项整治三年行动，开展安全隐患全链条整治，精准落实环卫运输车辆安全监管重点环节，安全生产形势平稳可控。　（环卫集团）

【市容秩序】　2022 年，区城管部门开展 30 条背街小巷综合整治行动，打造 2 条精品街巷，创建 8 个优质服务洗车场站，新创成城市治理标准化示范单元 10 个。建立 85 处“门前三包”自治联盟，落实“绿、黄、红”三级管理措施。加强城市清洗管理，对 10 座不洁楼宇进行清洗，完成 11 条街巷的小广告标准化治理，创建 8 个优质服务洗车场站。持续开展店招广告安全检查，累计拆除安全隐患设施 112 处。

【垃圾分类】　2022 年，全区全面实行生活垃圾分类回收，建立厨余垃圾一体化收运处体系，在小区、街道、重点行业开展“争优除差”行动，除差率 90% 以上。组织开展垃圾分类宣讲、家庭 PK 赛、跟着垃圾去旅行等主题活动12场。全区垃圾分类集中处理率 98% 以上，获评全省“2021 年度垃圾分类达标小区评估较好的县（市、区）”。

【公共服务】　2022 年，区城管部门坚持国有引领、社会参与、错峰共享，建设、开放、共享各类停车泊位 1.6 万个。提升智慧停车功能，常态开展停车秩序、停车收费等专项治理，打造余量显示、实时共享、自动缴费等应用场景。完成 11 个老旧小区、11 条背街巷小广告标准化治理，新增 24 座社会公厕加入厕所开放联盟。以数字城管等平台为依托，及时解决市民身边的城市管理问题，办理“12345”“12319”等热线诉求 2868 件。

【执法保障】　2022 年，区城管部门保持控违拆违高压态势，制定实施《江宁区关于新交付小区违法建设的管理办法（试行）》，压实压紧违建管控主体责任，拆除各类违法建设 5.3 万平方米。强化渣土运输弃置全程监管，严厉查处渣土运输各类违法违规行为，开放 40 处渣土弃置场地，为主城区提供渣土消纳容量 520 余万立方米。坚持在新冠疫情防控等大战大考中锻造队伍，推进严格、规范、文明执法，全年办理各类执法案件 3999 起，处罚金额 1562 万元。

（区城管局）

【新增 5 个停车场 438 个泊位】
5 月，区城管局通过建设、管理、创新相融合的方式，充分利用街边绿地、边角料地块和老旧小区周边闲置地块建设公共停车设施，新建停车场 5 处，新增 438 个泊位，缓解停车难题。其中，湖山路（金东成雅居）停车场二期占地面积 6200 平方米，停车泊位 149 个；莱茵铂郡停车场占地面积 3359 平方米，停车泊位 45 个；倪塘路停车场占地面积 1600 平方米，停车泊位 34 个；天印大道停车场占地面积 2300 平方米，停车泊位 53 个；天元东路停车场占地面积 7587.5 平方米，车位 157 个。　（宁　鉴）

农村改革

【农村产权制度改革】 2022年，江宁区在全面率先完成193个涉农社区股份经济合作社登记赋码工作的基础上，完善65.5万名集体经济组织成员信息，并按要求录入江苏省农村产权交易信息服务平台组织管理系统，保障农村集体经济组织成员权益，累计发放农村股份经济合作社股份证书24.5万本。通过深化农村集体产权制度改革，创新集体经济组织治理结构和集体资产管理制度，促进集体资产保值增值和集体经济可持续发展。建立新型农村集体经济治理机制，农民按份享有集体资产、参与经济管理并分享收益，有效解决长期存在的因土地征占、资产处置和收益分配管理等问题引发的社会矛盾，促进广大农村地区的社会稳定。

【村社分账改革】 2022年，全区继续推进村社分账改革试点工作，提升村社分账改革成效。全区22个村（社区）参与试点，麒麟街道整街道推进，193个集体经济组织全面实施村社分账改革。通过改革，全区实现村委会和村级股份经济合作社账户分设、资产分管、核算分立、账务明晰、平台统建，村委会和村股份经济合作社两个主体财务管理制度体系进一步完善。是年，麒麟街道村社分账试点工作受到农业农村部、省农业农村厅和市农业农村局肯定，章村社区等7个村（社区）被评为省级集体经济发展典型案例。

【省级农村改革试验】 2022年，全区继续推进家庭农场培育发展改革试点第三轮省级农村改革试验工作，制定《南京市江宁区“十四五”家庭农场发展规划》，成立区街两级家庭农场服务联盟，为成员单位提供品牌、金融、信息、服务等资源支撑，其中街道级联盟根据不同产品类别以及涉农产业链不同环节和各自比较优势，形成差异化、错位化、互补式发展。湖熟街道成立全市首家产业家庭农场服务联盟——优质稻米产业家庭农场联盟，首批30家湖熟家庭农场加入其中“抱团”发展。优质稻米产业家庭农场联盟成立后，实现机械协同、设备共享，打造统一的服务平台，为当地家庭农场提供产前、产中、产后各环节作业的立体式、全产业链综合服务。上线家庭农场联盟综合服务平台，提供预警监测、智能控制、诊断推理等专业服务，16家试点农场登录平台监测。在全市首批试点推广家庭农场种植业综合保险，政府补贴保费金额的80%，实现种养成本、种养风险、产业类型、家庭农场覆盖。16家家庭农场参与，投保面积107.8公顷，总保费额66.24万元，其中政府财政补贴52.99万元，农场自缴12.64万元。注重能力建设，聘请90余名中高级职称农技人员成立导师团，实行结对帮扶。2022年起，利用3年时间对纳入名录40名家庭农场主开展轮训。年内完成第一批11家省级示范农场内部改造，第二批5家示范农场改造动工。全区家庭农场总数1127家，包括示范家庭农场306家，其中省级44家、市级28家、区级234家。9月20日，“农行杯”首届江苏省“百佳家庭农场”“十佳家庭农场服务联盟”公布，江宁区有6家家庭农场入选江苏省“百佳家庭农场”，江宁区家庭农场服务联盟入选江苏省“十佳家庭农场服务联盟”。

（汤　雯）

乡村治理

【村级党组织建设】 2022年，江宁区围绕构建“党委抓支部、支部管党员、党员带群众”组织体系，推进“三进两定一融合”网格党建法，通过深化组织进网格、党员进网格、阵地进网格，突出组织引领定向、党员设岗定责，推动党建工作与网格治理深度融合。在全区1955个综合网格中成立党支部868个，在5799个“微网格”中组建党小组1988个，推动网格成为延伸党建触角的基本单元。建立“党员中心户”队伍，实现自然村组全覆盖，贯通“街道党工委—村（社区）党组织—网格党支部—微网格党小组—党员中心户”五级组织架构。开展“同城共筑”行动，深化街道“大工委”、社区“大党委”运行质效，打造区域化党建联盟，带动驻区单位共抓党建、共商发展、共为民生。发挥驻区高校集聚优势，探索“园街企校”等党组织重点联系制度，搭建校地企联动、产学研融合的党建平台，促成园区、校区、城区、社区“四区联动”新局面。深化“基层党建品牌创建年”活动，201个村（社区）围绕完善基层治理、推动乡村振兴、服务人民群众等方向“一村一品、一社一特”创建率100%。结合“村村到、户户进、人人访”集中走访活动，全区7657名街村干部、党员骨干走村入户，梳理群众问题诉求，列出为基层和群众兴办实事清单，逐条逐项解决好基层最急需解决、群众急难愁盼的问题。在持续发挥“社区帮手”“网格帮手”“群众帮手”3支队伍作用基础上，紧扣新冠疫情防控实际需要，完善机关单位挂钩支援基层应急处突机制，固化机关、企事业单位全覆盖挂钩结对村（社区）机制，发动区级机关部门和驻区单位党员干部全面下沉村（社区）、网格，全面参与疫情防控工作。建强党群服务中心，其中涉农村（社区）党群服务中心平均面积超过1800平方米，有序推动党务服务、民生保障、卫生健康等服务事项向基层党群服务阵地集中，打造形成秣陵街道“邻满意”、淳化街道“淳为民”、汤山街道“泉心泉意”等服务品牌，形成“大门常开、场所常用、活动常办、服务常抓、群众常来，聚人气、聚人心”的“五常两聚”机制。全域打造基层“红色点位”，依托网格内服务阵地、集体闲置资产等，建立网格党群微工作站515个，统筹公安、城管、民政等部门力量进驻站点，推出“线上线下同步收集＋先解决问题再说”工作模式，设立居民群众矛盾诉求集中受理点，建立“3个1”（10分钟内到达现场、简单问题1小时内解决、复杂问题1天内回复）处理制度，实现服务群众“零距离”。

（区委组织部）

【乡村民主法治建设】 2022年，江宁区印发《关于开展村（社区）城乡基层“援法议事”全覆盖活动的实施方案》，打造“党群议事堂”等特色品牌，“援法议事”活动阵地实现全覆盖，基层社会治理法治化水平全面提升。培育“法律明白人”4537人，在全省首创“法律明白人”管理微信小程序，创新开展“法律明白人”制度建设，承办全市“法律明白人”培育工作现场会，获评全省“法律明白人”培育工作成绩突出集体。加强全区“一村（社区）一法律顾问”考核管理，召开全区村（社区）法律顾问工作推进暨业务培训会，落实“现场服务打卡”“挂牌服务”等要求。引导公共法律服务向社会治理末端延伸，实现村(社区)公共法律服务工作室全覆盖，在“美丽乡村”建立“议事厅”“个人调解工作室”等特色法律服务阵地，让群众在家门口就能享受到便捷、高效的法律服务。做好民主法治示范村（社区）申报工作，累计创成全国民主法治示范村（社区）3个、省级民主法治示范村（社区）112个，评选出第一批12个区级法治文化宣传教育基地。

（区司法局）

【区乡村发展“三会”】 2022年，江宁区革命老区开发促进会、江宁区乡村发展协会、江宁区乡村发展基金会组织开展“99公益日”慈善募捐活动，3天募集善款285.67万元，参与捐款3.1万人次，分别比上年增加71.45万元、0.99万人次，连续4年位列全省、全市乡村发展“三会”前茅。全年新增冠名基金企业10家，实现全区10个街道全覆盖。投入帮扶资金411.5万元，助学2520人、助困1775户。安排4名困难家庭成员免费学驾驶，选送4名困难家庭子女免费就读扬州天海职校。区“三会”及各街道分会全年扶持农民专业合作社、家庭农场及涉农企业40家，贴息贷款额3841万元、贴息172.3万元，带动增加农业项目投资8000万元。举办农业科技、技能培训及困难群体创业就业能力提升等专项培训82期，培训人员4105人次。开展革命老区红色资源保护与利用情况调查登记工作，编印《江宁区红色资源调查登记资料汇编》。

（刘春宝）

农业产业

【优质稻米产业】 2022年，江宁区在水稻种植品种布局上，主推优质高产品种，籼稻以徽两优、y两优系列为主，粳稻以南粳46、宁香粳9号、南粳5055等早熟和中熟晚粳品种为主，其中优良食味稻米品种占76%。全区优质稻米生产经营主体20家，其中专门从事稻米生产、加工、贸易的规模化、产业化龙头企业4家，地产优质稻米品牌10个，湖熟、淳化街道相继获“江苏省味稻小镇”称号，其中“土桥大米”通过国家地理标志农产品认定并获第二届中国好米榜金奖。湖熟街道建成1000平方米湖熟稻米文化馆，打造江苏省标杆性稻米人文、科普、科技、文化参观与体验基地。淳化街道引进推广南农大万建民院士团队育成的水稻优良食味新品种——宁香粳9号，打造万亩宁香粳9号种植区，并与安徽隆平高科新桥种业有限公司签订13.3公顷宁香粳9号良种繁育协议，中科院农业碳中和与气候变化适应研发平台落户淳化。

【绿色蔬菜产业】 2022年，全区常年种植叶菜类、白菜类、甘蓝类、根茎类、瓜菜类、豆类、茄果类、葱蒜类、水生蔬菜类、其他类及食用菌等11类蔬菜，蔬菜播种总面积2.8万公顷，总产量99.1万吨，分别占南京市的34.76%、35.49%。着力提升蔬菜综合生产能力，建设标准化菜地25个，面积886.7公顷，设施大棚、“两网一灌”等设施菜地面积5200公顷。广泛应用蔬菜“四新”集成技术，创建南京市“四新”技术示范基地8个。创建省、市级蔬菜园艺绿色防控示范区40个（在建2个），总面积666.7公顷，取得绿色、有机、GAP、HACCP、ISO等认证蔬菜产品102个。拥有市级蔬菜产业龙头企业9家，涉及蔬菜生产、物流、配送等。连续举办6届中国·江苏蔬菜种业博览会，展示现代蔬菜产业发展新成果，提升江苏蔬菜育种创新影响力。是年，江宁区在全省蔬菜生产监测工作中被评为A级等次。

谷里街道蔬菜玻璃温室　（年鉴编辑部供图）

【花卉产业】 2022年，全区花卉种植面积246.7公顷，主要为切花类和盆栽植物。其中，鲜切花类包括现代月季（玫瑰）、菊花、唐菖蒲等品种，种植面积93.3公顷；盆栽植物包括兰花类、花烛属类和杜鹃类等花卉品种，种植面积153.3公顷。江宁台创园盆花蝴蝶兰成花年产量190万株，用于兰花组培、生产的高端智能温室10多万平方米，种苗远销日本、韩国、美国及欧洲。湖熟街道南京农业大学菊花园创建为国家首批农业科技示范展示基地，收集保存各类菊花品种及近缘种属种质资源5500余份，收集全球菊花品种3000多个，是国内最大菊花种质基因库，选育的菊花新品种及配套技术在全国推广应用。

【渔业产业】 2022年，全区水产养殖面积4973.3公顷，水产品总产量2.85万吨，渔业产值26.4亿元。形成以舟渔寨、龙锦园、东边沟、雁南飞、哪吒河、横溪大福村、田韵水乡、大晋象锦鲤、省所锦鲤、亚崎锦鲤等为代表的汤铜路沿线、秦淮河两侧星罗棋布的休闲渔业垂钓带。省、市水产科研机构均在江宁建有示范推广基地，针对长江“十年禁渔”后长江铜鱼、长吻鮠等特色鱼育繁攻关取得突破，培育黄颡鱼、胭脂鱼、中科5号银鲫、中科佳鳙1号、兴凯湖白鱼等新品种。拥有全市唯一“四大家鱼”省级繁育场和青虾良种场，淳化中科5号异育银鲫、横溪台湾鳅、周岗兴凯湖白鱼、湖熟小龙虾等苗种生产逐渐形成一定规模，江苏坤泰农业有限公司入选国家级种业阵型企业。

【鸭产业】 2022年，南京盐水鸭农产品地理标志估值在全国排名前10，估值89亿元，取得省级非遗认证和集体商标认证。区内有鸭产业企业品牌20多个，其中国家级2个（桂花鸭、樱桃鸭），省级1个（新润），市级1个（好人缘）。全年鸭产品生产销售总产值70亿元，规模化加工企业生产销售总量1800万只，其中桂花鸭集团年用鸭量700万只、樱桃鸭业年用鸭量300万只。

【农村电商】 2022年，全区组织多场农产品直播带货活动，帮助农业生产经营主体销售优质地产农产品，保障市民菜篮子供应安全。全年培训农村电商人才130人，农村电商交易额22亿元。在市政府、新城大厦、河西万达、江宁景枫组织“善田江宁”农产品产销对接活动4场，南京国际智慧农业博览会、南京农业嘉年华活动举办农产品展销会2场，江苏开放大学乡村振兴论坛、莱斯南京乡村旅游休闲平台发布会组织“善田江宁”品牌推介活动2次，在南京新媒体产业园新建设“善田江宁”直播基地。 （汤 雯）

乡村建设

【乡村规划】 2022年，江宁规划资源分局启动湖熟、汤山、淳化等7个涉农街道国土空间总体规划编制工作，组织开展《江宁区镇村布局规划（2022版）》修编工作，相关规划成果通过专家评审。指导各街道重点开展谷里双塘、公塘等14个村庄规划编制工作，成果均通过专家评审。推进传统村落保护发展规划编制，第三批5个省级传统村落保护发展规划成果已经市政府批复；第五批3个省级传统村落保护发展规划通过市组织的专家评审。全年梳理上报农村一、二、三产业融合发展用地项目7个，并通过市级专家评审，新增专项计划指标7.9公顷。核发村民建房许可17件。推进乡村振兴战略实施，组织“共绘苏乡”规划师下乡活动，谷里街道规划师下乡活动工作站于7月在徐家院村挂牌。 （王梦菲）

【乡村基础设施建设】 2022年，全区推进省级示范创建工作，创成省级示范区1个、示范街道2个、示范村13个；创建市级美丽宜居村80个。改造农村困难家庭危房24户、1980年以前老旧农房786户。建成省级以上传统村落17个、省级特色田园乡村19个，职工疗休养基地5家，民宿床位3500张。加快十大聚落体系建设，湖熟水乡、青龙山、金牛谷3个聚落初见雏形。完成22.7千米农村公路提档升级，实施二干河、句容河治理工程及溧水河等消险工程。村（社区）5G、光纤宽带网络重点区域全覆盖。完善生活垃圾“户分类投放、村分类收集、街分类转运、区分类处置”体系，垃圾无害化处理率100%。创建水美乡村5个，新建生态河道57.2千米。

【乡村人居环境整治】 2022年，全区聚焦区域面上不平衡、村庄之间差距大、部分村庄脏乱差等突出问题，全域范围内排查基础条件、环境卫生、道路交通、村容村貌等薄弱村庄，形成整治清单。实施“补短板”整治提升攻坚行动，利用1—2年时间，全面消除脏乱差、路不畅等现象，夯实农村人居环境基础底板，确保每个自然村均达到干净、整洁、有序、敞亮标准。结合各街道申报的“补短板”项目内容，组织对近1000个自然村进行实地查看，梳理“补短板”类整治建设项目，制定年度任务清单，全面推进落实。围绕污水处理、垃圾分类、卫生户厕、村容村貌、美丽庭院创建等重点，实施“一事一议”财政奖补项目74个，覆盖7个街道，总投资3835.53万元。

【特色田园乡村建设】 2022年，全区对照省级特色田园乡村评价命名标准，继续开展省级特色田园乡村创建工作，形成“谋划一批、实施一批、储备一批”的格局。全年创成省级特色田园乡村4个、累计19个，名列全省第一。创建市级宜居村80个、市级特色田园乡村13个，被市委、市政府予以督查激励，省级评估连续3年获第一等次。 （汤 雯）

【江宁再次获评全省农村人居环境整治提升工作第一等次】 4月，省农村人居环境整治联席会议办公室发布《关于2021年度农村人居环境整治提升工作评估情况的通报》，江宁区获农村人居环境整治提升工作评估第一等次，这是继2019年、2020年后第三年位列全省第一等次。2021年，全区将农村人居环境整治与防疫工作紧密结合，为“十四五”农村现代化建设和乡村振兴发展开好局起好步。利用区级分类信息平台，对所有垃圾分类运输车辆实行定种类、定线路、定时间、定车辆“四定”分类收运服务，加强过程监管；发挥3142名村级保洁员、845辆垃圾收集车和361辆保洁作业车等资源优势，夯实农村生活垃圾分类处置体系，确保农村生活垃圾日产日清，无害化处理率保持100%。实现全域1437个村庄生活污水治理设施全覆盖，涉及新建、重建农污设施村庄942个，整改提升农污设施村庄495个，“三水”接户率90%以上，配套污水终端处理设施2608座，总处理规模4.1

市级美丽乡村示范村——汤山街道阜东水西村　（缪玉玲供图）

万吨/日，“1年建设、15年运维”“管网+设备”一体化运维的江宁农污治理模式全面实施。开展村庄清洁行动，141个涉农行政村覆盖率100%。全区农村公路绿化率98%，行政村双车道四级路覆盖率100%。全面开展“美丽庭院”创建活动，创成省“美丽家园”示范点2个，市（区）美丽庭院示范户各430户，区级精品户10户，区级“美丽家园”示范点9个，新增街道以下美丽庭院近9000户。严格按照“五有”工作机制要求，建立健全生活垃圾收运处理、道路维修、绿化养护、河道管护、公共设施维护“五位一体”的村庄环境长效管护机制。

【打造都市田园乡村示范样板实施方案发布】 8月，《江宁区“十四五”全面提升农村人居环境聚力打造都市田园乡村示范样板的实施方案》发布。根据“实施方案”，全区从2022年开始，每年重点打造3—4个聚落，同步推进5条美丽乡村风景示范带建设。到2025年，农村厕所、污水、垃圾治理标准更高，村容村貌更具特色，长效管护全面落实，美丽宜居乡村建成率保持100%，累计建成市级以上美丽宜居乡村700个以上；省级生态宜居美丽示范街道、示范村覆盖率达30%以上；建成省、市级特色田园乡村各30个，数量继续保持省市前列，形成一批特色乡村、数字乡村、未来乡村、共富乡村样板，力争创成农村人居环境整治提升省级示范区。“实施方案”从聚落体系、精细提升、生态宜居、特色文化、长效管护等方面对“十四五”农村人居环境提升工作内容进行阐述。全区将通过强化村庄分类指导、深化乡村建设行动、强化资源要素集聚、持续推进生活垃圾处理、提升农村生活污水治理水平、系统实施农村水环境综合整治、深入开展村庄清洁行动、推动乡风文明建设等方面举措，探索未来乡村建设。“实施方案”还优化乡村发展布局，明确构建四大片区、5条示范带、10个聚落体系的“4510”乡村振兴发展新格局，以聚落为建设单位，实施片区化、组团式建设，统筹生产、生活、生态空间，推动产业、文化、人才、数字、治理等集成赋能，高水平高质量建设经营乡村。其中，西部生态片区以秣陵、谷里、江宁、横溪街道337国道以北区域为主，突出都市乡野生态休闲，重点建设金牛谷、西部核心区、沿江宁河聚落。中部水乡片区以湖熟、淳化街道为主，突出金陵水乡文化和滨水休闲特色，重点建设湖熟水乡、土桥东部聚落。东部温泉片区以汤山街道和东山街道、淳化街道、麒麟街道部分区域为主，突出温泉康养和生态休旅，重点建设青龙山、汤山南部聚落。南部田园片区以禄口街道、横溪街道337国道以南区域为主，依托横山山脉等绿色走廊，突出绿色田园生活体验，重点建设横山—铜山、云台山、台创园聚落。5条示范带指西部牛首山—云台山丘陵田园示范带，东部青龙山—汤山运动康养示范带，中部汤水河—句容河水韵田园示范带，南部宁高—横山休闲文旅示范带，长江—滨江生态风情示范带。全区将对示范带沿线道路、生态环境等进行优化提升，通过风景示范带将各聚落、各村庄有机串联，推动“一处美”向“一路美”转变。（宁　鉴）

乡村文化

【精神文明建设】 2022年，江宁区持续推进农村精神文明建设，组织开展“治理高额彩礼、减轻人情负担、推动移风易俗”行动，在全国率先开展移风易俗突出问题专项治理活动。深化拓展新时代文明实践中心（所、站）建设，组织“进村入户面对面、文明实践手拉手”等常态文明实践活动，区级以上文明村（社区）占比85%以上。全年在乡村开展“听党话、感党恩、跟党走”宣传教育活动60余次。（赵　鹏）

【农家书屋建设】 2022年，全区建有农家书屋79个，实施农家书屋提升工程——“一卡通”服务体系建设，实现区、街道、农家书屋统一采购、统一编目、统一检索、一卡通用、资源共享目标。累计建成五星级农家书屋12家、四星级农家书屋29家、三星级农家书屋26家，先后获江苏省实施农家书屋提升工程示范区、全国农家书屋全面建设十周年先进集体等称号。（区委宣传部）

【古村落古建筑保护】 2022年，区文旅部门落实《南京市江宁区文物保护与利用规划（2014—2030）》，推进杨柳村古建筑群、佘村等古村落的保护与开发利用，促进文旅融合，为乡村振兴增添文化内涵。委托专业房屋安全鉴定机构对40处文物古建筑进行安全等级鉴定，通过排查鉴定，有安全隐患文物古建筑21处，其中被定为C级12处、D级9处，并对危房进行挂牌公示。投入200余万元打造监控平台，对全区60余处文物古建筑安装视频监控，监控平台与区信息中心监控总平台实现对接，使文物处于“千里眼”的保护中，文物安全得到有效保障。

【首届南京市乡村村晚在佘村上演】 9月23日，作为南京市2022年“我们的节日·重阳”主题活动之一，2022年首届南京市乡村村晚——“春华秋实新乡村”在江宁区东山街道佘村社区九龙广场上演。全市特色群众文艺团队以及美丽乡村新农民、乡村旅游体验者代表等近200人现场参与，全国10余万人通过国家文化云等网络平台观看视频直播。活动采取线上线下融合形式，通过乡村达人、好物推荐、乡村特色文旅、优秀文艺节目展播等多种载体，推出极具南京地域特色的“村晚”系列产品。现场还举办“丰收节俗大汇串”主题文化集市，以“推介乡村文旅产品”为主题，汇集江北新区及11个行政区的特色物产。

【“百场公益演出广场行”活动】 2022年，区文化馆开展“百场公益演出广场行”活动，组织群众文艺团队、文化指导员深入麒麟街道麒麟门、麒麟铺社区，横溪街道丹阳、西泉社区等地，把文艺演出送到居民家门口，服务4000余人次。

【“艺术进乡村”巡展】 5月20日，由区委宣传部（区文联）指导，区文化和旅游局、江宁国资集团主办，区文化馆、南京东晋书画院、区美术家协会等单位协办的“江宁之春·绘美江宁”——“艺见乡村”美术作品走进乡村巡展首展，在汤山街道龙尚村开幕。此次巡展的美术作品60余幅，为南京东晋书画院创作的佳作，主要有国画和油画两大类。巡展活动作为“江宁之春·绘美江宁”系列活动的组成部分，历时1个月，先后在汤山街道龙尚村、咏尚春、丰硕农场、稼圃集、漫谷漫心等地展出。（赵 鹏）

脱贫攻坚成果巩固

【促进居民增收】 2022年，江宁区开展促进高质量充分就业“九大行动”，加大减税降费、援企稳岗工作力度，实体化运作退役军人创业孵化基地，开展职业技能培训5.1万人次，全省首家省市区共建零工市场落户江宁。农村居民全年可支配收入35367元，比上年增长5.9%，高于城镇2个百分点，城乡居民收入由上年的2.13∶1缩小至2.09∶1。城乡居民养老保险标准调整为每人每月535元；全区集体经济组织成员65.5万人，人均福利分配613元。

【薄弱村帮扶】 2022年，全区加大对乡村振兴重点帮促村等对象的帮促力度，健全动态监测和帮扶机制。进一步调整优化区级财政对村（社区）稳定性收入不足300万元补足300万元的转移支付政策，区街共同支持“一村一策”做强集体经济，确保集体经济强村占比超过60%。

【防止返贫长效机制】 2022年，全区健全返贫动态监测机制，深入开展困难群众救助帮扶专项排查，全面落实乡村低保、特困供养、残疾人等救助保障政策。推行大病医疗商业补充保险项目，全年给予大病救助10万多人次、资金1亿多元。投入558万元“防贫险”经费用于特定赔付，实现“零返贫”。

【金融支农服务】 2022年，全区完成新型农业经营主体贷款贴息520万元，农村产权交易笔数比上年增长23.14%。发放农业支持保护（耕地地力保护）补贴4534万元，惠及134个村（社区）、8.85万户农户。完善农业保险制度，稻麦承保面积占种植总面积的90%以上，高效设施农业保险保费占总保费的60%以上。完成“金陵惠农小额贷”整村授信评议工作，授信用户17.75万户，授信金额186.6亿元；用信2888户，金额2.1亿元。（汤 雯）

融入长三角一体化发展

【概　况】 2022年，江宁区继续推动长三角一体化发展，加快融入南京都市圈，推进江宁—博望跨界一体化发展示范区建设。区推进长三角一体化发展领导小组多次召开专题会议，研究部署相关工作。按照《南京市江宁区实施长三角一体化工作方案》，明确任务分工，完善督查机制，做到责任到人、落实到位。融入长三角一体化和南京都市圈发展，落实宁镇扬一体化发展举措，在基础设施、公共服务方面加强与毗邻地区对接。

【基础设施建设】 2022年，全区加快推进长三角一体化互联互通基础设施建设，南沿江铁路完成"四电"用地交付和长深高速并行段改移工程涉及的房屋征收工作。宁芜铁路前期工可、初步设计获批，并配合施工单位梳理项目临时用地地块事宜。扬镇宁马铁路完成项目稳评工作，进入工程可研批复前鉴修阶段。宁宣铁路完成可研工作，并继续深化研究线形方案。宁马市域（郊）铁路完成勘测定界、拟征地公告、土地现状调查、征地稳评工作。宁马高速公路完成改扩建，于12月21日交付；126省道完成主线全部征收工作。（周　航）

【"长三角区域创新与发展——校地合作论坛"在江宁举行】 6月5日，作为东南大学120年校庆系列活动之一的"长三角区域创新与发展——校地合作论坛"在江宁区举行。市长夏心旻出席活动并致辞，东南大学党委书记左惟，苏州、无锡、常州、合肥、马鞍山、铜陵和湖州等长三角中心区的地市有关领导，区委常委、常务副区长缪秀梅参加。会上，东南大学副校长孙立涛、中国工程院院士黄卫、中国科学院院士段进、长三角国家技术创新中心主任刘庆作主旨报告，与会专家学者和市领导围绕长三角区域一体化发展重大科技需求，谋划建设长三角地区科技创新高端智库，聚焦将科技优势、市场优势、体制机制改革创新优势转换为产业和经济发展优势。（宁　鉴）

江宁—博望跨界一体化发展示范区建设

【概　况】 2022年，江宁区印发《2022年江宁—博望跨界一体化发展示范区工作计划》，以项目清单化方式明确年度工作目标、重点工作任务、责任主体，统筹协调全区各部门力量，密切配合，形成工作合力，高质量推进示范区建设。申报跨界重点合作项目，争取政策、资金、土地开发空间等支持，为示范区建设提供要素保障。

【基础设施建设】 2022年，江宁区和博望区共同编制示范区国土空间布局方案，联合推进《江宁—博望跨界一体化协同发展规划》和《江宁—博望跨界一体化建设规划》纳入两市国土空间总体规划。加快基础设施互联互通，126省道完成主线涉及房屋全部征收工作，继续推进皖446省道与苏126省道衔接。

【生态环保联防联治】 2022年，江宁区与博望区签订跨界流域综合治理、生态联防联治、森林防火防虫等框架协议，重点在水环境治理、大气污染防治、森林资源保护等方面加强合作，共同对丹阳河（丹新河）跨界区域水质取样监测，实施治理提升工程。

【产业协作】 2022年，江宁区与博望区签订江宁—博望创智谷合作共建协议，明确具体合作条款和项目选址。成立宁博示范区（南京）投资发展有限公司，负责示范区江宁投融资、建设和运营工作。共同出资成立安徽博望宁博创智谷投资发展有限公司，共同开展对外招商。

【公共服务】 2022年，江宁区继续开展江宁百家湖小学与博望分校教学合作交流，合作办学采取由浅入深、以点带面、循序渐进方式，同步教学、联合教研。全年两校开展线上线下交流活动5次，百家湖小学博望分校课题“乡村小学数学支点式学习的实践研究”获马鞍山市教育科学规划课题立项。签订博望区城乡供水一体化合作协议，确定跨省边界供水合作模式，由江宁水务集团向博望区供长江水，通过省边界总表计量收取水费。江宁861路公交常态化运营，新开通毗邻省际环线公交“博望毗邻1路”线，便捷两地百姓出行。政务服务一体化实现“一网通办”“跨省通办”。

【社会治理合作】 2022年，集警情处置、纠纷化解等多功能于一体的“两省一街警务室”完成提档升级。深化司法行政一体化合作，公共法律服务中心、联合人民调解委员会和在监服刑人员远程会见室为示范区群众提供一站式司法服务。一体化公共法律服务中心全年化解示范区内各类矛盾纠纷1029件，其中涉跨界疑难纠纷38起，提供法律咨询580人次，公证、司法鉴定指引23人次，办理法律援助案件10件。提供跨省监狱服刑人员与家属远程会见33次，律师现场解答法律问题74次，举办法治讲座69次。组织各类普法宣传活动77场，发放各类宣传资料11.6万余份。

（周　航）

【博宁毗邻1路公交线试运行】 8月22日，博望至南京毗邻省际环线公交——博宁毗邻1路公交线开通试运行。博宁毗邻1路公交线串联博望镇、丹阳镇、禄口机场、溧水等区域，可换乘南京地铁，实现博宁两地公交网络无缝对接，满足毗邻地区群众出行需求。该线路以博望汽车站为起讫点，设立先行溧水和先行丹阳2条对开环线。其中，先行溧水环线为博望汽车站—嘉民物流—比亚迪客车—金龙客车厂—翔鹰四路·空港新城（禄口机场）—秣周东路双龙大道（地铁S3号线）—正方中路（地铁S1机场线）—空港工业园北—苍穹路（顺丰丰泰产业园）—钟萃路（菜鸟网络南京空港园区）—上穆庄—横溪卫生服务中心—董塘—丹阳步行街—澄心路口—新博招呼站—博望汽车站。（反方向为先行丹阳环线）该线路支持投币、微信、支付宝、市民卡等多种支付方式，执行一票制4元/人次，优待群体享受票价优惠政策。公交线路试运行后，原博宁客运班线停止运营。

（宁　鉴）

对口支援协作

【对口支援新疆特克斯县】 2022年，江宁区继续致力于维护特克斯县社会长期稳定和长治久安，从资金、项目、就业、智力支援等方面开展支援工作。至年末，累计委派干部37人、专业人才46人，援建项目180个。完成特克斯县省统筹资金使用，实施项目20个，特克斯县江宁实验小学及幼儿园等一批民生项目建成交付，阔克苏乡美丽乡村田园综合体、特克斯奇石文化馆项目交付投运。组织11名教师、医生赴特克斯县开展组团式支教支医工作，组织特克斯县医务人员、骨干教师培训，发挥特克斯县人民医院远程视频诊断系统作用。

【对口协作陕西省洛南县】 2022年，江宁区根据国家及省、市东西部协作工作部署，继续协助洛南县巩固拓展脱贫攻坚成果同乡村振兴有效衔接。至年末，累计委派干部22人、专业人才90人，援建项目134个。完成苏陕协作项目资金使用，实施项目15个；区帮扶资金实施项目7个。草店村乡村振兴示范村项目启动建设，引进洛南富邦铜材料科技有限公司等3家企业入驻。2名援洛挂职干部继续在洛南进行帮扶工作，组织新一轮18名“三支”人才赴洛南县开展组团式支医支教支农。举办洛南县线上线下招聘活动35场，点对点输送务工人员2238人次，其中向江苏输送500余人次。帮助洛南农村劳动力劳务协作就业599人次，其中转移就业353人次。鼓励机关、企事业单位、民营企业和社会组织，优先采购结对地区农特产品，累计采购、帮助销售洛南县农副特产品9073万元。汤山等3个街道、章村等8个社区、湖熟商会等3家企业、区建筑业协会1家社会组织与洛南15个镇村挂钩结对，江宁高职校等5所学校、江宁医院等2家医院与洛南7家单位挂钩结对；江宁高新区与洛南县县域工业集中区开展园区共建。筹集社会帮扶资金326.05万元，资助困难学生300余人。

【五方挂钩帮促淮阴区】 2022年，江宁区作为省扶贫工作队副队长单位，主要任务是聚焦“五方挂钩”，增强帮扶村集体经济发展和群众增收致富。至年末，累计选派干部10人，实施项目164个。拨付省定区级援淮资金，实施项目4个。江宁交建集团出资援助的码头村道路、路灯及污水管网项目竣工。

【对口合作其他地区】 2022年，江宁开发区与重庆万州经开区、云南临沧边合区继续开展园区共建。江宁开发区与万州经开区签订加快推进渝东表面处理中心环保产业园建设的合作协议。

（周　航）

【洛南县党政代表团到江宁开展对口协作交流活动】 6月10—12日，洛南县委副书记、县长杨长江率洛南县党政代表团，到江宁区开展对口协作交流活动。市委常委、区委书记沈剑荣，区委副书记、区长洪礼来接待洛南县党政代表团一行，商洛市政府副秘书长、南京市对口帮扶商洛市工作组组长蒯旭光，区领导张思明、缪秀梅、庞志贵、刘群，洛南县领导姚猛、李福军、李大为、詹绪民等参加。宁洛对口协作工作联席会上，洪礼来简要介绍江宁区经济社会发展及新冠疫情防控等工作开展情况，回顾宁洛协作30年来两地干部群众结下的深厚情谊。他说，在2021年禄口机场聚集性新冠疫情防控中，洛南人民不远千里送来防疫物资，支援江宁抗击新冠疫情，生动诠释了“宁洛一家亲”的手足情谊。杨长江对江宁区长期以来对洛南的大力支持和对口协作表示衷心感谢，并表示，将以此次对口协作交流活动为契机，不断深化两地对口协作，希望双方进一步在乡村振兴、宁洛产业园招商、文旅康养、消费协作、人才交流等方面寻求突破。洛南将不断学习借鉴江宁“争当表率、争做示范、走在前列”的好思路、好经验、好做法，聚焦商洛“一都四区”发展目标，着力建设“五个洛南”，奋力谱写宁洛协作新篇章。在江宁期间，洛南县党政代表团先后深入南京科远智慧科技集团公司、南京嘉隆电气科技公司、南京卫岗乳业有限公司、南京工业科技技工学校等地，围绕产业发展、乡村振兴、文旅康养、科技创新、职业教育、园区建设等方面进行考察学习。

【江宁2家“慈善超市”在特克斯县启用】 7月30日，位于新疆特克斯县特克斯镇东城幸福社区的首家“慈善超市”启用。“慈善超市”由江宁区慈善总会大手拉小手分会在特克斯县捐助成立。经审核，社区有10户符合条件困难居民在当天领到免费供应的生活必需品。在社区慈善超市，有米、面、油及江宁爱心企业家捐赠的护手霜、手表、文具等，困难家庭免费供应区、困难家庭低价购买区、慈善公益积分兑换区等，社区低保户、贫困边缘户、残疾家庭等，可定期向慈善超市申请领取“困难家庭免费供应区”的米面油等生活必需品，也可以远低于市场价的爱心价采购“困难家庭低价购买区”商品。同时，凡参与志愿服务的社区居民，可凭积分在“慈善公益积分兑换区”兑换商品。根据江宁特克斯双方共建协议，特克斯县特克斯镇阿扎提社区、东城幸福社区提供场地和人员，负责对慈善超市进行日常管理维护，江宁区慈善总会大手牵小手分会提供建设资金，并负责超市的物资保障，每年除提供价值3万元的生活必需品，还利用“互联网+”慈善超市，线上线下互动，努力将慈善超市打造成富有特色的民间对口捐赠接收站点、汇聚江宁慈善爱心物资的“供应站”。

【特克斯美丽乡村田园综合体建成】 8月，由江宁交建集团

2022年，江宁区筹集社会帮扶资金326.05万元，资助困难学生300人。图为2月23日，洛南县2022年“爱心捐赠 情暖洛南”微心愿捐赠仪式在宁洛小学举行

（区委统战部供图）

整体援建的特克斯美丽乡村田园综合体项目全面完成先行启动区建设。该项目位于阔克苏乡马场二社区西侧自然村，占地面积11.5万平方米，由江宁交建集团下属南京睿艺环境工程有限公司负责施工。自2021年5月启动建设后，江宁交建集团克服新冠新冠疫情、机械紧张、劳务用工紧缺、材料短缺等诸多不利因素，将江宁美丽乡村建设经验与当地施工技术条件相结合，科学调配人工、机械、材料，合理安排工序，采取并联施工、交叉作业等措施，完成军垦博物馆、民族大餐厅、精品民宿区、青年旅社、鹰嘴崖艺术堡等单体建筑的新建、装修，以及市集长廊等区域的市政配套和景观提升等。

【区党政代表团赴洛南考察】 11月7日，区委副书记、区长洪礼来率江宁区党政代表团赴陕西省商洛市洛南县考察宁洛协作工作。南京市对口帮扶商洛市工作组组长、商洛市政府副秘书长蒯旭光，江宁区副区长张志胜参加考察活动，洛南县委副书记、县长杨长江，县委常委、常务副县长关威，县委常委、副县长姚猛，副县长樊岳等参加。区党政代表团先后到洛南县疾控中心、宁洛中学、宁洛友谊桥改扩建项目、宁洛瓜果蔬菜产业示范园、古城镇草店村等处，通过实地察看、听取介绍、座谈交流等方式，对宁洛协作工作进行深入考察。在举行的座谈会上，江宁和洛南双方分别签订《江宁区和洛南县关于进一步加强东西部协作的协议》《关于深化四方结对共建示范村的协议》《江宁高职校与县职业技术教育中心战略合作协议》《洛南县医院胸痛中心共建合作协议》，江宁区分别向洛南县保安镇、永丰镇、高耀镇捐赠200万元结对帮扶资金。考察过程中，洪礼来一行还参观宁洛协作30年主题摄影展和党建活动中心，看望慰问江宁区赴洛支农、支医、支教的“三支人才”队伍。

（宁 鉴）

融入宁镇扬一体化发展

【扬镇宁马铁路项目】 宁马铁路起自沪宁城际镇江东站，向西经镇江丹阳市、句容市，南京市江宁区、溧水区，马鞍山市博望区、雨山区，终至巢马铁路马鞍山南站。正线长度约120.6千米，其中江苏省境内97.2千米，南京市境内40.83千米（江宁区36.48千米、溧水区4.35千米）。至2022年年末，项目可研设计已经完成待批复，初步设计初稿文件编制完成，开始进行各类前置性专题文件批复准备工作。

【南沿江城际铁路】 南沿江城际铁路是长江经济带综合立体交通走廊规划中的重要线路，长三角核心区域骨干城际线，沪汉蓉快速客运通道的重要组成部分。省委、省政府将南沿江城际铁路列为重大交通基础设施建设项目。铁路起于南京南站，终至苏州太仓，共设8座车站，途径南京、镇江、常州、无锡、苏州，项目正线长278.53千米，其中南京段里程33.8千米，江宁区内31.8千米。项目于2018年10月8日在常州金坛先导段开工建设。至2022年年末，沿线征迁工作已完成，正推进铁路沿线外部环境整治及隔声窗安装等保开通工作。

【宁马高速改扩建】 宁马高速公路是江宁区谷里新市镇、滨江开发区等与主城区间重要通道。宁马高速扩建工程是“南京都市圈一体化发展”的重大基础设施建设项目，纳入南京市2022年交通工程通车项目，建成后将进一步带动沿线经济发展。项目起自沪蓉高速油坊桥互通，终至苏皖交界。项目全长34.09千米，江宁区段20.57千米，途经谷里街道、江宁街道，设梁家、滨江、铜井3个互通式立交。2022年12月20日建成通车。（区发改委）

2022年改扩建后的宁马高速公路项目　（谈伟民供图）

生态环境与保护

综　述

【概　况】　2022年，江宁区空气质量优良率76.2%；PM2.5浓度均值27.1微克/立方米，达到国家二级标准要求。8个国省考断面水质优Ⅲ比例达100%，18个市考以上断面全部达标；子汇洲水源地保护区水质100%达标。全区9个尾矿库基本完成整治，长江经济带警示片披露的紫清湖整改工作通过省级验收销号。全区生态环境安全，未发生等级以上突发环境污染事件。

【生态文明创建】　2022年，全区深入践行"绿水青山就是金山银山"的绿色发展理念，持续推进生态文明示范区建设。组织党员干部参加上级部门和高校组织的相关业务培训，区管干部参训率100%，科级干部在线学习全覆盖。湖熟中心幼儿园通过2022年（第十一批）国际生态学校绿旗认证复评工作，汤山街道阜庄村获2022年度省级生态文明示范村（社区）称号，千百园生态环境保护服务中心获评2022年南京市优秀生态教育基地。启动江宁区生态文明建设示范区建设规划续编工作，蓝天行动、碧水行动、无废城市建设、城乡环境综合整治等一批生态文明建设工程加快推进。

【生态环境项目评价】　2022年，区生态环境部门按照"放管服"改革、打造优良营商环境、惠企纾困和服务重大项目要求，采取系列措施，全力服务企业经济高质量发展。全年审批188个项目，其中报告书2个、报告表186个，比上年增长25%。利用各类会议、上门帮扶、现场指导等形式，宣传环保政策、法律法规和环境准入要求，强化企业环评责任。对接各街道、园区、企业，召开座谈会、帮扶会，了解企业项目环评推进过程中存在的问题和难点，帮助企业完善环评机构，提前做好项目服务。重点项目提前邀请相关行业专家开展技术咨询、专题论证，对项目选址、污染防治措施、环境风险等提出意见和建议。建立复杂项目专家函审制度，让专家对项目工艺、产污环节、治污措施、治理可行性进行审查把关，提出函审意见，为项目审批提供技术支撑。建设项目实行分片负责制，重大项目落实专人负责、专班统筹推进，健全环评服务信息卡制度和每周提醒、半月跟踪、月月推进制度，推行绿色审批通道，第一时间审查环评报告、第一时间召开评审会、第一时间受理公示、第一时间审批，先后完成中材锂膜、南京玻璃纤院、奥赛康、上海巴斯德、LG新能源、中兴通讯、南高齿、区老年医院等一批省市区重大项目审批。

【生态环境执法】　2022年，区生态环境部门以中央环保督察和行政执法大练兵活动为契机，深入打好打赢污染防治攻坚战，努力提升企业环境管理和治污水平。先后组织大气、水、固危废、尾矿库、环境安全生产、排污许可证、水源地以及全省环境质量执法保障异地交叉执法交办跟踪等一系列专项执法检查行动，对环境违法行为保持高压态势。全年开展各类生态环境专项执法检查34次，单部门"双随机"执法检查411家次，跨部门"双随机"检查21家次；标准执法5270家次，出动执法人员10540人次；快捷留痕1860家次，出动执法人员 3720 人次；8 步法标准执法 + 快捷留痕执法强度为 45.36。加强非现场执法，通过污染源监控平台预警，对 86 家在线监控数据异常、146 家用电监控报警企业进行现场核实，对发现的 169 项问题落实限期整改；对 1 家第三方运维单位和 15 家排污企业存在违法行为实施立案查处，查处违法案件 48 起，查办并移送公安机关环境涉刑案件 6 起，上报典型案例 20 件，通过开展非现场执法查处环境违法行为 16 起。（江宁生态环境局）

【获省生态文化宣传示范点】 4 月，12 个首批全省生态文化宣传示范点公布，江宁区汤山矿坑公园、金陵水乡——钱家渡榜上有名。自 2018 年年底开放至 2022 年，矿坑公园逐步形成集科普教育、亲子体验、休闲度假、温泉娱乐于一体，“以山为幕”的特色矿坑体验公园。汤山矿坑公园年游客接待量 300 万人次，已成为南京文旅的新名片，是广受南京及周边区域游客欢迎的“网红”打卡地。位于湖熟街道和平社区的金陵水乡——钱家渡由江宁旅游集团开发、运营和管理，村内阡陌相连、水网纵横，具有典型的江南水乡风貌。钱家渡深入践行“绿水青山就是金山银山”理念，尊重原有的生态机理，凸显当地自然淳朴的田园风光，充分发挥湖熟独有的圩区水资源优势和农渔产业优势，先后建设乡村振兴学习堂、钱家渡采摘园、健康水产养殖基地等生态文化宣传体验项目。钱家渡已接待游客及各类学生教育群体逾 50 万人次，先后获“国家级水产健康养殖示范场”“江苏省特色田园乡村”“江苏省生态文明教育实践基地”“江苏省乡村旅游重点村”“南京市生态文明教育基地”等荣誉 47 项。

【入选省级生态文明建设典型案例】 8 月，省生态环境厅、省文明办公布全省首批 12 个省级生态文明建设典型案例，江宁区“青绿江宁”东西线项目榜上有名。“青绿江宁”东西线项目分别以“只此青绿”和“绿动长江”为主题，两条线 10 个点位串联起长江大保护、饮用水源地保护、生态红线区域保护、生物多样性保护、湿地保护、河道整治、企业治污（大气、水）、农村环境连片整治、矿山生态修复等代表性案例。其中，东线项目包括“人文水岸城市客厅”外港河整治项目、央企和环保先锋中联水泥治污项目、江苏省首批生态文明教育基地水美乡村钱家渡、全市首个国家“城市双修”项目汤山矿坑生态公园、工业遗址上立起的世界级山地花园群——江苏园博园。西线项目包括智慧治水与生态治水的“江宁样本”——都市型生态安全缓冲区湿地、被誉为“新世纪奇观”的生态修复精品之作牛首山生态文化旅游区、中国“最美村镇”谷里街道周村农村环境连片整治示范区、全国首批环保设施向公众开放企业——南京凯燕电子有限公司，以及长江大保护精品工程 19.08 千米长江江宁段岸线生态风光带。“青绿江宁”东西线项目通过展示“生态江宁”特色，擦亮“美丽江宁”底色，展现“绿色江宁”成色，引导全社会树立珍惜自然、爱护自然、保护自然的生态文明观，营造“全民参与、共建共享”的生态文明建设氛围。

（宁　鉴）

环境质量

【大气环境质量】 2022 年，江宁区空气优良率为 76.2%，比上年下降 5.2 个百分点。空气质量优良天数 278 天，其中优秀 78 天，减少 7 天；良好 200 天，减少 12 天。空气质量超标 78 天，其中轻度污染 77 天，增加 14 天；中度污染 10 天，增加 5 天。未出现重度污染天气。细颗粒物 PM2.5 浓度均值为 27.1 微克 / 立方米，达到国家二级标准，下降 9.4%；PM10 浓度均值为 50 微克 / 立方米，下降 3.8%；二氧化硫浓度均值为 5 微克 / 立方米，下降 16.7%；二氧化氮浓度均值为 27 微克 / 立方米，下降 22.9%；臭氧日最大 8 小时第 90 百分位数为 180 微克 / 立方米，上升 4%；一氧化碳日均值第 95 百分位数 1.1 毫克 / 立方米，下降 8.3%。降尘浓度 2.79 吨 / 平方千米 · 月，下降 21%。

【水环境质量】 2022 年，区内秦淮河洋桥国考断面水质达到考核目标要求；赵村水库、横溪河黄桥、秦淮新河将军大道桥、牧龙河景明大街桥、句容河龙都大桥、汤水河张府仓东、长江江宁河口—林山下游 7 个省考断面水质达到考核目标要求，水质优Ⅲ比例为 100%；外秦淮河上坊门桥、江宁河江宁河闸、江宁河宁芜公路桥、板桥河新肖家路桥、铜井河铜井农桥、运粮河双麒路桥、九乡河仙林大道桥、七乡河龙门坝、云台山河严公渡、牛首山河马木桥等 10 个市考断面水质达到考核目标要求；子汇洲水源地、赵村水库应急水源地水质达到或优于Ⅲ类比例达到 100%，且逐月水质达标。牧龙河（省控）、江宁河（市控）、铜井河（市控）3 条入江支流控制断面水质为Ⅲ类，均达到考核要求。26 个区考断面（23 个考核目标为 3 类）达标率为 80.8%。综合市、区两级监测数据，全区 44 个考核断面达标率为 88.6%，比上年上升 16

江宁子汇洲饮用水源地项目　（区水务局供图）

个百分点。3类水以上断面28个，其中18个断面水质比上年提升。

【声环境质量】 2022年，全区区域环境噪声声级值为54.7分贝，低于55分贝的考核标准；交通噪声声级值为66.8分贝，处于较高水平。功能区噪声昼间达标率100%。

【辐射环境质量】 2022年，南京γ辐射累积剂量测点布设在江宁区淳化街道土桥社区，每季度监测1次。南京γ辐射累积剂量按小时平均测量结果为76—102nGy/h，比上年略有升高，仍属江苏省天然本底水平。

（江宁生态环境局）

环境治理

【概　况】 2022年，江宁区坚持以改善生态环境质量为核心，以落实《2022年深入打好污染防治攻坚战目标责任书》为重点，坚持目标导向、责任导向、问题导向、民生导向，突出精准治污、科学治污、依法治污、系统治污，着力打好长江生态保护修复攻坚战和蓝天、碧水、净土保卫战。围绕年度治污攻坚目标任务精准施策，全面推进区域生态环境质量持续改善。空气质量优良率76.2%，PM2.5浓度均值达到国家二级标准，国家及省、市考断面和子汇洲水源保护区水质全部达标。

【大气污染防治】 2022年，全区实施《江宁区2022年度大气污染防治工作计划》《江宁区2022年臭氧污染防治攻坚行动方案》等系列大气污染防治工作方案，对区域内各类污染源进行摸排，形成治气问题清单，落实整改措施。加强大气管控，优化重点区域交通方案，严控工业、机动车船、扬尘、臭氧污染。强化对全区400余个建设工地扬尘管控，建成“智慧工地”129个、“差别化工地”20个，创建市文明工地104个、省级标准化星级工地51个，工地文明施工达标率95%以上。淘汰营运柴油车1475辆，路检移动源柴油货车2081辆，处罚超标23辆；检查非道路移动机械1983台，超标1台。严格控制挥发性有机物，未审批生产和使用高挥发性有机物含量的涂料、油墨、胶黏剂、清洗剂等建设项目，培育源头替代示范企业14家，完成源头替代150家，无组织治理工程200个、有组织治理工程302个。加强餐饮油烟管理，安装餐饮在线监控100家。

（江宁生态环境局）

【水环境治理】 2022年，全区深化洋桥、龙都大桥等国省考断面专题研究，开展3轮溯源排查，布设检测点位492个，全面排查污染源头。严格执行排水审批制度，充分利用泵站排水在线监控系统，实现全区重点河道沿线211个泵站排水行为实时管控。印发《江宁区2021—2022年水环境治理项目资金补助办法》，实施水环境提升工程76项。优化污水应急处理设施运行，完善考核奖补办法，有28座污水应急处理设备投入运行，保障七桥瓮、洋桥等国省考断面水质稳定达标，有效改善秦淮河及沿线支流水质。编制《江宁区水环境综合治理行动方案》，计划利用2023—2025年3年时间，开展污水收集处理能力提升、雨污分流和排水行为整治、优化河道生态补水、河道水质改善、建管一体化等“六大行动”，全面补齐水务基础设施短板，打造更高质量水环境。全年创建市级幸福河湖16条。

【节水型社会建设】 2022年，全区按照省、市水资源管理和节约用水新要求，明确最严格水资源管理制度及各部门职责分工，着眼短板弱项，强化措施落实，形成“政府主导、部门协调、街道园区配合”的工作格局。根据自备水企业3年平均用水量，核算年度自备水用水量，依照定额控制用水总量。对用水量2万立方米以上的293家城市供水用水单位（包括工业企业、学校、宾馆、医院、机关等）下达2022年用水计划4703.08万立方米，计划用水率100%。加强重点用水户水平衡测试工作，组织召开7批次水平衡测试专家评审会，对33家用水单位水平衡测试报告进行审查。持续开展供水管网漏损率调查工作，委托专业技术人员核对供水管线。摸清用水管网，升级节水设施，对管龄超期老旧管道进行更换或维修，完成老旧管道普查改造59.69千米。挖掘节约潜力，降低供水管网漏损率，全年漏损率9.33%。创建省级节水型学校3所、省级节水型高校2所，市级节水型学校5所、市级节水型小区3个、市级节水型企业1家。完成区水利行业节水机关创建工作，建成铜井基地、江宁河闸等5家水利行业节水机关。江宁河灌区被评为国家级节水型灌区。（区水务局）

【土壤污染防治】 2022年，全区推进化肥农药零增长行动，化肥、农药使用量比上年分别减少1.3%和3%。加大污染修复力度，受污染耕地安全利用率93%以上，打造耕地质量提升与化肥减量增效示范区4个。

【农业废弃物综合利用】 2022年，全区加快发展生态循环农业，农业面源污染防治率稳定在90%左右。加强农业废弃物综合利用，农作物秸秆综合利用率及还田率、畜禽污粪综合利用率分别为94%、95%和99.4%，废旧农膜回收利用率90%。（汤 雯）

【安全隐患排查整治】 2022年，区生态环境部门印发《江宁生态环境局危险化学品安全风险集中治理实施方案》《南京市江宁生态环境局关于安全生产大检查实施方案》《2022年度江宁区危险化学品安全生产打非治违专项行动实施方案》《江宁区重点环保设施项目安全辨识和固体废物鉴定评价工作方案》《江宁区生态环境领域安全生产百日攻坚行动方案》等，对112家重点单位组织环境安全隐患排查，对66家射线装置企业、12所驻区高校实验室、98家危险化学品企业进行全面排查，建立问题清单，全面摸排重点6类环境治理设施底数，督促整改到位。开展污染防治设施安全生产联合检查、“环保油”专项行动、危险废物环境风险隐患“拉网式”滚动大排查，深入推进危险废物和6类污染防治设施安全生产隐患排查整治。制订《江宁区重点环保设施项目安全辨识和固体废物鉴定评价工作方案》，开展安全风险辨识工作，新增加的36家风险辨识企业全部完成整改。巩固危险废物等安全专项整治三年行动成果，全年检查产废企业1060家，检查发现问题130家，涉及危废案件69件。全区申报纳入系统的产废单位1301家，企业危废网上申报业务新开户339家。

【辐射环境管理】 2022年，区生态环境部门依法行使核与辐射许可审批职责，审批首次申领、重新申领、变更、延续、注销辐射安全许可证70家次，现场核查首次申领、重新申领83家次。全区新增核技术利用单位30家，核技术利用单位累计222家。组织开展核与辐射监督执法检查，使用核与辐射移动执法平台检查涉源单位9家，检查率100%；检查射线装置工作单位（含新申领单位）123家次，检查率50%以上。加强辐射安全管理标准化建设，委托南大环境规划设计研究院（江苏）有限公司对辖区内2家涉源医疗机构和39家Ⅱ类X射线探伤单位开展辐射安全标准化建设专项核查工作，提高重点单位辐射安全现代化管理水平。在南京晨光东螺波纹管有限公司组织开展2022年度辐射事故应急演练活动，提升辐射安全和辐射事故应急处置能力。

（江宁生态环境局）

环境监管

【生态红线监管】 2022年，江宁区生态环境部门完成省长江警示片披露的汤山地质公园内紫清湖违规占用林地2个问题点位的整改，对紫清湖动物散养区实施拆除，对垃圾杂物堆放地进行清理，并通过省长江办、省林业厅牵头组织的验收销号。针对2022年度中央生态环境督查反馈的园博园紫东阁、茨山石灰石矿和新爱华装饰材料有限公司侵占汤山地质公园生态保护红线问题，制定整改方案，落实整改措施，有序推进整改工作。编制生态空间保护区域监督管理年度评估报告，落实生态红线补偿制度，获市级生态红线补偿资金4217万元。

【环境质量监测】 2022年，区生态环境部门按周、按月组织开展44个考核断面、121条水质提升河道、80个泵站例行监测以及重点断面补偿监测和跟踪保障监测工作；每季度对2个功能区噪声、16个交通噪声及78个区域环境噪声进行监测。开展农村环境空气、饮用水、土壤及144个农村污水处理设施、6个农田灌溉水监测，对国控、省控环境空气质量自动监测站每周进行巡查、每日关注数据变化，及时报送日报、周报、专报。全年获得环境质量监测数据239862个，形成空气质量日报365份、环境质量月度分析报告12份。完成重点排污单位监督性监测393家次，涉重企业监督性监测36家次，污水处理厂例行监测167家次，信访监测186家次。开展各类专项监测6项，包括挥发性有机物重点排放企业“回头看”检查监测、碳监测试点评估监测、工业园区生态环境监测、新冠疫情防控期间废水监测、生物质锅炉改造回头看专项监测、环境应急监测等。

【环保宣传教育】 2022年，区生态环境部门树立和践行“绿水青山就是金山银山”的发展理念，组织开展线上线下宣传教育工作，“学习强国”学习平台、《中国环境报》、南京生态环境公众号、江宁发布等媒体平台发布江宁生态环境保护工作相关稿件70篇。利用“江宁生态环境”微博发布工作动态、环保法规政策、环保时事要闻等生态环境类信息100余篇，配合市生态环境局策划拍摄《一把手带货》江宁篇。

【“6·5”环境日宣传活动】 6月2日，江宁生态环境局组织开展主题为“共建清洁美丽世界”的“6·5”环境日宣传活动。活动现场，企业、环保公益组织、学校等环保志愿者讲述自身参与生态环境保护所做出的贡献和努力。环保志愿者们通过法律法规宣传咨询、小学生校园生态环境保护宣传画作品展、垃圾分类普法宣传、环保知识有奖问答、宣读倡议书等互动体验活动，用行动向全社会传递绿色出行、低碳节能的生态环保理念，为加强生态文明建设、深入打好污染防治攻坚战、加快建设美丽江宁汇聚力量。 （江宁生态环境局）

长江大保护

【概 况】 2022年，江宁区深入学习贯彻习近平总书记关于推动长江保护系列重要讲话和重要指示批示精神，贯彻落实《中华人民共和国长江保护法》，坚持生态优先、绿色发展，坚持共抓大保护、不搞大开发，全区生态环境质量持续改善，经济发展质量不断提高。调整完善区推动长江经济带发展领导小组，形成区委、区政府牵头抓总、部门分工协作、属地具体落实的工作格局，推进江宁19.08千米长江生态环境保护修复和长江经济带高质量发展等各项工作落实。4月27日，区委常委会传达学习南京市推动长江经济带发展领导小组会议精神和部署要求，研究部署全区推动长江经济带发展工作；区政府第30次常务会议专题听取关于长江经济带生态环境突出问题整改有关情况汇报。印发《2022年江宁区推动长江经济带发展工作要点》，明确重点任务责任清单和任务分工，传达部署长江经济带生态环境突出问题整改“回头看”、塑料污染治理、尾矿库污染治理等重点任务。区委区政府主要领导、区政府分管领导多次听取工作汇报，实地调研推进，协调解决问题，强化工作质效。开展市区两级人大《中华人民共和国长江保护法》四级执法检查，推进7个市“百项提升工程”、7个市保护传承弘扬长江文化项目高标准完成，溪田田园综合体等5个生态产品价值实现典型案例在市发改委公众平台推介。

【新济洲国家湿地公园维护】 2022年，全区加强南京长江新济洲国家湿地公园示范湿地、新济洲“六大功能区”和生物多样性展示馆维护工作，定期养护岛内植物树木，通过湿地生态修复、功能再造、景观提升，公园湿地率上升至70%。维护管理植物555种、鸟类215种、鱼类34种、“两栖”爬行类37种、哺乳动物19种，成为“江中绿宝石、生态大宝库”。

【生态环境突出问题整改】 2022年，省警示片披露紫清湖野生动物世界破坏江宁汤山方山国家地质公园内森林植被问题通过省市区销号验收。常态化组织开展长江经济带生态环境问题“回头看”，并举一反三，6个国家、省市披露生态环境突出问题均落实长效管理，成效巩固，未出现反弹、反复和新的问题。

【长江水环境治理合作】 2022年，全区继续推行长江“段格化”管理，长江江宁段8个段格管理效果提升。新建改造污水管网11千米，东山、滨江等15个老旧小区实施雨污分流改造，完成空港开发区安澜大道污水应急处理项目、横溪街道长兴圩撇洪沟水质提升工程，河道水环境质量提升。秦淮河干流获评省级幸福河湖示范样板，外秦淮河等16条幸福河湖获评市级示范幸福河湖。 （周 航）

【长江流域禁捕退捕】 2022年，全区常态化实施长江、秦淮河水域禁捕执法管理，禁捕水域远程视频监控体系建成并投入使用。全年放流鲢鳙夏花、胭脂鱼、长吻鮠等1000余万尾。出动执法人员3000余人次、执法船只300余航次，航程9000余千米，行政处罚29起、37人，罚款3.48万元。禁捕水域远程视频监控体系建成并投入使用。 （汤 雯）

【长江入河排污口整治】 2022年，江宁区继续巩固长江岸线整治清理成果，推行长江江宁段河道“段格化”管理，常态化开展巡查检查，未发现问题反弹现象。完成2021年省长江警示片披露的紫清湖问题整改工作，并通过省市验收。编制印发《江宁区长江经济带生态环境警示片披露问题举一反三排查整治专项行动方案》，组织开展长江经济带尾矿库污染治理和区域生态环境问题整改。全区实施长江滨江段19.08千米绿化养护，高标准维护沿江堤滨江公园。全年完成人工造林79.9公顷、封山育林147.9公顷，“四旁”植树22.73万株，农田林网更新746.7公顷。实施湿地修复14.1公顷、长江江宁段沿线矿山生态修复120公顷，完成长江入河排污口规范化整治并通过验收123个。

（江宁生态环境局）

资源保护

【水资源保护】 2022年，江宁区水务部门实行最严格水资源管理制度，开展江宁区水资源刚性约束“四水四定”试点工作，完成水量分配、水源地长效管护与评估、子汇洲水源地标准化建设，按时填报用水统计调查直报系统，开展取水许可证延续、取水工程规范化建设、生态河湖状况评估、水资源管理宣传等。推进节水型学校、小区、企业以及技改项目的节水载体创建工作，创建省级节水型学校3所、省级节水型高校2所，市级节水型学校5所、市级节水型小区3个，开展江宁区水利行业节水机关创建工作，建成江宁区水政监察大队、江宁河闸管理所等5家水利行业节水机关，河海大学江宁校区被列入全国节水型高校典型案例。围绕“推进地下水超采综合治理、复苏河湖生态环境”主题，组织江宁区“节水中国，你我同行” 主题宣传行动，在江宁景枫广场、双龙大道南方花园人行天桥、义乌青年广场等257块人防屏播放“世界水日”宣传主题和口号，在“节水中国，你我同行”网站上传系列宣传活动12个，点赞超过4万次。

（区水务局）

【土地资源保护】 2022年，全区建立区、街道、村（社区）三级管控体系，签订耕地保护责任状149份，落实南沿江站后工程等18个批次涉及131.3公顷的耕地占补平衡管理工作。建立健全永久基本农田“划、建、管、补、护”长效机制，补划扬镇宁马占用永久基本农田55公顷，推进地铁3号线等项目占用永久基本农田工作。开展永久基本农田核实整改补足工作，上报成果划入稳定实有耕地2.75万公顷；编制《南京市江宁区2022年度耕地进出平衡总体方案》，储备补充耕地核查工作中被扣减指标的补充耕地项目全部完成整改验收，涉及指标46.1公顷（水田4.6公顷）。上报耕地保护补贴面积2.92万公顷，补贴农户10万户，发放保护补贴资金1.31亿元。全年取得56个征（转）用地批次批文，涉及舟桥旅、宁句线、福特、开市客等239个项目，批复用地总规模1011.3公顷。 （王梦菲）

【森林资源保护】 2022年，区林业部门完成病死松树清理2.72万株，美国白蛾等食叶害虫防治4.73万公顷，林木无公害防治率88%，测报准确率95%。外来物种“一枝黄花”防治率稳定在90.7%。常态化落实森林防火，防火期出动森林防火检查人员1800人次，未发生大型森林火灾和林木损失，未发生人员伤亡。

【野生动植物保护】 2022年，全区组织开展“清风行动”、“爱鸟周”活动、“野生动植物日”等主题宣传活动，加强和规范野生动植物保护，提高广大市民野生动植物保护意识，区域生态环境持续改善。全年审核上报野生动植物经营利用许可3件、驯养繁育许可2件。 （汤　雯）

汤山街道鹤龄社区西边山群鸟飞翔 （汤山街道供图）

节能减排

【概　况】 2022年，江宁区落实南京市打好污染防治攻坚战目标任务，编制减排计划，分解目标任务，实施减排工程，加强督查落实，着力提高减排能力。全年挥发性有机物、氮氧化物削减量分别为288.9吨、195.8吨，化学需氧量、氨氮、总氮、总磷削减量满足目标要求，全面完成市政府下达的主要污染物减排任务，达到考核要求。

7月，区供电公司完成基地屋顶光伏项目建设，并做好220千伏九龙变等变电站屋顶光伏建设的属地工作，助力“碳达峰、碳中和”。图为基地屋顶光伏建设项目　（严嘉钰供图）

【清洁生产审核】 2022年，全区有26家企业纳入年度清洁生产审核工作，有22家企业通过清洁生产验收。南京海欣丽宁长毛绒有限公司因厂房搬迁，无法开展清洁生产；南京金辉仓储设备有限公司因厂区未完全搬迁，延期至2023年验收；南京南传智能技术有限公司因中高费方案改造周期较长，延期至2023年验收；南京全茂机械工程有限公司因设施方案不合理未通过验收，延期至2023年重新验收。

【排污许可登记】 2022年，区生态环境部门按照《南京市排污许可提质增效实施方案（2022—2024）》，压实主体责任，加强联合监管，构建“源头把控、过程管理、事后监管”的全闭环管理模式，提高证后监管效率，发挥排污许可“一证式”管理效果。全年核发排污许可证企业319家，其中重点管理92家，简化管理227家，注销42家。全区累计排污登记企业5043家，其中2022年新登记企业897家，登记关停注销企业185家。

【碳达峰碳中和工作】 2022年，区发展和改革部门落实《南京市推进碳达峰碳中和工作方案》，组织核算全区“十三五”期间及2020年能源消费总量、能耗强度情况和碳排放总量、碳排放强度情况以及碳减排潜力，组织编制碳达峰行动方案。牵头起草《关于推动高质量发展做好碳达峰碳中和工作的实施方案》和《江宁区“十四五”低碳发展规划》，加快构建低碳发展政策体系。实施“零碳产业＋负碳技术”双轮驱动战略，编制形成“3+4+N”低碳发展政策体系框架。组织召开区双碳工作领导小组会议，专题研究《江宁区二氧化碳排放达峰行动方案》意见建议修改情况；部署《2022年江宁区碳达峰碳中和工作要点》，明确南京市对江宁区2022年碳达峰水平专项考核重点指标及有关要求。

【能耗总量控制】 2022年，全区规范新增用能指标管控，落实新建类固定资产投资项目用能指标报批流程，聘请第三方专家加强项目新增用能指标把关，确保项目符合规范。区发展和改革委与区行政审批局、区工业和信息化局会商并报区政府同意用能指标的固定资产投资项目27个，新增能源消费量12.58万吨标准煤（当量值）/22.28万吨标准煤（等价值）。落实各类信息月报机制，按月上报节能审查开展情况。区行政审批局、开发区行政审批局全年对新建类固定资产投资项目出具节能审查意见18个；按月统计16家年综合能源消费量1万吨标准煤（当量值）以上企业用能情况并上报市发展和改革委；按月统计分布式户用光伏开发建设情况，全区分布式光伏项目累计核准（备案）容量109.51万千瓦，累计并网容量3.39万千瓦。加强项目用能申报协调，按照要求上报5000吨标准煤（当量值）以上项目，逐级向省发展和改革委提交5个项目申请开展节能审查的请示及相关附件材料，有4个项目取得省发展和改革委出具的节能审查意见。坚决遏制“两高”项目盲目发展，严格落实《关于进一步加强产业布局与能源消费总量和强度“双控”政策衔接的通知》等文件精神，对于“两高”项目一律不得采用承诺制或容缺审批，持续推进存量“两高”项目整改。　（周　航）

综 述

【概 况】 2022年，江宁区教育系统加强党建引领工作，弘扬劳模工匠精神，构筑学校安全防线，优化优质教育资源配置，推进紧密型集团化办学，打造高水平教师队伍，抓好“双减”和基础教育教学改革，推动教育内涵与教育服务高质量发展，各项工作取得新成效。年内有16所新建学校建成交付，新增优质公办学位1.8万个。累计有49所学校开展紧密型集团化办学，区内优质教育资源效能充分发挥。区教育局先后获评省融合教育示范区建设培育对象、市劳动教育实验区建设单位、市学校安全工作优秀单位，党建品牌建设和心理健康教育工作经验入选《南京教育高质量发展报告（2022）》。

【教育投入】 2022年，全区投入教育经费586553万元，比上年下降5.92%。其中，国家财政性教育经费472101万元，包括预算内经费435609万元，各级政府征收用于教育的税费（教育费附加）36492万元；社会捐资集资18280万元；事业费收入85910万元；其他收入10262万元。

【校园安全防范】 2022年，区教育部门开展教育领域统筹发展和安全“大走访、大排查、大攻坚”行动，一体化推进教育系统深化提升安全专项整治三年行动、安全整治百日攻坚行动、校园安全生产百日攻坚行动，聚焦燃气、消防、危化品、校车、食品卫生等，开展全覆盖式专项检查，加强问题隐患跟踪整改。牵头成立教育科研院所安全专委会，开展驻区高校实验室及危化品安全专项检查。推进全区校园智能化“一键报警”安装工作，实现校园消防副校（园）长配备全覆盖。全年组织地震、消防、防暴、校车等各类校园安全演练500余场次，安全实际操作培训覆盖骨干教师200余人，参加省、市教师安全知识竞赛2.6万人次，师生安全知识储备与防护能力提升。

【优质教育资源配置】 2022年，区教育部门推进38所中小学幼儿园新建、改扩建项目，科宁路幼儿园、上秦淮小学等16所新建学校建成交付，新增优质公办学位1.8万个，热点板块公办学位供给能力进一步提升。清水亭学校等5所学校改扩建工程竣工并投入使用，中小学扩容提质取得进展。深化与区内外名校、驻区高校合作办学，东山高级中学、竹山中学、将军山中学、月华路小学等学校两校区一体化办学初见成效，各板块优质教育资源布局更加优化，区域优质教育资源全覆盖成果持续拓展。

【紧密型集团化办学】 2022年，区委教育工委出台《江宁区深入推进义务教育集团化办学的实施意见》，推动49所学校开展紧密型集团化办学，充分发挥区内优质教育资源效能。12月9日，江宁区紧密型集团化办学现场会在竹山中学湖东路校区召开，区教育局相关科室负责人对《江宁区教育局集团化办学集团工作评估办法》《江宁区义务教育集团化办学评估指标》等文件及紧密型集团化办学各方面要素进行解读。

【教育内涵发展】 2022年，区教育部门打造沉浸式大中小学思政课教学模式，3所学校获评南京市思政育人特色学校，7所学校获评南京市中小学生品格提升工程项目。在市小学生校园集体舞大赛中，区内学校获一等奖3个、二等奖2个。推动学校劳动教育特色化，获评市劳动教育特色学校建设单位5个。市级中小学生课堂小乐器比赛获一等奖2个、二等奖5个。培育和践行社会主义核心价值观，组织新时代好少年学习宣传活动，获评市级新时代好少年6人、省级新时代好少年典型1人。开展“童声里的中国”“童心里的诗篇”“童话里的色彩”等“童”字系列活动，236件学生作品获市级奖项。推进心理健康教育，开展“陶老师工作站进校园”活动，实现学生心理建档全覆盖。加强区青少年社会实践基地建设，建立健全青少年社会实践课程体系，先后被评为市科普教育示范基地、省法治文化建设示范点。

【基础教学改革】 2022年，区教育部门实施义务教育阶段深化教学改革三年行动，举办中小学“双减背景下教学改革的深化”阶段性成果汇报会。推进普通高中新课程新教材实施示范区、示范校建设，获评省基础教育优秀教学成果奖一等奖1个、二等奖3个，省市级品格提升工程项目3个。加快未来教室示范项目和区域智慧教育建设，组织开展“金陵微校进校园”研讨活动10余场。

【校外培训机构监管】 2022年，区教育部门推进学科类机构压减工作，全区原有学科类培训机构222家，停办183家、转型29家，压减率95.5%。根据《省教育厅、省民政厅、省市场监督管理局关于做好面向义务阶段学生的学科类校外培训机构统一登记为非营利性机构有关工作的通知》，组织召开“营转非”工作协调会，制定工作方案，引导学科类校外培训机构公益化办学，10家学科类培训机构“营转非”全面完成。规范全国校外培训监管与服务综合平台操作，签约监管银行与全国平台对接，推进各机构开通资金监管账户及基本账户进度，10家学科类培训机构开通支付功能、实现购课交易、全程监管。

【民办教育监管】 2022年，区教育部门对全区9所民办学校开展年度评估督导工作，在初审各校上报材料后，深入各学校，对照《南京市民办学校年检评估指标》，从党建、依法办学、学校治理、办学条件、教育教学、师生管理、财务资产安全管理情况等方面进行综合打分。经审核，2021年度全区9所民办学历学校均达到合格标准。根据《关于做好2022年全市民办非学历教育培训机构和民办幼儿园办学质量视导评估工作的通知》，依据《中华人民共和国民办教育促进法》等，完成区内民办幼儿园及民办培训机构综合督导评估工作。各街道、园区成立“回头看”检查组，开展学科类培训机构检查、抽查。全区排查培训机构196家，排查材料428份，排查从业人员640人，部分学科类转非学科类机构涉及学科培训招生店堂广告未能及时清理，被责令立即整改。开展暑期专项治理行动，确保全区39家教育局主管机构暑期无一违规开展学科类培训。各街道（园区）工作组对989家机构进行暑期联合检查，发现3家无证机构违规开展“隐形培训”，当即责令整改，确保整改到位。

（陈江华）

【12所新学校投用】 9月，东山高级中学（南站校区）、将军山中学（佛城西路校区）、上秦淮小学、福宁路幼儿园等12所新建学校（校区）投入使用，新增优质公办学位1万个。东山高级中学（南站校区）占地面积4.3万平方米，建筑面积5.5万平方米，首批接收276名高一新生。将军山中学（佛城西路校区）位于江宁开发区隐龙路北延线，与牛首山风景区毗邻，占地面积3.9万平方米，建筑面积4.26万平方米。上秦淮小学因坐落在未来科技城上秦淮板块而得名，建设规模为6轨36班，占地面积3.12万平方米，建筑面积3.25万平方米。麒麟福宁路幼儿园建设规模为5轨15个班，占地面积4700平方米，建筑面积9335平方米。淳化科宁路幼儿园建设规模为3轨9个班，占地面积5600平方米，建筑面积4480平方米。禄口玉振路幼儿园建设规模为6轨18个班级，占地面积8200平方米，建筑面积10500平方米。

【南师附中正方新城学校落户】 10月17日，江宁开发区、区教育局、南京师范大学附属中学、南京师范大学附属中学江宁分校四方进行合作办学签约，共同建设南京师范大学附属中学正方新城学校。2003年，南京师范大学附属中学与江宁开发区合作共建南师附中江宁分校，成为南京师范大学附属中学教育集团资源共享、优势互补模式在江宁的首次探索。此次，江宁与南师附中再次合作，携手共建南师附中正方新城学校。该校位于正方中路以北，规划建设小学10轨60班、中学12轨36班，可容纳学生4500人，打造高品质现代化学校，为周边群众和入园企业提供优质教育资源，加快提升正方新城功能品质。（宁鉴）

学前教育

【概　况】 2022年年末，江宁区有各类幼儿园184所、村办点34个，其中公办园98所、民办园86所。幼儿园班级2124个，在园幼儿66946人，其中非江宁户籍幼儿30736人。教职工9518人，其中专任教师4886人。

【学前教育普惠与优质园建设】 2022年，区教育部门推进34所幼儿园省、市优质园创建工作，省优复审、市优现场评估通过率均为100%，全区省、市优质园覆盖率91.57%。开展10所普惠性民办幼儿园认定工作，进一步扩大普惠性学前教育资源供给，全区普惠性幼儿园覆盖率92%。

（陈江华）

【玉振路幼儿园投用】 6月，位于空港经济开发区的玉振路幼儿园建设完工并投入使用。该幼儿园总建筑面积1万平方米，其中地下3000平方米，地上7000平方米，共设有6轨18个班级，每个班级可容纳30名学生。

（宁　鉴）

初等教育

【概　况】 2022年年末，江宁区有公办小学47所，九年一贯制学校小学部10个。小学班级2341个，在校生103764人，毕业班学生13951人。小学专任教师6800人。全区有公办中学36所，其中初级中学26所、九年一贯制学校10所。初中班级622个，初中在校生28519人，初中毕业班学生8989人，初中专任教师2807人。

【“双减”工作】 2022年，区教育部门落实“双减”重点目标与任务，聚焦压减学生作业总量和时长，加强过程监督与指导，促进学校作业管理。健全学生“课后服务”保障机制，确保学校开展课后服务和满足有需求学生“全覆盖”，实现服务内容丰富多样、质量不断提升、吸引力明显增强，促进学生学习更好回归校园。全区义务教育学校课后服务覆盖率和有需求学生课后服务参与率100%。春季、秋季学期，中小学生参加课后服务分别为13.7万人、14.5万人，分别占学生总数的99.72%、98.1%。加强与驻区高校合作，引入优质课程、场馆、实验室等资源，面向晓庄学院教师和优秀学生，招募体育、艺术和科技类课后服务志愿者296人。依托“体教融合”、“非遗”项目进校园、社会公益资源进校园等项目，加大对学校社团教师资源的公益输入，不断丰富优化课后服务资源配置。46所中小学在“体教融合”近60个文体类项目中开设学生社团100余个，17所学校开设“非遗”项目社团。

【小学特色文化建设】 2022年，区教育部门在前期梳理区内小学办学特色及成果的基础上搭建平台，加强总结和提炼，组织展示、交流与培训活动，促进学校特色文化建设。年内，有1所学校入选市特色文化建设项目培育对象，2所学校入选市基础教育教学成果培育项目，1所学校入选市基础教育优秀教学成果培育项目。推进“幼小科学衔接”“国家级优秀教学成果推广”等项目研究，定期组织开展特色项目区级教研和交流展示。

【劳动教育】 2022年，区教育部门按照课程设置要求，将每周一节劳动课纳入中小学课表。支持市、区两级劳动教育示范学校的特色化建设，评选出第二批区级劳动教育实验学校20所，初步形成一批特色鲜明、成效显著的基地学校。东山小学、禄口二小等学校的劳动教育特色案例被省市级媒体报道，江宁区入选市劳动教育实验区建设单位，5所学校入选市劳动教育特色学校建设单位。

【融合教育】 2022年，区教育部门加强融合教育示范区、示范学校、实验学校建设，取得成效。上半年，经市评审，江宁区入选省融合教育示范区建设培育对象，1所学校入选省融合教育示范校培育对象，1所学校入选省特需儿童课程基地建设项目培育对象。推进融合教育资源中心建设，新增融合教育资源中心10个。加大融合教育师资队伍培训与培养力度，先后组织2批、74名融合教育专职教师培训并通过考核，实现持证上岗。落实特殊教育需要学生评估、安置及服务清单等6项制度，推进“康教融合”“医教融合”，10所学校与康复机构签订“康教融合”合作协议，共同开展相关项目研究与实践。

【中小学主题教育】 2022年，区教育部门在各中小学校深入开展“扣好人生第一粒扣子”主题教育实践活动、新时代好少年评选与学习宣传活动和“老少心向党，喜迎二十大”等爱国主义教育主题活动，将“抵御和防范宗教进校园”、国家公祭日、烈士纪念日等主题教育与理想信念教育、红色基因传承教育、时代精神教育、诚信教育、感恩教育有机融合，完善“大主题”格局。年内，全区有165名学生被表彰为江宁区新时代好少年，其中7

名学生获评南京市新时代好少年；4920名学生在南京市“网络新春寄语”活动中获奖。江宁实验小学、翠屏山小学学生代表南京市参加江苏省烈士纪念日活动，竹山中学学生代表南京市参加国家公祭日活动。在南京市读书节活动中，全区6万多学生参与读书节的征文、音视频征集活动，136件学生作品获“喜迎二十大，一起向未来——童心里的诗篇”少儿诗会作品征集一、二、三等奖。

【课后服务】 2022年，区教育部门健全课后服务保障机制，全区义务教育学校课后服务覆盖率和有需要学生参与率均达100%。推进中小学与驻区高校课后服务合作项目，引入优质课程、场馆资源，增加学生社团和兴趣小组种类。招募南京晓庄学院等高校教师及优秀师范生志愿者296人，充实课后服务师资。开展“体教融合”、社会公益资源进校园活动，设立“体教融合”文体类项目近60个，开设学生精品社团课程100余个，强化师资配置与保障，提升课后服务品质。

【特殊教育】 2022年，江宁特殊教育学校开设教学班级24个，在校学生207人；教职工76人，其中专任教师67人。学校先后被授予江苏省中小学百家党建“一校一品牌”项目学校、南京市智慧校园示范校、江苏省教育工作先进单位、江苏省特殊教育现代化示范学校、南京市特殊教育发展有功单位等。（陈江华）

【铜山中心小学入选省科学教育综合示范学校】 9月，省科学技术协会、省教育厅联合发布关于命名“十四五”首批江苏省科学教育综合示范学校的通知，60所学校入选，江宁区铜山中心小学榜上有名。铜山中心小学创建于民国22年（1933），以“以科技教育为突破口，全面实施素质教育”为办学理念，坚持走科技特色发展之路，取得丰硕成果。学校以培养儿童实践能力与创新精神为重点，把少儿科学院的基地建在校园中，每个基地都是一个实验室，有相应的实验项目，培养有个性、善思辨、乐学习、会创造，具有科技创新品质和较高科学素养的少年儿童。2022年，学校有一处种植科技基地和一处养殖科技基地，并根据各基地、场馆特点成立相应的少科院研究小组，如鱼塘养殖研究小组、蔬菜种植研究小组、中草药种植小组等。学校将科技教育与促进教师成长和学校特色发展相结合，满足学生精神需求和探究欲望，培养尚新精神，提高学生科技素养为基本目标，通过实验、观察、实践、探究等活动形式，激发学生兴趣，形成初步的学习本领和探究技能。铜山中心小学先后被评为国际生态学校、中国少年科学院科普教育示范基地、省科技教育特色学校、省生态文明教育基地、省文明校园等。学校共有学生发明专利166项，1000多项发明成果获国家和省市区级奖，2名学生获“中国青少年科技创新奖”，涌现出56名“中国少科院小院士”、1名全国少工委委员、1名全国新时代好少年。

【麒麟小学获全国珠心算比赛一等奖】 9月，第六届全国珠心算比赛落下帷幕，麒麟中心小学代表队取得团体组一等奖、个人组2名一等奖的佳绩。全国珠心算比赛是由财政部主管中国珠算心算协会主办的全国性比赛，比赛采用线上、线下相结合方式进行。第六届全国珠心算比赛中，来自全国各地30个会员单位的353名选手进行激烈角逐，是历届参赛人数最多的一次比赛。此次参赛的南京市代表队由麒麟中心小学6名学生组成，代表南京市首次在国赛上获一等奖，综合排名跃升10个名次。个人赛中，小学生陈致远、彭方皓获B组一等奖，进入全国十强。

【滨江新城第二小学启动建设】 9月，作为全区2022年度民生实事项目之一，滨江新城第二小学启动建设，计划于2024年6月底交付。滨江新城第二小学项目位于滨江开发区，东至中元北路，南至如练路，西至仁和街，北至澄江路。该项目拟建8轨共48个班级规模的小学，按照江苏省一类标准完善教育设施配置，包含18个功能教室、能容纳1100人就餐的餐厅，以及体育馆、环形跑道等。（宁 鉴）

中等教育

【概 况】 2022年年末，江宁区有普通高级中学5所，十二年一贯制高中部6个，高中班级271个，高中在校生13624人，高中毕业班学生4329人，专任教师1160人。中职校1所，在校班级164个，在校学生5886人，其中新招生1560人；专任教师371人。高等职业学校1所，在校班级22个，在校学生647人，专任教师31人。

【高校招生】 2022年，全区高考成绩取得历史性突破，普通类本一达线1480人，上线率35%；本科达线3302人，上线率78%；入围原“985”高校145人、原“211”高校679人、C9联盟高校63人。5名考生入围清华、北大，其中4

人自幼在区内学校就读。全区本科上线率、“双一流”高校录取率等多项指标均创历史新高。

【基础教育内涵建设】 2022年，区教育部门组织区内中学参加2022年基础教育内涵建设项目申报工作，东山高级中学《基于立德树人的思政课程与课程思政一体化的实践研究》、宇通实验学校《新时代“五位一体”劳动教育探索与实践基地建设》获南京市中学课程基地建设项目。组织基础教育精品课程展示申报工作，宇通实验学校《“布言布语”布贴画社团课》校本课程获南京市基础教育精品课程一等奖，天印高级中学《汽车天地》校本课程获二等奖，江宁高级中学《VEX机器人设计与制作》校本课程获三等奖。

【学生生涯教育】 2022年，区教育部门加强高中学生生涯规划指导，助力学生终身发展。2月，在江宁高级中学举行高中生选科后的生涯发展及高考志愿填报指导培训活动，帮助高中学生及家长积极应对高考。5月，举办江宁区第二届高中学生生涯规划设计大赛，有58名学生的规划书获奖，10多名教师获优秀辅导教师奖。

（陈江华）

【江宁高中获市突出贡献奖】 10月，市教育局通报关于2021—2022年度南京市普通高中教育发展评估结果，江宁高级中学获突出贡献、素质教育、推进发展、质量优秀、内涵发展、规范办学、教学管理、民族教育等8个奖项。其中，突出贡献奖被誉为南京普通高中含金量最高奖，江宁高级中学是全市唯一一所9年9次获得该奖项的学校。2022年高考，江宁高级中学特殊类型本科（文化类本一）、本科达线人数继续保持高位水平，双达线人数位列全市前列。“985”“211”和双一流高校录取人数再创新高。

【普通高中协同发展主题活动在江宁设分会场】 10月27日，江苏省区域基础教育课程教学改革展示活动在南京举办，通过线上线下形式，向全省各地学校展示基础教育课程教学改革的南京样本。活动还在江宁高级中学设立分会场，举行普通高中协同发展新模式主题活动，展示、分享各校的探索成果。此次活动主题为“协同聚力、共同成长——教育共同体发展的南京实践”，聚焦南京在全面深化课程教学改革方面的路径与机制建设。在江宁区分会场，江宁高级中学语文教研组长沈童进行课堂教学展示活动。在论坛交流环节，江宁高级中学、大厂高级中学、江浦高中文昌校区相关负责人分别就“县中振兴行动的探索实践”“普通高中全面育人的校际协同机制创新”“协同发展联盟的创新实践”进行主题分享。活动最后还举行沙龙研讨。（宁　鉴）

教师队伍建设

【概　况】 2022年，江宁区教育系统有在职教职工25236人。其中，小学7098人，中学8087人（初中2823人、九年一贯制学校1996人、高中1543人、十二年一贯制学校1725人），幼儿园9518人，特殊学校78人，中专校406人，应天职业技术学院49人。教育局直属单位7个，在编工作人员90人。教育局机关行政在编工作人员21人。教师学历达标率均为100%。全年招聘在编教职工928人，引进高层次教育人才9人，教师队伍结构进一步优化。深入实施“百校千师携手共进计划”，推进乡村骨干教师培育站和名师工作室建设，认定第二批区名师（德育）工作室64个。开展班主任基本功竞赛、学科教学竞赛等评比活动，实施义务教育新课标知识竞赛、高三教师解题能力竞赛等，教师专业化成长机制日益完善。在新一届市学科教学带头人评选中，全区41名教师上榜，位居全市首位。全年教师论文、案例市级以上获奖2131篇。其中，省“教海探航”征文评比获一等奖6篇、二等奖2篇、三等奖11篇；省“教育管理”论文评比获奖84篇，包括特等奖1篇、一等奖14篇、二等奖29篇、三等奖40篇；长三角“黄浦杯”和“家校合作”征文获奖4篇。全区教师在市级以上教育学术期刊发表文章1306篇，其中核心期刊20篇。“十四五”第二批省规划重点课题立项7项，立项率70%；市级一般立项、党建立项、各教育专项课题15项。（陈江华）

【“南京教师志愿者联盟”评选】 2022年，区教育部门组织开展2021—2022学年江宁区教师志愿者联盟“优秀教师志愿者”“优秀教师志愿服务项目”和“优秀教师志愿服务组织单位”评选活动，评选出江宁区“优秀教师志愿者”“优秀教师志愿服务项目”和“优秀教师志愿服务组织单位”。在此基础上推荐申报南京市“优秀教师志愿者”10人，“优秀教师志愿服务项目”3个，“优秀教师志愿服务组织单位”3家，其中9人获南京市“优秀教师志愿者”，3个项目获南京市“优秀教师志愿服务项目”，3所学校获南京市“优秀教师志愿服务组织单位”。

【师德先进评选表彰】 2022年，区教育部门开展南京市第15届、江宁区第14届师德先进评选活动，表彰区级“师德先进集体”10个、“师德标兵”10人、“师德先进个人”20人、“师德工作先进个人”10人。市级师德先进候选对象在区级评选基础上择优推荐，其中1人获南京市“师德标兵”，4人获南京市“师德先进个人”，1人获南京市“师德工作先进个人”。

【优秀教育工作者和优秀班主任评选】 2022年，区教育部门结合第38个教师节，组织开展2022年江宁区优秀教育工作者和江宁区优秀班主任评选工作。各学校（单位）申报优秀教育工作者350人，其中高中23人、九年一贯制学校46人、初中39人、小学98人、幼儿园90人、特教1人、社区教育中心2人、民办幼儿园20人、职教6人，校级干部、局机关、直属单位、区委党校21人，援疆援陕教师4人。推荐南京市优秀教育工作者25人，其余325名推荐为江宁区优秀教育工作者。全区各学校共评选优秀班主任374人，其中高中18人、九年一贯制学校50人、初中34人、小学99人、幼儿园101人、特教1人、民办幼儿园62人、职教8人、应天学院1人。

【人才引进与政策激励】 2022年，区教育部门根据《关于江宁区教育系统优秀人才培养津贴的发放管理办法》，对全区教育系统所属事业单位的在编优秀人才发放培养津贴，培养津贴从江宁区教育人才培养激励基金中列支。优秀人才考核对象为2021年区级以上人才称号获得者及“区满三届带头人（德育、教科研）”，共844人，发放人才津贴598.2万元。根据《中共南京市委 南京市人民政府关于全面深化新时代教师队伍建设改革的实施意见》和《关于印发〈南京市乡村教师政府专项奖励考核办法〉的通知》，完成2021年乡村教师政府专项奖励审核，全区符合乡村教师政府专项奖励12979人，核准金额3202.45万元。根据《关于江宁区教育系统一次性人才资助的实施办法》，向获评江苏省第16批特级教师的张格波、宫文胜、王宁3名教师人均发放一次性人才资助20万元。根据《关于印发“紫金山英才·江宁百家湖计划”实施细则（试行）的通知》，对获得第16届“南京市学科教学带头人”称号并符合资助条件的33名教师发放一次性人才资助330万元。全年面向全国公开招聘9名编制内高层次教师，其中5名省级特级教师、4名设区市学科教学带头人及以上学科类称号名师。按照有关规定，公开招聘的高层次教师在正式聘用并与学校（幼儿园）签订不少于10年的服务期聘用协议后，可享受江宁区引进人才安家费补贴，省级特级教师100万元，设区市学科教学带头人及以上学科类称号名师40万元。

【名特优教师培养】 2022年，区教育部门开展“苏教名家”“苏教名师”区级人选推荐工作，戴厚祥入选“苏教名家”培养对象，彭功军由市教育局推荐到省教育厅参加“苏教名师”评选。开展第二批“江宁区（德育）名师工作室”评选工作，通过个人申报、单位推荐、资格审查、材料审核、面试答辩与实地考察，经区委教育工委研究，共认定名师工作室64个，其中学科名师工作室44个（含首批届满评估优秀直接认定15个），德育名师工作室20个，覆盖幼教、小学、初中、高中和职教全系列，各学段和学科均衡分布、均衡发展。组织开展全区省特级教师政府专项奖励考核工作，参加考核对象35人，通过个人自查、学校考核、专家审核，35名特级教师均通过考核。通过网上资格初审，全年有14113人报考江宁新教师，12647人参加南京市统一笔试，4640人参加资格复审和面试确认，最终共录用897名新教师。

【教师培训】 2022年，区教育部门组织57名2021年新任命校（园）级管理干部开展任职资格培训，开设讲座10场，现场观摩学校和幼儿园3所，培训内容涵盖党建理论、政策与法规、教育教学管理、校园安全、教师队伍建设、校园文化建设等。推荐10名学校（幼儿园）优秀管理干部参加省市级专题培训。实施省乡村骨干教师培育站项目，举办省乡村骨干教师培育站2个，小学语文乡村骨干教师培育站全年开展师德以及教学科研活动10次、教学与读书评比分享活动2次。“小学德育乡村骨干教师培育站”于9月启动，旨在培养优秀德育管理和班主任队伍。建设第二届区级名师工作室，全区64个工作室以学科及德育名师为核心，共带动1280名骨干教师及优秀青年教师发展提升。举办学科骨干教师培训班，包括小学英语卓越教师研修班、小学体育骨干教师教科研培训班、初中思政骨干教师培训班、初中历史骨干教师培训班，提升青年骨干教师的教育教学和科研水平，促进学科建设。开展幼儿园骨干教师培训，组织11个领域教学与游戏等研修中心组，涵盖近500多名骨干教师，每月一次举办研讨活动，并选派20多名骨干教师参加市专题培训班。推选 2 名优秀教师参加国培项目、63 人参加省级培训、66 人参加市级培训。组织 412 名工作满 5 年的中小学职初教师参加培训与考核，培训课程包括教育理论和学科素养 2 个板块，并对职初教师开展档案袋考核评价、课堂教学考核评价以及书面笔试考核评价。依序分主题开展职初教师网络培训，分别组织 2020 年入职的中小学职初教师 717 人参加班主任工作能力提升专题培训，2019 年入职的中小学职初教师 642 人参加教育科研能力提升专题培训，2018 年入职的中小学职初教师 443 人参加心理健康教育培训。8 月下旬，组织 899 名新教师以线上培训与线下培训相结合、集中培训与校本培训相结合方式，参加为期 3 天的培训。分别组织 2021 年、2022 年入职的新教师进行岗位胜任能力培训。聚焦学科建设和青年教师发展需要，分学段、分主题开设各类青年教师培训班，先后举办小学语文、小学信息技术、初中语文、初中历史、初中物理、初中英语青年教师培训，引领各学科优秀青年教师快速成长。

【乡村教师素养提升工程】 2022 年，区教育部门实施“种子”教师培养计划，开发乡村教师素养提升项目，举办小学语文、小学数学乡村学校“种子”教师培训班，参加培训 140 人，在线学习近 500 人次。推动“百校千师携手共进”计划，创新结对形式，增加参与学校数量，提升“百校千师”的辐射力和影响力。全年结对学校开展教师研训活动 20 余次，参与学校近 40 所。深化中小学校本研修管理与指导，制定《2022 年江宁区中小学校本研修工作指导意见》，将规范管理、名师送培与示范引导相结合，分片开展校本研修工作展示交流活动 6 次，乡村学校名师送培活动 4 次。实施“大麦田——麦穗行动项目”，以陈鹤琴“活教育”思想为指导，研究开发基于乡村资源的幼儿园课程建设，推动乡村幼儿园质量提升与教师专业成长。聘请高校专家以线上、线下方式开展研修活动 5 次。

（陈江华）

南京江宁大学城

【概　况】 2022 年，南京江宁大学城有驻区高等院校 24 所，在校师生 30 多万人。全区贯彻落实省、市关于创新发展、融合发展、高质量发展决策部署，以江宁大学城校地融合促进中心为依托，发挥国家级重点实验室等重大载体创新引领作用，加快释放科教创新资源，推动资源挖掘、成果转化、平台合作、校地校企联动发展。协助高校做好新冠疫情防控、安全稳定等各项服务保障工作，全方位推动大学城高质量发展。

【校地融合发展】 2022 年，江宁大学城成立校地融合发展专班，制定未来 5 年工作计划，通过深化校地联动工作机制和校地融合联席会议制度，落地落实区领导“一对一”挂钩服务，推动重大信息及时交流互通。深入挖掘高校创新资源，推进“一校一产业”赋能打造创新发展核心阵地，重点突出“江宁大学城创梦工场”概念，推出创业孵化品牌工程，助推校企全面合作共建。出台促进大学生创新创业扶持政策，鼓励大学生提升创新创业能力，支持高校推进大学生创新创业，鼓励高校建设创新创业载体，全力营造创新创业文化氛围。

【校地融合创新】 2022 年，江宁大学城抢抓数字经济发展新机遇，加快打造江宁区数字经济产教融合基地。与金陵科技学院共建数字创意产业智库，建立层次高、专业度强的数字经济专家智库队伍；与南京传媒学院合作共建短视频培训教育制作基地，建设集网络直播、视频制作、人才培养等功能于一体的数创基地；与江苏经贸职业技术学院共建现代服务业产教融合示范区，打造数动未来空间站，促进数字经济与实体经济的深度融合。

【创新平台建设】 2022 年，江宁大学城坚持产业导向，发挥创新平台“母体作用”，构建创新平台支撑科技力量的新格局，为江宁高质量发展提供科技和创新源泉。推进与中国药科大学合作共建原创药物技术创新研究院，与东南大学、中科院、南京工程学院、金陵科技学院合作共建江苏运动健康研究院、用能互联网研究院、天印湖校地融合发展示范区、“5G+”工业互联网等一批重大创新平台，构建战略性新兴产业生态，推动创新成果落地转化。

【校地资源共享】 2022 年，江宁大学城举办“情系珞珈·宁创未来”武汉大学江苏校友会走进江宁活动，6 个校友项目签约落户。与长城战略研究所开展合作，共建江宁高新区未来产业促进中心。加快高新区知识产权运营中心实体化运营，发挥园区企业创新资源禀赋和产业集聚优势。联合南京航空航天大学、南京理工大学、河海大学等高校，探索大型科学仪器开放共享新模式，为重大基础性创新研究提供技术支撑。

【属地保障服务】 2022年，江宁大学城全力保障驻区高校春秋季开学、新冠疫情防控、安全稳定等服务保障工作，组织开展新冠疫情防控专项检查19轮。组织高校参加消防安全培训2次，开展安全生产排查及专项整治行动62次。协调解决高校实际发展需求，如高校土地规划、内部环境治理、新旧基建手续完善、教职工子女入学等。定期上门巡查、督促整改落实，促进文明校园建设。联合公安、金融监管等部门，开展"反电信诈骗"进校园活动，切实维护校园安全。

【中国药科大学江宁校区】 2022年，学校有玄武门、江宁2个校区，总占地140公顷。有6个院部，31个本科专业（类），3个一级学科博士学位授权点（药学、中药学、生物学），1个博士专业学位授权点（生物与医药），8个一级学科硕士学位授权点，5个硕士专业学位授权点，2个博士后流动站（药学、中药学）。有全日制在校生19457人，其中本专科生11108人、研究生7754人、留学生595人。在职教职工1842人，其中专任教师1115人。有中国工程院院士1人、德国科学院院士1人，国家级高层次人才13人，国家级高层次青年人才26人。建有"天然药物活性组分与药效"国家重点实验室和省部级重点实验室、工程技术中心以及创新平台，实现化学药、中药、生物药三大领域科研平台全覆盖，为各类新药研发提供全方位服务。与海外40多个国家和地区院校及科研机构建立实质性学术合作关系。获国家科技进步二等奖4项、国家技术发明二等奖1项，获批国家"重大新药创制"科技重大专项项目数居全国高校之首。

江宁大学城俯瞰　　（年鉴编辑部供图）

【南京医科大学江宁校区】 2022年，学校有江宁校区、五台校区和康达学院连云港校区，校本部有教职工1900多人，在校学生近2万人。有中国工程院、科学院院士7人（含双聘院士），美国国家医学院外籍院士1人，国家级高层次人才80人。有国家级教学团队6个，其中入选"全国高校黄大年式教师团队"2个，国家级课程思政示范团队1个、教育部"创新团队"1个、国家创新研究群体2个。建有一级学科博士学位授权点8个、二级学科博士学位授权点54个、交叉学科博士学位授权点5个、专业博士学位授权点2个；一级学科硕士学位授权点11个、二级学科硕士学位授权点65个；博士后科研流动站6个，学位授权点覆盖医学、理学、工学、管理学、法学、教育学和文学7个学科门类；有国家重点学科3个、国家重点（培育）学科1个、国家临床重点专科29个、江苏高校优势学科（三期）6个。学校设有19个学院，拥有附属医院、区域医疗中心、教学医院、附属疾控中心等临床和公共卫生教学资源。设有25个本科专业，2个本硕博一贯制专业方向、3个"5+3"本硕一体化专业方向。学校入选教育部基础学科拔尖学生培养计划2.0基地，国家级一流本科专业建设点占全校专业总数的80%，建有一批国家级教学平台和课程资源。

【南京工程学院】 2022年，学校有19个教育教学单位，全日制在校生2.4万余人，其中硕士研究生近800人；教职工2100余人，其中专任教师1600余人。建有国家级大学生校外实践教学基地1个、国家级工程教育实践中心4个、省级实验教学示范中心12个、工程化项目教学基地和项目工作坊80多个，与世界500强企业、国内龙头企业、行业骨干企业等合作共建校外实践教育基地289个，教学科研仪器设备资产总值近4亿元。拥有72个本科专业、3个硕士学位授权点，国家级一流本科专业建设点8个，国家级特色专业3个，通过工程教育认证专业5个，国家级卓越工程师培养计划专业6个，国家级专业综合改革试点专业 2 个，机械、电气类专业为教育部首批 CDIO 工程教育模式改革试点专业；获批江苏省高校一流专业建设点 17 个，省级特色专业 9 个，江苏省重点专业 16 个，是江苏省机械类人才培养模式创新实验基地和江苏高校省级虚拟教研室建设培育点。

【金陵科技学院江宁校区】 2022 年，学校有江宁、幕府、白下 3 个校区，主校区位于江宁大学城。学校占地面积 101.64 万平方米，校舍总面积 65.72 万平方米，固定资产原值 27.96 亿元，其中教学科研仪器设备值 5.09 亿元。现有全日制在校本科生 2 万余人，联合培养硕士研究生近 100 人。有专任教师近 1300 人，其中正高级职称 156 人，双聘院士 1 人，聘请国内外 5 名院士为学校荣誉（名誉）教授。学校设有 20 个二级学院（部），3 个专业硕士学位授权点，开设涉及经济学、文学、工学、农学、管理学、艺术学、理学等七大学科门类 65 个本科专业，其中省重点学科 5 个，1 市重点学科 5 个；国家级特色专业建设点 1 个，国家级一流本科专业建设点 8 个，省级一流本科专业建设点 23 个，省级品牌一期工程专业 4 个。有教育部专业综合改革试点项目 2 个，省级优秀教学团队 3 个，省级优秀基层教学组织 1 个，省级优秀科技创新团队 1 个，省级高校重点建设实验室 2 个，省级高等教育人才培养模式创新实验基地 1 个，省级重点产业学院建设点1个，省级实验教学示范中心 5 个，省级实践教育中心 4 个（含建设点）。

【南京晓庄学院方山校区】 2022 年，学校有方山、莫愁和晓庄（行知园）3 个校区，校园总面积近 100 公顷。设有 15 个专业学院，涉及教育学、文学、历史学、经济学、法学、理学、工学、管理学、艺术学等九大学科门类 47 个本科招生专业。全日制在籍本科学生 1.8 万余人，在校博士硕士研究生 46 人，教职工 1400 余人，兼职研究生导师 110 人。有国家级一流本科专业建设点 9 个，省级一流本科专业建设点 10 个，获批 3 个“十四五”省级重点学科、14 个“十四五”市级重点学科，16 人入选“江苏省科技副总”。建有江苏高校哲学社会科学重点研究基地、江苏省高校重点建设实验室等 10 个省级科研平台。

【江苏经贸职业技术学院】 2022 年，学校有江宁、光华 2 个校区，全日制在校生近 1.4 万人，教职工近 800 人。设有工商管理学院、数字商务学院、会计学院、金融学院、文化旅游学院、健康学院（老年产业管理学院合署）、艺术设计学院、智能工程技术学院、马克思主义学院、体育学院、基础教学部（博雅全人教育学院合署）、创新创业学院、国际教育学院 13 个教学机构。对接现代商贸服务、金融科技服务、文化旅游、健康服务和人工智能产业，打造专业集群，覆盖管理学、经济学、工学等学科门类，有校内外实习实训基地近 400 个。

【江苏海事职业技术学院江宁校区】 2022 年，学校拥有江宁、秦淮和板桥 3 个校区，占地总面积 108.6 公顷。开设航海技术、港口与智能工程、船舶与海洋工程、航运经济与管理、信息技术与人工智能、文旅与设计等六大专业群共 42 个专业，其中中国特色高水平专业群 1 个、省高水平专业群 4 个、省重点专业群 4 个、国家创新发展行动计划骨干专业 7 个、央财支持服务产业发展能力专业 3 个、交通运输部示范专业点 3 个、省品牌专业 1 个、省骨干专业 5 个、省特色专业 3 个、省高校国际化人才培养品牌专业 2 个。建有航海技术学院、轮机电气与智能工程学院、船舶与海洋工程学院、经济管理学院、信息工程学院、人文艺术学院、国际教育学院、继续教育学院、马克思主义学院、创新创业学院、士官与军事教育学院以及体育教学部等 11 院 1 部，全日制在校生 13096 人。有教职员工 730 人，研究生学历（学位）教师 546 人，高级以上职称教师 229 人，其中专任教师 459 人，博士研究生学历教师 55 人，专任教师中研究生学历（学位）比例 80.83%、“双师型”教师比例 94.59%。建有国家级职业教育教师教学创新团队 1 个，国家级教学资源库 1 个、省级优秀教学团队 3 个，国家级技能大师工作室 1 个，江苏省、南京市以及校级技能大师工作室 6 个，航海类教师持高级船员适任证书 107 人，其中远洋船长、轮机长 35 人。

【南京交通职业技术学院】 2022 年，学院占地 61.4 公顷，建筑面积 36.9 万平方米，全日制在校生 1.3 万余人。拥有国家级职业教育教师教学创新团队 1 个，省级教师教学创新团队 3 个，省高校优秀教学团队 6 个、优秀科技创新团队 5 个，黄炎培职业教育杰出教师奖 2 人，市厅级以上教学名师 19 人。入选交通运输青年科技英才 2 人，江苏省“双创人才”资助对象 1 人，江苏省“六大人才高峰”、“333 人才工程”、省“青蓝工程”、省交通“100 人才工程”等人才工程 81 人，江苏省产业教授 25 人、产业导师 8 人，江苏省科技副总 18 人。

建有江苏省职业教育“双师型”名师工作室和技艺技能传承创新平台建设单位各1个。学校组建交通土建、汽车服务、物流管理、轨道交通、智能交通、建筑工程等6个高水平专业群，培育发展智能网络汽车、工业机器人技术、无人机应用技术、安全管理等11个交通及紧缺专业，是全省唯一一所覆盖江苏综合交通运输体系建设的高职院。有首批国家职业教育示范性虚拟仿真实训基地1个，全国交通运输职业教育示范性专业2个、国家提升专业服务能力建设专业2个、高等职业教育创新发展行动计划国家级骨干专业9个、职业教育国家在线精品课程4门；江苏省高水平专业群4个、江苏省高校国际化人才培养品牌专业2个，省级品牌（特色）专业6个。

【南京旅游职业学院江宁校区】 2022年，学校有江宁和华严岗2个校区，占地面积28.1公顷，下设9个教学单位和教学实习酒店御冠酒店、江苏紫金旅游规划设计研究院、江苏中心旅馆管理咨询公司、江苏旅游文化研究院等产学研服务机构。有全日制在校生7200余人，教职工389人，其中专任教师中硕、博士占比77%，“双师型”教师占比86.77%。有国家级饭店星评员、A级旅游景点评审专家等46人，省“有突出贡献中青年专家”1人，省“333工程”培养对象6人，省“青蓝工程”中青年学术带头人和骨干教师24人、省“青蓝工程”优秀教学团队3个，省职业教育教师教学创新团队1个、“双师型”名师工作室培育项目领衔人1人，文化和旅游系统“七五”普法优秀个人1人。学院开设26个与文化、旅游产业密切相关专业，其中全国职业院校旅游类示范专业1个、教育部和财政部重点支持建设专业2个，省级A类品牌专业1个、省高水平骨干专业4个、省级特色专业2个、省国际化人才培养品牌专业1个、省重点建设专业群2个，联合国世界旅游组织旅游教育质量认证专业5个。

【南京传媒学院】 2022年，学校有江宁方山大学城主校区、江宁滨江校区，占地总面积133.3公顷。有全日制本科生2.1万余人，专任教师1200余人、兼职教师400余人。围绕“文、艺、工、管、经”相关学科，开设与传媒艺术业态紧密对接的50多个应用型本科专业。设有播音主持艺术学院、广播电视学院、新闻传播学院、国际传播学院、摄影学院、戏剧影视学院、美术与设计学院、动画与数字艺术学院、文化管理学院、传媒技术学院、电竞学院、舞蹈学院、音乐学院等13个二级学院，以及马克思主义学院、通识教育中心、大学外语部、国际学院、继续教育学院、省级重点产业学院建设点（江苏直播电商与数字经济产业学院）等直属单位。有国家级一流本科专业建设点4个、省级一流本科专业建设点16个、省产教融合型品牌专业2个、省国际化人才培养品牌专业1个、江苏高校首批一流本科课程11门，推荐申报国家级一流本科课程4门、省级重点学科建设点1个、省级重点教改项目1个。

（王世杰　陈启航）

【南京江宁高等职业技术学校】 2022年，江宁高等职业技术学校围绕服务学生全面终身发展、服务地方产业转型升级与高质量发展主题，对标江苏省中职学校领航计划、江苏省“双优”建设计划高标准建设学校，推动学校可持续高质量发展。学校被授予江苏省文明单位（2019—2021年）、江苏省教科研先进集体称号，菲尼克斯智能制造示范组合被评为江苏省职业教育校企合作培育项目，电子信息工程技术专业被评为省优质专业，数控技术专业获评江苏联院现代学徒制试点专业，智能制造虚拟仿真实训基地和电子信息工程虚拟仿真实训基地被江苏联院认定为联院示范性虚拟仿真实训基地。学校师生在职业院校技能大赛中获国家级比赛金牌1枚，省级比赛金牌4枚、银牌15枚、铜牌22枚，获南京市职业学校技能大赛省赛团体优秀奖。全年全日制学历教育招生1640人，综合高中本科达线129人，五年制高职“专转本”录取129人，录取率60%，创历史新高。6名教师被市教育局认定为南京市学科教学带头人，15名教师被区教育局认定为江宁区学科教学带头人，10名教师被表彰为江宁区优秀青年教师。20余名教师被评为市及以上优秀教育工作者等荣誉称号。教师公开发表论文54篇，主编、参编教材9本，申报实用新型专利32项。开展“访企拓岗”专项行动，合作企业185家，就业工作获江苏联院就业工作量化考核A等次（一等奖）。被中国成人教育协会认定为首批职业院校服务全民终身学习项目实验校，被省社会教育服务指导中心（江苏开放大学）评为社会教育东西部结对先进集体，“乐韵江宁”评为2022年省级终身学习活动品牌。　（彭　涛）

关心下一代工作

【概　况】 2022年，江宁区关心下一代工作委员会坚持服务青少年正确方向，紧扣立德树人，突出问题导向，深入调查研究，充分发挥“五老”人员的优势和作用，教育引导广大青少年争当“德智体美劳”全面发展的时代新人，全区关心下一代工作取得新成绩。区关工委在省关工委组织的“党的光辉照我心，童心喜迎二十大”主题征文中获最佳组织奖，被市关工委等6个部门表彰为全市青少年普法教育先进集体。

【青少年思想道德教育】 2022年，全区各级关工委联合有关部门，组织开展青少年喜闻乐见、生动活泼的思想道德教育实践活动。区关工委把握喜迎党的二十大、共青团建团100周年等时机，组织开展“老少心向党、喜迎二十大”主题教育。联合区文明办、区教育局开展“党的光辉照我心、童心喜迎二十大”主题征文、“喜迎二十大、筑梦向未来”老少同台节目展演、“浏览市关工委党史国史网络地图”打卡感言等系列主题教育实践活动。连续7年每年开发一套富有江宁特色的青少年主题教育乡土教材，并开发一批青少年主题教育课件（讲稿）、微课（微视频）。邀请解放军理工大学教授，为全区89所中小学的1.2万名学生进行视频直播宣讲。全区102个思想道德宣讲团、520名“五老”宣讲员参与各类主题教育宣讲活动，编写主题教育讲稿316篇，作报告507场，听讲座38424人次。

【校外教育辅导站建设】 2022年，区关工委按照校外教育辅导站“强内涵、提质量、上水平”要求，深化优质校外教育辅导站建设，完善“校站结合”工作机制，开展“双优”视频评选活动，推进全区校外教育辅导站内涵建设。规范内容设置、时段分配、辅导形式、制度管理、队伍建设等，进一步丰富辅导课程，突出辅导重点，拓宽辅导形式。暑期，区关工委将公益暑托班与校外教育辅导站实行师资融合、资源融合、场地融合、内容融合，推动公益暑托班高起点起步、高水平运行。全区91个村（社区）设立暑托班，直接参与暑托工作的“五老”志愿者344人。有309名在职教师参与社区辅导站工作，提供义务教育辅导2718场次。投入50万元，为10个街道46个社区电子阅览室更新补充电脑140台。校外教育辅导站全年接纳青少年参与教育辅导活动78954人次。

【青少年法治宣传教育】 2022年，区关工委联合区委政法委等9部门下发《江宁区第五届“关爱明天、普法先行”青少年法治宣传教育活动行动计划（试行）》，组织开展第五届“关爱明天、普法先行”青少年法治宣传教育活动。组织32名“五老”志愿者与51名社区矫正对象结成帮教对子，为重点群体青少年提供帮教服务。各法治宣讲团、关爱工作团，依托少年法学院、社区辅导站等，对青少年进行法治宣传和警示教育，全年作法治报告281场次，听讲座25859人次。全区227名网吧义务监督员，对经营性网吧开展义务监督，为青少年健康成长营造良好社会文化环境。

（区关工委）

成人教育

【社区教育】 2022年，全区社区教育工作成果丰硕，区社区学院被中国成人教育协会评为“区域终身学习发展共同体”项目优秀共同体，东山街道、淳化街道、汤山街道社区教育中心被评为“第二届江苏省社会教育百强单位”。区社区学院“乐韵江宁”创成江苏省社区教育品牌项目，淳化街道社区教育中心“科技模型小学堂”被评为江苏省级特色品牌项目，“中医药乡学堂”被评为南京市教育服务乡村振兴战略实施优秀项目。

【自学考试】 2022年，全区有24382人报名参加高等教育自学考试，比上年减少1688人；报考53888科次，减少3316科次。设江宁高职校、上元中学、竹山中学竹山路校区、百家湖中学、江宁开发区学校5个考点。全年自学考试毕业825人（本科689人、专科136人），减少200人。

【成人高考】 2022年，全区成人高考报名12178人，比上年减少492人；报考33297科次，增加2795科次；实际参加考试8683人。设竹山中学、上元中学、百家湖中学、江宁高职校、竹山中学湖东路校区、江宁开发区学校、南师附中江宁分校清水亭校区7个考点377个考场。

（陈江华）

【老年教育】 2022年年末，全区有老年大学（分校、学校）237所，其中区级校1所，街道老年大学12所，集镇分校9所，福利中心、敬老院、养老机构校13所，村（社区）校202所（湖熟回民校）。有教学延伸点67个、学习体验基地54个。在册老年学员76395人，入学率37.6%；在线、网络、微信学习35251人，在校和在线学习总人数111646人，参学率54.9%。

（区老年教育协会）

文化活动

【概　况】 2022年，江宁区继续巩固国家公共文化服务体系示范区创建成果，丰富文化产品供给，保障基本公共服务，努力提升公共文化场馆服务水平。区图书馆获评国家一级图书馆，南京市锡剧团获评首批江苏省二级院团，新建5家邻里书房，建成2个省级"最美公共文化空间"，全区文化场馆全年服务800万人次，"公共文化+"绽放江宁乡村振兴"五个美"入选"全国基层公共文化服务高质量发展"典型案例，"江宁之春"群众文化入选第一批全国"一县一品"特色文化艺术典型案例。深入挖掘历史文化资源内涵，坚持创造性转化、创新性发展，完成海上丝绸之路申遗点——郑和墓的展陈提升工程，并正式对外开放。开展湖熟文化研究与保护，完成135处台型遗址调查，其中新发现22处，成立湖熟文化研究会。申报公布非遗代表性项目75项，其中国家级2项、省级6项、市级13项，金陵水乡钱家渡被命名为江苏省首批"无限定空间非遗进景区"示范项目。塑造江宁文化气质，组织策划第22届"江宁之春"群众文化活动，开展精品剧目展演、音乐季演出、"悦读江宁"等高品质文化活动1600余场次。

【公共文化设施建设】 2022年，江宁区按照"小型化、分散式、点多面广、方便快捷"的理念，以15分钟步行距离为半径，完善公共文化服务设施网络，构建独具江宁特色的三级行政"四型文化圈层"。全区有文博场馆15家，街道文体服务中心10家，基层综合文化服务中心201家，阅读分中心3家，邻里书房20家，24小时自助图书馆9家，公共文化设施总面积43.28万平方米。

【图书馆】 2022年，区图书馆坚持错时延时开放，每周开放时间69小时，图书外借113.03万册次，新增持证读者3.76万人。全年完成30万元图书的采编上架流通工作，征订期刊521种、报纸98种，"送书下乡"6410册，调拨图书近15万册。以"悦读江宁"为品牌引领，举办线下活动221场，其中讲座10场、培训90场、展览93场、其他阅读活动28场，服务66万人次；开展线上活动442场，其中线上答题73场、线上展览47场、线上讲座88场、扫码看书200场、扫码听书22场、征集类12场，服务4.3万人次。弘扬江宁特色传统文化，正式出版江宁地方特色古籍文献《同治上江两县志》影印本。完成第七次全国县级以上公共图书馆评估定级工作。

【博物馆】 2022年，区博物馆坚持全年免费开放，累计线下服务6.5万人次。以社教活动、参观展览等形式服务青少年2.7万人次，其中参与社教活动1.9万人次。持续打造"我们的节日""文博之夏"等10个文化品牌项目，面向全区开展具有地域特色、博物馆特色的各类社教活动20余场、线上活动20余场。丰富"双减"政策下学生课后服务内容，每周开展2—3场进校园活动。举办"南京文明的第一缕曙光——湖熟文化专题展""橱窗里的指尖列队——李明辉个人收藏微缩模型展""画眉深浅——许子杰中国画近作展”“同生天地间——南京出土六朝动物题材文物特展”“巧针彩线 绣绘中西——顺德广绣历史文化与传承展”等各类专题展览5场次。

【文化馆】 2022年，区文化馆坚持免费开放，每周开放时间不少于56个小时。打造文艺品牌活动，开设“欢聚艺堂”“艺润机关”等系列公益培训课堂，采用线上+线下授课方式设置声乐、茶艺、朗诵、手工等多门课程，开课范围延伸到全区10个街道。组织“乐美江宁·音乐艺术”公益小剧场演出50场次，举办“写意新山河、奋进新时代”“墨韵新时代、最美新江宁”和繁华也悠然江苏山水画研究会会员作品、绘美江宁艺见乡村、龙神翰墨书画展等展览8场，南京市“星辰奖”美术书法摄影优秀作品展、优秀摄影作品进景区巡展20场。繁荣文艺精品创作，《云帆高张》入围全国群众文艺领域政府最高奖“群星奖”，《春诗佳话》《春舞》等多部作品斩获江苏省“五星工程奖”、“长三角”民乐作品创作大赛金奖。

【公共文化活动】 2022年，区文旅部门紧扣群众需求，精准开展文化惠民活动。组织策划第22届“江宁之春”群众文化活动，举办各类群众文化活动1600余场。借力省市及高校优质资源，引入高雅艺术、先锋作品在江宁亮相，在杨家圩市民中心剧场开展话剧、交响乐、音舞诗剧等精品剧目展演14场。发挥公益性小剧场作用，举办“小而精”“高频次”的文化艺术活动，累计开展街头小剧场演出50场，线下阅读分享活动210场。整合全区优质文旅资源，创新“+民宿”“+房车”“+乡村”等文化服务方式，在汤山龙尚、漫心漫谷等重点民宿村举办“艺见乡村”美术作品巡展6场。以房车为载体，采用户外移动展览形式，在全民健身公园、杨家圩湿地公园、百家湖1912等地开展“无界美术馆+移动艺术展”20余场。在乡村旅游点，组织互动性、参与性、体验性强乡村音乐季演出20余场。

【公共文化服务】 2022年，区文旅部门围绕人民群众对美好生活的向往，推动公共文化服务重心下移，提升公共文化服务水平和质量，丰富群众文化生活。区图书馆、文化馆、博物馆等公共文化设施免费开放，基本服务项目健全，错时开放时间超过总开放时间的1/3，各文化场馆全年服务800万人次。推进“三送”文化惠民工程，送戏下乡惠民演出20余场，举办送讲座、展览进基层9场，“送书下乡”6430册，开展主题巡展进基层活动943场。

【郑和墓展陈提升工程完成】 2022年5月，海上丝绸之路申遗点——郑和墓的展陈提升工程完成并对外开放。该工程是根据申遗相关工作要求，于2021年3月组织实施，2022年1月通过相关部门验收。改造后，已接待新加坡国际郑和协会秘书长、马来西亚马六甲郑和文化馆副馆长李培峯一行参观调研，以及多批大、中、小学生及市民团队参加，先后举办“牛首遗宝展”“郑和文化研学”“郑和文化夏令营”等活动。（赵　鹏）

【汤山方山国家地质公园博物馆获中国地质学会大奖】 8月，中国地质学会第三届科普奖评选结果出炉，江宁汤山方山国家地质公园博物馆获颁“中国地质学会第一届科普研学基地奖”，是此次评选江苏省唯一获奖单位。汤山温泉旅游度假区发展全域亲子研学游，孵化亲子研学品牌“小汤圆·四季童行”，建立环境修复类研学基地——汤山矿坑公园、地质科考类研学基地——汤山方山国家地质公园博物馆、人文历史类研学基地——汤山古猿人洞景区及阳山碑材景区等10个亲子研学基地，推出历史考古与生物发掘、自然博物、爱国主义教育等六大主题课程13个系列约100个亲子研学产品。该博物馆先后被评为“中国地质学会地学科普研学基地”“自然资源科普基地”“江苏省科普教育基地”“南京市科普教育示范基地”。

【区文化馆作品获省“五星工程奖”】 8月，在第15届江苏省“五星工程奖”音乐类评选中，区文化馆创作并演出的混合室内乐《春诗·佳话》获“五星工程奖”。“五星工程奖”是江苏省群众文艺的政府最高奖，每两年举办一届。评奖范围为省内群众文化工作者、群众文艺爱好者创作和表演的音乐、舞蹈、戏剧、曲艺和美术类作品。此次选送的器乐作品《春诗·佳话》以江南丝竹风格为主，融合现代爵士音乐元素，突破传统器乐写作的技法，以传统和声、现代和声为铺垫，赋予作品新的生命韵律。（宁　鉴）

文化遗产保护

【概　况】 2022年，江宁区文旅部门加大文化遗产保护力度，传承历史文脉。举办“连接现代生活、绽放迷人光彩”2022年南京市暨江宁区“文化和自然遗产日”主题活动，金陵水乡钱家渡被命名为江苏省首批“无限定空间非遗进景区”示范项目。开展湖熟文化研究与保护，组织台型遗址调查135处，其中新发现22处。完成郑和墓文保所展陈提升工程并对外开放。编制梁台遗址、横山抗日民主政府旧址、洪保墓保护修缮及展陈方案，制作发布江宁区文化遗产电子地图。

【考古发掘】 2022年，区文旅部门对全区50余处、120公顷拟出让地块，进行现场实地勘察，核对文保档案，出具文物保护工作意见。协调对接省、市文物主管部门，加快省、市、区重大产业项目的考古勘探、发掘工作，确保空港开发区福特新能源、正立新能等省重大产业项目以及天印大道北延、站前路、高桥安置房、陶吴安置房二期、126省道横溪保障房、吉山安置房等一批重点民生工程有序推进。

【文物保护】 2022年，区文旅部门组织实施文化遗产修缮保护项目，对全区40余处古建筑开展专项安全隐患排查及险情定级，对25处野外文物保护单位安装视频监控系统。继续推进上坊孙吴墓本体保护、宋墅失考墓石刻本体抬升工程，完成前杨柳村125号民居修缮，实施花园塘21号民居修缮、东竹排巷7号民居修缮、田野文物监控二期等重点文物保护项目。支持非国有博物馆健康有序发展，做好4家非国有博物馆申报备案工作。

【非遗保护与传承】 2022年，区文旅部门坚持“保护为主、抢救第一，合理利用、传承发展”的方针，举办“文化和自然遗产日”主题活动，利用湖熟钱家渡景区非遗工坊，打造非遗市集，集聚南京金箔、金陵竹刻、南京白局等30多项非遗项目，金陵水乡钱家渡创成江苏省首批“无限定空间非遗进景区”示范项目。评审公布江宁区第三批区级非遗传承人，出版南京市首本区级非遗资源书《江宁非物质文化遗产资源集萃》，制作发布江宁区文化遗产电子地图。联合驻区高校，开展江宁非遗文创产品设计大赛，以及“非遗进景区”“非遗进校园”活动80余场。

（赵 鹏）

【《江宁非物质文化遗产资源集萃》出版】 5月31日，区政协组织编纂的《江宁非物质文化遗产资源集萃》出版发行。该书150万文字、3000余幅图片，涵盖江宁500项非物质文化遗产项目，以通俗简洁的文字、图文并茂的形式，解读江宁非遗的奥秘、溯源发展和演变历程。

【新增16个省级地名文化遗产】 12月，省民政厅、省住房和城乡建设厅、省交通运输厅、省水利厅、省文化和旅游厅、省地方志编纂委员会办公室等6个部门联合公布2022年省级地名文化遗产名单，共200个。江宁4个古城地名、5个古镇地名、7个古村落地名入选。4个古城地名分别为秣陵、丹阳、湖熟、江宁，5个古镇地名分别为汤山、麒麟、东山、牧龙、禄口，7个古村落地名分别为前杨柳村、山阴村、黄龙岘、杜桂、窦村、佘村、呈村。

（宁 鉴）

大众传媒

【媒体融合】 2022年，江宁区融媒体中心围绕主流舆论阵地、综合服务平台、社区信息枢纽三大功能定位，推进媒体深度融合，提升传播力、引导力、影响力、公信力，为“强富美高”新江宁现代化建设提供舆论支持。融媒体中心全媒体矩阵包括江宁广播电台FM88.5，江宁融媒综合频道、生活频道，《江宁新闻》报纸等传统媒体，以及江宁发布微信、微博、抖音、视频号，微江宁微信、抖音、视频号，“无线江宁”App，江宁融媒新闻视频号，江宁新闻网、“学习强国”客户端县融号等各类新媒体平台。传媒集团下辖江广文化传媒公司、红苹果公司、江融智慧公司、江广影视公司、润江智汇显示公司、知己行公司、新媒体公司7家子公司，江宁广电网络有限责任公司1家合资公司和江广创艺文化公司1家参股公司。

【《江宁新闻》报】 2022年，《江宁新闻》围绕江宁区引领性国家创新型城市核心区建设主题，以及“奋力开新局、谱写新篇章”“奋进新征程、建功新时代”全媒体新闻行动，迎接和宣传中共二十大精神，开设“奋进新征程、建功新时代”“稳中求进促发展”“奋进新征程、建功新时代——江宁这十年”“奋进新征程、先锋勇担当”“喜迎二十大”“领航中国·来自一线的报道”“喜迎二十大、走进园街看发展”“二十大时光”等专栏8个及开幕会专版1个，累计发稿115篇。策划“对标学习取真经、砥砺奋进新征程”“理论”专版，刊发《“农”墨重彩、奋力描绘乡村振兴“新图景”》等理论研究文章。在区两会全媒体行动期间，开设“聚焦两会”专版和“代表委员热议政府工作报告”“贯彻落实区两会精神”专栏等，推出《继往开来启新程、接续奋斗创辉煌》《凝聚共识谋发展、锚定目标加油干》

《踔厉奋发风正劲、笃行不怠再奋蹄》等深度报道、评论，刊发会议报道25篇。配合“一起向未来”——奋力谱写“强富美高”新江宁现代化建设新篇章新闻发布会，刊发《未来怎么干？江宁以十个数字作答》政策解读类稿件。区委全会期间，策划制作“聚焦区委全会”专版、“贯彻落实区委全会精神”专栏等，刊发《扛起“勇挑大梁”重任，力拼后半程》《勇担新使命、奋战下半年》等深度稿件，对各地各部门学习贯彻情况进行广泛宣传。围绕区委、区政府中心工作，组织策划“创新创业在江宁”“文明大看台”“最美家庭巡礼”等主题专栏。结合“江宁·共读”计划，开设“江宁·共读”专栏，刊发专栏稿件26篇。关注教育、医疗、养老等民生事项，开辟“民声在线”“新闻人物”“新闻观察”“百姓故事”“江宁乡贤故事”专栏，围绕市民反映的热点难点问题进行宣传报道。在元宇宙产业发展大会、江宁开发区企业明星产品发布周、金洽会、横溪西瓜节、农业嘉年华等活动期间，精心策划，组织一系列活动报道、新闻图片、主题专版等。结合“我们的节日”主题，做好阶段性主题宣传，“三八”妇女节开设“巾帼逐梦、强国有我”专栏，教师节开设“引路在脚下、追梦向前方”专栏等，扫雪防冻期间刊发“迎风战雪守护‘宁’”专版，夏季高温时节开设“战高温、保运转”“高温下的坚守”专栏等。

【江宁电视台】 2022年，江宁电视台围绕中共二十大精神宣传和全区科技创新、重大项目建设等主题，在“江宁新闻”栏目开设“奋进新征程、建功新时代”“新征程、新跨越、新篇章”“领航中国·来自一线的报道”“喜迎二十大·走进园街看发展”等新闻专栏，推出“滨江开发区：坚持生态优先，打造长江入苏‘最美门户’”“江宁高新区生物医药高端创新成果不断涌现”“江宁：构筑原始创新策源地、服务国家高水平科技自立自强”“以法治力量答好长江大保护联考卷”等相关重大主题稿件200多篇。围绕建团100周年，播出“百年团史我来说，团区委开展‘学习向未来·青年说’主题微宣讲”等多篇反映共青团工作的报道。结合北京冬奥会，推出“北京冬奥‘中国红’帽子江宁造！”“中圣管道为国家雪车雪橇赛道搭建制冷管道保冷系统”“‘张北的风机，运转南高齿的齿轮箱’我区企业助力北京冬奥会实现‘全绿电’”等报道。年初，对区两会展开全媒体行动策划报道，在“江宁新闻”开设“聚焦全区两会”“认真贯彻‘两会’精神”等专题专栏，采集新闻、撰写评论40篇。围绕全区中心工作，策划播出“江宁全力建设高水平人才集聚区、点燃创新强引擎”“江宁区重大产业项目建设动员会召开、集中力量谋划项目、全力以赴推进项目”“区委农村工作会议暨乡村振兴样板工程动员会议召开，推动农业全面发展、农村全面进步、农民全面增收”“2022江宁开发区企业明星产品发布周开幕”“沪江材料成为我区首家北交所上市企业”“江宁街道新市镇安置房项目建设跑出‘加速度’”等报道。重要节假日期间，先后推出“我们的节日·春节”“学雷锋、树新风”“巾帼逐梦、强国有我”“我们的节日·国庆”等专题报道。新冠疫情防控期间，坚持深入一线采访、发布权威信息、传递大爱信念，展开政策宣传、舆论引导、典型报道。在战疫前线报道全区应对新冠疫情，坚决打赢新冠疫情防控阻击战的创新做法、特色成效，挖掘奔赴防控一线的党员干部、医护人员、志愿者、社区工作人员典型事迹，以及全区广大群众支持新冠疫情防控、各企业坚持防疫生产“两手抓、两不误”的生动场面。在“江宁新闻”栏目先后推出“疫情防控、你我有责”“党旗在抗疫一线高高飘扬”等主题专栏，播出新冠疫情防控新闻报道320篇和相关新冠疫情防控稿件1000余篇。加强社会民生报道，围绕民生工程建设、创新做法、便民惠民政策等，通过“新春走基层”等栏目，对创新创业、居家养老、民生保障、医疗教育、劳动就业、生活服务等方面展开报道。优化“今天我帮忙”等栏目，倾听群众呼声、回应群众诉求。继续围绕“我为群众办实事”实践活动，聚焦基层村（社区），对服务群众、为民解忧的做法和成效进行报道。结合中国女足亚洲杯夺冠等热点时事，推出“江宁力量！中国女足6名球员在我区训练”“探访全国青少年校园足球特色学校：竞逐绿茵、乐享成长”等反映江宁足球运动发展情况的报道。针对新年第一场大雪，开设“扫雪防冻进行时”新闻专栏，采制“节后上班首日遇大雪我区出动1万余人次连夜扫雪保畅通”“500多名江宁公路人全力确保国省干线安全畅通”等系列新闻报道。围绕智慧养老服务，播出“5元就能看电影，江宁养老‘银发观影’服务上线”“‘照护有方’，养老机构安全生产监管平台再升级”等报道。结合乡村振兴主题，推出“全国乡村旅游精品线路发布，我区‘春日限定·花漾江宁’入选”“近郊乡村游热，市民防疫踏青‘两不误’”等报道。与江宁交警大队再度合作，恢复普法教育新闻专题“杨警官说交通”，通过人气民警杨警官现场执法，普及道路交通安全法相关知识。关注反网络通信诈骗工作，通过“反诈进行时”专栏，利用典型案例介绍全区反电诈工作情况，向市民科普相关知识。

【江宁广播电台】 2022年，江宁广播电台创新节目样态、打通声屏视网、顺应市场变化、贴近受众需求、提升质量品牌，实现调频广播FM88.5声音更动听、内容更丰富、服务更全面、互动更多元、品牌更响亮。好听，好玩，有用，有趣，FM88.5成为南京上空类型化电台的江宁好声音。FM88.5节目定位为音乐资讯，重点锁定35—55岁听众群，全天18小时播出。6月6日起，广播节目全新改版，做到专业音乐节目大量使用、核心优质节目重点安排、广告等过渡性内容合理穿插。周一至周五工作日全天打造电台节目主持人，将一天规划为早、中、晚、夜“精彩上班路”“生活好喜欢”“一路有你”“音乐乐动听”四大高峰，并加入有声书节目“长书有声”。早高峰“精彩上班路”中子栏目“你歌我唱”下半年根据听众反馈再次升级改版，将每周5天进行细致分类，增加粉丝黏性、听众可听性、互动可玩性。调频广播、应急广播、广播移动直播车从动态新闻、新冠疫情防控、公益广告、温馨提醒等方面展开宣传。加强新冠疫情防控宣传报道，“新闻晚高峰”节目开设专栏“疫情防控，你我有责”，播报相关稿件450篇。制作播出公益广告和反电诈等主题公益广告。应急广播“村村响”开设“我在一线”“疫情防控、你我有责”“权威发布”“温馨提醒”等专栏，广泛宣传战疫事迹、科学防疫等，播发稿件463件。3月，在保证每天上、下午两个时段播出的基础上，针对秣陵、东山部分封控区域增加4期有针对性的应急广播宣传。广播移动直播车制作防疫宣传广告及防疫科普、集中治疗、防疫提醒等，每天上下午两次进行新冠疫情防控播报。（沈獒恩）

档案管理

【概　况】 2022年，江宁区档案馆围绕区委、区政府中心工作，落实省、市档案馆工作部署，学习贯彻新的《中华人民共和国档案法》，推动档案事业高质量发展。完成档案新馆搬迁入驻工作，通过市县级国家综合档案馆业务建设评价，获江苏省示范档案馆、省档案宣传工作先进单位一等奖。

【丰富馆藏档案】 2022年，区档案馆征集中国人民志愿军立功证明书、抗美援朝时期军服若干件，《名人与江宁》《风雨孤儿路》等著作21部，新中国成立初期土地房产所有权证书、自留地使用权证和《新时代新江宁》《九日与友人登车山》等字画4幅，接收区委党史学习教育专题档案、区新冠疫情防控指挥部新冠疫情档案以及区委办、发改委等9家单位文书档案80183件、双套制文件2797件、照片档案2481张、声像档案24件、实物档案74件。年末，区档案馆馆藏档案资料224780卷（册、盒）、597774件，声像档案122盘（盒），光盘408张，照片档案12495张，实物档案1251件。

【档案保管与利用】 2022年，区档案馆做好机关单位进馆档案接收、馆藏部分档案数据校对和扫描加工调档与归档、全宗内数据精准与核实工作。开展第12次档案划控工作，划控江宁区（县）级机关、镇街（公社）1990年文书档案1425卷，汇编档案利用典型事例50例。全年接待查档4516人次，电话咨询查档1204个，来函查档15件，“共享平台”查档答复61次，“12345”工单及其他方式查档7次。调阅电子档案3920件、档案实体卷2112卷，出示各类证明6084份。接待工程档案查阅796人次，调阅工程档案1690盒，复印工程档案15398张、翻拍873页，加盖工程档案章2647个。新冠疫情防控期间，办理不见面查档320人次，来电咨询80个，来函1件。

【档案监督指导与宣传教育】 2022年，区档案馆按照落实档案法律法规检查工作要求，对立档单位进行专项检查，促进档案业务监管提档升级。监督指导区级机关做好年度文件材料归档工作，指导江宁开发区法院、汤山旅游度假区、淳化街道茶岗村开展档案规范化建设评价工作并通过南京市档案工作规范化建设评价。建立健全档案收集管理制度机制，加强对基层档案室监督指导，推进档案工作服务乡村振兴。结合“6·9”国际档案日等，开展档案法治宣传及业务培训，将“依法治档”向纵深推进。

【爱国主义教育基地建设】 6月，区档案馆新馆正式开馆后，区档案展览馆爱国主义教育基地面向社会永久性免费开放。至年末，已接待各界群众、大中小学生、机关干部参观团体121个、5500人次。与区妇联等单位联合开展“小葵花”“小主播”等夏令营活动6次，与区心理学会举办“喜迎二十大，宁心向未来”江宁区社会心理事业发展纪实展以及档案移交入馆活动，全景展现全区社会心理服务体系建设发展历程和社会心态培育工作成效。与驻区高校南京医科大学、南京工程学院马克思主义学院共建并挂牌“思政教育实践基地”，签订合作协议，使档案馆成为驻区院校师生社会实践的平台。

【档案信息化建设】 2022年，区档案馆制定《创建国家级数字档案馆三年行动方案》，对照国家级数字档案馆标准，提升信息化水平及档案数据质量。核查馆藏文书档案数据20余万条，婚姻档案数据7万余条，上传目录301093条，增量档案数字化扫描30万页。加强与区级机关部门协调沟通，确定区政务网络环境中档案管理与档案服务的基本框架与基本方法。线上线下指导全区数字档案室建设，丰富馆室数字档案资源，完善档案馆室新系统，提升民生档案远程查档App利用效能，开放“我的江宁”App民生档案数据库8个。（陈 引）

【江宁区档案馆新馆开馆】 6月9日，第十五个国际档案日，区档案局、区档案馆共同主办“喜迎二十大 档案颂辉煌”——“6·9”国际档案日主题宣传活动暨江宁区新档案馆开馆仪式。省档案馆馆长陈向阳，市委常委、区委书记沈剑荣，市档案馆馆长孔爱萍，区领导张思明、张玉力、庞志贵等参加。活动现场，与会领导共同揭开彩布，一同见证江宁区档案馆新馆的开馆。江宁区档案馆新馆位于江宁区崇业路2号，建筑面积3.78万平方米，主管全区档案管理、业务指导和开发利用，是国家一级综合档案馆、江苏省爱国主义教育基地、江苏省中小学档案教育社会实践基地、江苏省5A级数字档案馆。

【区档案馆获评省级示范】 12月，省档案馆印发《关于全省县（市、区）国家综合档案馆业务建设评价结果的通报》，江宁区档案馆入选。国家综合档案馆业务建设评价每5年为一个周期，由省、设区市档案馆分级完成专家库组建、初步审核、现场核查、结果审核及公示通报。区档案馆在建筑与设备、馆务建设、档案基础业务、开发利用服务方面，对照评价标准对档案质量、档案接收、库房管理、安全保密、数字化管理进行全面提档升级。4月，区档案馆完成搬迁任务，将馆藏20多万卷、50多万件的档案资料安全迁入新馆库房，新老馆各项功能设备高效衔接，为群众提供更加科学、高效、安全的查档服务。（宁 鉴）

地方志

【概 况】 2022年，江宁区地方志编纂委员会办公室编辑出版《江宁年鉴（2022）》。开展部门志编纂和出版工作，《江宁区检察院志》出版发行，《江宁高新区志》进入三校修改阶段。推进镇村志编纂工作，名镇志《汤山镇志》进入终审，《湖熟镇志》完成志稿进行修改补充；《青林社区志》《佘村志》出版，《石塘村志》《杨柳村志》《西岗社区志》编纂出版工作取得进展。加强地方志和地情资源的开发与利用，出版《江宁方言词语汇释》，加快《江宁乡土志》校注版和书法版出版进程，推进《红楼梦与江宁》《菊文精华》《江宁镇史话》《江宁老物件》《江宁自然村图志》等编纂出版工作，启动《牛首山志》《献花岩志》《南汤山志》等旧志校注工作。

【《江宁方言词语汇释》出版】 3月，由区地方志办、区委党史办组织编纂，郭骏、陈家邦编著的《江宁方言词语汇释》由中国广播影视出版社出版。该书分江宁方言的词语、江宁方言的熟语两大部分，设19章、36节、75目，共36万字。其中，江宁方言的词语依据汉语词语类型的划分，选择和编排江宁方言的词语，共收录词语4565条（主条）、同义词1155组；江宁方言的熟语设俗谚语、歇后语和口头语3章，共收录熟语2648条。

【《佘村志》《青林社区志》出版发布暨村（社区）志编纂研讨推进会】 7月27日，江宁区举办《佘村志》《青林社区志》出版发布暨村（社区）志编纂研讨推进会。副区长伏进进参加。当天，《佘村志》《青林社区志》发布，两部志书分别围绕古村风貌、旅游开发、基础建设、文化民俗等篇目，通过图片、文字翔实记录佘村、青林社区的发展变迁，既保留住乡愁记忆，也为全区探索新型城镇化和实施乡村振兴战略提供历史借鉴。活动现场向10个街道赠送《江苏省镇村志编纂指导手册》及全区已出版的村（社区）志，并为编著《佘村志》《青林社区志》主编颁发首批“江宁区村（社区）志编纂工作突出贡献者”荣誉证书。市志办向佘村方志角赠送图书。在随后举办的村（社区）志编纂研讨推进会上，市志办相关负责人围绕村（社区）志编纂工作进行辅导授课，参会人员分别围绕各自志书编纂工作进行交流分享。

【《江宁区检察院志》出版】 8月，由江宁区人民检察院编纂的《江宁区检察院志》由江苏人民出版社出版。该志书坚持古今贯通、立足当代和详今略古、详近略远的原则，上限追溯到清宣统二年（1910），下限讫于2018年年底。志书设16章、51节，以及序、凡例、概述、大事记和附录、后记等，共71.6万字。

【《江宁年鉴（2022）》出版】 12月，由区委、区政府主办，区委党史办、区地方志办承编的《江宁年鉴（2022）》，由南京出版社出版。该卷年鉴是《江宁年鉴》2001年首次编纂后出版的第21卷。《江宁年鉴（2022）》全面系统、准确翔实地记载2021年江宁区自然、政治、经济、文化、社会和生态建设等方面情况，反映建设"强富美高"新江宁的最新进程，为社会各界和海内外人士了解江宁提供基本信息，为宣传江宁提供基本资料，为研究江宁提供基本素材，也为编史修志积累资料。《江宁年鉴（2022）》主要采用类目、分目、条目三级层次结构，按平列式共设特载、大事记、区情概览等38个类目，类目下按行业或事业设207个分目，部分分目下设37副分目，收录条目1225个，共72万字。全书刊发画页19页，随文插图85张、表格57幅。

（张新贵）

文化产业

【概　况】 2022年，江宁区实现文化产业增加值180亿元，占地区生产总值比重为6.13%。全区有规模以上文化企业184家，其中新增5家，新增1家省级文化产业示范区（秣陵九车间文化创意园）和1家省级文化产业培育示范园区（新媒体数字产业园）。扶持新兴产业项目、龙头企业和重点园区43个，争取市级专项资金100多万元，为中小微文化企业贷款近5000万元。组织区内文化企业参加市融交会、都市圈暨南京市文化人才招聘会，举办"城市之星"颁奖盛典、南京（国际）动漫创投大会等活动。

【文化市场】 2022年，全区文化市场批发业完成营业收入32.72亿元，经营利润0.32亿元，分别比上年增长4.9%和4.9倍；文化市场零售业完成营业收入1.4亿元，经营利润-0.27亿元，分别下降89.3%和增长1.1倍。文化市场批发零售业资产总值26.7亿元，下降32.6%。

【电影放映】 2022年，全区23家影院票房收入9596.1万元，观影233.5万人次。开展农村公益电影放映2230场，观影20.96万人次。

【2022南京（国际）动漫创投大会】 8月23日，2022南京（国际）动漫创投大会在江苏园博园举办。此次大会主题为"创新开放，优质国创动画如何靠硬实力出圈？"现场播放开幕式主宣传片及往届大会获奖项目片花。围绕2022年全国卫视频道动画片播出与收视数据情况、年度动画重点选题、国内国际年度动画创作趋势、新媒体平台年度动画片播映趋势等方面作重点发布，并邀请青年动画创作人分享创作经验。动漫创业者、平台机构、投资人、跨界合作商以及行业协会等100余人参加大会。

（包顺宇）

【牛首山文创获南京美丽乡村产品大赛金奖】 1月，由市农业农村局、南京报业传媒集团主办，龙虎网承办的"南京美丽乡村（乡村民宿）产品大赛"决赛获奖名单公布，牛首山文创公司推出的《牛首圣境立体书签套装》伴手礼作品获金奖。牛首山文创公司推出的作品《牛首圣境立体书签套装》，设计元素源于景区核心建筑佛顶宫、佛顶塔、佛顶寺、弘觉塔，通过插画手法，使建筑"活起来"，完美呈现"春牛首"盛景，别有一番韵味。

（宁　鉴）

【文化市场管理】 2022年，区文旅部门通过对经营主体进行排查摸底，全面掌握行业监管底数，编印《江宁区文体旅场所统计资料汇编》，摸清监管行业单位2913家。加大行业监管力度，落实属地责任，对接市场监管、公安、消防等部门，形成监管合力。加强对各类非学科类文体培训机构的监管，严格新办证培训机构审核，督促培训机构规范管理。加大行政执法，促进文化市场健康有序发展，全年出动行政执法人员7029人次，检查各类文体旅行业经营场所2549家次，开展联合检查15次，网络巡查各类线上文旅经营平台163个，办理行政处罚案件7件，查办违规经营19家，取缔无证经营娱乐场所5家。（赵　鹏）

卫生健康

综 述

【概 况】 2022年年末，江宁区有各级各类卫生健康机构672个，开放床位11151张；卫生技术人员13716人，其中有执业（助理）医师5361人，注册护士6037人。全区每千人执业（助理）医师数2.78人，人均期望寿命超过83.76岁。全年门急诊1032.65万人次、出院18.37万人次，业务收入54.7亿元。江宁区深化医药卫生体制改革、公立医院综合改革获省政府真抓实干督查激励，获评全市公立医院综合改革成效明显区，区卫生健康委获全省家庭健康保险工作测评县级典型单位一等奖、“安康关爱行动”先进单位称号。

【新冠疫情防控】 2022年，区卫健系统及时有效处置“3·10”“10·5”等新冠疫情。新冠疫情防控进入新阶段后，迅速把工作重心从防控感染转到医疗救治，提升新冠疫情预警监测能力；以医联体为载体，构建医疗救治协作体系，明确江宁医院为全区养老机构定点重症收治医院，建立三级医院重症专家库，采取分片包干方式打通双向转诊通道。增加移动便民发热诊疗车，获央视《新闻联播》报道。上线“基层互联网诊疗＋护理”平台，社区卫生服务中心、社区卫生站开展线上诊疗、氧疗、新冠中医康养、中医云药房等服务，群众在“手机上”“家门口”就能享受贴心的医疗服务。

【医药卫生体制改革】 2022年，江宁医院、江宁中医院、江宁第二人民医院医疗费用增幅均达总控费目标，医疗服务收入占医疗收入比例上升。基层机构首诊占比70.7%，比上年增长0.59%。补齐医联体短板，六大专科联盟线上平台归集诊断报告925.5万份，重复检查提醒902次，采集涵盖门诊、住院、检验检查等诊疗数据2.4亿条。推动区域医共体建设，探索麒麟医共体模式，麒麟街道社区卫生服务中心门急诊人次增长23.2%。参与基本药物制度综合试点经验推广工作，全区医疗机构基本药物配备及使用金额全部达标并超过省标准。建设江宁区医共体药品供应链云平台，探索区紧密型医共体药事统一管理改革，实现药品统一监管、统筹调配。（王 栩）

【区卫健系统两项工作受到省市督查激励】 8月，江宁区卫健系统深化医改、公立医院综合改革两项工作获省政府2021年度真抓实干成效明显地方督查激励。其中，公立医院综合改革获市政府2021年度真抓实干成效明显单位督查激励，成为公立医院综合改革成效明显区第一名。全区在全面深化县级公立医院综合改革，落实政府办医主体责任、增加财政投入、推行人事分配制度改革、全面提升服务能力、探索紧密型医联体建设等方面取得成绩。深化改革，改出公立医院的综合效益，全区健全公立医院医药费用合理增长机制，深化公立医院薪酬制度改革，2021年公立医院财政投入7.16亿元，比上年增长78.59%；改出分级诊疗的同质服务，组建“1+5”血透、“1+5+18”影像、“1+7”精神卫生、“5+21”消毒供应及心电、临床检验六大专科联盟，打造麒麟医共体示范点，创新大医院“托管”小医院模式，推进同质化诊疗服务；改出医疗服务的量质提升，构建“一五十百”医疗布局，打造江宁医院区域医疗高地，高标准建设5家三级公立医院、10个街道基本医疗服务中心、100个优质基层哨点；改出智慧医疗的互联互通，全民健康信息平台通过国家医疗健康信息互联互通标准化成熟度五级乙等测评。建成江宁智慧中医云平台，实现中药快递到家。

【4家单位获评省老年友善医疗机构优秀单位】 12月，省卫生健康委员会、江苏省中医药管理局联合印发《关于确定2022年江苏省老年友善医疗机构及优秀单位的通知》，江宁区江宁医院、江宁中医院、禄口街道社区卫生服务中心、南京同仁医院获评2022年江苏省老年友善医疗机构优秀单位，麒麟街道社区卫生服务中心等6家单位获评2022年江苏省老年友善医疗机构。区卫健委将创建老年友善医疗工作作为有效应对人口老龄化、促进老龄健康的重要抓手，制订老年友善医疗机构创建工作方案，成立老年友善医疗创建工作组，动员辖区所有医疗机构参与创建，促进全区医疗系统全面落实老年人医疗服务优待政策，不断提升全区老年人“健康指数”。各创建单位对照“老年友善文化、老年友善管理、老年友善服务、老年友善环境”4个方面评价标准，营造浓厚的尊老、爱老、助老、敬老的老年友善氛围，提升老年医疗服务质量和就医满意度。创建老年友善医疗机构工作中，为老年人打造和谐、稳定、安全的就医环境，切实解决老年人在就医过程中遇到的困难，维护和保障老年人合法权益。全区有47家单位建成江苏省老年友善医疗机构，建成率98%；6家单位建成江苏省老年友善医疗机构优秀单位，优秀率13%。

（宁　鉴）

医疗卫生机构

【概　况】 2022年年末，江宁区有各级各类医疗卫生健康机构672个，其中三级医院6个、二级医院10个、区级预防保健机构3个、社区卫生服务中心23个、社区卫生服务（中心）站154个、一级民营医院23家，其他为社会办门诊部、诊所。建立覆盖城乡的急救站点14个，每千人拥有床位数4.98张。拥有国家和省市重点专科51个、南京医科大学重点学科2个、名医工作站18个、省市基层特色科室48个，重点学科带头人46人、基层骨干人才545人；每千人执业医师数3.05人，每千人执业护士数3.97人，每万人全科医师数4.14人。

【医联体建设】 2022年，区卫健系统在创新实施“2+5+18”医联体建设模式、实现基层医联体全覆盖的基础上，组建“1+5”血透、“1+5+18”影像、“1+7”精神卫生、“5+21”消毒供应及心电、临床检验六大专科联盟。拓宽医联体服务新思路，抽调江宁医院学科带头人和专家团队进驻麒麟街道社区卫生服务中心，创新大医院“托管”小医院的麒麟医共体模式。逸夫医院与湖熟街道社区卫生服务中心共建紧密型医共体，推动医共体建设规范化，提升湖熟街道社区卫生服务中心业务水平。（王　栩）

【市第一医院与一民医院医联体揭牌】 6月，南京市第一医院与南京一民医院共同打造的医疗联合体揭牌。该医联体成立后，南京一民医院将定期邀请市第一医院专家前来坐诊，让患者得到更优质的健康医疗服务。双方还将在技术帮扶、人才培养、巡回医疗、双向转诊等方面开展全方位合作。未来，市第一医院将医院管理、学科建设、临床医疗和技术应用等与一民医院资源共享，并在人才、设备等方面对一民医院提供相应支持，促进一民医院医疗技术水平整体提高，更好地服务江宁百姓。

【逸夫医院急救医学中心启用】 6月28日，南京医科大学附属逸夫医院急救医学中心启用，该中心面积近8000平方米，由原门诊大楼扩建改造而成。中心共4层，一层设置急诊手术室，二层为急诊病房，三层、四层为神经脑病中心，规划床位126张。扩建后的急救医学中心除承担急救任务，二楼设立急救医学中心病房，三楼、四楼分别是神经内科及神经外科病房，同时还设有创伤、胸痛、卒中等科室中心。此次升级改造的急救医学中心体现“平疫结合”，一旦发生新冠疫情，医院能够迅速处置，急救医学中心就立即变成符合“三区两通道”的隔离病房、隔离门诊。

【3个医疗工程项目启动建设】 12月20日，江宁区举行“‘医’心为民 ‘筑’宁健康”医疗工程项目开工活动，3个医疗工程项目开工建设。此次开工的3个医疗工程项目包括南京市江宁妇幼保健院（江宁国际医院）新建项目、南京市江宁老年医院项目、淳化街道社区卫生服务中心异地新建项目。其中，南京市江宁妇幼保健院（江宁国际医院）新建项目，位于江宁南部，占地面积5.5公顷，规划总建筑面积11.88

万平方米，地上最高15层，主要功能设置妇幼门急诊、产房、手术室、ICU、检验中心、影像中心、消毒供应中心等功能科室及500张妇幼床位。项目建成后，将打造“综合＋专科”特色医疗服务，提升区域妇幼保健诊疗水平，补齐江宁开发区片区医疗资源短板。南京市江宁老年医院项目，位于东山主城，占地面积0.7公顷，规划总建筑面积6.8万平方米。项目突出老年医院功能定位，主要设置老年急诊急救、老年病综合门诊、老年病区、手术室、重症医学、放射影像、检验检查等。淳化街道社区卫生服务中心异地新建项目，占地面积2.2公顷，规划总建筑面积2万平方米，配套医疗服务、基本公卫、医养结合等功能，力争建设成为服务能力达到二级综合医院和农村区域性医疗中心标准，满足片区群众基本医疗康养服务需求。

（宁　鉴）

疾病预防控制

【概　况】 2022年，江宁区甲乙类传染病报告发病1765例，发病率91.64/10万，死亡1例，发病数比上年减少3.6%、发病率降低32.57%；丙类传染病报告发病2001例，发病率103.89/10万，发病数减少40.73%、发病率降低58.54%。统筹推进血吸虫病、艾滋病、结核病等重大传染病及慢性病管理工作，艾滋病抗病毒治疗覆盖率95.23%；肺结核可疑症状者转诊率100%、报告率100%，总体到位率100%，门诊诊断肺结核患者均落实免费治疗。查螺面积3764.49万平方米，药物灭螺面积559.09万平方米。严重精神障碍患者检出率3.2‰，在册患者管理率97.5%，规范管理率97.4%。全年完成饮用水监测366份，合格率100%。

【联合国糖尿病日“蓝光行动”点亮仪式】 11月11日，江宁区在百家湖广场举行联合国糖尿病日“蓝光行动”点亮仪式。现场大屏幕点亮“蓝光”，20余名医师开展糖尿病相关科普知识宣传，发放宣教资料200份。探索慢性病医防融合工作模式，以糖尿病为突破口，构筑慢性病防治体系。全区有5家三级医院开设糖尿病专科门诊及病房，27家医疗卫生机构参与慢性病管理，拥有糖尿病专科病床158张，建立糖尿病患者管理档案33313份，糖尿病人血糖控制达标率77.58%。

【全民营养周暨“5·20”中国学生营养日主题宣传活动】 5月20日，第33届“中国学生营养日”之际，区卫健委联合区教育局、江宁医院，在全区中小学校组织开展系列营养健康主题宣传活动。区疾控中心、江宁医院营养科拍摄“营养与健康”情景剧，剧情围绕营养日主题，让孩子们自己动手完成一道有创意的色香味俱全、烹调手法科学、营养健康的家常菜。在全区中小学开展“食育小课堂”短视频大赛，利用校内午餐时间，由孩子们做讲师，在班级讲台前为全班同学进行与营养午餐相关的科学知识、珍惜粮食的良好饮食习惯等知识宣讲，通过专家对各所学校上报作品的有奖评比，遴选出优秀作品组织“5·20”中国学生营养日的公益宣传。

【全国“爱眼日”主题宣传活动】 6月6日，区卫健委联合区教育局、区中医院，在江宁开发区学校开展第27个全国“爱眼日”主题宣传活动。当天，主办方在校园显著位置摆放爱眼、护眼展板，并发放护眼折页，普及健康用眼相关知识。在校园及讲座现场电子屏播放区疾控中心原创卡通版用眼健康短视频《“千里眼”失业记》。在学校多功能厅，还举行爱眼书签比赛现场颁奖活动，学生自制爱眼知识的书签，在学校多功能区展示，营造近视防控宣传教育氛围。活动现场，区中医院眼科专家为学生们开展眼保健知识健康讲座及义诊。

（王　栩）

卫生监督

【卫生应急】 2022年，区卫健系统优化调整11支区级卫生应急队，组建3支民兵医疗队，实现10个街道卫生应急规范化建设全覆盖。全年处置聚集性新冠疫情473起、食源性疾病事件3起，处置预警信息954条；处置报告突发公共卫生事件3起，突发公共卫生事件及时报告、及时处置率均为100%。新建江宁医院麒麟急救点、一民医院急救点，累计建成急救站点14个，配备“120”救护车20辆，开展危急重患者院前急救近2.4万人次，组织群体性突发事件紧急救援68起。完成重大活动新冠疫情防控及医疗保障，保障中高考考生85.7万人次。

【学校卫生监督】 2022年，区卫健系统对全区105所中小学、20所驻区高校、224所幼儿园、29所已备案0—3岁托幼机构开展督查工作，24所中小学及托幼机构学生饮用水抽检合格率

95.8%。开展对河海大学、南京航空航天大学、南京交通职业技术学院结核病防控监督检查，春、秋季中小学校和托幼机构新冠疫情防控督查，托育机构新冠疫情防控和安全抽查工作。中小学日常监督检查重点为学校教学和生活环境卫生、传染病防控、饮用水卫生及使用自建设施集中式供水水源卫生防护、卫生保健室配备、学校纳入卫生监督协管服务等情况，并现场对教室采光、照明及教室人均面积进行测量，结果均符合要求。

【“双随机、一公开”卫生监督】 2022年，区卫健系统完成国家级“双随机”抽查123家次、省级“双随机”抽查22家次，“双随机”抽检107家次、职业卫生用人单位随机抽查120家次。牵头组织区级跨部门“双随机”抽查，检查旅馆1家、餐饮具集中消毒单位2家、托幼机构10家。配合学校食品安全和卫生抽查20家，高危体育项目经营场所抽查10家。对检查发现的卫生安全隐患及时下发整改通知，督促限期整改。

【医疗美容服务专项整治】 2022年，区卫健系统对辖区内各类医疗美容医院、医疗美容门诊部、医疗美容诊所进行专项检查，现场督查32家医疗美容服务机构，实现督查全覆盖。重点检查医疗美容服务机构是否按照核准的诊疗科目、医疗美容项目、备案限制类技术开展医疗美容服务，医护人员是否依法执业，注射用A型肉毒毒素、透明质酸钠、胶原蛋白等相关药品医疗器械是否按照要求管理与使用等。

（王　栩）

中医药事业

【概　况】 2022年，江宁区推进中医重点专科建设，新建成五级中医馆1个、四级中医馆7个，4人当选南京市名中医，1个项目入选中医类非物质文化遗产。加强中医医疗服务，基层社区卫生服务中医馆全年诊疗14.7万人次。开展2期中医适宜技术培训班，区智慧中医云平台中药代煎配送订单量3083单，辅助诊断服务患者5673人次。（王　栩）

【再添4个市级医疗卫生特色科室】 8月，市卫生健康委员会公布2022年南京市基层医疗卫生机构特色科室名单，江宁区新增4个基层医疗卫生机构特色科室，分别是百家湖社区卫生服务中心针灸推拿科、麒麟社区卫生服务中心消化内科、麒麟社区卫生服务中心糖尿病专科、铜井社区卫生服务中心普外科。特色科室是指在基层医疗卫生机构中开设的适合基层医疗需求特色服务项目的医疗科室。特色科室建设是引领基层医疗机构全面发展、改变群众就医习惯的重要举措，能够促进基层医疗机构与上级医院的功能互补，缓解优质医疗资源的供给不足，是老百姓家门口的“宝藏”科室。全区累计建成市级特色科室44个、省级特色科室4个。

【一批基层医疗机构中医馆获评星级】 9月，江宁区组织开展基层医疗卫生机构中医馆服务能力等级建设评价工作。东山街道社区卫生服务中心中医馆被评为第一批江苏省基层医疗卫生机构五级中医馆建设单位、淳化街道方山社区卫生服务中心等7家被评为南京市第一批基层医疗卫生机构四级中医馆。“五级中医馆”“四级中医馆”意味着人民群众在家门口就能享受高质量的中医药服务，基层群众能够“方便看中医，放心用中药”。通过智慧中医平台、云药房等现代化信息手段负责中药开方、配送、加工、代煎代送等一站式服务。区智慧中医中药代煎配送累计订单量3083单，辅助诊断服务患者5673人次。星级中医馆充分发挥中医药特色优势，常规开展8类15项适宜技术，采用推拿、

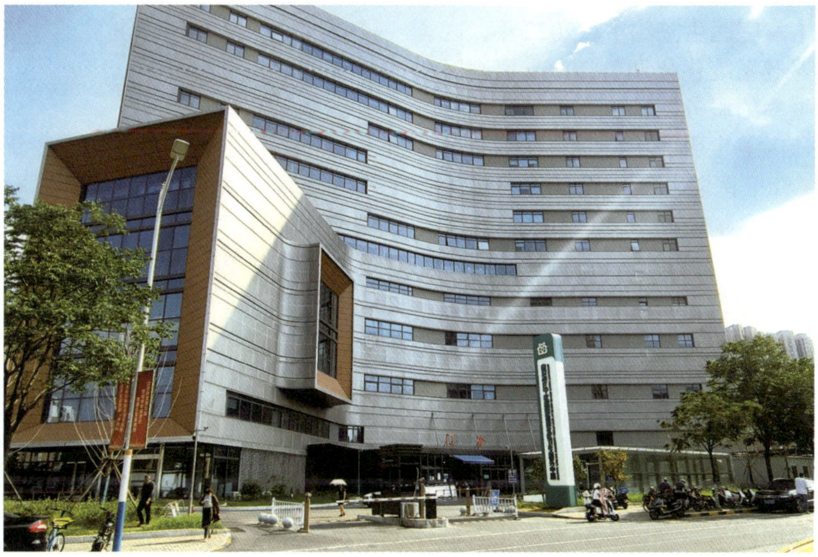

麒麟社区卫生服务中心新大楼　　（区卫健委供图）

针灸、穴位注射、刮痧、小针刀、浮针、熏洗等中医特色治疗方法，治疗颈椎病、腰肌劳损、腰椎间盘突出症、腱鞘炎等各种劳损类病症；采用中药汤剂、膏方、艾灸、穴位贴敷等方法调理胃肠功能紊乱、月经不调、更年期综合征等慢性病、亚健康状态；在焦虑、失眠、面瘫、小儿疳积上具有一定疗效。（宁　鉴）

基层医疗卫生

【概　况】　2022年，江宁区卫健系统持续推进“优质服务基层行”活动，全区23家社区卫生服务中心达到推荐标准占60.9%、基本标准达100%。建成省级农村区域性医疗卫生中心5个，省级社区医院12个、省市级特色科室48个、省级甲级村卫生室8个。禄口、湖熟、东山、汤山、江宁、麒麟6个基层医疗机构升格为二级医院。出台基本公卫系列指导性文件，开展基本公共卫生项目绩效评价，落实基本公共卫生专项经费19261.1万元，居民健康档案建档率90.38%。

【家庭医生签约】　2022年，区卫健系统优化调整207支家庭医生签约服务团队，每个团队包括社区卫生服务中心全科医生1名+江宁医院和区中医院专科医生各1名+公共卫生医师1名+乡村医生（或护士）1名+社区健康管理员1名+新乡贤（省市级三级医疗机构专家）1名，将家庭医生签约工作网络延伸到每个村（社区）。23个社区卫生服务中心与江宁医院、区中医院建立一体化签约服务绿色通道，畅通双向转诊。全区家庭医生全人群签约650334人，重点人群签约率72.74%。建成省星级家医工作室5个、家庭医生服务模式创新单位3个。

【健康档案管理】　2022年，区卫健系统通过患者就诊、健康体检、入户调查、家庭医生签约、下沉村（社区）开展健康教育和义诊咨询，以及新冠病毒核酸检测、新冠疫苗接种等工作，多途径建立居民电子健康档案。至年末，全区建立居民电子健康档案174.08万份，目标人群建档率90.38%。落实辖区居民健康档案定期梳理维护制度，持续开展居民健康档案核查，保证健康档案时效性、完整性和规范性，发挥居民电子健康档案信息基础作用。

【区医联体专家下基层】　2022年，区卫健系统继续开展医联体专家下基层活动，取得成效。全年开设联合病房5个，下派专家179人，累计在基层医疗机构工作3055天，平均每周工作3.3天。基层社区卫生服务机构派医务人员到核心医院进修85人。（王　栩）

妇幼保健

【概　况】　2022年，江宁区新建母婴室4家，5家单位母婴室提档升级为南京市公共场所母婴室优质运营单位。区妇计中心入选第一批省级孕前保健特色专科建设单位，开设少儿妇科门诊，解决女童及未成年女孩妇科疾病就医难题。推进江苏省儿童孤独症筛查干预首批试点工作，规范儿童孤独症的筛查、诊断、干预以及康复教育。

【妇女保健】　2022年，全区“两癌”筛查中乳腺癌项目检查41744人，宫颈癌项目检查41732人。孕产妇健康管理率94.74%，产后访视率96.75%。婚前医学检查13416人，婚检率90.11%。提供免费孕前优生健康检查2873对，补服叶酸2643人。

【婴幼儿保健】　2022年，全区完成产前筛查13162人，新生儿遗传代谢病筛查率99.51%，新生儿听力筛查率99.53%，新生儿访视率98.07%。7岁以下儿童健康管理率98.02%，3岁以下儿童系统管理率96.88%，0—6岁儿童眼保健和视力检查率98.02%，5岁以下儿童贫血发生率2.08%，5岁以下儿童生长迟缓发生率0.72%，6个月内纯母乳喂养率72.65%。

【江宁妇幼保健院（江宁国际医院）新建项目开工】　12月20日，江宁妇幼保健院（江宁国际医院）新建项目开工建设。该项目位于秣陵街道双金社区，双龙大道以东、玉麟路以西、汉候路以南、和风路以北，占地面积5.5公顷。拟新建妇幼保健综合楼、后勤综合楼、污水处理及污物暂存间、连廊、地下室、门卫等建（构）筑物，并配套建设相关公用工程、附属设施。项目规划总建筑面积11.88万平方米，其中地上建筑面积6.71万平方米，地下建筑面积5.17万平方米。（王　栩）

【江宁妇计中心获评全国盆底医学健康培训基地】　1月，中国妇幼保健协会与区妇幼保健计划生育服务中心共同举行“全国盆底分级诊疗项目合作单位”“盆底医学健康培训基地”授牌仪式。江宁妇幼盆底康复中心是全区妇幼专业盆底功能康复诊疗中心、全国盆底技术人员规范化培训基地之一，已规范化带教培训200余名专业技术人员。中心将以此次授牌为契机，继续推进盆底康复专业人才培养与学科建设，在全区推广盆底康复适宜技术，促进妇女盆底康复事业蓬勃发展，提升广大妇女健康水平。

【全省首个少儿妇科门诊开诊】 9月28日，区妇幼保健计划生育服务中心少儿妇科门诊开诊，该门诊位于上元大街415号江宁区妇计中心3楼妇保科，开诊时间为周三下午2:00—5:00，周六上午8:00—11:30、下午2:00—5:00，安排高年资专家团队坐诊。江宁区妇计中心少儿妇科门诊面向从出生至青春期发育成熟的女孩，以女性生殖器发育、性生理改变、保健和疾病防治为特色研究的专科门诊。诊治范围包括儿童及青春期的外阴阴道炎、阴唇粘连、阴道异物、乳房早发育、性早熟、性发育迟缓、月经失调、痛经、生殖系统肿瘤、少女妊娠及避孕、HPV疫苗接种等多方面异常及咨询服务。（宁　鉴）

健康促进

【职业卫生】 2022年，江宁区卫健系统开展职业病危害专项整治三年行动、放射诊疗机构放射防护专项整治、职业健康领域重大风险隐患专项排查化解等系列整治行动。完成3975家用人单位职业病危害项目网上申报，实施职业病危害专项治理、职业病危害因素监测等6项职业病防治项目。通过区级“健康企业”评估11家，评选区级“职业健康达人”21人。

【爱国卫生运动】 2022年，全区结合全国第34个“爱国卫生月”活动，围绕“文明健康、绿色环保”主题，开展科普宣传和环境综合整治提升春季攻势行动。聚焦新冠疫情防控，推出科学防疫相关图文20篇，组织开展系列活动，发放宣传资料15万份，播放宣传报道880条，健康教育进企业（单位）250家次，组织控烟宣传114次、健康科普进课堂10920人次。出动保洁人员76566人次，清理卫生死角8592处，清理各类垃圾3019.2吨，拆除违规门店招牌等769处。

【卫生（健康）创建】 2022年，全区继续开展卫生（健康）创建工作，加大农村环境脏、乱、差等问题治理力度，因地制宜建立健全各项卫生管理制度。对2021年完成创建的省级卫生村（社区）实施常态化管理，进一步巩固创建成果。全年新建成省级健康细胞16个、市级健康细胞73个。

【老年健康创建】 2022年，全区按照老年友善文化、老年友善管理、老年友善服务、老年友善环境评价标准，营造尊老、爱老、助老、敬老的老年友善氛围，不断提升老年医疗服务质量和就医满意度，加快创建老年友善医疗机构，为老年人打造和谐、稳定、安全的就医环境，切实解决老年人在就医过程中遇到的困难，维护和保障老年人合法权益。全区建成江苏省老年友善医疗机构47家，建成率98%；6家单位建成江苏省老年友善医疗机构优秀单位，优秀率13%。

【病媒生物防制】 2022年，全区组织开展辖区范围内的除“四害”活动，形成专业防控和群众参与的群防群控工作格局。新建市级病媒生物防制全覆盖街道2个（麒麟街道、江宁街道），实现市级病媒防制覆盖。开展病媒生物防制示范片区建设，由连成片的东山、秣陵街道牵头，联合37个村（社区）和相关部门，共同推进病媒生物防制示范片区建设。

【烟草危害控制】 2022年，全区深入开展控烟宣传教育活动，营造控烟氛围，推动室内公共场所和工作场所全面控烟。张贴禁烟标识，组织控烟劝导员宣传吸烟危害，不定时开展控烟督导检查，规范公共场所控烟管理。

（王　栩）

【中医院体医融合运动促进健康中心投用】 3月，江宁中医院体医融合运动促进健康中心投入使用。该中心引进高端体适能检测与智能锻炼设备，可根据个人体检、体能等测评数据出具个性化运动干预处方，为居民提供“运动+医疗”的特色健康服务。江宁中医院体医融合运动促进健康中心配备针对人体心肺、腹部、背部等部位14种健身器材，可以开展增肌、减脂、塑形、体能提高等项目，兼具检测、锻炼功能。对于不同风险等级的用户，中心会选用不同的测试设备与方案，根据体检及体能测评，智能出具个性化“运动处方”。

【土桥社区卫生服务中心创成省级健康促进医院】 9月，江苏省健康促进医院评估结果出炉，淳化街道土桥社区卫生服务中心榜上有名。土桥社区卫生服务中心将健康促进医院建设纳入发展规划，以“微环境提升”为切口，按照“因地制宜、勤俭节约、务实管用”的原则，打造“给患者家的体验，给职工家的温暖”的健康环境，建设水平稳步提升、群众满意率不断提高。该中心以高血压、糖尿病为突破口，打造2个医联体博士工作站、2个家庭医生工作室，对慢病患者实施“1+1+1”健康管理模式，建成省级特色科室1个、市级特色科室2个；优化健康体检流程，让老年人无需东奔西跑，建成江苏省家庭医生服务模式创新建设单位。立足辖区康复患者需求进行设施配套，引入心肺运动试验CPET，通过监测病人心肺功能开出个性化运动处方，两年内累计帮助300余名患者回归正常生活。为方便辖区居民就近就诊，中心开展普通胃肠镜及无痛胃肠镜检查、幽门螺杆菌检测及内镜下息肉摘除术。开诊半年，完成内镜检查419人次，发现癌前病变93例、早癌2例、中晚期癌症7例。妇产科在全区率先建成产后盆底康复中心，预防接种门诊接种率、留观率远超规定水平。四星级中医堂依托江宁区智慧中医云平台，开展“中医药服务基层行，中医药服务就在你身边”活动，通过智慧共享中药房配送中药，提高群众利用中医药进行自我保健能力，为群众提供更多中医药理疗项目选择。为巩固传统优势项目，中心升级改建口腔诊疗中心，依托医联体建设，每周由三甲医院专家坐诊，开展儿童及成人常规口腔治疗，日均诊疗50人。该中心投入近2000万元，按照省级标准化社区卫生服务站标准，对6家老旧站点进行重建、改造，80%站点内设中医阁，三级医院专家每周下沉开诊，成为全区社区卫生站建设的标杆。入口处设置导医台，配备专职人员答疑解惑，设置直饮水、人体工学座椅，使患者排队等候不疲惫，无障碍通道、无障碍厕所、无烟医院建设均走在全区前列。中心已建成江苏省社区医院、江苏省老年友善医院、南京市健康促进医院，达到“优质服务基层行”国家推荐标准。

【江宁“健康驿站”上线】 12月，江宁区组织多家符合条件的酒店、民宿以及人才公寓推出“健康驿站”服务，为有自我健康监测需要，但不具备居家健康监测条件的市民提供自我健康监测场所。每个“健康驿站”都配有医生24小时值班，随时监测入住人员身体情况，并对突发疾病或者危重患者及时转运至医院协助就医，确保患者生命健康安全。全区协调670间人才公寓房、300间酒店房、52间民宿，共1022间价廉质优客房，作为医疗救治的“健康驿站”，采取低于市场价收费方式，用于不能居家隔离人员的医疗救治服务。市民如有需要，即可点对点自行联络前往“健康驿站”酒店入住。（宁　鉴）

医政药政管理

【医护人员招聘培训】 2022年，江宁区卫健系统招录各类卫生人才201人，其中编制内人员71人、备案制人员103人、农村订单定向培养医学生27人。针对基层岗位职责和队伍现状，放宽基层医疗机构卫技人员晋升社区卫生高级职称条件和年限要求，超岗位的高级职称人员全部聘任到位。全年开展全科医生规范化培训4批、41人次。

【医学教育】 2022年，区卫健系统开展法定培训工作，举办继续医学教育培训6期、2248人次，组织聘用乡村医生继续医学教育培训6期、1478人次。

【药品管理】 2022年，区卫健系统巩固实施国家基本药物制度成果，落实基本药物配备使用逐月通报制度，参与基本药物制度综合试点经验推广工作，全区医疗机构基本药物配备及使用金额全部达标并超过省标准。建设江宁区医共体药品供应链云平台，探索区紧密型医共体药事统一管理改革，实现药品统一监管、统筹调配。转变药学服务模式，对药学服务用于慢病用药管理、居家药物治疗方式进行探索。

（王　栩）

体育设施

【概　况】　2022年，江宁区继续完善“10分钟体育健身圈”建设，全区所有街道均建成4000平方米以上文体活动中心，并配建2000平方米以上室外健身场地；所有村（社区）建有1000平方米以上健身广场；80%较大自然村、城市居民小组或复建小区建有500平方米以上文体活动广场。年末，全区有各类可供全民健身场地4878个，健身路径2022套，健身步道471千米，体育公园15个，足球场216个（含社会足球场73个），篮球场（馆）617个，乒乓球场（馆）437个。体育场地总面积959.6万平方米，人均4.87平方米。

【体育场馆】　2022年，全区有江宁体育中心、江宁区全民健身中心两大主要体育场馆。江宁体育中心位于江宁高新区格致路以北、弘景大道以东，大学城正中央，紧邻方山风景区，占地25.8万平方米，是南京市四大体育中心之一，为江宁区最大的体育休闲运动场所，拥有体育场、体育馆及训练馆等场地设施，总建筑面积88933平方米。其中，体育场47287平方米，体育馆14481平方米，训练馆27165平方米；主体育场建筑面积约5万平方米，可同时容纳3万人，体育馆内场面积1800平方米，固定座席4375个、移动座椅408个。江宁区全民健身中心占地3.7公顷，建筑面积36512平方米，室内健身中心建筑面积22385平方米，地上6层，地下1层；室外运动场地总面积12000平方米，包括标准人工草皮足球场1片，智能健身步道、灯光篮球场2片，门球场2片以及全民健身路径、健身舞场、儿童健身设施等。全民健身中心全天候免费向市民开放。

【健身步道建设】　2022年，全区新建、更新健身器材180套，室外篮球架30副、室内外乒乓球台79张，新建健身步道12千米、百姓健身房2个，改造灯光球场5个，为5处户外健身场地增设公共储物柜。推进“体育+旅游”深度融合，13家企业上榜“南京市体育消费新场景”，4家单位上榜“南京体育旅游好去处”。年末，全区有健身路径2022套、健身步道471千米，累计建成市级最美健身步道5个。

【全民健身器材管理】　2022年，区文旅局根据《南京市江宁区公共文化设施运行管理规范》和《江宁区全民健身工程（点）管理实施办法》，与10个街道签订体育健身工程点（站）安全管理责任书，每月组织巡修员按时巡修并报告巡修情况。对全区健身路径进行摸底清查，结合全省室外健身设施专项清理规范工作要求，建立数据库、列出问题清单。加强全民健身器材巡查管理，成立专项检查小组，每日对各类设施例行检查，确保安全运行。

（赵　鹏）

全民健身

【概　况】　2022年，江宁区举办“喜迎二十大，活力东山行”中国旅游日暨佘村徒步季活动，以村跑活动为载体，推进旅游与文化、旅游与体育融合。全年开展“服务群众、你点我送”体育健身进社区活动42场，江宁春季嘉年华线上挑战赛等各类全民健身活动300余场。在淳化街道土桥社区卫生院建设运动促进健康站，结合送戏下乡惠民演出，开展全民体质监测，将监测工作送到村（社区）。全年完成体质监测9160人，举办三级社会体育指导员培训班4次、380人次。发挥各体育类协会作用，要求根据自身特点，因地制宜组织小型多样的群众性体育活动。全年举办群众性体育赛事100多项，主要包括足球、篮球、羽毛球、太极拳等，各体育类协会通过举办系列赛事活动，努力打造有影响力的品牌赛事，推动全民健身与全民健康深度融合，让更多群众感受到“体育无处不在”“体育让生活更美好”。

【体育社团管理】 2022年，区体育总会发挥桥梁纽带作用，在协会改革、思路创新、组织建设、赛事活动、项目推广、社会化推进等方面取得新成效，多项工作在全市、全省领先，为推动全区体育事业发展做出新贡献。年末，全区有体育类单项协会24个，其中AAA级10个、AA级2个。各体育类单项协会依法完善相对独立的组织机构和法人资格，逐步实现实体化、社会化、产业化，有11所学校被评为“全国围棋特色学校”。（赵　鹏）

【江宁区第九届羽毛球混合团体赛开赛】 6月12日，“苏芽杯”江宁区第九届羽毛球混合团体赛在冠宁羽毛球馆开赛。全区各单位、各行业的12支代表队的100余名羽毛球爱好者参加比赛。此次比赛设置男双、女双、混双、女单、男单5个项目，第一阶段采用小组循环赛制，第二阶段以淘汰赛加附加赛形式决出比赛前三名。

【群众体育工作获省级表彰】 7月，省体育局发布《关于表扬2018—2021年度全省群众体育先进单位和先进个人名单的通报》，区文化和旅游局（体育局）获全省群众体育先进单位称号。区文化和旅游局（体育局）先后获“国家全民健身工作先进单位”“江苏省体育工作先进单位”“江苏省体育产业基地”“首批全国县域足球典型地方”等称号。在全面实现城市社区“10分钟体育健身圈”的基础上，将健身设施向自然村和安置小区延伸，更好地服务基层百姓。全区建有各类公共体育健身活动站点1621个，健身路径1868套，体育公园32个，健身步道451千米，有各类全民健身场地4341个，建成省级体质监测站1所，市级和区级监测站各5所，所有街道均建成4000平方米以上的文体活动中心，并配建2000平方米以上的室外健身场地，80%的较大自然村、城市居民小组或复建小区建有500平方米以上的文体活动广场。

【省老年人体育节闭幕式活动在江宁举行】 11月11日，全国老年人健步走大联动江苏分会场暨江苏省老年人体育节闭幕式活动在东山街道佘村举行。此次活动由省体育局、省老龄工作委员会办公室、省老年人体育协会联合主办，市、区老年人体育协会共同承办。2022年的体育节以“奋进新时代、健身我先行”为主题，自5月29日开幕后，坚持“小型、分散、科学、安全”原则，采取线上与线下、集中与分散相结合方式，吸引近百万名老年人参与无极球、太极拳、柔力球、柔乐球、气排球、健身球操、桌上冰壶球等20多项体育活动。闭幕式上，汤山街道、淳化街道老年体育健身团队以及佘村社区女子舞龙队，现场表演舞龙、广场舞及健身球操等，进一步展示江宁老年人的健身成果。随后，老人们一起在佘村进行健步行走活动。（宁　鉴）

竞技体育

【概　况】 2022年，江宁区在严格落实新冠疫情防控措施的基础上，经与省市体育部门、相关单位协调，分别举办（承办）全国、省市、区级体育赛事8项。其中，国家级赛事3项，包括第19届亚运会移动靶项目选拔赛、男足中甲联赛、长三角高校电竞邀请赛；省级1项，为江苏省游泳俱乐部联赛；市级2项，包括南京阳光体育联赛高尔夫和轮滑比赛；区级2项，包括江宁区业余足球联赛、首届企事业单位皮划艇俱乐部团体接力赛。

【组队参加全国省市竞技体育比赛】 2022年，江宁区组队参加全国青少年棒垒球锦标赛、江苏省青少年棒垒球锦标赛、江苏省县级阳光体育比赛等各类体育赛事10余项次，共获奖牌233枚，其中金牌91枚、银牌69枚、铜牌73枚。组织40名教练员、941名运动员参加南京市青少年阳光体育联赛17个项目的比赛。全年在全国少年垒球锦标赛上获金牌1枚，在全国少年棒球锦标赛上获银牌1枚、铜牌1枚，在全国青年垒球锦标赛上获金牌1枚；在江苏省县组体育比赛中获金牌4枚、银牌8枚、铜牌2枚。

【省运会上区棒垒球队获金牌数创新高】 2022年，在江苏省第二十届运动会上，江宁区棒垒球队获金牌23枚，名列全省棒垒球项目第一，创历史新高。赛前，区棒垒球队利用周末和休课时间，到南工大、成都等地进行交流比赛和外训，通过以赛代训，了解掌握对手第一手资料，在比赛中查找自身不足，进行针对性的强化训练。在比赛中，运动员们克服各种困难，勇于突破自我，最终取得佳绩。

【运动员培养选拔】 2022年，区体育部门继续完善人才培养训练体系，做好参赛保障和备战工作。组队参加全国青少年棒垒球锦标赛、江苏省青少年棒垒球锦标赛、江苏省县级阳光体育比赛等各类青少年体育赛事10余项，获奖牌233枚，其中金牌91枚、银牌69枚、铜牌73枚。全年注册运动员717人。（赵 鹏）

体育产业

【概 况】 2022年，江宁区有国家级体育产业示范基地1家、国家体育旅游示范基地1家、省级体育服务综合体2家。江宁区创建为国家体育产业示范基地，汤山温泉旅游度假区被国家体育总局和文旅部命名为首批国家体育旅游示范基地，汤山矿坑体育公园被命名为第四批江苏省体育服务综合体，黄龙岘获评“江苏省体育健康特色小镇”。年末，全区有体育产业企业825家。

【体育场馆利用】 2022年，江宁体育中心坚持错时、免费开放，承接各类体育赛事、企业年会、文艺演出、大型节目录制等活动，先后举办2022长三角数字文化体育嘉年华、江宁区第二届业余羽毛球单项比赛等活动。篮球场、门球场、足球场、健身路径、田径场、儿童游乐区、舞池全天候免费开放；羽毛球馆、健身馆、网球馆、游泳馆面向社会开放，合理定价，通过微信公众号预约场地服务，形成“互联网＋体育”运营模式。引进少儿培训课程，注重青训发展，促进周边居民养成健身习惯，提升体育消费意识。

【体彩销售】 2022年，区体彩中心体育彩票销售总额突破6亿元，比上年增长41.78%，销量排名全省第五。年末，全区在售传统网点238家（其中竞彩权限160个），行业渠道网点166家（其中竞彩权限10个）。区体彩中心利用各级各类平台，弘扬体彩“取之于民、用之于民”的宗旨和公益理念，塑造良好的公信力和社会价值。全年开展以“江宁之春”“喜迎二十大”等为主题的地推和公益展演活动60余场。6月，国家体育总局体育彩票管理中心发布2021年度全国区县（或地市）体彩机构表扬名单，江宁区榜上有名。

【江宁获评国家体育产业示范基地】 5月，国家体育总局公布2021年国家体育产业基地名单，江宁区被命名为国家体育产业示范基地。全区在推进《江宁区“十四五”体育产业发展规划》落实落地的同时，完善体育产业功能布局，推动体育产业跨界融合发展。一方面，发力新兴体育产业，丰富赛事活动，不断放大“体育＋”叠加效应。另一方面，大力开展全民健身、全民参与、乐享悦享的群众体育活动，率先构筑起以汤山温泉康养小镇、黄龙岘体育旅游村为龙头，以江宁体育中心、全民健身体育公园为骨干，以新农村体育工程为延伸的“10分钟城市社区体育健身圈”，人均体育设施面积4.7平方米，先后获得“全国区级全民健身中心先进单位”等多项荣誉。区内有体育市场主体936家，江宁区获评首批全国县域足球典型，汤山度假区入选国家体育旅游示范基地。

【南京金陵马汇文化发展有限公司】 该公司成立于2014年5月，注册资金500万元，由母公司江苏益成投资管理有限公司独资设立，位于国家级汤山温泉旅游度假区核心区域，占地13.3公顷，总投资5400万元，为南京市马术界龙头单位和推广基地、中国法国合办马术学校、江苏省青少年马术培训基地、江苏省（南京市）青少年马术队训练基地，重要马术赛事举办地。公司主营业务包括马术健身服务、专业马术培训、马术专业赛事承办、国内外马背旅游开发实施以及文体活动，以及各类庆典、展览、会议相关服务。

【南京汤山温泉房车营地】 该营地以“温泉＋集装箱主题民宿＋房车＋木屋”的休闲养生产业理念，依托汤山千年温泉文化底蕴，融合温泉自然疗法，加入自驾房车生活主题元素，打造休闲养生度假旅游文化为主题的山地森林型人与自然相融合出行休闲方式。营地位于汤山温泉旅游度假区内，距沪宁高速汤山出口1.2千米，地铁S6号线猿人洞站步行8分钟，交通便利，风景秀美。营地规划面积21.9公顷，一期项目占地10公顷，总投资1.5亿元，按照国家体育总局五星级营地标准建设，已建成游客接待中心、户外休闲SPA区、自助烧烤区、户外拓展区、木屋住宿区、房车露营区、房车体验区，有房车营位40个、自驾车停车位150个，食宿、水电、照明、网络等配套设施一应俱全。（赵 鹏）

人口与家庭

【婚姻与收养登记】 2022年，江宁区民政部门办理结婚登记11243对，离婚登记3655对，离婚申请5761对，补领婚姻证件1817件；办理收养登记19件。“幸福彩虹”婚姻家庭辅导室成功调解处于婚姻边缘家庭161个。

（区民政局）

【生育服务管理】 2022年，江宁区落实三孩生育政策及配套支持政策，构建家庭发展支持体系，获全省家庭健康保险工作典型单位一等奖。清理与《关于优化生育政策促进人口长期均衡发展的决定》和修改后的《中华人民共和国人口与计划生育法》等不适应、不协调、不衔接、不一致的涉计划生育规范性文件。加强生育信息审核，落实二孩或三孩家庭商品房增购及企业在女职工产假期间的社会保险补贴等政策。全年新出生二孩4031人，比上年减少652人；三孩及三孩以上414人，增加122人。优化生育登记服务，引导群众依托“我的南京”App等网上平台办理生育登记，全年办理生育登记14152例。落实《江宁区计生奖励扶助（特别扶助）专项资金精准发放管理办法》，全年为4.2万名符合条件对象发放奖励扶助金等各类计生奖扶救助资金5381万元。完善计生特殊家庭双岗联系人、家庭医生签约和就医绿色通道3项全覆盖制度，推进市级计生特殊家庭全方位帮扶项目和助医项目，国家卫健委在10月12日《卫生健康工作交流》专刊上，专题介绍江宁区相关工作经验。开展“连心家园——关爱失独家庭行动”和“暖心行动”，12个协会项目被市计生协命名为市级项目点，麒麟街道家庭健康服务中心被命名为省级项目点。为全区1662名计生特扶人员办理2022年度住院护理险。优化婴幼儿照护服务，全年新增备案托育机构5个、社区亲子活动室8个，新增市级以上普惠托育机构3个、235个普惠托位。开展免费亲子体验活动750场次、近2万人次，举办科学育儿知识讲座125场、7000余人次。

（徐连春　李德花）

【户籍人口管理】 2022年年末，全区户籍人口总户数49.21万户，比上年末增加1.13万户；户籍总人口126.83万人，增加2.08万人。全年出生人口1.16万人，出生率9.2‰；死亡人口0.64万人，死亡率5.05‰。自然增长人口0.52万人，自然增长率4.15‰。迁入人口2.22万人，迁出人口0.86万人，机械增减人口1.35万人。

【常住人口管理】 2022年年末，全区常住人口196.99万人，比上年末增加1.56万人。其中城镇常住人口154.33万人，常住人口城镇化率为78.34%。

【暂住人口管理】 2022年年末，江宁区登记实有暂住人口108.25万人，比上年下降3.4%；新登记暂住人口48.1万人，下降40.24%；新发放居住证5.2万张。全年排查群租房1209户、整改1207户，整改隐患1720个。创建“无群租房小区”602个，未发生涉及群租房的有影响案事件。

（朱亚丽）

【殡葬管理服务】 2022年，区民政部门稳妥关闭区殡仪馆，及时调整殡葬惠民政策，保障群众权益，并做好殡仪馆关闭期间群众服务保障工作。协助办理群众身后“一件事”，最大程度方便群众。持续推进殡葬领域改革，印制《殡葬服务指南》，通过街道、村（社区）及各类活动向群众宣传节地生态安葬方式，全区公益性骨灰堂安葬率提升。开展节地生态安葬方式探索，形成《厚植优良家风 创新殡葬文化 推进移风易俗——关于建设“生命博物馆”的构想》调研文章，被《中国民政》刊发。（区民政局）

【家庭家风建设】 2022 年，全区推动社会面普法工作，开展“法律进家庭”活动。深化家庭文明建设，常态化组织寻找最美家庭活动，推出江宁区“最美家庭报”，举办“‘学习强国’进家庭”活动，汇编“最美家庭”故事宣传册，促进好家风走进群众、融入生活。坚持立德树人推动家庭教育，帮助孩子“扣好人生第一粒扣子”。开展社区家庭教育支持行动，指导各示范社区因地制宜，努力形成“一社一品”特色。组织开展“最美家庭”故事分享会、“家风故事”宣讲等活动，引导群众自觉践行社会主义核心价值观。完善家庭教育工作会议制度和家校社共育机制，加强家庭教育指导服务体系建设，组建由家庭教育领域、心理学领域等专业人才组成的区级家庭教育讲师团，开展联合家访学校试点，进一步推动家庭教育工作创新发展。（区妇联）

劳动就业

【概 况】 2022 年，江宁区人社部门助力企业克服新冠疫情挑战，把就业富民摆在突出位置。开展促进高质量就业“九大行动”，落实落细降、缓、奖、补稳岗政策，通过“政策找企”“免审即享”等方式，创新推出“直播带岗”“校园线上双选会”“校园空中宣讲会”等一系列“云就业”服务，组织开展“感知江宁”体验活动，为全区 4.7 万家参保单位、近 50 万名参保职工减免医疗、失业保险费 10.6 亿元，为 159 家困难行业企业缓缴社保费近 8000 万元，发放就业创业补贴 11 万人次、2.4 亿元。

【惠企政策落实】 2022 年，区人社部门开展企业用工月度监测和求职者就业意向摸排登记工作，建立供需清单，开发“一站式”求职小程序，面向区内外 200 余所高校开展线上春招、“名企优才直通车”系列招聘活动，组织“直播带岗”“线上双选会”7 场、“感知江宁”12 期等活动，举办“就业援助月”“春风行动”“暖心行动”等系列专项服务活动 249 场，新增城镇就业 29744 人、城镇失业人员就业 25550 人。打造“金陵建筑铁军”“南京江宁高级种植技师”等本土劳务品牌，“江苏包子哥”代表江苏争创国家级劳务品牌。

【高校毕业生就业】 2022 年，区人社部门贯彻落实《江苏省就业促进条例》，开展促进高质量就业“九大行动”，扩大“互联网 +”应用，设计服务高校毕业生求职小程序，创新推出“直播带岗”“校园线上双选会”“校园空中宣讲会”等一系列“云就业”服务。组织开展“感知江宁”体验活动，协助成立全省区级首家、全市首家江宁人才集团，推进全省首家省市区共建“江苏省零工市场”建设。举办“直播带岗”“线上双选会”7 场、“感知江宁”12 期，通过省智慧就业云平台及“江宁人社”微信公众号等平台开展综合性或专场招聘会。全年举办招聘会 249 场（线上 204 场、线下 45 场），累计参会企业 4301 家，提供岗位 9.6 万个，达成就业意向 9811 人。全年大学生就业 43595 人，培育自主创业 10449 人，大学生创业 701 人。

2022 年，区人社局开展“梧桐语 · HR 成长学堂”培训活动，邀请人力资源专家授课，现场讲解劳动法律法规和人社政策规定，传授人力资源管理各项事务的操作流程等内容，提升人力资源专员的工作能力和专业素质。图为培训活动现场（罗伟供图）

【困难群体就业】 2022年，区人社部门精准施策保障重点群体就业安置，千方百计为农民工、农村劳动力等重点群体求职提供丰富多样化的就业选择。开展困难群体尤其是失业人员信息摸排，发挥劳动保障协理员作用，将就业困难人员信息群和辖区内企业信息群精准对接，及时互通企业用工与求职信息，做好就业服务工作。组织以“就业帮扶、真情相助”为主题的“就业援助月”专项活动22场，开展“春风送温暖、就业送真情”主题招聘活动46场，还组织区内52家重点用工企业携带1000多个岗位，组团赴安徽省亳州市举办专场招聘会。全年开展“就业援助月”“春风行动”“暖心行动”等系列专项服务活动249场，新增城镇就业29744人、城镇失业人员就业25550人、困难人员就业5275人，支持农民创业1821人。

【职业技能培训】 2022年，区人社部门实施职业技能提升行动，举办茶叶加工工、电子竞技师和养老护理员技能大赛，选树第二批“江宁工匠”。举办新型学徒制、项目制等各类技能培训班1187期、培训5.5万人次，开发就业见习岗位3156个，新增高技能人才3130人、技师和高级技师422人、数字技能人才3184人，职业技能鉴定取证13808人，发放各类培训补贴2377万元。规范事业单位岗位设置、人员招聘、考核奖励以及工资津补贴审核发放等工作，完成10名高层次教师、1055名事业单位工作人员招聘录用和4968人次人员调动、岗位聘任备案工作，优化新进人员公积金和住房补贴审批模式，设计12套76张事业单位新进人员公积金、住房补贴模拟计算套表。做好专业技术人才培养和职称评定工作，新增各类专业技术人员9397人。

【劳动监察维权】 2022年，区劳动保障监察大队立案受理各类投诉举报案件9026件（工程建设领域2231件、非工程领域6795件），其中国务院欠薪线索平台案件6043件，“12333”转办案件1449件，“122”社会求助服务平台欠薪警情工单33件；现场接待1320件，信访交办181件。立案处理农民工案件454件，按期办结率100%，为8501名农民工追回工资10035万元。实施行政处罚案件6件，罚没款7.5万元；回复“12345”工单9100件。全年开展突击检查和“双随机”检查人力资源服务机构和用人单位300家，责令停业17家，撕毁虚假招聘信息1000条，撤销2家职业中介机构行政许可。是年，江宁区人力资源市场清理整顿工作获人社部表彰。

【和谐劳动关系构建】 2022年，全区创建全国和谐劳动关系示范企业2家，江苏省和谐劳动关系示范企业2家，南京市和谐劳动关系示范企业45家、劳动关系和谐企业600家。审查企业集体合同2612家，独立建会企业集体合同签订率稳定在95%以上。完成365家（人社部162家、省人社厅69家）信息传输、软件和信息技术服务业及生物医药业企业薪酬调查、10个村（社区）200户家庭直报调查工作。经济性裁员企业报备2家，接处“12345”工单17113件，其中劳动关系方面工单14159件。先后在谷里、江宁、麒麟、汤山街道和高新区、滨江开发区举办普法培训班，在麒麟、汤山街道举办建筑工程领域和对人力资源、劳务公司HR专项培训，培训541人次。

（赵久荣　吴　烨）

收入消费

【农村居民生活】 据农村住户抽样调查，2022年，江宁区农村常住居民人均可支配收入35367.3元，比上年增长5.9%；人均生活消费支出25835元，增长5.6%。其中，工资性收入25608.7元，增长4.9%；财产性收入1882.3元，增长9.4%。农村居民恩格尔系数

2022年江宁区农村居民家庭人均消费支出统计表

表16

指　标	数值（元）	比上年增长（%）	各项费用占消费支出比重（%）	
			2022年	2021年
消费支出	25835	5.60	100.00	100.00
一、食品烟酒	7647	6.50	29.60	29.40

续表 16

指　标	数值（元）	比上年增长（%）	各项费用占消费支出比重（%）	
			2022年	2021年
#食品	4484	4.50	17.40	17.50
烟酒	1203	7.40	4.70	4.60
二、衣着	1708	2.20	6.60	6.80
#衣类	1325	2.10	5.10	5.30
鞋类	383	2.60	1.50	1.50
三、居住	6278	7.60	24.30	23.90
四、生活用品及服务	1510	6.70	5.80	5.80
五、交通通信	3029	8.10	11.70	11.40
六、教育文化娱乐	3152	−2.70	12.20	13.20
七、医疗保健	1548	9.60	6.00	5.80
八、其他用品和服务	963	6.40	3.70	3.70

2022 年江宁区城镇居民家庭全年人均消费支出统计表

表 17

指　标	数值（元）	比上年增长（%）	各项费用占消费支出比重（%）	
			2022年	2021年
消费支出	42003	2.30	100.00	100.00
一、食品烟酒	10627	1.90	25.30	25.40
#食品	5889	1.30	14.00	14.20
烟酒	1269	8.60	3.00	2.80
二、衣着	2684	0.50	6.40	6.50
#衣类	2112	0.50	5.00	5.10
鞋类	572	0.20	1.40	1.40

续表 17

指　标	数值（元）	比上年增长（%）	各项费用占消费支出比重（%）	
			2022年	2021年
三、居住	10239	3.30	24.40	24.10
四、生活用品及服务	2793	4.30	6.60	6.50
五、交通通信	5316	4.20	12.70	12.40
六、教育文化娱乐	6594	−0.90	15.70	16.20
七、医疗保健	2366	2.90	5.60	5.60
八、其他用品和服务	1384	5.20	3.30	3.20

为 29.6%。年末，平均每百户农村居民耐用消费品拥有量：彩电 168 台、移动电话 260 部、家用空调 226 台、家用电脑 46 台、家用汽车 56 辆。全区农民人均住房使用面积 72.5 平方米。

【城镇居民生活】 据城镇住户抽样调查，2022 年，全区城镇常住居民人均可支配收入 73786.3 元，比上年增长 3.9 %，人均生活消费支出 42003 元，增长 2.3%。其中，工资性收入 51324.1 元，增长 3.7%；财产净收入 7458.3 元，增长 2.9%。城镇居民恩格尔系数为 25.3%。年末，平均每百户城镇居民耐用消费品拥有量：彩电 148 台、移动电话 262 部、家用空调 258 台、家用电脑 95 台、家用汽车 69 辆。全区城镇居民人均住房建筑面积 46.8 平方米。

（李晨颖　杨晓晓）

社会保险

【社会保险基金征缴】 2022 年，全区继续推进全民参保计划，新增参保单位 7694 家，净增缴费 19385 人，中断缴费人员续保 12967 人，办理单独参加工伤保险单位 1006 家、11185 人。征收养老、工伤、失业 3 项社会保险费 81.7 亿元。落实《省政府关于进一步帮助市场主体纾困解难着力稳定经济增长若干政策措施的通知》，持续做好阶段性降低社会保险费工作。全年对 4.7 万家参保单位、48.62 万名参保职工落实社会保险费减免措施，累计减免失业保险费 7.07 亿元，医疗保险费单位缴纳部分由 9% 下降为 8%，4.7 万家参保单位、49.08 万名参保职工减免单位医疗保险费用 3.52 亿元。

【居民养老保障】 2022 年，全区按照市级统筹要求，城乡居民养老保险缴费基数标准从最低 1440 元调整至 1560 元，财政缴费补贴从 144 元 / 人调整至 156 元 / 人。全市城乡居保基础养老金从 500 元 / 人月调整至 535 元；江宁区被征地人员每人增加 62 元，从 1100—1440 元调整至 1162—1502 元。全区城乡居民参保、续保 56827 人，低保、重残等困难人员参保 4902 人。城乡居民养老保险新增领取 5177 人，领取城乡居民养老保险待遇 88178 人，全年发放 6.52 亿元；老农保在领 2593 人，发放 294.14 万元，老农保转接退保 1063 人，退保金额 200.45 万元。征地保障待遇在领 48779 人，全年发放征地保障待遇 7.48 亿元，办理社保费退返 1683 人、1086 万元，办理退保 6252 人、15106.64 万元。

【企业机关事业人员养老保险】 2022 年，全区有企业离退休人员 9.96 万人，新办退休人员养老待遇核定 9935 人。累计发放企业退休人员江宁自主增资 2113.7 万元；75 周岁以上企业退休人员“两节”（元旦、春节）慰问 3458 人，发放慰问金 103.91 万元；代发手工业社保养人员 57.75 万元、企业退休军转干地方增资和生活性补贴 807.71 万元、企业离休干部财政津补贴 127.67 万元、企业退休人员计生补助 354.24 万元。全区机关事业养老保险参保单位 595 家、参保人员 2.27 万人，纳入省系统管理机关事业单位退休人员 0.95 万人，全年发放事改企、人事代理和离休干部退休金 7900 万元。为 4784 人次纳入社会化服务管理人员发放各项慰问金

89.2 万元；“两节”慰问 1879 人，发放慰问金 216.85 万元。

【职工工伤生育保险】 2022 年，全区办理工伤支付 5217 人次，支付各项工伤待遇 18026.4 万元。办理生育零星报销 3327 人次、费用 3154 万元。完成区内工伤保险定点协议机构年度考核工作，对住院工伤保险病案组织专家进行专项审核。

【失业保险待遇审核】 2022 年，全区累计为失业人员发放失业保险待遇 2.7 万人、金额 34805 万元，为 23970 名失业人员发放医保补贴 6403 万元。审核发放技能提升补贴 9540 人、金额 1660 万元，其中紧缺工种 4250 人、620 万元（养老护理员 2880 人、家政服务员 2085 人、保育师 1475 人、育婴员 790 人、中式面点师 440 人、消防设施操作员 420 人）。累计办理失业保险待遇审核 25600 人次，其中失业保险金申领 10434 人次，失业补助金申领 3848 人次，技能提升补贴申领 11300 人次，丧葬补助金和抚恤金申领 24 人次；追回冒领失业保险待遇 1096 人、493.72 万元，其中失业保险金 942 人、388.5 万元，失业补助金 157 人、16.52 万元，医保补贴 924 人、87.36 万元，物价补贴 101 人、1.34 万元。为 2723 名失业人员和 32 个特困家庭发放“两节”慰问金 195.86 万元。

【企业退休人员审批】 2022 年，区人社部门针对新冠疫情影响，及时调整退休审批业务流程，在新冠疫情防控期间实行延期、预约办理，有序接待咨询，1500 多名企业退休人员档案全部审核完毕，养老待遇及时补发到位。按照国家统一建立特殊工种提前退休人员数据库工作部署，梳理原江宁县全民或县属大集体企业、现国有独资或控股企业工商信息，统计并上报 40 家符合条件特殊工种信息，近 100 个工种逐条录入全国特殊工种企业信息库。全年审批企业职工退休 9871 人，其中提前退休 364 人（特殊工种 172 人、因病完全丧失劳动能力 192 人），289 号文超龄延缴退休 275 人。

【工伤认定和劳动能力鉴定】 2022 年，区人社部门在工伤认定案件“提速办”的基础上，工伤康复由法定 60 日办结提速为即时办结，即时办结工伤康复 25 人次。印制《工伤预防与工伤保险政策宣传手册》，在对窗口来访人员、劳动能力鉴定面诊现场等发放宣传册 824 册。聘请第三方工伤预防专业机构为 30 家规模以上重点行业企业开展持续改善与现场互动式工伤预防培训，对企业工作现场工伤危险因素提供风险评估、工伤事故 VR 体验等个性化服务。配合市人社局和市应急管理局，对全市危险化学品企业开展工伤预防能力提升培训。全年受理工伤认定案件 3921 件，新业态就业人员职业伤害确认 121 件，组织劳动能力鉴定 18 期，鉴定 2862 人次。

【社保稽核】 2022 年，区人社部门受理个人缴费基数不足投诉 145 件，追回社保基数 1232.16 万元。开展违规使用医疗保障基金稽查，完成 1—8 月 DRG 结算病案稽核病案 532 份，核查违规 97 份，违规结算点数 7591.47 点，违规金额 95.65 万元。现场检查定点医药机构 42 家，约谈限期整改定点医疗机构 14 家，暂停医保服务 1 家，暂停医保支付 4 家，药品超医保限定范围支付专项稽核自查违规金额 72.06 万元，稽查违规金额 1636.18 万元，预留扣减涉嫌违规金额 1450 万元，追回基金本金 129.56 万元。

（赵久荣　吴　烨）

【医保待遇】 2022 年，江宁区职工城乡居民基本医保政策范围内的住院医疗费，用基金支付比例分别为 80% 和 70% 左右，城乡居民医保财政补助最低标准每人每年 1190 元。职工基本医疗保险缴费，用人单位按全部职工工资总额的 8% 缴纳，比上年降低 1%；职工个人按缴费基数的 2% 缴纳，灵活就业人员参加职工医保，上半年按 380 元/月缴费，下半年按全市上年度在岗职工平均工资缴费基数的 9% 缴纳。大病救助每人每月缴纳 10 元，均包含在上述缴费中。城乡居民基本医疗保险的基金标准，老年居民每人每年 1730 元，其他居民 1750 元，学生儿童 1410 元，其中财政分别补助 1270 元、1190 元和 1160 元，个人实际缴费分别为 460 元、560 元和 250 元。基本医疗保险住院待遇与 2021 年保持一致，一级医疗机构住院起付线 300 元，二级医疗机构住院起付线 500 元，三级医疗机构住院起付线 1000 元。基金支付比例，老年居民和其他居民一级医院 90%、二级医院 85%、三级医院 65%；80 岁以上老年居民分别提高 5 个百分点；学生儿童一级医院 95%、二级医院 90%、三级医院 80%。所有医保参保人员，医保范围内住院与门诊大病费用，每个自然年度内个人支付超过 2 万元的部分实行大病保险，采取“分段计算，累加支付”，不设最高支付限额。大病保险报销比例 60% 以上，并对困难人员在起付标准降低 50% 的基础上，各费用段报销比例提高 5%。居民生育医保待遇涵盖产前检查和住院分娩医疗费用，其中产前检查费用基金支付40%，限额300元，生育住院分娩费用参照住院支付政策执行，在三级医疗机构就诊的基金支付比例75%。医疗救助对象的居民医保个人缴费由财政100%补助，住院可先诊疗后付费。因病致贫人员的门诊大病与住院个人付费超过1万元的，按70%给予救助，年度累计不超过1.5万元。其他医疗救助对象的门诊大病与住院个人付费按90%给予救助，不设最高支付限额。

【职工基本医疗与生育保险】 2022年，全区职工基本医疗保险参保70.9万人。有定点医疗机构518家，职工医疗保险住院8.2万人次，门诊就诊642.2万人次，医保基金支出19.6亿元，其中统筹支付12亿元，大病基金和大病保险支付0.3亿元，个人账户支付7.3亿元。有定点零售药店434家，职工医疗保险药店刷卡238.9万人次，医保基金支付2.7亿元，基金总支出22.3亿元。职工医保零星报销5141人次，医保基金支付2218.5万元，报销人次比上年减少1105人次，报销费用减少636.8万元。全年办理生育零星报销业务3327人次，支付各项费用3154万元。其中，生育类1777人次，支付医疗费307万元；女方无工作，在男方报销生育费用196人次、47万元。女职工领取生育津贴904人次、2058万元，一次性营养补助837人次、223万元；男职工享受护理假期津贴1382人次、414万元。

【城乡居民基本医疗保险】 2022年，全区城乡居民基本医疗保险参保45.7万人，参保率99%；居民医保筹资5.3亿元，其中个人缴纳1.8亿元，财政补助3.5亿元。全年城乡居民基本医疗保险总支出15.7亿元，其中门诊补偿6.4亿元、住院9.3亿元。门诊补偿471.2万人次，住院报销7.3万人次，其中基层经办机构办理零星报销5853人次。

【医保基金监管】 2022年，区医保部门进一步规范和督促定点医药机构健全内部管理制度，提升医保风险防范与化解能力，切实维护医保基金安全。健全与检察、公安等部门的协作机制，建立行刑衔接磋商机制，开通线索移送绿色通道，强化对欺诈骗保行为的惩戒力度。加强失信行为和医保医师管理，实施相应扣分惩戒。辖区51家医疗机构自查违规费用136.24万元。全年查处各类违规案件16件，追回违规基金127.46万元，暂停医保服务3家，医保医师扣分惩戒9人，医疗机构信用惩戒3家。

【失能人员照护保险】 2022年，全区符合享受失能险待遇的重度失能人员4033人，包括政府养老扶助对象101人、低保或低保边缘家庭成员134人，其中入住照护机构534人，居家照护3499人。全区有定点照护服务机构59家，定点评估机构9家，在职评估员253人，在职护理员1563人。全年接收市医保局拨付的失能险专项基金4776万元。 （姜　峰）

社会救助

【最低生活保障与救助】 2022年7月1日起，江宁区城乡低保标准由月人均985元调整到月人均1030元，并同步调整特困供养、困难残疾人生活补贴标准。截至12月，全区低保4337户、5952人，全年发放保障金6681.24万元。特困供养2428人，发放供养经费4038.69万元。残疾人生活补贴8701人，护理补贴10542人，发放补贴10204.43万元。先后3次为城乡低保、特困供养、困境儿童和低保边缘家庭发放价格临时补贴248.34万元，惠及9800余人。按照每人200元标准为6333名城乡低保和2429名特困供养发放一次性生活补贴175.24万元，缓解新冠疫情和高温对特殊困难群体的影响。开展2022年春节走访慰问活动，按照普惠原则，为8336户家庭或个人发放慰问金814.54万元。开展特殊困难群体救助帮扶专项排查整治工作，牵头区人社局、区卫健委、区妇联和区残联成立特殊困难群体救助帮扶专项排查整治行动工作专班。对全区2.53万户特殊困难家庭进行排查，将1300余名特殊困难人员列入重点关注对象并及时落实帮扶联络人，签订帮扶协议。联合区委组织部、区委政法委等7个部门印发《关于将特殊困难群体关爱服务纳入社区治理体系的实施方案》，通过建立人员台账、制定服务清单、开展日常走访、做好走访记录等措施，建立对特殊困难群体常态化关爱帮扶机制。

【临时救助】 2022年，区民政部门对遭遇突发事件、意外伤害、重大疾病或者其他特殊原因导致基本生活陷入困境，其他社会救助制度暂时无法覆盖或者救助之后基本生活暂时仍有严重困难的家庭或者个人，给予应急性、过渡性救助。全年临时救助1625人、137万元。

【流浪乞讨人员救助】 2022年，区民政部门健全生活无着的流浪乞讨人员救助管理服务体系，江宁街道救助服务点被评为市级救助服务示范点。全年接待求助人员126人。重新摸排全区54名曾经或容易外出的智力障碍及疑似精神障碍的流浪乞讨人员，按照每人每年3000元的监护标准购买监护服务，发放监护资金16.2万元。（区民政局）

【残疾人社会保障与救助】 2022年，全区有9005名残疾人领取生活补贴，10535人领取重度残疾人护理补贴，其中6569人同时领取生活补贴和护理补贴。向2737名残疾人发放参保补贴，为3994名轻度残疾人代缴居民医保参保费用。为26183名持证残疾人及在训残疾人购买综合性商业保险，为885名残疾人给予报销，对1758名家庭困难残疾人和无业无固定收入听力言语一、二级残疾人开展走访慰问活动。向482名困难残疾人分别捐赠电视机、洗衣机等家用电器。为16户低收入残疾人家庭实施无障碍改造。开展“99公益日”网络募捐活动，共募捐资金117万元。（区残联）

【医疗救助】 2022年，全区享受医疗救助待遇人员2.5万余人，享受医疗救助1.8万人、26.1万人次，产生医疗费用27698万元，其中医保报销费用20944万元，实际医疗救助费用6638万元。救助的医疗费用中，门诊1.27万人、15.9万人次，支付费用1933万元；住院、门诊大病约4600人、10万人次，支付费用4207万元，医疗救助比例90%以上。继续实施医疗救助人员大病商业补充保险，对享受医保补助相关人员提供参保资金128万元，并实行医保范围内费用兜底保障，即扣除起付线1000元后不设上限100%报销。（姜　峰）

【慈善救助】 2022年，区慈善总会弘扬中华民族“扶贫济困、乐善好施”传统美德，筹募慈善资金，拓展社会救助，扶助弱势群体，促进慈善事业高质量发展。区慈善总会获评第六届“江苏慈善奖”最具影响力慈善组织。全年募得善款4974.8万元，支出4151.1万元。南京甘汁园股份公司、江苏登峰建设工程公司、南京中江新材料有限公司、南京市第九建筑安装工程有限公司等企业及部分村（社区）建立冠名基金，募集善款及冠名基金2750.1万元。动员干部职工捐赠一天的收入、企事业单位捐出一天的利润，全区机关单位、街道共募得善款481.16万元。联动21个慈善分会、12个副会长单位及区民营经济协会等单位，发动4.1万人次共同参加“助力乡村振兴·促进共同富裕”及“99公益日”活动，设立助学、助困、乡村治理3个项目，共筹集善款360.3万元。依托江宁民政数据和“小江家护”上门照护服务系统，建好用好“互联网+慈善超市”，全年捐助1600余单。（区慈善总会）

社会福利

【儿童福利】 2022年，江宁区坚持未成年人保护工作委员会成员单位联席会议制度，强化部门联动；组织精准排查，突出“四色管理”“N重关爱”，持续推进“主动发现”机制。打造1个省级示范性街道未成年人保护工作站，建成2个街道级未成年人保护工作站，淳化街道儿童“关爱之家”实施提档升级。开展暑期高温走访、春节慰问等关爱行动，联合爱心企业为困境儿童及农村留守儿童发放酸奶，开展点亮微心愿活动。

【老年人福利】 2022年，江宁区为江宁区户籍、年龄在80周岁以上老年人发放尊老金，发放标准为80—89周岁每人每月60元，90—99周岁每人每月100元，100周岁及以上每人每月600元。全年为29359名80周岁以上老年人发放尊老金2255万元。（区民政局）

【残疾人福利】 2022年，全区有9005名残疾人领取生活补贴，10535人领取重度残疾人护理补贴，其中6569人同时领取生活补贴和护理补贴。为2737名残疾人发放参保补贴，为3994名轻度残疾人代缴居民医保参保费用。为26183名持证残疾人及在训残疾人购买综合性商业保险，对885名残疾人给予报销。对1758名家庭困难残疾人和无业无固定收入听力言语一、二级残疾人开展走访慰问工作。对16户残疾人家庭实施无障碍改造。向482名困难残疾人赠送电视机、洗衣机、冰箱等基本家电，发放残疾人按摩体验券1.12万张。新冠疫情防控期间，为全区2.56万名残疾人及残疾人服务机构发放口罩28.5万只，酒精、消毒液等20箱。开展“99公益日”网络募捐活动，募捐资金117万元。（区残联）

【福利彩票销售】 2022年，全区福利彩票销售总额26971万元，比上年增长23.2%。其中，电脑票20052万元，即开票6919万元。（区民政局）

住房保障

【保障性住房建设】 2022年，江宁区聚焦新市民、青年人阶段性住房困难问题，坚持以供需平衡、量质并举、增存并重为导向，调动国有企业主导、民营企业及多种类型主体共同参与开发建设，加快形成多主体参与、多渠道保障、精准化布局、智慧化管理的保障性租赁住房供应体系。全年筹集保障性租赁住房15863套，居全省各区县首位。6月，区发展保障性租赁住房获省政府“真抓实干督查激励”通报表彰。

【人才安居保障】 2022年，全区商品房中配建住宅项目21个，总套数1795套，总建筑面积19.13万平方米，均为2017—2020年竞拍人才房土地政策时开发项目，优先用于保障人才住房需求。至年末，已交付项目16个，1434套、15.4万平方米；未交付项目5个，361套、3.73万平方米。全年发放人才安居租赁补贴7123万元、人才安居购房补贴4569万元，审核通过人才购房证明材料930份。

【公共租赁房保障】 2022年，全区低保、中低收入家庭在保351户，新就业人员在保52户，新增保障中低收入家庭、新就业、外来务工人员各类群体公租房49户。全年发放租赁补贴88.86万元。

（区住房保障和房产局）

【住房公积金管理】 2022年，南京住房公积金管理中心江宁分中心归集住房公积金52.56亿元，比上年增长13.23%；新增缴存单位3407家，增长6.4%，其中5人以上单位888家，下降18.2%，新增缴存职工43838人，下降6.5%。年末，全区实缴单位21585家，实缴职工30.56万人；审批住房公积金提取593940笔（含委托逐月还贷），提取金额29.47亿元；发放住房公积金贷款5534笔、32.84亿元，下降14.03%。

（江宁住房公积金管理分中心）

【中兴通讯租赁性住房项目开工】 1月，中兴通讯南京智能制造基地配套租赁性住房项目开工。项目位于滨江开发区广济路以北、港隆路以东地块，总建筑面积9.5万平方米，提供房源1744套，计划于2023年12月交付。该项目是中兴通讯南京智能制造基地长远发展的配套建设，对企业吸引和留住技术人才以及骨干人员在江宁安居乐业具有重要意义。

【4个保障性安置房项目集中开工】 4月23日，江宁区举办保障性安置房项目集中开工活动，总建筑面积111.34万平方米的4个安置房项目集中开工建设。4个保障性安置房项目为江宁高新区解溪安置房和国资集团高桥安置房一期、淳化街道新市镇PPP项目安置房三期、谷里街道向阳社区地块复建房一期。其中，解溪安置房项目位于博观路以南、福英路以西，总建筑面积25.64万平方米，计划建设18栋20层住宅楼，1956套安置房，包括2栋配套综合楼和地下车库，主要安置解溪片区协议搬迁群众；高桥安置房一期项目位于天启路以南、天宝路以北、上高路以东、临麒路以西，总建筑面积21万平方米，规划建设19栋18层共1690套安置房；淳化街道新市镇PPP项目安置房三期位于淳化集镇东北方，104国道以南、东月桥路以东，总建筑面积25万平方米，共1680套安置房；向阳社区地块复建房一期项目位于谷里新市镇北部片区，包含A、B两个地块，建筑面积39.7万平方米，规划建设住宅48栋，共2507套安置房。

【麒麟科创园人才共有产权房启动建设】 7月，麒麟科创园人才共有产权房项目启动建设。麒麟科创园人才共有产权房项目位于麒麟科创园核心区居住与产业聚集区交会地带，东至东麒路、南至安乐路、西至安谧路、北至安宁路，规划建设高标准高端人才共有产权房及商业等相关配套设施，周边依托麒麟科创园完善的商业、教育及其他生活配套。项目结合高端人才居住需求，拟设置105平方米、130平方米、165平方米和200平方米4个户型段约520套，以舒适三房、四房高层户型设计为主，整体打造成高品质科技住宅小区。小区采用人车分流设计，配建包含泳池、健身房、阅览室、儿童活动室等功能，以及不小于1500平方米的公共活动中心，建成麒麟科创园乃至全市的标杆住宅，为城市塑造人居地标，为园区注入创新活力。（宁　鉴）

老龄事务

【概　况】 2022年年末，江宁区常住人口196.99万人，其中60岁以上人口29.08万人，占14.76%；65岁及以上人口20.88万人，占10.6%。全区老龄工作坚持以信息技术为支撑，以市场运作为抓手，以安全运行为前提，以优质服务为导向，初步形成以区“互联网+医养院”为平台，“小江家护”服务品牌为特色，居家社区机构相协调、医养康养相结合的医养服务体系。是年，江宁区获批全国和全省智慧健康养老示范基地；6家医疗机构通过省老年友善医疗机构建设评定，4家医疗机构被评定为优秀单位；2个村（社区）创建为省老年友善社区；江宁沐春园护理院创建成“国家老年疾病临床医学研究中心（四川大学华西医院）医养结合示范基地”。

【养老机构建设】 2022年，全区有社区居家养老服务中心210个，其中三级以上115个，实现社区居家养老设施全覆盖，拥有床位3210张。有养老机构58家，床位7290张，其中社会办养老机构25家、区社会福利中心1家、街道敬老院9家、社区卫生服务中心23家。具有医疗资质养老机构54家，52家办理医保定点，床位7090张，护理型床位占养老机构床位数的97.26%。全区养老机构从业人员1172人，其中医护人员205人。医疗卫生机构与养老机构合作签约44对，签约率100%。

【医养结合服务】 2022年，东山社区卫生服务中心收治老年人36人，养老收入67万元，比上年增长40%；上坊社区卫生服务中心收治老年人15人、安宁疗护10人。组织辖区内28家医养结合机构开展医疗服务质量提升行动，对发现问题及时进行整改。年内，6家单位建成老年友善医疗机构，4家单位创成优秀等级。

【老年健康服务】 2022年，江宁区召开老年健康免费体检工作部署会、推进会，定期通报老年人健康体检工作进度，将老年人健康管理工作纳入对街道和社区卫生服务中心绩效考核，完成60岁及以上老年人健康体检16.03万人，其中65岁以上老年人13.53万人。为全区年满80周岁（含）以上29899名江宁区户籍老年人办理人身意外伤害综合保险，投保金额119.6万元；各街道为辖区内70—79周岁老年人办理意外伤害保险75351人，投保金额301.4万元。“老年健康宣传周”和敬老月期间，举办各类敬老活动50余场，参与服务8000余人，慰问老年人2万余人，发放各类物品30886件。开展老年人智能手机培训，培训8288人。创新安宁疗护相关政策和工作机制，全区4家试点单位设置安宁疗护床位16张，收治安宁疗护患者100人次。（徐连春　李德花）

9月30日，钱冬海烈士光荣证颁授仪式在江宁区举行。图为颁授仪式现场　（区退役军人事务局供图）

退役军人事务

【概　况】 2022年，江宁区退役军人事务部门围绕区委、区政府中心工作，以退役军人工作高质量发展为主题，以“让退役军人获得感成色更足”为主线，推进“法律政策落实年”活动，开展优待证办理、服务体系提档升级、帮扶老兵就业创业等重点工作，助力江宁实现创建江苏省“双拥模范区”九连冠。

【退役军人优抚褒扬】 2022年，区退役军人事务部门按时足额为优抚对象发放抚恤金及各类生活补贴，为重点优抚对象按照每人315元标准购买商业保险。将参战参试退役军人补助金标准由1610元/月提高至1740元/月，带病回乡退伍军人补助标准由1495元/月提高至1615元/月，烈士遗属、因公牺牲遗属、病故军人遗属抚恤标准分别由5175元/月、4600元/月、4025元/月提高至5590元/月、4970元/月、4350元/月，在乡复员军人生活补助标准由4140元/月、3795元/月、3450元/月分别提高至4475元/月、4100元/月、3725元/月，提高残疾军人抚恤补助标准，满60周岁农村籍退役士兵抚恤补助标准由每服一年义务兵役每人每月补助50元提高至54元。将满60周岁的烈士子女生活补助标准由660元/月提高至715元/月。组织优抚对象进行免费健康体检，建立困难退役军人及其他优抚对象“一本账”，定期走访慰问企业军转干部，为企业退休参战参试人员发放“两节”慰问金。对重点优抚对象中重病和生活困难人员给予救济，发放救济金。对优抚对象进行年度确认，为退役军人及其他优抚对象集中办理优待证。为烈属、军属和退役军人等家庭上门悬挂光荣牌，为现役立功军人登门送喜，送出二等功喜报1件、三等功喜报30件。分别在清明节、烈士纪念日赴土桥烈士陵园举行集体祭扫活动，完成云台山抗日烈士陵园提档升级一期、二期工程。9月30日，区政府举行钱冬海烈士光荣证颁发仪式。4月2日，将范仲儒、朱補林、罗存侍等散葬烈士墓迁葬至云台山抗日烈士陵园。12月25日，将衡洪柏散葬烈士墓迁葬至云台山抗日烈士陵园。与党史部门联合编撰出版《火红的圣地》，介绍江宁区烈士纪念设施等红色资源。

【退役军人接收安置】 2022年，区退役军人事务部门坚持退役军人“阳光安置”，推进“精准安置”，提升安置岗位质量和标准，转业军人安置率100%。筹措协调多个企事业单位岗位用于转业士官安置，根据退役士兵服役表现，采取量化评分、积分选岗办法，安置转业士官。

【退役军人就业创业】 2022年，区退役军人事务部门举办线上线下2场退役军人专场招聘会。线上27家单位提供近500个岗位；线下首次联合江宁人才集团共同打造公开招聘新模式，区级机关、国企集团面向自主就业退役军人进行定向招聘，征集4个岗位、招聘多人。全年定向招录事业单位大学生士兵，动员退役军人参加省、市组织的各类创业活动及第三届“戎创金陵”退役军人创业创新大赛，1个参赛项目获高科技和新兴产业组决赛二等奖、省级决赛三等奖，2个项目法人获市“创业之星”称号。审核通过符合申报条件的退役军人复学和成人学历教育补助材料，发放学历补助费。组织退役士兵个性化培训，包括无人机飞控师个性化培训、自媒体短视频创作与运营培训。开展退役士兵免试高等教育报名资格审核，并减免学费。（张中华）

社区建设

【概　况】 2022年，江宁区有10个街道，71个社区村委会、136个社区居委会。全区围绕提升社区服务精细化和社区治理现代化水平，通过组织实施大型社区优化调整、村（居）委会规范化建设、社区工作者专业化体系建设、社区综合服务设施改造提升等工作，推动社区管辖范围、人口规模、资源配置更趋合理。

【社区治理与示范创建】 2022年，全区规范村居组织体系，针对村（居）委会成员空缺情况，规范开展补选工作。优化社区服务阵地，树立“小办公、大服务”理念，完成10个社区党群服务中心提档升级。培育基层治理典型，东山街道社区治理“大榕树”体系获江苏基层社会治理创新成果提名奖，江宁街道牌坊村、淳化街道茶岗村被省民政厅确定为新型农村社区治理服务示范点，东山街道佘村社区“联动·融合”工作法获南京市社区工作优秀案例。

【社区优化调整】 2022年，江宁区完成大型社区优化调整先行试点工作，调整后新增6个社区，全区社区总数207个。试点工作在规范操作程序、明晰管理界线、促进居民融合等方面积累初步经验，为推进大型社区优化调整探明路径、夯实基础。

【社工队伍建设】 2022年，区民政部门做好全国社会工作者职业水平考试宣传动员和培训辅导工作，考试通过率再创新高，每万人拥有持证社工19人。加强社工培养，举办村（居）委会主任培训班，鼓励社区专职工作者参加全国社会工作者职业水平考试，提升社区干部专业化水平。发掘先进社工典型，8名社工获南京市“最美社区工作者”荣誉称号。（区民政局）

【2个村入选新型农村社区治理服务省级示范点】 5月，省民政厅下发《关于培育新型农村社区治理服务省级示范点的通知》，确认全省40个村（社区）为新型农村社区治理服务省级示范点建设单位。其中，南京市有3家入选，2家在江宁区，分别是江宁街道牌坊村、淳化街道茶岗村。牌坊村探索基层治理党建领航、产业续航、资源护航和心灵远航相结合的“四航”体系，打造新时代有温度、有力量的乡村联合体。建立“村两委—网格（网格员＋社工）—自然村（小队长＋包村干部）”三级组织与治理体系，充分“放权赋能”到网格。建立村企合作长效模式，引导江宁交建集团、江宁旅游集团联合打造黄龙岘茶文化村，促进农村一、二、三产业深度融合，通过建立茶乡社工联动机制，打造“社工服务村”。该村还推出“茶乡振兴基金”，推动社区整体治理发展与城乡互助；完善村规民约、行业规章、团体章程及“三会”功能，试行家庭诚信积分；组织“三青”志愿者挖掘牌坊村历史，展现“茶乡时代风貌”。茶岗村打造“蚂蚁治家”协商民主体系建设项目，社会工作者带动村民参与每个环节，同时监管全流程工作，总结实践经验，提炼“蚂蚁治家”协商

治理模式，由社会组织积极发挥协调者、桥梁纽带作用，平衡各方利益，形成“走访、收集、宣传、评选、议事、转化、监管”闭环工作法，促进议事成果转化，将协商议事工作落到实处。（宁　鉴）

社会组织管理

【概　况】　2022年，江宁区有社会组织1462家，涉及业务主管单位43家。其中，社会团体155家，涵盖行业类、专业类、联合类和学术类；民办非企业单位1303家，涵盖教育、人社、卫健、文旅等行业；基金会4家。全区社会组织形成门类齐全、覆盖广泛、结构优化、布局合理的体系。

【社会组织建设】　2022年，区民政部门组织抽查社会组织82家，抽查内容包括年检年报、财务状况、重大事项报告等。开展社会组织等级评估，参评275家，获评247家，其中AAA级18家、AA级67家、A级162家。累计有827家社会组织获得评估等级，评估数占应评数的57%。

【公益服务】　2022年，全区建成10个街道社工站，形成“区、街道、片区、社区”四级综合社会工作服务平台。社区工作站全年实施社会工作服务项目50余个，累计为各类人群开展服务2000余人次，链接驻地企业90余家，组建志愿者团队100余个，动员社区志愿者1万余人。深入开展“慈善进社区”活动，打造东山街道外港社区、章村社区，淳化街道科苑社区，禄口街道彭福村等6个慈善进社区活动示范点。推进社区基金设置和“幸福家园”村社互助工程试点工作，进一步畅通社区、社会组织、社会工作者、社区志愿者、社区慈善资源“五社联动”机制，激发“人人公益”热情，助力社会力量参与基层治理和乡村振兴。立项公益创投项目58个、微公益项目62个，分专业示范、品牌引领、发展提升、培育发展和培育扶持5个板块和为老、为小、助残、社区治理等7个类型，项目覆盖全区10个街道、201个村（社区）。

【社团年检】　2022年，全区有社会团体155家，符合参检条件147家，实际参检115家，参检率78.2%。（区民政局）

民族宗教事务

【民族团结进步创建】　2022年，江宁区印发《关于以铸牢中华民族共同体意识为主线，推进全区民族工作高质量发展的实施意见》和细化分工方案，推进全区民族工作高质量发展。开展铸牢中华民族共同体意识模范集体创建工作，推进在驻区高校河海大学首家铸牢中华民族共同体意识研究基地和教育实践基地挂牌工作。开展铸牢中华民族共同体意识民族团结进步宣传月等活动，《民族团结花绽放求职路》微视频作品获市铸牢中华民族共同体意识微视频征集活动二等奖，《南京江宁区“点、线、面”描绘各民族共享文化符号》被国家民委《每日汇报》采用，《南京江宁区：“红石榴+”品牌编织铸牢中华民族共同体意识新画卷》被中央统战部网站刊载。以项目为牵引，继续加大对禄口街道石埝社区水荆墅、湖熟街道湖熟社区2个特色村寨建设投入，促进“民族特色村寨+乡村振兴”。

【宗教事务管理】　2022年，区民宗部门指导宗教界开展崇俭戒奢教育活动，倡导厉行节约、崇尚俭朴的理念。坚持文化润教，开展“爱党爱国爱社会主义”主题教育，加强爱国主义、集体主义、社会主义教育，引导宗教教职人员和信教群众，用实际行动深入践行“八个必须”。指导江宁街道清修社区、谷里街道柏树社区宗教活动场所法治宣传教育阵地创建工作，开展送法到场所，邀请司法所专业人员上法治课等。制订并下发《江宁区宗教活动场所安全百日攻坚行动工作方案》《江宁区宗教领域安全生产排查整治“治本攻坚”行动工作方案》，将百日攻坚行动和“治本攻坚”行动融入“三年大灶”排查整治行动，围绕既有建筑、消防、燃气等重点领域，对照安全生产15条硬措施、35项具体内容，排查安全隐患，落实闭环整改。7月，联合多部门对全区宗教活动场所及民间信仰场所、文化旅游场所、教育机构、商业楼宇、居民小区、交通场站和医疗、养老、儿童福利机构及互联网领域开展专项排查。健全驻区高校联席会议机制，与金陵科技学院签订校地民族宗教工作共学共建共享框架协议，依法治理校园周边非法宗教活动和场所。支持宗教团体建设，完成年度宗教教职人员备案，推进智慧民宗信息化建设。

【东山佘村“红石榴大道”揭牌】　7月12日，“红石榴大道”揭牌仪式在东山街道佘村社区红石榴广场举行。东山佘村“红石榴大道”以网红打卡地“江宁小川藏线”为基础，赋予民族团结进步创建元素，打造嵌入式民族团结宣传特色新载体。大道全长5.5千米，以佘村红石榴广场为起点，龙尚红石榴家园为终点，贯穿东山街道、高新园区、汤山街道，分东山佘村、高新园区林场、汤山龙尚3段，分别以“各民族在中华民族大家庭中像石榴籽一样紧紧抱在一起”“各民族同呼吸共命运心连心”“铸牢中华民族共同体意识、构筑各民族共有精神家园”为主题，展现民族政策、民族文化、民族工作。

（区民宗局）

精神文明建设

【概　况】 2022年，江宁区制定实施《江宁区2022年创建实地考察责任体系》等，抽调精干力量充实工作专班，建立“红黑榜”制度，采取园街部门自查、专班实地督查、区领导一线指导相结合方式，开展文明创建督导工作。全年组织专班督查17轮，检查并整改问题2127条，平均达标率92.9%。重点攻坚交通秩序、空中缆线、小区物业等突出问题，通过提高居民小区物业服务水平、改善农贸市场环境、开展“文明有‘宁’，携手同行”活动等，提升群众获得感、幸福感和满意度。完成2022—2024年度市级文明单位、文明村、文明社区预申报，推选2022年度区级文明村（社区），推荐市级文明单位30家、文明社区17家、文明村10家。5月，省文明办发布2021年全省文明城市乡风文明测评指数社会文明程度测评指数结果，江宁区获文明城市年度测评全省第三、乡风文明测评指数全省第二、社会文明程度测评指数全省第二。全区有27家单位、9个社区、12个村、4所学校分别获2019—2021年度江苏省文明单位、文明社区、文明村、文明校园称号；有113家单位、54个社区、33个村、25所学校分别获2019—2021年度南京市文明单位、文明社区、文明村、文明校园称号。

【乡村“复兴少年宫”建设】 2022年，区委宣传部印发《江宁区关于开展乡村“复兴少年宫”建设工作实施方案》，统筹优化团委、妇联、教育、民政等部门等优质资源，整合提升乡村学校、“儿童之家”、社区家长学校等阵地，建立区文化馆、博物馆、爱国主义教育基地等青少年活动场所与乡村“复兴少年宫”联动机制，动员江宁各类人才，包括民间艺人、非遗传承人、驻区高校学生等参与。结合农村少年儿童学习成长需求，围绕道德培育、文体娱乐、劳动实践、文明新风等方面，丰富志愿服务项目活动，定期开展优秀项目评比。探索创新运行模式，协调各类资源向基层倾斜，引导社会公益力量在资金、设施、技术等方面提供支持，推动共建乡村“复兴少年宫”。

【“二十大精神进万家”文明实践活动】 10月，全区组织中共二十大精神宣传宣讲活动，发挥“领头雁”“讲师团”“行业人”“身边人”作用，组织领导干部、专家学者、先进典型、百姓名嘴、理论宣讲志愿者等“红喇叭”宣讲团成员，走上讲台、走进基层宣传宣讲，推广“党员话理”，提升理论宣讲广度。用好用活宣讲阵地，依托本土红色资源、爱国主义教育基地、博物馆、文化馆等公共文化场所，推广田间课堂、板凳课堂、楼栋课堂、车间课堂等“场景课堂”，打造“幸福公交”“文化大篷车”“艺美江宁”等流动载体，让宣讲全面浸入群众生产生活各种场景，把宣讲“主战场”搬到群众身边。创新宣传宣讲方式，在“学习强国”江宁融媒号、“无线江宁”App“文明实践”板块，运用文字、图片、音频、视频、动画、H5等新媒体手段进行大众化解读，用“江宁话”、鲜活的事例和实在的数据，把大道理转化为身边理。针对青少年、老年人、企业员工、城乡市民等不同群体，开展“课间十分钟”“饭前十分钟”“晨会十分钟”“网络十分钟”等十分钟微宣讲，激活群众的学习热情。

（包顺宇）

综　述

【概　况】 2022年，江宁区深入学习贯彻习近平总书记关于安全生产工作重要论述，落实“发展要安全”重大要求，以深化安全生产专项整治三年行动为主线，以精准整治为先导，以法治制度为根本，以数字治理为支撑，一体推进安全生产大检查、安全生产百日攻坚、精准执法。责任落实，全面防范化解重大安全风险，加强应急管理体系建设，守住“不发生较大以上和有影响事故”的底线，确保全区安全生产形势持续稳定。全年安全生产事故和死亡人数比上年分别下降22.2%和25%。亿元地区生产总值安全生产事故死亡率下降0.08个百分点。

【应急避难场所建设】 2022年，全区按照“因地制宜、平灾结合”的原则，在不破坏公园绿化景观的前提下，打造集生态、景观、文化、休闲、教育和避险功能于一体的绿色应急避难场所。全年新增滨江中学应急避难场所1处，并通过专家论证及功能性验收。全区累计建成应急避难场所14处。

【应急避难场所管理】 2022年，全区依据国家《防灾避难场所设计规范》（GB 51143—2015）和省《防灾避难场所建设技术规范》（DB 32/3709—2019）等有关规范，按照“政府主导、统筹规划、平急结合、分级负责、属地管理”的原则，进一步明确职责分工，压实工作责任，密切协作配合，合力推进应急避难场所管理工作。应急避难场所启用开放后，做好避难人员登记、物资调拨与发放、安全保卫、医疗救护、卫生防疫、垃圾清理、供水、供电、通信等场所运行保障工作。以社区为单位，绘制应急避难场所分布、服务范围和周边群众疏散路线图，组织辖区各街道（镇）、社区定期掌握危险区域人口情况，明确转移责任，预设避难人员疏散引导线路和转移安置的应急避难场所。及时更新应急避难场所名称、类型、具体地址、联系人和联系方式等有关信息，定期汇总向社会公布。按照职责分工，加强辖区内应急避难场所日常管理维护工作，指导和督促应急避难场所的所有权人或者管理人（单位），加强对场所建筑主体结构安全和应急避难设施设备的检查维护管理，保障场所供水、供电、照明、通信、厕所、住宿（休息）、洗漱等基础设施完备，有条件的应当完善通风与空气调节、物资储备、应急医疗救护、应急广播、安全监控等设施，以满足应急启用、开放功能需求。

【综合安全防范治理】 2022年，全区持续开展安全生产网格化治理工作，在综治网格上叠加“应急网格”“安监网格”职能，增加完善消防、“九小”场所、企业、建筑工地等监管功能，在网格员构成上吸收街道专业安监员、消防特勤、企业安全员等力量，形成多元参与、分级分类监管工作体系。依托南京市“181”系统中网格化治理平台，对所有商超、餐饮、服饰、娱乐、培训、服务机构等小型场所（单位），进行安全生产巡查、走访，发现隐患并督促整改，辨识并标注风险源。全区累计录入社会面小型场所（单位）6.3万家，录入场所（单位）风险源8.5万处。全年巡查场所（单位）40万家次，发现隐患35万条，现场整改20万条，完成月度体检68万家次。

【重点行业领域整治】 2022年，全区集中力量，组织开展安全生产大检查和重点领域安全生产“百日攻坚”行动，取得成效。危险化学品方面，出台“一方案一制度一手册”，对“两重点一重大”企业提级管理，推动13家重点监管危化企业完成“五位一体”数字化建设，持续开展危化品安全生产“打非治违”，累计整治隐患6600余条。烟花爆竹方面，严格经营准入，科学规划布设，规范审批流程，对烟花爆竹零售经营申请进行属地初核、区级复核，加大烟花爆竹专项整治，取缔非法经营烟花爆竹零售经营点15处。工贸方面，组织粉尘涉爆、金属冶炼、涉氨制冷等重点行业领域专项执法检查，全年完成工业企业风险评估首次报告321家、定期报告5165家，确保风险“辨识得了、管控得住”。尾矿库方面，推进尾矿库销库进度达标，开展非煤矿山安全生产大检查、矿山安全“百日攻坚”行动、非煤矿山汛期安全生产专项检查等，切实提高尾矿库风险管控能力。

【执法监察】 2022年，全区以精准执法为抓手，规范执法行为，提升执法质量，落实行政执法“三项制度”，推动企业安全生产主体责任落实。按照一个执法对象对应一个执法主体的原则，市、区、园街三级分别建立重点执法对象和一般执法对象库，做到执法检查不交叉、不重叠；聚焦重点执法对象，对涉氨制冷、粉尘防爆、高温熔融、有限空间、危化品使用等重点执法对象开展全覆盖式检查。是年，区应急管理综合行政执法大队被评为全省应急管理综合行政执法先进集体。

【宣传教育培训】 2022年，全区将安全宣传进社区、进企业、进学校、进农村、进家庭“五进”活动与普法宣传有机结合。“安全生产月”期间，围绕“遵守安全生产法，当好第一责任人”主题，组织观看《安全重于泰山》电视专题片304场，开展“主播讲安全”“专家走现场”“专家远程会诊”32场，“新安法知多少”“救援技能趣味测试”等活动133场；组织“百团进百万企业千万员工”专题宣讲186场，覆盖企业2288家、1.4万余人。丰富宣传教育渠道，全年发布传播公益广告、海报、短视频、提示语音等12685条。举办第一届应急管理短视频作品征集评选活动，制作、传播短视频作品74件。统筹推进“三项岗位人员”线上线下培训考试，累计培训20894人次。

【应急管理信息化建设】 2022年,全区加强应急管理信息化建设，以应用系统共享整合为实战化基础，实现指挥调度可视化、辅助决策智能化、通信保障集成化、基础运行一体化，构建信息通畅、反应灵敏、指挥有力、手段先进、运转高效的应急指挥体系。建设应急预案数字化系统，涵盖应急资源管理、事故预警、突发事件接报、信息发布、指挥调度、协同会商、应急决策、灾情评估、事故调查等功能，加快应急资源共享化、应急预案结构化以及指挥调度可视化进程，实现突发事件信息的快速上传下达、事故灾害的快速响应和指挥救援的科学高效。构建应急指挥四级梯次调度机制，制定相关配套制度，实现区、街道（园区）、村（社区）、网格员（企业）四级网络视频会议互联互通，形成自上而下、横贯左右、有序统一、指令畅通的应急反应“联动链”。（刘　云）

应急救援

【概　况】 2022年，江宁区坚持部门间横向协调、协商联动及信息共享机制，应急管理局、公安分局、卫健委、消防救援大队、气象局、大数据局、水务局、农业农村局、城建局加强沟通对接，确保一旦发生突发事件，能迅速赶赴现场，快速判断、妥善处置，全年处置突发事件52起。区应急管理局指挥中心严格落实24小时值班值守制度，密切关注天气变化，保持与气象部门联系，通过多种途径发布极端天气预警50余次。

【应急指挥】 2022年，区应急管理部门加快应急指挥系统建设，建成基于数字化预案系统的应急指挥调度系统，实现一张图资源、视频调度，与市应急管理局数字化预案系统和“181”系统功能数据对接。构建应急指挥四级梯次调度机制，实现区、街道（园区）、村（社区）、网格员四级网络视频会议互联互通。推进应急指挥中心建设，完善设计、招投标、建设、验收等环节，于10月启动建设，计划2023年投入运行。

【应急值守】 2022年，区应急管理部门加强元旦、春节、国庆等节假日值班带班工作，落实24小时值班制度，确保一旦发生突发情况及时处置和报告，全年接听来电564个。督促重点企业重点岗位人员在岗在位情况，电话抽查企业值班值守292家次，对街道园区常态化视频调度50余次；通过电脑端对企业进行视频点调100余家次。全年接办“12350”工单118件，办结率100%，兑现奖励工单9件、17500元。

【应急演练及队伍建设】 2022年，全区坚持单项演练与综合演练相结合，桌面推演与实战演练相结合，线下观摩与线上观看相结合，组织开展江宁开发区水厂次氯酸钠溶液泄漏事故应急演练、人防疏散应急演练、园博园西气东输高后果区管道政企联合应急演练、突发地质灾害应急演练等市、区级和部门专项演练活动22场次，线下参加1500余人，线上观看约4000余人，动用车辆370余辆次；街道级组织开展各类应急演练71场次，参加2000余人，动用车辆220辆次；生产经营单位（基层组织）开展演练3400余场次，参加10.5万余人，动用各类车辆11500余辆次。进一步壮大应急救援力量，在原有建筑施工、医疗救护、森林防火、防汛抗旱、供电抢修、燃气抢修、供水抢修、油气管道抢修等19支专业应急救援队伍的基础上，扩展至35支，有队员2000余人。 （刘　云）

6月16日，区供电公司开展2022年江宁区防汛抗台应急演练，首次利用数字化技术，实现抢修现场与应急指挥中心的有效联动。图为演练现场 （严嘉钰摄）

危险化学品安全监管

【概　况】 2022年，江宁区有化工（危险化学品）企业13家，其中危险化学品生产企业2家、储存经营企业5家、使用企业2家、一般化工生产企业4家，涉及危险化学品重大危险源2家，危险化学品使用企业1568家，医药生产企业12家，加油站65个，烟花爆竹批发企业1家、零售店153家。区应急管理部门加强危险化学品安全监管工作，发挥危化品专委会工作职责，紧盯危化品专项整治三年行动和使用安全治理不放松，深化危化品安全风险集中治理，开展重点危险企业安全审计、双重预防机制数字化建设、烟花爆竹旺季巡查等专项工作。

【危险化学品行政审批】 2022年，区应急管理部门落实危险化学品行政审批工作制度，不断优化服务、提升质效，做到严格把关、公平公正。加强源头管控，根据危化品建设项目许可和江苏省化工整治提升工作要求，细化审查清单，组织精干人员，全年对危化品建设项目开展安全条件审查和设施设计审查5次，组织评审会5次，保障项目准入安全，杜绝带病建设。严格审批许可，全年办结危化品经营许可25件、烟花爆竹零售经营许可153件、安全评价报告备案19件。

【危险化学品生产监管】 2022年，区应急管理部门加强狠抓危险化学品生产安全监管，危险化学品领域安全总体平稳。出台“一方案一制度一手册”，建立健全危化品领域监管责任落实体系，构建上下同心、齐抓共管格局。成立危险化学品安全专业委员会，先后召开4次全体会议，对危化品生产企业安全审计等重点工作进行调度推进。优化闭环监管，通过执法检查、联合检查和安全审计等方式，对“两重点一重大”企业实行提级管理，引入中国化工安全生产协会开展安全审计。

【危险化学品运输监管】 2022年，全区有道路危险货物运输企业7家，危险运输车辆209辆，从业人员415人，全部营运辆车辆安装GPS，实时动态监管。区应急管理部门以行政许可为抓手，以市场监管为手段，按照“全覆盖、零容忍、严执法、重实效”的要求，加大日常检查力度。全年出动执法人员366人次，检查相关单位405家次，查处危化品运输违法行为18起。

【危险化学品储存监管】 2022年，区应急管理部门对危险化学品储存单位开展专项执法、联合执法，以严格执法督促企业落实主体责任，进一步巩固危化领域高压态势。强化督导问效，从17家成员单位抽调业务骨干，成立6个督导组，重点对街道（园区）工作落实情况及28家涉及化工化学实验室、受热易分解和忌水危化品使用单位开展联合检

查，发现安全隐患全部督促落实闭环整改。（刘　云）

防灾减灾救灾

【防灾减灾体系建设】 2022年，江宁区充分发挥减灾委办公室综合协调职能，进一步完善自然灾害会商研判、防范应对等工作机制。加强部门间联动，深化“金陵气象灾害靶向预警防控系统”应用，全年发布预警工单6万余条，工单完成率100%。开展自然灾害风险普查工作，核查承灾体、减灾能力和历史灾害数据，确保数据完整性、规范性、一致性和准确性。推进救灾保障工作，为123万余人、47万余户购买自然灾害人身意外伤害、家庭财产综合保险（“民生两险”）。提高应急物资保障能力，会同区发改委采取实物储备与协议储备等方式，储存应急储备物资40余种。

【灾害救助物资保障】 江宁区救灾生活类物资仓储库位于淳化街道索墅社区（西）600号的江宁储备粮公司索墅成品粮库内，占地面积1.1公顷，投资近1000万元，2022年10月建成并投入使用。库内安装7组4层穿梭式货架、4组4层钢结构标准货架及20个大型托盘，配备叉车、登高机等。应急物资库内共储备救灾帐篷、棉衣、棉被、折叠床、雨衣、应急灯等救灾物资24个品种、价值380万元。

【防灾减灾宣传】 2022年，全区持续开展防灾减灾宣传教育活动，营造全民参与防灾减灾的氛围。在“国家防灾减灾日”和“国际减灾日”，通过播放防灾减灾宣传视频、发放宣传资料、悬挂宣传横幅等形式，普及灾害自救互救知识，增强全社会灾害风险防范意识，提高社会防灾减灾能力。全年组织防灾减灾宣传教育、演练等活动60余场、3000余人参与，发放防灾减灾宣传物品1.2万余份，制作展板70余块，悬挂横幅、海报等300余幅。（刘　云）

【防汛抗旱】 5月1日，全区进入汛期。入汛后经历两轮持续高温天气，截至8月20日，平均气温27.8℃，比常年同期偏高2.2℃，降水量253.2毫米，比常年同期偏少5.9成。35℃以上高温日39天，为历史第二高值；37℃以上酷热高温日24天，连续13天；极端最高温40.4℃，为1961年以来最高值。受长江上游来水和持续高温少雨影响，长江南京站水位持续下降，8月9日最低潮水位3.92米，为历史同期第二低水位，水阳江创历史同期最低水位，全区境内河湖水位总体偏低，水库、塘坝及其他水体蓄水量比常年同期偏少4成，12座小水库现状水位超死水位不足2米，6座在死水位以下。8月10日，全区启动防汛抗旱Ⅳ级应急响应（蓝色），加强分析研判，科学调度水务工程，全力引水翻水抗旱。及时调度关闭江宁河闸，启动江宁河下坝泵站不间断从长江补水至江宁河，累计引水约380万立方米，缓解江宁河沿线6666.7公顷农田灌溉需水。协调安徽省马鞍山市博望区通过釜山抗旱站，从下游姑溪河向丹阳河累计翻水2100万立方米，实现苏皖跨区域调水，保障丹阳河沿线灌溉需水。湖熟街道在同进河打坝，架机翻水，保障新跃、耀华等村农田用水，累计翻（引）水1140万立方米；淳化街道从汤水河翻水至大埝圩，从句容河翻水至西城圩，累计翻水130万立方米。华兴、张溪、向阳等翻水线全部开启运行。截至9月12日，全区灌溉泵站累计开机4942台（套）、临时泵站3033台（套），引（翻）水总量7120.8万立方米，累计出动20166人次。

（区水务局）

【地质灾害防治】 2022年，区土地资源管理部门提请区政府修订《南京市江宁区突发地质灾害应急预案》，印发《南京市江宁区2022年度地质灾害防治工作方案》，以及地质灾害防治“两卡一预案”33套，进一步完善区、街道（园区）、村（社区）三级地质灾害群防群治监测体系，地质灾害危险性评估资质和项目备案23份。全年组织地质灾害防治培训70人次、应急演练48人次。全区33处地质灾害点，有4处完成治理，6处正在治理施工，3处正在进行勘查设计，地质灾害防治连续19年实现“零伤亡”。基本完成凤凰山铁矿、元山采石场、靠山采石场等废弃矿山生态修复工程，总治理面积130万平方米。联合各街道（园区）进行矿管执法巡查30余次，会同生态环境、应急管理等部门现场查看各类矿井19处，均已封堵到位。（王梦菲）

【地震监测】 2022年，区应急管理部门按照规范要求，检查巡视仪器及观测环境，排除监测区环境异常，处理观测数据并上传数据库，观测数据连续率99%以上。做好震害防御工作，建设防震减灾示范点和防震减灾特色活动单位，组织实施“12322”模拟地震信息速报、建筑项目抗震设防要求确定抽查监管、2022年房屋设施抗震设防信息采集上报、地震灾害风险普查等工作，确保抗震设防要求落实到位。（刘　云）

安全生产

【概　况】 2022年，江宁区深入学习贯彻习近平总书记关于安全生产工作的重要论述，贯彻落实党中央、国务院及省、市安全生产决策部署，统筹发展和安全两件大事，健全安全生产责任体系，深化专项整治三年行动，开展安全生产大检查、百日攻坚行动。做好安全生产精准执法、工业企业风险评估报告、“181”网格化治理、安全生产教育培训、危化品安全监管、尾矿库销库等工作，全面防范化解重大安全风险，遏制安全事故发生，推动高质量发展和高水平安全良性互动，以安全生产助力高质量发展。全年发生安全生产事故14起，死亡6人，比上年分别下降22.2%和25%。

【安全生产制度建设】 2022年，区应急管理部门坚持人民至上、生命至上，建立健全安全生产责任体系。提请区委、区政府先后召开专题会议36次，部署推进重点工作，研究出台区领导班子成员工作清单、安全生产责任考核评价指标、应急管理综合执法体制改革实施方案等，坚决扛起促一方发展、保一方平安的政治责任。发挥安委办“谋、统、督”职能，把推动“党政同责、一岗双责”放在首位，调整充实区安委会、14个专委会组成人员，压实属地责任、行业部门监管责任。推进安全生产标准化建设，新增三级标准化达标企业133家。开展“服务企业面对面”、安全生产警示教育活动，筑牢安全生产思想基础。

【安全监管执法】 2022年，区应急管理部门深化应急管理综合行政执法体制改革，挂牌成立江宁区应急管理综合行政执法大队，加强标准化建设，并通过省应急管理厅验收。结合“精准执法年”行动，综合运用派驻执法、委托执法、重案执法、全员执法，提高“一案双罚”案件比率，打击安全生产领域非法违法行为。围绕“防风险、保安全、迎二十大”，部署开展“大干50天”行动，集中时间和力量，采取节假日、夜查等“错时检查”方式，对重点企业进行风险评估、全面“体检”。

【安全生产专项整治】 2022年，区应急管理部门贯彻国家及省、市关于安全生产工作的一系列决策部署，汲取典型安全生产事故教训，落实国务院“安全生产十五条”重要举措，以危化品、燃气、既有建筑、道路交通、消防等重点领域专项整治“一年小灶”“三年大灶”为重点，组织安全生产大检查，提升本质安全水平。全年排查整改一般隐患8万余条，开展督导检查4600余次，检查单位1.4万家次。江宁区连续3年在市安全生产考核中位列第一等次，并通过省级安全发展示范城市验收。（刘　云）

【安全生产月“宣传咨询日”活动】 6月16日，区安委会、安委办联合江宁高新区、淳化街道等在大学城青宁体育公园开展“安全宣传咨询日”主题宣传活动，深入宣传《中华人民共和国安全生产法》和安全生产十五条硬措施，推动“第一责任人”守法履责。2022年安全生产月的活动主题为“遵守安全生产法、当好第一责任人”。活动现场，区应急管理局、司法局、城建局，以及公安、交通、商务、卫健、文旅、农业农村等部门单位现场搭台，通过近30个与安全生产相关的主题内容，向市民和一线生产者普及安全知识，提供法律政策咨询，细致答疑解惑。此次活动兼顾趣味性、互动性和实用性，15名生产经营单位负责人上台宣誓，进一步压实岗位责任，强化闭环监督管理。活动还设置消防装备展示区，消防宣传车及各类新装备集中亮相。消防救援人员面对面向市民普及消防安全知识。“宣传咨询＋模拟体验”形式，让市民身临其境掌握应急处置、自救互救技能。（宁　鉴）

消防救援

【概　况】 2022年，江宁区消防救援大队下辖已投勤队站12个，其中国家队2个、专职队10个，分别为东山站、百家湖站，滨江专职队、汤山专职队、高新园专职队、空港专职队、麒麟专职队、谷里专职队、牛首山专职队、湖熟专职队、淳化专职队、园博园专职队。有消防救援大队人员443人，其中国家队指战员80人、政府专职队员226人、消防特勤103人、消防文员34人。有执勤消防车45辆，其中灭火消防车27辆、专勤消防车8辆、举高车7辆、战勤保障消防车3辆，远程供水泵组1套；库存泡沫药剂34.5吨，其中A类泡沫3吨、B类泡沫31.5吨。全年消防救援队伍接警出动2244起，其中火灾1256起、应急救援862起、虚假警126起。共出动2751队次、6132车次，3.5万人次。

【消防装备建设与管理】 2022年，区消防救援大队树立“装备优先”观念，加强消防装备建设和管理，提升消防队伍装备建设水平，为完成各类抢险救援和灭火任务奠定基础。结合辖区灾害事故特点，开展装备风险评估，制订消防救援能力提升三年计划，争取到每年财政专项资金2000万元用于车辆装备与训练设施的提档升级。真火模拟训练设施通过验收，倒塌训练装置与生物化工装置招标采购工作启动。成立后勤装备保障组，把装备器材管理纳入队伍管理的重要环节，不断提升装备管理水平。年末，拥有各类执勤车辆52辆（含1辆通信指挥车、1辆器材装备运输车、2辆远程供水泵组车、6辆高喷车、2辆云梯车、3辆全地形车），个人防护类装备3000余件（套），灭火类装备800余件（套），灭火药剂30余吨，各类破拆、侦检、救生、通信类装备450余件（套）。

【战勤保障力量及体系建设】2022年，区消防救援大队进一步完善战勤保障体系，配齐、配强、配精人员、车辆、装备及各类保障物资，在东山与高新区两站分别设有战勤保障物资库。结合自身战勤保障实力，做好装备物资的筹划、采购、仓储及分配工作，新增设排烟车、照明车、挖掘机与机械运输车等战勤车辆，采购并储备抗洪涝、冰雪及卫生防疫等专业装备物资。

【执勤训练】 2022年，区消防救援大队按照“能打仗、打胜仗”的总要求，聚焦主责主业，对标主力军、国家队职能定位，着眼“全灾种、大应急”需求，狠抓实战化练兵，加强队伍建设，努力提升队伍灭火救援实战能力。制订全员岗位大练兵工作方案，对执勤训练工作进行细化、量化。对消防队站开展执勤备战检查144次，下发工作情况通报11份。每季度下发执勤教育训练计划，季度末由队训室分岗位组织专职队员进行普考，考核成绩张榜公布。以筹备召开全市消防救援队伍执勤训练规范化推进会为契机，坚持从实战出发，进一步规范基层队站基础体能、应用技能、队站交接班等日常训练工作秩序，提档升级器材装备库、通信值班室，明确并落实值班作战指挥体系。新建真火模拟训练设施、作战训练研讨室，构建场景式实战实训平台和骨干轮训机制。常态化开展体能、技能比武和操法对抗赛，组建专项培训、比武竞赛集训队，全面提升队伍实战训练水平。年内，大队获“火焰蓝”春季运动会团体第一名、迎“五四”登山比赛团体第一名、秋季灭火救援技能竞赛团体第二名、冬季实战化操法竞赛2个单项第一名、团体总分第二名。成功处置“5·12”百家湖西花园、“6·21”江宁区成张路164号、“10·17”雨花台区明发大市场和“10·29”鼓楼区金盛大市场等火灾事故。

【消防宣传】 2022年，区消防救援大队将98个重点住宅小区纳入市政府“进小区、进校园”消防宣传活动民生实事工程，制定火灾事故警示教育计划，举办各类培训、演习活动100余场。将消防宣传与美丽乡村建设有机结合，开展小喇叭、小课堂、小板凳、小视频、小演练等“五小”宣传活动，组建农村义务消防宣传队伍。全年组织防火知识宣传和初火演练81场次，消防安全“小喇叭”宣传进村入户2050次，2920家次在村企业参与，受众2.1万人次；制作“抖音小视频”21期，浏览量7.12万人次。联合区教育局组织全区290余所中小学、幼儿园23万人次参加中小学消防安全公开课。全区所有中小学、幼儿园聘请消防指战员及业务骨干担任消防副校（园）长，全年举办国旗下讲话、主题班会“说消防”活动30场。成立驻区24所高校消防安全联合体，通过“安全互查、经验互学、资源互享、应急互援”工作机制，落实高校消防安全主体责任。联合江宁公交集团、卫岗乳业分别成立31名公交车司机、600名“送奶小哥”组成的消防志愿者队伍，通过开展义务消防救援和发放消防知识宣传单页，提升辖区市民消防安全水平和意识。“119消防宣传月”期间，组织全区微型消防站比武竞赛，检验辖区消防安全重点单位、社区、大型商业综合体、大型市场的微型消防站建设工作。结合家庭亡人火灾案例、“三合一”场所逃生注意事项，自行设计印制和发放张贴海报6万余张。协调辖区700余块户外LED屏播放消防安全提示视频，拍摄由电视台主持人和消防救援人员出演的消防安全系列情景剧6部，其中一部情景剧被“学习强国”全国总平台采用。与区气象局建立长效合作共享机制，利用气象短信平台每周3次向政府部门、社会单位责任人和广大市民发送消防安全温馨提示短信，覆盖人数超过10万人。与区科协联合主办消防应急知识教育短片展播，在江宁新闻“科技与生活”栏目晚高峰时段播出，提升消防应急知识普及率。

（区消防救援大队）

【森林防火】 2022年，区林业部门组建12支森林防火专业队，有专业队员207人、在册村（社区）护林员641人。组织扑救理论和专业技能学习培训，建立区域联防联控工作机制。累计投入2700万元建成森林防火指挥中心和60套视频预警火情监测系统，监控范围覆盖区域90%以上。加快引水上山、蓄水池等灭火工程建设，制定并完善应急预案，年内未发生重大森林火灾事故。（汤　雯）

东山街道

【概　况】 东山街道是江宁区委、区政府所在地，东邻淳化，南毗秣陵，西交雨花台区、秦淮区，北接麒麟。东山街道区域总面积73平方千米，下辖17个社区，户籍人口21.35万人。2022年，东山街道完成地区生产总值329.38亿元，比上年增长1.8%；社会消费品零售总额327.32亿元，增长8.8%；规模以上工业总产值153.94亿元，下降4.4%；一般公共预算收入14.88亿元，下降25.4%。

【经济建设】 2022年，东山街道统筹新冠疫情防控和经济社会发展，实现经济社会发展稳中有进，主要经济指标完成良好。列入区重大产业项目10个，计划总投资额119.5亿元，当年投资额29.5亿元，其中2个列入市重大产业项目。完成签约项目总投资85.78亿元，签约亿元以上项目18个，实际利用内资21.45亿元，实际利用外资及港澳台资916万美元。申报高新技术企业79家，入选53家（含总部园）；入库科技型中小企业240家，完成技术合同成交额10.59亿元。

【政治建设】 2022年，东山街道学习贯彻习近平新时代中国特色社会主义思想，全年组织党政领导干部集中学习28次，举办辅导报告会7次、理论研讨会6次，观看学习视频1次，邀请专家学者现场授课6次，深入学习宣传中共二十大精神和习近平总书记重要讲话、重要指示批示精神，不断增强抓思想理论武装的政治自觉。街道党工委会、专题办公会定期听取依法治街工作情况汇报，全年开展习近平法治思想巡回宣讲16场。把依法行政作为基本遵循，严格执行重大决策风险评估、合法合规性审查、集体讨论决定等法定程序，对可能引发群体性矛盾的民生工程项目依法开展环评、稳评，党工委召开“三重一大”会议17次，集体研究“三重一大”事项54件。坚决扛好意识形态工作“第一责任人”责任，结合工作实际，制定意识形态（网络意识形态）工作责任清单，定期研判意识形态领域风险。

【文化建设】 2022年，东山街道统筹全网全媒体、内宣外宣，围绕中心工作、重点活动进行广泛宣传，在市级以上媒体报道334篇，其中“学习强国”学习平台77篇。加强政务新媒体建设，落实“三审三校”制度，“首善东山”发布微信推文752篇，累计阅读量266万次，关注人数4.86万人。围绕“传播新思想、引领新风尚”，推进新时代文明实践，贴近居民需求，打造中前社区新时代文明实践广场、武夷花园儿童友好生态花园实践点。强化典型培育，入选“抗疫中的南京好人”1人、“第二十届南京好市民”2人，培育骆村社区“妈妈客厅”、龙西社区“四点工作法”等品牌项目。结合“江宁之春”群众文化节系列活动和中共二十大召开，举办各类文体活动近50场，涵盖节庆民俗体验、文艺演出、书画展览、体育比赛等。

【社会建设】 2022年，东山街道把稳就业放在突出位置，举办线上招聘会14期，组织招聘企业600家，提供岗位5000个，全年新增城镇就业7510人，培育自主创业1112人。有9个社区年集体收入超过1000万元，13个社区股份合作社现金分红2600万元，人均分红599元，分红总额、人均分红保持全市第一，连续5年获评全市现代服务业主导型街镇综合奖。巩固润恒物流、金宝市场消防安全整治成果，整改“三合一”场所1182家，实施危房消险1万平方米，未发生重大安全生产事故。

东山街道佘村“古风·行其野”民宿基地　（李伟摄）

【生态文明建设】 2022年，东山街道中央环保督察迎查和问题整改工作，第二轮督察交办的主办件、协办件全部整改到位；第一轮中央、省环保督察61件交办件“回头看”全部完成。529条污染防治监管平台线索得到及时处理，开展餐饮油烟整治100家，环境空气质量优良天数比率为83%。加大水环境整治力度，完成章村沟等4条河沟清淤，14条主要河道水质总体达标。围绕主次干道、背街小巷、农贸市场、小区等重点创建指标，加强“门前三包”、流动摊点、户外广告、渣土管控等检查执法，组织各类专项整治行动160余次，累计拆除各类违建2万平方米，城市管理考核排名保持全区前列。

（刘志远）

【东山街道议政代表会成立】 7月13日，东山街道第一届议政代表会第一次会议召开，标志着该街道在拓宽基层民意沟通渠道、完善基层民主监督机制、加强基层民主政治建设上迈出新步伐。这也是全区成立的首家议政代表会。会议通报东山街道议政代表会筹建工作情况，宣读《关于公布东山街道议政代表名单的通知》，并为议政代表颁发聘书。此前，东山街道人大工委在区人大常委会指导下，牵头组建街道议政代表会。首届议政代表会产生的65名议政代表，由区人大代表、驻街道部分企事业单位、街道机关和社区基层代表组成。议政代表会的成立，不仅搭建街道与居民群众间的沟通桥梁，夯实街道基层民主治理基础，也标志着街道人大工作翻开“新篇”。

（宁　鉴）

2022年东山街道社区基本情况一览表

表18

社　区	户数（户）	人口（人）	耕地面积（公顷）	党组织书记	居委会主任
外港	4348	14000	—	芮义伟	高兢兢
佘村	996	2248	172	王　敏	王　敏
永安	5500	11872	5	朱荣华	朱荣华
高桥	1018	3988	66	朱存良	朱存良
天云	2135	7244	110	赵章勇	李　华
章村	9049	35200	8	杨金成	杨金成

续表 18

社 区	户数（户）	人口（人）	耕地面积（公顷）	党组织书记	居委会主任
晓里	11327	28489	—	孙健梅	孙健梅
骆村	11872	29718	—	刘　宁	刘　宁
东山	8371	23805	—	易　伟	易　伟
大里	8024	22000	—	吴星国	吴星国
泥塘	11901	32181	—	陈　燕	陈　燕
邵圣	13792	32000	—	李启东	李启东
中前	10060	20871	72	戴玉梅	戴玉梅
上坊	1909	6928	16	陈小文	陈明国
岔路	21000	59000	3	窦竞超	倪立浩
龙西	3460	6184	—	周　斌	周　斌
远泰路	5464	12104	—	周　勇	周　勇

（刘志远）

秣陵街道

【概　况】 秣陵乃千年古镇，曾为秦始皇始设郡县最早的县邑之一，是秦汉时期江南地区的政治中心。吴大帝孙权改秣陵为建业，县治始由秣陵关迁至今南京主城，故有“先秣陵、后建业”之说。秣陵街道区域总面积 181 平方千米，下辖 4 个村、23 个社区，户籍人口 27.24 万人。秣陵地处南京市正南主轴线上，区位优越、交通便捷，南临禄口机场，北接南京南站，多条主干道和高速公路纵横交错，地铁 1 号线、3 号线、S1 号线、5 号线（在建）穿境而过。2022 年，秣陵街道完成地区生产总值 201.76 亿元，比上年增长 4.2%；一般公共预算收入 8.54 亿元，下降 25.3%；规模以上工业总产值 120.8 亿元，增长 4%。是年，秣陵街道获 2021 年南京市打起“争当表率、争做示范、走在前列”三大光荣使命先进集体称号、2021 年度全市实施乡村振兴战略郊区街镇高质量发展评价先进制造业主导型综合奖。

【经济建设】 2022 年，秣陵街道克服新冠疫情影响，推进经济高质量发展。立足全市先进制造业“金字招牌”，从挖掘存量和开发增量两个方面推进园区转型，办理秣陵工业集中区南区南侧 20 公顷地块成片规划和前期 10 公顷地块用地手续。构建以百家湖产业园为中心，以园区、校区、社区为纽带的“三区一中心”创新成果孵化基地，逐渐形成“科小 + 高企 + 瞪羚 + 上市”发展梯队，全年申报国家级单项冠军企业 1 家，新增省级专精特新企业 10 家；新增高新技术企业 22 家，总数 110 家。激发科技创新活力，全社会研发经费支出占地区生产总值比重为 3.5%，高新技术产业投资比上年增长 9%。支持企业向资本市场融资发展，南京沪江复合材料股份有限公司、南京灿能电力自动化股份有限公司、美埃（中国）环境科技股份有限公司 3 家企业先后挂牌上市。坚持人才引领驱动，申报国家重点人才工程 3 人、科技部推进计划 3 人，发放南京市高层次创业项目资助资金 70 万元、高层次科技人才经济贡献奖 54.47 万元。聚焦龙头企业和重大项目招引，承办“聚焦高质量、塑造新能级”工业集中区高质量发展推介会，佳力图等数十家企业现场签约。全年签约亿元以上项目 10 个，项目总投资 29.1 亿元。加快重大产业项目建设，5 个实施类项目开工，完成投资 3.36 亿元。

【政治建设】 2022年，秣陵街道坚持把政治建设摆在突出位置并贯穿始终，围绕习近平总书记系列重要讲话精神，组织理论学习中心组集体学习13次，开展“月末课堂”专题辅导10次，举办“书记上党课”、党的二十大精神宣讲、“三会一课”等系列活动345场。优化干部队伍结构，集中调整街道干部3批次，32人提拔为中层正副职，其中2人（含1名“90后”）为机关部门正职，2名“85后”干部为社区党组织负责人，一批社区工作人员担任社区会计、计生专岗等工作。健全党员信息档案，按规范程序发展党员31人，接收党员429人，转出党员143人，收缴党费121.5万元。深化党风廉政建设，聚焦安全生产、危房改造、“三资”管理等重点领域开展各类监督检查100余次，推动问题整改80余条。立足“抓早抓小”，严格执纪问责，全年立案26件，综合运用“第一种形态”处置140人次。落实舆情监测处置三级责任体系管理，加强舆论引导，及时处置各类突发事件112起。部署开展十四届区委第三轮巡察反馈意见整改工作，对照4个方面14个问题，研究制定具体整改措施70条，聚力写好“后半篇文章”。

【文化建设】 2022年，秣陵街道不断丰富居民文化生活，举办“浓情腊八”秣陵非遗民俗展览活动、“纳凉晚会进下墟·汇聚邻里文化情”、送戏下乡等各类文化体育活动33场。以新时代文明实践所（站）为载体，提供理论宣讲、文化与体育、科技科普等8类志愿服务，开展各类新时代文明实践活动612场，惠及群众3万余人。加快休闲体育设施建设，新增或更新健身路径27条、健身器材8处。倡导绿色健康生活方式，建成市级健康步道1处，打造健康农贸市场、健康主题公园、健康驿站各1个。完成国民体质测试1100余人次，总体合格率96%。明确文物保护点属地管理责任，安排专职文物保护员定期巡查吉山失考墓石刻、钟家村童男桥、神墩古文化遗址等市级文物和上新丰村神墩遗址、柏家村桥、富村民居等区级文物保护情况。传播秣陵好人好事，围绕新冠疫情防控、工业园区转型、乡村振兴等重点工作组织多层次报道，在国家和省、市、区级平台发布稿件690余篇，其中新华社、《人民日报》、“学习强国”学习平台等主流媒体刊载50余篇。“秣陵在线”政务新媒体平台发布信息790余篇。

秣陵街道周里村俯瞰　（刘锦雷供图）

【社会建设】 2022年，秣陵街道创新基层社会治理，以殷巷新寓（东二区）为试点，成立功能性党支部，实施物业市场化运行，完成公共空间小微改造，初步形成“党建+协商议事”工作机制。依托街道自主平台和第三方就业机构，开展线上线下招聘活动16场。全年新增城镇就业5520人、城镇失业人员就业4430人，新增大学生就业7825人、灵活就业人员社保补贴685人次；支持自主创业1090人、大学生创业74人、农民自主创业451人。实施大型社区优化调整试点，新设立翠屏社区、顺塘街社区。深化“一轴两翼三中心”便民服务体系建设，打造社区标准化服务中心，完善定制化政务服务项目和“红色代办”服务内容，形成“下墟·邻里聚”等11个特色品牌，全年开展政务服务5.5万件、“红色代办”等特色服务1050件。推进教育设施建设，完成殷华街幼儿园、清水亭幼儿园改造和17所街道管学校校园暑期改造。关心关爱困难家庭、残疾对象等特殊群体，全年社会保障和民政优抚支出1.3亿元。优化老年人群体服务，依托村（社区）居家养老服务站，打造AAA级居家养老服务中心13家、AAAA级居家养老服务中心2家、AAAAA级居家养老服务中心1家。树牢安全红线意识，深入开展安全生产三年专项整治、安全生产大检查、安全生产百日攻坚等专项行动，全年排查各类工业企业1649家次，整改隐患6331处；立案查处违规企业和个体52次，罚没款26万元。

【生态文明建设】 2022年，秣陵街道坚持绿色发展理念，落实中央环保督察反馈问题整改工作，办理14件主办件并纳入长期管理。完成挥发性有机物治理项目43个，能源结构调整、产业结构调整项目各1个，开展3家企业“一企一策”编制、18家企业“一企一策”回头看、62家活性炭设施使用企业排查整治。按照“八达标两承诺一公示”要求，对7处在建工地实施全天候扬尘管控。严格管控餐饮油烟排放，推动餐饮业态规范提升200家，老旧餐饮设备换装更新20家。空气优良率82.7%，PM2.5浓度为28.1微克/立方米。深化水污染源头治理，完成西大沟、南旺沟、九里河、五横沟管护招标，续签河湖长效管理监测服务、阳山河哪吒河水面保洁、堤防水库管护服务等项目。国考洋桥断面水质达Ⅲ类，市考严公渡断面水质达Ⅳ类，九里河、南旺沟、花溪河等内河水质稳定提升。加强集镇基础保洁，秣陵、殷巷和东善桥片区主次干道等重点区域机械化清扫率99%以上。推动居民小区垃圾厢房设施建设，建成厢房点位694个。开展居民小区生活垃圾分类争优除差行动，全部居民小区达到B类及以上标准。巩固84个村庄人居环境整治成果，推进村庄综合治理和长效管护，申报市级宜居村项目5个、人居整治补“短板”项目8个。

【秣陵新市镇建设】 2022年，秣陵街道推进城乡要素深度融合，实施A类城建项目15个，配合机场高速秣陵互通改扩建、地铁3号线南延线、126省道秣陵段等重点项目建设。推动城市面貌更新，加快胜利新寓、太平花苑北苑等老旧小区21万平方米建筑综合整治，完成6条道路和3条背街小巷出新改造。推进集镇及工业园区市政设施修整提升，修复道路病害、桥梁、路灯等103处，整治空中缆线45.8千米。继续开展水利设施建设，陆续完成南北水系沟通、黄山圩泵站翻建、溧水河消险等工程项目。推动安居工程落地，完成东虹花苑东屏苑9栋704套安置房不动产权证办理工作。打造乡村振兴样板，推进观音殿、菜塘田园、乡伴苏家、野趣国际营地等美丽乡村建设，探索形成“旅游+会务+民宿”一体化产业发展模式，带动涉农村（社区）集体经济和村民人均收入增长。域内各美丽乡村全年承接会务活动80余场，接待企事业单位和高校参观学习近8000人次，接待游客6万余人次。各旅游景区接待游客140万人次，实现旅游总收入6.25亿元。

【居民小区治理与效能提升试点】 6月，秣陵街道印发《殷巷新寓（东二区）小区治理与效能提升试点方案》，针对小区体量巨大、人员结构复杂和紧邻主城区、管理难度高的特点，开展治理与效能提升试点工作，推动小区物业管理职能逐步由行政化向市场化转换，促进基层社会治理提质增效。至年末，该小区已成立小区功能性党支部，实行物业市场化运行，并完成公共空间小微改造，初步建立“基层党组织+楼栋长+社会组织+物业公司”的共管共治机制，小区居住环境质量明显提升。

2022年秣陵街道村（社区）基本情况一览表

表19

村（社区）	户数（户）	人口（人）	耕地面积（公顷）	党组织书记	村（居）委会主任
胜太	20012	59042	—	崔吉安	周祥顺
湖滨	8306	14546	—	王祥富	邵家斌
太平	16096	42882	—	史家和	史家和
秦淮	7933	16315	—	张　惠	张　惠
翠屏	6705	13787	—	尚征瑞	—
牛首	8268	21496	—	陈卫莲	陈卫莲

续表 19

村（社区）	户数（户）	人口（人）	耕地面积（公顷）	党组织书记	村（居）委会主任
长山	1168	3556	5	罗忠星	孟金强
殷巷	8341	20854	—	周书生	—
下墟	15117	35711	—	张　寅	张　寅
东南	1664	4061	956	牛周保	牛周保
青源	2536	6942	—	石元荣	石元荣
西旺	2121	4756	113	俞祖建	俞祖建
东旺	1528	4980	153	史　历	—
双金	5752	13564	740	李　鑫	—
建东	1478	3436	252	张　燕	张　燕
家园	3228	6830	—	董　皎	—
凤凰	2580	5842	96	夏兴林	夏兴林
火炬	1265	3215	313	高吉晓	高吉晓
周里	1805	4294	313	张思俊	—
胜家桥	857	1982	74	杨　阳	杨　阳
祖堂	726	1896	20	端木和健	端木和健
霞辉庙	1423	3658	65	王兴龙	王兴龙
顺塘街	1286	2712	—	汪金辉	—
童前	1218	3069	—	刘　明	胡良俊
元山	1414	3577	70	孙　静	—
吉山	1384	3674	110	胡宗立	胡宗立
东善桥	1656	3656	—	周志兵	周志兵

（董邵伟）

汤山街道

【概　况】 汤山是江南古镇、中国历史文化名城（镇）、著名的温泉之乡，地处南京东郊，是南京的东大门，位于江宁区东北端，东与镇江句容市交接。汤山街道区域总面积170平方千米，辖8个社区居委会、8个社区村委会，户籍人口7.09万人。汤山因“帝王温泉”“史前溶洞”和“绝世碑材”而闻名，区内人文禀赋优越，自然资源丰富，拥有安基湖、汤泉湖和6670公顷林地等山水资源，森林覆盖率40%，被誉为南京东郊的避暑胜地。2022年，汤山街道实现地区生产总值49.36亿元，规模以上工业总产值44.86亿元，全社会固定资产

9月29日，汤山街道组织开展“喜迎二十大 、奋进新征程”主题活动
（王林供图）

投资45.6亿元，社会消费品零售总额44.18亿元，服务业营业收入14.1亿元。是年，汤山街道获《中国退役军人》宣传工作先进单位、全省农村垃圾分类试点乡镇优秀等次、市级作风标兵街道，龙尚村获全国五四红旗团支部、江苏省乡村振兴先进集体、江苏省乡村旅游重点村称号，青林社区获第二届宣传推选学雷锋文艺志愿服务“时代风尚”先进典型最美文艺志愿服务社区，孟墓社区获评江苏省特色田园乡村，阜东村获江苏省“民主法治示范村”称号。

【经济建设】 2022年，汤山街道贯彻落实中央和省、市、区各项决策部署，统筹抓好新冠疫情防控和经济社会发展工作。结合上峰工业集中区控规、规划环评、成片开发获批等机遇，编制上峰片区土地成片开发方案，推进聚庚科技、永华机械、敏赫新能源等在手成熟项目选址落地。加快重大产业项目建设，5个重大项目全年完成投资36.6亿元，苏豪产业园项目文博中心和商业街区建成运营，老年公寓部分交付；长三角智能制造与装备创新港项目完成装备研发区厂房改造，复杂装备系统动力学前沿科学中心、智能焊接与高效增材技术中心等重大创新平台入驻，西北工业、河北燕兴、和平重工、北方华安等国家重点企业的南京研发中心揭牌运行，创新港江苏省高端制造装备工程技术联合实验室获评江苏省首批工程技术联合实验室，创新港南京智能制造系统实验室申报全国重点实验室。全年新增规模以上工业企业10家、省级专精特新企业2家、瞪羚企业1家，实施“智改数转”企业20家。

【政治建设】 2022年，汤山街道召开园街中心组理论学习会14次，下社区、进支部讲党课19场。组建以党员领导干部、退休教师、文艺能人为主的汤山“百姓名嘴”志愿宣讲队伍，进社区、进企业、进学校开展各类专题宣讲53场，全方位、多角度宣传中共二十大精神。优化街道党工委下属党组织设置，新设立全域社会治理中心、“两新”组织2个党总支，综合执法、便民服务、非公有制企业等4个党支部，提高基层党组织在“两新”组织等领域的覆盖率。开展党员“清源提质”专项行动，核查2019年以来“两新”组织发展党员19人，完成16名村（社区）书记“专业五级”评定，2名优秀村（社区）书记转聘事业编制，229名村（社区）基层干部纳入社区工作者专业化管理体系。提升17个村（社区）党群服务中心规范化水平，进一步优化基层阵地建设。组织党员领导干部、网格员、志愿者等820人进村入户走访，收集群众意见建议677条，办成民生实事326件。坚持和加强党建引领“一条主线”，贯穿乡村振兴、基层治理、新冠疫情防控等各项重点任务的全过程、各方面。召集2758名志愿者参与网格治理，推选174名党员、16名村（居）民代表包联到户服务。推进民宿行业、乡村旅游等党建联盟，链接园区、村（社区）党建资源力量，打造特色产业领域功能型党组织，推动“党建圈”引领“产业链”共建“致富圈”。统筹各方力量，主动排查、及时发现、联动处置各类舆情风险隐患，全年处置各类舆情50余条。

【文化建设】 2022年，汤山街道建立健全园街文明城市创建三级责任体系，接受国测、省测。围绕学习宣传中共二十大精神主线，开展“奋进新征程、建功新时代”重大主题宣传，结合统筹新冠疫情防控与经济社会发展、乡村振兴、社会治理等主题，在中央及省、市主流媒体推出重点报道377篇，其中央媒体11篇、省级媒体48篇、市级媒体150篇、区级媒体168篇。深入开展精神文明创建活动，5个村（社区）获评省级文明村（社区），12个村（社区）获评市级文明村（社区），2户家庭被评为南京市最美家庭，推选葛进江、梁峰等“南京好市民”“抗疫中的南京好人”市级道德模范。依托文明实践阵地，打造志愿活动品牌，以乡村“复兴少年宫”建设为契机，将实践所（站）建设成群众喜爱、老少皆宜的实践平台。创新活动形式，组织实施“七传播七践行”“十大文明好习惯”“周六文明行动”“千人帮万家”等志愿服务项目，结合“我们的节日”、“文明实践日”、全民阅读、移风易俗等工作，开展各类新时代文明实践活动820余场。发挥理论宣讲平台作用，建强“草根宣讲团”志愿服务队，擦亮“老唐说理”“板凳课堂”“田埂课堂”“工坊课堂”等理论宣讲品牌，举办“缤纷的冬日”“七彩的夏日”等寒暑期未成年人活动。组织各类文体活动30余场，参加“贺新年、迎冬奥”全国老年人体育健身线上系列活动和第四届南京市老年人运动会健身球操比赛（女队）。全街道人均接受文化场馆服务0.64次，江苏公共文化云覆盖率60.55%。推进汤山精品文化书籍编修工作，进一步讲好汤山故事，助力汤山文旅融合发展。

【社会建设】 2022年，汤山街道围绕百姓反映强烈的烦心事、操心事、揪心事，兜住民生底线、补齐民生短板、办好民生实事，群众幸福感、获得感和安全感不断提升。加大民生保障投入力度，全年发放各类民政、计生、社会保障等救助资金2410.31万元。推进民生项目建设，园街17个城建项目完成投资12.38亿元，江宁医院汤山分院于年底竣工，汤东棚户区改造、作厂路以东保障房加快建设。加强就业与再就业工作，新增城镇就业2100人、城镇失业人员就业1100人。提供优质居家养老服务，申报1家AAAA级社区居家养老服务中心、4家AAA级社区居家养老服务中心。深化“放管服”改革，落实“好差评”制度，全年办理各类公共服务事项10035件，审批类事项129件，按时办结率100%、满意率99.97%。开展安全隐患排查、矛盾问题稳控化解工作，从严落实新冠疫情防控各项措施，做到统一调度指挥、无缝联络对接，全域总体平稳有序。

【生态文明建设】 2022年，汤山街道坚持问题导向，落实落细区委、区政府关于深入打好污染防治攻坚战、“提质增优”百日攻坚的部署要求，以生态文明建设促进高质量发展。加快汤水河流域2.7千米管网建设、3.2千米河道清淤、6家驻地部门雨污分流等治理项目建设，建立常态化的雨污水管网巡查和监测机制，同步开展河道水体排污口整治和全域水环境提升行动。制定渣土运输管理办法，对重点区域、重点路段设卡设点，设置群众举报电话，增加道路洗扫、雾炮作业范围和频次，减少扬尘和道路污染。启动新一轮农村人居环境整治五年提升行动，重点开展龙尚、高庄等8个村（社区）“多规合一”村庄规划编制工作，有序推进7个人居环境整治提升村、9个市级美丽乡村宜居村建设，龙尚尚庄村获评省级乡村旅游重点村。梳理青龙山聚落自然资源、文化特色、基础设施、产业市场等，先行启动汤山北部区域规划设计，发展特色民宿及配套产业，其中孟塘村聚集10余个乡村文创微项目，引入省植物研究所植染团队打造“食色”乡村实验室，与园博园高档酒店群形成互补。

【龙尚村团总支获评“全国五四红旗团支部”】 4月，共青团中央作出表彰决定，其中汤山街道龙尚村团总支获评“全国五四红旗团支部”。龙尚村团总支依托“锋尚青益+”青年之家阵地，融合小志工作室、圆梦教室等功能，打造“四点半课堂”“青创课堂”等特色品牌项目。其中作为江宁区首家社区级小志工作室试点单位，已登记注册青年志愿者230余人。以社区青春行动为契机，充分发挥青年社会组织作用及青年人才优势，吸引25名青年回乡创业，投身民宿建设、电商经济、乡村旅游等领域。同时，依托青年电商平台，代售草莓、葡萄等特色农产品25种，线上推介村庄民宿，年增加村集体收入150万元。龙尚村已举办创业孵化营、创业分享会、青创沙龙等活动30余场，组织开展志愿服务活动累计280余场，服务3100余人次。

（韩　洁　侯亚婷等）

【汤山水土保持科技示范园入选全国科普教育基地】 11月，经中国水土保持学会2022年科普工作委员会会议暨全国水土保持科普教育基地评审会评选，共有8家单位被评定为“全国水土保持科普教育基地”，汤山水土保持科技示范园成为全省唯一一家入选单位，填补中国水土保持三级区划——沿江丘陵岗地农田防护人居环境维护区全国水土保持科普教育基地的空白。汤山水土保持科技示范园是以汤山矿坑公园为基础升级建设而来。园区建设以新发展理念为指导，全面贯彻国家生态文明建设战略部署，以水土资源可持续利用和生态环境可持续保护为目标，以水土保持与生态文明教育为手段，以“科普、宣传、示范、休闲”为主题，创建以展示矿山生态修复为主，兼顾科普教育，集理念引领、典型示范、生态休闲、技术推广为一体的水土保持科技示范园。园区建成科普宣传教育、矿山修复技术示范、自然恢复示范、生态休闲体验等4个功能区，建有服务中心、水土保持生态文明宣传长廊、矿野拾趣乐园、水土保持百科体验、海绵城市建设理念科普、矿坑修复治理展示、水土保持植物观赏体验、温泉文化体验、生态修复示范，以及生态护坡示范大凹剧场、伴山营地、普法宣传长廊、休闲公园、冒险乐园等。

（宁　鉴）

2022年汤山街道村（社区）基本情况一览表

表20

村（社区）	户数（户）	人口（人）	耕地面积（公顷）	党组织书记	村（居）委会主任
汤山	3612	14002	59	庄明祥	庄明祥
青林	1183	3413	131	汤方祥	汤方祥
作厂	3410	8414	152	言明成	言明成
古泉	1282	3924	102	孙银祥	孙银祥
孟墓	1635	4001	527	戴光军	陈鑫烽
鹤龄	1467	3532	216	周大海	周大海
高庄	2385	5672	272	庞志平	庞志平
上峰	1896	5021	243	周贤芳	周贤芳
湖山	770	2265	77	王金广	王金广
龙尚	1392	3425	154	孔石峰	孔石峰
孟塘	998	2270	109	周传庆	周传庆
路西	962	2398	77	王　斌	王　斌
建设	966	2754	146	梁功伟	梁功伟
宁西	1007	2320	187	叶晓霞	叶晓霞
阜东	1185	3210	259	郁建松	郁建松
阜庄	1333	4200	216	侯静波	陈先先

（蔡　晶）

淳化街道

【概　况】　淳化街道位于江宁区中东部，东接镇江句容市，南连湖熟，西临东山副城，北与汤山接壤。淳化街道区域总面积198平方千米，辖31个村（社区），户籍人口21.05万人。因地“遮蔽句容，应接京口，形势冲要”，遂于北宋淳化五年（994）建镇，镇以年号“淳化”得名，元代称淳化关，明代为上元县治，清代为上元四大名镇之一，距今已有1000多年历史。淳化地势北高南低，临风向阳，有“头枕青龙山，脚踩秦淮河，中间一片向阳地”之称。江宁高新区、江宁大学城位于辖区内，拥有中国药科大学、南京医科大学等11所高校，南京外国语学校方山分校、江宁高级中学等12所中小学，南京逸夫医院等4家医疗卫生服务机构。宁杭城际铁路、宁杭高速公路、南京绕城高速公路、104国道过境，设铁路江宁站、江宁客运汽车站，南京地铁1号线、5号线（在建）经过。2022年，淳化街道完成地区生产总值85.97亿元，比上年增长2.6%；一般公共预算收入4.28亿元；全社会固定资产投入8.75亿元，其中工业投资2.39亿元，增长52.9%；规模以上工业总产值38.85亿元，增长1.2%；社会消费品零售总额42.06亿元，增长8.4%。

【经济建设】　2022年，淳化街道坚持稳中求进工作总基调，统筹新冠疫情防控和经济社会发展。新增规模以上工业企业12家、省级以上专精特新企业2家、南京市瞪羚企业2家。申报高新技术企业20家，有效发明专利拥有量231件，发明专利授权量42件，非正常专利申请撤回率97.5%。深化企业服务，完成9家规模以上工业企业“智改数转”诊断。兑现助企纾困政策，为115家企业办理留抵退税1741万元。丰旭仓储等3个实施类重点产业项目全部开工，全年完成投资5亿元，智荟产业园建成交付，入驻企业35家；丰旭智能仓储建成运营；银路工业巡检项目完成主体建设。推进乡村产业振兴，重点发展优质稻米特色产业，深化与万建民院士团队合作，与省市农科院、南京农业大学对接，研发推广水稻新品种，“宁香粳9号”种植面积333.3公顷。建成高标准农田3300多公顷。进一步提升水稻全程机械化水平，分期建设集育秧、烘干、机库、仓库“四位一体”的农业机械化服务中心。延伸“农业+”内涵，以南京新淳农业发展有限公司为载体，利用“善田江宁”平台，与农户签订水稻购销订单133.3公顷，促进农民增收致富。举办高素质农民培训班，组织农户参加部级培训2次、培训人员50人次，省级培训5次、培训人员96人次，市级培训12次、培训人员112人次。壮大新型农业经营主体，培育区级示范家庭农场16个、省级示范家庭农场2个，省级现代农业发展家庭农场项目3个、蔬菜园艺高质量发展项目2家。打造青山上堰田园综合体，新建乡村特色民宿6000平方米。全年接待游客300多万人次，旅游综合收入近20亿元。

【政治建设】　2022年，淳化街道健全理论学习中心组常态学习机制，落实巡学旁听制度，组织集中学习12次。遴选出党员中心户139户、党员楼栋长637人、楼栋长1131人，构建“联户收集—网格梳理—村社办理—协调处理—反馈群众”的工作闭环，确保群众困难问题和合理诉求事事有落实、件件有回应。开展城乡基层党组织专项整顿，组织全体党政领导、机关干部、社区工作者对辖区内12万多户家庭进行集中入户走访。开展发展党员“清源提质”专项行动，全年新发展党员33人、转正59人，均通过纪检、公安及个人提交无犯罪记录证明、信用信息报告等审查。推进廉洁村居建设，打造纪检工作室30个，不定期对党员干部进行廉政提醒，常态开展中央八项规定落实情况督查。加快街道退役军人服务站点规范化建设，科苑社区退役军人服务站创建为国家级示范退役军人服务站。

【文化建设】　2022年，淳化街道聚焦传播新思想、弘扬新风尚，开展中共二十大精神等各类专题理论宣讲160余场。加强正面宣传，在各级媒体刊发稿件687篇，其中中央级22篇、省级109篇。常态化开展新时代文明实践活动，打造全区首个“江宁共读”线下学习驿站，组织各类新时代文明实践活动500余场。组建“淳风化语”“淳声嘹亮”2支基层理论宣传队，设立“墅说亭”“诚善学习堂”等基层理论宣讲点，开展“礼赞新时代、追梦复兴路”“忆青春踪迹、传党史精神”“社会主义核心价值观我来讲”等主题宣讲活动。拓展“1+3+N”新时代文明实践志愿服务路径，组建“青淳为你”“淳为民”“护梦淳真”等新时代文明志愿服务队，在科苑社区试点“户助员”，南京市养老服务“时间银行”大学生志愿服务发展培育中心揭牌。扩大文体需求供给，开展“三送

2022年，淳化街道完成中联水泥有限公司水泥熟料超低排放改造。图为中联水泥有限公司外景（年鉴编辑部供图）

工程”进社区活动。深化“书香江宁”建设，街道图书馆新增图书2000册，各村（社区）图书馆平均新增图书200册。引进手拉手文化艺术服务中心和茗书轩社工服务社，开展线上惠民活动。街道淳之韵艺术团、方山大鼓、戏曲队等10余支团队，参加省、市、区各类群众性文艺演出和比赛，并取得好成绩。累计组建村（社区）、学校、辖区单位文体团队100多支，形成“一村一品”的文化特色。

【社会建设】 2022年，淳化街道组织“安全生产大检查”“百日攻坚行动”“百日清零行动”等专项行动，深入开展隐患大排查大整治，全面消除安全隐患。全年检查生产经营单位3356家次，发现并整改安全隐患2452处。落实新的《中华人民共和国安全生产法》，完成482家工业企业安全风险报告，对34家存在违法违规企业进行查处，未发生重特大安全事故。每月定期接访，全年接待群众来访113批次、317人次。实施大型社区拆分工作，对大学城、科苑、桥头社区拆分事项进行深入调研，完成科苑社区试点拆分工作。加强基层医保服务，构建街道、社区二级服务体系，在创建市级“15分钟医保服务圈”的基础上，进一步延伸服务范围。全年受理医保零星报销1442份、异地就医备案71份，柜台受理参保329份。提升医疗卫生服务水平，启动淳化街道社区卫生服务中心异地新建和土桥社区卫生服务中心改扩建工程。创建南京市教育助力乡村振兴优秀项目，联合南医大徐力教授团队建立“淳化中医药乡学堂”，定期免费为百姓义诊。教育教学提档升级，瑞艺路幼儿园创建为江苏省优质幼儿园，青龙幼儿园创建为南京市优质幼儿园，并确定为国家级课题“‘新幼教乡土’的构建与实践研究”基地园。设立34个“和为贵”调解室、28个社区网格化服务中心、48个网格服务工作站、3个警网融合中心、17个警网融合工作站，将为民服务和矛盾调处延伸到基层一线。在天景山警网融合点开设交通罚款自助罚缴机、居住证自助办理机、港澳台自动签注机、24小时便民自助服务等设备。投入1100万元建设“雪亮工程”，高清监控设备覆盖重点公共区域。建成智慧小区117个，新增高清探头、人脸识别装置，抓获各类违法犯罪嫌疑人40人，刑事打处7人，捣毁传销窝点12个，辖区刑事案件比上年下降52%，传销警情下降81%。提升养老服务水平，创建AAA级以上社区居家养老服务中心2个（科苑、永宁），AAAA级以上社区居家养老服务中心1个（索墅），新增社会化助餐点2个，居家上门服务率30%，时间银行年服务量4000单。

【生态文明建设】 2022年，淳化街道遏制“两高”项目盲目发展，对重点用能企业实施能源消费总量管控，淘汰落后产能企业1家，完成中联水泥有限公司水泥熟料超低排放改造。全面开展涉挥发性有机物工业园区（集聚区）梳理排查，建成“无异味”园区。在天泽苑小区开展环境空气质量保障行动，保障国控彩虹桥站点的环境空气质量。建设索墅工业园工业绿岛项目，并投入运行。实施挥发性有机物治理项目30个、清洁原料替代项目1个，“智慧工地”建设率100%。开展10家餐饮企业规范化整治、10家高效油烟净化器安装及500平方米以上学校食堂餐饮油烟排查整治工作，推广使用餐饮“码上洗”监管服务平台。第二轮中央环保督察交办件15件全部办结。常态化开展断面水质监测，确保4个水质断面稳定达标。128个小区完成垃圾分类收集设施提升改造，建成率100%，建设垃圾分类厢房500余个，创建省级达标小区10个。搭建智慧环卫体系，配置垃圾分类车辆106辆，安装自动称重及GPS(全球定位系统)，由专人监管车辆及平台运行，形成垃圾分类闭环。全面提升农村人居环境品质，滨淮马场山、周子后桥头等11个自然村建成市级美丽乡村宜居村，新建绿化新村1个。

【江苏首个土壤碳中和项目落地】3月，江苏首个土壤碳中和项目获省财政厅和省科学技术厅批准建设。该项目占地13.3公顷，总投入1.02亿元，6月正式签约，计划用5年时间，在淳化街道建设全球功能最全、规模最大、技术先进的土壤碳中和与气候变化适应研究基地。基地包括"三平台一中心"，即建设在确保粮食安全前提下，旨在增加土壤有机碳含量的农田固碳减排技术研发平台，构建全面估算土壤碳源，增加碳汇潜力的深层土壤碳汇研究平台，建设模拟未来全球二氧化碳增加、气温和地温协同升高的地表气候变化模拟平台；建设支撑国家尺度相关研究的技术研发和数据汇集，服务国家"双碳" 和气候变化适应双战略"气候模拟平台终端大数据服务中心"。

（笪　旋　柯晓虎）

【王墅青年志愿服务站揭牌】6月11日，由团区委、淳化街道新时代文明实践所联合主办的"青春聚力·文明有我"共青团助力城市治理水平提升系列主题活动在淳化举行。现场，淳化街道王墅社区"青年志愿服务站"揭牌。该工作站将作为当地基层广大青年参与、助力城市治理水平提升的学习培训平台和实践阵地，开展一系列学习、宣传和落实活动，让团员青年实地参与、贴近一线，切实融入创建工作。

（宁　鉴）

2022年淳化街道村（社区）基本情况一览表

表21

村（社区）	户数（户）	人口（人）	耕地面积（公顷）	党组织书记	村（居）委会主任
淳化	3618	9808	80	李顺平	王　晨
青龙	1350	4022	291	张映怀	陈小兵
青山	1605	4237	305	刘金萍	刘金萍
索墅	1427	3724	281	李　龙	李　龙
吴墅	1142	3252	296	周如海	王儒杰
田园	932	2784	228	张德祥	李　勃
双岗	1251	4499	224	李　杰	李　杰
土桥	1228	4138	84	周建国	张　军
新兴	1815	4871	334	蔡正明	陈　力
周郎	942	2966	225	许杭杭	许杭杭
滨淮	954	2900	260	许信圣	许信圣
民主	1445	4109	516	孙　洁	任　斌
周子	1255	3316	292	熊宣文	陶　明
西埠	961	2769	234	—	史道俊
西城	1696	4191	449	王固成	许定贵
柏墅	1231	2804	190	翁冬祥	翁冬祥

续表 21

村（社区）	户数（户）	人口（人）	耕地面积（公顷）	党组织书记	村（居）委会主任
茶岗	1238	3270	244	笪 进	笪 进
横岭	2310	6169	—	姚 为	张昌龙
杨村	1733	7570	—	严广忠	齐 平
方山	1705	6066	—	乐龙权	李正勇
成山	5825	16090	—	易兴华	易兴华
桥头	11473	22418	—	薛 伟	薛 伟
陵里	1263	4707	—	许 花	王圣刚
王墅	1391	4880	—	胡业斌	李 林
永宁	1680	4294	—	周彩培	张 帅
解溪	939	4700	—	陈荣胜	吕荣宏
新华	882	3585	—	孙 卉	阮 超
科苑	12800	29770	—	张 敏	张兴成
新林	1303	4045	209	李顺兵	李顺兵
大学城	12030	33634	—	杨 胜	郭 春

（笪 旋 柯晓虎）

禄口街道

【概 况】 禄口街道地处江宁区南部，是南京市九大新城之一，临空经济示范区核心区，享有“省门第一街”美誉。区域内坐拥禄口国际机场，机场高速及地铁S1、S7、S9线穿境而过，配套设施完善、生态环境优美、区位优势显著。禄口街道区域总面积164平方千米，辖30个村（社区），户籍人口10.35万人。2022年，禄口街道完成地区生产总值114.51亿元，比上年增长2.7%；规模以上工业总产值54.65亿元，增长17.1%；全社会固定资产投资16.88亿元，增长1.9%，其中工业投资1.25亿元，增长13.7%；社会消费品零售总额35.09亿元，增长12.5%；一般公共预算收入3.92亿元，增长9.3%。是年，禄口社区医院上榜“全国百强乡镇卫生院”；在2022年度全市实施乡村振兴战略涉农区街镇高质量发展评价中，获先进制造业主导型街镇综合奖。

【经济建设】 2022年，禄口街道沉着应对经济下行压力，紧紧围绕“三城一样板”目标定位，高质量完成年初确定的各项重点工作任务，推动经济社会各项事业稳步发展。坚持工业主体地位，围绕南京市临空经济示范区“航空核心产业+临空先导产业+临空未来产业”现代临空产业体系，加快“新临空”复合型产业布局。在手培育“小升规”企业15家，富鼎机械、华石电缆入规。氢谷能源、飞勒克工业、东轩科技等7家“小升规”企业达到升规条件，全年净增规模以上企业9家。完成规模以上企业“智改数转”20家，培育省级专精特新12家，赛达科技、胡连电子2家企业入围。赛达科技、麦驰钛业获批省级企业技术中心，麦驰钛业获区长质量奖（提名奖），聚发新材料获批市级创新产品（第一批），博达迅科技入围市级优质运用场景。编制《禄口工业集中区产业规划》《禄口工业集中区（2022—2024年）产业更新三年行动计划》，出台《禄口工业集中区厂房租赁管理办法（试行）》，强化禄口工业集中区内闲置、低效厂房的统一管理，加强承租企业监管，签订监管协议租赁企业3家，总面积7500多平方米。通过科学精准调度，将43.3公顷科研规划区域调整为工业用地，为后续工业腾挪发展空间。依托临空经济第一圈层、拓展圈层双向联动，通过为企业提供全生命周期保障与管家式服务，全力跑出项目招引“加速度”，引入南京翔东龙飞机、湖南航天磁电、南京新威航空科技等航空产业项目和博达迅等一批占地小、产出高的优质装备制造业项目。

5月12日，禄口供电所、禄口街道联合打造的新时代文明实践点“爱心驿站”，为户外工作者增添一处“休憩港湾”。图为爱心驿站外景

（马文龙摄）

【政治建设】 2022年，禄口街道压紧抓实各级党组织和党员日常学习，全年组织召开理论学习中心组学习19次、专题研讨会8次。采取推进会、座谈会、学习会、专题宣讲等方式，学习宣传贯彻中共二十大精神，主要领导主讲党课2次，用“关键少数”引领“全员覆盖”。依托“一禄有理”理论宣讲品牌，组建“百姓名嘴”“巾帼宣讲”宣讲团，开展各类宣讲活动80场次，覆盖6000余人。2人入选“南京好人榜”，1人获评“南京好市民”。开展“学仙林、见行动、优治理、创一流”活动，构建“街道‘大工委’—社区‘大党委’—网格党支部—楼栋党小组—党员中心户”五级联动组织体系，推动党建工作与网格治理深度融合。将161个综合网格通过联建或单建形式整合为94个三级网格党支部，选优配强750名党员中心户、楼栋长，填补基层治理空白，提升治理效能。实施“星火燎原”计划，打造“小区门卫护卫岗”“农村村口巡逻团”“商户联保守望亭”“公交专线平安站”等示范工程，形成“聚是一团火，散是满天星”的社会效应。坚持试点推进、以点带面，新建基层治理点位站1处、网格党群微工作站2处，推进网格、警格、党群微工作站等资源整合、力量聚合、服务融合。其中，博恩花园点位站通过社区党组织副书记驻点形式，运用“三个一”（一站信息预警、一体联动处置、一线解决问题）工作法，有效提升矛盾化解率，“12345”工单比上年下降59.7%。加大新业态新就业群体关心关爱和诉求解决力度，建立35处“宁小蜂”驿站，引导新就业群体融入社区基层治理，推动村（社区）党群服务中心“五常两聚”规范化提升取得实效。把“红色物业”建设作为党建工作重要组成部分，发挥街道党工委和村（社区）党组织引领作用，推动永兴社区“兴兴向融”、茅亭社区“亭满意”等党建品牌进小区。永兴社区成立玺禄苑小区功能型党支部后，联合物业企业、物业管理委员会、党员群众代表在议事亭累计召开联席会议4次，现场解决小区内矛盾纠纷和疑难问题20余个，并常态化开展党群志愿服务活动，居民满意率95%以上。深化党建带群建，“村村到、户户进、人人访”集中走访率100%。开展城乡基层党组织建设专项整顿，梳理问题清单263条，办理为群众办实事清单530条。组织发展党员“清源提质”专项行动，对排查整顿工作开展“回头看”。从源头严把“入口关”，对新发展的30名党员从严从实进行政治审查，杜绝四类违规违纪问题的发生。深化巡视巡察整改及成果应用，针对涉粮问题专项巡察涉及街道2个问题制定6项举措，完成短期整改任务并落实长效举措。制订并落实十四届区委第三轮巡察发现共性问题整改方案，做好区委第四轮巡察对巡视巡察反馈意见整改落实情况专项督查准备。全年召开党风廉政建设专题会议12次，开展“廉洁清风惠万民”等专项监督7项；运用“第一种形态”处置问题线索127条，主动约谈42人次，谈话提醒35人次；立案26件，办结信访件13件，问责8人，回访教育20人次。对民生领域履职不力问题进行专项治理，立案查处14人。以“同城共筑”行动为契机，深化“大工委”“大党委”工作，动员属地32家机关、部队、

国有企业、非公有制企业等单位参与、深入融入街道基层治理，构建街道社会治理区域化党建联盟，形成共建共治共享基层治理新局面。新冠疫情防控期间，成立临时党支部36个，组建党员突击队42个，设立党员先锋岗52个，深入践行“网格赋能”行动，247名机关党员干部下沉到161个自然网格，280名在职党员到社区报到参加新冠疫情防控和志愿服务，切实发挥党员先锋模范作用，让党旗在新冠疫情防控一线飘扬。推进社区工作者专业化体系建设，完成“三岗十八级”第一批次325名社区工作者认定工作，不断优化社区工作者薪酬体系。加强村（社区）“两委”后备人才队伍建设，建立后备人才库。全年组织党建专题业务培训3场、专题党务知识测试2场、青年干部培训班1期。

【文化建设】 2022年，禄口街道坚持“谁主管谁负责”和属地管理原则，加强对网络媒体的监督管理，构建有效防范、安全可靠的管控机制，牢牢掌握网上意识形态工作主动权。加快网络内容建设，最大限度壮大网上正能量，巩固主流意识形态阵地。全年召开意识形态领域分析研判联席会4次，累计对外发布宣传稿件490篇，其中中央级媒体5篇、省级97篇、市级媒体189篇、“学习强国”学习平台25篇。

【社会建设】 2022年，禄口街道加快推进实事项目实施，航空产业片区棚户区改造02地块安置房（永欣新寓蔷薇苑）完成分房1100套，涉及居民200余户。肖家山及340省道拆迁安置房（经济适用房）项目主体结构封顶，外墙及室内工程基本完工；滨河西路拆迁安置房项目启动建设。推进校安工程建设，完善教育基础设施，对辖区内中小学、幼儿园进行出新和维修，完成禄口二小塑胶运动场地等5个暑期维修项目。落实落细新冠疫情防控各项措施，全力筑牢最严防线。加强燃气安全管理，定期对黑气点进行排查整改，并对颐家春天、百利华府和蓝天名苑跟踪开展“两气”转换工程。农村房屋安全隐患排查整治行动排查农村房屋1.2万户，排查率97.5%。建设小型农村污水处理设施142座，惠及144个村，日处理量3156吨。建成二类城镇公厕14座、农村公厕176座，有23家企事业单位民用厕所加入厕所开放联盟。

【生态文明建设】 2022年，禄口街道坚持山水林田湖草沙一体化保护和系统治理，全方位、全地域、全过程加强生态环境保护。污染防治攻坚向纵深推进，空气优良率、PM2.5、PM10等重点指标均比上年下降。强化上下游联合治理，全力保障断面持续稳定达标，省考横溪河黄桥断面市级监测和4个区考断面全部达标。深化集体林权制度改革，保障草原森林河流湖泊湿地休养生息，健全耕地休耕轮作制度，推动绿色发展，促进人与自然和谐共生。严格落实长江十年禁渔，深入推进“河长制”工作。对28处水体，包括7条骨干河、12条一般河道，落实街道、村（社区）两级河长巡河制度，开展日常巡河护河行动，河长履职率100%。钓鱼滩撇水沟通过中央、省生态环境保护督察审查，平安科技园通过长江经济带生态环境省级销号验收，对21家企业及周边44个厂区，开展“回头看”检查，杜绝问题反弹。（禄口街道）

【铜山社区卫生服务中心发热门诊投用】 3月，铜山社区卫生服务中心发热门诊投入使用。作为2022年全区民生实事项目中的7个医疗保障项目之一，2021年8月铜山社区卫生服务中心发热门诊启动建设。该门诊共2层，设有发热诊室3间、隔离留观室10间，以及挂号收费室、药房、核酸采样室、CT室、抢救室、治疗室、输液室，并设立常规检验室及PCR实验室，服务功能进一步完善。

【禄口社区医院上榜全国百强】 8月，2021年度中国乡镇卫生院榜单公布，江宁区禄口社区医院入围中国乡镇卫生院排行榜100强，位列第97名，是全市唯一上榜的乡镇卫生院。2021年度中国乡镇卫生院榜单是助力全国乡镇卫生院发展的首份排行榜，由第三方媒体机构——健康县域传播平台研究团队独立开展的公益性项目，通过资源配置、医疗技术、运营管理等主要维度进行评价。禄口社区医院占地面积2.2公顷，建筑面积2.6万平方米，设7个社区卫生服务站，在职人员193人，共开设31个临床科室，配备CT、DR、彩色B超、全自动生化分析仪、电子胃肠镜、腹腔镜等设备。该院先后创建成省级示范中心、健康促进医院、省级社区医院、省级“农村区域医疗中心”，创成二级医疗机构，达到“优质服务基层行”国家推荐标准，创建省级特色科室1个、市级特色科室2个、专家工作室2个，提供一系列特色服务，如血透室、PICC门诊、心理门诊、慢病综合管理中心等。（宁 鉴）

2022年禄口街道村（社区）基本情况一览表

表 22

村（社区）	户数（户）	人口（人）	耕地面积（公顷）	党组织书记	村（居）委会主任
徒墟	719	2677	115	甘圣建	甘圣建
成功	1222	2966	77	周　峰	周　峰
张桥	1264	3269	6	程本里	程本里
黄桥	1472	4273	16	马　俊	马　俊
白云路	4649	10168	—	张　健	张　健
埂方	743	2066	166	陈大伟	陈大伟
陈巷	1197	2947	240	方　雯	方　雯
永兴	995	2522	—	段　明	—
彭福	511	1473	113	朱浩亮	朱浩亮
陶东	1290	3745	—	邢时富	邢时富
铜山	702	1470	—	方在林	方在林
马铺	821	2041	136	周明林	周明林
茅亭	3086	8970	—	邵金荣	邵金荣
石埝	1561	4412	900	张小宝	张小宝
秦村	2086	5216	—	邓迎宝	邓迎宝
山塘	2273	6406	—	蒋双喜	蒋双喜
高伏	1040	2225	—	蔡福宝	蔡福宝
曹村	926	2331	306	周向阳	周向阳
溧塘	810	2223	172	阮灿树	阮灿树
桑园	1176	2809	59	陈　文	陈　文
上穆	720	2764	606	朱　祥	朱　祥
小彭	1620	3210	472	于文斌	于文斌
新生	1210	2467	—	相恒成	相恒成
尚洪	779	3115	785	迟家才	迟家才
群力	4299	12881	—	王益强	王益强
钟村	3176	7413	—	陶文龙	陶文龙

续表 22

村（社区）	户数（户）	人口（人）	耕地面积（公顷）	党组织书记	村（居）委会主任
谢村	1085	3884	262	戴旭东	戴旭东
杨树湾	752	1560	118	周　杰	周　杰
机场	2767	1062	—	周浩浩	闫　玮
陆纲	4947	14380	—	曹　毅	曹　毅

（禄口街道）

江宁街道

【概　况】　江宁街道位于南京主城西南部，是长江水道流经江苏的第一站，拥有19.08千米的长江岸线资源，5条通江河穿境而过汇入长江。江宁街道区域总面积262平方千米，下辖22个村（社区），户籍人口10.13万人，是南京市面积最大的镇街，境内有省级滨江开发区和江南环保产业园。2022年，江宁街道完成地区生产总值47.24亿元，比上年增长3.9%，一般公共预算收入3.03亿元，增长9.3%；全社会固定资产投资21.4亿元，下降9.6%；规模以上工业总产值42.21亿元，增长2.9%；社会消费品零售总额19.15亿元，增长8.4%。

【经济建设】　2022年，江宁街道深入实施园街联动战略，依托滨江辐射带动作用，不断增强发展动能。全年有重大产业项目7个，总投资19.5亿元，其中3个实施类项目（肯特复合、江凯汽车、江海继电器）总投资5亿元，当年计划投资3.5亿元；4个储备类项目（六维三期、中域智能家居、西宁智能门窗、江宁新市镇五洋商业综合体）总投资14.5亿元，正加快办理前期手续。实施类重产项目完成投资2.01亿元。其中，江凯汽车项目（新建）总投资1亿元，主要建设1.1万平方米功能厂房、办公楼及相关配套设施，厂房主体竣工，完成内部水电、部分设备安装，部分车间开始试生产；江海继电器项目（新建）总投资1亿元，主要建设1.5万平方米功能厂房、办公楼及相关配套设施，厂房主体封顶、办公楼进行装修，年底前实现试生产；肯特复合材料生产厂区（新建）总投资3亿元，当年计划投资1.5亿元，拟建设2.5万平方米生产厂房及配套设施，正进行场地平整、项目部搭建、围墙建设、基础开挖等。把握政策机遇，研究产业趋势，发挥特色优势，精准招引优质产业项目。签约亿元以上项目9个、总投资27.65亿元，主要涉及新材料、电力能源、家居研发等领域。全年认定高新技术企业9家，其中复审5家；科创载体在孵企业22家。

【政治建设】　2022年，江宁街道成立“乡埋乡音”基层理论宣讲队伍、“红色先锋”青年党员理论宣讲队伍，依托街道3个理

12月，位于江宁街道的长江守望者联盟的“长江守望者”志愿服务项目获第六届中国青年志愿服务项目大赛铜奖。图为“长江守望者”在江宁街道长江段开展志愿服务现场　　（交汇点新闻网页下载）

论宣讲工作室，打造叶村“叶音之声”线上课堂、牧龙“庭院课堂”、牌坊“茶乡学堂”基层理论宣讲品牌。开展“礼赞新时代、追梦复兴路”“喜迎二十大”“二十大精神进万家”等群众性主题宣讲活动，上湖村举办“爷爷奶奶一堂课——共话红色庭院”系列之红色基因代代相传活动，邀请社区老党员讲党史、社区发展史，以红色思想浸润心田；叶村社区百姓宣讲团成员通过乡村广播、微信公众号平台“叶音之声”将中共二十大精神宣传到千家万户。构建1支街道新时代文明实践志愿服务支队、12支特色平台志愿服务队、22支村（社区）志愿服务队伍，形成1所、22站文明实践“15分钟志愿服务圈”。挖掘“五老人员”、邻里表率等本土能人、热心人士，带头成为新时代文明实践志愿者，带动身边居民加入志愿者队伍，组建350余人的“江宁群众”志愿服务队伍和应急志愿服务队伍，在新冠疫情防控、应急救援等突发情况下贡献志愿力量。形成长江守望者联盟巡江支队、盛江社区楼栋长志愿服务队、牌坊村“三青”志愿服务队、叶村“邻里帮帮团”等社会志愿者队伍，涵盖环保宣传、政策宣传、文化倡导、困难群众帮扶、青少年服务、老年人服务、茶乡公益服务、百姓宣讲等贴近群众需求的服务内容，为邻里互助发挥示范作用。围绕家风民风乡风培育、基层理论宣讲和乡村志愿服务等，坚持“一村一品”“一社一特”，串点成线、连线成面，重点打造牧龙“好家风”，以家风促民风育乡风；叶村“叶音之声”，以小见大讲好乡村故事；牌坊“如愿茶乡”，以志愿服务激活乡村活力等社区级文明实践特色品牌。结合长江岸线环境整治，围绕文明实践主题打造的“长江守望者联盟”品牌项目，以“长江情”“故乡情”为切入点，吸引当地居民参与文明实践活动，并从服务对象转变成为志愿者提供服务，形成巡江志愿队、“长江小浪花”儿童志愿服务队、“长江儿女”百姓公益宣讲团等社会志愿队伍。

【文化建设】 2022年，江宁街道依托自身丰富的文化资源，开展一系列独具特色的文化活动，营造健康向上的文化氛围，丰富和满足社区居民精神文化需求。坚持“一村一品、一村一韵”，打造黄龙岘、朱门农家、红楼稻香村等20多个市级美丽乡村示范村，将乡土文化植入特色产品、乡村休旅、社区治理等领域。结合“文明实践日”“我们的节日”“长江大保护统一行动日”“文明有‘宁’，携手同行”等主题，通过线上线下等方式，举办全覆盖、分众化、菜单式文明实践活动500余场。重点打造“道德讲堂”公民道德建设工程，邀请专家、好人典型、优秀志愿者代表定期走近居民开展社会主义核心价值观、孝老爱亲、助人为乐等宣讲会、分享会。创新“新风荟”移风易俗品牌，以闯关定向赛、知识问答、朋友圈打卡等形式向居民宣传移风易俗理念，培育文明乡风。针对“一老一小”、孤寡病残等特殊群体，融合乡村“复兴少年宫”、居家养老服务中心建设，开展寒假安全自护、暑期爱心小课桌、困境儿童慰问、爱心义诊、健康知识讲堂、助老服务入户等志愿服务关爱行动100余场。对新建成的2000平方米的文体中心大楼，引进第三方社会组织进行运营管理。全街道22个村（社区）均拥有1000平方米以上的文化活动场地和设施。

【社会建设】 2022年，江宁街道陆郎新社区规划落地，4个村庄规划报批，8个村庄规划加快编制。全年有城乡建设计划项目19个，当年计划投资7.73亿元，完成投资5.98亿元。江宁新市镇PPP项目、江宁河综合整治项目等重点工程加快推进，新市镇项目安置房（1576套、13.8万平方米）建成，新市镇宁芜铁路以东区域（房屋拆迁面积1.9万平方米）征迁安置工作启动。陆郎新农贸市场竣工，江宁卫生院、为民服务中心、综合养老服务中心等项目进入室内外装修阶段，陆郎中学项目被纳入全区2022年城建计划A类项目以及“三重一大”项目。实施农村道路提档升级及修复10余千米，216个农村人居环境整治村长效管护成效明显，黄龙岘生态旅游产业转型有序推进，其中文旅体验空间竣工并投入使用。深化“大数据+网格化+铁脚板”治理模式，完成41个居民小区垃圾分类收集设施改造，3个集镇消防站、智慧消防监管系统、社会治理信息化平台加快建设，建成蒋家湾、油坊河等一批防汛消险工程。

【生态文明建设】 2022年，江宁街道贯彻落实习近平总书记关于推动长江经济带发展的重要战略思想，推进生态环境综合治理、系统治理、源头治理，打好污染防治攻坚战，持续改善生态环境质量。锚定“双碳”和“双控”目标，以低效闲置用地盘整和工业集中区转型升级为目标，整治清退一批落后产业。加强对清修木材市场等重点领域的清理整治，深化重点行业领域绿色化改造，探索低排放、高质量发展的新路子。累计实施各类大气治理类项目474个，完成工业园区雨污分流、排污口排查整治和黑臭、劣Ⅴ类水体整治3个治理类项目，2个省考（俞王庄河坝、江宁河口—林山下游长江断面），3个市考（江宁河闸、宁芜公路桥、铜井农桥）断面水质稳定达标。做好中央第二轮环保督察反馈问题整改工作，15件主办件中有13件整改到位，剩余2件正加快整改。组织专门队伍下沉企业开展专业化检查，建立“一企一档”问题清单，加强扬尘管控、落实降尘举措。加强通江河支流水质监测，时刻关注长江水系水质变化。（何 泽）

【省“社区基金与社会工作融合发展”标准化试点项目落户】 10月，全省民政标准化试点项目——“社区基金与社会工作融合发展”标准化试点基地揭牌仪式在江宁街道牌坊村举行。该项目由市民政局指导，市慈善事业发展中心牵头申报，省民政厅批准立项。牌坊村是该项目正式落地的首个试点基地。“社区基金与社会工作融合发展”标准化试点项目以社区基金为抓手，以社会工作服务站为主体，充分发挥“五社联动”作用，促进社区慈善与社会工作协同发展。（宁 鉴）

2022年江宁街道村（社区）基本情况一览表

表23

村（社区）	户数（户）	人口（人）	耕地面积（公顷）	党组织书记	村（居）委会主任
江 宁	3303	8093	194	陈 平	—
盛 江	5042	12321	244	马 雷	—
清 修	1721	4385	340	顾宗火	—
上 湖	1656	4380	327	陶 勇	—
司 家	1898	4728	217	陈彬彬	—
新 洲	660	1550	253	高慎富	—
陆 郎	2315	5693	184	马明莉	—
河 西	1102	2845	161	汪传平	—
西 宁	1185	3061	291	吴家平	—
荷 花	1850	4694	488	吴书全	—
朱 门	1448	3811	177	张 磊	—
大 庙	1058	2856	224	王 勇	—
牌 坊	951	2248	178	邢有明	—
花 塘	1512	3732	383	朱泉贵	—
庙 庄	1083	2926	204	秦礼军	—
新 铜	3302	7857	692	陈舒娴	—
星 辉	2714	6975	476	—	—
天 然	867	2352	116	黄益红	黄益红

续表 23

村（社区）	户数（户）	人口（人）	耕地面积（公顷）	党组织书记	村（居）委会主任
洪 幕	998	2566	196	王德荣	—
南山湖	2267	5523	303	张 静	—
牧 龙	2593	6209	320	陶 伟	陶 伟
叶 村	1078	2493	34	杨苑秋	杨苑秋

（何 泽）

谷里街道

【概 况】 谷里街道位于南京30千米半径都市圈核心区西南部，地处国家级江宁开发区和省级滨江开发区腹地，直接受两开发区的辐射带动，是南京南部旅游、休闲产业重点发展组团及牛首—云台绿色廊道建设带。谷里街道区域总面积91平方千米，辖11个村（社区），户籍人口4.29万人，流动人口3.12万人。2022年，谷里街道实现地区生产总值42.61亿元，比上年增长0.8%，一般公共预算收入2.04亿元，下降49.9%；规模以上工业总产值43.15亿元，下降3.2%。

【经济建设】 2022年，谷里街道净增规模以上工业企业8家，总数60家；净增高新技术企业4家，总数37家。完成工业投资1.92亿元，增长12.2%，16家企业完成技改备案，20家规模以上企业实施数字化转型。完成低效用地再开发12.2公顷，盘活闲置工业载体6000平方米。物流交易额12.01亿元，软件业务收入1.72亿元，技术合同交易额4180万元，高新技术产业投资额743万元。规模以上工业企业中有研发活动企业29家，占48.3%；发明专利授权量28件，有效发明专利拥有量121件；科技型中小企业备案42家。实现社会消费品零售额19.55亿元，增长15.7%，接待游客265万人次，旅游收入5.85亿元。粮食耕种面积只增不减、达产稳产，蔬菜复种面积3966.7公顷，总产量13.76万吨，农业机械化水平93.8%。深入实施乡村振兴战略，获评2022年“中国最美村镇·乡村振兴标杆奖”，谷里农业园创成省级农业示范园。举办第六届中国江苏种博会，创成省级特色田园乡村1个，通过省级乡村振兴就业富民基地、省级生态宜居美丽示范街道验收。

【政治建设】 2022年，谷里街道把政治建设摆在突出位置并贯穿始终，激发基层党组织活力。立足党工委带头学，常态开展学习研讨20次，组织专题辅导5次、交流发言4次。围绕学习宣传贯彻中共二十大精神，系统谋划搭建“领导干部带头学、党政班子集体学、党员群众互相学、街道上下共同学”的学习体系，开展市区两级宣讲团报告会3场，通过庭院课堂、车间课堂等特色宣讲微课堂举办群众性宣讲26场。加强村（社区）“两委”班子建设，9个村（社区）实现书记主任一肩挑，班子成员平均年龄35.5岁，党员占90.2%，大专及以上学历占98.97%。优化调整中

谷里街道徐家院郁金香花海　（谷里街道宣传办摄）

层干部 15 人次，提拔中层干部 7 人，街道 35 岁以下中层年轻干部占 17.6%，营造出干部良性流动和健康成长的良好环境。

【文化建设】 2022 年，谷里街道围绕传统节日，组织开展村（社区）、街道、区级以上各类文体活动 100 余场，举办各类展演、赛事 10 余场。文化场馆服务 32 万人次，人均体育场地面积 68.48 平方米。非遗项目谷里鱼圆入选南京市非物质文化遗产。

【社会建设】 2022 年，谷里街道进一步优化空间布局，谷里新市镇控制性详细规划获批启用，亲见、公塘等“多规合一”村庄规划基本完成。克服高温、新冠疫情等不利影响，2528 套土地综合整治复建房建成并交付。完成实施类城建项目 17 个，总投资 3.3 亿元，省中医院牛首山分院南区建成投用、北区达序时进度，第四幼儿园主体完工。狠抓安全生产，火警发生起数下降 28.8%，未发生重大及以上和涉企火灾事故，安全生产继续保持零事故、零死亡。承接乡村公益医疗互助项目试点工作，参加总人数 38991 人，参加率 97.34%，居全市 14 个试点街道首位，筹集互助金 311.9 万元，平均减轻居民住院医疗负担 36.6%。城乡最低生活保障标准稳步提高，由 985 元 / 月提高到 1030 元 / 月。全年发放低保救助金 330.69 万元、特困补助资金 197.57 万元、残疾人“两项补贴”531.47 万元、困境儿童生活补贴 35.55 万元，支出救助金 4.64 万元。

【生态文明建设】 2022 年，谷里街道践行“绿水青山就是金山银山”理念，生态环境质量持续改善。从严落实第二轮中央生态环境保护督察交办任务，7 件主办件全部整改闭环。严格管控空气污染，PM2.5 平均浓度 19.2 微克 / 立方米以下，居全区第一，空气优良率 85.1%。全面消除劣Ⅴ类水体，新建 6000 吨污水处理设施，市考板桥河、新肖家路桥断面水质达标。生态环境安全生产工作落实到位，未发生等级以上原发性突发环境事件。完成 22 块森林督查图斑整改工作，全街道林木覆盖率 32.91%。（谷里街道）

【周村创建为国家级充分就业社区】 1 月，第五批国家级充分就业社区名单公布，谷里街道周村社区榜上有名，成为江宁区首家创建国家级充分就业的社区。周村社区以就业工作作为提升民生福祉的抓手，始终坚持把高质量就业服务做到实处，不断提高站位、加强组织，始终把就业增收作为重大民生事项来抓；严究自查、逐求实效，成立工作小组，制订工作计划，实行网格化分片管理；学习先进、自谋提升，并按照“国标”不断提优增效，巩固社区公共就业服务成果。

【谷里获批建设省级现代农业产业高质量发展示范园】 8 月，2022 年省级现代农业产业高质量发展示范园建设名单公布，谷里现代农业产业高质量发展示范园获批建设。谷里现代农业示范园距南京主城区仅 8 千米，是南京近郊最大的蔬菜生产基地和保供基地，也是中国蔬菜协会命名的全国首批 13 个“优秀蔬菜生产商”之一。园区建有 20 万平方米全国领先的智能温室大棚，拥有有机基质无土栽培系统、水肥一体化灌溉系统和农业物联网智能化系统。经过多年迭代发展，园区已形成“以蔬菜种业科技推动蔬菜产业发展”“以集成技术提升蔬菜产业高质量发展”“以产后处理、加工和农旅融合完善产业链提升价值链”三大特色。

【第六届江苏蔬菜种博会开幕】 11 月 3 日，第六届中国 · 江苏蔬菜种业博览会在谷里产业高质量发展示范园开幕。该届种博会以“苏菜产业兴、种业芯担当”为主题，现场展示国内外 130 家科研单位、高校、种业企业的蔬菜品种 1518 个。种博会展示面积 13.3 公顷，分为露地展示区和设施展示区，主要展示适合长江中下游地区秋季栽培的茄果类、瓜类、叶菜类及地方特色蔬菜等新优品种。现场还对江苏省蔬菜产业链 15 项技术体系进行展示。（宁 鉴）

2022年谷里街道村（社区）基本情况一览表

表 24

村（社区）	户数（户）	人口（人）	耕地面积（公顷）	党组织书记	村（居）委会主任
谷里	2634	6820	347	周传林	严 浩

续表 24

村（社区）	户数（户）	人口（人）	耕地面积（公顷）	党组织书记	村（居）委会主任
张溪	1364	3482	310	陈福俊	陈福俊
公塘	1295	3473	175	宋光勇	宋光勇
双塘	1382	3584	285	翟　昊	翟　昊
向阳	2594	6529	167	张亚峰	张亚峰
箭塘	1435	3968	206	周金娣	周金娣
周村	1164	3271	144	幸义龙	幸义龙
荆刘	803	2106	203	曾　鹏	曾　鹏
石坝	1285	3178	188	王　宁	邹　超
亲见	937	2502	367	李富园	李富园
柏树	1110	3289	307	陈家龙	陈家龙

（谷里街道）

湖熟街道

【概　况】　湖熟街道地处江宁区东南部，位于江宁、句容、溧水三地交界，跨句容河两岸、337省道穿境而过，距南京中华门20千米，是长江中下游“湖熟文化”发源地，也是江苏省百家历史名镇之一。境内有杨柳村古建筑群、回民一条街、台型遗址等旅游景区和名胜古迹。湖熟历史文化底蕴深厚，人才辈出，报业巨子史量才、国医泰斗张栋梁等都是湖熟人。湖熟街道区域总面积146平方千米，下辖22个村（社区），户籍人口8.88万人。2022年，实现地区生产总值55.08亿元，比上年增长6.8%；一般公共预算收入2.34亿元；全社会固定资产投资11.1亿元，增长6.1%；规模以上工业总产值40.62亿元，增长2.3%。

【经济建设】　2022年，湖熟街道有市、区级实施类重大产业项目2个，项目总投资5亿元，当年投资1.3亿元。签约亿元以上项目9个，投资总额33亿元。在手项目10个，签订正式协议7个、签订意向协议3个，总投资43.3亿元。项目全部投产后，预计年实现产值26.86亿元、税收1.4亿元。建成街道自持标准厂房项目，发挥产业孵化器作用，培育一批专业化、精品化、特色化优质企业。

【政治建设】　2022年，湖熟街道在新冠疫情防控卡点设置党员先锋岗，全体机关党员干部下沉抗疫一线，党员向阵地向支部“双报到”，构建湖熟红色“防疫网”，引导党员在基层一线培根铸魂。开展村（社区）党组织书记党员发展专项培训、“两新”党组织书记暨“两新”组织党务专员专题培训，聚焦基层党建工作中的重点难点问题，帮助党务工作者拓宽视野、把握规律、优化方法、提升素质。与18家市级单位、4家区级单位开展结对共建，形成多个重点培育项目，推动解决基层治理难点痛点。制定优秀中青年储备干部“4020计划”选拔培养方案，做好储备干部补充工作，通过笔试、面试、考察等形式，充实年轻储备干部储备库。按照全面从严治党要求，严把发展党员入口关，组织入党积极分子进行理论测试和培训，吸收26人入党。开展“村村到、户户进、人人访”集中走访活动，机关干部及工作人员全员下沉走访，实现全域全员覆盖，形成办事清单，推动解决一批基层问题。制订《湖熟街道“一网一站一机制”，提升基层党组织联系服务群众水平工作实施方案》，深化党建引领基层治理，推动“两站”、宁小蜂驿站等建设，确保形成“一网”兜起民生大小事，“一站”集聚服务多功能的治理格局。开展党员楼栋长、党员中心户联户工作，提升群众自治积极性，打通基层治理“神经末梢”和服务群众“最后一米”。

【文化建设】 2022年，湖熟街道稳步推进新时代文明实践工作，完成“1所+22站+35点”阵地建设，吸纳30余家社会组织和100余名社工，为新时代文明实践工作注入专业力量。开拓“理论+志愿服务”模式，动员文明实践志愿者参与文明城市创建、新冠疫情防控等，凝聚群众力量，引导群众共建共享。将文明实践与复兴少年宫等工作相融合，全年开展各类志愿服务活动300余场。举办“江宁之春”系列文化活动，包括“我们的节日·元宵节品民俗 虎跃龙腾闹元宵”活动、非遗进景区“五一”5天乐活动、“感悟湖熟文化，享受水乡生活”田园生活节活动、“我们的节日·端午”主题活动暨第10届杨柳湖诗词诵读分享会、南京市百场公益演出、送戏下乡等文化活动65场，丰富群众文化生活，增强居民文化需求的获得感和幸福感。完成南京市“服务群众、你点我送”体育健身进社区活动6场次，承办2022年江宁区老年人“全民健身日”暨体育健身项目展示活动、湖熟稻乐园接力赛、第九届广场舞大赛等体育赛事8场，举办第18届南京农业嘉年华主会场系列活动。

【社会建设】 2022年，湖熟西片区控规获市政府批复，周岗控规和一批“多规合一”村庄规划通过专家评审，拟报市规划资源局技术审查。全年实施城建计划24个，总投资2.88亿元。拓宽改造农路2条（咸东路、下钱路）、1.02千米，危桥改造2座，主次干道装灯率100%。完成7个森林督查图斑整改，整改率100%。深化非诉讼纠纷解决综合平台建设。全年调解各类矛盾纠纷2261件，化解街道领导交办案件63件，纠纷调处成功率99%以上。建立健全信访风险预警防控机制，接待群众来访503起、700余人次，办理上级转办件、信箱等133件，按时处理回复率100%。巩固“难题一网打尽，服务一站到底”社会治理一体化成效，压实“一格一站”“进网入格”工作要求，创新“三精三微”工作模式，实现对全街146平方千米、113个综合网格、22个村（社区）全面覆盖，巡查走访28853次、服务记录107071条，建立网格交流微信群113个，群内人员38298人，每月交流信息2万多条。

【生态文明建设】 2022年，湖熟街道开展挥发性有机物专项整治，完成40家涉挥发性有机物企业关键环节核查和整治提升工作。入户排查37家企业54套活性炭治理设施，对单一低效活性炭设施进行升级改造。组织产业集群整治“回头看”，对家具制造、包装印刷、橡塑制品企业进行专项检查368家次。开展餐饮油烟整治行动，新（换）装高效油烟净化设施餐饮服务单位10家。印发2022年秸秆禁烧和综合利用工作方案，强化夏秋季秸秆禁烧，广泛宣传、加强管控，利用“千里眼”监控系统对辖区内禁烧情况进行实时监管，未出现生态环境部卫星遥感通报火点。定期开展主要河流入河泵站和直接入河河道水质检测，编制句容河沿线5个整治类排污口、27个规范类排污口“一口一策”整治方案。开展危废固废安全专项整治，对辖区内64家重点涉废企业实行常态化监管，对小微产废单位落实规范化管理措施，建立健全危废监管体系。

【钱家渡被命名为省首批“无限定空间非遗进景区”示范项目】 6月12日，在镇江西津渡江苏省“文化和自然遗产日”主会场，经过专家评定，湖熟街道金陵水乡钱家渡被命名为江苏省首批“无限定空间非遗进景区”示范项目。钱家渡作为全省唯一一家与美丽乡村结合的景区，依托湖熟地区文化特色，立足水乡生态肌理，创新打造非遗工坊、非遗集市、非遗创意空间及非遗美食等多项非遗展示及体验项目。非遗工坊展示南京金箔、江宁剪纸、南京绳结、蚕丝皂制作工艺、面塑等13种非遗技艺。非遗集市位设置南京云锦、高淳羽毛扇、金陵竹刻、南京布艺、葫芦画等非遗技艺制作展示区及文创售卖区。非遗创意空间将非遗作品、非遗文化元素植入到空间内，增强游览体验感。钱家渡桥头小食售卖南京板鸭盐水鸭、鸭血粉丝、谷里鱼圆、陆郎茶干等非遗小吃。钱家渡景区引入非遗项目后，周末游客量单日增加约1000人。

（湖熟街道）

【南农大湖熟菊花基地入选全国科普教育基地】 4月，中国科协发布2021—2025年第一批全国科普教育基地名单，位于湖熟街道的南京农业大学湖熟菊花基地入选。全国科普教育基地是指由科技、教育、文化、卫生、农业、安全、自然资源、旅游等领域机构兴办，面向社会和公众开放，具有科普和教育功能的示范性场所。南京农业大学湖熟菊花基地核心区占地10公顷，拥有现代化温室3万多平方米、科普展教区面积2.2万平方米。该基地建有中国菊花种质资源保存中心，收集保存各类菊花资源5000余份，保存资源类型和数量居世界首位，承载菊花种质资源保存与展示、品种研发与示范、菊花衍生产品开发、景观营造、文化宣传等功能。南京农业大学湖熟菊花基地已连续举办9届菊花展，创建“中国菊花研究网”“南农菊品”微信公众号等平台，依托“南农易农”“农技耘”App搭建线上服务体系，提供科普咨询与服务。2013—2022年，累计接待游客约385万人。

【第18届中国·南京农业嘉年华在湖熟开幕】 9月16日，2022“苏韵乡情”乡村休闲旅游农业（南京）专场推介暨第18届中国·南京农业嘉年华在湖熟街道现代农业产业园开幕。此次活动由省农业农村厅、省文化和旅游厅、市人民政府主办，市农业农村局、市文化和旅游局、区人民政府承办。全国农业领域专家沈其荣院士、张洪程院士，副省长马欣、省农业农村厅厅长杨时云、副市长黎辉、市农业农村局局长张屹、区长洪礼来、区委副书记张思明等出席活动。开幕式上，“苏乡十三韵”情景短剧，生动呈现全省13个市的休闲农业特色内容。活动现场，主办方发布江苏省休闲旅游农业十大特色模式、100个经典项目和120家江苏省乡村休闲运动基地，并对南京富蓝特蓝莓种植专业合作社、江宁区金美家庭农场等40家主体授予南京市“苏韵乡情”品牌系列标识使用权。谷里街道的都市农业公园+康养温泉度假区项目、湖熟街道的海岳天初级农产品加工流通基地项目等一批南京市一、二、三产融合重点项目合作签约，总金额超10亿元。围绕“农民的节日、市民的盛会”主旨，该届农业嘉年华采取“1+3+N”交融互动模式，致力呈现集吃、喝、游、乐、学、购等元素于一体的全域嘉年华，系列活动持续至11月10日，全市各区开展系列活动132场，其中江宁区举办32场特色鲜明的主题活动。作为嘉年华的主会场所在地，湖熟街道聚焦“相‘菊’金陵水乡、遇‘稻’都市田园”主题，进一步做强菊花、稻米、水产等主导产业，展示现代农业成果，拓展农业发展新赛道、营造农业消费新场景。活动主会场周边还打造农业奥特莱斯，涵盖耕读馆、农夫市场、多米餐厅、稻米奇遇乐园、水乡研学接待中心等主题空间。突出科技助农、产业兴农，集中呈现集展示智慧农业新场景、推广种业振兴新品种、搭建招商引智新平台、打造金陵优品新生活、展现农耕文化新体验、培育农业农村新人才于一体的特色嘉年华。活动期间，主会场特别组织9名驻村第一书记开展线上直播带货，携特色农产品集体出圈，以“书记代言+文化输出+电商直播”的模式助农增收，通过推介优质农产品、传递乡村文化。活动现场还举行“南京市大学生耕读教育实践基地”授牌仪式。

9月16日，2022“苏韵乡情”乡村休闲旅游农业（南京）专场推介暨第18届中国·南京农业嘉年华在湖熟街道现代农业产业园开幕。图为第十届湖熟菊花展　（湖熟农业综合开发有限公司供图）

【“味稻小镇”获批建设都市现代农业产业示范园区】 11月，2022年度市级都市现代农业产业示范园区建设名单公布，湖熟现代农业示范园入选。湖熟现代农业示范园以优质稻米、精致园艺、特色水产等为特色产业，于2011年启动园区建设，2014年被认定为省级现代农业产业园区、省级科普教育基地、市级农业科技示范园区，2018年被评为南京市首家“味稻小镇”、省级主题创意农园，2019年被评为市级农民田间学校，2020年被评为国家现代农业科技示范展示基地、省级高素质农民培育实训基地。湖熟街道立足农业优势产业，致力于探索现代农业发展新路径，发展高质高效型的智慧农业，推进生态健康型的绿色农业，促进产业兴旺型的现代化农业，推动农业增效、农民增收。同时，依托湖熟现代农业示范园带动效应，推广新品种、新技术、新模式、新业态、新装备，调动粮食生产主体种粮积极性，多措并举推进现代农业发展。

（宁 鉴）

2022年湖熟街道村（社区）基本情况一览表

表 25

村（社区）	户数（户）	人口（人）	耕地面积（公顷）	党组织书记	村（居）委会主任
湖熟	2179	6895	225	徐国才	徐国才
河南	1698	4415	202	李春海	李春海
和进	1672	4639	259	吴昌明	吴昌明
金桥	782	2446	5	杨大顺	杨大顺
新跃	1288	3385	320	王敦朝	王敦朝
耀华	1033	2890	690	赵友勇	孔令平
河北	1587	3762	452	赵孔平	赵孔平
三界	787	2239	240	张 勇	董 静
丹桂	1230	3571	393	梁晓明	茅昌顺
龙都	1902	4286	560	刘 晋	刘 晋
双新	2290	5449	513	潘 旭	潘 旭
新农	1405	3389	567	李 韦	李 韦
杨柳湖	1970	4337	378	钟 超	—
东阳	1484	3711	535	王 勇	王 勇
晶明	1500	4800	387	蒋崇灯	蒋崇灯
万安	2527	5376	400	樊 竹	樊 竹
周岗	1623	3462	260	陈 武	陈 武
尚桥	1410	3326	386	尤枝花	尤枝花
绿杨	1637	4323	440	张 亮	张 亮

续表 25

村（社区）	户数（户）	人口（人）	耕地面积（公顷）	党组织书记	村（居）委会主任
徐慕	1704	4628	882	张庭成	王登宝
钱家	1168	3101	390	尹家志	尹家志
和平	1398	3980	408	丁桂平	丁桂平

（湖熟街道）

横溪街道

【概　况】 横溪街道地处江宁区西南部，距南京市中心30千米，南接安徽马鞍山市区和当涂区，东邻禄口机场，西连滨江开发区，北接江宁开发区。横溪街道区域总面积215平方千米，辖10个社区居委会和11个社区村委会，户籍人口8.15万人。2022年，横溪街道实现地区生产总值50.63亿元，比上年增长1.4%；规模以上工业总产值16.88亿元，下降9.2%；一般公共预算收入1.62亿元，下降30.4%。

【经济建设】 2022年，横溪街道统筹新冠疫情防控和经济社会发展，办理留抵退税1232万元。启动闲置低效用地提质增效工作，劝离高耗能企业1家，推动南京银丰纸业等2家企业搬迁，盘活陶吴工业集中区低效用地4.7公顷。强化创新主体培育，新增规模以工业企业7家、高新技术企业10家、省民营科技型企业5家，科技型中小企业备案38家，实施“智改数转”项目15个。推进“一网通办”“最多跑一次”改革，新增各类市场主体1153个。加大政策扶持与奖励力度，规模以上工业企业研发投入强度为2.63%。加强知识产权保护与利用，知识产权质押项目7个、助企融资5500万元。

【政治建设】 2022年，横溪街道落实街道党工委会议“第一议题”制度、党工委理论学习中心组学习首要内容制度，第一时间学习习近平总书记最新重要讲话重要指示精神。推进党史学习教育常态化长效化，深入学习贯彻习近平总书记两次在省部级主要领导干部专题研讨班上的重要讲话精神，组织开展中共十九届六中全会精神和《习近平谈治国理政》第四卷专题学习宣讲45场，推动各级党组织和党员干部深刻领悟“两个确立”的决定性意义，进一步增强“四个意识”、坚定“四个自信”、做到“两个维护”。坚持把学习贯彻落实中共二十大精神作为首要政治任务，推动全街上下统一思想、统一意志、统一行动。开好“思政课堂”，全年开展中心组学习32次、交流研讨7次。创新开设“周末课堂”专题学习并连续举办18期，邀请专家学者集中授课，让党员干部开阔眼界、增强本领、提升素质。

【文化建设】 2022年，横溪街道坚持文体惠民、文体利民，组织开展各类文体活动，丰富群众文化生活。加强文体场所监管，做好文物保护和非遗传承等工作，举办“绿水青山展新貌、瓜乡振兴迎盛会”第21届中国江宁横溪西瓜节暨第22届“江宁之春”横溪专场演出。开展各类体育场地设施安全检查15次，更新室外健身路径17处、室外篮球场1处，新增体育场地9.5万平方米。组织文物安全巡查10次，完成石塘村61号井、渣塘72号井、梅村北门口桥、梅村南门口桥4处损坏文物修缮保护工程，丹阳龙灯和皮老虎成为第五批江苏省非物质文化遗产代表性项目。

【社会建设】 2022年，横溪街道把社会民生事业作为“一号工程”加以推进，新开工陶吴二期和126省道陶吴、丹阳地块安置房42万平方米、2956套。完成9.6千米农路提档升级和13座农村危桥大修，陶吴老政府宿舍楼改造和楚云街背街小巷出新，惠及居民256户。推进校安工程建设，开工建设桃红中学、横溪幼儿园，计划2024年春季投入使用；启动丹阳卫生院、陶吴卫生院建设。全面落实城乡低保、特困供养、残疾人救助等保障政策，开展困难群体救助帮扶专项排查，实施大病临时救助260人次、251万元。组织统筹发展和安全“大走访、大排查、大攻坚”行动，开展“环保油”专项整治和消防火灾、既有建筑、群租房、城镇燃气等27个重点行业领域百日攻坚行动，排查各类安全隐患816处，整改

横溪街道七仙大福村 （年鉴编辑部供图）

率93%，全年未发生生产安全事故。开展维护意识形态安全专项检查，建立重要节点“日报告”“零报告”制度，强化风险研判化解，无重大影响舆情发生。

【生态文明建设】 2022年，横溪街道完成中央环保督察5个交办问题整改和官山坳尾矿销库披露问题整改销号，推进云台山硫铁矿生态环境问题整改清仓见底，环境质量持续向好。实施横溪、丹阳、陶吴集镇雨污管网维修改造工程，压实河湖长、断面长责任，赵村水库等5个省、市、区考断面水质稳定达标。从源头压降污染物排放，加强对重点企业、工地扬尘监管，完成57个挥发性有机物治理项目，空气质量优良天数比率87%，PM2.5浓度为19.4微克/立方米。实施大岘、泗陇水库消险，石塘、官长水系治理，长兴圩撇洪沟水质提升工程，实现水质与安全双保证。

（横溪街道）

【丹阳社区卫生服务中心新建工程开工】 5月8日，横溪街道丹阳社区卫生服务中心新建工程项目开工。丹阳社区卫生服务中心新建工程是全区2022年度人大票决民生实事项目，位于丹阳社区秦城街48号，新建工程项目规划总占地面积0.75公顷，总建筑面积12071平方米，新建建筑面积8991平方米（含地上建筑面积5267平方米和地下建筑面积3724平方米），老住院楼改造3080平方米，项目总投资1.1亿元，计划2023年年底竣工。

【第21届横溪西瓜节线上开幕】 5月20日，第21届中国江宁横溪西瓜节暨第22届“江宁之春”群众文化节横溪专场演出在线上上演。演出以开场鼓《欢欣鼓舞新征程》引爆现场气氛，丰收赞歌短片《振兴路上你我同行》、歌舞《西瓜情》等节目轮番上演。截至当天上午12点，微江宁、江宁发布、江宁LIVE三大直播平台累计观看人数超16万人次。此次专场文艺演出主会场设在龙乡·双范，分会场分别是以江宁最高山横山、最大淡水湖蟠龙湖等为代表的山水专场，以富民增收台创园、溪田田园综合体等为代表的乡味专场，以文化自信新四军第一支队指挥部旧址、横山县抗日民主政府旧址等为代表的人文专场。2022年，横溪西瓜种植面积2667公顷，其中设施种植2000公顷，试验种植新优名特品种80余个，其中大面积推广种植“小兰”“苏蜜518”等新优名特品种10余个。 （宁 鉴）

2022年横溪街道村（社区）基本情况一览表

表26

村（社区）	户数（户）	人口（人）	耕地面积（公顷）	党组织书记	村（居）委会主任
横溪	3070	6970	268	刘成军	刘成军
官长	1203	2535	165	佘小锐	张 通
红旗	1571	3341	255	詹强酉	詹强酉
云台	1673	3638	131	龚 健	龚 健

续表 26

村（社区）	户数（户）	人口（人）	耕地面积（公顷）	党组织书记	村（居）委会主任
新杨	1589	3550	265	王　恒	唐　浩
安民	1892	4277	362	韩　健	韩　健
许呈	2004	4562	246	张小祥	张小祥
横山	1153	2749	57	徐颂涛	徐颂涛
石塘	561	1292	12	曹露璐	程　浩
陶吴	1557	3016	34	刘春海	刘春海
新杭	1803	3886	81	尚宗刚	方　伟
甘西	1339	3134	173	魏世进	魏世进
西泉	1410	3048	155	柏海林	柏海林
西阳	2101	4488	102	陈传奎	陈传奎
甘泉湖	2337	4928	121	鲁长林	鲁长林
丹阳	3361	7758	358	刘学林	刘学林
勇跃	1187	2904	255	李凌霞	李凌霞
宁光	1572	3440	263	龚道喜	龚道喜
山景	1444	3136	286	程　龙	程　龙
西岗	1839	4973	478	邹纪全	耿其海
许高	1722	3901	269	刘　军	刘　军

（横溪街道）

麒麟街道

【概　况】　麒麟街道地处南京东郊，距南京中山门9千米。麒麟街道区域总面积61平方千米，沪宁高速以南44平方千米纳入南京市麒麟科创园规划范围，沪宁高速以北区域暂由地铁小镇公司代为开发建设。行政区域西至江宁区与秦淮区、玄武区、栖霞区交界处，东至汤山街道，南至青龙山、十里长山山脊线和东山街道，北至江宁区与栖霞区交界处。辖8个村（社区），户籍人口8.3万人，流动人口10.5万人。麒麟地区拥有丰富的历史文化资源、地形地貌景观和优越的自然环境，群山环绕，水系丰富。有全国重点文物保护单位——1500多年前南朝宋武帝刘裕的初宁陵石刻，市级文物保护单位——窦村古戏台、四方井，明都城外廓遗址——土城头路，明代古河道——运粮河，有青龙山、十里长山生态主廊道。2022年，麒麟街道完成地区生产总值100.83亿元，比上年增长1.3%；一般公共预算收入9.98亿元，下降7.7%；规模以上工业总产值34.63亿元，下降5.9%。

【经济建设】 2022年，麒麟街道实施工业集中区转型升级，按照“特色定位、错位竞争、联动发展”的要求，结合麒麟科创园发展定位，研究制定工业集中区三年行动计划和若干措施，梳理企业类型和转型方向，聚力将麒麟工业集中区打造成为现代绿色智能制造产业基地、创新科研成果产业化基地、产城融合都市工业绿色产业园区。系统谋划集体经济发展，采取街道统一组织、联村抱团发展模式，探索建立“2+1”的联合发展模式。“2”即成立“街道+8个村（社区）”的股份合作联社以及街道层面的股份合作社，统筹使用、科学配置街村两级集体资金资产；“1”即投资成立麒麟产业开发建设有限公司，负责对外投资、购置优质经营性物业资产。年内，产业公司已投资3.1亿元，购买南京恒世共享大厦9100平方米商业载体和麒麟紫荆城1.7万平方米经营性资产，还与麒麟科创园合作开发6号地3/4号地块4.4万平方米，与地铁小镇公司合作开发9地块3万平方米商业载体项目。依托锁石社区整体搬迁和区位优势，推进锁石社区青龙山聚落体系建设，计划采用市场化运作模式，聚力打造江宁区乡村振兴山林康养型样板。

【政治建设】 2022年，麒麟街道组织党工委理论学习中心组学习46次，开展交流研讨10次，邀请专家授课8次，组织现场学习2次，进一步丰富学习内容，拓展学习形式，提升学习质效。坚持把党组织建在一线，建成小区党支部30个、网格党小组65个，选配党建指导员、党员楼栋长。全面开展“村村到、户户进、人人访”集中走访活动，组织街道区管领导和村（社区）书记、“两委”成员、网格员等，逐户对55374户居民进行全覆盖的入户走访，靠前防范风险隐患、解决突出问题。压实“两个责任”，用好“四种形态”，切实加强党风廉政警示教育，落实中央八项规定精神，严防不正之风反弹回潮，坚持严管厚爱结合、激励约束并重，及时发现、处置党员干部苗头性、倾向性问题。

【文化建设】 2022年，麒麟街道围绕“石尚麒麟”特色文化品牌，举办麒麟街道第二届传统文化传承与发展系列活动，包括“石尚麒麟”品牌启动仪式暨“石尚麒麟痕迹”经典咏传分享会、“石尚麒麟光影”石头印象摄影大赛、屠国啸摄影作品展暨“石尚麒麟寻技”传承更新讲座。开展盛夏阅读季读书节、寻找最美朗读者、乡愁馆小小讲解员、“江宁之春”大舞台、“童心庆国庆，喜迎二十大”优秀少儿书画作品征集活动，组织少儿五子棋比赛、老年人太极推广、运动知识讲座、少儿武术培训等活动，群众参与度稳步提升。

【社会建设】 2022年，麒麟街道继续开展“四无”社区创建工作，传销、违建等现象得到根治。推进基层治理科技赋能，探索“智治”与“人治”相结合的网格管理模式，建立职责明确、管理精细、服务有效的治理体系，运用“数字麒麟”、城市管理“精靓系统”、综合执法“一网通”等智能化系统平台，构建风险隐患动态感知、群众诉求现场办理、突发事件快速处置的新型社会服务治理模式，推动数据共享和职能部门间有效联动，推行“一网通办”“一网统管”，提升社会治理效能。

【生态文明建设】 2022年，麒麟街道落实清淤疏浚、生态修复、蓄水补水、长效管养等措施，实施水质提升工程，30座日处理能力总量5645吨的污水处理设施和日污水提升量2.71万吨的东郊小镇污水提升泵站建成投入使用。推进驻灵山部队、金陵监狱及东郊小镇内部雨污分流工程，九乡河市考断面水质稳定达标。开展重点污染企业整治、餐饮油烟防治、建筑工地扬尘管控等工作，完成34家“散乱污”企业综合整治和120家餐饮企业规范化整改，从严排查整治挥发性有机物排放企业。对辖区内在建工地按照“八达标两承诺一公示”标准落实长效管理措施，对融通公司区域内企业进行整治，PM2.5、PM10等空气指数逐年下降。

（孟　越）

【沈其荣院士团队教学科研实践基地落户】 3月5日，沈其荣院士团队教学科研实践基地在麒麟街道揭牌。沈其荣院士团队一直致力于有机（类）肥料和土壤微生物研究与推广，创新把农田秸秆、畜禽粪便等农业废弃物变成改善土壤肥力、调控土壤微生物区系的“宝物”，为有机肥替代化肥行动作出重要探索。位于麒麟街道的南京宁粮环保集团专业从事有机（类）肥料研发、生产，深耕行业29年，先后承担和参加国家、省部级及南京市科研项目近40项，是全省有机肥标杆企业。当日，沈其荣院士与宁粮集团签订“沈其荣院士团队教学科研实践基地”共建协议，双方将在有机（类）肥料的标准化、规范化方面进行技术攻关，引领行业发展。宁粮集团在沈其荣院士及其团队的指导下，加强功能性生物有机肥研发，开发出适合不同土壤和作物、具有特殊功能的高端生物有机肥产品。

【“石尚麒麟”文化品牌发布】 9月17日，“石尚·麒麟痕迹”主题经典咏传分享会在区融媒体中心举行。活动中，“石尚麒麟”文化品牌发布，群众文艺爱好者与文艺名家相互唱和，一同咏诵经典、传唱诗文，感受“石尚麒麟”传承匠心的深厚历史文化底蕴。麒麟街道窦村石刻以业而聚、因石而兴。南京明城墙和明孝陵神功圣德碑、神道石刻，中山陵石阶，以及南京城内现存的夫子庙牌坊、莫愁湖石刻等，处处可见窦村石刻艺人的作品。2007年，窦村石刻技艺被列入首批南京市非物质文化遗产名录。2021年，麒麟街道举办“麒麟石刻、窦村记忆”首届文化传承与发展系列活动，汇聚社会各界的智慧和力量，共同探讨窦村石刻的当代价值，推进科技创新与文化传承的“同频共振”。2022年，麒麟街道深层次挖掘、梳理地区文化内涵，举办“石尚麒麟”第二届文化传承与发展系列活动，进一步强化窦村石刻技艺和文化传承的保护利用，推进石刻文化与经济、社会事业融合发展，推动区域社会治理水平迈上新台阶。（宁　鉴）

3月5日，沈其荣院士团队教学科研实践基地揭牌暨宁粮未来科学家奖学金签约仪式在麒麟文体中心举行。图为签约仪式现场（潘林安摄）

2022年麒麟街道村（社区）基本情况一览表

表27

村（社区）	户数（户）	人口（人）	耕地面积（公顷）	党组织书记	村（居）委会主任
麒麟门	8415	20511	25	朱丽梅	周正好
麒麟铺	4723	14262	35	朱如泉	汪永彬
东流	2257	6341	102	陈安兵	陈安兵
袁家边	2346	5605	12	张双兵	张双兵
锁石	485	1926	18	张双喜	张双喜
晨光	7548	18242	95	王　敏	王　敏
泉水	4521	13955	51	陈金保	陈金保
建南	6560	19840	96	侯吉祥	王为民

（孟　越）

先进人物

王　俊

王俊，男，大专学历，长安马自达汽车有限公司电力工程师，2022 年 4 月被中华全国总工会授予全国五一劳动奖章。

王俊入职长安马自达汽车有限公司后，以严谨的工作态度，扎实的工作作风，强烈的进取心，从普通电工逐渐成长为电力工程师。他作为公司的技术骨干，在平凡的岗位上，保持一丝不苟、精益求精的态度，立足岗位，用自己的实际行动，为企业做出自己应有的贡献。他凭着良好的职业道德，爱岗敬业，勤奋工作，甘于奉献，团结互助，发挥表率和模范带头作用，树立长安马自达汽车优秀员工的形象，同时也给自己及所属团队赢得荣誉，他所带团队获得公司“优秀团队”“模范团队”“最佳自然工作小组”等称号，王俊也先后获江苏省、南京市五一劳动奖章等荣誉。

陈　娟

陈娟，女，中共党员，本科学历，江宁区湖山北路幼儿园、天惠路幼儿园、瑞宁路幼儿园园长，联合党支部书记，在女职工“争创五一巾帼标兵岗、争当五一巾帼标兵”活动中成绩突出，2022 年 3 月被省总工会授予江苏省五一劳动奖章。

陈娟充满教育情怀，勇于担当奉献，坚守教育初心，数年如一日地坚守在教育一线研究儿童发展，助力教师成长。迎难而上，勇挑重担，先后筹备开办 3 所高品质的公办幼儿园；积极参与薄弱贫困地区的教育扶贫，曾连续 3 年赴乡村薄弱学校支教；关爱特殊儿童，先后接纳 7 名孤独症特殊儿童。重视工会工作，所在团队获评南京市五一巾帼标兵岗，创成四星级爱心母婴室，陈娟也先后获南京市优秀共产党员、“三八红旗手”、优秀教育工作者、师德先进个人等称号。（刘忠凯）

欧小慧

欧小慧，女，中共党员，本科学历，秣陵街道农业事务部部长。2022 年 12 月，被农业农村部评为全国农村集体产权制度改革工作先进个人。

欧小慧在农业农村改革工作中勇于创新实践，敢于担当作为，逐步探索形成“三全八步九统一、实测实查清资产”的工作方法，在全省农村系统率先实现“以图管资产”的农村集体资产管理。全面推广“银村直联、实时动态、闭环管理”的农村集体资产财务监管综合平台，以“职能分开、账户分设、资产分管、核算分立”等为主要内容开展试点，通过“两实一虚账户”的记账方法，实现“村社分账”。在农村产权交易中心建设中，做到从无到有、从有到专。在她的带领下，秣陵产权交易中心连续 5 年被省通报表扬，并获评省、市先进单位。欧小慧先后获南京市农村财务管理先进个人、江宁区“三八红旗手”、江宁区机关作风建设先进个人等称号。

（董邵伟）

新闻人物

2022年南京好人

赵光凤

赵光凤，女，46岁，禄口街道曹村村民。她身患渐冻症，双腿无法活动；她的丈夫张业均44岁，是一名聋哑人，夫妻二人相依为命，在曹村经营着一家裁缝铺。尽管生活困难，但夫妻二人从未屈服，而是热心公益，积极为社会发光发热。“虽然我们夫妻是残疾人，生活不易，但社会、政府、乡亲们帮了我们很多。我们要懂得感恩，以雷锋为榜样，努力回馈社会。”赵光凤如此说道。在“禄口微公益”项目中，他们主动为村里老人量血压、剪指甲、宣传健康知识；人口普查工作进行时，他们踊跃参与，为志愿者们无偿准备开水、零食和休息点；他们还积极联络走访社区其他残障人士，讲解生活技巧、疏导心理难题……张业均、赵光凤夫妻把经营裁缝铺之余的大部分时间，都奉献给了社会公益与志愿服务。

徐九根

徐九根，男，71岁，禄口街道黄桥村冯谭庄村民，现为邓仲铭殉难处纪念碑义务守碑人及小六圩泵站看护员。许九根从小听邓仲铭烈士的英勇事迹长大，对英雄怀有崇高敬意。因此，在2008年得知纪念碑上一任义务守护村民俞家福因病住院，无法再进行看护时，徐九根立即找到村委会，主动接过守护“使命”，每天扫墓、守碑，这一守就是14年。为方便照看纪念碑，他甚至定居在碑旁百余米处的泵站库房。

王乾坤

王乾坤，女，45岁，安徽省蒙城县人。17年前，她和家人一起来到南京，定居麒麟街道麒麟铺社区，在南京一家园林公司做绿化养护工作。多年来，王乾坤一边在单位勤勤恳恳、踏踏实实做好自己的本职工作，得到单位领导和同事们的一致肯定；一边投入大量时间和金钱从事其热衷的公益事业，赢得社会各界普遍赞誉。自2015年开始，王乾坤默默无闻地向养老院、困难群众等单位和个人捐款捐物价值达10余万元。2020年新冠疫情发生后，她多次向武汉和麒麟街道红十字会、家乡蒙城县等捐赠生活物资和防疫用品。同时，她还带领其女儿王雨积极支持麒麟街道新冠疫情防控工作，多次参与麒麟街道全员核酸采集志愿服务。“我不图什么名利，就是为了给孩子做榜样……今后，我还会继续做下去！”王乾坤说。

贾天春

贾天春，男，湖熟中心小学副校长。5月18日晚上7点，在湖熟街道河南西街上演紧张而温暖的一幕：一位市民突然晕倒在地，生命垂危。危急之时，闻声赶来的贾天春立即跪地给该男子进行心肺复苏，持续2分钟后，男子开始有了呼吸，贾天春又继续做了1分钟的心肺复苏，直至男子恢复意识，随后“120”急救车及时把该男子送往医院，转危为安。短短3分钟时间里，贾天春和周围群众齐心协力，联合施救，挽救了该名男子的生命。贾天春挺身而出的善举，“拯救”了一个家庭，感染带动了一群热心人，温暖了这座城。

沈 杰

沈杰，男，市政天元城小区保安。6月16日，沈杰在巡查过程中发现盗窃嫌疑人，在追赶过程中受重伤，经检查他双臂及手指多处骨折，肠道外翻，被立即送往重症监护室，涉嫌盗窃男子则被当场控制后移交警方调查处理。保安为保护业主财产受重伤的消息传来，业主群一片夸赞和关心的声音，不到24小时，业主就为受伤保安捐款7万多元。相关事迹被广泛报道，引起广大网友热烈讨论点赞，弘扬了社会正能量。

宋丹凤

宋丹凤，女，淳化小学退休教师。宋丹凤于1980年参加小学教育工作，任职期间曾获区优秀班主任、学科带头人、骨干教师等荣誉。自1986年起，宋丹凤共资助22名特困儿童，帮他们圆梦人生，先后获得“江宁区优秀慈善志愿者”“南京慈善先进个人”等荣誉称号。不仅如此，她在退休后更是全身心投入妇女儿童工作中，将自家住房打造成“德育妇女微家”，在这里设立亲子课堂，开展亲子阅读等活动，还帮助社区妇女同胞丰富业余生活，学舞蹈、练歌唱，让“微家”成为社区儿童的爱心家园和姐妹们的“加油站”。在她的带领下，越来越多的人参与到志愿服务中来，她打造的德育妇女微家，获南京市示范妇女微家称号，她本人也获评“南京市三八红旗手”。

聂小凤

聂小凤，女，江宁高等职业技术学校退休教师。聂小凤从教近30年，在家庭教育、心理辅导上有较为丰富的教育经验。她也是一名土生土长的湖熟河北社区赵家边村人，如今的河北社区和大多乡村一样，随着村里年轻人大量进城务工，爷爷奶奶辈成为大量“留守儿童”家庭教育的主力军，农村孩子们的教育问题，聂小凤看在眼里急在心里。她率先协助湖熟街道的4个社区创建家长学校和心灵驿站，累计开展家庭教育公益服务400多次，她推行“流动的家长学校”累计开展活动80多次，让农村家长在家门口散步休闲时光就享受到家庭教育的指导。针对一些困境和单亲家庭，一有时间，聂老师便上门入户，做专门的学业帮助和心理辅导。3年多时间，她的家长学校先后开进湖熟、新农、徐慕、钱家等社区，举办家庭教育讲座60多场，各类亲子、心理辅导活动50多次，受到街道领导、社区居民的好评，河北社区家长学校还被评为南京市优秀社区家长学校和南京市优秀家长学校示范基地，河北社区心灵驿站被授予江宁区“三微”工程创新奖。聂小凤协助社区开展家庭教育的想法也得到了丈夫和公婆的支持，全家一起商量腾出3个房间，装修一新，免费给社区提供场地建立党员微家、妇女微家、农家书屋，每当周末假日，这里书香溢屋，来这里看书读报、分享故事的乡亲络绎不绝。2021年，聂老师还协助社区多方筹措资金，建立首个乡村娃娃科技馆，让乡村娃娃的梦，借科技翅膀，飞得更高更远。聂小凤先后被评为全国优秀教师、南京市德育带头人，南京市优秀妇女微家女主人、南京市家风家教优秀志愿宣讲员。

陈林克

陈林克，男，69岁，谷里街道居民，2022年7月去世。朴实的他年轻时参军报国，奉献青春；退伍后扎根工作岗位，勤勤恳恳。在妻子眼中，他是好丈夫，照顾家庭、善待老人，在岳母患肾衰竭近3年时间里，陈林克和妻子风雪无阻，每周推着轮椅陪老人去两趟医院做血液透析；在女儿眼中，他是好父亲，坚强乐观、心怀大爱，近10年来，他掏空家底，拼尽全力，为患有先天性心脏病并肺动脉高压症的女儿治病，直至生命的终点；在战友眼中，他是一个坚强的汉子，不屈于命运的挫折，即便饱受肺癌折磨，但依旧怀抱奉献社会的大爱精神，在生前做出捐献遗体的决定。从陈林克的父母到他本人，再到病重去世的女儿，一家三代四口人都捐献了遗体，让他们的大爱在人间继续传递下去。

李先南

李先南，男，59岁，国网江宁区供电公司配电运检工。他在风华正茂的19岁参军奔赴前线，在23岁时带着责任与荣耀返乡，他在一个平凡岗位上收敛起所有的烽火记忆奉献人生，用35年如一日地执着坚守照顾着与自己并无血缘关系的“爹娘”。1983年，只有19岁的李先南应征入伍，和他一道的还有4名江宁参军入伍的战友，在部队，几人结下深厚情谊，哪个不幸牺牲了，父母就由活着的兄弟帮忙照顾。这句话，是视死如归的他们的“生死之约”。易忠怀承担着极为危险的排雷工作，直到一次战斗过后，年仅21岁的小兄弟将生命永久留在誓死捍卫的祖国边疆。1987年，李先南返回南京，他牢记着和战友们的“生死之约”，回来后安顿好工作和住处，就找到易忠怀家里，易妈妈放声大哭，仿佛看到牺牲的儿子，李先南的心头万般滋味都化作一句话：“你们就把我当儿子吧！”李先南和易忠怀烈士家人的这份相守，一晃就是35年，其间他先后做过线路工、装表接电工、配电抢修工，搬过3次家，但每一次最先熟悉的线路，就是从自己的家到易忠怀烈士的家。无论平日工作多忙，李先南都会经常去看望老人，陪他们说话，帮忙添置家当。夏天蚊虫多，就带去凉席蚊帐，老人家喜欢穿纯棉汗衫，他就走街串巷专门买，灯泡不亮了，就帮老人换一个，家里电力线路老化了，就爬高上梯改造。而在易家，李先南早已成了“家人”——易忠怀的弟弟喊李先南“哥哥”，易妈妈看他来了就抓着不放手喊“儿子”。易妈妈学会了使用智能手机，经常打来电话，电话粥一煲就是一两个小时。其实李先南因为经受了前线太多的炮声，有着严重的听力障碍，但只要是易妈妈打来的电话，他总会想办法找个安静的地方，用听力尚可的一侧耳朵耐心倾听。战争无情，战友间却有生死诺言，日子久了，当初的“生死之约”已变成生活日常。李先南深知，对于年过八旬的易家父母而言，陪伴重于一切，他继续用自己仅剩的听力，接听着有些絮叨的电话，用已经瘦弱的身体和坚守承诺之心，陪着烈士的家人十年、二十年、三十年，一辈子。

胡银凤

胡银凤，女，71岁，东山街道中前社区居民。2012年10月，大儿媳被诊断为脑出血，全身瘫痪，当时已60岁的胡银凤主动承担起家庭重担，每日悉心照料瘫痪儿媳生活起居，为她端屎端尿、换洗被褥、喂饭菜、做康复等。为了调整儿媳的心态，胡银凤还经常给她讲故事、说笑话，帮助她更好地恢复。胡银凤每天买菜、做饭、做家务，任劳任怨，她理解儿孙的辛苦，并时常给他们鼓励。在长达10年的坚持下，儿媳的身体逐渐恢复，并具有一定的自理能力，全家人的生活步入正轨。街坊邻里都被胡银凤的精神所感动，经常主动前来关心、鼓励和支持他们一家。胡银凤疼爱媳妇的故事被左邻右舍交口称赞，是邻里公认的“好婆婆”。她用真诚和善良将一个大家庭撑得牢固、撑得美满、撑得久安，维护家庭的和谐健康，用实际行动诠释了中华民族传统美德。

葛孝琴

葛孝琴，女，中共党员，58岁，退休教师、东山街道泥塘社区居民。从2001年开始，葛孝琴便开始参加无偿献血，如今20年过去了，每隔一段时间参加一次无偿献血成了葛孝琴生活的一部分。截至2022年，她合计献血总量达38000毫升，先后两次荣获全国无偿献血奉献奖金奖，用一腔“热血”传递人间大爱。葛孝琴家里，20年来的无偿献血证有厚厚一摞，都被她仔细收藏着，还有各类无偿献血所获得的荣誉证和奖状，几乎铺满桌面。提起参与无偿献血的初衷，葛孝琴说，多年前，因为血库缺血，有一位家人没来得及救治去世，让她萌发参与无偿献血的想法。从那时起，只要自己的血液合格，葛孝琴每年都会坚持无偿献血。20年来，一本本鲜红的无偿献血证书见证了她为社会奉献的爱心。“一个人的力量是有限的，所以我想号召更多的人加入无偿献血。”葛孝琴说，2016年起，她加入了江苏省无偿献血宣传服务队，以自己的经历向市民宣传无偿献血的政策和好处，让更多的人了解无偿献血、参与无偿献血。她常想，多招募到一个献血者，一个生命就可能被留住，一个家庭就可能被拯救。不管是严寒还是酷暑，她身穿红马甲的身影，总会定期出现在固定献血点、流动献血车上。5年的时间里，葛孝琴累计宣传服务达1700多小时。（包顺宇）

抗疫中的南京好人

关承敨

关承敨，男，南京农副产品物流配送中心工作人员。新冠疫情发生后，关承敨承担起农副物流新冠疫情防控指挥部各项工作的组织调度，连续坚守岗位30多天，一直奔赴在建立健全防疫机制、优化应急处置手段等各项工作的最前线。为确保群众诉求及时响应，他健全快速接办机制、限时办理机制、协同办理机制，实现2小时内完成涉疫工单办理流程。他先后完成货运车辆“黄转绿”工单办理150余件，有效保障货运车辆“疫”路畅通。他曾获市内保系统先进个人、区安全生产工作表现突出个人等称号。

吴祥坤

吴祥坤，男，江宁区残联原副理事长、二级调研员。他是一名有着30多年党龄的老党员，在关键时刻始终站在最前列、冲在第一线，用实际行动践行着共产党员的初心。从2021年7月下旬至2022年，吴祥坤先后负责的点位共接收人员超千人，均做到“零事故、零感染、零投诉”。身为点位长，吴祥坤就像是大管家，不仅要认真检查各类设施和人员、物资配备情况，甚至连一个垃圾桶的组装，他都要仔细了解。对老人、儿童、孕产妇和有基础疾病的特殊群体，他做到一人一档，对合理诉求提供个性化服务。新冠疫情防控期间，吴祥坤的微信好友新增了约400人，平均每天要打150个电话，每天睡眠不足4个小时。

梁　峰

梁峰，男，汤山街道社区卫生服务中心主任。作为基层医院院长，每当新冠疫情暴发时，他总是挺身而出，与同是医务人员的妻子共同奋战在抗“疫”一线。2022年3月，随着奥密克戎来袭，基层人手严重不足，他连续奋战3个昼夜，发动退休医生、乡村医生组成志愿者队伍开展核酸检测；上门为社区工作人员、志愿者开展防控知识和消杀培训；还为群众解答新冠疫情相关问题、做好心理疏导和医疗诉求等。2021年7月南京禄口机场突发新冠疫情，他舍小家顾大家，曾连续14天奋战在医院，制订防控应急预案，健全新冠疫情防控应急响应机制，建立应急医疗队伍等。

章震亚

章震亚，男，江宁区住房保障和房产局下属江宁拆迁综合服务有限公司经理、住房保障和房产局第三党支部书记。在新冠疫情防控中，章震亚充分发挥党员先锋模范带头作用，不计得失、任劳任怨，始终奋战在抗击新冠疫情最前沿。遇到新冠疫情，他总是说："让我来！" 2021 年 7 月，禄口新冠疫情发生，他主动带队前往禄口支援新冠疫情防控工作；2022 年 3 月 12 日，他再次请缨，带头下沉东山街道泥塘社区，连续 6 天从清晨忙到半夜，不仅梳理整理大量资料，还拨打了 800 多个电话核实信息。哪里有需要，哪里就有他的身影。3 月 21 日凌晨，他带领 8 名同事连夜冒雨奔赴汤山街道，冒雨穿梭于各个楼栋间配送物资。在他的努力下，该小区 1600 余人的生活物资配送等保障工作均高质量完成。他曾获江宁区先进个人、江宁区区级机关优秀共产党员等称号。

董 杰

董杰，女，东山街道章村社区居民。董杰的丈夫是一名医生，从武汉到南京，一直奋战在抗疫第一线；身为妻子的她也不甘落后，2022 年新冠疫情防控期间，她成为章村社区第一个报名的社会防疫志愿者。她打电话沟通、做数据统计、及时上报相关信息，经常一天要打三四百个电话，一天下来嗓子都哑了，但她从没有一句怨言。董杰会耐心地安抚电话另一边传来的焦虑情绪，并给予暖心建议。她曾获第二届"全国文明家庭"、第九届"江宁好市民"等荣誉称号。

成 骢

成骢，女，南京市第二医院汤山院区感染一科主任。她尽职尽责，心中始终有病患。自 2002 年感染科收治第一例艾滋病患者至今，感染科一直承担着南京市乃至江苏省及周边省市艾滋病的收治工作。每个艾滋病人刚进入科室时都是愁容满面，但在成骢及其团队的精心治疗及耐心疏导下，病人慢慢接受了患病的事实，积极配合治疗，出院后她都会留下联系方式，在 QQ、微信或电话中耐心解答病人的问题。她不惧危险，白衣逆行。2020 年新冠疫情发生后，成骢一次次披甲上阵，分别于 2020 年 1 月、2020 年 11 月、2021 年禄口机场新冠疫情和本轮新冠疫情期间，4 次进入隔离病区工作。在病区里，她每天身穿密不透风的防护服，连续几小时忙碌工作，从病房出来也不能完全休息，继续和小伙伴们梳理患者的病情，讨论诊疗方案，学习最新诊疗指南等。成骢凭着熟练的技术、高尚的医德得到了患者的认可和社会大众的好评。

刘 锋

刘锋，男，江宁公安分局上坊派出所所长。2022 年 3 月 10 日凌晨 3 时许，当接报南京首个新冠阳性病例于上坊派出所片区武夷水岸南区小区发现时，刘锋第一时间带领先期处置队前往小区开展执勤安保工作。他科学优化点位设置，在原有 37 个网格点位基础上，重新精细划分 112 个网格点位，并协调街道、社区补足前端网格力量。他主动对接众彩警务站，组建精干力量驻守众彩物流市场，同时协同市场做好"冷链食品"安全检测，保住了全市的"菜篮子"。他先后获 5 次嘉奖，所在的上坊派出所获评"全省公安机关抗击新冠疫情有功集体"，并荣立集体二等功。

（包顺宇）

2022 年江苏好人

刘 锋

（见本栏目"抗疫中的南京好人"）

李新家

李新家，男，55 岁，江苏方天电力技术有限公司技术总监。李新家扎根电力行业 30 余载，从最初的计算机维修工成长为国网公司首席专家，带领创新团队先后获得省部级科技进步奖 10 项、国家优秀专利奖 1 项、授权专利 40 项，取得软件著作权 47 项，发表 SCI、EI 及核心期刊论文 24 篇，出版专著 2 部，为推动江苏用电服务数字化转型和智能化升级做出了贡献。

董国良

董国良，男，33 岁，中共党员，中铁三局集团华东建设有限公司员工。2022 年 9 月 19 日下午，下晚班只休息了 5 个多小时的董国良，在赶去参加社区核酸检测志愿服务的路上，看到一名伤者因遭遇车祸躺倒在地，便立即冲进人群施救。他曾考取红十字救护员证，在观察伤者情况后，对伤者持续进行了 8 分钟的心肺体外按压复苏，直到伤者明显恢复意识。

马玲萍

马玲萍，女，54 岁，淳化街道青山社区杨家庄村村民。马玲萍的两个伯兄（其丈夫的亲哥哥）都在年幼时因故智力残疾，年过半百，无儿无女。自从马玲萍 20 岁嫁到丈夫家起，就一直和两个伯兄共同生活，照顾他们日常起居。多年前，马玲萍又被查出患有乳腺癌，手术后身体情况不如以前，生活的压力并没有打倒马玲萍，她信守对去世公公的承诺，坚持照料两个哥哥和一家人，一日三餐，嘘寒问暖，添衣铺被，30 多年来从未改变。日子虽然清贫，但是马玲萍一家乐观向上的生活态度让当地村民交口称赞。（包顺宇）

逝世人物

姚瑞江

姚瑞江（1924—2022），男，汉族，山东黄县人，1948 年 12 月参加革命，1946 年 1 月加入中国共产党。历任溧水县农林局副局长，镇江地区农科所试验队长，后调至江宁县农业局农科所工作。1983 年 12 月，经中共江宁县委组织部批准离休，1983 年 12 月批准享受处（县）级政治、生活待遇。2022 年 2 月 1 日因病逝世。

王殿宝

王殿宝（1928—2022），男，汉族，江苏南京人，1943 年 7 月参加革命，1943 年 6 月加入中国共产党。曾任江宁县第一任交通局局长；1964 年 10 月调至江宁县化肥厂参与筹办，后任厂长直至退休。1988 年 10 月经中共江宁县委组织部批准离休（发证时间），2009 年 9 月批准享受司局级医疗待遇。2022 年 5 月 29 日因病逝世。

陈祖贻

陈祖贻（1924—2022），男，汉族，江苏宜兴人，1949 年 6 月参加革命，1983 年 12 月加入中国共产党。历任江宁县广播站副编辑、江宁县政协副秘书长。1984 年 5 月，经中共江宁县委组织部批准离休（发证时间），享受副处待遇。2022 年 8 月 3 日因病去世。

杜鸿滨

杜鸿滨（1926—2022），男，汉族，河南禹州人，1949 年 6 月参加革命，1956 年 11 月加入中国共产党。历任江宁县广播站副站长、江宁县文化局副局长，1987 年 2 月退休，1991 年 3 月，经中共江宁县委组织部批准离休（发证时间），享受副处待遇。2022 年 12 月 25 日因病去世。（区委组织部）

2022 年度江宁区获市级（部门）以上表彰先进个人一览表

表 28

姓名	工作单位	荣誉称号	命名单位	命名时间
彭燕华	东山街道文旅科	2022 年度南京市公共文化服务先进工作者	市文旅局	11 月
刘梦雅	东山街道骆村社区	2021 年度南京市优秀共青团干部	团市委	5 月
陈　阳	东山街道骆村社区	2021 年度南京市优秀共青团员	团市委	5 月
欧小慧	秣陵街道农业事务部（会计服务中心）	全国农村集体产权制度改革工作先进个人	农业农村部办公厅	12 月
徐修芳	秣陵街道双金社区	2021 年度全省基层党员冬训工作先进个人	省委宣传部、省委组织部	6 月

续表 28

姓名	工作单位	荣誉称号	命名单位	命名时间
孔静瑶	秣陵街道农业事务部（会计服务中心）	南京市技术能手	市人社局	11 月
孔静瑶	秣陵街道农业事务部（会计服务中心）	南京市五一创新能手	市总工会	11 月
孔静瑶	秣陵街道农业事务部（会计服务中心）	南京市青年岗位能手	团市委	11 月
孔静瑶	秣陵街道农业事务部（会计服务中心）	南京市农村资产财务管理最佳能手	市农业农村局	11 月
张　婧	秣陵街道农业事务部（会计服务中心）	南京市五一创新能手	市总工会	11 月
张　婧	秣陵街道农业事务部（会计服务中心）	南京市农村资产财务管理最佳能手	市农业农村局	11 月
张　敏	秣陵街道农业事务部（会计服务中心）	南京市农村资产财务管理优秀能手	市农业农村局	11 月
戴梦月	秣陵街道元山社区	南京市最美社区工作者	市委宣传部、市民政局	8 月
李冬梅	秣陵街道胜太社区	南京市最美社区工作者	市委宣传部、市民政局	8 月
汤方祥	汤山街道青林社区	江苏省乡村振兴先进个人	省委、省政府	1 月
刘　迎	汤山街道龙尚村	南京市优秀青年志愿者	团市委、市青年志愿者协会	3 月
王　彩	汤山街道团工委	南京市优秀共青团干部	团市委	5 月
邵雨庆	汤山街道湖山村	南京市优秀共青团干部	团市委	5 月
陶安雅	汤山街道综合科	南京市优秀共青团员	团市委	5 月
陈　龙	汤山街道便民服务科	南京市“最美政务人”	市政务服务管理办	8 月
宋莹莹	汤山街道文体服务科	2022 年度南京市公共文化服务先进个人	市文旅局	11 月
李园媛	汤山街道文体服务科	2022 年度南京市优秀社会体育指导员	市体育局	12 月
陶敬富	淳化街道农业服务中心	江苏省乡村振兴先进个人	省委、省政府	1 月
马玲萍	淳化街道	江苏好人	省文明办	3 月
吴印惠	淳化街道民主村	南京市“最美社区工作者”	市委宣传部、市民政局	8 月
杨玲娣	淳化街道统计办	优秀调查员	国家统计局南京调查队办公室	1 月
张　越	淳化街道王墅社区	南京市优秀共青团员	团市委	5 月
段　明	禄口街道永兴社区	最美社区工作者	市委宣传部、市民政局	8 月

续表 28

姓名	工作单位	荣誉称号	命名单位	命名时间
李富园	谷里街道亲见村	江苏省乡村振兴青年先锋	团省委	12月
幸义龙	谷里街道周村社区	南京市“最美社区工作者”	市委宣传部、市民政局	8月
徐　波	谷里街道向阳社区	南京市“最美社区工作者”	市委宣传部、市民政局	8月
邓志宾	谷里街道综合行政执法局二中队	南京市第二届“最美生态环保人”	市委宣传部、市生态环境局、市总工会	6月
朱　晨	谷里街道清管所	新华风．南京蓝首届南京市垃圾分类“最美志愿者”	市城管局	9月
邹武健	谷里街道招商办	2019年度南京市中青年拔尖人才期满考核优秀	市委人才办	9月
赵　滢	谷里街道柏树村	南京市社区教育优秀志愿者	市成人教育学会	6月
赵　滢	谷里街道柏树村	南京市公共文化服务先进个人	市文旅局	11月
翟　昊	谷里街道双塘村	江苏省乡村振兴先进个人	省委、省政府	1月
尹　浩	湖熟街道和平村	南京市优秀共青团员	团市委	5月
尹　浩	湖熟街道和平村	南京市最美社区工作者	市委宣传部、市民政局	8月
陶　雪	湖熟街道新农社区	南京市优秀冬训主讲人	市委宣传部	12月
王　静	新跃社区	南京市最美网格员	市创新网格化社会治理工作领导小组	11月
钟　超	杨柳湖社区	2021年度南京市安全生产工作优秀个人	市安全生产委员会	3月
周良才	江宁开发区	2021年度南京市安全生产工作优秀个人	市安委会	3月
李安军	江宁开发区	2021年度城市治理标准化工作有功个人	市城市治理办	3月
李　坚	江宁开发区	南京市城市道路维护管理行业十佳养护人	市交运局	11月
沈国伟	江宁高新区	南京市“百校对接计划”考核优秀科技人才专员	市委组织部	2月
黄剑光	江宁高新区	2021年度先进个人	市警备区	2月
王　杰	江宁高新区	2021年度南京招商工作感动人物	市投促局	5月
易　畅	江宁高新区	2021年度南京市优秀共青团员	团市委	5月
柳　兵	江宁高新区	“七五”普法工作先进个人	市法治宣传教育领导小组	5月
金艳峰	区委统战部	全国工商联调查点工作先进个人	省工商联	12月
韩　智	区委统战部	南京欧美同学会先进工作者	南京欧美同学会	12月

续表 28

姓名	工作单位	荣誉称号	命名单位	命名时间
尚 娟	区委统战部	信息宣传工作先进个人	市民宗局	1月
马大山	区法院	全省法院执行裁判工作先进个人	省法院	2月
吕润进	区法院	全省法院行政审判工作先进个人	省法院	5月
姚 玮	区法院	全省法院政治工作先进个人	省法院	9月
汪 印	区法院	全省法院第十六届“金法槌”杯优秀案例一等奖	省法院	9月
彭思民	区法院	“银耀天平”——江苏省退休法官法律志愿服务先进个人	省离退休法院工作者协会	6月
王 瑶	区法院	全市优秀政法干警	市委政法委	12月
刘耀东	区法院	南京最美法官	市委宣传部、市委政法委、市法院	11月
张 赜	区法院	南京最美法官提名奖	市委宣传部、市委政法委、市法院	11月
陈小芳	区法院	南京法院“巾帼岗位明星”	市法院、市妇联	3月
冯家安	区法院	全市青少年普法教育先进工作者	市关工委、市委政法委、市教育局、市司法局、共青团市委、市法学会	8月
陈小芳	区法院	全市青少年普法教育先进工作者	市关工委、市委政法委、市教育局、市司法局、共青团市委、市法学会	8月
张 赜	区法院	个人三等功	市法院	1月
郭 辉	区法院	个人三等功	市法院	1月
韩文涛	区法院	个人三等功	市法院	1月
汪 印	区法院	个人专项三等功	市法院	1月
吕润进	区法院	基层法院院领导嘉奖	市法院	1月
韦东宝	区法院	优秀法官	市法院	1月
王 瑶	区法院	优秀法官	市法院	1月
刘耀东	区法院	优秀法官	市法院	1月
左 树	区法院	优秀法官	市法院	1月
朱 贺	区法院	优秀法官	市法院	1月
刘馨予	区法院	优秀工作者	市法院	1月

续表 28

姓名	工作单位	荣誉称号	命名单位	命名时间
居发明	区法院	优秀工作者	市法院	1 月
阮灿华	区法院	优秀工作者	市法院	1 月
姚　玮	区法院	优秀工作者	市法院	1 月
钟诗蔚	开发区法院	个人三等功	市法院	2 月
羊忠良	开发区法院	基层法院领导嘉奖	市法院	2 月
樊琴亚	开发区法院	优秀法官（优秀工作者）	市法院	2 月
汪　昕	开发区法院	优秀法官（优秀工作者）	市法院	2 月
张明华	开发区法院	优秀法官（优秀工作者）	市法院	2 月
苏文娟	区检察院	2021 年度全市检察宣传先进个人	市检察院	1 月
王永军	区检察院	2021 年度市院先进个人	市检察院	2 月
王海泳	区检察院	2021 年度市院先进个人	市检察院	2 月
严志德	区检察院	2021 年度市院先进个人	市检察院	2 月
李　强	区检察院	2021 年度市院先进个人	市检察院	2 月
李常涛	区检察院	2021 年度市院先进个人	市检察院	2 月
房　琦	区检察院	2021 年度市院先进个人	市检察院	2 月
侯淑云	区检察院	最美平安巾帼志愿者	市妇联	3 月
谈　磊	区检察院	2021 年度南京市打击洗钱犯罪先进个人	市反洗钱工作联席会议办	5 月
朱桂花	区检察院	三等功	伊犁州检察院	5 月
侯淑云	区检察院	南京检察机关巾帼岗位明星	市检察院	3 月
李常涛	区检察院	南京市检察机关“最美退役军人”	市检察院	7 月
商浩然	区检察院	刑事执行检察和司法工作人员相关职务犯罪侦查业务竞赛标兵	市检察院	11 月
苏文娟	区检察院	全国检察宣传先进个人	检察日报社	11 月
房　琦	区检察院	全国检察宣传先进个人	检察日报社	11 月
熊　雄	区检察院	全国检察宣传先进个人	检察日报社	11 月
杨梦莹	区司法局	2021 全省司法行政系统信息工作成绩突出个人	省司法厅	2 月

续表 28

姓名	工作单位	荣誉称号	命名单位	命名时间
王为炳	区司法局	全省应急指挥值守工作成绩突出个人	省司法厅	2月
陈海燕	区司法局	第二十届南京好市民	市文明委	1月
王思敏	区司法局	七五普法先进个人	市法宣办	5月
周　洁	区司法局	南京市“最美家事调解员”	市妇联	3月
赵小燕	区司法局	南京市“最美家事调解员”	市妇联	3月
黄祥震	区司法局	全市优秀人民调解案例	市司法局	6月
李丹宁	区司法局	全市优秀人民调解案例	市司法局	6月
余开发	区司法局	全市优秀人民调解案例	市司法局	6月
周玉标	区司法局	全市优秀人民调解卷宗	市司法局	6月
周　洁	区司法局	全市优秀人民调解卷宗	市司法局	6月
李丹宁	区司法局	全市优秀人民调解卷宗	市司法局	6月
戎　瑾	区司法局	全市优秀人民调解卷宗	市司法局	6月
梁明霞	区税务局	南京市巾帼岗位明星	市妇联、市城镇妇女“巾帼建功”活动领导小组	3月
殷　瑛	区税务局	南京市五一创新能手	市总工会、市人社局、团市委	1月
殷　瑛	区税务局	南京市青年岗位能手	市总工会、市人社局、团市委	1月
董梦娇	区税务局	南京市青年岗位能手	市总工会、市人社局、团市委	1月
董梦娇	区税务局	南京市五一创新能手	市总工会、市人社局、团市委	1月
董梦娇	区税务局	2021年南京市税务系统业务大比武“岗位能手”	市税务局	2月
丁　锴	区税务局	2022年南京市税务系统“最美青年”	市税务局	8月
洪　虹	开发区税务局	南京市技术能手	市总工会、团市委、市人社局	1月
李　宁	开发区税务局	南京市五一创新能手	市总工会、团市委、市人社局	1月
谭鑫文	开发区税务局	南京市五一创新能手	市总工会、团市委、市人社局	1月
洪　虹	开发区税务局	南京市五一创新能手	市总工会、团市委、市人社局	1月
李　宁	开发区税务局	南京市青年岗位能手	市总工会、团市委、市人社局	1月
谭鑫文	开发区税务局	南京市青年岗位能手	市总工会、团市委、市人社局	1月

续表 28

姓名	工作单位	荣誉称号	命名单位	命名时间
洪　虹	开发区税务局	南京市青年岗位能手	市总工会、团市委、市人社局	1月
于　淞	开发区税务局	优秀工会干部	国税总局市税务局系统工会委员	3月
谭鑫文	开发区税务局	工会积极分子	国税总局市税务局系统工会委员	3月
张沁洁	开发区税务局	工会积极分子	国税总局市税务局系统工会委员	3月
徐建国	开发区税务局	“争当表率，争做示范，走在前列”三大光荣使命先进个人	市委、市政府	3月
洪　虹	开发区税务局	巾帼岗位明星	市税务局	4月
李　宁	开发区税务局	全市税务系统业务大比武岗位能手	市税务局	2月
姜小威	开发区税务局	全市税务系统业务大比武岗位能手	市税务局	2月
谭鑫文	开发区税务局	全市税务系统业务大比武岗位能手	市税务局	2月
向　往	开发区税务局	全市税务系统业务大比武岗位能手	市税务局	2月
于　淞	开发区税务局	最美女干部	市税务局	8月
邓　敖	开发区税务局	五一创新能手	市总工会	8月
于明君	开发区税务局	2021年度全省税务系统政务信息工作表现突出个人	市税务局办公室	2022年
周　鹏	区文旅局	2021年度全市内保系统先进个人	市公安局	2月
刘文庆	区文旅局	2021年度全市内保系统先进个人	市公安局	2月
魏传武	区文旅局	2021年度全市内保系统先进个人	市公安局	2月
张　健	区文旅局	2021年度全市内保系统先进个人	市公安局	2月
刘桂华	区文旅局	江苏省群众体育先进个人	省体育局	7月
陈　英	区文旅局	2021年查处重大案件侵权盗版有功个人	国家版权局	10月
郭　周	区文旅局	2022年度南京市公共文化服务先进工作者	市文旅局	11月
张　俊	区文旅局	2022年度南京市公共文化服务先进工作者	市文旅局	11月
经　莉	区文旅局	2022年度南京市公共文化服务先进工作者	市文旅局	11月
陈忠平	区文旅局	第二十届省运会参赛先进个人	市体育局、市教育局	12月
汪鹏燕	区文旅局	第二十届省运会参赛组织工作先进个人	市体育局	12月

续表 28

姓名	工作单位	荣誉称号	命名单位	命名时间
祝 胜	区文旅局	第二十届省运会参赛组织工作先进个人	市体育局	12月
丁菊霞	区文旅局	第二十届省运会参赛组织工作先进个人	市体育局	12月
陈正平	区市场监管局	全省食品安全工作先进个人	省食品安全委员会	3月
陈 炜	江宁中医院	后勤管理先进个人	市卫生系统后勤管理协会	2022年
张 静	江宁中医院	南京地区医疗机构2021–2022年医学检验抗疫先进个人	南京医院协会	2022年
张美云	江宁中医院	南京市名中医	市卫健委	2022年
李莲嘉	江宁中医院	南京市名中医	市卫健委	2022年
张 轩	江宁中医院	后勤管理先进个人	市卫生系统后勤管理协会	2022年
任俊祥	区第二人民医院	南京市精神卫生专业委员会先进学会工作者	南京预防医学会	5月
王 静	江宁区第二人民医院	南京地区医疗机构2021–2022年医学检验抗疫先进个人	南京医院协会	8月
甘德芳	区第二人民医院	南京地区医疗机构2021–2022年医学检验抗疫先进个人	南京医院协会	8月
李 宁	区疾控中心	南京市中小学生“环境健康杯”征文绘画比赛优秀组织个人奖	市疾控中心、市中小学卫生保健所	5月
陶世龙	区疾控中心	全国消除疟疾工作先进个人	国家卫健委、海关总署、国家中医药管理局	7月
沙 玲	区妇幼保健计划生育服务中心	2022年度企业党建实践创新先进个人	中共文化管理协会	11月
张晓媚	区妇幼保健计划生育服务中心	2022年度企业党建实践创新先进个人	中共文化管理协会	11月
李 杨	区妇幼保健计划生育服务中心	2022年度企业党建实践创新先进个人	中共文化管理协会	11月
蒋玉梅	区妇幼保健计划生育服务中心	2022年度企业党建实践创新先进个人	中共文化管理协会	11月
李 杨	区妇幼保健计划生育服务中心	南京市优秀团干部	团市委	6月
蒋玉梅	区妇幼保健计划生育服务中心	农工党南京市委2021年度宣传工作先进个人	农工党市委会	4月
陈 佳	禄口街道社区卫生服务中心	医疗保障工作先进个人	市医保局	2月
谭绪中	规划资源分局	全市规划资源系统优秀党务工作者	市规划和自然资源局	6月
姚 嗣	规划资源分局	全市自然资源系统优秀共产党员	市规划和自然资源局	6月

续表 28

姓名	工作单位	荣誉称号	命名单位	命名时间
王　青	规划资源分局	全市自然资源系统优秀共产党员	市规划和自然资源局	6月
秦　飞	区城管局	全省“扫黄打非”先进个人	省“扫黄打非”工作领导小组	1月
潘云峰	区城管局	环卫管理先进个人	市城管局	4月
齐玉鑫	区城管局	环卫管理先进个人	市城管局	4月
潘　亮	区交运局	全省交通运输行业优秀共产党员	省交运行业委	7月
时贤俊	区交运局	交通运输行政执法工作先进个人	市交运局	1月
管世宏	区交运局	交通运输行政执法工作先进个人	市交运局	1月
陈信花	区交运局	2021年度南京交通“12345”政务热线办理工作先进个人	市交运局	2月
杨　丽	区交运局	2021年度南京交通“12345”政务热线办理工作先进个人	市交运局	2月
彭铁乔	区交运局	2021年度南京交通“12345”政务热线办理工作先进个人	市交运局	2月
臧茂荣	区交运局	南京市第十届“最美交通人”	市交运局	2月
周　佳	区交运局	南京市第十届“最美交通人”	市交运局	2月
王　庆	区交运局	南京市第十届“最美交通人”	市交运局	2月
魏厚发	区交运局	2021年南京市“四好农村路”工作表现突出个人	市交运局	3月
蒋冬荣	区交运局	2021年南京市“四好农村路”工作表现突出个人	市交运局	3月
诸建兵	区交运局	2021年南京市“四好农村路”工作表现突出个人	市交运局	3月
路永林	区交运局	2021年度市交通运输系统安全生产工作先进个人	市交运局	1月
葛兆金	区交运局	南京市2021年度城市精细化建设管理先进个人	城市精细化建设管理推进办	1月
王　云	区交运局	2021年全市货车超限超载治理“百日行动”先进个人	市治理车辆超限超载工作领导小组办	3月
杨根生	区交运局	2021年全市货车超限超载治理“百日行动”先进个人	市治理车辆超限超载工作领导小组办	3月
张德萍	百家湖幼儿园	南京市五一劳动奖章	市总工会	4月
孙振坤	竹山中学	南京市扛起“争当表率、争做示范、走在前列”三大光荣使命先进个人	市委、市政府	4月

续表 28

姓名	工作单位	荣誉称号	命名单位	命名时间
王 辉	百家湖幼儿园	南京市优秀教育工作者	市教育局	6月
周祥林	江宁科学园小学	南京市优秀教育工作者	市教育局	6月
郑 勇	齐武路初级中学	南京市优秀教育工作者	市教育局	6月
鞠爱华	晓庄学院滨河实验学校	南京市优秀教育工作者	市教育局	6月
曾春霞	秦淮中学	南京市优秀教育工作者	市教育局	6月
王 慧	江宁示范幼儿园	南京市优秀教育工作者	市教育局	6月
王 雯	万福路幼儿园	南京市优秀教育工作者	市教育局	6月
冯广培	铜井幼儿园	南京市优秀教育工作者	市教育局	6月
倪 铭	石羊路幼儿园	南京市优秀教育工作者	市教育局	6月
辛天晓	东山文靖东路幼儿园	南京市优秀教育工作者	市教育局	6月
李玉亮	将军山小学	南京市优秀教育工作者	市教育局	6月
姜雯艳	百家湖小学	南京市优秀教育工作者	市教育局	6月
蔡文璨	江宁实验小学	南京市优秀教育工作者	市教育局	6月
谢海燕	竹山小学	南京市优秀教育工作者	市教育局	6月
徐 佩	江宁中心小学	南京市优秀教育工作者	市教育局	6月
欧晓方	东山小学	南京市优秀教育工作者	市教育局	6月
陈尚婷	翠屏山小学	南京市优秀教育工作者	市教育局	6月
夏 凡	汤山初级中学	南京市优秀教育工作者	市教育局	6月
胡世梅	竹山中学	南京市优秀教育工作者	市教育局	6月
顾红宣	上元中学	南京市优秀教育工作者	市教育局	6月
伊永凤	将军山中学	南京市优秀教育工作者	市教育局	6月
朱林霞	东山外国语学校	南京市优秀教育工作者	市教育局	6月
郑志刚	江宁高级中学	南京市优秀教育工作者	市教育局	6月
王春侠	东山高级中学	南京市优秀教育工作者	市教育局	6月
刘 洪	江宁高职校	南京市优秀教育工作者	市教育局	6月

续表 28

姓名	工作单位	荣誉称号	命名单位	命名时间
林　巧	九龙湖幼儿园	南京市教育系统第十五届师德标兵	市委教育工委	9月
何美萍	觅秀街中学	南京市教育系统第十五届师德工作先进个人	市委教育工委	9月
金　茜	江宁特殊教育学校	南京市教育系统第十五届师德工作先进个人	市委教育工委	9月
孙晓燕	江宁高职校	南京市教育系统第十五届师德工作先进个人	市委教育工委	9月
朱美华	禄口初级中学	南京市教育系统第十五届师德工作先进个人	市委教育工委	9月
钱星球	东山交通幼儿园	南京市教育系统第十五届师德工作先进个人	市委教育工委	9月
王东敏	竹山小学	南京市教育系统第十五届师德工作先进个人	市委教育工委	9月
蔡　明	竹山幼儿园	2021–2022 学年南京优秀教师志愿者	市教育局	9月
姜晗灵	兴宁幼儿园	2021–2022 学年南京优秀教师志愿者	市教育局	9月
王丹婷	东善桥幼儿园	2021–2022 学年南京优秀教师志愿者	市教育局	9月
王　燕	天印高级中学	2021–2022 学年南京优秀教师志愿者	市教育局	9月
卫昱希	秣陵中心幼儿园	2021–2022 学年南京优秀教师志愿者	市教育局	9月
魏珍珍	禄口中心小学	2021–2022 学年南京优秀教师志愿者	市教育局	9月
辛天晓	东山文靖东路幼儿园	2021–2022 学年南京优秀教师志愿者	市教育局	9月
徐　盼	瑞艺路幼儿园	2021–2022 学年南京优秀教师志愿者	市教育局	9月
朱菊萍	东善桥第二幼儿园	2021–2022 学年南京优秀教师志愿者	市教育局	9月
张　嘎	天印高级中学	第十届南京市学科教学带头人	市教育局	7月
郑志刚	江宁高级中学	第十届南京市学科教学带头人	市教育局	7月
胥　阳	江宁高级中学	第十届南京市学科教学带头人	市教育局	7月
顾　晔	江宁高级中学	第十届南京市学科教学带头人	市教育局	7月
王波凤	南师附中学江宁分校	第十届南京市学科教学带头人	市教育局	7月
陈　卓	南师附中学江宁分校	第十届南京市学科教学带头人	市教育局	7月
王晓琳	南师附中学江宁分校	第十届南京市学科教学带头人	市教育局	7月
刘佳蕴	南师附中学江宁分校	第十届南京市学科教学带头人	市教育局	7月
杨喜庆	南师附中学江宁分校	第十届南京市学科教学带头人	市教育局	7月

续表 28

姓名	工作单位	荣誉称号	命名单位	命名时间
李　翔	江宁高新区中学	第十届南京市学科教学带头人	市教育局	7月
周金霞	麒麟初级中学	第十届南京市学科教学带头人	市教育局	7月
谢蓓蓓	麒麟初级中学	第十届南京市学科教学带头人	市教育局	7月
夏乾冬	竹山中学	第十届南京市学科教学带头人	市教育局	7月
徐　艳	竹山中学	第十届南京市学科教学带头人	市教育局	7月
朱　平	将军山中学	第十届南京市学科教学带头人	市教育局	7月
谢　聪	江宁开发区学校	第十届南京市学科教学带头人	市教育局	7月
桂金云	江宁开发区学校	第十届南京市学科教学带头人	市教育局	7月
侯祥敏	江宁开发区学校	第十届南京市学科教学带头人	市教育局	7月
陆冬群	宏运学校	第十届南京市学科教学带头人	市教育局	7月
许　慧	江宁实验小学	第十届南京市学科教学带头人	市教育局	7月
申　菁	江宁实验小学	第十届南京市学科教学带头人	市教育局	7月
冯卫星	江宁实验小学	第十届南京市学科教学带头人	市教育局	7月
张丽莉	百家湖小学	第十届南京市学科教学带头人	市教育局	7月
张　伟	江宁科学园小学	第十届南京市学科教学带头人	市教育局	7月
李　飞	江宁科学园小学	第十届南京市学科教学带头人	市教育局	7月
王　蕾	东山小学	第十届南京市学科教学带头人	市教育局	7月
崔　祥	教师进修学校	第十届南京市学科教学带头人	市教育局	7月
张　雯	文靖东路小学	第十届南京市学科教学带头人	市教育局	7月
孙茂龙	潭桥小学	第十届南京市学科教学带头人	市教育局	7月
崔　寅	岔路学校	第十届南京市学科教学带头人	市教育局	7月
张德萍	百家湖幼儿园	第十届南京市学科教学带头人	市教育局	7月
王　辉	百家湖幼儿园	第十届南京市学科教学带头人	市教育局	7月
刘　莉	九龙湖幼儿园	第十届南京市学科教学带头人	市教育局	7月
张文娟	翠屏山幼儿园	第十届南京市学科教学带头人	市教育局	7月

续表 28

姓名	工作单位	荣誉称号	命名单位	命名时间
周子楠	江宁高职校	第十届南京市学科教学带头人	市教育局	7 月
王　军	江宁高职校	第十届南京市学科教学带头人	市教育局	7 月
俞志友	江宁高职校	第十届南京市学科教学带头人	市教育局	7 月
诸　军	江宁高职校	第十届南京市学科教学带头人	市教育局	7 月
孙　永	江宁高职校	第十届南京市学科教学带头人	市教育局	7 月
卜训琴	江宁高职校	第十届南京市学科教学带头人	市教育局	7 月
马松泉	江宁高职校	南京市优秀班主任	市教育局	1 月
葛　彬	江宁高职校	南京市技能大赛先进个人	市教育局	9 月
王　俊	江宁高职校	南京市职业院校技能标兵	市教育局	9 月
丁晓勤	觅秀街中学	第十届南京市学科教学带头人	市教育局	7 月
杨　鑫	牛首山文化旅游区	2021 年度南京市优秀青年志愿者	团市委	1 月
杨　鑫	牛首山文化旅游区	2021 年度南京市优秀共青团干部	团市委	5 月
曾丹丹	牛首山文化旅游区	南京市巾帼岗位明星	市妇联	3 月
洪天一	牛首山文化旅游区	南京市五一创新能手	市总工会	1 月
洪天一	牛首山文化旅游区	南京市青年岗位能手	团市委	1 月
陈　莺	江宁美丽乡村建设集团公司	2021 年度南京市优秀共青团干部	团市委	5 月
谈艳秋	田园水韵建设公司	2021 年度南京市优秀共青团员	团市委	5 月
朱慧婧	江宁美丽乡村建设集团公司	2021 年度南京市优秀共青团员	团市委	5 月
李　桐	区档案馆	2022 年度全省档案宣传工作先进个人	省档案馆	8 月
袁　石	区供销合作总社	全市既有建筑安全隐患排查先进个人	市既安排查整治办	4 月
芮开国	区供销合作总社	2022 长三角供销合作社名优农产品展销会组织工作先进个人	长三角农产品展销会组委会	12 月
李　静	区供销合作总社	信息宣传工作先进个人	省供销合作总社	12 月
姚秀荣	区级机关工委	2021 年度南京市优秀工会工作者	市总工会	1 月
范　鹰	区级机关工委	2021 年度《南京新风》杂志（网站）优秀通讯员	市级机关工委	5 月

续表 28

姓名	工作单位	荣誉称号	命名单位	命名时间
经 祥	区红十字会	2022 年度中国红十字总会报刊宣传先进个人	中国红十字会总会办	10 月
王 俊	长安马自达汽车公司	全国五一劳动奖章	中华全国总工会	4 月
陈 娟	湖山北路幼儿园	江苏省五一劳动奖章	省总工会	4 月
邓由道	华致建设集团公司	南京市五一劳动奖章	市总工会	4 月
业崇恩	百业园林景观公司	南京市五一劳动奖章	市总工会	4 月
岳 超	汤山东部建设工程公司	南京市五一劳动奖章	市总工会	4 月
李庆丰	西部路桥集团公司	南京市五一劳动奖章	市总工会	4 月
张德萍	百家湖幼儿园	南京市五一劳动奖章	市总工会	4 月
鲁 立	市地载投资	南京市五一劳动奖章	市总工会	5 月
姚秀荣	区级机关工委	南京市优秀工会工作者	市总工会	1 月
吴凤英	江宁中心小学工会	南京市优秀工会工作者	市总工会	1 月
陈国忠	麒麟街道总工会	南京市优秀工会工作者	市总工会	1 月
鲁 立	市地载投资	第十届南京市十佳文明职工	市委宣传部、文明办、总工会	5 月
刘金静	中联水泥公司	南京市优秀职工志愿者	市总工会	7 月
易 欣	中软国际科技服务公司	南京市优秀职工志愿者	市总工会	7 月
俞圣勇	商务商贸集团	2021 年度全市内保系统保卫组织先进个人	市公安局	2 月
方思文	疆宁粮食购销公司	江苏省粮食行业技能大师	省粮食和物资储备局	7 月
袁洪锁	商务商贸集团	2021 年度全市内保系统保卫组织先进个人	市公安局	2 月
戎 敏	区国资办	南京市优秀工会工作者	市总工会	1 月
刘军巧	区国资办	2021 年度南京市国资系统信息工作先进个人	市国资委	2 月
李 洁	区国资办	2021 年度南京市国资系统信息工作先进个人	市国资委	2 月
尹 彤	区福利彩票中心	全省福彩系统百日竞赛活动先进个人	省福利彩票发行中心	9 月
赵敬贤	区福利彩票中心	全省福彩系统百日竞赛活动先进个人	省福利彩票发行中心	9 月
杨 敏	融媒体中心	江苏省第三届“十佳巾帼好网民”	省妇联、省委网信办	2022 年
柏 鑫	江宁交建集团	2021 年度全市内保系统先进个人	市公安局	2 月

续表 28

姓名	工作单位	荣誉称号	命名单位	命名时间
李庆丰	西部路桥集团公司	南京市五一劳动奖章	市总工会	4 月
周佳楠	西部路桥集团公司	2021 年度内保先进个人	市公安局	2 月
丁来宁	滨江投资发展有限公司	江苏省优质工程奖“扬子杯”	省住建厅	3 月
嵇华中	滨江开发区	2022 年度“最优平安志愿服务组织工作者”	市委政法委、市平安志愿者联合会	11 月
张小刚	爱尔集新能源科技（南京）有限公司	南京市五一劳动奖章	市总工会	3 月
姚　裕	江宁城建集团	2021 年度南京市重点工程劳动者竞赛先进个人	市总工会	3 月
周　娟	江宁城建集团	周娟荣获 2021 年度南京市优秀共青团干部	团市委	5 月
程义龙	江宁建工集团	南京市公安局江宁分局刑侦业务技术用房项目荣获 2022 年度江苏省南京市园林工程“金陵杯”（市优质工程）奖	市园林工程管理协会	6 月
甘良顺	南京华润燃气有限公司	江苏省住房和城乡建设系统技能标兵	省建设工会工作委员会	12 月

（综　合）

2022 年度江宁区获市级（部门）以上表彰先进集体一览表

表 29

单位名称	荣誉称号	命名单位	命名时间
江宁区	“交邮融合、统仓共配”农村物流服务模式——第三批农村物流服务品牌	交运部、国家邮政局	10 月
江宁区	“800 路”——全省十佳城乡公交线路	省交运厅	2022 年
江宁区	“交邮融合、共同配送”——全省十佳城乡物流服务品牌	省交运厅	6 月
江宁区	2021 年度全省城乡交通运输一体化发展水平 AAAAA 级	省交运厅	10 月
江宁区	2021 年度国家体育产业示范基地	国家体育总局	5 月
江宁区	2021 年智慧健康养老示范基地	工业和信息化部、民政部、国家卫健委	2 月
江宁区	深化医药卫生体制改革、城市和县级公立医院综合改革成效明显的地方	省政府	6 月
区政府	2021 年度实行最严格水资源管理制工作优秀	市最严格水资源管理考核和节约用水工作联席会议	11 月
区政府	“十三五”实行最严格水资源管理制度考核工作优秀	市最严格水资源管理考核和节约用水工作联席会议	3 月

续表 29

单位名称	荣誉称号	命名单位	命名时间
东山街道	南京市机关作风建设（2021 年度）标兵街道（镇）	市委、市政府	2 月
东山街道佘村社区	南京市 2022 年度水美乡村	市水务局	10 月
东山街道佘村社区	2022 年度南京市社区工作优秀案例	市民政局	11 月
东山街道佘村社区	2022 年南京市农村公共服务运行维护工作先进村	市城管局、市财政局	12 月
小厨娘餐饮管理公司工会	南京市模范职工之家	市总工会	1 月
小厨娘餐饮管理公司创始店	2022 年南京市工人先锋号	市总工会	4 月
东山街道高桥社区	2022 年南京市农村公共服务运行维护工作先进村	市城管局、市财政局	12 月
东山街道高桥社区	2021 年度“健康细胞” 工程单位	市健康南京建设领导小组办	3 月
东山街道高桥社区	2022 年省健康社区	省爱卫办、健康江苏建设领导小组办	12 月
东山街道章村社区	江苏省文明社区	省文明委	1 月
东山街道章村社区	南京市健康主题公园	市健康南京建设领导小组办	3 月
东山街道文旅科	2022 年度南京市公共文化服务先进集体	市文旅局	11 月
东山街道为民服务中心	2021 年度南京市“最优为民服务中心”	市政务服务管理办	8 月
东山街道骆村社区	“三全”示范社区	省妇联	3 月
东山街道泥塘社区	江苏省优秀志愿服务社区	省文明办	3 月
东山街道泥塘社区	江苏省科技志愿服务社区	省科协	1 月
东山街道泥塘社区	南京市五四红旗团（总）支部	团市委	5 月
东山街道泥塘社区	南京市儿童友好社区	市政府妇儿工委、市发改委	11 月
秣陵街道	2021 年度全市实施乡村振兴战略郊区街镇高质量发展评价先进制造业主导型街镇	市委、市政府	2 月
秣陵街道	2021 年南京市扛起“争当表率、争做示范、走在前列”三大光荣使命先进集体	市委、市政府	5 月
秣陵街道农业事务部（会计服务中心）	2021 年度江苏省农村产权交易市场监测评价先进单位	省农业农村厅	11 月
秣陵街道建东村	江苏省文明村	省文明委	1 月
秣陵街道家园社区	江苏省文明社区	省文明委	1 月
秣陵街道胜家桥社区	江苏省文明社区	省文明委	1 月

续表 29

单位名称	荣誉称号	命名单位	命名时间
秣陵街道胜家桥社区	江苏省生态文明建设示范村（社区）	省生态环境厅	1月
秣陵街道吉山社区	江苏省最美公共文化空间打造对象	省文旅厅	2月
秣陵街道周里村	2022年度江苏省健康村	省爱卫办	12月
秣陵街道人武部	基层武装工作先进单位	南京警备区	1月
秣陵街道总工会	南京市优秀阅读组织	市总工会	7月
秣陵街道农业事务部(会计服务中心)	2022年度南京市农村产权交易监测评价先进单位	市农业农村局	10月
秣陵街道吉山社区	救助服务市级示范点	市救助管理指导中心	1月
秣陵街道吉山社区	2021年度南京市健康社区	市健康南京建设领导小组办	3月
秣陵街道建东村	2021年度南京市健康社区	市健康南京建设领导小组办	3月
秣陵街道火炬村	2021年度南京市健康社区	市健康南京建设领导小组办	3月
秣陵街道周里村	2021年度南京市健康社区	市健康南京建设领导小组办	3月
秣陵街道西旺社区	2021年度南京市健康社区	市健康南京建设领导小组办	3月
秣陵街道东善桥社区	2021年度南京市健康社区	市健康南京建设领导小组办	3月
秣陵街道胜家桥社区	2021年度南京市健康社区	市健康南京建设领导小组办	3月
秣陵街道湖滨社区	2021年度南京市健康社区	市健康南京建设领导小组办	3月
秣陵街道胜太社区	2021年度南京市健康社区	市健康南京建设领导小组办	3月
秣陵街道太平社区	南京市2021年度“健康细胞”工程单位	市健康南京建设领导小组办	3月
秣陵街道建东村	2022年度南京市农村公共服务运行维护先进村	市城管局、市财政局	12月
秣陵街道胜家桥社区	2022年度南京市农村公共服务运行维护先进村	市城管局、市财政局	12月
汤山街道	2022年度宣传工作先进单位	退役军人事务部办公厅、退役军人宣传中心	11月
汤山街道	全省农村垃圾分类试点乡镇优秀等次	省住建厅	12月
汤山街道	南京市五四红旗团（工）委	团市委	5月
汤山街道龙尚村	全国五四红旗团支部	团中央	5月
汤山街道青林社区	第二届宣传推选学雷锋文艺志愿服务“时代风尚”先进典型最美文艺志愿服务社区	中央文明办二局、中国文艺志愿者协会	9月

续表 29

单位名称	荣誉称号	命名单位	命名时间
汤山街道路西村	2019-2021 年度江苏省文明村	省委宣传部、省文明委	1 月
汤山街道龙尚村	江苏省乡村振兴先进集体	省委、省政府	1 月
汤山街道青林社区	江苏省生态文明建设示范村（社区）	省生态环境厅	1 月
汤山街道汤山社区	江苏省文明社区	省文明委	1 月
汤山街道阜东村	2019—2021 年度江苏省文明村	省文明委	1 月
汤山街道湖山村	2019—2021 年度江苏省文明村	省文明委	1 月
汤山街道龙尚村	2022 年江苏省乡村旅游重点村	省文旅厅	6 月
汤山街道阜东村	2021 年江苏省健康村	省爱卫委	1 月
汤山街道孟墓社区	江苏省特色田园乡村	省农业住房条件改善和特色田园乡村建设工作联席会议办	11 月
汤山街道阜东村	江苏省“民主法治示范村”	省委全面依法治省委员会办、省司法厅、省民政厅	12 月
汤山街道阜东村	2020—2021 年三八红旗手集体	省妇联	3 月
汤山街道阜庄村	2021 年度南京市健康社区	市健康南京建设领导小组办	3 月
汤山街道汤山社区	2019—2021 年度南京市文明社区	市文明委	4 月
汤山街道阜东村	南京市五四红旗团（总）支部	团市委	5 月
汤山街道孟墓社区	南京市水美乡村	市水务局	10 月
汤山街道龙尚村	南京市乡村特色体育基地	市体育局、市农业农村局	12 月
汤山街道龙尚村尚庄	市级特色田园乡村	市特色田园乡村建设工作联席办	12 月
汤山街道青林社区菜园	市级特色田园乡村	市特色田园乡村建设工作联席办	12 月
汤山街道阜庄村道婆庵	市级特色田园乡村	市特色田园乡村建设工作联席办	12 月
汤山街道汤山社区	南京市农村公共服务运行维护工作先进村	市城管局、市财政局	12 月
淳化街道	优秀等次	省住房和城乡建设厅	2 月
淳化规划资源所	江苏省自然资源系统先进集体	省人社厅、省自然资源厅	12 月
淳化街道民主村	2021 年度南京市健康社区	市健康南京建设领导小组办公室	3 月
淳化街道	2021 年度南京市既有建筑安全隐患排查整治标兵单位	市既有建筑安全隐患排查整治工作领导小组办	4 月

续表 29

单位名称	荣誉称号	命名单位	命名时间
淳化街道团工委	南京市五四红旗团（工）委	团市委	5月
江宁街道	2021年度平安南京建设先进集体	市委平安南京建设领导小组办	2月
江宁街道会服中心	2021年度江苏省农村产权交易市场监测评价先进单位	省农业农村厅	11月
江宁街道团工委	2022年江苏省青年志愿服务项目大赛一等奖	团省委	10月
江宁街道	第三届“南京慈善奖”	市政府	10月
江宁街道	南京市住宅小区综合治理工作优秀单位	市住宅小区综合治理联席会议办	1月
江宁街道团工委	第六届中国青年志愿服务项目大赛铜奖	第六届中国青年志愿服务项目大赛暨志愿服务交流会全国组委会	11月
禄口街道陈巷村	2019—2021年度市级文明村	市文明委	2022年
禄口街道曹村村	省生态文明建设示范村（社区）	省生态环境厅	1月
禄口街道彭福村	江苏省文明村	省文明委	1月
禄口街道尚洪村	江苏省文明村	省文明委	1月
谷里街道周村社区	国家级充分就业社区	人力资源和社会保障部	1月
谷里街道周村社区	第九批江苏省特色田园乡村	省农村住房条件改善和特色田园乡村建设工作联席会议办	7月
谷里街道公塘社区	江苏省健康社区	省爱卫委	12月
谷里街道公塘社区（宋家队）	南京市美丽乡村宜居村	市农业农村局	12月
谷里街道柏树村	江苏省生态文明建设示范村	省生态环境厅	1月
谷里街道柏树村	南京市农村公共服务运行维护工作先进村	市城管局、市财政局	12月
谷里街道双塘村	美丽家园省级示范点	省妇女“双学双比”竞赛活动领导小组	8月
谷里街道双塘村	南京市扛起“争当表率、争做示范、走在前列”三大光荣使命先进集体	市委、市政府	12月
谷里街道	2022年度全国最美村镇乡村振兴标杆奖	中国最美村镇评选活动组委会	12月
谷里街道	全省工商联（商会）组织先进集体	省人社厅、省工商联	6月
谷里街道	农村垃圾分类省级试点街道优秀等次	省住建厅	2月
谷里街道	江苏省就业富民乡村振兴基地	省人社厅、省乡村振兴局	12月
谷里街道	“十四五”首批省级现代农业产业高质量发展示范园	省农业农村厅、省财政厅	8月

续表 29

单位名称	荣誉称号	命名单位	命名时间
谷里街道	江苏省生态宜居美丽示范乡镇	市农村人居环境整治提升工作推进办	12 月
湖熟街道和进社区	省级健康社区	省爱卫办	12 月
湖熟街道和平村	美丽家园省级示范点	省妇女“双学双比”竞赛活动领导小组	8 月
若城旅店	江苏省巾帼示范精品民宿	省妇女“双学双比”竞赛活动领导小组	8 月
杨长根家庭农场	2022 年江苏省“百佳家庭农场”	省农学会	9 月
湖熟街道和平村	江苏省五四红旗团总支	团省委	4 月
金陵水乡钱家渡	首批省级生态文化宣传示范点	省生态环境厅	4 月
金陵水乡钱家渡	江苏省无限定空间非遗进景区示范项目	省文旅厅	6 月
金陵水乡钱家渡	省级巾帼新业态助农创新基地	省妇女“双学双比”竞赛活动领导小组	8 月
湖熟街道新农社区	2021 年度全国综合减灾示范社区	国家减灾委员会、国家应急管理局、中国气象局、中国地震局	12 月
湖熟街道新农社区	江苏省文明社区	江苏省精神文明建设指导委员会	1 月
湖熟街道新农社区	省级“三全”示范社区	省妇联	3 月
湖熟街道新农社区	省级健康社区	省爱卫委	8 月
湖熟街道新农社区	市级儿童友好示范社区	市妇联	6 月
湖熟街道新农社区	五星级示范农家书屋	市委宣传部	10 月
湖熟街道杨柳湖社区	南京市农村公共服务运行维护先进村	市城管局办公室	12 月
西洋湖蜜蜂科普馆	市科普教育示范基地	市科技局	6 月
湖熟街道耀华社区	市农村公共服务运行维护工作先进村	市城管局、市财政局	12 月
耀华社区湖塘头村	市级美丽宜居村	市农业农村局	4 月
湖熟街道工会	江苏工会爱心托管班好典型	省总工会	9 月
湖熟街道工会	解困脱困先进典型	市总工会	8 月
金陵水乡钱家渡	首批省级生态文化宣传示范点	省生态环境厅	4 月
金陵水乡钱家渡	江苏省无限定空间非遗进景区示范项目	省文旅厅	6 月
金陵水乡钱家渡	省级巾帼新业态助农创新基地	省妇女“双学双比”竞赛活动领导小组	8 月

续表 29

单位名称	荣誉称号	命名单位	命名时间
湖熟街道办事处	南京市无烟党政机关	市健康南京建设领导小组办	3 月
湖熟街道办事处	江苏省健康街道	省爱卫办	12 月
湖熟街道	2021 年度全市实施乡村振兴战略郊区街镇高质量发展评价综合奖	市委、市政府	2 月
湖熟街道	2021 年南京市扛起“争当表率、争做示范、走在前列”三大光荣使命先进集体	市委、市政府	5 月
江宁开发区	省级“5G+ 工业互联网”融合应用先导区培育对象	省工信厅	3 月
开发区国土规划建设局	城市道路精细化专项维护管理获奖单位	市交运局	3 月
江宁开发区	2021 年度真抓实干成效明显单位—实施知识产权战略和贯彻执行知识产权强市建设行动计划成效明显的区（园区）	市政府办公厅	7 月
江宁开发区	国家级知识产权强国建设示范园区	国家知识产权局	8 月
江宁开发区	2022 年度绿色低碳示范园区	中国国际投资促进会开发区投资促进委员会	9 月
江宁开发区	工业互联网推动数字化创新领先园区	工业互联网平台创新合作中心	9 月
江宁开发区	江苏省网络安全教育技术产业融合发展试验区	省委网信办、省教育厅、省科技厅、省工信厅	9 月
开发区高新园	江苏省碳达峰碳中和科技成果转化基地	省科技厅	10 月
空港管委会	空港型国家物流枢纽	国家发改委	11 月
江宁开发区	江苏省工业互联网标识示范区	省工信厅	11 月
江苏软件园	车联网和智能网联汽车高质量发展先行区	省工信厅	11 月
江宁开发区	首批国家级专利导航服务基地	国家知识产权局	12 月
江宁高新区	国家级知识产权强国建设试点园区	国家知识产权局	6 月
高新区留学人员创业园	2022 年江苏省留学回国人员创新创业示范基地	省人社厅	6 月
南京生命科技创新园生物医药孵化器	2021 年度江苏省科技企业孵化器绩效评价结果 A 类	省科技厅	8 月
江宁高新区	2021 年南京市扛起“争当表率、争做示范、走在前列”三大光荣使命先进集体	市委、市政府	5 月
江宁高新区	南京市元宇宙产业先导区	市工信局	5 月
高新区留学人员创业园	2022 年度南京市留学人员创业园评估结果优秀	市人社局	11 月
江宁高新区	南京市无烟党政机关（单位）	市健康南京建设领导小组办	3 月

续表 29

单位名称	荣誉称号	命名单位	命名时间
区人武部	正规化建设先进单位	军委国防动员部	2022 年
区工商联	全国“五好”标杆县级工商联	中华全国工商联合会	7 月
南京台湾青年创业学院	2021 年海峡两岸青年就业创业基地和示范点绩效考核优秀等次	省台办	5 月
九三学社南京市江宁区支社	九三学社江苏省第八届委员会社会服务优秀基层组织	九三学社省委会	6 月
民建江宁区基层委员会一支部	特色基层组织	民建省委会	4 月
区工商联	商会商事调解联系协作机制示范单位	省工商联、省法院	6 月
区工商联	全省工商联系统先进集体	省人社厅、省工商联	6 月
区侨联	全省侨联系统先进集体	省人社厅、省归国华侨联合会、省侨务办	8 月
开发区高新园	江苏省侨联新侨创新创业基地	省侨联	7 月
我乐家居股份公司	江苏省优秀侨资企业	省侨联、省商务厅、省税务局、省贸促会、省国际商会、省侨商总会	1 月
南京德朔实业公司	江苏省优秀侨资企业	省侨联、省商务厅、省税务局、省贸促会、省国际商会、省侨商总会	1 月
多伦科技股份公司	江苏省优秀侨资企业	省侨联、省商务厅、省税务局、省贸促会、省国际商会、省侨商总会	1 月
区工商联	全国工商联调查点工作先进单位	省工商联	12 月
南京台湾青年创业学院	2021 年江苏省台湾青年就业创业基地评价优秀等次	省台办	5 月
区委统战部	2021 年度全市统战宣传工作先进单位	市委统战部	4 月
区委统战部	2021 年度全市统战工作实践创新成果奖	市委统战部	3 月
民建江宁区基层委员会	2021 年度基层组织工作目标考核先进单位	民建市委会	3 月
农工党江宁区基层委员会	优秀基层组织	农工党市委会	4 月
区民宗局	南京市民宗系统 2021 年度信息宣传工作先进单位	市民宗局	1 月
南京晓庄学院	全市少数民族传统体育项目基地	市民宗局、市体育局	12 月
金陵科技学院	全市少数民族传统体育项目基地	市民宗局、市体育局	12 月
江宁开发区	南京市侨联四星级侨胞之家	市侨联	3 月

续表 29

单位名称	荣誉称号	命名单位	命名时间
区委宣传部	2021 年全省对外宣传工作创新奖提名奖	省政府新闻办公室	1 月
区委宣传部	2021 年全市“打黄打非”工作先进集体	市“扫黄打非”工作领导小组	1 月
区委宣传部	2021 年度全市社会舆情信息工作先进单位	市委宣传部	2 月
区委宣传部	2021 年度南京市互联网舆情工作优秀单位	市委网信办	2 月
区委宣传部	2021 年度全市宣传信息工作先进单位	市委宣传部	5 月
区委宣传部	2022 年第二期网络评论实战演练比武综合优秀	市委网信办	7 月
区委宣传部	2021 — 2022 年度全市基层理论宣讲先进集体、优秀宣讲微视频	市委宣传部	7 月
区委宣传部	2021 年度全省基层党员冬训工作示范县（市、区）	省委宣传部、省委组织部	6 月
区委宣传部	2021 年度全省基层党员冬训工作示范（镇、街道）	省委宣传部、省委组织部	6 月
区委宣传部	2020-2022 年度全市基层党员冬训工作创新项目	市委宣传部	7 月
区委宣传部	“礼赞新时代　追梦复兴路”2022 年南京市“百姓名嘴”评选活动优秀组织奖	市委宣传部	9 月
区委宣传部	2022 年基层理论宣讲先进集体（江苏省南京市江宁区“红喇叭”理论宣讲团）	中央宣传部办公厅	10 月
区委宣传部	2022 年度全市宣传思想文化工作创新奖提名奖（“红喇叭”传递党的“好声音”）	市委宣传部	10 月
区委宣传部	2021 — 2022 年度“学习强国”南京学习平台优秀通讯站	“学习强国”南京学习平台	12 月
区委宣传部	2022 年南京“学习达人”挑战赛优秀组织奖	市委宣传部	12 月
区检察院第二检察部	2021 年度全市检察宣传先进集体	市检察院	1 月
区检察院	2021 年度案例工作优秀组织奖	市检察院	2 月
区检察院	2022 年度全国检察宣传先进单位	最高人民检察院	9 月
开发区检察院	市检察机关智慧检察工作先进单位	市检察院	2022 年
开发区检察院	市检察机关队伍建设规范化优秀奖	市检察院	2022 年
开发区检察院	市巾帼文明岗	市妇联	2022 年
区法院	2019-2021 年度江苏省文明单位	省文明委	1 月
区法院	全省法院第十六届“金法槌”杯案例组织工作先进单位	省法院	9 月
滨江开发区法庭	集体三等功	市法院	1 月
汤山法庭	第二届全省法院新时代人民法院优秀党支部	省法院	11 月

续表 29

单位名称	荣誉称号	命名单位	命名时间
区法院刑庭	南京法院“巾帼文明岗”	市法院	3 月
开发区法院	全省“商会商事调解联系协作机制示范单位”	省工商联、省法院	6 月
开发区法院	全市“十佳政法单位”	市委政法委	1 月
开发区法院	集体三等功	市法院	1 月
区司法局	全省法治市场建设优秀案例	省委依法治省办	1 月
区司法局	2021 年度高质量发展先进司法局	省司法厅	1 月
区司法局	2021 年全省信息工作成绩突出集体	省司法厅	2 月
区司法局	全市十佳政法单位	市委政法委	1 月
区司法局	2021 年度司法行政工作绩效评价综合排名优秀、队伍建设第一	市司法局	1 月
区司法局	2021 年度全省司法行政系统新闻宣传工作成绩突出集体	省司法厅	4 月
区司法局	全省“七五”普法工作先进单位	省政府	11 月
区司法局关工委	全市青少年普法教育先进集体	市关工委、市委政法委、市教育局、市司法局、团市委、市法学会	9 月
区财政局	2020 年国有企业财务会计决算先进单位	省财政厅	12 月
区财政局	贯彻落实财政部“832 平台”工作优秀单位	市财政局	1 月
区财政局	2021 年度南京市无烟党政机关（单位）	市爱卫办	2 月
区税务局	全国节约型机关	国家发改委、财政部、国家机关事务管理局、中共中央直属机关事务管理局	10 月
区税务局	2019—2021 年度江苏省文明单位	省文明委	1 月
区税务局	2021 年南京市扛起“争当表率、争做示范、走在前列”三大光荣使命先进集体	市委、市政府	5 月
区税务局	2019-2021 年度南京市文明单位	市文明委	11 月
区税务局	第 27 届南京市青年文明号	市税务局、团市委	12 月
区税务局第一税务所	一星级全国青年文明号	全国创建青年文明号活动组委会	8 月
区税务局征收管理科	一星级全国青年文明号	全国创建青年文明号活动组委会	8 月
开发区税务局	先进工会	市税务局系统工会	3 月

续表 29

单位名称	荣誉称号	命名单位	命名时间
开发区税务局	巾帼文明岗	市税务局系统妇联	4月
开发区税务局	江苏省文明单位	省文明委	1月
开发区税务局	全国节约型机关	国家机关事务管理局、中共中央直属机关事务管理局、国家发改委、财政部	10月
开发区税务局	全国职工书屋示范点	中华全国总工会	12月
区体彩中心	2021年度体育彩票销售工作成绩突出单位	省体彩中心、省体育局	1月
江宁区	首批“长三角高铁旅游小城”	省文旅厅	3月
金陵水乡钱家渡	首批省无限定空间非遗进景区示范项目	省文旅厅	7月
区文旅局	江苏省群众体育先进单位	省体育局	7月
百家湖1912街区	第二批省级夜间文旅消费集聚区	省文旅厅	11月
百家湖1912街区	第二批江苏省省级旅游休闲街区	省文旅厅	12月
区文旅局	第二十届省运会参赛组织工作先进单位	市政府	12月
区文旅局	2021年度全市内保系统先进集体	市公安局	2月
区文旅局	2022年度南京市职工职业（行业）技能大赛安全生产技能竞赛优秀组织奖	市文化和旅游产业工会、市文旅局安全生产领导小组	11月
区文旅局	第三届南京市文化市场综合执法岗位练兵技能竞赛组织奖	市文旅局	12月
区图书馆	2022年南京市公共图书馆共建共享系列活动优秀组织奖	市文旅局	12月
区图书馆	2022年度南京市公共文化服务先进集体	市文旅局	11月
区水务局	2020年度水库移民扶持资金绩效评价优秀单位	省水利厅、省财政厅	4月
汤山水土保持科技示范园	全国水土保持科普教育基地	中国水土保持协会	10月
河海大学江宁校区	全国首批节水型高效典型案例	水利部办公厅、教育部办公厅、国家机关事务管理局	11月
江宁河灌区	国家级节水型灌区	水利部办公厅	12月
区民政局	“深化乡村地名服务 点亮美好家园”试点地区	民政部办公厅	9月
区民政局	2019—2021年度江苏省文明单位	省文明委	1月
区民政局	2021年度南京市无烟党政机关	市爱卫办、市级机关爱卫委	2月
区商务局	第四届中国国际进口博览会江苏交易团组织工作先进集体	省商务厅	12月

续表 29

单位名称	荣誉称号	命名单位	命名时间
东山中心幼儿园	2021–2022 学年南京教师志愿者联盟优秀教师志愿服务组织单位	市教育局	9 月
清水亭东路幼儿园	2021–2022 学年南京教师志愿者联盟优秀教师志愿服务组织单位	市教育局、市委教育工委	2 月
月华路小学至善路校区	2021–2022 学年南京教师志愿者联盟“优秀教师志愿服务组织单位”	市教育局、市委教育工委	2 月
区教育局	南京市教育系统师德建设综合成效奖	市教育局、市委教育工委	2 月
区教育局	南京市教育系统师德建设管理机制奖	市教育局、市委教育工委	2 月
区城管局	2019—2021 年度南京市文明单位	市文明委	1 月
区城管局	2021 年度环境卫生管理先进单位	市城管局	4 月
区城管局	2021 年度南京市无烟党政机关（单位）	市爱卫办	2 月
区城管局	南京市 2021 年度城市精细化建设管理先进集体	市城市精细化建设管理推进办	1 月
区城建局	2021 年度南京市无烟党政机关	市爱卫委、市级机关爱卫委	2 月
区城建局	2021 年度城市道路维护管理工作总评先进单位二等奖	市交运局	3 月
汤山方山国家地质公园博物馆	2022 年江苏省自然资源科普讲解大赛优秀组织奖	省自然资源厅	6 月
汤山方山国家地质公园博物馆	中国地质学会第一届科普研学基地奖	中国地质学会	8 月
汤山欢乐水世界旅游有限公司	先进集体	市公安局	2 月
汤山矿坑公园	江苏省首批生态文化宣传示范点	省生态环境厅、省文明办	4 月
汤山矿坑公园	全国水土保持科普教育基地	中国水土保持协会	10 月
区市场监管局	全省食品安全工作先进集体	省食安委	3 月
区市场监管局	南京市“七五”普法工作先进单位	市法治宣传教育领导小组	5 月
区市场监管局	2022 年度药品医疗器械化妆品监督抽检工作先进单位	市市场监管局	1 月
区卫健委	全市既有建筑安全隐患排查先进单位	市既有建筑安全隐患排查整治工作领导小组办、市住房保障和房产局	4 月
区卫健委	2021 年度“安康关爱行动”先进单位	市老龄委办公室	6 月
江宁中医院	南京地区医疗机构 2021—2022 年医学检验抗疫先进集体	南京医院协会	2022 年
江宁中医院	生活垃圾分类优质单位	市生活垃圾分类工作领导小组办	2022 年
江宁中医院	南京市护理学会继续教育优秀组织奖	南京护理学会	2022 年

续表 29

单位名称	荣誉称号	命名单位	命名时间
江宁中医院	2021 年度江苏省科技工作者状况调查优秀站点	省科协	2022 年
江宁中医院	2022 年江苏省老年友善医疗机构优秀单位	省卫健委	2022 年
江宁中医院	江苏省无偿献血先进单位	省献血办	2022 年
江宁中医院	南京市护理学会继续教育优秀组织奖	市卫健委	2022 年
江宁区第二人民医院	南京市医疗保障系统先进集体	市医保局	3 月
区疾控中心	2019—2021 年度市级文明单位	市文明委	11 月
区疾控中心	2021–2022 年南京市健康教育与健康促进工作先进集体	市健康教育协会	12 月
区妇幼保健计划生育服务中心	江苏省优秀管理示范单位	省广电总台	6 月
区妇幼保健计划生育服务中心	2019–2021 年度南京市文明单位	市文明委	1 月
百家湖社区卫生服务中心	南京市“健康细胞”工程健康促进医院	市卫健委办公室	3 月
百家湖社区卫生服务中心	江苏省老年友善医疗机构	省卫健委	12 月
汤山街道社区卫生服务中心	2019–2021 年度南京市文明单位	市文明委	11 月
汤山街道社区卫生服务中心	南京市医保信息建设平台先进集体	市医保局	7 月
禄口街道社区卫生服务中心	江苏老年友善医疗机构优秀单位	省卫健委	12 月
江宁街道铜井社区卫生服务中心	“优质服务基层行”活动服务优质机构	国家卫健委办公厅	1 月
横溪街道社区卫生服务中心	“优质服务基层行”活动服务优质机构	国家卫健委办公厅	1 月
市医保局江宁分局	2021 年南京市扛起“争当表率、争做示范、走在前列”三大光荣使命先进集体	市委、市政府	5 月
区统计局	县级统计基层基础规范化建设成绩显著单位	省统计局	1 月
区统计局	统计工作考核优秀	市统计局	1 月
区统计局	南京市无烟党政机关	市爱卫办	2 月
区统计局	统计分析工作先进集体	市统计局	3 月
江宁规划资源局行政审批服务科	一星级全国青年文明号	团中央	8 月
区城建档案馆	江苏省特级档案馆	省住房和城乡建设厅	12 月

续表 29

单位名称	荣誉称号	命名单位	命名时间
淳化规划资源所	江苏省自然资源系统先进集体	省人力资源厅、省自然资源厅	12 月
区交运局	2021 年南京市“四好农村路”工作表现突出集体	市交运局	3 月
区交运局	2021 年度市交通运输系统安全生产工作优秀单位	市交运局	1 月
区交运局	2021 年度南京交通“12345”政务热线办理工作贡献奖	市交运局	2 月
区交运局	南京市无烟党政机关（单位）	市健康南京建设领导小组办	3 月
区交运局	全省公路养护管理优秀集体	省交运厅	6 月
区公路事业发展中心	“十三五”以来公路养护管理优秀集体	省交运厅	6 月
区劳动保障监察大队	2022 年全国清理整顿人力资源市场秩序专项行动取得突出成绩单位	人社部办公厅、市场监管总局办公厅	10 月
区级机关工委	2021 年度机关党建信息工作优秀单位	省委省级机关工委	1 月
区级机关工委	2021 年度南京市无烟党政机关	市爱卫办	3 月
区级机关工委	2021 年度《南京新风》杂志（网站）宣传报道工作先进单位	市委市级机关工委	5 月
区级机关工委	2021 年南京市优秀职工志愿服务品牌	市总工会	7 月
区科协	2022 年全国科普日活动优秀组织单位	中国科协办公厅	12 月
区科协	2022—2023 年度江苏省全民科学素质大赛网络赛优秀单位	省科协	9 月
区科协	2022 年度全省科协系统科普报刊宣传工作先进单位	省科协	11 月
区科协	南京市科协科普工作先进集体	市科协	1 月
国资集团爱心驿站	2022 年南京工会一星级“爱心驿站”	市总工会	12 月
江宁经开区税务局	2022 年全国职工书屋示范点	全国职工书屋建设办、全总宣教部	12 月
环宇集团（南京）公司	江苏省五一劳动奖状	省总工会	4 月
南瑞继保电气公司电力工程设计创新工作室	江苏工人先锋号	省总工会	4 月
区总工会职工法律援助中心	全省工会第二批“三化”建设成效明显职工法律援助中心	省总工会	10 月
南京农副物流配送中心	2022 年江苏省工会“职工书屋示范点”	省总工会、阅读办	11 月
中圣科技（江苏）公司	2022 年度全省非公有制企业党建带工建“三创争两提升”活动省级示范单位	省委组织部、省总工会	11 月

续表 29

单位名称	荣誉称号	命名单位	命名时间
区总工会	2021 年南京市职工宣传思想文化建设先进单位（一等）	市总工会	7 月
江宁交建集团	南京市五一劳动奖状	市总工会	4 月
中圣科技（江苏）公司	南京市五一劳动奖状	市总工会	4 月
湖熟街道总工会	南京市五一劳动奖状	市总工会	8 月
海融医药科技股份公司他卡西醇组	南京市工人先锋号	市总工会	4 月
小厨娘餐饮管理有限公司创始店	南京市工人先锋号	市总工会	4 月
奇蛙智能科技有限公司研发中心	南京市工人先锋号	市总工会	4 月
区司法局人民参与和促进法治科	南京市工人先锋号	市总工会	4 月
东山公交客运公司 817 线	南京市工人先锋号	市总工会	4 月
舍弗勒（南京）公司工会	南京市模范职工之家	市总工会	1 月
小厨娘餐饮管理公司工会	南京市模范职工之家	市总工会	1 月
牛首山文化旅游区工会	南京市模范职工之家	市总工会	1 月
兴宁幼儿园	南京市模范职工之家	市总工会	1 月
爱尔集新能源科技（南京）公司工会	南京市模范职工之家	市总工会	1 月
江苏华能智慧能源供应链科技公司工会	南京市模范职工之家	市总工会	1 月
江宁公安分局交通警察大队开发区中队工会小组	南京市模范职工小家	市总工会	1 月
长安马自达汽车公司制造部冲压车间分工会	南京市模范职工小家	市总工会	1 月
四方亿能电力自动化公司设计二部工会小组	南京市模范职工小家	市总工会	1 月
顺通道路养护工程公司养护三分公司工会小组	南京市模范职工小家	市总工会	1 月
台创园发展公司招商处工会小组	南京市模范职工小家	市总工会	1 月

续表 29

单位名称	荣誉称号	命名单位	命名时间
南京华润燃气信息管理部	南京市模范职工小家	市总工会	1月
江宁城建集团	南京市书香企业	市总工会	7月
区国资办	2021年度南京市国资系统信息工作先进集体	市国资委	2月
旅康集团	2019—2021年省级文明单位	省文明委	1月
美丽乡村芳草园驿站	2022江苏餐饮业放心消费创建示范单位	省餐饮行业协会	3月
美丽乡村源驿站	2022江苏餐饮业放心消费创建示范单位	省餐饮行业协会	3月
美丽乡村逢缘驿站	2022江苏餐饮业放心消费创建示范单位	省餐饮行业协会	3月
美丽乡村田园餐厅	2022江苏餐饮业放心消费创建示范单位	省餐饮行业协会	3月
美丽乡村茶缘阁	2022江苏餐饮业放心消费创建示范单位	省餐饮行业协会	3月
晏湖公司爱之谷驿站	2022江苏餐饮业放心消费创建示范单位	省餐饮行业协会	3月
晏湖公司晏湖驿站	2022江苏餐饮业放心消费创建示范单位	省餐饮行业协会	3月
田园水韵公司	省级生态文化宣传首批示范点	省生态环境厅	4月
田园水韵公司	江苏省无限定空间非遗进景区示范项目	省文旅厅	5月
田园水韵公司	省级巾帼新业态助农创新基地	省妇女“双学双比”竞赛活动领导小组	8月
一八八六公司	2021年省级放心消费创建示范单位	省市场监管局	1月
云水涧公司	2021年省级放心消费创建先进单位	省市场监管局	1月
美丽乡村公司	2021年度平安景区先进单位	市平安景区创建工作领导小组	12月
溪田公司	2021年度平安景区先进单位	市平安景区创建工作领导小组	12月
溪田公司	南京市职工优秀阅读组织	南京市总工会	12月
溪田公司	2021年度平安景区达标单位	市平安景区创建工作领导小组	12月
田园水韵公司	2021年度平安景区达标单位	市平安景区创建工作领导小组	12月
田园水韵公司	2021年度市级放心消费创建荣誉单位	市放心消费工作领导小组办公室	1月
江宁环卫集团	优秀会员单位	市市容环境卫生协会	3月
江宁环卫集团	2021年度江苏省文明单位	省文明委	1月

续表 29

单位名称	荣誉称号	命名单位	命名时间
江宁“小微”融媒创客空间	南京网络文明素养实践教育基地	市委网信办	9月
江宁交建集团	2019-2021 年度江苏省文明单位	省文明委	1月
江宁交建集团	2019—2021 年度南京市文明单位	市文明委	11月
江宁交建集团	“不忘初心、牢记使命——南京市庆祝中国共产党成立 100 周年知识竞赛”优秀组织奖	市党史学习教育领导小组办	1月
江宁交建集团	2022 年南京市五一劳动奖状	市总工会	4月
江宁交建集团	2021 年度全市内保系统保卫组织先进集体	市公安局	2月
西部路桥集团公司	2019—2021 年度南京市文明单位	市文明委	11月
西部路桥集团公司	2021 年度内保先进集体（安全部）	市公安局	2月
西部路桥集团公司	2021 年度南京市公路水运工程“平安工地”建设示范工地	市交运局	2月
惠宁市政建设服务集团公司	2019—2021 年度南京市文明单位	市文明委	11月
惠宁市政建设服务集团公司	2021 年度南京建筑业协会优秀企业	南京建筑业协会	6月
睿艺环境工程公司	江苏省行业领先标兵	江苏名牌事业促进会、省质量工作宣传活动组委	4月
睿艺环境工程公司	江苏省园林绿化工程优秀企业	江苏名牌事业促进会、省工程建设管理办	8月
江宁汽车综合性能检测站	南京市 2019-2021 年度“文明单位”	市文明委	2月
环宇集团（南京）公司	江苏省五一劳动奖状	省总工会	4月
爱尔集新能源科技（南京）公司	南京市工人先锋号	市总工会	3月
桂花鸭（集团）公司团支部	2021 年度“南京市五四红旗团（总）支部”	团市委	5月
城建集团	2022 年南京市书香国企	市总工会	7月
城建集团党群办	2022 年度南京市优秀志愿服务项目	市文明委	12月
江宁建工集团	南京市五一劳动奖状	市总工会	3月
江宁建工集团	南京市工人先锋号	市总工会	3月
南京华润燃气有限公司行政事务部	江苏省工人先锋号	省建设工会	4月
南京华润燃气有限公司团总支	江苏省青年志愿服务行动组织奖	省青年志愿者协会	5月

续表 29

单位名称	荣誉称号	命名单位	命名时间
南京华润燃气有限公司运行管理部	江苏省“安康杯”优胜班组	省住建系统安康杯竞赛领导小组	12 月
南京华润燃气有限公司通润子公司	江苏省模范职工之家	省总工会	12 月
江宁公交集团 800 公交线路	江苏省“十佳城乡公交线路”	市交运局	2022 年
江宁公交集团 817 公交线路	市级工人先锋号	市总工会	2022 年
牛首山文化旅游集团	2019—2021 年度江苏省文明单位	省文明委	1 月
牛首山文化旅游集团	南京市城市治理标准化先进集体	市城市治理委员会	3 月
牛首山林场实业公司	2022 年南京市雨花茶暨名特茶质量评价金奖	南京茶叶行业协会	5 月
牛首山文化旅游区	2022 年省级文明旅游示范培育单位	市文旅局	11 月
牛首山文化旅游区工会	2022 年南京市模范职工之家	市总工会	1 月
天阙文化发展公司	2021 年度江苏省放心消费创建示范单位	省放心消费创建活动办、省市场监管局	4 月
天阙文化发展公司	2022 年度公共场所母婴设施优质运营管理单位	市卫健委妇幼健康处	9 月
天阙文化发展公司	内部安全保卫工作先进集体	市公安局	2 月
江宁高职校	江苏省文明单位	省文明委	1 月
江宁水务集团	水 –Park 科技馆长三角区域一体化发展城乡建设全国引领性劳动和技能竞赛优秀班组	中国海员建设工会全国委员会、住房和城乡建设部人事司	1 月
江宁水务集团	水 –Park 科技馆江苏省科普教育基地	省科学技术协会、省科技厅、省教育厅	7 月
江宁水务集团	水 –Park 科技馆江苏省环境科学学会环保科普基地	省环境科学学会	8 月
华润燃气公司信息管理部工会小组	2021 年南京市模范职工小家	市总工会	1 月

（综 合）

2022 年江宁区地区生产总值统计表

表 30

商品类别	数值（亿元）	比上年增长（%）
地区生产总值	3000.55	2.1
一、按产业分	—	—
第一产业	74.69	3.2
第二产业	1659.79	5.2
第三产业	1266.07	-1.7
二、按行业分	—	—
农业	81.37	3.9
工业	1411.71	6.1
建筑业	248.57	0.2
批发和零售业	203.06	0.3
交通运输、仓储和邮政业	73.83	0.4
住宿和餐饮业	39.16	-8.0
金融业	95.91	6.6
房地产业	258.43	-13.4
营利性服务业	297.48	1.8
非营利性服务业	291.03	3.9

注：绝对值按现行价格计算，增长速度按可比价格计算。

2022年江宁区固定资产投资统计表

表 31

指　标	计量单位	数　值	比上年增长（%）
全社会固定资产投资总额	亿元	900.93	2.4
基础设施投资	亿元	94.08	-20.7
工业投资	亿元	223.66	2.9
其中，工业技术改造投资比重	%	41.81	-6.6（百分点）
高新技术产业投资	亿元	161.48	7.4
房地产开发投资	亿元	333.31	-12.5
按产业分：	—	—	—
第一产业	亿元	0.40	-41.7
第二产业	亿元	223.54	3.2
第三产业	亿元	676.99	0.5
商品房销售面积	万平方米	168.52	-34.4
商品房销售额	亿元	359.08	-44.5

2022年江宁区社会消费品零售总额统计表

表 32

指　标	数值（亿元）	比上年增长（%）
社会消费品零售总额	1033.05	0.1
限额以上社会消费品零售总额	598.88	-3.4

2022年江宁区限额以上批发零售单位按商品分类社会消费品零售总额（前10类）统计表

表 33

商品类别	数值（亿元）	比上年增长（%）
汽车类	349.92	30.5
粮油、食品类	95.49	-44.4
日用品类	35.33	-9.4
服装、鞋帽、针纺织品类	25.25	-17.9

续表 33

商品类别	数值（亿元）	比上年增长（%）
烟酒类	7.77	−54.5
家用电器和音像器材类	22.29	10.3
饮料类	10.77	2.8
中西药品类	9.87	6.6
化妆品类	6.28	−13.6
石油及制品类	5.73	14.3

2022年江宁区全体居民家庭人均可支配收入统计表

表 34

指　标	数值（元）	比上年增长（%）
全体居民人均可支配收入	63010	4.4
一、工资性收入	44111	4.0
二、经营净收入	5785	4.8
三、财产净收入	5894	3.6
四、转移净收入	7220	7.1

2022年江宁区全体居民家庭人均消费支出统计表

表 35

指　标	数值（元）	比上年增长（%）
全体居民人均消费支出	37468	3.0
食品烟酒	9791	2.9
衣着	2410	0.9
居住	9128	4.2
生活用品	2433	4.8
交通通信	4675	5.0
教育文化娱乐	5629	−1.0
医疗保障	2137	4.3
其他用品和服务	1266	5.5

2022年江宁区主要农产品产量统计表

表 36

指　标	数值（吨）	比上年增长（%）
粮食	220017	0.2
棉花	51	−56.0
油料	11467	4.7
油菜籽	10410	6.1
花生	623	−4.9
蔬菜（含菜用瓜）	991426	0.4
瓜果类	138308	0.9
茶叶	456	−9.5
猪牛羊禽肉	6758	151.0
禽蛋	9006	35.0
水产品	28489	1.0

2022年江宁区对外经济主要指标统计表

表 37

指　标	计量单位	数　值	比上年增长（%）
进出口总额	亿元	1658.20	8.7
进口总额	亿元	444.10	33.2
出口总额	亿元	1214.10	1.9
合同利用外资及港澳台资	万美元	122300	51.9
实际使用外资及港澳台资	万美元	93623	−10.4
第一产业	万美元	—	—
第二产业	万美元	32128	138.3
第三产业	万美元	61495	−32.5
亿元以上签约项目	个	445	11.0
新设立企业数	家	91	2.2

2022年江宁区分区域地区生产总值统计表

表 38

区　域	数值（亿元）	比上年增长（%）
全　区	3000.55	2.1
江宁开发区	1370.80	2.2
江宁高新区	345.87	3.3
滨江开发区	160.31	14.0
东山街道	329.38	1.8
秣陵街道	201.76	4.2
汤山街道	49.36	3.2
淳化街道	85.97	2.6
禄口街道	114.51	2.7
江宁街道	47.24	3.9
谷里街道	42.61	0.8
湖熟街道	55.08	6.8
横溪街道	50.63	1.4
麒麟街道	100.83	1.3

注：绝对值按现行价格计算，增长速度按可比价格计算。

2022年江宁区分区域规模以上工业企业总产值统计表

表 39

区　域	数值（亿元）	比上年增长（%）
全　区	4003.40	7.0
江宁开发区	2004.44	5.2
江宁高新区	570.88	1.5
滨江开发区	831.76	21.7
东山街道	153.94	−4.4
秣陵街道	120.80	4.0
汤山街道	44.86	−2.6

续表 39

区　域	数值（亿元）	比上年增长（%）
淳化街道	38.85	1.2
禄口街道	54.65	17.10
江宁街道	42.21	2.90
谷里街道	43.15	−3.20
湖熟街道	40.62	2.30
横溪街道	16.88	−9.20
麒麟街道	34.63	−5.90

2022年江宁区分区域固定资产投资统计表

表 40　　单位：%

区　域	全社会固定资产投资增幅	工业投资增幅
全　区	2.40	2.90
江宁开发区	2.40	12.80
江宁高新区	7.10	6.70
滨江开发区	1.60	−5.60
东山街道	−7.30	38.70
秣陵街道	6.10	20.90
汤山街道	6.90	−6.40
淳化街道	−1.40	52.90
禄口街道	1.90	13.70
江宁街道	21.40	−9.60
谷里街道	25.90	12.20
湖熟街道	6.10	12.50
横溪街道	19.40	13.70
麒麟街道	1.80	−4.20

注：本表数据为增幅。

2022年江宁区分区域社会消费品零售总额统计表

表 41

区　域	数值（亿元）	比上年增长（%）
全　区	1033.05	0.10
江宁开发区	261.61	17.4
江宁高新区	54.82	11.5
滨江开发区	8.43	8.0
未来科技城	10.55	8.0
东山街道	327.32	8.8
秣陵街道	82.76	16.0
汤山街道	44.18	8.0
淳化街道	42.06	8.4
禄口街道	35.09	12.5
江宁街道	19.15	8.4
谷里街道	19.55	15.7
湖熟街道	18.26	11.2
横溪街道	23.32	13.8
麒麟街道	85.24	8.0
区本级	0.71	−99.3

注：为反映板块真实增长情况，将退库“大个体”基数调至区本级。

（区统计局）

文件选编

江宁区2022年十类民生实事项目

为深入贯彻党的十九大和十九届六中全会精神，认真落实习近平总书记“要着力解决人民群众急难愁盼问题，不断实现好、维护好、发展好最广大人民根本利益”的重要指示，以及国家和省市关于民生工作总体部署，切实把人民利益放在首位，从人民最需要、最期盼的地方下功夫、做文章，想民之所想、急民之所急，不断提高改善民生水平，推动民生事业更好更快发展。经区第十八届人大一次会议第三次全体会议票决，确定2022年十类民生实事如下：

一、夯实医疗基础保障。完成禄口街道铜山社区卫生服务中心发热门诊、江宁街道社区卫生服务中心、东山街道社区卫生服务中心龙湖分中心和汤山街道社区卫生服务中心等4个项目新改扩建施工；推进横溪街道丹阳社区卫生服务中心主体建设；区妇幼保健院和老年医院2个项目基础建设。（牵头单位：区卫健委）

二、推进教育均衡发展。完成空港玉振路、科宁路和高新区凤溪路等3所幼儿园建设；推进滨江G58地块幼儿园、空港礼尚路小学、滨江二小和文齐路小学等4所学校主体建设；推进谷里第四幼儿园、横溪中心园和湖熟中心小学整体改扩建3所学校基础建设；全面实施中小学课后服务，义务教育阶段学校100%开展课后服务，100%满足有需求的学生；开展暑期爱心小课桌活动，依托社区服务中心为有需求的学生提供公益服务。（牵头单位：区教育局、区文明办）

三、方便群众交通出行。解决群众出行难题，东郊小镇一号路、经十一路和文靖路跨宁杭高速桥梁工程建成通车；完成东山老城区、高新区小微堵点等交通整治改造；推进机场高速公路秣陵互通改扩建；新辟、优化调整15条公交线路并结合现有公交线网，适时开辟大站快车；新建改造60座公交站台；全区更新公共自行车4000辆，更新改造320个老旧网点。（牵头单位：区城建局、区交通运输局、区公交集团）

四、实现更高质量就业。大力实施宁聚优才计划，开展面向高校毕业生的青创项目投融资路演活动6期，组织“带高校进企业”线上线下招聘活动18场；开展“就业援助月”“秋季招聘会”等各类招聘活动200场；组织开展职业技能提升行动，分类分层开展职业技能培训5万人，培育自主创业3000人；积极落实就业创业扶持政策，做好招用就业困难人员单位社保补贴、岗位补贴，小微企业吸纳高校毕业生社保补贴、一次性奖励等各项补贴工作。（牵头单位：区人社局）

五、改善群众住房条件。持续推进淳化新市镇安置房二期等14个安置房续建项目建设，建成交付160万平方米，约12000套；启动竹山安置房等24个未开工项目建设，面积约390万平方米；完成南祥住宅楼、新亭路30号等21万平方米老旧小区出新改造。（牵头单位：区房产局）

六、提高养老助残能力。完成东山敬老院和区残疾人综合服务中心建设；新增10个市3A级（含）以上社区居家养老服务中心；为全区420户困难老年人家庠进行适老化改造，方便老年人居家养老。（牵头单位：区民政局、区残联）

七、加强水务环境治理。提升水环境，完成东山、滨江等15个老旧小区雨污分流改造；满足水需求，完成东山街道和禄口街道等20个居民住宅供水低压片区设施改造；保障水安全，完成李村、泗陇、谷里和佘村等4个水库防洪消险设施建设。（牵头单位：区水务局）

八、提升人居环境配套。培育社会公厕开放联盟，推进14座社会公厕对市民开放；加强中转载体建设，积极推进垃圾中转站建设更新，小龙湾垃圾中转站建成投用，高新区垃圾中转站主体建设，区环卫应急中心一期工程基础建设。（牵头单位：区城管局）

九、丰富群众文体生活。完善全民健身设施，全年更新健身器材100套，新建更新室外篮球架30副，乒乓球台30张；开展“江宁之春”等各类群众文化体育活动1000场次，开展“书香校园”“书香家庠”等各类阅读推广活动30场次；完成区职工文化中心建设。（牵头单位：区文旅局、区总工会）

十、增强公共安全保障。提升现场救护技能和设备使用能力，在公共场所新增50台自动体外除颤器；开展区液化石油气“安心管”免费升级行动，年内完成5000户；提供消防技术服务，利用第三方消防服务机构为行业部门、园街提供隐患排查、风险分析等服务；开展高层建筑消防水位水压监测，完成160栋室内消火栓无水或水压不足的高层建筑整改；完成上坊站、淳化站等10个消防救援站建设。（牵头单位：区城建局、区消防救援大队、区红十字会）

（摘自江宁委发〔2022〕7号文）

南京市江宁区助企纾困若干举措

为贯彻落实市政府《“同心抗疫携企同行”助企纾困二十项举措》（宁政发〔2022〕42号）精神，全力缓解当下新冠疫情冲击，进一步恢复市场信心、稳定预期，尽力减少新冠疫情对经济社会发展的影响，提出如下政策举措。

一、鼓励吸纳高校毕业生就业。鼓励企业加强与驻区高校、高职校、技校开展合作，共建实训基地、实习见习基地和岗位技能定向培养机制，配合开展“名企优才直通车”“直播带岗”等系列活动，吸引更多毕业生在江宁实现稳定就业。对成功推荐本校毕业生在区内企业就业的驻区院校，按照不超过1000元/人给予一次性就业指导项目经费。对符合新招用毕业生等条件的企业，给予1年社会保险补贴或2000元/人一次性吸纳就业补贴。鼓励企业开展岗前培训、项目制培训、岗位技能提升培训和见习培训，给予相应培训补贴。（责任单位：区人社局、财政局、人才集团，各街道、各园区）

二、强化金融信贷支持。对受新冠疫情影响严重的批发零售、住宿餐饮、物流运输、文化旅游等行业，引导驻区银行加大信贷投放力度，给予优惠利率贷款，组织开展金融服务对接活动10场。开辟金融服务绿色通道，做好省金融综合服务平台南京子平台和南京市民营企业转贷互助基金推广使用，提供不少于50亿元的转贷资金支持，协调驻区金融机构不盲目抽贷、断贷、压贷，对符合条件的予以转贷或续贷。（责任单位：区金融监管局）

三、加大政府采购支持力度。鼓励采购人和代理机构充分发挥政府采购政策功能，通过预留采购份额、降低投标成本等形式，帮助企业渡过难关。鼓励党政机关、国有企事业单位在财政支出定额范围内，按程序委托区内旅行社、酒店等企业承办培训、会议活动。（责任单位：区财政局、文旅局、各有关部门，各街道、各园区）

四、缓缴企业水气费用。新冠疫情期间，对全区企业用水、用气实行“欠费不停供”。对企业新冠疫情期间欠费，新冠疫情结束后2个月内，免收违约金。（责任单位：区城建局、城建集团）

五、鼓励企业技术改造。支持工业企业开展技术改造，对备案总投资超500万元且2022年购置技术设备等实际投资超200万元技术改造项目，给予实际投资额4%补助，单个项目补助不超过60万元。加大对“智改数转”支持力度，对纳入“智改数转”项目库的技改项目再给予项目贷款总额2%的贴息补助，单个企业补助最高100万元。（责任单位：区工业和信息化局、财政局）

六、补贴企业运费。为畅通企业供应链，受新冠疫情影响的规上工业企业在2022年4–5月发生的原材料、产品运输物流费用给予10%补贴。（责任单位：区工业和信息化局、财政局，各街道、各园区）

七、支持企业科技研发。鼓励规上高新技术企业稳投入，按企业年度研发费用支出给予1‰的奖励。支持科技型中小企业聚焦抗新冠病毒小分子药物及中药、新冠病毒大规模核酸检测设备和抗原检测试剂等重点方向，组织力量开展研发生产，对企业研发产品投入新冠疫情防控一线的，视研发投入情况，给予不超过30万元的研发补助。（责任单位：区科技局、财政局）

八、促进外贸稳定增长。对外贸进出口企业，2022年上半年实施分层奖励。对自费投保出口信用保险的企业，按照实缴保费扣除省市补助后，企业承担费用的20%给予补助，单个企业不超过30万元。对外贸企业进口货物、环境核酸检测费用给予50%补助，单个企业不超过50万元。（责任单位：区商务局、财政局）

九、激发消费市场活力。促进批发、零售、餐饮等行业稳定恢复，发挥假日经济作用，适时开展“小微餐饮商户帮扶行动”和举办“线上美食节”“线上购物节”等促消费活动。培育申报“省级示范步行街”，打造文旅商融合特色街区。帮助重点“菜篮子”经营企业拓宽销售渠道、加强产销对接。鼓励支持乡村旅游民宿发展。（责任单位：区商务局、文旅局、财政局）

十、提升企业登记便利度。加强政银合作，在具备条件的银行网点设置企业开办一站式服务专区，提供免费帮办代办服务，推动企业登记“就近办”，构建“电子印章＋一体机自助打印”新模式，实现营业执照的“全城通取”。引导减资企业用网上公告代替报纸公告，对企业通过国家企业信用信息公示系统发布减资公告的，免予提交相关纸质证明材料，进一步减材料、减环节、减费用。（责任单位：区行政审批局）

十一、帮助企业纠错修复。对受新冠疫情影响产生的轻微失信行为实施信用豁免，邀请专家免费辅导各类失信主体开展信用修复。对个体工商户和中小微企业轻微违法行为，不涉及食品药品安全、安全生产、生态环境保护等重点领域，对社会危害不大的，依法不予处罚或从轻、减轻处罚。（责任单位：区发改委、市场监管局、应急管理局、生态环境局）

以上政策自印发之日起实施，未特别注明时限的，有效期至2022年12月31日。如国家和省市出台同类政策，原则上按“就高不重复”原则执行。各有关部门同步制定惠企政策操作细则，明确操作流程、量化标准、执行范围，优化网络申报、政策咨询、免申即享等流程，确保政策快落地、便操作。

（摘自江宁政发〔2022〕221号文）

2022年中共江宁区委重要文件一览表

表42

发文日期		发文单位	编号	文件标题
月	日			
3	2	区委、区政府	1	关于做好2022年全面推进乡村振兴重点工作的实施意见
2	7	区委、区政府	4	关于表彰2021年度江宁区推动高质量发展先进单位和先进个人的决定
2	12	区委、区政府	7	关于印发《江宁区2022年十类民生实事项目》的通知
2	25	区委	8	关于印发《中共南京市江宁区委关于涉粮问题专项巡视巡察整改落实工作分工方案》的通知
4	26	区委	11	转发《中共南京市江宁区人大常委会党组关于开展街道议政代表工作的实施方案》的通知
6	15	区委、区政府	15	关于印发《南京市江宁区法治政府建设实施方案（2021–2025年）》的通知
6	27	区委、区政府	16	关于印发《江宁区2022年优化营商环境实施方案》的通知

续表 42

发文日期		发文单位	编号	文件标题
月	日			
7	28	区委	19	关于印发《江宁区化解民生诉求突出问题专项巡察反馈意见整改方案》的通知
7	29	区委	21	关于印发《江宁区党建引领乡村治理试点工作实施方案》的通知
11	17	区委、区政府	30	关于深化党建引领加强基层治理体系和治理能力现代化建设的实施办法
11	18	区委	31	印发《关于深入贯彻落实〈中国共产党政法工作条例〉的实施意见》的通知
12	1	区委	40	关于调整区属国企集团党组织隶属关系的通知

（区委办）

2022 年江宁区人民政府重要文件一览表

表 43

序号	发文编号	文件标题
1	江宁政办发〔2022〕0009 号	关于印发《江宁区“十四五”养老服务发展规划》的通知
2	江宁政办发〔2022〕0010 号	关于印发《江宁区“十四五”民政事业发展规划》的通知
3	江宁政办发〔2022〕0016 号	关于印发《江宁区“十四五”现代服务业（现代物流和枢纽经济）发展规划》的通知
4	江宁政办发〔2022〕0027 号	关于印发《江宁区制造业智能化改造和数字化转型实施方案（2022—2024 年）》的通知
5	江宁政办发〔2022〕0036 号	关于印发《南京市江宁区“十四五”金融发展规划》的通知
6	江宁政办发〔2022〕0044 号	关于印发《南京市江宁区消防救援能力提升三年行动计划（2021—2023 年）》的通知
7	江宁政办发〔2022〕0051 号	关于印发《“十四五”江宁区文化旅游和体育发展规划》的通知
8	江宁政办发〔2022〕0068 号	关于印发《南京市江宁区“十四五”知识产权发展规划》的通知
9	江宁政办发〔2022〕0072 号	关于印发《江宁区“十四五”保障和提升公共服务规划》的通知
10	江宁政办发〔2022〕0076 号	关于印发《江宁区“十四五”社会信用体系建设规划》的通知
11	江宁政办发〔2022〕0078 号	关于印发《南京市江宁区全民科学素质行动计划纲要实施方案（2021 — 2025 年）》的通知
12	江宁政办发〔2022〕0090 号	关于印发《江宁区“十四五”粮食流通和物资储备发展规划》的通知
13	江宁政办发〔2022〕0092 号	关于印发《南京市江宁区国家知识产权强县建设示范工作方案（2022—2025）》的通知
14	江宁政办发〔2022〕0095 号	关于印发《江宁区残疾预防行动计划 (2022—2025 年)》的通知
15	江宁政办发〔2022〕0097 号	关于印发《南京江宁国家知识产权服务出口基地建设方案》的通知
16	江宁政办发〔2022〕0103 号	关于印发《南京市江宁区创建国家水土保持示范县实施方案》的通知
17	江宁政办发〔2022〕0104 号	关于印发《江宁区创建江苏省婚俗改革实验区实施方案》的通知

续表 43

序号	发文编号	文件标题
18	江宁政发〔2022〕0233 号	关于印发《江宁区全民健身实施计划（2021—2025 年）》的通知
19	江宁政发〔2022〕0242 号	关于印发《南京市江宁区“十四五”社会消防救援事业发展规划》的通知

新任区领导

林 涛

2022 年 9 月 28 日，任江宁区委书记。男，汉族，1970 年 4 月生，江苏海安人，省委党校研究生学历，中共党员。

洪礼来

2022 年 1 月 8 日，南京市江宁区第十八届人民代表大会第一次会议选举为江宁区人民政府区长。男，汉族，1973 年 1 月生，江苏灌南人，在职研究生学历，硕士学位，中共党员。

赵洪斌

2022 年 1 月 8 日，南京市江宁区第十八届人民代表大会第一次会议选举为江宁区人大常委会主任。男，汉族，1967 年 1 月生，江苏镇江人，大学学历，学士学位，中共党员。

万振华

2022 年 12 月 30 日，南京市江宁区第十八届人民代表大会常务委员会第七次会议决定任命为江宁区人民政府副区长。男，汉族，1969 年 9 月生，江苏盐城人，大专学历，中共党员。

陈 兵

2022 年 1 月 7 日，政协南京市江宁区第十三届委员会第一次会议选举为江宁区政协副主席（不驻会）。男，汉族，1970 年 6 月生，江苏如东人，研究生学历，博士学位，九三学社社员。

许 芸

2022 年 1 月 7 日，政协南京市江宁区第十三届委员会第一次会议选举为江宁区政协副主席（不驻会）。女，汉族，1978 年 6 月生，江苏南京人，省委党校研究生学历，无党派人士。

李传松

2022 年 1 月 8 日，南京市江宁区第十八届人民代表大会第一次会议选举为江宁区人民法院院长。男，汉族，1971 年 3 月生，江苏金湖人，省委党校研究生学历，硕士学位，中共党员。

胡彬华

2022 年 1 月 8 日，南京市江宁区第十八届人民代表大会第一次会议选举为江宁区人民检察院检察长。男，汉族，1973 年 1 月生，江苏扬州人，大学学历，硕士学位，中共党员。（区委组织部）

组织机构及负责人名录

领导机关

中共南京市江宁区委员会

书　记　林　涛（9月任）
沈剑荣（9月免）
副书记　洪礼来
张思明
常　委　林　涛（9月任）
沈剑荣（9月免）
洪礼来
张思明
曹　明（女）
张　安
张金星
张玉力
林云飞
庞志贵
孙兆金
王爱军（11月任）
缪秀梅（女，10月免）

南京市江宁区人大常委会

主　任　赵洪斌（1月任）
副主任　汪　洁（女，民建）
李国忠
蒋时汉
焦　龙（12月免）
常　委　赵洪斌
汪　洁（女，民建）
李国忠
蒋时汉
焦　龙（12月免）
经　伟
刘晓斌
袁　媛（女）
张旭忠
张和平
孙　哲
姚小荣（女）
吴　坤
尚征明
谢桂明
刘玉财
李晓琴（女）
徐明芬（女）
柳增林
郭开明
陶杰东
汪　强
任忆洁（女）
王　静
高　勇
颜贵青
吴传春
古德武
张　蕾（女）
夏　旸（女）
潘　静（民建）
苏　慧（女，民盟）
鲁宏振（民革）
刘继祥（无党派）
李巧娣（女，民进）
罗　芬（女，无党派）
仲　叶（女，无党派）
陈沛然（无党派）
李春霞（女，农工党）
刘　勇（无党派）
王孟兰（女，九三学社）
田炜云（女，无党派）
党组书记　赵洪斌
党组副书记
焦　龙

南京市江宁区人民政府

区　长　洪礼来（1月任）
常务副区长
林云飞（11月任）
缪秀梅（女，10月免）
副区长　王爱军
伏进进（女，民建）
李　鹏
王才权
邱益萍
周　强
张道平
张志胜（挂职）
万振华（12月任）
党组书记
洪礼来
党组副书记
林云飞（12月任）
缪秀梅（女，12月免）
副区级干部
谢从军
言明林（9月留置）

政协南京市江宁区委员会

主　席　刘　玲（女）
副主席　吴德厚
姚燕玲（女）
白元龙（不驻会）
陈　兵（不驻会，1月任）
许　芸（女，不驻会，1月任）
常　委　刘　玲（女）
吴德厚
姚燕玲（女）
白元龙（民进，不驻会）
陈　兵（九三学社，不驻会）
许　芸（女，无党派，不驻会）
刘忠青
丁　勇
王　军
王　钢（女，致公党）
王耿艳丽（女，台盟）
王海荣
王继强
申新军
冯　勇
朱安平
朱建忠
朱春明（九三学社）
任自平
华小兵
刘铁梅（女）
江世民
许长生

芮雪平
苏延奇
李 俊
李 海
杨传圣
杨海元
张 斌
张 燕（女）
张少岭
周宏亮（女）
赵月蓉（女，民进）
赵向军
徐秀文
奚玉国（民盟）
郭智峰
黄正勇
黄朝霞（女）
康 欢
童 涌
窦淑华（女）
曙 光
魏道常
党组书记 刘 玲（女）
党组副书记
吴德厚

中共南京市江宁区纪律检查委员会

书 记 张 安
副书记 聂秀美（女）
秦 挺
常 委 陈 宾
苏增贤
迟玉先
朱笑还（女，12月任）
张德莹（女，12月免）

南京市江宁区监察委员会

主 任 张 安
副主任 聂秀美（女）
秦 挺
委 员 迟玉先
朱笑还（女）
杨 春（12月任）
姚叙峰（12月任）
苏增贤（9月免）

南京市江宁区人民法院

院 长 李传松（1月任）
副院长 马 虹（女）
史朝霞（6月任）
霍 翔（6月任）
政治部主任
梅海洋（12月任）
史朝霞（6月免）
审委会专职委员
吕润进
张启荣
执行局局长
汤战鹏（6月任）
霍 翔（6月免）
党组书记
李传松
党组副书记
马 虹（女）

南京市江宁区人民检察院

检察长 胡彬华（1月任）
副检察长
钱启玉
张咏梅（女）
朱从军（无党派）
政治部主任
金 霞（女，6月任）
检委会专职委员
陈 静（女，6月任）
金 霞（女，6月免）
驻开发区检察室主任
葛 勇
党组书记
胡彬华

区属部门

区委办（挂区委机要局、区国家保密局、区国家密码管理局、区档案局牌子）

主 任 刘 伟（12月任）
庞志贵（12月免）
副主任 虞新龙
俞立凯（9月任）
朱玉红（女，兼）
王圣俊（1月免）
区委国安办
副主任 姜金明（9月任）
区委机要局（区国家保密局、区国家密码管理局）
副局长 吴文虎
密码督查专员
黄先锋

区委组织部（挂区委“两新”工委、区委老干部局、区公务员局牌子）

部 长 曹 明（女）
常务副部长
古德武
副部长 李 俊
茆维荣
韩 荔（女，9月任）
区委“两新”工委
书 记 韩 荔（女，9月任）
区委老干部局
局 长 茆维荣
副局长 刘美莉（女）
区公务员局
局 长 李 俊
区委党建办
主 任 韩 荔（女，9月任）
副主任 王 刚
区委考核办
副主任 洪 俊（9月任）
区委组织员
韩 荔（女，9月免）

区委宣传部【挂区文明办、区新闻出版局（区版权局）、区互联网信息办牌子】

部 长 张玉力
常务副部长
丁梦然（女）
副部长 李大宏
王 静（女，9月任）
袁才方（9月任）
杜春泉（兼）
朱长云（女，9月免）
陈永安（9月免）
区文联
主 席 张玉力
副主席 张 军
熊伟佳（12月提名）
王宁邦（12月提议免）
党组书记
赵 冬（12月任）
区文明办

主　任　袁才方（9月任）
朱长云（女，9月免）
副主任　赵　冬（12月免）
胡佳佳（女，9月免）
区委网信办（区互联网信息办）
主　任　王　静（女，9月任）
陈永安（9月免）

区委统战部【挂区委台办（区政府台办）、区民宗局、区政府侨办牌子】

部　长　孙兆金
常务副部长
张　斌
副部长　张　钧
江良圣
邹　芒（9月任）
谈　琳（女，12月任）
廖书来（9月免）
区工商联
主　席　白元龙（民进，兼）
党组书记
张　钧
副主席　张　钧
房文钦（女）
汤其友（9月任）
薛　琼（女，无党派，9月免）
区委台办（区政府台办）
主　任　邹　芒（9月任）
廖书来（9月免）
专职副主任
宋德华
区民宗局
局　长　江良圣
副局长　翁宏波（1月任）
杨守文（1月免）
区政府侨办
主　任　谈　琳（女，12月任）

区委政法委员会

书　记　庞志贵
常务副书记
施德健
副书记　王　军
张宝卿
卞骁峰（回族）
孙　武
姜金明（9月免）
区国安办
主　任　王　军（9月免）
副主任　张宗学（9月免）
区防线办
主　任　王　军（9月任）
区法学会
副会长　张宗学（9月任）

区委研究室

主　任　龚　轲
副主任　王登俊
许　磊
唐　吉（9月任）

区委编办（挂区事业单位登记管理局牌子）

主　任　杨　蓉（女）
副主任　顾　伟
李善勇
韩志超（女，12月任）
魏红星（1月免）

区委区级机关工委

书　记　夏巍巍
副书记　方广和
李志晖
杨若栋
纪工委
书　记　方广和

区委巡察办

主　任　陈　宾
专职副主任
董立国
区委巡察组
专职组长
朱振权
王　珏
鲁礼军
苏增贤（9月任）
叶小祥（9月免）
专职副组长
徐　明
程志军
庞　明
程　琳（女）

区人大常委会机关

办公室
主　任　袁　媛（女，9月任）
于小强（9月免）
副主任　翟东林
林　琳（女）
研究室
主　任　王锴程（9月任）
郑胜华（女，9月免）
监察和司法委员会
主任委员
张旭忠
副主任委员
柳增林
社会建设委员会
主任委员
郑胜华（女，9月提名）
袁　媛（女，9月不再提名）
副主任委员
徐明芬（女）
法制委员会
主任委员　经　伟
副主任委员
刘玉财（1月任）
财政经济委员会
主任委员
刘晓斌（1月任）
副主任委员
谢桂明
李晓琴（女，9月任）
杨　斌（9月免）
预算工作委员会
主任委员　刘晓斌
副主任委员
胡恒兵（9月任）
李晓琴（女，9月免）
教育科学文化卫生委员会
主　任　张和平
副主任　陈建平
寿伟林
环境资源城乡建设委员会
主　任　孙　哲
副主任　马兆永（回族）
陈　华
民族宗教侨务台湾事务委员会
主　任　姚小荣（女）
副主任　陈　波
人事代表联络委员会
主　任　吴　坤

副主任　奚静静（女）
　　　　左　璐（女）
农业和农村工作委员会
主　任　尚征明
副主任　杨　斌（9月任）
　　　　陶征斌

区政协机关

秘书长　刘忠青
副秘书长 曲　军（9月任）
办公室
主　任　刘忠青
研究室
主　任　窦淑华（女）
提案委员会
主　任　朱建忠
副主任　戴文璟（女，回族）
经济科技委员会
主　任　芮雪平
副主任　王振超（12月任）
　　　　黄正勇(兼,12月免)
教卫文体（文史）委员会
主　任　刘铁梅（女）
副主任　王　敏
人口资源环境（城市建设）委员会
主　任　奚玉国（民盟）
副主任　童身新（9月任）
　　　　曲　军（9月免）
社会法制（民族宗教）委员会
主　任　王　钢(女,致公党)
副主任　周宗贵
委员工作委员会
主　任　朱安平
副主任　周家虎

区委党校（区行政学校）

校　长　张思明
常务副校长 杜春泉
副校长　徐先友
　　　　张永军（12月任）
　　　　邓路君(女,瑶族,12月免)
党总支书记
　　　　杜春泉
党总支副书记
　　　　邓路君(女,瑶族,12月任)
　　　　胡　敏(女,12月免)
区行政学校
校　长　林云飞（12月任）
　　　　缪秀梅(女,12月免)
常务副校长
　　　　杜春泉（兼）
副校长　徐先友（兼）
　　　　张永军(兼,12月任)
　　　　邓路君(兼,女,瑶族,12月免)

区委党史办（区志办）

主　任　施爱兵
副主任　鲁　华（女）
　　　　叶乃俊（1月任）

区档案馆

馆　长　朱玉红（女）
副馆长　谢伟春
　　　　陶　金
　　　　贺金鹏（12月任）

区总工会

主　席　李国忠
常务副主席
　　　　张　蕾（女）
副主席　孙继红（女）
　　　　徐　静
　　　　业国强
党组书记
　　　　李国忠
党组副书记
　　　　张　蕾（女）

团区委

书　记　匡　凯（9月任）
　　　　熊康生（9月免）
副书记　陆　瑶（女）
　　　　卢　青（1月任）

区妇女联合会

主　席　夏　旸（女）
副主席　张　琦（女）
　　　　言　磊（女）
　　　　胡佳佳(女,9月任)
党组书记
　　　　夏　旸（女）

区科学技术协会

主　席　黄正勇
副主席　马明星
　　　　茅　昊（女）
党组书记　黄正勇

区残疾人联合会

理事长　张　敏
副理事长
　　　　程永武
　　　　王宁宁(女,12月任)
　　　　王忠梅(女,12月免)
党组书记
　　　　张　敏

区红十字会

常务副会长
　　　　吕　华（女）
副会长　蒋　华
　　　　经　祥
党组书记
　　　　吕　华（女）

区政府办（挂区政府研究室、区政府外事办、区机关事务管理局牌子）

主　任　吴孝江（9月任）
　　　　汤小南（9月免）
副主任　盛文巍（兼）
　　　　刘国美
　　　　任启龙
　　　　陈　鹏
　　　　易蓉蓉(女,无党派)
　　　　郑　光
　　　　张　剑（9月任）
　　　　袁才方（9月免）
党组书记
　　　　吴孝江（9月任）
　　　　汤小南（9月免）
区政府研究室
专职副主任
　　　　陈小洲

区发展和改革委员会（挂区粮食和物资储备局、区大数据管理局牌子）

主　任　王　诚
副主任　言明海
　　　　韩利红
　　　　谭开明
　　　　余花荣（1月任）
　　　　李越峰（9月免）
　　　　汤　磊（12月免）
　　　　杨桂祥（1月免）
党组书记
　　　　王　诚

区教育局
局　长　周　强
副局长　刘尹武
蒋开华
宋　翔
杨　圆（1月任）
赵月蓉（女，民进）
区委教育工委
书　记　周　强
副书记　刘尹武

区科学技术局
局　长　朱春明（九三学社）
副局长　董相超
王文娟（女）
张　洋（女，12月免）
党组书记
张　洋（女，12月免）
党组副书记
董相超（12月任）
区委创新办
常务副主任
张　洋（女，12月免）
专职副主任　陈　涛
区生产力促进中心
主　任　潘慧莉（女，9月任）

区工业和信息化局
局　长　陈炳晖
副局长　蒋继平
季　芳（女）
丁　勇
党委书记
陈炳晖

区民政局
局　长　吴仁成
副局长　蒋存涛（9月任）
薛　奎（6月免）
邹　芒（9月免）
党委书记
吴仁成

区司法局
局　长　朱同福
副局长　苏克刚
郁　鹏
柳　莉（女，民建，1月任）
党组书记
朱同福
区委法治办
专职副主任
赵　伟（女，1月任）

区财政局
局　长　祁　林（9月任）
吴常宝（9月免）
副局长　郭孝谦
许龙春
杨发忠
周　勇（12月任）
蔡雨清（9月免）
党组书记
祁　林（9月任）
吴常宝（9月免）

区人力资源和社会保障局
局　长　董红霞
副局长　周　静（女，回族）
王先玲
张晓龙（10月任）
谷　昊（12月任）
孙　军（9月免）
党组书记
董红霞
党组副书记
孙　军（9月免）

区城乡建设局（挂区建筑工程局、区人防办牌子）
局　长　易　强
副局长　陆　伟（民建）
沈建贵
严　斌
曹　扬
潘小平
党委书记
易　强

区住房保障和房产局
局　长　徐　静
副局长　项宗羽
汤福勇
赵　斌
李毓鑫（9月免）
党组书记
徐　静

区交通运输局
局　长　张朋芳（女）
副局长　夏金华（女）
曹志勇
赵志凌（九三学社，9月任）
严　锦（女，1月任）
孙　治（12月免）
马明宏（1月免）
党委书记
张朋芳（女）
党委副书记
夏金华（女）
区港航事业发展中心
主　任　高　辉（1月任）
区公路事业发展中心
主　任　蒋　华（1月任）
区交通运输综合执法大队
大队长　王锦鹏（1月任）
区公路管理站
站　长　高　辉（1月免）

区水务局
局　长　戴　忠
副局长　何　华
陈　凤（女）
杨　华
梁　勇
潘春平（女，1月免）
党组书记
戴　忠
党组副书记
何　华

区城市管理局（挂区综合行政执法局牌子）
局　长　王　鸽
副局长　张祥华
汤纯盛
赵伟勇
党委书记　王　鸽
城市管理综合行政执法大队
大队长　丁　勇
政　委　韩志祥

区农业农村局（挂区乡村振兴局、区林业局牌子）
局　长　焦珍山
副局长　吕金明（9月任）
纪小飞
李　海
周德龙

薛　琼（女，无党派）
党委副书记
焦珍山
吕金明（9月任）
区乡村振兴局
副局长　吕金明（9月任）
区委农工办
副主任　吕金明（9月任）
区林业局
专职副局长
张生飞（6月任）

区商务局（挂区投资促进局牌子）
局　长　张　洋（女，12月任）
周贵平（12月免）
副局长　许宏亮
谢　俊
史卫江
党委书记
张　洋（女，12月任）
周贵平（12月免）
区投资促进局
专职副局长
郭智峰（农工党）

区文化和旅游局（挂区体育局、区广电局、区文物局牌子）
局　长　陈　敏（女，9月任）
庞　旸（9月免）
副局长　赵　忠
张丽丽（女）
费　超（无党派）
高　阳
许长生
晁如足
杜　军（12月任）
党委书记
陈　敏（女）

区卫生健康委员会
主　任　伏进进（女，民建，12月任）
丁　政（12月免）
副主任　孙　海
李民进
王德彪
蒋龙友（12月任）
王　洪（12月免）
刘太安（6月免）
黄朝霞（女，农工党，6月免）
党委书记
丁　政（12月免）

区退役军人事务局
局　长　朱长云（女，9月任）
昝家乾（9月免）
副局长　何春生
张　勇
党组书记
朱长云（女，9月任）
昝家乾（9月免）

区应急管理局
局　长　钱晓斌
副局长　吴　腾
戴　炜（女）
周心林
郑　涛（9月任）
王耀邦
吴　健（9月免）
党组书记
钱晓斌
区安委办
专职副主任
汪乃兵
区安全生产监察大队
大队长　汪海兵（6月任）

区审计局
副局长　徐　志
王　斌
黄　涛（3月任）
奚玉国（民盟，3月免）
党组书记
陶　敏
区委审委办
专职副主任
李圣尧（12月任）

区国资办
主　任　杨大鸿
副主任　陈福明
马林瑞
吴骏昌（6月任）
潘家强（6月任）
党委书记
杨大鸿

区行政审批局（挂区政务办牌子）
局　长　张　燕（女，12月任）
谌翠红（女，12月免）
副局长　邹伍锁
陈跃林
张文健
党组书记
张　燕（女，12月任）
谌翠红（女，12月免）

区市场监督管理局（挂区知识产权局牌子）
局　长　汤卫宁（回族）
副局长　魏宏伟（女）
万善春
朱永林
张声国
张　燕（女，12月免）
党组书记
汤卫宁（回族，12月任）
张　燕（女，12月免）
区知识产权局
专职副局长
姜雪梅（女）

区统计局
局　长　许　芸（女，无党派）
副局长　王　垚
许　峰
许成明
王菊英（女）
党组书记
王　垚

区信访局
局　长　盛文巍
副局长　周　滢（女，9月任）
张星仲
汪　晶（6月免）
信访督查专员
蒋　照（女）
党组书记
盛文巍

区地方金融监管局（挂区政府金融工作办公室牌子）
局　长　蔡雨清（9月任）
江　峰（9月免）
副局长　余小海
戴国胜
张昭志（12月任）
党组书记

蔡雨清（9月任）
江　峰（9月免）

南京市公安局江宁分局

局　长　李　鹏
副局长　丁小强
樊广伟
徐道保（1月任）
季　海（6月任）
党委书记
李　鹏
党委副书记
夏家荣
陈永安（9月任）
侯为东（9月免）
政　委　夏家荣
副政委　陈永安（9月任）
王　静（女，9月免）
督察长　李　鹏
政治处
主　任　朱　悦

区供销合作总社

理事会
主　任　孙　军（9月任）
李越峰（9月免）
副主任　管荣贵
刘　青（女）
监事会
主　任　经　鸣（女）
党委书记
孙　军（9月任）
李越峰（9月免）

开发园区

江宁经济技术开发区

党工委
书　记　林　涛（9月任）
沈剑荣（9月免）
副书记　张会祺
纪工委
书　记　陈薇薇（女）
管委会
主　任　张会祺
副主任　金业友
崔吉胜
俞旭东
刘　群
陈志海
丁长俊
易骏飞
汤小南（6月任）
人大工委
主　任　王培元（9月任）
范满荣（9月免）
政协工委
主　任　李小靖
纪工委
副书记　徐晓明
办公室
主　任　倪冰峰
经济发展局
局　长　邵松林
投资促进局
局　长　张　振
财政局
局　长　戴迎春（女）
科技人才局
局　长　王圣俊（1月任）
何　伟（1月免）
国土规划建设局
局　长　朱　勇（12月任）
顾小松（12月免）
城市管理局
局　长　范双学（6月任）
环境保护局
局　长　赵祥素（1月任）
安全生产监督管理局
局　长　刘　斌
社会事业局
局　长　马良君
党群工作部
部　长　叶小祥（9月任）
王培元（9月免）
行政审批局
局　长　顾小松（12月任）
孙　磊（12月免）
总工会
主　席　赵　燕（女）
综合执法支队
支队长　魏　明（12月免）
江苏软件园管理处
副主任　陈开庆
南京综合保税区（江宁）管理局
副局长　张　立
商务处
处　长　孙　磊（12月任）
经贸发展处
处　长　魏　明（12月任）
综合服务处
处　长　朱　勇（12月免）
高新技术产业园管理办公室
党组书记
张会祺
党组副书记
何　伟（1月任）
常务副主任
何　伟（1月任）
南京空港开发区（江宁）管委会
主　任　张会祺
江苏软件园科技发展公司
董事长　雍本春（9月任）
南京东善桥林场实业公司
董事长　言　宣

江宁高新区

党工委
书　记　王爱军
管委会
主　任　刘广富
人大工委
主　任　吴传春
政协工委
主　任　沈　哲（女）
江宁科学园发展有限公司
总经理　方后青（女，无党派）

滨江经济开发区

党工委
书　记　赵　冉（12月任）
万振华（12月免）
管委会
主　任　周书全（12月任）
赵　冉（12月免）
副主任　于小强（9月任）
张彩千（9月任）
蒋立佳
人大工委
主　任　张建平

政协工委
主 任 吴 伟
综合办公室
主 任 陈凌锋
科技创新和企业服务部
部 长 陶 亮
综合治理部（安全生产监督管理部）
部 长 张远洋（无党派）
江南环保产业园
主 任 丁 础
滨江开发投资公司
总经理 吉万军

汤山温泉旅游度假区
管理办公室
主 任 祁 林（12月任）
姜 平（12月免）
副主任 戎云宝
陈善超
刘德明
党 组
书 记 姜 平
副书记 戎云宝
纪检组组长
刘德明
经济发展部
部 长 潘 静（民建）
招商人才部
部 长 何 韬（9月任）
国土规划环保部（温泉资源保护部）
部 长 张 圣（9月任）
建设管理部（安全生产监督管理部）
部 长 李 伟（9月任）
旅游发展部
部 长 刘 权
汤山建设投资发展有限公司
总经理 马龙祥

未来科技城
党工委
书 记 俞 平
管委会
主 任 李 霞（女，9月任）
张彩千（9月免）

台湾农民创业园
党 组
书 记 周书全（12月免）
管委会
主 任 李小静

牛首山文化旅游区
党工委
书 记 贝淑芳（女）
管委会
主 任 薛 松

东山国际企业总部园
党工委
书 记 俞有兵（9月任）
许守江（9月免）
常务副书记
梁越民
管委会
主 任 梁越民

上坊旧城改造片区
管委会
主 任 言明林（9月留置）

直属事业、企业单位

江宁高等职业技术学校
校 长 宋 翔
副校长 孙旺利
刘江华（女）
徐晓明
马富平（9月任）
陈为高（9月免）
党委书记
张春雨（9月任）
党委副书记
宋 翔
纪委书记
陈为高（9月任）

应天职业技术学院
党委书记
周 强
党委副书记
宋 翔
院 长 宋 翔
副院长 孙 军
王家文
王长胜
沈志敏（6月任）

江宁高级中学
校 长 戎仁堂
副校长 易笃宁
张格波
陈立军（9月任）
党委书记
戎仁堂
党委副书记
陈在平（女）
纪委书记
陈在平（女）

秦淮中学
校 长 刘光彬
副校长 曾春霞（女）
许 明
周 磊

江宁医院
党委书记 丁 政
党委副书记
朱 锋
院 长 朱 锋（1月任）
副院长 居 蓉（女）
李军荣（女，1月任）
赵 严
纪委书记
赵 严

融媒体中心（广播电视台）
主 任 李大宏
副主任 卢 军（回族）
施金龙
刘 盈（女）
党委书记
李大宏
党委副书记
张 斌
纪委书记
张 斌
总编辑 卢 军（回族）
广播电视台
台 长 李大宏

土地收储中心
主 任 梅笑冬（女，9月任）
张 圣（9月免）

社保中心
主 任 张远庆

副主任　马　凌（回族）
　　王世新
　　王心亮
区城市数字治理中心
副主任　汤　磊（9月任）
　　戈　彬（回族，12月任）
江宁中医院
党委书记　朱义平（12月任）
党委副书记
　　王　东（12月任）
院　长　王　东（12月任）
国有资产经营集团
董事长　李　蓉（女）
总经理　汪　晶（6月任）
　　笪永松（6月免）
副总经理
　　蒋声樵
　　杨　鸣
　　罗　刚
　　祁　杰（1月任）
城市建设集团
党委书记
　　王国庆（9月任）
董事长　王国庆（9月任）
党委副书记
　　郭霖华（9月任）
　　乔红杰（女，9月免）
总经理　郭霖华（9月任）
　　乔红杰（女，9月免）
副总经理
　　李中科
　　李高峰（9月任）
　　葛胜利
　　葛群慧
　　庄　伟
　　刘祥贵（6月任）
交通建设集团
董事长　王峻峰
党委书记
　　王峻峰
党委副书记
　　赵嗣宝
总经理　赵嗣宝
副总经理
　　吴永慧
　　张　航
　　金永兵（12月任）
　　李　萌（女，九三学社）
　　郗沪军（9月免）
人才集团
董事长　王露露（女，9月任）
　　王国庆（9月免）
总经理　叶　桂（9月任）
　　王露露（女，9月免）
副总经理
　　姜永罡（3月任）
　　何　敏（无党派，3月任）
　　严　婷（女，3月任）
　　王　宁（6月任）
商务商贸集团
董事长　汪　骅
党委书记
　　汪　骅
党委副书记
　　笪永松（6月任）
纪委书记
　　丁谦林（11月免）
总经理　笪永松（6月任）
副总经理
　　杨瑞坤
　　许　淞
　　庞　强
　　郗沪军（9月任）
农副产品物流配送中心
董事长　苏　华
党委书记
　　苏　华
党委副书记
　　王　敏
纪委书记
　　袁金城
总经理　王　敏
副总经理
　　薛德余（6月任）
　　赵章武
　　崔吉泉（6月任）
　　焦　鹏（6月免）
公交集团
董事长　徐　平
党委书记
　　徐　平
党委副书记
　　戴　炜
纪委书记
　　芮陆俊
总经理　戴　炜
副总经理
　　易剑秋
　　张海洲（6月任）
　　薛德余（6月免）
旅游产业集团
董事长　王峻峰
总经理　汪铁山
副总经理
　　焦　鹏（6月任）
　　马兆琴（女）
　　李　军
　　张　涛（9月免）
　　张海洲（6月免）
园博园公司
董事长　何　勇（9月任）
总经理　乔红杰（9月任）
　　雍本春（9月免）
常务副总经理
　　何　勇（9月免）
副总经理
　　艾钱云
　　吴　权
　　孔　波（9月免）
环卫集团
董事长　付为民
总经理　谢　杰
传媒集团
董事长　倪琦杰
总经理　余文娟（女，6月任）

街　道

东山街道
党工委
书　记　俞有兵（9月任）
　　许守江（9月免）
办事处
主　任　李　宇
人大工委

主 任 郭开明
政协工委
主 任 吕金明（9月免）

秣陵街道

党工委
书 记 程杰恒（12月任）
王伟军（12月免）
办事处
主 任 谌翠红（女，12月任）
程杰恒（12月免）
人大工委
主 任 陶杰东
政协工委
主 任 王胜华

汤山街道

党工委
书 记 姜 平
办事处
主 任 庞 旸（9月任）
吴孝江（9月免）
人大工委
主 任 汪 强
政协工委
主 任 王振友

淳化街道

党工委
书 记 宋 洋（女，9月任）
俞有兵（9月免）
办事处
主 任 熊康生（9月任）
宋 洋（女，9月免）
人大工委
主 任 王学军
政协工委
主 任 李善岭

禄口街道

党工委
书 记 刘春明
办事处
主 任 李俊杰
人大工委
主 任 蔡中生（9月免）
政协工委
主 任 戴孝林

江宁街道

党工委
书 记 史道琪（9月任）
祁 林（9月免）
办事处
主 任 江 峰（9月任）
史道琪（9月免）
人大工委
主 任 王 静
政协工委
主 任 祁明春

谷里街道

党工委
书 记 周贵平（12月任）
刘 伟（12月免）
办事处
主 任 朱宁凡（女）
人大工委
主 任 高 勇
政协工委
主 任 陈正平

湖熟街道

党工委
书 记 易忠国
办事处
主 任 钱云锋
人大工委
主 任 任忆洁（女）
政协工委
主 任 易昌明

横溪街道

党工委
书 记 周书全（12月免）
办事处
主 任 詹 军
人大工委
主 任 赵 虎
政协工委
主 任 马兴余

麒麟街道

党工委
书 记 张 宾
办事处
主 任 钱鹏辉
人大工委
主 任 颜贵青
政协工委
主 任 谢 明

（区委组织部）

垂直管理部门

开发区法院

分党组书记、院 长
陈 晨
副书记、副院长
冯晓华
副院长 何 庆
张 群
羊忠良（政治部主任）

开发区检察院

检察长 薛 薇
副检察长
胡 俊
陈 琳
政治部主任
赵 迅

区税务局

党委书记、局 长
王拥军
纪检组组长
钟家宝
副局长 喻 祥
尤胜宇
谭 军
佘风琴
徐 伟

开发区税务局

党委书记、局 长
高永峰
纪检组组长
徐振栩
副局长 田志兵
贾 婷
陆 山
许 斌

江宁生态环境局

局 长 周 兵
副局长 管永麟

范红军
卢耀升

市规划和自然资源局江宁分局

党组副书记、局长
胡传宏
党组书记、副局长
张　皞
副局长　王　晋
梅笑冬
李高峰
张德勇
张欢庆

市医疗保障局江宁分局

局　长　陈　宁
副局长　高　敏

江宁邮政管理局

局　长　杨亚哲
副局长　曹志勇

电信江宁分公司

总经理　王小彬
副总经理
聂敦刚
鲁　浩
夏　飞
董慧娟

区烟草专卖局

局　长　董　玲
副经理　周建华
周　歆

区气象局

局　长　华荣强
副局长　王方海
朱明刚

（宁　鉴）

2022 年度中央级媒体报道江宁区重要新闻一览表

表 44

序号	日期	媒　体	报道标题	版面
1	1月2日	央视13套－朝闻天下	江苏园博园上演烟花秀 夜游赏景迎新年	—
2	1月4日	人民日报	江苏园博园 坚定不移走生态优先、绿色发展之路	16版
3	1月10日	央视13套－新闻直播间	江苏南京 浓浓粥香迎腊八 邻里互助暖心房	—
4	1月14日	新华社	南京江宁锚定科技创新擘画新篇章	—
5	1月18日	央视7套－国防军事早报	影像志 给战士们送水的老乡是一等功臣	—
6	1月18日	央视7套－我的美丽乡村	民宿田园龙尚村	—
7	1月21日	人民日报	厚植发展新优势 阔步开创新征程 江宁开发区全面建设高质量发展引领区	8版
8	1月23日	光明日报	看，古都南京的新活力	头版
9	1月27日	央视13套－新闻直播间	江苏南京 腊月二十五 年味渐浓 江宁区牌坊村：村民喜收新春大礼包	—
10	2月16日	央视7套－我的美丽乡村	古风佘村焕“新”颜	—
11	2月19日	人民日报	创新多，科技支撑更有力（稳字当头 稳中求进）	头版
12	2月22日	央广网－新闻和报纸摘要	【奋进新征程 建功新时代】江苏：聚焦高质量发展 奋勇争先开新局	—
13	2月23日	央视13套－新闻直播间	江苏南京 农户深入田间地头 抢抓田间管理	—
14	3月2日	央视13套－新闻直播间	江苏 聚焦产业链融合 优化企业服务平台	—

续表 44

序号	日期	媒 体	报道标题	版面
15	3月10日	央视13套－两会你我他	“天津杰克”与“江宁婆婆”教你如何防诈骗	—
16	3月13日	央视4套－中国新闻	南京江宁：打造长三角智能制造先导区	—
17	3月20日	新华每日电讯	南京查处涉疫案件41件 行政处罚42人	3版
18	3月22日	光明日报	“菜篮子”货足价稳	10版
19	3月30日	人民日报	推进无障碍环境建设和公共设施适老化改造 城市便民利民举措受好评（产经观察·使城市更健康、更安全、更宜居③）	18版
20	3月30日	光明日报	从物质“富口袋”到文化“富脑袋”	7版
21	4月1日	中新网	106万尾鱼苗放流至长江江宁段 改善长江水域生态环境	—
22	4月3日	央视13套－新闻直播间	养好地理管好水 探访生态型高标准农田	—
23	4月4日	央视2套－第一时间	春播春管忙 江苏：养好地力管好水 记者探访生态型高标准农田	—
24	4月6日	央视2套－第一时间	新冠疫情防控 江苏：优化提升防控措施 多举措保障物资供应	—
25	4月8日	央视13套－朝闻天下	江苏南京 新冠疫情防控 公路查验点搭建“爱心小站” 提供免费餐食	—
26	4月17日	总台江苏总站	江苏南京：打通老年群体疫苗接种服务的“最后一米”	—
27	4月18日	央视－新闻联播	各地强化精准防控 有序推进复工复产	—
28	4月20日	央视13套－午夜新闻	江苏 新冠疫情防控 推出多项服务 助力老年人接种疫苗	—
29	4月20日	新华社	严格资格条件 坚持好中选优	—
30	4月26日	新华社	南京江宁：劳动年龄段退捕渔民100%转产就业	—
31	4月29日	中新网	探访南京市江宁区核酸检测基地 日检测能力可达5.1万管	—
32	4月29日	新华社	南京市江宁区核酸检测基地正式启用	—
33	4月30日	新华社	新华社｜（抗疫情 抓发展）项目开足马力 纾困小微企业——南京严格疫情防控背景下促开局稳一线见闻	—
34	4月30日	央视13套－新闻直播间	江苏 “五一”假期出游 “五一”假期去踏春 小城再寻金陵美	—
35	5月1日	新华每日电讯	项目开足马力 纾困小微企业 南京严格疫情防控背景下促开局稳一线见闻	3版
36	5月1日	央视－新闻联播	多彩假日 享受美好生活	—
37	5月2日	新华社	3小时出结果，日检测5万多管——南京江宁区核酸检测基地见闻	—

续表 44

序号	日期	媒　体	报道标题	版面
38	5月3日	中新网	“五一”假期：南京消费市场持续升温	—
39	5月11日	央视7套－我的美丽乡村	我们村的年轻人 田园创客观音殿村	—
40	5月16日	新华社	稳字当头抓落实｜降低数字门槛、加强要素保障……中小企业纾困，帮扶再发力	—
41	5月26日	人民日报	南京江宁：助企纾困促发展 创新发展向未来	13版
42	5月30日	央视13套－朝闻天下	同心协力谋发展·一线调研7万多种零部件一个都不少	—
43	5月30日	央视13套－东方时空	多地促发展出“新招” 如何破痛点强信心？一线调研：7万多种零部件 一个都不少	—
44	6月1日	央视新闻直播	三夏／麦收进行时·江苏南京：金黄麦田收割忙 穗足籽满丰收年	—
45	6月1日	央视17套－中国三农报道	麦子熟了 江苏南京：穗足籽满丰收年 小麦开镰收割	—
46	6月1日	新华社	伟大变革｜人退鱼鸟归 新济洲的蝶变	—
47	6月3日	中国新闻网	端午假期南京流行民俗体验游	—
48	6月5日	央视13套－新闻直播间	江苏南京 端午假期·出游 非遗项目过端午 领略水乡魅力	—
49	6月6日	新华每日电讯	人退鱼鸟归 南京一个江中小岛的蝶变	5版
50	6月14日	中国新闻网	探访江苏多地民宿旅游地：多元发展才是出圈的关键一步	—
51	6月24日	央视2套－正点财经	江苏南京：暴雨致城区多处内涝	—
52	7月7日	人民日报	在江苏南京，社区干部主动探访困难群众，排查解决生活难题——不只送钱送物 更有精准服务（保障好困难群众基本生活③）	13版
53	7月11日	人民日报	中兴通讯积极建设5G生态 5G行业应用渐入佳境（创新故事）	19版
54	7月19日	央视10套－探索·发现	上坊东吴大墓（1）	—
55	7月20日	央广网－新闻和报纸摘要	【奋进新征程 建功新时代·非凡十年】江苏奋力谱写“强富美高”现代化建设新篇章	—
56	7月20日	央视10套－探索·发现	上坊东吴大墓（2）	—
57	7月20日	央视－新闻联播	【奋进新征程 建功新时代·非凡十年】奋力书写新时代江苏“强富美高”新篇章	—
58	7月29日	央视－新闻联播	高举伟大旗帜 奋力谱写崭新篇章——习近平总书记在省部级主要领导干部专题研讨班上的重要讲话在全国各地干部群众中引起强烈反响	—
59	8月5日	人民日报	南京江宁开发区高新技术产业占工业经济比重达70% 以创新驱动助推产业集聚	8版
60	8月9日	人民日报	工业企业生产提速	头版

续表 44

序号	日期	媒 体	报道标题	版面
61	8月9日	人民日报	党对非公经济领域的全面领导不断加强，党在非公经济领域的阶级基础、群众基础不断得以厚植 党建聚合力 企业添活力（深度关注·大抓基层 强基固本⑤）	18版
62	8月10日	人民日报	加快绿色低碳科技创新 助力双碳目标实现（调查研究 凝聚共识）——九三学社中央调研组赴江苏开展重点考察调研	14版
63	8月11日	农民日报	都市“百花园” 共富“好风景”——江苏南京江宁区大力推进特色乡村旅游高质量发展纪实	3版
64	8月12日	人民日报	在发展中保护 在保护中发展（中央生态环境保护督察成效）	头版
65	8月12日	中国青年报	南京江宁：设立“八大专班” 激活发展动能	6版
66	8月12日	中国青年报	重大项目激活存量再造发展红利	6版
67	8月12日	中国青年报	组合拳助中小工业转型汇聚高质量发展动力	6版
68	8月12日	央视2套－经济信息联播	高温难消 江苏南京：牛群运输途中中暑 消防员紧急“施救”	
69	8月13日	人民日报	奋力建设“强富美高”新江苏（中国这十年·系列主题新闻发布）	2版
70	8月26日	央视13套－朝闻天下	江苏 一线调研 老房变民宿 激活乡村游	—
71	8月31日	央视网	江苏水土保持连续三年获优	—
72	9月5日	央视13套－焦点访谈	国防教育 国之大事	—
73	9月6日	人民日报	江苏创新环境修复体系 生态安全缓冲区 涵养河湖好水质（美丽中国）	15版
74	9月8日	央视4套－我的美丽乡村	文创闯出幸福路	—
75	9月10日	央视2套－经济信息联播	赏月夜经济 江苏南京：中秋夜游 “文艺范儿”十足	—
76	9月11日	央视2套－第一时间	中秋月儿圆 人间共此时 江苏南京：中秋夜游 “文艺范儿”十足	—
77	9月12日	央视1套－晚间新闻	中秋假期盘点·多元消费点亮中秋	—
78	9月12日	央视13套－24小时	中秋假期盘点·多元消费点亮中秋	—
79	9月19日	央视17套－中国三农报道	第十八届中国南京农业嘉年华开幕	—
80	9月22日	人民日报	购物、吃饭、托育、健身……多种服务集聚在步行范围内 南京打造15分钟便民生活圈（一线调研）	13版
81	9月23日	人民日报	江苏持续推进长江保护修复（喜迎二十大）	头版
82	9月21日	央视网	做合格“电小二” 彰显电力人在乡村振兴伟大实践中的使命担当	—
83	9月28日	人民日报	南京江宁 打造引领性国家创新型城市核心区	13版

续表 44

序号	日期	媒 体	报道标题	版面
84	10 月 1 日	央视 13 套 - 新闻直播间	江苏南京 还岛于江 迁徙季节新济洲水鸟翩跹	—
85	10 月 6 日	央广网 - 新闻和报纸摘要	【领航中国】打好污染防治攻坚战 守护蓝天碧水	—
86	10 月 11 日	光明日报	坚守“诚朴勤仁” 勇探农业科技前沿——南京农业大学建校一百二十周年速写	9 版
87	10 月 11 日	新华社	新华全媒 + | 苏陕协作结硕果 优良水稻获丰收	
88	10 月 12 日	中国青年报	苏陕协作结硕果 优良水稻获丰收	头版
89	10 月 12 日	新华每日电讯	苏陕协作结硕果 秦岭深处稻花香	7 版
90	10 月 13 日	央视 4K	《我的美丽乡村》古风佘村焕“新”颜	—
91	10 月 27 日	央视 13 套 - 新闻直播间	江苏 记者探访南京农副产品物流中心 “西果东输 南菜北运” 丰富百姓餐桌	—
92	10 月 27 日	央视 2 套 - 正点财经	收获季 看市场 江苏：记者探访南京农副产品物流中心	—
93	11 月 6 日	央视 17 套 - 中国三农报道	第六届中国 · 江苏蔬菜种业博览会 1500 多种“奇瓜异果”集中亮相	—
94	11 月 4 日	央视 4 套 - 国家记忆	雨花台家书 民族英魂 陶家齐	—
95	11 月 7 日	中国新闻网	4 只小天鹅“入住”南京长江新济洲国家湿地公园	—
96	11 月 8 日	人民日报	用党的二十大精神统一思想和行动（认真学习宣传贯彻党的二十大精神 · 中央宣讲团宣讲活动）——学习贯彻党的二十大精神中央宣讲团在国家发展改革委、全国人大机关、国务院办公厅机关、江苏、河南、中国科学院宣讲	4 版
97	11 月 8 日	光明日报	坚定不移把党中央决策部署落到实处——学习贯彻党的二十大精神中央宣讲团在国家发展改革委、全国人大机关、国务院办公厅机关、江苏、河南和中国科学院宣讲	4 版
98	11 月 8 日	新华每日电讯	学习贯彻党的二十大精神中央宣讲团在江苏河南宣讲	3 版
99	11 月 9 日	央视 2 套 - 正点财经	江苏南京：迎来首批越冬候鸟 上演现实版“天鹅湖”	—
100	11 月 9 日	光明日报	“2022 智慧旅游创新企业和项目”名单揭晓	13 版
101	11 月 11 日	央视 2 套 - 正点财经	江苏南京：“太空菊”首次绽放	—
102	11 月 11 日	光明日报	“双 11”分拣忙	10 版
103	11 月 11 日	央视 - 新闻联播	中央宣讲团在各地宣讲党的二十大精神	—
104	11 月 12 日	央广网 - 新闻和报纸摘要	学习贯彻党的二十大精神中央宣讲团成员分别在全国政协机关、黑龙江、江苏等地宣讲	—

续表 44

序号	日期	媒 体	报道标题	版面
105	11 月 15 日	经济日报	223 个项目完成自然资源要素保障 江苏建立重大项目保障机制	3 版
106	11 月 16 日	央视 13 套－午夜新闻	江苏南京 外媒记者走访江苏活动启动	—
107	12 月 9 日	光明日报	战疫的力量，是每一点平凡的汇聚	8 版
108	12 月 13 日	央视－新闻联播	【踔厉奋发 勇毅前行——2022 年中国经济观察】创新激发澎湃动力	—
109	12 月 15 日	法治日报	南京江宁区构建现代化社会治安防控体系 建“最好打的 110” 让“平安”可感可知	2 版
110	12 月 15 日	ChinaDaily	Rare birds swooping in to rest at green sanctuary	7 版
111	12 月 20 日	央视 2 套－经济信息联播	优化疫情防控 江苏南京：流动诊疗车进社区 每天投放退烧药 200 万片	—
112	12 月 20 日	新华网	江苏南京：便民诊疗车启用	—
113	12 月 21 日	人民日报海外版	发热流动诊疗车开进居民小区和企业	2 版
114	12 月 21 日	央视 2 套－第一时间	优化疫情防控 江苏南京：流动诊疗车进社区 每天投放退烧药 200 万片	—
115	12 月 21 日	央视 13 套－朝闻天下	各地开辟诊疗新方式 提升医疗服务效率	—
116	12 月 21 日	央视 2 套－天下财经	优化疫情防控 江苏南京：流动诊疗车进社区 每天投放退烧药 200 万片	—
117	12 月 21 日	央视 4 套－今日环球	各地开辟诊疗新方式 提升医疗服务效率	—
118	12 月 23 日	光明日报	【坚定信心 勇毅前行⑤】江苏：全方位发力稳岗助企	头版
119	12 月 26 日	央视－新闻联播	各地加大医疗服务供给 提升就诊效率	—
120	12 月 27 日	人民日报	从产业腾飞到新城崛起 江宁空港十载蝶变跃升	15 版
121	12 月 28 日	央视 4K	我们村的年轻人 田园创客观音殿村	—
122	12 月 29 日	央视－新闻联播	各地开展精彩纷呈的冰雪活动	—
123	12 月 30 日	央视 13 套－新闻直播间	南京警方破获特大电信网络诈骗案 警方赴全国 21 省 45 市将犯罪嫌疑人抓获	—
124	12 月 30 日	央视 2 套－正点财经	江苏南京：警方破获特大电信网络诈骗案	—

（区委宣传部）

2022年江宁区新增地名一览表

表 45

序号	建设单位	标准地名	位　置	类 别	备注
1	江宁经济技术开发集团有限公司	童前东路	位于秣陵街道，西起金鑫东路，东止机场高速公路，长 370 米、宽 24 米	道路	命名
2	江宁经济技术开发集团有限公司	九龙湖隧道	位于秣陵街道九龙湖路，下穿诚信大道，南侧与跨九龙湖的文心桥相接，长 514.4 米、宽 10.5 米、高 4.5 米	隧道	命名
3	南京星仁力房地产开发有限公司	五星广场	位于麒麟街道，东至沧波门南街，南至河道，西至星裕街，北至运粮河东路	建筑物	命名
4	南京星仁力房地产开发有限公司	五星广场星盛阁	位于麒麟街道，东至沧波门南街，南至五星广场 5 号商业楼，西至五星广场 4 号商业楼，北至星仁路	建筑物	命名
5	南京星仁力房地产开发有限公司	五星广场星寓	位于麒麟街道，东至五星广场 5 号商业楼，南至河道，西至星裕街，北至五星广场 4 号商业楼	建筑物	命名
6	南京芳草地置业有限公司	云湖悦府	位于禄口街道，东至朝霞路，南至义庆路，西至羲和路，北至崇正路	住宅区	命名
7	南京汤山建设投资发展有限公司	汤泉馨苑	位于汤山街道，东至作厂路，南至扬清路，西至天润路，北至天禄路	住宅区	命名
8	南京鼎跃置业有限公司	鼎跃嘉苑	位于禄口街道，东至羲和路，南至云熙路，西至星汉路，北至礼尚路	住宅区	命名
9	南京鼎泰置业有限公司	悦泰嘉苑	位于禄口街道，东至福禄路，南至礼尚路，西至玉振路，北至义庆路	住宅区	命名
10	南京鼎腾置业有限公司	鼎腾嘉苑	位于禄口街道，东至朝霞路，南至云熙路，西至羲和路，北至礼尚路	住宅区	命名
11	方山森林公园投资管理有限公司	同里大楼	位于淳化街道，东至竹山路，南至武夷绿洲，西至武夷绿洲，北至天元瑞沨名苑	建筑物	命名
12	江宁区民族宗教事务局	红石榴路	跨东山街道、汤山街道，南起双龙湖路，北止龙尚路，由“小茅山路”更名	道路	更名
13	江宁区民族宗教事务局	小茅山路	跨东山街道、汤山街道，南起双龙湖路，向北折东止茅屋岗三岔路口，更名为“红石榴路”	道路	销名
14	南京睿可电子科技有限公司	开沃创新中心	位于秣陵街道，东至上秦淮大街，南至现状，西至科怡街，北至江云路	建筑物	命名
15	南京牡丹晖都置业有限公司	大观和苑	位于麒麟街道，东至凌通路，南至泰麟路，西至规划用地，北至佳麟路	住宅区	命名
16	江苏瓯江投资发展有限公司	聚景园	位于东山街道，东至东新南路，南至上元二街，西至原东山起重电机厂，北至上元大街	住宅区	命名

续表 45

序号	建设单位	标准地名	位　置	类别	备注
17	东山街道办事处	十亩滩路	位于东山街道，西起上高路，东止村西岗路，长 1200 米、宽 6 米	道路	命名
18	南京星慧通房地产开发有限公司	星盛雅苑	位于麒麟街道，东至华汇路，南至丹霞街，西至悦东巷，北至丹青路	住宅区	命名
19	东山街道办事处	云盛巷	位于东山街道，北起祥云南苑东南门，南止金盛路，长 50 米、宽 10 米	道路	命名
20	湖熟街道办事处	新潭路	位于湖熟街道，南起齐尚街，北止新潭村口，长 900 米、宽 6 米	道路	命名
21	湖熟街道办事处	尚杨路	位于湖熟街道，西起齐尚街，东止 S246 省道，长 2072 米、宽 4 米	道路	命名
22	湖熟街道办事处	齐贤街	位于湖熟街道，西起齐尚街，东止集贤街，长 2000 米、宽 10 米	道路	命名
23	湖熟街道办事处	齐业路	位于湖熟街道，东起齐尚街，西止南京大兵机械制造有限公司，长 285 米、宽 4 米	道路	命名
24	湖熟街道办事处	山西村路	位于湖熟街道，北起尚义路，东南止竹棚路，长 920 米、宽 6 米	道路	命名
25	湖熟街道办事处	焦村南路	位于湖熟街道，北起尚义路，东南止周川机械，长 160 米、宽 2 米	道路	命名
26	湖熟街道办事处	若城村路	位于湖熟街道，东起竹棚路，西止若城村口，长 833 米、宽 6 米	道路	命名
27	湖熟街道办事处	上进路	位于湖熟街道，东起瑞泽路，西北止咸龙路，长 1900 米、宽 6 米	道路	命名
28	麒麟科技创新园管委会	华章路	位于麒麟街道，北起麒麟门大道，南止天麒路，长 1425 米、宽 18 米	道路	命名
29	淳化街道办事处	唐家路	位于淳化街道，北起淳关路，南止唐家村，长 800 米、宽 10 米，由“工业园路”更名	道路	更名
30	淳化街道办事处	工业园路	位于淳化街道，北起淳关路，南止唐家村，长 800 米、宽 10 米，更名为“唐家路”	道路	销名
31	南京中交城市开发有限公司	淳丰园	位于淳化街道，东至桃李圃路，南至虎啸路，西至规划道路，北至莺飞路	住宅区	命名
32	南京中交城市开发有限公司	淳和园	位于淳化街道，东至桃李圃路，南至莺飞路，西至规划道路，北至雁冲路	住宅区	命名
33	南京海方房地产开发有限公司	大方鸣翠府	位于淳化街道，东至迭翠路，南至莺啼路，西至丽泽路，北至吉印大道	住宅区	命名
34	南京满高房地产开发有限公司	海麟广场信泰创新大厦	位于麒麟街道，东至智识路，南至智识路，西至海麟广场海麟苑，北至智汇路	建筑物	命名

续表 45

序号	建设单位	标准地名	位置	类别	备注
35	江苏瑞浩新能源科技有限公司	瑞浩大厦	位于秣陵街道，东至悠湖街，南至融智路，西至上秦淮大街，北至江云路	建筑物	命名
36	江苏玖力纳米材料科技有限公司	久利大厦	位于东山街道，东至规划用地，南至新润大厦，西至万泰路，北至天行路	建筑物	命名
37	横溪街道办事处	横宁路	位于横溪街道，西起宁丹大道，东止横武路，长 1411 米、宽 16 米	道路	命名
38	横溪街道办事处	横武路	位于横溪街道，北起吴楚东路，南止长兴圩路，长 566 米、宽 24 米	道路	命名
39	横溪街道办事处	欧村路	位于横溪街道，北起吴楚东路，南止长兴圩路，长 681 米、宽 16 米	道路	命名
40	横溪街道办事处	杨武路	位于横溪街道，北起吴楚东路，南止长兴圩路，长 620 米、宽 16 米	道路	命名
41	横溪街道办事处	长兴圩路	位于横溪街道，西起横云东路，东止横武路，长 938 米、宽 24 米	道路	命名
42	湖熟街道办事处	朱公村路	位于湖熟街道，东起竹棚路，西止二干河，长 2100 米、宽 6 米	道路	命名
43	东山国际企业总部园管委会	润发西路	位于东山街道，东起上高路，西止宁杭高速绿化带，长 300 米、宽 12 米	道路	命名
44	江宁区城乡建设局	景苑路	位于东山街道，南起东新北路，北止古庙北路，长 340 米、宽 12 米	道路	命名
45	麒麟街道办事处	东龙路	位于麒麟街道，南起东郊小镇，北止龙麒路，长 778 米、宽 8 米	道路	命名
46	禄口街道办事处	令桥滩路	位于禄口街道，北起秦禄大道，南止天禄大道，长 1800 米、宽 24 米	道路	命名
47	禄口街道办事处	星陆路	位于禄口街道，北起盛贸大道，南止天禄大道，长 710 米、宽 30 米	道路	命名
48	禄口街道办事处	陆陶王路	位于禄口街道，东起令桥滩路，西止星陆路及盛贸大道三岔路口，长 270 米、宽 24 米	道路	命名
49	禄口街道办事处	府里庄路	位于禄口街道，东起令桥滩路，西止星陆路，长 532 米、宽 16 米	道路	命名
50	禄口街道办事处	进府路	位于禄口街道，调整后，东起令桥滩路，西止星陆路，长 290 米、宽 24 米	道路	调整
51	江宁经济技术开发区管委会	隐龙北路	位于秣陵街道，南起佛城西路，北止江宁雨花台区界，长 505 米、宽 15 米	道路	命名
52	江宁经济技术开发区管委会	翠景路	位于秣陵街道，东起将军大道，西止翠屏山山脚三岔路口，长 295 米、宽 8 米	道路	命名

续表 45

序号	建设单位	标准地名	位　置	类 别	备注
53	南京耀盛房地产开发有限公司	百家臻园	位于秣陵街道，东至向荣路，南至惠风路，西至日新路，北至菲尼克斯路	住宅区	命名
54	南京中武房地产开发有限公司	七里湖山花园	位于东山街道，东至湖山路，南至岗山路，西至同夏北路，北至文靖东路	住宅区	命名
55	南京景赢光电科技有限公司	荣华科技大厦	位于秣陵街道，东至规划用地，南至胜泰新寓，西至规划道路，北至胜利西路	建筑物	命名
56	南京景伟光电科技有限公司	胜利科技大厦	位于秣陵街道，东至规划道路，南至现状，西至现状，北至胜利西路	建筑物	命名
57	南京创易佳能源科技发展有限公司	安创大厦	位于秣陵街道，东至上秦淮大街，南至融智青创公寓，西至现状，北至现状	建筑物	命名
58	南京三佳信息科技有限公司	三佳科技大厦	位于秣陵街道，东至现状，南至秦淮路，西至现状，北至天秀湾花园	建筑物	命名
59	南京临航建设开发有限公司	雍泰春园	位于横溪街道，东至横武路，南至横宁路，西至杨武路，北至横禄路	住宅区	命名
60	南京临航建设开发有限公司	雍泰和园	位于横溪街道，东至横武路，南至长兴圩路，西至杨武路，北至横禄路	住宅区	命名
61	南京临航建设开发有限公司	雍泰景园	位于横溪街道，东至杨武路，南至长兴圩路，西至欧村路，北至横宁路	住宅区	命名
62	南京临航建设开发有限公司	雍泰明园	位于横溪街道，东至欧村路，南至长兴圩路，西至规划道路，北至横宁路	住宅区	命名
63	中铁宝桥集团有限公司	彩虹大厦	位于秣陵街道，东至双龙大道，南至江云路，西至风讯科创大厦，北至现状道路	建筑物	命名
64	南京临航建设开发有限公司	恒禄新寓	位于禄口街道，东至令桥滩路，南至天禄大道，西至星陆路，北至进府路	住宅区	命名
65	南京临航建设开发有限公司	恒禄新寓南苑	位于禄口街道，恒禄新寓内组团，东至令桥滩路，南至天禄大道，西至星陆路，北至府里庄路	住宅区	命名
66	南京临航建设开发有限公司	恒禄新寓北苑	位于禄口街道，恒禄新寓内组团，东至令桥滩路，南至府里庄路，西至星陆路，北至进府路	住宅区	命名
67	南京未来科技城经济开发有限公司	融智青创公寓	位于秣陵街道，东至上秦淮大街，南至融智路，西至科怡街，北至安创大厦	建筑物	命名
68	南京渝杰房地产开发有限公司	星云汇商业园	位于淳化街道，东至龙济路，南至至道路，西至端拱路，北至林湖雅舍	建筑物	命名

（区地名办）

索引

说明

一、本索引依照国家标准《索引编制规则（总则）》（GB/T 22466—2008）的相关规则进行编制。

二、本索引分为主题索引、文中图片索引、专题图片索引和表格索引。索引（除表格索引外）按标目词第一个字的汉语拼音音序排列。索引标目后的数字表示内容所在的页码。

三、主题索引，以类目、分目、副分目和条目为主要来源进行标引。索引以标目字的汉语拼音音序排列，并添加标目首字的大写字母为助检符号，便于查找索引。类目用方正小标宋简体字标明，分目、副分目用黑体字标明，条目用宋体字标明。

四、文中图片索引，以图照题名或部分题名为标目。索引以标目字的汉语拼音音序排列，并添加标目首字的大写字母为助检符号，便于查找索引。

五、专题图片索引，以图照题名或部分题名为标目。索引以标目字的汉语拼音音序排列，并添加标目首字的大写字母为助检符号，便于查找索引。

六、表格索引，以表格题名为标目，出处以表格所在的页码标示。索引按照表格在全书中的先后顺序排列。

主题索引

A

B

C

D

E

F

G

H

J

K

L

M

N

O

P

Q

R

S

T

X

Y

Z

文中图片索引

A

B

C

D

G

H

J

K

L

M

N

Q

S

T

W

X

Y

专题图片索引

B

C

D

G

H

J

K

L

M

N

Q

R

S

T

W

X

Y

Z

表格索引

B

C

D

F

G

H

J

L

M

N

Q

R

S

审稿人名单

（排名不分先后）

马富平	王一舒	王远龙	王春香	王　婧	王　斌	王锴程
从向阳	尹　康	卢维生	宁奇雷	吕　华	朱　伟	任家洪
华　涛	刘文丽	刘忠青	刘海涛	刘尊向	孙　喆	芮旭初
杜春泉	李　宁	李　宇	李迎莲	肖志超	吴泉修	吴　健
吴寒凌	谷　昊	言　磊	汪　骅	陈福明	宋作彬	宋德华
张　宇	张抗震	张俊文	张胜国	张　蕾	张　蕾	范兴安
郁　鹏	周　剑	周　强	钟晓斌	施　磊	姜永罡	姜雪梅
贺智勇	夏　磊	晁如足	倪冰峰	徐　平	徐四维	徐　乔
徐金珞	徐耀文	梅　凯	盛乃超	笪　旋	彭广军	谢伟春
廖书来	潘林安	鞠俊美				